Colección de William Shakespeare
William Shakespeare

PAGES PLANET PUBLISHING

Publicado por

PUBLICACIONES DE PAGES PLANET

Correo electrónico: pagesplanetpublishing@gmail.com

Para obtener más información o realizar consultas, póngase en contacto con el editor en el correo electrónico anterior.

Publicado por primera vez por Pages Planet Publishing en 2024

Índice

Romeo and Juliet

Personaje dramáticoæ

ESCALUS, Príncipe de Verona.MERCUTIO, pariente del Príncipe, y amigo de Romeo.PARÍS, joven Noble, pariente de la Prince.Page a París.

MONTAGUE, cabeza de una familia veronesa enemistada con los Capuleto.LADY MONTAGUE, esposa de Montague.ROMEO, hijo de Montague.BENVOLIO, sobrino de Montesco, y amigo de Romeo.ABRAM, sirviente de Montague.BALTHASAR, sirviente de Romeo.

CAPULETO, cabeza de una familia veronesa enemistada con los Montesco.LADY CAPULETO, esposa de Capuleto.JULIETA, hija de Capuleto.TYBALT, sobrino de Lady Capuleto.PRIMO DE CAPULETO, un anciano. NODRIZA de Julieta.PEDRO, criado de la nodriza de Julieta.SAMPSON, criado de Capuleto.GREGORIO, criado de Capuleto.Criados.

FRY LAWRENCE, franciscano.FRAY JUAN, de la misma Orden.Un boticario.CORO.Tres músicos.Un oficial.Ciudadanos de Verona; varios hombres y mujeres, parientes de ambas casas; enmascarados, guardias, vigilantes y asistentes.

ESCENA. Durante la mayor parte de la obra en Verona; una vez, en el Quinto Acto, en Mantua.

El prólogo

Entra el coro.

CORO. Dos hogares, ambos iguales en dignidad,En la hermosa Verona, donde ponemos nuestra escena,De la antigua ruptura del rencor al nuevo motín,Donde la sangre civil hace que las manos civiles sean impuras. De adelante los lomos fatales de estos dos enemigosUn par de amantes desventurados se quitan la vida; Cuyos desafortunados y lastimosos derrocamientos, con su muerte, entierran las luchas de sus padres. El paso temeroso de su amor marcado por la muerte, y la continuación de la ira de sus padres, que, excepto el final de sus hijos, nada podría eliminar, son ahora las dos horas de tráfico de nuestro escenario; Lo cual, si vosotros con oídos pacientes atiendís, lo que aquí echará de menos, nuestro trabajo se esforzará por reparar.

[Salir.]

Acto I

Escena I. Un lugar público

Entran Sampson *y* Gregory *armados con espadas y escudos.*

SAMPSON. Gregory, te doy mi palabra de que no llevaremos brasas.

GREGORY.No, porque entonces seríamos mineros.

SAMPSON. Es decir, si estamos en cólera, empataremos.

GREGORY. Ay, mientras vivas, saca tu cuello del cuello.

SAMPSON. Golpeo rápidamente, conmovido.

GREGORY. Pero no te mueves rápidamente a atacar.

SAMPSON. Un perro de la casa de Montague me conmueve.

GREGORY.To movimiento es remover; Y ser valiente es estar firme: por tanto, si te conmueves, huyes.

SAMPSON. Un perro de esa casa me moverá a ponerme de pie. Tomaré la pared de cualquier hombre o doncella de Montague.

GREGORY. Eso te muestra como un esclavo débil, porque el más débil va a la pared.

SAMPSON. Es cierto, y por eso las mujeres, siendo las embarcaciones más débiles, son siempre empujadas contra la pared: por lo tanto, empujaré a los hombres de Montesco fuera de la muralla, y empujaré a sus doncellas contra la pared.

GREGORY. La disputa es entre nuestros amos y nosotros, sus hombres.

SAMPSON.Es todo uno, me mostraré un tirano: cuando haya peleado con los hombres, seré cortés con las criadas, les cortaré la cabeza.

GREGORY. ¿Las cabezas de las criadas?

SAMPSON. ¡Ay, las cabezas de las doncellas, o sus cabezas de doncellas! Tómalo en el sentido que quieras.

GREGORY. Deben tomarlo en el sentido de que lo sienta.

SAMPSON.Me sentirán mientras yo pueda estar en pie, y se sabe que soy un hermoso pedazo de carne.

GREGORIO.Menos mal que no eres pez; si lo hubieras hecho, habrías sido el pobre Juan. Saca tu herramienta; aquí viene de la casa de Montescos.

Entran Abram y Baltasar.

SAMPSON.My arma desnuda está fuera: pelea, yo te apoyaré.

GREGORY. ¿Cómo? ¿Te das la espalda y corres?

SAMPSON. No me temáis.

GREGORY.No, casarse; ¡Te temo!

SAMPSON. Tomemos la ley de nuestro lado; Que empiecen.

GREGORY. Frunciré el ceño al pasar, y dejaré que lo tomen como quieran.

SAMPSON. No, como se atreven. Me morderé el pulgar contra ellos, lo cual es una vergüenza para ellos si lo soportan.

ABRAM.Do nos muerde el pulgar, señor?

SAMPSON. Me muerdo el pulgar, señor.

ABRAM.Do nos muerde el pulgar, señor?

SAMPSON.Is la ley de nuestro lado si digo ¿sí?

GREGORY. No.

SAMPSON.No señor, no le muerdo el pulgar, señor; pero me muerdo el pulgar, señor.

GREGORY.Do se pelea, señor?

ABRIR. ¿Pelea, señor? No, señor.

SAMPSON. Pero si lo hace, señor, estoy a su favor. Sirvo a un hombre tan bueno como tú.

ABRAM.No mejor.

SAMPSON. Bien, señor.

Entra Benvolio.

GREGORY. Diga mejor; Aquí viene uno de los parientes de mi señor.

SAMPSON. Sí, mejor, señor.

ABRAM. Mientes.

SAMPSON. Dibujad, si sois hombres. Gregorio, acuérdate de tu golpe de lavado.

[*Pelean.*]

BENVOLIO. ¡Parte, tontos! Levantad vuestras espadas, no sabéis lo que hacéis.

(*Golpea sus espadas.*]

Entra Tybalt.

TEOBALDO. ¿Qué, eres arrastrado entre estas ciervas desalmadas? Vuélvete, Benvolio, mira tu muerte.

BENVOLIO. No hago más que mantener la paz, alzar tu espada, o conseguir que se separe de mí estos hombres.

TEOBALDO. ¿Qué, dibujado, y hablar de paz? Detesto la palabraComo odio el infierno, a todos los Montescos, y a ti mismo: ¡A ti, cobarde!

[*Pelean.*]

Ingresa tres o cuatro Ciudadanos *con tréboles.*

PRIMER CIUDADANO. ¡Clubes, proyectos de ley y partisanos! ¡Huelga! ¡Derrótalos! ¡Abajo los Capuleto! ¡Abajo los Montescos!

Entran Capuleto *con su toga, y* Lady Capuleto.

CAPULETO. ¿Qué ruido es este? ¡Dame mi espada larga,!

LADY CAPULETO. ¡Una muleta, una muleta! ¿Por qué pedirte una espada?

CAPULET.My espada, digo! El viejo Montague ha llegado, y hace florecer su espada a pesar de mí.

Entra Montague *y su* Lady Montague.

MONTAGUE. ¡Maldito Capuleto! No me abraces, déjame ir.

LADY MONTAGUE. No moverás un pie para buscar a un enemigo.

Entra el Príncipe Escalus, *con* los asistentes.

PRÍNCIPE. Súbditos rebeldes, enemigos de la paz, profanadores de este acero manchado de vecino, ¿no escucharán? ¡Qué, ho! Hombres, bestias, que apaguéis el fuego de vuestra perniciosa ira, con fuentes purpúreas que brotan de vuestras venas, bajo pena de tortura, de esas manos ensangrentadas, arrojad al suelo vuestras armas malhumoradas, y oíd la sentencia de vuestro príncipe conmovido. Tres reyertas civiles, engendradas por una palabra airosa,Por ti, viejo Capuleto y Montesco,Han perturbado tres veces la quietud de nuestras calles,Y han hecho a los antiguos ciudadanos de VeronaArrojados por sus graves adornos dignos,Para blandir a viejos partisanos, en manos tan

 viejas,Cancroado de paz, para separar tu odio maltratado. Si alguna vez volvéis a perturbar nuestras calles, vuestras vidas pagarán la pérdida de la paz. Por esta vez todos los demás se marchan: Tú, Capuleto, me acompañarás, y Montesco, ven esta tarde para conocer nuestro mayor placer en este caso,
a la vieja Ciudad Libre, nuestro común lugar de juicio. Una vez más, bajo pena de muerte, todos los hombres parten.

[*Exeunt* Príncipe *y* Asistentes; Capuleto, Lady Capuleto, Teobaldo, ciudadanos *y sirvientes.*]

MONTAGUE. ¿Quién le dio un nuevo enfoque a esta antigua disputa? Habla, sobrino, ¿estabas por aquí cuando comenzó?

BENVOLIO. Aquí estaban los siervos de tu adversario y los tuyos, luchando cuerpo a cuerpo antes de que yo me acercara. Tiré de ellos para separarlos, en el instante llegó el ardiente Teobaldo, con su espada preparada, la cual, mientras exhalaba un suspiro desafiante a mis oídos, balanceó su cabeza y cortó los vientos, con los que no le dolía nada, le silbó con desprecio. Mientras intercambiábamos estocadas y golpes, veníamos cada vez más, y luchábamos de parte a parte, hasta que llegó el Príncipe, que partió una y otra parte.

LADY MONTAGUE. Oh, ¿dónde está Romeo, lo viste hoy? Me alegro mucho de que no estuviera en esta refriega.

BENVOLIO. Señora, una hora antes de que el sol adorado se asomara a la ventana dorada del este,Una mente turbada me llevó a caminar por el extranjero,Donde bajo el bosquecillo de sicómoros,Que hacia el oeste se extiende desde este lado de la ciudad,Tan temprano caminando vi a tu hijo. Me acerqué a él, pero él se desacordó de mí y se escondió en el escondrijo del bosque. Yo, midiendo sus afectos por los míos, que entonces más buscaban donde la mayoría no se podía encontrar, siendo uno de más por mi cansado yo,
  perseguí mi humor, sin seguir el suyo, y evité gustosamente a los que huían alegremente de mí.

MONTAGUE. Muchas mañanas se le ha visto allí,Con lágrimas que aumentaban el fresco rocío de la mañana,Añadiendo a las nubes más nubes con sus profundos suspiros; Pero todo tan pronto como el sol que todo lo anima, en el más lejano oriente, comienza a correrLas cortinas sombrías de la cama de Aurora, Lejos de la luz roba a mi pesado hijo, Y el soldado en su habitación se encierra a sí mismo, Cierra sus ventanas, bloquea la hermosa luz del día y se hace una noche artificial. Negro y portentoso debe resultar este humor, a menos que el buen consejo lo quite la causa.

BENVOLIO.My noble tío, ¿conoces la causa?

MONTAGUE. Ni lo sé ni puedo saber de él.

BENVOLIO. ¿Lo has importunado de alguna manera?

MONTAGUE. Tanto por mí como por muchos otros amigos; Pero él, el consejero de sus propios afectos, es para sí mismo, no diré cuán cierto, sino para sí mismo tan secreto y tan cercano, tan lejos de sondear y descubrir, como es el capullo mordido por un gusano envidioso, antes de que pueda extender sus dulces hojas al aire, o dedicar su belleza al sol. Si pudiéramos saber de dónde nacen sus penas, le daríamos la cura con tanta gusto como lo sabemos.

Entra Romeo.

BENVOLIO. Vean, de dónde viene él. Así que, por favor, hazte a un lado;
Conoceré su queja o seré muy negado.

MONTAGUE. Ojalá fueras tan feliz con tu estancia para oír la verdadera desconfianza. Vamos, señora, vámonos,

[*Exeunt* Montague *y* Lady Montague.]

BENVOLIO. Buenos días, primo.

ROMEO.Is el día tan joven?

BENVOLIO. Pero el nuevo golpeó a nueve.

ROMEO. Ay de mí, las horas tristes parecen largas. ¿Fue mi padre el que se fue de aquí tan rápido?

BENVOLIO.It fue. ¿Qué tristeza alarga las horas de Romeo?

ROMEO. No tener lo que, al tener, los hace cortos.

BENVOLIO.In amor?

ROMEO. Fuera.

BENVOLIO. ¿De amor?

ROMEO. Fuera de su favor donde estoy enamorado.

BENVOLIO. ¡Ay, que el amor tan gentil en su opinión, debería ser tan tiránico y tosco en la prueba!

ROMEO. ¡Ay de ese amor, cuya vista está todavía apagada, debiera, sin ojos, ver caminos hacia su voluntad! ¿Dónde cenaremos? ¡Oh yo! ¿Qué refriega había aquí? Pero no me lo digas, porque lo he oído todo.
Aquí hay mucho que ver con el odio, pero más con el amor:¿Por qué, entonces, oh amor pendenciero! ¡Oh odio amoroso! ¡Oh cualquier cosa, de la nada crea primero! ¡Oh pesada ligereza! ¡Seria vanidad! ¡Caos deforme de formas que parecen bien! ¡Pluma de plomo, humo brillante, fuego frío, salud enferma! Sueño aún despierto, ¡eso no es lo que es! Este amor siento yo, que no siento amor en esto. ¿No te ríes?

BENVOLIO.No porque, prefiero llorar.

ROMEO. Buen corazón, ¿a qué?

BENVOLIO.At la opresión de tu buen corazón.

ROMEO. Por qué es tal la transgresión del amor. Pesas mías yacen pesadas en mi pecho, las cuales propagarás para que se apodere de él con más de las tuyas. Este amor que has mostrado añade más dolor a gran parte del mío. El amor es un humo hecho con el humo de los suspiros; Siendo purgado, un fuego brillando en los ojos de los amantes; Ser vejado, un mar alimentado con lágrimas de amantes: ¿Qué otra cosa? Una locura de lo más discreta, una hiel asfixiante y un dulce de conservación. Adiós, mi coz.

[*Yendo.*]

BENVOLIO. ¡Suave! Y si me dejas así, me haces mal.

ROMEO. ¡Tut! Me he perdido a mí mismo; Yo no estoy aquí. Este no es Romeo, está en algún otro lugar.

BENVOLIO. Dime con tristeza ¿a quién amas?

ROMEO. ¿Qué, gemiré y te diré?

BENVOLIO. ¡Gemir! Pues, no; pero tristemente dime quién.

ROMEO. Ordena a un hombre enfermo y triste que haga su testamento, Una palabra mal instada a alguien que está tan ill.In tristeza, primo, yo sí amo a una mujer.

BENVOLIO. Apunté tan cerca cuando supuse que eras amado.

ROMEO. Un buen tirador, y ella es justa, me encanta.

BENVOLIO. Una marca justa derecha, justa coz, es la más pronto alcanzada.

ROMEO. Pues bien, en ese golpe fallas: ella no será golpeadaCon la flecha de Cupido, tiene el ingenio de Dian; Y en fuerte prueba de castidad bien armada,Del débil arco infantil del amor vive sin encanto. No detendrá el asedio de los términos amorosos, ni resistirá el encuentro de los ojos asaltantes, ni pondrá su regazo en el oro seductor de los santos: ¡Oh, ella es rica en belleza, solo pobre! Que cuando ella muere, con la belleza muere su almacén.

BENVOLIO. ¿Entonces ha jurado que aún vivirá casta?

ROMEO. Ella lo ha hecho, y en ese ahorrar hace un gran desperdicio; Porque la belleza, hambrienta de su severidad, corta la belleza de toda posteridad. Es demasiado hermosa, demasiado sabia; sabiamente demasiado justo, para merecer la dicha haciéndome desesperar. Ella ha renunciado a amar, y en ese voto vivo muerto, que vivo para contarlo ahora.

BENVOLIO.Be por mí, olvídate de pensar en ella.

ROMEO. Oh, enséñame cómo debo olvidarme de pensar.

BENVOLIO.By dando libertad a tus ojos; Examina otras bellezas.

ROMEO.Es la manera de llamar a la suya, exquisita, más cuestionada. Estas máscaras alegres que besan las cejas de las bellas damas, al ser negras, nos hace recordar que ocultan la feria; El que queda ciego no puede olvidar el precioso tesoro de su vista perdido. Muéstrame una señora que esté pasando hermosa, ¿qué sirve su hermosura sino como una nota? ¿Dónde puedo leer quién pasó por esa feria que pasa? Adiós, no puedes enseñarme a olvidar.

BENVOLIO.
Pagaré esa doctrina, o de lo contrario moriré endeudado.

[*Exeunt.*]

Escena II. Una calle

Entran Capuleto, Paris *y* Sirviente.

CAPULETO. Pero Montague está atado tan bien como yo, en la pena por igual; y no es difícil, creo, para hombres tan viejos como nosotros mantener la paz.

PARÍS. De honorable cálculo sois los dos, y lástima que hayáis vivido en desacuerdo tanto tiempo. Pero ahora, mi señor, ¿qué decís de mi traje?

CAPULETO. Pero diciendo lo que he dicho antes. Mi hija es todavía una extranjera en el mundo, no ha visto el cambio de catorce años; Que dos veranos más se marchiten en su orgullo, antes de que pensemos que está madura para ser una novia.

PARÍS. Más jóvenes que ella son madres felices.

CAPULETO. Y demasiado pronto se casan los que se hacen tan temprano. La tierra se ha tragado todas mis esperanzas menos ella,Ella es la señora esperanzada de mi tierra:Pero corteja a ella, gentil Paris, toma su corazón,Mi voluntad a su consentimiento no es más que una parte; Y ella acepta, dentro de su ámbito de elecciónRadica mi consentimiento y la voz justa de acuerdo. Esta noche celebro una fiesta antigua y acostumbrada, a la que he invitado a muchos invitados, a los que amo, y a ti entre la tienda, uno más, muy bienvenido, hace que mi número sea mayor. En mi pobre casa, mira a contemplar esta noche Estrellas que pisan la tierra y hacen que el cielo oscuro sea luminoso:Tanta comodidad como la que sienten los jóvenes lujuriososCuando el abril bien vestido pisa los pies del invierno, incluso tal deleite
Entre capullos femeninos frescos heredarás esta noche en mi casa. Oíd todos, todos veis, y como ella, la más cuyo mérito será mayor, la cual, según la vista de muchos, siendo la mía, una sola, puede estar en número, aunque en el cómputo ninguno. Ven, vete conmigo. Anda, señora, camina penosamente por la hermosa Verona; encontrar a esas personas cuyos nombres están escritos allí, [*da un papel*] y decirles: Mi casa y bienvenidos en su estancia de placer.

[*Exeunt* Capuleto *y* París.]

SERVIDOR. ¡Descúbrelos cuyos nombres están escritos aquí! Está escrito que el zapatero debe entrometerse en su patio y el sastre en su horma, el pescador en su lápiz y el pintor en sus redes; pero yo he sido enviado a buscar a aquellas personas cuyos nombres están aquí escritos, y nunca puedo encontrar qué nombres ha escrito aquí la persona que escribe. Debo a los eruditos. ¡A su debido tiempo!

Entran Benvolio *y* Romeo.

BENVOLIO. Tutankamón, hombre, un fuego quema el ardor de otro, un dolor es disminuido por la angustia de otro; Vuélvete mareado, y déjate llevar por el giro hacia atrás; Un dolor desesperado cura con la languidez de otro: Lleva a tu ojo una nueva infección, y el veneno de lo viejo morirá.

ROMEO. Su hoja de plátano es excelente para eso.

BENVOLIO. ¿Por qué, te lo ruego?

ROMEO. Por tu espinilla rota.

BENVOLIO. ¿Por qué, Romeo, estás loco?

ROMEO. No está loco, sino que está atado más de lo que está un loco: encerrado en la cárcel, sin mi comida,
 azotado y atormentado y... ¡Dios mío, buen hombre!

SERVIDOR. Dios gi' go-den. Le ruego, señor, que sepa leer.

ROMEO. Ay, mi propia fortuna en mi miseria.

SERVIDOR. Tal vez lo hayas aprendido sin libro. Pero te ruego, ¿puedes leer algo de lo que ves?

ROMEO. Ay, si conozco las letras y el idioma.

SERVANT. Ye decir honestamente, ¡descansa feliz!

ROMEO. Quédate, amigo; Sé leer.

(*Lee la carta.*]

el señor Martino y su mujer e hijas;
el condado de Anselmo y sus hermosas hermanas;
La señora viuda de Utruvio;
Signior Placentio y sus encantadoras sobrinas;
Mercucio y su hermano Valentín;
Mi tío Capuleto, su mujer y sus hijas;
Mi hermosa sobrina Rosaline y Livia;
el señor Valentio y su primo Teobaldo;
Lucio y la vivaz Helena.

Una asamblea justa. (*Devuelve el papel*) ¿A dónde deberían venir?

SERVIDOR. Hacia arriba.

ROMEO. ¿Dónde cenar?

SERVANT. To nuestra casa.

ROMEO. ¿De quién es la casa?

SERVANT. My maestría.

ROMEO. De hecho, debería habértelo preguntado antes.

SERVIDOR. Ahora te lo diré sin preguntar. Mi amo es el gran y rico Capuleto, y si no eres de la casa de los Montescos, te ruego que vengas a tomar una copa de vino. Descansa alegre.

[Salir.]

BENVOLIO.At esta misma fiesta antigua de Capuleto Súbete a la hermosa Rosalinea a quien tanto amabas; Con todas las bellezas admiradas de Verona.Ve allá y con ojos inalcanzables,Compara su rostro con algunos que yo mostraré,Y te haré pensar que tu cisne es un cuervo.

ROMEO. Cuando la devota religión de mis ojos mantenga tal falsedad, entonces convierte las lágrimas en fuego; Y estos que, ahogándose a menudo, nunca podrían morir, herejes transparentes, sean quemados por mentirosos. ¿Uno más justo que mi amor? El sol que todo lo ve vio su partido desde que el mundo comenzó.

BENVOLIO. Tutankamón, tú la viste hermosa, sin que nadie más estuviera cerca, ella misma se balanceaba consigo misma en ambos ojos, pero en esa balanza de cristal se pesa
 el amor de tu señora contra alguna otra doncella, que te mostraré resplandeciente en esta fiesta, y ella apenas mostrará bien lo que ahora se muestra mejor.

ROMEO.
Iré con él, sin que se muestre tal espectáculo, sino para regocijarme en mi propio esplendor.

[Exeunt.]

Escena III. Habitación en casa de Capuleto

Entran Lady Capuleto *y* Nurse.

LADY CAPULETO. Enfermera, ¿dónde está mi hija? Llámala a mí.

ENFERMERA. Ahora, por mi cabeza de doncella, a los doce años, le dije que viniera. ¡Qué, cordero! ¡Qué mariquita! ¡Dios no lo quiera! ¿Dónde está esta chica? ¡Qué, Julieta!

Entra Julieta.

JULIETA. ¿Y ahora quién llama?

ENFERMERA. Tu madre.

JULIETA. Señora, estoy aquí. ¿Cuál es tu voluntad?

LADY CAPULETO. Este es el asunto. Enfermera, da permiso un rato, debemos hablar en secreto. Enfermera, vuelve otra vez, me he acordado de mí, has oído nuestros consejos. Tú sabes que mi hija es de una edad bonita.

ENFERMERA. Fe, puedo decir su edad hasta una hora.

LADY CAPULETO.
No tiene catorce años.

ENFERMERA.
Pondré catorce de mis dientes, y sin embargo, para mi adolescente, sea dicho, no tengo más que cuatro, ella no tiene catorce. ¿Cuánto tiempo es ahoraA Lammas-marea?

LADY CAPULETO. Quince días y picos.

ENFERMERA. Pares o impares, de todos los días del año, Llegue la víspera de Lammas por la noche, tendrá catorce años. Susan y ella —¡que en paz descansen todas las almas cristianas!— eran de una edad. Bueno, Susan está con Dios; Era demasiado buena para mí. Pero, como he dicho, en la víspera de Lammas, por la noche, tendrá catorce años; Con eso se casará; Lo recuerdo muy bien.Han pasado ya once años desde el terremoto; Y ella fue destetada, —nunca lo olvidaré—, de todos los días del año, en ese día: porque entonces yo había puesto ajenjo en mi cavada, sentado al sol bajo la pared del palomar; Mi señor y vos estabais entonces en Mantua: no, yo sí que tengo cerebro. Pero como dije, cuando probó el ajenjo en el pezón de mi cavado y lo sintió amargo, bastante tonto, ¡verlo manchado y caerse con la excavación! Sacude, dijo el palomar: no era necesario, pensé, que me dijeras que caminara. Y desde entonces han pasado once años; Porque entonces podría valerse por sí sola; Es más, por ahí podría haber corrido y andar contoneándose por todas partes; Porque aun el día anterior ella se rompió la frente, y luego mi esposo, ¡Dios sea con su alma! A era un hombre alegre, tomó al niño en brazos: "Sí", dijo, "¿caes sobre tu rostro?

Caerás hacia atrás cuando tengas más ingenio; ¿No quieres, Jule?», y la linda desgraciada se fue llorando y dijo: «¡Ay!». A ver ahora cómo se produce una broma. Te garantizo, y viviría mil años, nunca lo olvidaría. -¿No quieres, Jule? -dijo él-; Y, bastante tonto, se quedó callado y dijo: 'Ay'.

LADY CAPULETO. Basta de esto; Te ruego que guardes silencio.

ENFERMERA. Sí, señora, pero no puedo hacer otra cosa que reír, pensar que se va a ir llorando, y decir 'Ay'; Y, sin embargo, garantizo que tenía en la frente un bulto tan grande como la piedra de un gallo joven; Un golpe peligroso, y lloró amargamente. Sí -dijo mi marido-, ¿caer sobre tu rostro? Caerás hacia atrás cuando llegues a la vejez; ¿No quieres, Jule?', se entrecortó y dijo: «¡Ay!».

JULIETA. Y tú también te ruego, nodriza, te digo.

ENFERMERA. La paz la he hecho. Dios te señale a su gracia. Fuiste la niña más hermosa que yo amamanté: y podría vivir para verte casada una vez, tengo mi deseo.

LADY CAPULETO. Casarse, ese casarse es el tema del que vine a hablar. Dime, hija Julieta, ¿cuál es tu disposición a casarte?

JULIET.It es un honor con el que no sueño.

ENFERMERA. ¡Un honor! Si no fuera yo tu única nodriza, diría que has chupado la sabiduría de tu pezón.

LADY CAPULETO. Pues bien, piensa ahora en el matrimonio: más jóvenes que tú, aquí en Verona, damas estimadas, ya están hechas madres. Según mis cálculos, fui tu madre mucho en estos años, que ahora eres una doncella. Así, pues, en resumen; El valiente Paris te busca por su amor.

ENFERMERA. ¡Un hombre, jovencita! Señora, tal hombreComo todo el mundo, por qué él es un hombre de cera.

LADY CAPULETO. El verano de Verona no tiene tal flor.

ENFERMERA. No, él es una flor, en fe una flor muy grande.

LADY CAPULETO. ¿Qué dices, puedes amar al caballero? Esta noche lo verás en nuestra fiesta; Lee el volumen del rostro del joven Paris, y encuentra allí el deleite escrito con la pluma de la belleza.

Examinad cada linaje matrimonial, y ved cómo se contentan el uno al otro; Y lo que se oscurece en este hermoso volumen yace, Encuentra escrito en el margent de sus ojos. A este precioso libro de amor, a este amante desatado,Para embellecerlo, sólo le falta una tapadera:El pez vive en el mar; y es mucho orgullo para la bella sin la bella dentro para esconderse. Ese libro a los ojos de muchos comparte la gloria,Que en broches de oro cierra la historia de oro; Así compartirás todo lo que él posee, teniéndolo a él, no haciéndote menos a ti mismo.

NURSE.No menos, más aún. Las mujeres crecen por los hombres.

LADY CAPULETO. Háblanos brevemente, ¿te gusta el amor de Paris?

JULIETA. Miraré a gustar, si mirar a gusto moverme:Pero no más profundo terminaré mi ojoQue tu consentimiento da fuerza para hacerlo volar.

Entra un sirviente.

SERVIDOR. Señora, los invitados han llegado, la cena está servida, usted ha llamado, mi señorita ha pedido, la enfermera maldice en la despensa, y todo en extremo. Por lo tanto, debo esperar, te ruego que sigas derecho.

LADY CAPULETO. Te seguimos.

[*Salir* Sirviente.]

Julieta, el Condado se queda.

ENFERMERA. Ve, chica, busca noches felices para días felices.

[*Exeunt.*]

Escena IV. Una calle

Entran Romeo, Mercucio, Benvolio, *con cinco o seis* enmascarados; Portadores de la antorcha *y otros.*

ROMEO. ¿Qué, se dirá este discurso para nuestra excusa? ¿O seguiremos sin pedir disculpas?

BENVOLIO. La fecha está fuera de tanta prolijidad:
No tendremos a Cupido engañado con un pañuelo,Llevando un lazo
de listón pintado de tártaro,Asustando a las damas como un cuervo;
Ni ningún prólogo sin libro, habló débilmenteDespués del apuntador,
para nuestra entrada:Pero que nos midan por lo que quieran, les
mediremos una medida, y nos iremos.

ROMEO. Dame una linterna, no estoy para este deambular; Siendo
pesado, soportaré la luz.

MERCUTIO. No, gentil Romeo, tenemos que hacerte bailar.

ROMEO. Yo no, créeme, tienes zapatos de baile, con suelas ágiles,
tengo un alma de plomo, así que me clava en el suelo y no puedo
moverme.

MERCUTIO. Eres un amante, toma prestadas las alas de Cupido, y
vuela con ellas por encima de un límite común.

ROMEO. Estoy demasiado agujereado con su asta para remontarme
con sus ligeras plumas, y tan atado, que no puedo atar un tono por
encima de la sorda aflicción. Bajo la pesada carga del amor me
hundo.

MERCUTIO. Y, para hundirse en ella, si agobias el amor; Demasiada
opresión para una cosa tierna.

ROMEO.Is amor una cosa tierna? Es demasiado áspero, demasiado
grosero, demasiado bullicioso; y pincha como una espina.

MERCUTIO. Si el amor es duro contigo, sé áspero con el amor;
Pincha el amor por pinchar, y derrotas al amor. Dame un estuche
para poner mi rostro: [*Poniéndome una máscara.*]Una visera por una
visera. ¿Qué cuidado tengo yo
con el ojo curioso que cita las deformidades? Aquí están las cejas de
escarabajo que se sonrojarán por mí.

BENVOLIO. Ven, llama y entra; y no bien entró, sino que todos los
hombres lo tomaron en sus piernas.

ROMEO. Una antorcha para mí: que los desenfrenados, ligeros de
corazón, cosquilleen con sus talones a los insensatos torrentes;

Porque se me proverbial con una frase de abuelo: "Seré un candelabro y miraré", "El juego no fue tan justo" y ya está.

MERCUTIO. Tut, dun es el ratón, la propia palabra del alguacil:Si eres tonto, te sacaremos del fangoO salvaremos tu reverencia amor, en el que te pegas hasta las orejas. Ven, quemamos la luz del día, ho.

ROMEO. No, eso no es así.

MERCUTIO. Quiero decir, señor, en la demora desperdiciamos nuestras luces en vano, luces encendidas durante el día. Toma nuestra buena intención, porque nuestro juicio se sienta cinco veces en eso antes de una vez en nuestros cinco ingenios.

ROMEO. Y tenemos buenas intenciones al ir a esta máscara; Pero no es ingenio irse.

MERCUTIO. ¿Por qué?, se preguntará uno.

ROMEO. Soñé un sueño esta noche.

MERCUTIO. Y yo también.

ROMEO. Bueno, ¿cuál era la tuya?

MERCUTIO. Que los soñadores a menudo mienten.

ROMEO.In la cama dormidos, mientras sueñan cosas verdaderas.

MERCUTIO. Oh, entonces, veo que la reina Mab ha estado contigo. Es la comadrona de las hadas, y viene en forma no más grande que una piedra de ágataEn el dedo índice de un concejal,Dibujado con una yunta de pequeños átomos sobre las narices de los hombres mientras duermen:Sus radios de carreta hechos de largas patas de hilanderas; La cubierta, de las alas de los saltamontes; Sus huellas, de la más pequeña tela de araña; Los collares, de los rayos acuosos de la luz de la luna; Su látigo de hueso de cricket; el látigo, del cine; Su carreta, una pequeña mosquitera de pelaje gris,Ni la mitad de grande que un gusano redondo
pinchado por el dedo perezoso de una doncella:Su carro es una avellana vacía,Hecha por la ardilla carpintera o la vieja larva,Tiempo fuera de la mente de las hadas cocheras. Y en este estado galopa noche tras noche a través de los cerebros de los amantes, y luego sueñan con el amor; Sobre las rodillas de los cortesanos, que sueñan

en línea recta; Sobre los dedos de los abogados, que sueñan directamente con los honorarios; Sobre los labios de las damas, que directamente a los besos sueñan,Que a menudo el Mab enojado con ampollas plagas,Porque sus alientos con dulces contaminados son:Alguna vez ella galopa sobre la nariz de un cortesano,Y luego sueña él con oler un traje; Y en algún momento viene ella con la cola de un cerdo de diezmo,Haciéndole cosquillas en la nariz a un párroco mientras duerme,Entonces sueña él con otro beneficio:
Alguna vez ella clava el cuello de un soldado,Y entonces sueña él con cortar gargantas extranjeras,Con brechas, ambuscados, espadas españolas,De saludes de cinco brazas de profundidad; y luego un tamborileo en su oído, ante el cual se sobresalta y se despierta; Y, sintiéndose así asustado, jura una o dos oraciones, y se duerme de nuevo. Este es el mismo MabThat que golpea las crines de los caballos en la noche; Y cuece los mechones de los elfos en asquerosos pelos de puta,Que, una vez desenredados, presagian muchas desgracias:Esta es la bruja, cuando las doncellas se acuestan de espaldas,Que las aprieta, y las aprende primero a soportar,Convirtiéndolas en mujeres de buen porte:Esta es ella,—

ROMEO. Paz, paz, Mercucio, paz, no hablas de nada.

MERCUTIO. Es cierto que hablo de sueños, que son los hijos de un cerebro ocioso, engendrados de nada más que vana fantasía, que es tan delgada de sustancia como el aire, y más inconstante que el viento, que corteja ahora el seno helado del norte, y, enfurecido, se aleja de allí, volviendo su lado hacia el sur que cae rocío.

BENVOLIO. Este viento del que hablas nos saca de nosotros mismos: la cena está hecha, y llegaremos demasiado tarde.

ROMEO. Temo demasiado pronto: porque mi mente dudaAlguna consecuencia aún pende en las estrellas,Comenzará amargamente su temible citaCon las juergas de esta noche; y expirar el término de una vida despreciada, cerrada en mi pecho
por alguna vil pérdida de muerte prematura. Mas el que tiene la dirección de mi caminoDirige mi pleito. ¡Adelante, caballeros lujuriosos!

BENVOLIO. Golpe, tambor.

[Exeunt.]

Escena V. Un salón en la casa de Capuleto

Músicos esperando. Entran los sirvientes.

PRIMER SIRVIENTE. ¿Dónde está Potpan, a quien ayuda a no llevar? ¡Movió una zanjadora! ¡Raspó una zanjadora!

SEGUNDO SIRVIENTE. Cuando los buenos modales están todos en las manos de uno o dos hombres, y ellos también se deslavan, es una cosa repugnante.

PRIMER SIRVIENTE. Fuera con los taburetes, retire el armario y mire hacia el plato. Buen tú, guárdame un pedazo de marchpane; y como me quieres, deja que el portero deje entrar a Susan Grindstone y a Nell. ¡Antonio y Potpan!

SEGUNDO SIRVIENTE. Ay, chico, listo.

PRIMER SIRVIENTE. Eres buscado y llamado, pedido y buscado, en la gran cámara.

SEGUNDO SIRVIENTE. No podemos estar aquí y allá también. Alegres, muchachos. Sea enérgico un rato, y el hígado más largo lo tomará todo.

[Exeunt.]

Entra Capuleto, *etc. con los Invitados y Caballeros a los Enmascarados.*

CAPULETO. Bienvenidos, caballeros, las damas que tienen los dedos de los pies
sin manchar de callos tendrán una pelea con ustedes. ¡Ah, señoras mías!, ¿quién de vosotras se negará ahora a bailar? La que hace manjar, la juro que tiene callos. ¿Me he acercado ahora a vosotros? ¡Bienvenidos, señores! He visto el día en que me he puesto una visera, y he podido contar una historia susurrante al oído de una hermosa dama, como quisiera; Se ha ido, se ha ido, se ha ido, ¡De nada, caballeros! Vengan, músicos, toquen. ¡Un pasillo, un pasillo, da espacio! Y a por todas, chicas.

[*Suena música y bailan.*]

Más luz, bribones; y sube las mesas,Y apaga el fuego, la habitación
se calienta demasiado. Ah sirrah, este deporte inesperado sale bien.
No, siéntate, buen primo Capuleto, porque tú y yo hemos pasado
nuestros días de baile; ¿Cuánto tiempo no ha pasado desde la última
vez que tú y yo estuvimos con una mascarilla?

PRIMO DE CAPULETO.
Por Señora, treinta años.

CAPULETO. Lo que, hombre, no es tanto, no es tanto: desde la boda
de Lucentio, llegue Pentecostés tan pronto como lo hará, unos
veinticinco años; Y luego nos enmascaramos.

ES MÁS, ES MÁS, SU HIJO ES MAYOR, SEÑOR; Su hijo tiene
treinta años.

CAPULETO. ¿Me dirás eso? Su hijo no era más que un pupilo hace
dos años.

ROMEO. ¿Qué dama es ésa que enriquece la mano de aquel
caballero?

SERVIDOR. No lo sé, señor.

ROMEO. ¡Oh, ella enseña a las antorchas a arder brillantemente!
Parece que cuelga de la mejilla de la nocheComo una rica joya en la
oreja de un Etíope; ¡Belleza demasiado rica para el uso, para la tierra
demasiado cara! Así lo muestra una paloma nevada que camina con
cuervos, como lo muestra aquella dama sobre sus compañeros.
Hecha la medida, vigilaré su lugar de apoyo, y tocando el suyo,
bendita sea mi mano ruda. ¿Amó mi corazón hasta ahora?
¡Renumértelo, vista! Porque nunca había visto la verdadera belleza
hasta esta noche.

TEOBALDO. Esto, por su voz, debería ser un Montague.Tráeme mi
estoque, muchacho. ¿Qué, se atreve el esclavo a venir aquí, cubierto
con un rostro anticuado, a burlarse y despreciarse de nuestra
solemnidad? Ahora, por el linaje y el honor de mis parientes, no lo
considero un pecado.

CAPULETO. ¡Y ahora, pariente! ¿Por qué te atormentas así?

TEOBALDO. Tío, este es un Montesco, nuestro enemigo; Un villano que ha venido aquí a despecho, para despreciar nuestra solemnidad esta noche.

CAPULETO. ¿Joven Romeo, verdad?

Es él, ese villano Romeo.

CAPULETO. Contenta, gentil coz, déjalo en paz, A lo soporta como un caballero corpulento; Y, a decir verdad, Verona se jacta de ser un joven virtuoso y bien gobernado. No lo despreciaría por la riqueza de todo el pueblo, aquí en mi casa. Por lo tanto, ten paciencia, no le hagas caso, es mi voluntad; la cual, si respetas, muestra una buena presencia y deja de fruncir el ceño, una apariencia indecorosa para una fiesta.

TYBALT.It encaja cuando un villano así es un invitado:
 No lo toleraré.

CAPULETO. Él será soportado. ¡Qué, buen muchacho! Yo digo que él irá; ¿Soy yo el amo aquí, o tú? Vete a.
¡No lo soportarás! ¡Dios arreglará mi alma,
 harás un motín entre mis invitados! ¡Pondrás cock-a-hoop, serás el hombre!

TEOBALDO. Vaya, tío, es una vergüenza.

CAPULETO. ¡Ir a, ir a! Eres un chico descarado. ¿No es así, en efecto? Este truco puede tener la oportunidad de herirte, sé qué. ¡Debes contradecirme! Cásate, es el momento. ¡Bien dicho, corazón mío!—Eres un princox; ve:Cállate, o... ¡Más luz, más luz!—¡Por vergüenza! Te haré callar. ¡Qué, alegremente, mis corazones!

TEOBALDO. La paciencia forzosamente con el encuentro voluntarioso del cóleraHace temblar mi carne en su diferente saludo. Me retiraré, pero esta intrusión, que ahora parece dulce, se convertirá en hiel amarga.

[*Salir.*]

ROMEO. [*A Julieta.*] Si profano con mi mano más indigna Este santo santuario, el suave pecado es este,Mis labios, dos peregrinos sonrojados, están listos para suavizar ese roce áspero con un tierno beso.

JULIETA. Buen peregrino, haces demasiado mal tu mano, Lo cual se muestra en esto la devoción educada; Porque los santos tienen manos que las manos de los peregrinos tocan, y palma a palma es el beso de los santos.

ROMEO. ¿No tienen labios de santo, y también palmas santas?

JULIETA. Ay, peregrino, labios que deben usar en la oración.

ROMEO. Oh, pues, querido santo, que los labios hagan lo que hacen las manos: te ruegan, concédete, que la fe no se convierta en desesperación.

JULIETA. Los santos no se mueven, aunque conceden por el bien de las oraciones.

ROMEO. Entonces no me muevas mientras el efecto de mi oración lo tomo. Así, de mis labios, por ti es purgado mi pecado. (*Besándola.*]

JULIETA. Que mis labios tengan el pecado que han cometido.

ROMEO. ¿Pecar de mis labios? ¡Oh transgresión dulcemente urgida! Dame mi pecado otra vez.

JULIETA. Besos según el libro.

ENFERMERA. Señora, su madre anhela hablar con usted.

ROMEO. ¿Cuál es su madre?

ENFERMERA. Casarse, soltero, su madre es la señora de la casa, y una buena señora, y una sabia y virtuosa. Amamanté a su hija con la que hablaste. Os digo que el que pueda apoderarse de ella tendrá las grietas.

ROMEO.Is una Capuleto? ¡Oh querida cuenta! Mi vida es la deuda de mi enemigo.

BENVOLIO. Fuera, vete; El deporte está en el mejor de los casos.

ROMEO. ¡Ay, eso me temo! más es mi inquietud.

CAPULETO. No, caballeros, prepárense para no irse, tenemos un banquete insignificante e insensato. ¿Es así? Pues, entonces, les agradezco a todos; Les agradezco, honrados caballeros; Buenas noches. ¡Más antorchas aquí! Vamos, pues, vamos a la cama. Ah, señora, por mi hada, se hace tarde, me iré a descansar.

[*Exeunt a todos menos* a Julieta *y* a la enfermera.]

JULIETA. Ven acá, enfermera. ¿Qué es usted, caballero?

ENFERMERA. Hijo y heredero del viejo Tiberio.

JULIETA.
¿Qué es él que ahora se va a salir por la puerta?

ENFERMERA. Cásate, que creo que será el joven Petruchio.

JULIETA.
¿Qué es el que sigue aquí, que no quiere bailar?

ENFERMERA. No lo sé.

JULIETA. Ve y pregúntale su nombre. Si él está casado, mi tumba es como si fuera mi lecho nupcial.

ENFERMERA. Su nombre es Romeo, y un Montesco, el único hijo de tu gran enemigo.

JULIET.My único amor brotó de mi único odio! ¡Demasiado pronto visto desconocido y conocido demasiado tarde! Prodigioso nacimiento del amor es para mí, que debo amar a un enemigo aborrecido.

ENFERMERA.
¿Qué es esto? ¿Qué es esto?

JULIETA. Una rima que aprendí incluso ahoraDe una con la que bailé.

[*Uno llama en su interior, 'Julieta'.*]

ENFERMERA. ¡Anon, anon! Vamos, vámonos, todos los extraños se han ido.

[*Exeunt.*]

Acto II

Entra el coro.

CORO. Ahora el viejo deseo yace en su lecho de muerte, Y el joven afecto se abre para ser su heredero; Aquella feria por la que el amor gimió y moriría, con la tierna Julieta emparejada, ahora no es justa. Ahora Romeo es amado, y ama de nuevo, igualmente hechizado por el encanto de las apariencias; Pero a su enemiga se supone que debe quejarse, Y ella roba el dulce cebo del amor de los temibles anzuelos:Siendo considerado un enemigo, no puede tener accesoA respirar tales votos como los amantes suelen jurar; Y ella tanto en el amor, su significa mucho menosPara conocer a su nuevo amado en cualquier lugar. Pero la pasión les da poder, el tiempo lo significa, para encontrar, templando las extremidades con extrema dulzura.

[*Salir.*]

Escena I. Un lugar abierto contiguo al jardín de Capuleto

Entra Romeo.

ROMEO. ¿Puedo seguir adelante cuando mi corazón está aquí? Vuélvete, tierra embotada, y encuentra tu centro.

(*Trepa por la pared y salta dentro de ella.*]

Entran Benvolio *y* Mercutio.

BENVOLIO. ¡Romeo! ¡Mi primo Romeo! ¡Romeo!

MERCUTIO. Él es sabio, y en mi vida lo ha robado a casa para dormir.

BENVOLIO. Corrió por aquí, y saltó el muro del huerto:¡Llama, buen Mercucio!

MERCUTIO. No, yo también conjuraré. ¡Romeo! ¡Humores! ¡Loco! ¡Pasión! ¡Amante! Aparece en la semejanza de un suspiro, Di una sola rima, y quedo satisfecho; Llora, pero '¡Ah, yo!' Pronuncia el Amor y la paloma; Háblale a mi chismosa Venus una palabra justa, un apodo para su hijo ciego y heredero, el joven Abraham Cupido, el que disparó tan bienCuando el rey Cophetua amaba a la doncella mendiga. No oye, no se mueve, no se mueve; El mono está muerto, y tengo que conjurarlo. Te conjuro por los ojos brillantes de Rosaline, por su frente alta y su labio escarlata, por su pie fino, su pierna recta y su muslo tembloroso, y por los dedominios que yacen junto a ella, que a tu semejanza nos apareces.

BENVOLIO. Y si te oye, le iraréis.

MERCUTIO. Esto no puede enfurecerlo. Le enfurecería levantar un espíritu en el círculo de su amante, de alguna naturaleza extraña, dejándolo allí hasta que ella lo hubiera dejado y lo hubiera conjurado; Eran algunos despechos. Mi invocación es justa y honesta, y, en nombre de su señora, sólo conjuro para levantarlo.

BENVOLIO. Ven, se ha escondido entre estos árboles para asociarse con la noche humorística. Ciego es su amor, y es lo que mejor conviene a la oscuridad.

MERCUTIO. Si el amor es ciego, el amor no puede dar en el blanco. Ahora se sentará bajo un níspero, y deseará que su ama sea esa clase de fruta, como las doncellas llaman a los nísperos cuando ríen solas. ¡Oh Romeo, si ella fuera, oh, si ella fuera, un culo abierto y tú una pera poperin! Romeo, buenas noches. Me iré a mi camionero. Este lecho de campaña es demasiado frío para que yo duerma. Vamos, ¿vamos?

BENVOLIO. Ve entonces; porque es en vano buscarle aquí, es decir, no ser hallado.

[*Exeunt.*]

Escena II. Jardín de los Capuleto

Entra Romeo.

ROMEO. Se burla de las cicatrices que nunca sintieron una herida.

Julieta *aparece arriba en una ventana.*

Pero suave, ¿qué luz se rompe a través de esa ventana? ¡Es el este, y Julieta es el sol! Levántate, hermoso sol, y mata a la envidiosa luna, que ya está enferma y pálida de dolor, porque tú, su doncella, eres mucho más hermosa que ella. No seas su sierva, porque es envidiosa; Su librea vestal es enferma y verde, y nadie más que los necios la llevan; Deshazte de él. ¡Es mi señora, oh es mi amor! ¡Oh, si supiera que lo era! Habla, pero no dice nada. ¿Y qué hay de eso? Su ojo habla, yo le contestaré. Soy demasiado audaz, no es a mí a quien ella habla.
Dos de las estrellas más hermosas de todo el cielo, teniendo algún negocio, ruegan a sus ojos que centelleen en sus esferas hasta que regresen. ¿Y si sus ojos estuvieran allí, en su cabeza? El resplandor de sus mejillas avergonzaría a aquellas estrellas, como la luz del día a una lámpara; sus ojos en el cielo a través de la región aérea fluían tan brillantes que los pájaros cantarían y pensarían que no era de noche. Mira cómo apoya su mejilla en su mano. ¡Oh, si yo fuera un guante en esa mano, para poder tocar esa mejilla!

JULIETA. Ay de mí.

ROMEO. Ella habla. Oh ángel brillante de nuevo, porque eres tan glorioso hasta esta noche, estando sobre mi cabeza, como lo es un mensajero alado del cielo a los ojos blancos y asombrados de los mortales que se echan atrás para mirarlo cuando él cabalga sobre las nubes perezosas y resopla y navega sobre el seno del aire.

JULIETA. Oh Romeo, Romeo, ¿por qué eres tú Romeo? Niega a tu padre y rechaza tu nombre. O si no quieres, júrame mi amor, y ya no seré un Capuleto.

ROMEO. [*Aparte.*] ¿Oiré más, o hablaré en esto?

JULIETA.No es más que tu nombre el que es mi enemigo; Eres tú mismo, aunque no un Montesco.¿Qué es Montesco? No es ni la mano, ni el pie, ni el brazo, ni la cara, ni ninguna otra parte que pertenezca a un hombre.

¿Qué hay en un nombre? Lo que llamamos una rosaPor cualquier otro nombre olería igual de dulce; De modo que Romeo, si no se le llamara, conservaría esa querida perfección que se debe sin ese título. Romeo, quítate tu nombre, y por tu nombre, que no es parte de ti, tómate todo a mí mismo.

ROMEO. Te tomo la palabra. Llámame amor, y seré bautizado de nuevo; De ahora en adelante nunca seré Romeo.

JULIETA. ¿Qué hombre eres tú que, así apantallado en la noche, tropieces con mi consejo?

ROMEO.By un nombreNo sé decirte quién soy:Mi nombre, querido santo, me es odioso a mí mismo,porque es enemigo de ti. Si lo hubiera escrito, rompería la palabra.

JULIET.My oídos aún no han bebido cien palabras de la palabra de tu lengua, pero conozco el sonido. ¿No eres tú Romeo y un Montesco?

ROMEO. Ni lo uno ni lo otro, hermosa doncella, si a ti te desagrada.

JULIETA. ¿Cómo has llegado hasta aquí, dime, y por qué? Los muros de los huertos son altos y difíciles de escalar, y el lugar la muerte, considerando quién eres, si alguno de mis parientes te encuentra aquí.

ROMEO. Con las ligeras alas del amor me posé en estos muros, porque los límites pétreos no pueden contener el amor, y lo que el amor puede hacer, que se atreve a intentar el amor: Por lo tanto, tus parientes no me detienen.

JULIETA. Si te ven, te matarán.

ROMEO. Afántate, hay más peligro en tus ojos que veinte de sus espadas. Mira, dulce, y yo soy a prueba de su enemistad.

JULIETA. No lo haría por nada del mundo que te vieran aquí.

ROMEO. Tengo manto de noche para esconderme de sus ojos, y si me amas, que me encuentren aquí. Mejor sería mi vida terminada por su odio que la muerte prorrogada, faltando a tu amor.

JULIET.By ¿De quién eres tú en este lugar?

ROMEO.By amor, eso fue lo primero que me impulsó a indagar; Él me dio consejo, y yo le presté los ojos. No soy piloto; sin embargo, si llegaras tan lejos como esa vasta costa bañada por el mar más lejano, me aventuraría por tal mercancía.

JULIETA. Tú sabes que la máscara de la noche está en mi rostro, de lo contrario, un rubor de doncella pintaría mis mejillas por lo que me has oído hablar esta noche. De buena gana me detendría en la forma, de buena gana, de buena gana negaría lo que he hablado; Pero adiós, cumplido. ¿Me amas? Sé que dirás Ay, y tomaré tu palabra. Sin embargo, si juras, puedes demostrar que eres falso. De los perjurios de los amantes, dicen Jove, se ríe. Oh dulce Romeo, si amas, decláralo fielmente.
O si piensas que me he ganado demasiado rápido,
frunciré el ceño y seré perverso, y te diré que no, así que cortejarás. Pero por lo demás, no para nada del mundo. A decir verdad, hermosa Montesco, soy demasiado cariñosa; Y por eso puedes pensar que mi vida es ligera: pero créeme, caballero, que demostraré que soy más verdadero que aquellos que tienen más astucia para ser extraños. Debí haber sido más extraño, debo confesarlo, pero lo oíste antes de que yo supiera mi verdadera pasión de amor; por lo tanto, perdóname, y no imputes esto ceder al amor ligero, que la noche oscura ha descubierto tanto.

ROMEO. Señora, por esa bendita luna juro, que recubre de plata todas estas copas de árboles frutales,

JULIETA. Oh, no jures por la luna, la luna inconstante, que los cambios mensuales en su orbe circular, no sea que tu amor resulte igualmente variable.

ROMEO. ¿Por qué juraré?

JULIET.Do no jurar en absoluto. O si quieres, jura por tu misericordioso ser, que es el dios de mi idolatría, y yo te creeré.

ROMEO. Si mi corazón es querido amor,

JULIETA. Bueno, no jures. Aunque me regocijo en ti, no tengo gozo de este contrato esta noche; Es demasiado precipitado, demasiado imprudente, demasiado repentino, demasiado como el relámpago, que cesa de ser antes de que uno pueda decir: "Se ilumina". Dulce,

buenas noches.
Este capullo de amor, por el aliento maduro del verano, puede resultar una hermosa flor la próxima vez que nos encontremos. Buenas noches, buenas noches. Tan dulce reposo y reposo Llega a tu corazón como el que está dentro de mi pecho.

ROMEO. ¿Me dejarás tan insatisfecho?

JULIETA. ¿Qué satisfacción puedes tener esta noche?

ROMEO.
El cambio del voto fiel de tu amor por el mío.

JULIETA. Yo te di la mía antes de que la pidieras; Y, sin embargo, me gustaría que volviera a dar.

ROMEO.
¿Lo retirarías? ¿Para qué, el amor?

JULIETA. Pero que seamos francos y te lo den de nuevo. Y, sin embargo, no deseo más que lo que tengo; Mi munificencia es tan ilimitada como el mar, mi amor tan profundo; cuanto más te doy, más tengo, porque ambos son infinitos. Escucho un ruido en mi interior. Querido amor, adiós. [*La enfermera llama hacia adentro.*¡Anon, buena nodriza!... ¡Dulce Montesco! Quédate un poco, volveré otra vez.

[*Salir.*]

ROMEO. ¡Oh bendita noche bendita! Me temo que, estando en la noche, todo esto no es más que un sueño, demasiado halagador para ser sustancial.

Entra Julieta *arriba.*

JULIETA. Tres palabras, querido Romeo, y buenas noches. Si tu inclinación de amor es honorable, tu propósito de matrimonio, envíame mañana un mensaje por uno, por uno que procuraré que venga a ti, dónde y a qué hora realizarás el rito, y toda mi fortuna a tu pie pondré y te seguiré mi señor por todo el mundo.

ENFERMERA. [*Dentro.*] Señora.

JULIETA. Pero si no tienes buenas intenciones, te lo ruego:

ENFERMERA. [*Dentro.*] Señora.

JULIET.By y por aquí vengo... para cesar tu contienda y abandonarme a mi dolor. Mañana enviaré.

ROMEO.So prosperar mi alma,

JULIETA. Mil veces buenas noches.

[*Salir.*]

ROMEO. Mil veces peor, querer tu luz. El amor va hacia el amor como los colegiales de sus libros, pero el amor desde el amor, hacia la escuela con miradas pesadas.

(*Retirándose lentamente.*]

Vuelve a entrar Julieta, *arriba.*

JULIETA. ¡Hist! Romeo, hist! Oh, por la voz de un cetreroPara atraer de nuevo a este suave borla. La esclavitud es ronca y no puede hablar en voz alta, de lo contrario, rompería la cueva donde yace Eco, y haría su lengua aérea más ronca que la mía con la repetición del nombre de mi Romeo.

ROMEO.It es mi alma la que invoca mi nombre. Cómo el sonido plateado de las lenguas de los amantes por la noche, como la música más suave para los oídos atentos.

JULIETA. Romeo.

ROMEO.My nyas?

JULIETA. ¿Qué es lo que mañana te enviaré?

ROMEO.By la hora de las nueve.

JULIETA. No voy a fallar. Han pasado veinte años hasta entonces. He olvidado por qué te llamé.

ROMEO. Déjame quedarme aquí hasta que lo recuerdes.

JULIETA. Olvidaré que seguirás ahí parado, recordando cuánto amo tu compañía.

ROMEO. Y todavía me quedaré, para que aún te olvides, olvidando cualquier otro hogar que no sea este.

JULIETA.Es casi de mañana; Quisiera que te fueras, y sin embargo, no más lejos que el pájaro de un desenfrenado, que lo deja saltar un poco de su mano, como un pobre prisionero en sus retorcidas piernas, y con un hilo de seda lo arranca de nuevo, tan amoroso y celoso de su libertad.

ROMEO. Ojalá fuera tu pájaro.

JULIETA. Dulce, así lo haría yo: sin embargo, te mataría con mucho cariño. Buenas noches, buenas noches. La despedida es una tristeza tan dulce que daré las buenas noches hasta mañana.

[*Salir.*]

ROMEO. El sueño habita en tus ojos, la paz en tu pecho. Ojalá fuera sueño y paz, tan dulce para descansar. Por lo tanto, iré a la celda de mi fantasmal Sire, Su ayuda para anhelar y mi querida fortuna para contar.

[*Salir.*]

Escena III. Celda de Fray Lorenzo

Entra Fray Lorenzo *con una cesta.*

FRAILE LAWRENCE. La mañana de ojos grises sonríe en la noche ceñuda, salpicando las nubes orientales con rayos de luz; Y la oscuridad salpicada como un borracho se tambaleaDel camino del día, hecho por las ruedas ardientes de TitánAhora, antes de que el sol avance su ojo ardiente,El día para alegrar, y el rocío húmedo de la noche para secar,Debo llenar esta jaula osierta nuestra con malas hierbas y flores preciosas y preciosas flores.
La tierra, que es la madre de la naturaleza, es su tumba; ¿Cuál es su sepulcro, ese es su vientre?Y de su vientre hallan hijos de diversas especies, mamando de su seno natural. Muchos, para muchas virtudes, excelentes, Ninguno, excepto para algunos, y sin embargo, todos diferentes. Oh, mickle es la gracia poderosa que reside en las plantas, hierbas, piedras y sus verdaderas cualidades. Porque no hay nada tan vil que en la tierra vive, sino que a la tierra le da algún bien especial; Y nada tan bueno que, arrancado de ese justo uso, se rebela contra el verdadero nacimiento, tropezando con el abuso. La virtud

misma convierte al vicio en un mal aplicado, y el vicio a veces es dignificado por la acción.

Entra Romeo.

Dentro de la corteza infantil de esta débil flor tiene residencia el veneno, y la medicina poder:Porque esto, siendo olfateado, con esa parte alegra cada parte; Al ser gustado, mata todos los sentidos con el corazón. Dos reyes tan opuestos los acampan todavíaEn el hombre así como en las hierbas, la gracia y la grosera voluntad; Y donde predomina el peor, pronto la muerte del chancro se come esa planta.

ROMEO. Buenos días, padre.

FRAILE LAWRENCE. ¡Benedicita! ¿Qué lengua primitiva tan dulce me saluda? Hijo pequeño, argumenta una cabeza destempladaTan pronto para despedirte de los buenos días a tu cama. El cuidado vigila en el ojo de cada anciano, y donde las cabañas de los cuidados duermen nunca mentirán; Pero donde la juventud no magullada con el cerebro desordenado acuesta sus miembros, allí reina el sueño dorado. Por tanto, tu precocidad me asegura
que estás alborotado con alguna desafección; O si no es así, entonces aquí lo golpeo bien, Nuestro Romeo no ha estado en la cama esta noche.

ROMEO. Esto último es cierto; el resto más dulce era mío.

FRAILE LAWRENCE. Dios perdone el pecado. ¿Estuviste con Rosaline?

ROMEO. ¿Con Rosaline, mi padre fantasmal? No. He olvidado ese nombre, y ese nombre es un ay.

FRAILE LAWRENCE.
Ese es mi buen hijo. Pero, ¿dónde has estado entonces?

ROMEO.
Te lo diré antes de que me lo vuelvas a preguntar. He estado festejando con mi enemigo, donde de repente uno me ha herido. Tanto nuestros remedios están dentro de tu ayuda como de tu santo físico. No guardo odio, bendito hombre; porque he aquí, mi intercesión también sostiene a mi enemigo.

FRAILE LAWRENCE.Be sencillo, buen hijo, y hogareño en tu vagabundeo; La confesión enigmbrada no encuentra más que remilgado desprecio.

ROMEO. Entonces sabe claramente que el amor querido de mi corazón está puestoEn la hermosa hija de un rico Capulet.As mío en el suyo, así el suyo está puesto en el mío; Y todo combinado, excepto lo que debes combinar por santo matrimonio. Cuándo, y dónde, y cómoNos conocimos, nos cortejamos e intercambiamos votos, te lo diré a medida que pasemos; pero esto te ruego: que consientas en casarte con nosotros hoy.

FRAILE LAWRENCE. ¡Santo San Francisco! ¡Qué cambio hay aquí! ¿Es Rosaline, a la que amabas tan queridamente, abandonada tan pronto? El amor de los jóvenes, pues, no está verdaderamente en sus corazones, sino en sus ojos. ¡Dios María, qué cantidad de salmuera ha lavado tus mejillas cetrinas por Rosaline! Cuánta agua salada se tira en el desperdicio, para sazonar el amor, que no sabe a ella. El sol aún no se aclara tus suspiros del cielo, tus viejos gemidos aún resuenan en mis antiguos oídos. He aquí en tu mejilla la mancha de una vieja lágrima que aún no se ha lavado. Si antes eras tú mismo, y estos males tuyos, tú y estos males eran todos por Rosaline, ¿y estás cambiada? Pronuncia esta frase entonces, las mujeres pueden caer, cuando no hay fuerza en los hombres.

ROMEO. A menudo me reprendes por amar a Rosaline.

FRAILE LAWRENCE. Para cariño, no para amar, alumno mío.

ROMEO. Y mal me entierro el amor.

FRAILE LAWRENCE. No en una tumba, para poner a uno, a otro para tener.

ROMEO. Te ruego que no me reprendas, a la que amo ahora. Gracia por gracia y amor por amor lo permite. El otro no lo hizo.

FRAILE LAWRENCE. Oh, ella sabía bien que tu amor se leía de memoria, que no sabía deletrear. Pero vamos, joven vacilante, ven conmigo,
en un aspecto seré tu asistente; Porque esta alianza puede resultar tan feliz, para convertir el rencor de vuestras casas en puro amor.

ROMEO. ¡Oh, dejémonos de aquí! Me paro con súbita prisa.

FRAILE LAWRENCE. Sabia y despacio; tropiezan que corren rápido.

[*Exeunt.*]

Escena IV. Una calle

Entran Benvolio *y* Mercutio.

MERCUTIO. ¿Dónde diablos debería estar este Romeo? ¿No vino a casa esta noche?

BENVOLIO. No a la de su padre; Hablé con su hombre.

MERCUTIO. Vaya, esa misma moza pálida y dura de corazón, esa Rosaline, lo atormenta de tal manera que seguramente se volverá loco.

BENVOLIO. Teobaldo, pariente del viejo Capuleto, ha enviado una carta a la casa de su padre.

MERCUTIO. Un reto en mi vida.

BENVOLIO. Romeo le responderá.

MERCUTIO. Cualquier hombre que sepa escribir puede contestar una carta.

BENVOLIO. No, él responderá al dueño de la carta, como se atreve, siendo desafiado.

MERCUTIO. ¡Ay, pobre Romeo, ya está muerto, apuñalado con el ojo morado de una moza blanca; Corre por la oreja con una canción de amor, la misma clavija de su corazón se hende con el trasero del mozo ciego. ¿Y es un hombre para encontrarse con Teobaldo?

BENVOLIO. ¿Por qué, qué es Tybalt?

MERCUTIO. Más que príncipe de los gatos. Oh, él es el valiente capitán de los cumplidos. Pelea como tú cantas una canción punzante, mantiene el tiempo, la distancia y la proporción. Descansa su mínimo descanso, uno, dos y el tercero en tu seno: el mismísimo carnicero de un botón de seda, un duelista, un duelista; Un caballero de la primera casa, de la primera y segunda causa. Ah, el passado inmortal, el punto reverso, el heno.

BENVOLIO. ¿El qué?

MERCUTIO. La viruela de tan anticuado ceceo, afectando a las fantasías; estos nuevos afinadores de acento. Por Jesu, un muy buen espada, un hombre muy alto, una muy buena puta. ¿Por qué no es una cosa lamentable, abuelo, que estemos tan afligidos por estas moscas extrañas, estos traficantes de moda, estos "perdóneme", que se apoyan tanto en la nueva forma que no pueden sentarse a gusto en el viejo banco? ¡Oh sus huesos, sus huesos!

Entra Romeo.

BENVOLIO. ¡Aquí viene Romeo, aquí viene Romeo!

MERCUTIO. Sin sus huevas, como un arenque seco. ¡Oh carne, carne, cómo has sido pescado! Ahora es él por los números que Petrarca fluyó. Laura, para su señora, no era más que una moza de cocina, casada, tenía más amor que la amaría: Dido, una desaliñada; Cleopatra, gitana; Helena y Hero hildings y rameras; Estopuede ser un ojo gris o algo así, pero no para el propósito. ¡Signior Romeo, bonjour! Hay un saludo francés a tu slop francés. Anoche nos diste la falsificación de manera justa.

ROMEO. Buenos días a los dos. ¿Qué falsificación te di?

MERCUTIO. El desliz señor, el desliz; ¿No puedes concebir?

ROMEO. Perdón, buen Mercucio, mi negocio era grande, y en un caso como el mío un hombre puede forzar la cortesía.

MERCUTIO.
Eso es tanto como decir que un caso como el suyo obliga a un hombre a inclinarse en los jamones.

ROMEO. Es decir, hacer una reverencia.

MERCUTIO. Has golpeado muy amablemente.

ROMEO. Una exposición de lo más cortés.

MERCUTIO. No, soy el rosa de la cortesía.

ROMEO. Rosa para flor.

MERCUTIO. Derecha.

ROMEO. Pues, entonces mi bomba está bien florecida.

MERCUTIO. Claro que sígueme ahora en esta broma, hasta que hayas agotado tu bomba, para que cuando se use la única suela de la misma, la broma permanezca después del uso, solo en su totalidad.

ROMEO. ¡Oh broma de una sola suela, única singular por la soltería!

MERCUTIO. Métete entre nosotros, buen Benvolio; Mi ingenio flaquea.

ROMEO. Golpes y espuelas, golpes y espuelas; o voy a llorar una cerilla.

MERCUTIO. No, si tu ingenio corre por la caza de la gallina de los huevos de oro, estoy acabado. Porque tú tienes más ganso salvaje en uno de tus ingenios, que estoy seguro de que yo tengo en mis cinco enteros. ¿Estuve contigo allí por la oca?

ROMEO. Nunca estuviste conmigo por nada, cuando no estabas allí por la oca.

MERCUTIO. Te morderé la oreja por esa broma.

ROMEO. No, ganso bueno, no muerdas.

MERCUTIO. Tu ingenio es un dulzor muy amargo, es una salsa muy picante.

ROMEO. ¿Y no es, pues, bien servido en un ganso dulce?

MERCUTIO. Oh, aquí hay un ingenio de cheveril, que se extiende desde una pulgada de angosto hasta un poco de ancho.

ROMEO. Lo extiendo porque esa palabra ancha, que añadida al ganso, te prueba a lo largo y ancho un ganso ancho.

MERCUTIO. ¿Por qué, no es esto mejor ahora que gemir por amor? Ahora eres sociable, ahora eres Romeo; Ahora eres lo que eres, tanto por el arte como por la naturaleza. Porque este amor tonto es como un gran natural, que corre recostado de un lado a otro para esconder su chuchería en un agujero.

BENVOLIO. Detente ahí, detente ahí.

MERCUTIO. Deseas que me detenga en mi cuento contra el cabello.

BENVOLIO. De lo contrario, habrías hecho grande tu historia.

MERCUTIO. ¡Oh, estás engañado! Lo habría hecho breve, porque había llegado a toda la profundidad de mi relato, y en realidad no tenía la intención de ocupar más el argumento.

Entran la enfermera *y* Peter.

ROMEO. ¡Aquí hay un buen equipo! ¡Una vela, una vela!

MERCUTIO. Dos, dos; una camisa y una bata.

ENFERMERA. ¡Pedro!

PEDRO.Anon.

NURSE.My fan, Peter.

MERCUTIO. El bueno de Pedro, para ocultar su rostro; Para su fan es la cara más bella.

ENFERMERA. Dios mío, señores.

MERCUTIO. ¡Dios mío, hermosa caballero!

NURSE.Is bueno?

No es menos, os lo digo; porque la aguja obscena de la esfera está ahora sobre el pinchazo del mediodía.

ENFERMERA. ¡Fuera de ti! ¿Qué hombre eres?

ROMEO. Una, señora, que Dios se ha hecho para estropear.

NURSE.By mi trote, bien se dice; para que él mismo se maree, ¿Dijo A? Señores, ¿alguno de ustedes puede decirme dónde puedo encontrar al joven Romeo?

ROMEO. Puedo decirte: pero el joven Romeo será mayor cuando lo hayas encontrado que cuando lo buscaste. Soy el más joven de ese nombre, por culpa de un hombre peor.

ENFERMERA. Dices bien.

MERCUTIO. Sí, ¿es el peor pozo? Muy bien tomado, i'faith; Sabiamente, sabiamente.

ENFERMERA. Si usted es él, señor, deseo tener usted alguna confianza.

BENVOLIO. Ella lo invitará a cenar.

MERCUTIO. ¡Un ruido sordo, y un ruido sordo, y un ruido sordo! ¡Tan ho!

ROMEO. ¿Qué has hallado?

MERCUTIO.No liebre, señor, a menos que una liebre, señor, en un pastel de cuaresma, eso es algo rancio y se gasta antes de que se gaste. [*Canta.*] Una liebre vieja, y una liebre vieja, es muy buena carne en Cuaresma; Pero una liebre que es aulladora es demasiado para una veintena cuando aúla antes de que se gaste. Romeo, ¿vendrás a casa de tu padre? Vamos a cenar allí.

ROMEO. Te seguiré.

MERCUTIO. Adiós, anciana dama; Adiós, señora, señora, señora.

[*Exeunt* Mercutio *y* Benvolio.]

ENFERMERA. Os ruego, señor, ¿qué comerciante descarado era éste que estaba tan lleno de sus cuerdas?

ROMEO. Un caballero, enfermera, al que le encanta oírse hablar a sí mismo, y hablará más en un minuto de lo que podrá hablar en un mes.

ENFERMERA. Y si digo cualquier cosa en contra mía, lo derribaré, y si es más lujurioso que él, y veinte jotas así. Y si no puedo, encontraré a los que sí lo harán. ¡Escorbuto! Yo no soy ninguna de sus branquias coquetas; Yo no soy ninguno de sus compañeros de skains.—¡Y tú también debes estar a tu lado y permitir que todos los bribones me utilicen a su antojo!

PEDRO. No he visto a nadie servirte a su antojo; si lo hubiera hecho, mi arma debería haber salido rápidamente. Te garantizo que me atrevo a empatar tan pronto como otro hombre, si veo la ocasión en una buena pelea, y la ley de mi parte.

ENFERMERA. Ahora, delante de Dios, estoy tan afligido que todas las partes que me rodean tiemblan. Escorbuto bribón. Os ruego, señor, que os digáis una palabra, y como os he dicho, mi señorita me mandó que os preguntara; lo que ella me ordenó que dijera, me lo guardaré para mí. Pero antes déjame decirte que si la llevaras al paraíso de los tontos, como dicen, sería una especie de comportamiento muy grosero, como dicen; porque la mujer es joven. Y, por lo tanto, si tuvieras que tratar doblemente con ella, en verdad sería una cosa mala que se ofreciera a cualquier mujer caballerosa, y un trato muy débil.

ROMEO. Nodriza, encomiéndame a tu señora y señora. Te protesto:

ENFERMERA. Buen corazón, y fe se lo diré. Señor, Señor, será una mujer alegre.

ROMEO. ¿Qué le dirás, nodriza? Tú no me marcas.

ENFERMERA. Le diré, señor, que usted protesta, lo cual, según entiendo, es una oferta digna de caballeros.

ROMEO. Pídele que invente algún medio para llegar a su finca esta tarde, y allí se marchitará y se casará en la celda de Fray Lorenzo. Aquí está para tus dolores.

NURSE.No en verdad, señor; Ni un centavo.

ROMEO. Vete a; Yo digo que lo harás.

ENFERMERA. ¿Esta tarde, señor? Bueno, ella estará allí.

ROMEO. Y quédate, buena nodriza, detrás del muro de la abadía. Dentro de esta hora, mi hombre estará contigo, y te traerá cuerdas hechas como una escalera de tacos, que para la cima de mi alegría debe ser mi convoy en la noche secreta. Adiós, sé confiado, y dejaré tus dolores; Despedida; Encomiéndame a tu Señora.

ENFERMERA. Ahora Dios en el cielo te bendiga. Escuche, señor.

ROMEO. ¿Qué dices tú, mi querida nodriza?

NURSE.Is tu secreto de hombre? ¿Nunca oíste decir: Dos pueden guardar el consejo, apartar a uno?

ROMEO. Te garantizo que mi hombre es tan cierto como el acero.

ENFERMERA. Bueno, señor, mi ama es la dama más dulce. ¡Señor, Señor! Cuando se trataba de una pequeña charlatanería, hay un noble en la ciudad, un tal París, que de buena gana pondría un cuchillo a bordo; Pero ella, alma buena, tenía que ver a un sapo, un sapo muy grande, como verlo a él. A veces la enfado y le digo que Paris es el hombre más adecuado, pero te garantizo que, cuando lo digo, parece tan pálida como cualquier influencia en el mundo versal. ¿Acaso el romero y Romeo no comienzan ambos con una letra?

ROMEO. Ay, enfermera; ¿Y qué hay de eso? Ambos con una R.

ENFERMERA. ¡Ah, burlón! Ese es el nombre del perro. R es para la... no, sé que comienza con alguna otra letra, y ella tiene la más bonita sentenciosa de ella, de ti y de romero, que te haría bien escucharla.

ROMEO. Encomiéndame a tu señora.

ENFERMERA. Ay, mil veces. ¡Pedro!

[*Sal de* Romeo.]

PEDRO.Anon.

ENFERMERA. Antes y a buen ritmo.

[*Exeunt.*]

Escena V. Jardín de Capuleto

Entra Julieta.

JULIETA. El reloj dio las nueve cuando envié a la enfermera, que en media hora prometió volver. Tal vez ella no pueda encontrarse con él. Eso no es así. Oh, ella es coja. Los heraldos del amor deben ser pensamientos, que se deslizan diez veces más rápido que los rayos del sol, ahuyentando las sombras sobre las colinas que bajan, por lo tanto, las palomas ágiles atraen el amor, y por lo tanto tiene las alas de Cupido veloces como el viento. Ahora es el sol en la colina más alta del viaje de este día, y desde las nueve hasta las doce son tres largas horas, pero ella no ha llegado. Si tuviera afectos y sangre juvenil y caliente, se movería tan rápido como una pelota; Mis palabras la unirían a mi dulce amor, y las suyas a mí. Pero los viejos, muchos fingen que estaban muertos; Difícil de manejar, lento, pesado y pálido como el plomo.

Entran la enfermera *y* Peter.

Oh Dios, ella viene. Oh enfermera cariñosa, ¿qué noticias? ¿Te has encontrado con él? Despide a tu hombre.

ENFERMERA. Pedro, quédate en la puerta.

[*Salga* Pedro.]

JULIETA. Ahora, buena y dulce nodriza, ¡oh Señor!, ¿por qué te ves triste?
Aunque las noticias sean tristes, cuéntalas alegremente; Si es bueno, finges la música de las dulces noticias, tocándome con una cara tan amarga.

ENFERMERA. Estoy cansado, dame un poco de permiso; ¡Fie, cómo me duelen los huesos! ¡Qué excursión he tenido!

JULIETA. Quisiera que tuvieras mis huesos, y yo tu noticia:No, ven, te ruego que hables; buena, buena enfermera, habla.

ENFERMERA. Jesu, ¿qué prisa? ¿No puedes quedarte un rato? ¿No ves que me quedo sin aliento?

JULIETA. ¿Cómo te quedas sin aliento, cuando tienes aliento, para decirme que te has quedado sin aliento? La excusa que pones en esta demora es más larga que el cuento que excusas. ¿Tus noticias son buenas o malas? Respuesta a eso; Di cualquiera de las dos, y me quedaré con las circunstancias. Déjame estar satisfecho, ¿no es bueno o malo?

ENFERMERA. Bueno, has hecho una elección simple; no sabes cómo elegir a un hombre. ¿Romeo? No, él no. Aunque su rostro sea mejor que el de cualquier hombre, sin embargo, su pierna supera a la de todos los hombres, y por una mano, un pie y un cuerpo, aunque no se pueda hablar de ellos, sin embargo, son incomparables. No es la flor de la cortesía, pero le garantizo que es tan gentil como un cordero. Vete, moza, sirve a Dios. ¿Qué, has cenado en casa?

JULIET.No, no. Pero todo esto lo sabía antes. ¿Qué dice él de nuestro matrimonio? ¿Y qué hay de eso?

ENFERMERA. ¡Señor, cuánto me duele la cabeza! ¡Qué cabeza tengo yo!, palpita como si cayera en veinte pedazos. Mi espalda o el

otro lado, ¡oh mi espalda, mi espalda!
Llora tu corazón por haberme enviado de un lado a otroPara atrapar
mi muerte con saltos y descensos.

JULIETA.
A fe mía, lamento que no estés bien. Dulce, dulce, dulce enfermera,
dime, ¿qué dice mi amor?

ENFERMERA. Tu amor dice como un caballero honrado, y cortés, y
amable, y guapo, y yo garantizo un virtuoso, ¿dónde está tu madre?

JULIETA. ¿Dónde está mi madre? Pues, ella está dentro. ¿Dónde
debería estar? ¡Qué raro me respondes! Tu amor dice, como un
caballero honrado: '¿Dónde está tu madre?'

ENFERMERA. Oh querida señora de Dios, ¿estás tan caliente?
Cásate, sube, tropiezo. ¿Es esta la cataplasma para mis huesos
doloridos? De ahora en adelante, haz tus mensajes tú mismo.

JULIETA.
Aquí hay una bobina de este tipo. Vamos, ¿qué dice Romeo?

ENFERMERA. ¿Tienes permiso para ir a trabajar hoy?

JULIETA. Tengo.

ENFERMERA. Llevadme, pues, a la celda de fray Lorenzo; Allí
queda un marido para hacerte una esposa. Ahora viene la sangre
lasciva a tus mejillas,
estarán en escarlata directamente a cualquier noticia. Te voy a la
iglesia. Debo de otro modo, para buscar una escalera por la que tu
amada debe trepar pronto por un nido de pájaros cuando esté oscuro.
Yo soy el esclavo, y me afano en tu deleite; Pero pronto por la noche
llevarás la carga. Ir. Voy a cenar; Hola a la celda.

JULIETA. ¡Hola a la alta fortuna! Honesta enfermera, adiós.

[*Exeunt.*]

Escena VI. Celda de Fray Lorenzo

Entran Fray Lorenzo *y* Romeo.

Fraile LAWRENCE.So sonríe a los cielos por este santo actoQue después de horas de tristeza no nos reprende.

ROMEO. Amén, amén, pero venga lo que la tristeza pueda, no pueda contrarrestar el intercambio de alegría que un breve minuto me da a su vista. Cierra nuestras manos con palabras santas, y la muerte devoradora de amor haz lo que se atreva, basta con que la llame mía.

FRAILE LAWRENCE. Estos deleites violentos tienen fines violentos, y en su triunfo mueren; como el fuego y la pólvora, que al besarse consumen. La miel más dulce es repugnante en su propia delicia, y en el sabor confunde el apetito. Por tanto, ama moderadamente: el amor prolongado lo hace así; Demasiado rápido llega tan tarde como demasiado lento.

Entra Julieta.

Aquí viene la señora. ¡Oh, un pie tan ligero no desgastará el pedernal eterno! Un amante puede cabalgar sobre las telarañas
que descansan en el aire desenfrenado del verano, y sin embargo no caer, así la luz es la vanidad.

JULIETA. Bien incluso a mi confesor fantasmal.

FRAILE LAWRENCE. Romeo te lo agradecerá, hija, por los dos.

JULIET.As tanto para él, de lo contrario, es demasiado su agradecimiento.

ROMEO. ¡Ah, Julieta!, si la medida de tu gozo se amontona como la mía, y que tu habilidad es más para blasonarla, entonces endulza con tu aliento este aire vecino, y deja que la rica lengua de la música despliegue la felicidad imaginada que ambas reciben en ambas por este querido encuentro.

JULIETA. Presunción más rica en materia que en palabras, se jacta de su sustancia, no de ornamento. No son más que mendigos que pueden contar su valor; Pero mi verdadero amor ha crecido hasta tal exceso, que no puedo resumir la mitad de mi riqueza.

FRAILE LAWRENCE. Ven, ven conmigo, y haremos un trabajo breve, porque, por tus hojas, no te quedarás solo, hasta que la santa iglesia incorpore dos en uno.

[Exeunt.]

Acto III

Escena I. Un lugar público

Entran Mercutio, Benvolio, Page *y* Servants.

BENVOLIO. Te ruego, buen Mercucio, que nos retiremos: el día es caluroso, los Capuleto fuera,Y si nos encontramos, no escaparemos de una pelea,Porque ahora estos días calurosos, se agita la sangre loca.

MERCUTIO. Eres como uno de esos hombres que, cuando entra en los confines de una taberna, me da una palmada con su espada sobre la mesa y dice: «¡Dios no me envíe necesidad de ti!», y con la operación de la segunda copa lo atrae al cajón, cuando en realidad no hay necesidad.

BENVOLIO.Am me gusta un tipo así?

MERCUTIO. Vamos, vamos, eres tan caliente como un gato en tu estado de ánimo como cualquiera en Italia; y tan pronto se conmovió para estar de mal humor, y como pronto se conmovió.

BENVOLIO. ¿Y qué?

MERCUTIO. Es más, si hubiera dos tales, no tendríamos ninguno dentro de poco, porque uno mataría al otro. ¿Tú? Pues, vas a pelear con un hombre que tiene un pelo más o un pelo menos en su barba que tú. Te pelearás con un hombre por cascar nueces, sin tener otra razón que porque tienes ojos color avellana. ¿Qué ojo sino ese ojo espiaría semejante pelea? Tu cabeza está tan llena de disputas como un huevo está lleno de carne, y sin embargo, tu cabeza ha sido golpeada como un huevo por pelear. Has peleado con un hombre por toser en la calle, porque ha despertado a tu perro que estaba dormido al sol. ¿No te peleaste con un sastre por llevar su jubón nuevo antes de Pascua? con otro para atar sus zapatos nuevos con una costilla vieja? ¡Y, sin embargo, me guardarás de las disputas!

BENVOLIO. Y yo fuera tan propenso a pelear como tú, que cualquier hombre compraría la tarifa de mi vida por una hora y cuarto.

MERCUTIO. ¡La tarifa simple! ¡Oh simple!

Entran Tybalt *y otros.*

BENVOLIO.By mi cabeza, aquí vienen los Capuleto.

MERCUTIO.By mi talón, no me importa.

TEOBALDO. Sígueme de cerca, porque yo les hablaré. Señores, buena guarida: unas palabras con uno de ustedes.

MERCUTIO. ¿Y una sola palabra con uno de nosotros? Combínalo con algo; que sea una palabra y un golpe.

TEOBALDO. Me encontrará usted bastante apto para eso, señor, y me dará ocasión.

MERCUTIO. ¿No podrías aprovechar alguna ocasión sin dar?

TEOBALDO. Mercucio, te asocias con Romeo.

MERCUTIO. ¿Consorte? ¿Qué, nos haces juglares? Y nos haces juglares, no busques oír más que discordias. Aquí está mi palo de violín, aquí está eso que te hará bailar. ¡Zounds, consorte!

BENVOLIO. Hablamos aquí en el lugar público de los hombres. O te retiras a algún lugar privado y razonas fríamente sobre tus quejas, o te marchas, aquí todos los ojos nos miran.

MERCUTIO. Los ojos de los hombres estaban hechos para mirar, y dejarlos mirar. No me moveré por el placer de nadie, yo.

Entra Romeo.

TEOBALDO. Bueno, la paz sea con usted, señor, aquí viene mi hombre.

MERCUTIO. Pero seré ahorcado, señor, si lleva su librea. Cásate, ve antes al campo, él será tu seguidor; Vuesa merced, en este sentido, puede llamarle hombre.

TEOBALDO. Romeo, el amor que te tengo no puede permitirseNo hay mejor término que este: eres un villano.

ROMEO. Teobaldo, la razón por la que tengo que amarte, disculpa mucho la rabia que corresponde a tal saludo. Villano soy ninguno; Por lo tanto, adiós; Veo que no me conoces.

TEOBALDO. Muchacho, esto no excusará las injurias que me has hecho, por lo tanto, gira y dibuja.

ROMEO. Protesto que nunca te he hecho daño, sino que te amo más de lo que puedes concebir hasta que sepas la razón de mi amor. Y así, el buen Capuleto, cuyo nombre ofrezco tan caro como el mío, quede satisfecho.

MERCUTIO. ¡Oh tranquila, deshonrosa, vil sumisión! [*Empates.*] Alla stoccata se lo lleva. Teobaldo, cazador de ratas, ¿vas a caminar?

TEOBALDO. ¿Qué quieres tener conmigo?

MERCUTIO. Buen Rey de los Gatos, nada más que una de tus nueve vidas; que me propongo atreverme con ello, y, como me usaréis más adelante, batir en seco el resto de los ocho. ¿Sacarás tu espada de su ladrón por las orejas? Apresúrate, no sea que la mía esté cerca de tus oídos antes de que se apague.

TEOBALDO. [*Dibujo.*] Yo soy para ti.

ROMEO. Gentil Mercucio, levanta tu estoque.

MERCUTIO. Vamos, señor, su passado.

[*Pelean.*]

ROMEO. Dibujo, Benvolio; Derribaron sus armas. Señores, por vergüenza, abstenganse de este ultraje, Teobaldo, Mercucio, el Príncipe ha prohibido expresamente que se ramillete en las calles de Verona. ¡Espera, Tybalt! ¡Buen Mercutio!

[*Exeunt* Tybalt *con sus partisanos.*]

MERCUTIO. Estoy herido. Una plaga en vuestras dos casas. Estoy acelerado. ¿Se ha ido, y no tiene nada?

BENVOLIO. ¿Qué, estás herido?

MERCUTIO. Ay, ay, un rasguño, un rasguño. Cásate, es suficiente. ¿Dónde está mi página? Vuélvete villano, busca a un cirujano.

[*Salir* de la página.]

ROMEO. Ánimo, hombre; El dolor no puede ser mucho.

MERCUTIO.No, no es tan profundo como un pozo, ni tan ancho como la puerta de una iglesia, pero es suficiente, servirá. Pregunta por mí mañana, y me encontrarás un hombre grave. Estoy acribillado, lo garantizo, por este mundo. Una plaga en vuestras dos casas. Zounds, un perro, una rata, un ratón, un gato, para arañar a un hombre hasta la muerte. ¡Un fanfarrón, un pícaro, un villano, que lucha según el libro de la aritmética!... ¿Por qué diablos te interpuso entre nosotros? Me lastimé debajo de tu brazo.

ROMEO. Pensé que todo era lo mejor.

MERCUTIO. Ayúdame a entrar en alguna casa, Benvolio, o me desmayaré. Una plaga en vuestras dos casas. Me han convertido en carne de gusano. Lo tengo, y además de buena gana. ¡Sus casas!

[*Exeunt* Mercutio *y* Benvolio.]

ROMEO. Este caballero, el aliado cercano del Príncipe, mi mismo amigo, ha recibido su herida mortal en mi favor; mi reputación manchada con la calumnia de Teobaldo, Teobaldo, que hace una hora ha sido mi primo. Oh dulce Julieta, tu hermosura me ha hecho afeminada, y en mi temperamento ha suavizado el acero del valor.

Vuelve a entrar Benvolio.

BENVOLIO. Oh Romeo, Romeo, valiente muerto de Mercucio, ese espíritu gallardo ha aspirado las nubes, que aquí demasiado intempestivamente despreciaron la tierra.

ROMEO. El negro destino de este día en los últimos días depende; Esto no hace más que empezar la aflicción que otros deben terminar.

Vuelve a entrar Tybalt.

BENVOLIO. Aquí viene de nuevo el furioso Tybalt.

ROMEO. ¿Otra vez en triunfo, y Mercucio muerto? ¡Allá al cielo la indulgencia respectiva, y la furia de los ojos de fuego sea mi conducta ahora! Ahora, Teobaldo, llévate de nuevo al «villano» que me diste tarde, porque el alma de Mercucio está un poco por encima de nuestras cabezas, quedándote para que la tuya le haga compañía. O tú o yo, o ambos, debemos ir con él.

TEOBALDO. Tú, desdichado muchacho, que lo has traído aquí, te quedarás con él de aquí.

ROMEO. Esto determinará que.

[*Luchan;* Cae Tybalt.]

BENVOLIO. ¡Romeo, fuera, vete! Los ciudadanos se han levantado y Teobaldo ha sido asesinado. No te quedes asombrado. El Príncipe te condenará a la muerte si eres capturado. Por lo tanto, ¡vete, vete!

ROMEO. ¡Oh, soy tonto de la fortuna!

BENVOLIO. ¿Por qué te quedas?

[*Sal de* Romeo.]

Entra en escena Ciudadanos.

PRIMER CIUDADANO. ¿Por dónde corrió el que mató a Mercucio? Teobaldo, ese asesino, ¿por dónde corrió?

BENVOLIO. Ahí yace ese Tybalt.

PRIMER CIUDADANO. Arriba, señor, vaya conmigo. Te encargo en nombre del Príncipe que obedezcas.

Entra Prince, asistido; Montesco, Capuleto, *sus* esposas *y otros.*

PRÍNCIPE. ¿Dónde están los viles principiantes de esta refriega?

BENVOLIO. ¡Oh noble príncipe!, puedo descubrirlo todo, la mala suerte de esta fatal pelea. Allí yace el hombre, asesinado por el joven Romeo, que mató a tu pariente, valiente Mercucio.

LADY CAPULETO. ¡Teobaldo, mi primo! ¡Oh hijo de mi hermano! ¡Oh Príncipe! ¡Oh esposo! ¡Oh, la sangre ha sido derramada, de mi querido pariente! Príncipe, como tú eres verdadero,Porque sangre nuestra derramó sangre de Montesco.¡Oh primo, primo!

PRÍNCIPE. Benvolio, ¿quién comenzó esta sangrienta refriega?

BENVOLIO. Teobaldo, aquí muerto, a quien la mano de Romeo mató; Romeo, que le habló bien, le dijo que pensara en lo agradable que era la pelea, y le instó a que le quitara su gran disgusto. Todo esto pronunciado con suave aliento, mirada tranquila, rodillas humildemente inclinadas

No pudo hacer tregua con el revoltoso bazo de Teobaldo, sordo a la paz, sino que inclina con acero penetrante el pecho del audaz Mercucio, quien, igual de ardiente, se vuelve mortal de punto a punto, y, con un desprecio marcial, con una mano golpea la fría muerte a un lado, y con la otra la devuelve a Teobaldo, cuya destreza lo replica. Romeo grita en voz alta: '¡Esperad, amigos! ¡Amigos, apartaos!», y más veloz que su lengua, su ágil brazo golpea sus puntos fatales, y entre ellos se precipita; bajo cuyo brazoUna estocada envidiosa de Teobaldo golpeó la vida del robusto Mercucio, y luego Teobaldo huyó. Pero poco a poco vuelve a Romeo, que acababa de tener una venganza recién acariciada, y a él van como un rayo; porque, antes de que se acercara a separarlos, fue muerto Teobaldo; Y al caer, Romeo se dio la vuelta y voló. Esta es la verdad, o dejar morir a Benvolio.

LADY CAPULETO. Es pariente de los Montesco.El afecto lo hace falso, no dice la verdad. Unos veinte de ellos lucharon en esta negra contienda, y todos esos veinte no pudieron matar más que una vida. Te ruego que se haga justicia, que tú, Príncipe, debes dar; Romeo mató a Teobaldo, Romeo no debe vivir.

PRÍNCIPE. Romeo lo mató, mató a Mercucio.¿A quién debe ahora el precio de su querida sangre?

MONTAGUE. No Romeo, príncipe, era amigo de Mercucio; Su falta concluye, pero lo que la ley debe terminar, la vida de Teobaldo.

PRÍNCIPE. Y por esa ofensa:
Inmediatamente lo exiliamos de aquí. Tengo interés en que tu odio proceda, mi sangre por tus rudas peleas yace sangrando. Pero yo os daré una multa tan fuerte, que todos os arrepentiréis de la pérdida de la mía. Seré sordo a las súplicas y a las excusas; Ni las lágrimas ni las oraciones comprarán los abusos. Por lo tanto, no use ninguno. Que Romeo se apresure, de lo contrario, cuando lo encuentren, esa hora será su última. Llevad de aquí este cuerpo, y atendid a nuestra

voluntad. La misericordia no es sino el asesinato, el perdón de los
que matan.

[*Exeunt.*]

Escena II. Una habitación en casa de Capuleto

Entra Julieta.

JULIETA. Galopad a buen ritmo, corceles de pies de fuego, hacia la
morada de Febo. Semejante carreta, como Faetón, te azotaría hacia el
oeste, y traería una noche nublada de inmediato. Descorre tu cortina
cerrada, noche que hace el amor, para que los ojos de los fugitivos
puedan parpadear, y Romeo salte a estos brazos, sin que se hable de
él ni se le vea. Los amantes pueden ver hacer sus ritos amorosos por
sus propias bellezas: o, si el amor es ciego, concuerda mejor con la
noche. Ven, noche civil, matrona sobria, toda vestida de negro, y
enséñame a perder un partido ganador,
 jugado por un par de doncellas inmaculadas. Encapucha mi sangre
inhumana, golpeando en mis mejillas, Con tu manto negro, hasta que
el extraño amor, se vuelva audaz, Piensa que el verdadero amor actuó
con simple modestia. Ven, noche, ven Romeo; Ven, día en noche;
Porque te acostarás sobre las alas de la nocheMás blanco que la
nieve nueva sobre el lomo de un cuervo.
Ven la noche suave, ven la amorosa noche de cejas negras, Dame a
mi Romeo, y cuando muera, tómalo y córtalo en pequeñas estrellas,
y él hará la faz del cielo tan hermosa, que todo el mundo estará
enamorado de la noche, y no rendirá culto al sol chillón. Oh, he
comprado la mansión de un amor, pero no la poseí; y aunque estoy
vendido, todavía no lo he disfrutado. Tan tedioso es este día, como lo
es la noche antes de una fiesta, para un niño impaciente que tiene
ropas nuevas y no puede usarlas. Oh, aquí viene mi nodriza, y ella
trae noticias, y toda lengua que habla, pero el nombre de Romeo
habla elocuencia celestial.

Entra la enfermera, *con cordones.*

Y ahora, enfermera, ¿qué noticias? ¿Qué tienes ahí? ¿Las cuerdas
que Romeo te mandó a buscar?

ENFERMERA. Ay, ay, las cuerdas.

(*Los tira al suelo.*]

JULIETA. Ay de mí, ¿qué noticias? ¿Por qué te retuerces las manos?

ENFERMERA. ¡Ah, bueno, un día, está muerto, está muerto, está muerto! Estamos deshechos, señora, estamos deshechos. Pasado el día, se ha ido, lo han matado, está muerto.

JULIETA. ¿Puede el cielo ser tan envidioso?

ENFERMERA. Romeo puede, aunque el cielo no. ¡Oh Romeo, Romeo!
¿Quién lo hubiera pensado? ¡Romeo!

JULIETA. ¿Qué diablo eres tú, que me atormentas así? Esta tortura debería ser rugida en un infierno lúgubre. ¿Se ha matado Romeo a sí mismo? Di tú que sí, y esa vocal desnuda envenenaré más que el ojo de la cocatriz, que se lanza a la muerte. No soy yo si hay tal yo;O esos ojos cerrados que te hacen responder Ay.Si él es muerto, di Ay; o si no, No. Breves sonidos determinan mi bienestar o mi desgracia.

ENFERMERA. Vi la herida, la vi con mis ojos, ¡Dios guarde la marca!, aquí en su pecho varonil. Un corso lastimoso, un corso lastimero sangriento; Pálidas, pálidas como las cenizas, todas bañadas en sangre, todas en sangre sangrienta. Me dolié al verlo.

JULIETA. Oh, rompe, mi corazón. Pobre banquero, rompe de una vez. A la cárcel, ojos; Ninguna mirada a la libertad. Vil tierra a tierra resigna; Y tú y Romeo aprietáis un pesado féretro.

ENFERMERA. Oh Teobaldo, Teobaldo, el mejor amigo que tuve. ¡Oh cortés Teobaldo, honrado caballero! Que yo viva para verte muerto.

JULIETA. ¿Qué tormenta es esta que sopla tan contrariamente? ¿Romeo ha sido asesinado y Teobaldo está muerto? ¿Mi queridísimo primo y mi queridísimo señor? Entonces sonará la espantosa trompeta el condenamiento general, porque ¿quién vive, si esos dos se han ido?

ENFERMERA. Teobaldo se ha ido, y Romeo desterrado, Romeo que lo mató, está desterrado.

JULIETA. ¡Oh Dios! ¿La mano de Romeo derramó la sangre de Teobaldo?

NURSE.It hizo, lo hizo; Por desgracia, así fue.

JULIETA. ¡Oh corazón de serpiente, escondido con un rostro florido! ¿Alguna vez un dragón mantuvo una cueva tan hermosa? ¡Hermoso tirano, demonio angelical, cuervo emplumado de paloma, cordero voraz de lobo! ¡Despreciada sustancia del espectáculo divino! Justo lo contrario de lo que pareces con justicia, ¡Un santo maldito, un villano honorable! ¡Oh naturaleza!, ¿qué tenías que hacer en el infierno cuando encorvaste el espíritu de un demonio en el paraíso mortal de tan dulce carne? ¿Ha habido alguna vez un libro que contenga una materia tan vil tan justamente encuadernado? ¡Oh, que el engaño habite en un palacio tan hermoso!

ENFERMERA.
No hay confianza, no hay fe, no hay honestidad en los hombres. Todos perjurados, todos renunciados, todos nada, todos disimuladores. Ah, ¿dónde está mi hombre? Dame un poco de aqua vitae. Estas penas, estas aflicciones, estas penas me hacen viejo. Vergüenza que venga a Romeo.

JULIETA.
¡Ampolla sería tu lenguapor tal deseo! No nació para la vergüenza. En su frente se avergüenza la vergüenza; Porque es un trono donde el honor puede ser coronadoÚnico monarca de la tierra universal. ¡Oh, qué bestia era yo para reprenderle!

ENFERMERA. ¿Hablarás bien del que mató a tu primo?

JULIETA. ¿Hablaré mal de aquel que es mi esposo? ¡Ah, pobre mi señor!, ¿qué lengua suavizará tu nombre, cuando yo, tu esposa de tres horas, lo he destrozado? Pero ¿por qué, villano, mataste a mi primo? Ese primo villano habría matado a mi marido. Vuelve, lágrimas insensatas, vuelve a tu manantial natal, Tus gotas tributarias pertenecen a la aflicción, que tú erróneamente ofreces a la alegría. Mi marido vive, que Teobaldo habría matado, y Teobaldo está muerto, que habría matado a mi marido. Todo esto es consuelo; ¿Por qué, pues, lloro? Hubo una noticia peor que la muerte de Tybalt, que me asesinó. Lo olvidaría de buena gana, pero ¡oh!, se aprieta en mi memoria como malditas acciones culpables para las mentes de los pecadores. Teobaldo ha muerto y Romeo ha sido desterrado. Aquel 'desterrado', esa única palabra 'desterrado', ha matado a diez mil Teobaldos. La muerte de Teobaldo ya era bastante lamentable, si hubiera terminado allí. O si la amarga aflicción se deleita en la comunión, y la necesidad será clasificada con otras penas, ¿por qué no siguió, cuando dijo que Tybaldo había muerto, tu padre o tu madre, no, o ambos, qué lamento moderno podría haber conmovido? Pero con una retaguardia después de la muerte de Teobaldo, "Romeo es desterrado" -para decir esa palabra- es padre, madre, Teobaldo, Romeo, Julieta, todos asesinados, todos muertos. Romeo es desterrado, no hay fin, no hay límite, no hay medida, atado, en la muerte de esa palabra, no hay palabras que puedan sonar ese dolor. ¿Dónde están mi padre y mi madre, enfermera?

ENFERMERA. Llorando y lamentándose sobre el corso de Teobaldo. ¿Irás a ellos? Yo te llevaré allí.

JULIETA. Lavan sus heridas con lágrimas. La mía se gastará, cuando las suyas estén secas, para el destierro de Romeo. Toma esas cuerdas. Pobres cuerdas, estáis engañados, tanto tú como yo; porque Romeo está exiliado. Él te hizo por un camino a mi cama, pero yo, una criada, muero viuda de doncella. Ven cordones, ven nodriza, iré a mi lecho nupcial, y la muerte, no Romeo, se llevará mi cabeza de soltera.

ENFERMERA. Hie a tu habitación. Encontraré a RomeoPara consolarte. Sé bien dónde está. Escuchad, vuestro Romeo estará aquí por la noche. Le diré que está escondido en la celda de Lawrence.

JULIETA. ¡Oh, encuéntralo, dale este anillo a mi verdadero caballero y dile que venga a darle su último adiós!

[*Exeunt.*]

Escena III. Celda de Fray Lorenzo

Entra Fray Lorenzo.

FRAILE LAWRENCE. Romeo, ven fuera; Sal fuera, hombre temeroso. La aflicción se ha apoderado de tus partesY estás desposada con la calamidad.

ROMEO. Padre, ¿qué noticias? ¿Cuál es la perdición del Príncipe? ¿Qué tristeza anhela ser conocida de mi mano, que aún no conozco?

FRAILE LAWRENCE. Demasiado familiarizado, mi querido hijo, con una compañía tan amarga. Te traigo noticias de la perdición del Príncipe.

ROMEO. ¿Qué menos que el fin del mundo es la perdición del Príncipe?

FRAILE LAWRENCE. Un juicio más suave se desvaneció de sus labios, no la muerte del cuerpo, sino el destierro del cuerpo.

ROMEO. Ja, ¿destierro? Sé misericordioso, di la muerte; Porque el destierro tiene más terror en su mirada, mucho más que la muerte. No digas destierro.

FRAILE LAWRENCE. Por eso eres desterrado de Verona. Sé paciente, porque el mundo es ancho y ancho.

ROMEO. No hay mundo sin los muros de Verona, sino el purgatorio, la tortura, el infierno mismo. Por lo tanto, el desterrado es desterrado del mundo, y el exilio del mundo es la muerte. Entonces desterradoEs la muerte mal denominada. Llamando a la muerte desterrada, me cortas la cabeza con un hacha de oro y sonríes al golpe que me mata.

FRAILE LAWRENCE. ¡Oh pecado mortal, oh grosera ingratitud! Tu culpa llama muerte a tu ley, pero el bondadoso Príncipe, tomando tu parte, ha hecho a un lado la ley, y ha convertido esa negra palabra muerte en destierro. Esta es la querida misericordia, y tú no la ves.

ROMEO.Es tortura y no piedad. El cielo está aquí, donde vive Julieta, y todos los gatos y perros, y todos los ratoncitos, todas las cosas indignas, viven aquí en el cielo y pueden mirarla, pero Romeo no. Más validez, más estado más honorable, más vidas de cortejoEn moscas carroñeras que Romeo. Pueden apoderarse
de la blanca maravilla de la mano de la querida Julieta, y robar la bendición inmortal de sus labios, quienes, incluso en pura y vestal modestia, todavía se sonrojan, como si pensaran que sus propios besos pecan. Pero Romeo puede que no, está desterrado. Esto puede

hacer las moscas, cuando yo de esto tengo que volar. Ellos son hombres libres, pero yo estoy desterrado. ¿Y dices todavía que el destierro no es la muerte? ¿No tenías veneno mezclado, ni cuchillo afilado, ni medio de muerte súbita, aunque no lo fuera, sino desterrado para matarme? ¿Desterrado? ¡Oh fraile!, los condenados usan esa palabra en el infierno. El aullido lo asiste. ¿Cómo has profesado tu corazón, siendo un divino, un confesor fantasmal, un absolviador de pecados, y mi amigo para destrozarme con esa palabra desterrada?

FRAILE LAWRENCE. Tú, querido loco, escúchame hablar un poco,

ROMEO. ¡Oh!, volverás a hablar de destierro.

FRAILE LAWRENCE.
Te daré armadura para que no uses esa palabra, la dulce leche de la adversidad, la filosofía, para consolarte, aunque estés desterrado.

ROMEO. ¿Y aún desterrado? Cuelga la filosofía. A menos que la filosofía pueda hacer una Julieta,
 desplantar una ciudad, revertir la perdición de un príncipe, no ayuda, no prevalece, no se habla más.

FRAILE LAWRENCE. Oh, entonces veo que los locos no tienen oídos.

ROMEO. ¿Cómo van a hacerlo, cuando los sabios no tienen ojos?

FRAILE LAWRENCE. Permíteme disputar contigo de tu herencia.

ROMEO. No puedes hablar de lo que no sientes. Si fueras tan joven como yo, Julieta tu amor,Una hora casada,Teobaldo asesinado,Cariñoso como yo, y como yo desterrado,Entonces podrías hablar, entonces podrías rasgarte los cabellos,Y caer en el suelo como yo lo hago ahora,Tomando la medida de una tumba sin hacer.

[*Golpeando hacia adentro.*]

FRAILE LAWRENCE. Surgir; uno llama a la puerta. Buen Romeo, escóndete.

ROMEO. Yo no, a menos que el aliento de los gemidos desconsolados como la niebla me envuelva de la búsqueda de los ojos.

[*Golpeando.*]

FRAILE LAWRENCE. ¡Oye, cómo llaman!—¿Quién está ahí?—
Romeo, levántate, te llevarán.—Quédate un rato.—Levántate.

[*Golpeando.*]

Corre a mi estudio.—Poco a poco.—Voluntad de Dios,¡Qué sencillez
es esta.—Vengo, voy.

[*Golpeando.*]

¿Quién golpea tan fuerte? ¿De dónde vienes, cuál es tu voluntad?

ENFERMERA. [*Dentro.*Déjame entrar, y sabrás cuál es mi misión.
Vengo de Lady Juliet.

FRAILE LAWRENCE. Bienvenidos, pues.

Entra en escena la enfermera.

ENFERMERA. Oh santo fraile, ¡oh!, dime, santo fraile, ¿dónde está
el señor de mi señora, dónde está Romeo?

FRAILE LAWRENCE. Allí, en el suelo, con sus propias lágrimas
embriagadas.

ENFERMERA. Oh, lo es incluso en el caso de mi señora. ¡Justo en
su caso! ¡Oh triste simpatía! Lamentable situación. Aun así, yace
ella, balbuceando y llorando, llorando y balbuceando. Levántate,
levántate; Levántate, y serás un hombre. Por el bien de Julieta, por el
bien de ella, levántate y levántate. ¿Por qué deberías caer en una O
tan profunda?

ROMEO. Enfermera.

ENFERMERA. Ah, señor, ah señor, la muerte es el fin de todo.

ROMEO.
¿Hablas tú de Julieta? ¿Cómo es con ella? ¿No piensa ella que soy un
viejo asesino, ahora que he manchado la infancia de nuestra alegría,
con sangre arrancada muy poco de la suya? ¿Dónde está? ¿Y cómo
lo hace ella? ¿Y qué dice Mi dama oculta a nuestro amor cancelado?

ENFERMERA. Oh, ella no dice nada, señor, sino que llora y llora; Y ahora cae en su cama, y luego se levanta, y Teobaldo llama, y luego Romeo llora, y luego vuelve a caer.

ROMEO.As si ese nombre, disparado desde el nivel mortal de una pistola,
 la asesinó, como la mano maldita de ese nombre
asesinó a su pariente. ¡Oh, dime, fraile, dime, en qué parte vil de esta anatomía reside mi nombre? Dime, para que saquee la odiosa mansión.

(Desenvainando su espada.]

FRAILE LAWRENCE. Sostén tu mano desesperada. ¿Eres tú un hombre? Tu forma grita, tú eres. Tus lágrimas son femeninas, tus actos salvajes denotan la furia irracional de una bestia. ¡Mujer indecorosa en un hombre que parece, y bestia maldecorosa en apariencia ambas cosas! Tú me has asombrado. Por mi santa orden, pensé que tu carácter era mejor templado. ¿Has matado a Teobaldo? ¿Te matarás a ti mismo? ¿Y matas a tu señora, que en tu vida vive, haciéndote maldito odio a ti mismo? ¿Por qué te jactas de tu nacimiento, del cielo y de la tierra? Desde el nacimiento, y el cielo y la tierra, los tres se encuentran en ti a la vez; que al instante perderías. Fie, fie, finges tu figura, tu amor, tu ingenio, que, como un usurero, abunda en todo, y no usas a nadie en ese verdadero uso que debería adornar tu forma, tu amor, tu ingenio. Tu noble figura no es más que una forma de cera,Divagando del valor de un hombre; Tu amado amor juró no ser más que un perjurio hueco, matando ese amor que has jurado acariciar; Tu ingenio, ese adorno para dar forma y amar, deforme en la conducta de ambos, como la pólvora en el frasco de un soldado hábil, es incendiado por tu propia ignorancia, y tú desmembrado con tu propia defensa. Tu Julieta está viva, por cuya querida estabas muerto hace poco.
Allí eres feliz. Teobaldo te mataría,
pero tú mataste a Teobaldo, allí eres feliz. La ley que amenazaba con la muerte se convierte en tu amiga, y la convierte en destierro; Allí eres feliz. Un paquete de bendiciones ilumina tu espalda; La felicidad te corteja en su mejor gala; Pero como una moza deforme y hosca, pusiste tu fortuna y tu amor. Presta atención, presta atención,

porque los tales mueren miserablemente. Ve, vete a tu amor como estaba decretado, sube a su aposento y consuélala. Pero mira, no te detengas hasta que se ponga la guardia, porque entonces no podrás pasar a Mantua; Dónde vivirás hasta que podamos encontrar un momento para encender tu matrimonio, reconciliar a tus amigos, pedir perdón al Príncipe y llamarte de vuelta con doscientas mil veces más alegría de la que saliste en lamentación. Vaya antes, enfermera. Encomiéndame a tu señora, y dile que se apresure a dormir toda la casa, a la cual la pesada tristeza los hace aptos. Romeo está llegando.

ENFERMERA. Oh Señor, podría haberme quedado aquí toda la noche para escuchar buenos consejos. ¡Oh, qué es el aprendizaje! Mi señor, le diré a mi señora que vendrás.

ROMEO.Do así, y di a mi dulce que se prepare para reprender.

ENFERMERA. Aquí, señor, un anillo que ella me pidió que le diera, señor. Date prisa, porque se hace muy tarde.

[*Salir.*]

ROMEO. ¡Qué bien se reaviva mi consuelo con esto!

FRAILE LAWRENCE. Vete de aquí, buenas noches, y aquí está todo tu estado: o te vas antes de que se fije la guardia, o al amanecer te disimulas de aquí. Estancia en Mantua. Encontraré a tu hombre, y él te indicará de vez en cuandoCada buena suerte para ti que se te ocurra aquí. Dame tu mano; Es tarde; despedida; Buenas noches.

ROMEO. Pero que una alegría pasada la alegría me llame, Sería un dolor tan breve separarse de ti. Despedida.

[*Exeunt.*]

Escena IV. Una habitación en casa de Capuleto

Entra Capuleto, Lady Capuleto *y* París.

CAPULETO. Las cosas se han ido, señor, tan desgraciadamente que no hemos tenido tiempo de mover a nuestra hija. Mira tú, ella amaba mucho a su pariente Teobaldo, y yo también. Bueno, nacimos para morir. Es muy tarde; Ella no bajará esta noche. Te lo prometo, si no fuera por tu compañía, me habría acostado hace una hora.

PARÍS. Estos tiempos de aflicción no ofrecen ninguna melodía para cortejar. Señora, buenas noches. Encomiéndame a tu hija.

LADY CAPULETO. Lo haré, y sabré su mente mañana temprano; Esta noche ha maullado hasta su pesadez.

CAPULETO. Sir Paris, haré una oferta desesperada del amor de mi hijo. Creo que yo la convenceré
en todos los aspectos, es más, no lo dudo. Esposa, ve a verla antes de que te vayas a la cama, Ponla a conocer aquí el amor de mi hijo Paris, y dile, mírame, el próximo miércoles, Pero, suave, ¿qué día es este?

PARÍS. Lunes, mi señor.

CAPULETO. ¡Lunes! ¡Je je! Bueno, el miércoles es demasiado pronto, un jueves déjalo ser; Un jueves, dile: Se casará con este noble conde. ¿Estarás listo? ¿Te gusta esta prisa? No nos quedaremos con un gran preámbulo, uno o dos amigos, porque, escuchen, ya que Tybalt fue asesinado tan tarde, puede pensarse que lo retuvimos descuidadamente, siendo nuestro pariente, si nos deleitamos mucho. Por lo tanto, tendremos una media docena de amigos, y ahí se acabó. Pero, ¿qué dices al jueves?

PARIS.My señor, ojalá que el jueves fuera mañana.

CAPULETO. Bueno, que te vayas. Un jueves sea entonces. Ve a ver a Julieta antes de que te vayas a la cama, prepárala, esposa, para este día de bodas. Adiós, mi señor.—¡Luz a mi habitación! Delante de mí, es tan muy tarde que podemos llamarlo temprano con el tiempo. Buenas noches.

[Exeunt.]

Escena V. Una galería abierta a la cámara de Julieta, con vistas al jardín

Entra Romeo y Julieta.

JULIETA. ¿Te vas a ir? Todavía no se acerca el día. Fue el ruiseñor, y no la alondra, el que perforó el espantoso hueco de tu oreja; Todas las noches canta en el granado. Créeme, amor, era el ruiseñor.

ROMEO.It era la alondra, el heraldo de la mañana, Ningún ruiseñor. Mira, amor, qué rayas envidiosas entrelazan las nubes cortantes en aquel oriente. Las velas de la noche se apagan, y el día alegre se pone de puntillas en las brumosas cimas de las montañas. Debo irme y vivir, o quedarme y morir.

JULIETA. Tu luz no es la luz del día, lo sé, I.It es algún meteoro que exhala el sol, para ser para ti esta noche un portador de la antorcha y alumbrarte en tu camino a Mantua. Por lo tanto, quédate todavía, no necesitas irte.

ROMEO. Déjame ser ta'en, déjame ser condenado a muerte, estoy contento, así que así lo harás. Diré que el gris no es el ojo de la mañana, sino el pálido reflejo de la frente de Cynthia. Y esa no es la alondra cuyas notas baten el cielo de bóveda tan alto sobre nuestras cabezas. Tengo más cuidado de quedarme que ganas de irme. Ven, muerte, y bienvenido. Julieta así lo quiere. ¿Cómo no está, alma mía? Hablemos. No es de día.

JULIET.It es, ¡es! Por lo tanto, vete, vete. Es la alondra la que canta tan desafinada, tensando ásperas discordias y desagradables sostenidos. Algunos dicen que la alondra hace dulce división; Esto no es así, porque ella nos divide.
Algunos dicen que la alondra y el sapo odiado cambian de ojos. ¡Oh, ahora quisiera que también hubieran cambiado las voces, ya que brazo a brazo esa voz nos aflige, cazándote por lo tanto con la caza hasta el día! Oh, ahora que se va, más luz y luz crece.

ROMEO. Más luz y más luz, más oscuras y oscuras nuestras aflicciones.

Entra en escena la enfermera.

ENFERMERA. Señora.

JULIETA. ¿Enfermera?

ENFERMERA. Tu señora madre viene a tu habitación. El día está roto, desconfía, mira a tu alrededor.

[*Salir.*]

JULIETA. Luego, ventana, deja entrar el día y deja salir la vida.

ROMEO. Adiós, adiós, un beso, y descenderé.

[*Desciende.*]

JULIET.Art te has ido así? Amor, señor, ay esposo, amigo, debo oír de ti todos los días en la hora, porque en un minuto hay muchos días. ¡Oh, a estas alturas seré mucho dentro de años antes de que vuelva a ver a mi Romeo!

ROMEO. ¡Despedida! No dejaré pasar ninguna oportunidad que pueda transmitirte mis saludos, amor.

JULIETA. ¿Crees que alguna vez nos volveremos a encontrar?

ROMEO. No lo dudo, y todos estos ayes servirán para dulces discursos en nuestro tiempo venidero.

JULIETA. ¡Oh Dios! ¡Tengo un alma que adivina mal! Me parece que te veo, ahora que estás tan bajo, como un muerto en el fondo de una tumba. O me falla la vista, o te ves pálido.

ROMEO. Y créeme, amor, en mi ojo tú también. La tristeza seca bebe nuestra sangre. Adiós, adiós.

[*Sal abajo.*]

JULIETA. ¡Oh Fortuna, Fortuna! Todos los hombres te llaman voluble,Si eres voluble, ¿qué haces con aquel que es famoso por la fe? Sé voluble, Fortuna; Porque entonces, espero que no lo retengas por mucho tiempo, sino que lo envíes de regreso.

LADY CAPULETO. [*Dentro.*] Ho, hija, ¿te levantas?

JULIETA. ¿Quién no es el que llama? ¿Es mi señora madre? ¿No se ha acostado tan tarde o se ha levantado tan temprano? ¿Qué causa desacostumbrada la trae hasta aquí?

Entra en escena Lady Capuleto.

LADY CAPULETO. ¿Por qué, cómo ahora, Julieta?

JULIETA. Señora, no estoy bien.

LADY CAPULETO. ¿Llorando siempre por la muerte de tu primo? ¿Qué, lo lavarás de su sepulcro con lágrimas? Y si pudieras, no podrías hacerle vivir. Por lo tanto, han hecho: algunas tristezas muestran mucho amor, pero muchas de las tristezas muestran todavía alguna falta de ingenio.

JULIETA. Sin embargo, permítanme llorar por tal pérdida sentimental.

SEÑORA, CAPULET.So sentirás la pérdida, pero no el amigo por el que lloras.

JULIETA. Sintiendo tanto la pérdida, no puedo elegir sino llorar nunca al amigo.

LADY CAPULETO. Pues bien, muchacha, no lloras tanto por su muerte como por la vida del villano que lo mató.

JULIETA. ¿Qué villano, señora?

LADY CAPULETO. Ese mismo villano Romeo.

JULIETA. El villano y él estarán a muchas millas de distancia. Dios lo perdone. Lo hago, con todo mi corazón. Y, sin embargo, ningún hombre como él entristece mi corazón.

LADY CAPULETO. Eso es porque el asesino traidor vive.

JULIETA. ¡Ay, señora, del alcance de estas mis manos! Nadie más que yo podría vengar la muerte de mi primo.

LADY CAPULETO. Tendremos venganza por ello, no temas. Entonces no llores más. Enviaré a uno a uno en Mantua, donde vive ese mismo desterrado runagate, que le dará un trago tan desacostumbrado que pronto tendrá compañía a Tybalt, y entonces espero que estés satisfecho.

JULIETA. De hecho, nunca estaré satisfecho con Romeo hasta que lo vea... muerto... ¿Es mi pobre corazón tan afligido para un pariente? Señora, si pudierais descubrir que un hombre lleva un veneno, yo lo atemperaría, para que Romeo, al recibirlo, no tardara en dormir tranquilo. ¡Oh, cuánto aborrece mi corazón oírle nombrar, y no puedo ir a él, para derramar el amor que le tenía a mi primo sobre su cuerpo que lo ha matado!

LADY CAPULETO. Encuentra los medios, y yo encontraré a un hombre así. Pero ahora te contaré buenas noticias, muchacha.

JULIETA. Y la alegría llega bien en un momento tan necesitado. ¿Qué son, suplico a vuestra señoría?

LADY CAPULETO. Bueno, bueno, tienes un padre cuidadoso, hijo; Aquel que, para sacarte de tu pesadumbre, ha preparado un día repentino de alegría, que tú no esperas, ni yo no esperaba.

JULIETA. Señora, en tiempo feliz, ¿qué día es ese?

LADY CAPULETO. Cásate, hija mía, el próximo jueves por la mañana temprano, el galante, joven y noble caballero del condado de París, en la iglesia de San Pedro, te hará felizmente allí una esposa alegre.

JULIETA. Ahora bien, por la Iglesia de San Pedro, y también por Pedro, no me hará allí una esposa alegre. Me maravillo de esta prisa de que me he de casar antes de que venga a cortejar al que ha de ser marido. Os ruego que digáis a mi señor y padre, señora, que no me casaré todavía; y cuando lo haga, juro que será Romeo, a quien sabes que odio, y no a Paris. Son noticias.

LADY CAPULETO. Ahí viene tu padre, díselo tú mismo, y mira cómo lo tomará de tus manos.

Entran Capuleto *y* Enfermera.

CAPULETO. Cuando el sol se pone, el aire llovizna rocío; Pero para el atardecer del hijo de mi hermanoLlueve a cántaros. ¿Y ahora? ¿Un conducto, chica? ¿Qué, todavía llorando? ¿Alguna vez ducharse? En un cupecito falsificas una barca, un mar, un viento. Porque aún tus ojos, que yo llamaré mar, fluyen y refluyen con lágrimas; la barca es tu cuerpo, navegando en este torrente salado, los vientos, tus suspiros, que furiosos con tus lágrimas y ellos con ellas, sin una calma repentina trastornará tu cuerpo agitado por la tempestad. ¿Y ahora, esposa? ¿Le has entregado nuestro decreto?

LADY CAPULETO. ¡Ay, señor! pero ella no lo hará, ella te da gracias. Ojalá el tonto estuviera casado con su tumba.

CAPULETO. Suave. Llévame contigo, llévame contigo, esposa. ¿Cómo, no lo hará? ¿No nos da gracias? ¿No está orgullosa? ¿No la considera bienaventurada,
indigna como es, de que hayamos hecho un caballero tan digno para que sea su esposo?

JULIETA. No estoy orgulloso de haberlo hecho, pero estoy agradecido de haberlo hecho. Nunca podré sentirme orgulloso de lo que odio; Pero agradecido incluso por el odio que significa amor.

CAPULETO. ¿Cómo, ahora, cómo ahora, la lógica cortada? ¿Qué es esto? Orgulloso, y, te doy las gracias, y no te doy las gracias; Y, sin embargo, no orgulloso. Señora mía, esbirra, no me dé las gracias, ni me enorgullezca de mí ni se enorgullezca, sino que aférrate tus finas articulaciones el jueves próximo para ir con París a la iglesia de San Pedro, o te arrastraré en un obstáculo hasta allí. ¡Fuera, carroña de la enfermedad verde! ¡Fuera, equipaje! ¡Cara de sebo!

LADY CAPULETO. ¡Fie, fie! ¿Qué, estás loco?

JULIETA. Buen padre, te suplico de rodillas, escúchame con paciencia y que digas una palabra.

CAPULETO. ¡Cuélgate, joven bagaje, miserable desobediente! Te digo una cosa: llévate a la iglesia un jueves, o nunca más me mires a la cara. No hables, no respondas, no me respondas. Me pican los dedos. Esposa, apenas nos creímos dichosos que Dios nos hubiera prestado sólo este único hijo; Pero ahora veo que esta es demasiado, y que tenemos una maldición en tenerla. Fuera de ella, hilding.

ENFERMERA. Dios en el cielo la bendiga. Tú tienes la culpa, mi señor, de calificarla así.

CAPULETO. ¿Y por qué, mi señora sabiduría? Cállate la lengua,Buena prudencia; Sed con tus chismes, vete.

ENFERMERA. No digo traición.

CAPULETO. ¡Oh Dios, buenos!

ENFERMERA. ¿No puede hablar uno?

CAPULETO. ¡Paz, tonto murmurador! Pronuncia tu gravedad sobre el cuenco de un chisme, porque aquí no lo necesitamos.

LADY CAPULETO. Tienes demasiado calor.

CAPULETO. ¡El pan de Dios, me vuelve loco! Día, noche, hora, cabalgata, tiempo, trabajo, juego, solo, en compañía, sin embargo, mi cuidado ha sido tenerla emparejada, y habiendo provisto ahora de un caballero de noble linaje, de hermosos dominios, joven y noblemente aliado,
 lleno, como dicen, de partes honorables,
proporcionadas como el pensamiento de uno desearía a un hombre, y luego tener un miserable tonto, Una mama quejumbrosa, en su tierna fortuna, para responder: "No me casaré, no puedo amar, soy demasiado joven, te ruego que me perdones". Pero, y si no te casarás, te perdonaré. Pasta donde quieras, no te alojarás conmigo. Mira a, piensa en t, no suelo bromear. Se acerca el jueves; Pon la mano en el corazón, aconseja. Y tú eres mía, te daré a mi amigo; Y no lo seas, ahorcarte, mendigar, morir de hambre en las calles,
 porque por mi alma nunca te reconoceré, ni lo que es mío nunca te hará bien. Confía en que no, piensa tú, no seré renunciado.

[*Salir.*]

JULIET.Is no hay piedad sentada en las nubes, que vea el fondo de mi dolor? Oh dulce madre mía, no me deseches, retrasa este matrimonio un mes, una semana, o, si no lo haces, haz el lecho nupcialEn ese oscuro monumento donde yace Teobaldo.

LADY CAPULETO. No me hables, porque no diré una palabra. Haz lo que quieras, porque yo he hecho contigo.

[*Salir.*]

JULIETA. ¡Oh Dios! ¡Oh nodriza!, ¿cómo se evitará esto? Mi esposo está en la tierra, mi fe en el cielo. ¿Cómo volverá esa fe otra vez a la tierra, si ese marido no me la envía desde el cielo dejando la tierra? Consuélame, aconséjame. ¡Ay, ay, ay, que el cielo practique estratagemas sobre un sujeto tan blando como yo! ¿Qué dices tú? ¿No tienes una palabra de alegría? Un poco de consuelo, enfermera.

ENFERMERA. Fe, aquí está. Romeo es desterrado; y todo el mundo a la nadaQue nunca se atreve a volver a desafiarte. O si lo hace, tiene que ser a escondidas. Entonces, ya que el caso está como está ahora, creo que es mejor que te cases con el Condado.O, él es un caballero encantador. Romeo es un plato fuerte para él. Un águila, señora, no tiene un ojo tan verde, tan veloz, tan hermoso como el que tiene París. Por mi corazón, creo que eres feliz en este segundo partido, porque supera al primero; o si no lo hizo, tu primero está muerto, o era tan bueno como él vivía, y tú no le servías.

JULIETA.
¿Hablas desde tu corazón?

ENFERMERA. Y de mi alma también, O si no, los dos.

JULIETA. Amén.

ENFERMERA. ¿Qué?

JULIETA. Pues bien, me has consolado maravillosamente. Entra y dile a mi señora que me he ido, después de haber decepcionado a mi padre, a la celda de Lawrence, para confesar y ser absuelto.

ENFERMERA. Casarse, lo haré; Y esto se hace sabiamente.

[*Salir.*]

JULIETA. ¡Condenación antigua! ¡Oh demonio perverso! ¿Es más pecado desear que yo haya sido abjurado, o que desacredite a mi señor con la misma lengua con la que ella lo ha alabado tantas veces comparada? Vete, consejero. Tú y mi seno seréis en adelante dos. Voy a ver al fraile para conocer su remedio. Si todo lo demás falla, yo tengo el poder de morir.

[*Salir.*]

Acto IV

Escena I. La celda de Fray Lorenzo

Entra Fray Lorenzo *y* París.

FRAILE LAWRENCE. ¿El jueves, señor? El tiempo es muy corto.

PARIS.My padre Capuleto así lo querrá; Y no soy nada lento para aflojar su prisa.

FRAILE LAWRENCE. Dices que no conoces la mente de la dama. Desigual es el curso; No me gusta.

PARÍS. Llora inmoderadamente la muerte de Teobaldo,Y por eso he hablado poco de amor; Porque Venus no sonríe en una casa de lágrimas. Ahora, señor, su padre considera peligroso que ella le dé tanto dominio a su dolor; Y en su sabiduría, apresura nuestro matrimonio, para detener el torrente de sus lágrimas, que, demasiado preocupadas por ella sola, pueden ser apartadas de ella por la sociedad. ¿Ahora sabes la razón de esta prisa?

FRAILE LAWRENCE. [*Aparte.*Ojalá supiera por qué debería retrasarse.—Mire, señor, aquí viene la señora hacia mi celda.

Entra Julieta.

PARÍS. ¡Felizmente conocidos, mi señora y mi esposa!

JULIETA. Puede que sea, señor, cuando yo sea esposa.

PARÍS. Eso puede ser, debe ser, amor, el próximo jueves.

JULIETA. Lo que debe ser, será.

FRAILE LAWRENCE.
Ese es un texto determinado.

PARÍS. ¿Vienes a confesarte a este padre?

JULIET.To respuesta a eso, debo confesártelo.

PARIS.Do no le niegues que me amas.

JULIETA. Te confesaré que lo amo.

PARIS.So queréis, estoy seguro, que me amáis.

JULIETA. Si lo hago, será de más precio, hablándote a tus espaldas que a tu cara.

PARÍS. Pobre alma, tu rostro está muy manchado de lágrimas.

JULIETA. Las lágrimas han obtenido una pequeña victoria por eso; Porque ya era bastante malo antes de su despecho.

PARÍS. Te equivocas más que las lágrimas con ese informe.

JULIETA. Eso no es calumnia, señor, que es una verdad, y lo que dije, lo hablé a mi cara.

PARÍS. Tu rostro es mío, y lo has calumniado.

JULIET.It puede ser así, porque no es mío. ¿Está usted tranquilo, santo padre, ahora, o iré a verlo a la misa de la tarde?

Fraile LAWRENCE.My ocio me sirve, hija pensativa, ahora.—Mi señor, debemos suplicar el tiempo a solas.

PARÍS. ¡Dios me proteja de perturbar la devoción!—Julieta, el jueves temprano te despertaré,Hasta entonces, adiós; y guarda este beso santo.

[*Salir.*]

JULIETA. ¡Oh, cierra la puerta, y cuando lo hayas hecho, ven a llorar conmigo, más allá de la esperanza, más allá de la cura, más allá de la ayuda!

FRAILE LAWRENCE. Oh Julieta, ya conozco tu dolor; Me pone a prueba más allá de la brújula de mi ingenio. He oído que debes, y nada puede prorrogarlo, que el próximo jueves te cases con este condado.

JULIETA. No me digas, fraile, que oyes de esto, si no me dices cómo puedo prevenirlo. Si en tu sabiduría no puedes dar ayuda, no hagas más que llamar sabia a mi resolución, y con este cuchillo la ayudaré enseguida. Dios unió mi corazón y el de Romeo, tú nuestras manos; Y antes de que esta mano, por ti a la sellada de Romeo, sea la etiqueta de otra acción, o mi verdadero corazón con traicionera rebelión se vuelva a otro, esto los matará a ambos. Por lo tanto, de tu tiempo de larga experiencia,

 Dame algún consejo presente, o contempla que mis extremos y yo este cuchillo sangriento jugará el imperio, arbitrando lo que la comisión de tus años y arte no podría traer a ningún asunto de verdadero honor. No seas tan largo para hablar. Anhelo morir, si lo que dices no habla de remedio.

FRAILE LAWRENCE. Espera, hija. Veo un tipo de esperanza que anhela una ejecución tan desesperada como la que queremos evitar. Si, en lugar de casarte con el condado de Paris, tienes la fuerza de voluntad para matarte a ti mismo, entonces es probable que emprendas una cosa como la muerte para reprender esta vergüenza, que se las arregla con la muerte misma para escapar de ella. Y si te atreves, te daré el remedio.

JULIETA. Oh, dime que salte, antes que casarme con Paris, desde las almenas de esa torre, o que camine por caminos de ladrón, o que me esconda donde están las serpientes. Encadename con osos rugientes; O escóndeme todas las noches en un osario, cubierto de huesos de muertos, con patas apestosas y calaveras amarillas sin chapa. O dime que vaya a un sepulcro recién hecho, y que me esconda con un muerto en su mortaja; Cosas que, al oírlas contadas, me han hecho temblar, y lo haré sin miedo ni duda, para vivir esposa sin mancha de mi dulce amor.

FRAILE LAWRENCE. Espera entonces. Vete a casa, sé feliz, da tu consentimientoPara casarte con Paris. El miércoles es mañana; Mañana por la noche mira que te acuestas solo, no dejes que tu nodriza se acueste contigo en tu aposento. Toma este frasco, estando entonces en la cama,
y bebe este licor destilado, cuando al instante por todas tus venas corra un humor frío y somnoliento, porque ningún pulso mantendrá su progreso natural, sino que cesará. Ningún calor, ningún aliento atestiguará que vives,Las rosas en tus labios y mejillas se marchitaránEn cenizas pálidas; caen las ventanas de tus ojos, como la muerte cuando cierra el día de la vida. Cada parte privada de un gobierno flexible, rígida, descarnada y fría aparecerá como la muerte. Y en esta semejanza prestada de la muerte encogida, permanecerás dos horas y cuarenta, y luego despertarás como de un

sueño placentero. Ahora cuando el novio viene por la mañana a despertarte de tu lecho, allí estás muerta. Entonces, como es la costumbre de nuestro país, con tus mejores ropas, descubiertas, en el féretro, serás llevado a esa misma antigua bóveda donde yacen todos los parientes de los Capuleto. Mientras tanto, contra que despertarás,¿Conocerá Romeo por mis cartas nuestra deriva,Y aquí vendrá, y él y yo vigilaremos tu vigilia, y esa misma noche Romeo te llevará de aquí a Mantua.Y esto te librará de esta vergüenza presente,Si ningún juguete inconstante ni temor femenino disminuye tu valor en la actuación.

JULIETA. ¡Dame, dame! ¡Oh, no me hables del miedo!

FRAILE LAWRENCE. Sostener; que te vayas, sé fuerte y próspero en esta resolución. Enviaré un fraile a Mantua con mis cartas para tu señor.

JULIETA. El amor me da fuerza, y la fuerza me ayudará. Adiós, querido padre.

[*Exeunt.*]

Escena II. Salón en casa de Capuleto

Entran Capuleto, Lady Capuleto, enfermera *y* sirvientes.

CAPULET.So muchos invitados invitan como aquí están escritos.

[*Sal primero* Servant.]

Señora, ve a contratarme a veinte cocineros astutos.

SEGUNDO SIRVIENTE. No tendréis nada malo, señor; porque intentaré ver si pueden chuparse los dedos.

CAPULETO. ¿Cómo puedes probarlos así?

SEGUNDO SIRVIENTE. Cásate, señor, que es un mal cocinero que no puede chuparse los dedos; Por tanto, el que no puede chuparse los dedos, no va conmigo.

CAPULETO. Vete, vete.

[*Salga* del segundo Sirviente.]

Estaremos muy desprovistos de muebles por este tiempo. ¿Qué, mi hija se ha ido con Fray Lorenzo?

ENFERMERA. ¡Ay, por supuesto!

CAPULETO. Bueno, puede que tenga la oportunidad de hacerle algo bueno. Es una prostitución malhumorada y obstinada.

Entra Julieta.

ENFERMERA. Mira de dónde viene con una mirada alegre.

CAPULETO. Cómo ahora, mi testarudo. ¿Dónde has estado enchapado?

JULIETA. Donde he aprendido a arrepentirme del pecado de la oposición desobediente a ti y a tus mandatos; y me ordeno por el santo Lorenzo que caiga postrado aquí, para suplicar su perdón. Perdón, te lo ruego. De ahora en adelante siempre me sentirás atraído por ti.

CAPULETO. Manda a buscar al condado, ve a contarle de esto. Tendré este nudo tejido mañana por la mañana.

JULIETA. Conocí al joven lord en la celda de Lawrence, y le di lo que se convirtió en amor que pude, sin traspasar los límites de la modestia.

CAPULETO. Bueno, me alegro de que no. Esto está bien. Párate. Así es como debe ser. Déjame ver el condado.Ay, cásate. Ve, te digo, y tráelo acá. Ahora bien, delante de Dios, este reverendo santo fraile, toda nuestra ciudad está muy ligada a él.

JULIETA. Enfermera, ¿me acompañará a mi armario para ayudarme a ordenar los adornos tan necesarios que considere oportuno amueblarme mañana?

LADY CAPULET.No, no hasta el jueves. Hay tiempo de sobra.

CAPULETO. Vaya, enfermera, vaya con ella. Vamos a la iglesia mañana.

[*Exeunt* Julieta *y* enfermera.]

LADY CAPULETO. Nos faltarán provisiones, ya es casi de noche.

CAPULETO. Tush, me revolveré, y todas las cosas estarán bien, te lo garantizo, esposa. Ve a ver a Julieta, ayúdala a engalanarla. No me iré a la cama esta noche, déjame en paz. Por esta vez haré de ama de casa.—¡Qué, jo!—Están todos fuera: bueno, yo misma caminaré hasta el condado de París, para prepararlo para mañana. Mi corazón es maravillosamente ligeroYa que esta misma chica descarriada es tan reclamada.

[*Exeunt.*]

Escena III. Cámara de Julieta

Entran Julieta *y* la enfermera.

JULIETA. Ay, esos atuendos son los mejores. Pero, gentil nodriza, te ruego que me dejes sola esta noche; Porque tengo necesidad de muchas oraciones para mover los cielos a sonreír a mi estado, el cual, bien sabes, es trasnado y lleno de pecado.

Entra en escena Lady Capuleto.

LADY CAPULETO. ¿Qué, estás ocupado,? ¿Necesitas mi ayuda?

JULIET.No, señora; hemos recogido las necesidades que corresponden a nuestro estado mañana. Así que, por favor, permítame que me deje en paz, y que la enfermera esta noche se siente a su lado, porque estoy seguro de que tiene las manos ocupadas en este asunto tan repentino.

LADY CAPULETO. Buenas noches. Vete a la cama y descansa, porque tienes necesidad.

[*Exeunt* Lady Capuleto *y* enfermera.]

JULIETA. Despedida. Dios sabe cuándo nos volveremos a encontrar. Tengo un leve frío y miedo que me corre por las venas, que casi congela el calor de la vida. Volveré a llamarlos para consolarme. ¡Enfermera!... ¿Qué debe hacer aquí? Mi lúgubre escena que necesito debe actuar solo. Ven, vial. ¿Qué pasa si esta mezcla no funciona en absoluto? ¿Me casaré entonces mañana por la mañana? ¡No, no! Esto lo prohibirá. Acuéstate allí.

(Dejando su daga.]

¿Y si es un veneno que el fraile ha ministrado para que me mate, no sea que en este matrimonio sea deshonrado, porque me casó antes con Romeo? Me temo que sí. Y, sin embargo, creo que no debería serlo, porque todavía ha sido juzgado como un hombre santo. ¿Qué pasa si, cuando soy puesto en el sepulcro, me despierto antes del momento en que Romeo viene a redimirme? ¡Hay un punto aterrador! ¿No seré entonces sofocado en la bóveda, a cuya boca sucia no se respira aire saludable, y allí moriré estrangulado antes de que venga mi Romeo? O, si vivo, ¿no se parece mucho a la horrible presunción de la muerte y la noche, junto con el terror del lugar, como en una bóveda, un antiguo receptáculo, donde durante tantos cientos de años están empacados los huesos de todos mis antepasados enterrados, donde el sangriento Teobaldo, aún verde en la tierra,

 yace supurando en su mortaja; donde, como dicen, a algunas horas de la noche los espíritus acudento... ¡Alack, alack, no es como que yo, despertando tan temprano, con olores repugnantes y chillidos como mandrágoras arrancadas de la tierra, que los mortales vivos, al oírlos, se vuelven locos?

¡Oh, si despierto, no estaré angustiado, rodeado de todos estos horribles temores, y jugaré locamente con las articulaciones de mis antepasados! ¿Y arrancar el destrozado Tybalt de su mortaja? ¿Y, en esta rabia, con el hueso de un gran pariente, como con un garrote, arrancarme los sesos desesperados? Oh, mira, me parece ver el fantasma de mi primo buscando a Romeo que escupió su cuerpo a punta de estoque. ¡Quédate, Teobaldo, quédate! ¡Romeo, Romeo, Romeo, aquí hay bebida! Bebo por ti.

(Se arroja sobre la cama.]

Escena IV. Salón en casa de Capuleto

Entran Lady Capuleto *y* Nurse.

LADY CAPULETO. Espera, toma estas llaves y trae más especias, enfermera.

ENFERMERA. Piden dátiles y membrillos en la masa.

Entra Capuleto.

CAPULETO. ¡Ven, revuelve, revuelve, revuelve! El segundo gallo
ha cantado, la campana del toque de queda ha sonado, son las tres.
Mira las carnes al horno, buena Angélica; No escatime por el costo.

ENFERMERA. Vete, reina de la cuna, ve, vete
 a la cama; fe, mañana estarás enferma por la vigilia de esta noche.

CAPULET.No, ni un ápice. ¡Qué! He velado antes de ahora toda la
noche por una causa menor, y nunca he estado enfermo.

LADY CAPULETO. Ay, has sido una cacería de ratones en tu
tiempo; Pero yo te voy a vigilar de esa manera ahora.

[*Exeunt* Lady Capuleto *y* enfermera.]

CAPULETO. ¡Un celos, un celos!

Entran los sirvientes, *con asadores, troncos y cestas.*

Ahora, amigo, ¿qué es lo que hay?

PRIMER SIRVIENTE. Cosas para el cocinero, señor; pero no sé
qué.

CAPULETO. Apresúrate, apresúrate.

[*Salir* Primer Sirviente.]

—Sirrah, trae troncos más secos. Llama a Pedro, él te mostrará
dónde están.

SEGUNDO SIRVIENTE. Tengo una cabeza, señor, que descubrirá
los registros, y nunca molestará a Pedro por el asunto.

[*Salir.*]

CAPULETO. Misa y bien dicho; una puta alegre, ja. Serás
caguabo.—Buena fe, es día. El Condado estará aquí con música
recta, porque así dijo que lo haría. Lo oigo de cerca.

[*Pon música.*]

¡Enfermera! ¡Esposa! ¡Qué, ho! ¡Qué, enfermera, le digo!

Vuelva a entrar en la enfermera.

Ve a despertar a Julieta, ve y recórtala. Iré a charlar con Paris. Hola, apresúrate, apresúrate; El novio que es ya ha venido. Apresúrate, te digo.

[*Exeunt.*]

Escena V. Cámara de Julieta; Julieta en la cama

Entra en escena la enfermera.

ENFERMERA. ¡Señora! ¡Qué, señora! ¡Julieta! Rápido, se lo garantizo, ella. ¡Vaya, cordero, vaya, señora, fie, acostada! ¡Pues, amor, digo yo! ¡Señora! ¡Querido! ¡Vaya, novia! ¿Qué, ni una palabra? Toma tus centavos ahora. Duerme una semana; porque la noche próxima, te garantizo, que el condado de Paris ha establecido su descanso, para que descanses poco. ¡Que Dios me perdone! Cásate y amén. ¡Cuán profundamente dormida! Necesito despertarla. ¡Señora, señora, señora! Ay, deja que el Condado te tome en tu cama, él te asustará, fe. ¿No será así? ¿Qué, vestido, y con su ropa, y otra vez? Necesito despertarte. ¡Dama! ¡Dama! ¡Dama! ¡Ay, ay! ¡Ayuda, ayuda! ¡Mi señora ha muerto! Oh, bueno, un día que yo nací. Un poco de aqua vitae, ho! ¡Mi señor! ¡Mi señora!

Entra en escena Lady Capuleto.

LADY CAPULETO. ¿Qué ruido hay aquí?

ENFERMERA. ¡Oh día lamentable!

LADY CAPULETO. ¿Qué pasa?

ENFERMERA. ¡Mira, mira! ¡Oh día pesado!

LADY CAPULETO. ¡Oh yo, oh yo! Mi hija, mi única vida. Revive, mira hacia arriba, o moriré contigo. ¡Ayuda, ayuda! Llame a la ayuda.

Entra Capuleto.

CAPULETO. Por vergüenza, saca a Julieta, que su señor ha venido.

ENFERMERA.
Está muerta, fallecida, está muerta; ¡Falta el día!

LADY CAPULETO. ¡Que pase el día, está muerta, está muerta, está muerta!

CAPULETO. ¡Ja! Déjame verla. ¡Ay! Tiene frío, su sangre está asentada y sus articulaciones están rígidas. La vida y estos labios han estado separados durante mucho tiempo. La muerte yace sobre ella como una helada intempestiva sobre la flor más dulce de todo el campo.

ENFERMERA. ¡Oh día lamentable!

LADY CAPULETO. ¡Oh tiempo desdichado!

CAPULETO. La muerte, que la ha atrapado hasta aquí para hacerme gemir, me ata la lengua y no me deja hablar.

Entra Fray Lorenzo *y* París *con los músicos.*

FRAILE LAWRENCE. Ven, ¿está la novia lista para ir a la iglesia?

CAPULETO. Listo para irse, pero nunca para regresar. Oh hijo, la noche antes del día de tu boda la muerte se acostó con tu esposa. Allí yace ella, flor como era, desflorada por él. La muerte es mi yerno, la muerte es mi heredera; Se ha casado con mi hija. Voy a morirY dejarlo todo; La vida, el vivir, todo es de la muerte.

PARÍS. ¿He pensado mucho en ver el rostro de esta mañana, y me da un espectáculo como este?

LADY CAPULETO.
Día maldito, infeliz, miserable, odioso. La hora más miserable que el tiempo vio en el trabajo duradero de su peregrinación. Pero uno, pobre, un pobre y amoroso niño, pero una sola cosa en la que regocijarse y consolarse, y la cruel muerte la ha arrebatado de mi vista.

ENFERMERA. ¡Ay! ¡Oh día triste, triste, triste! ¡El día más lamentable, el día más lamentableQue jamás, jamás, aún contemplé! ¡Oh día, oh día, oh día, oh día odioso! Nunca se había visto un día tan negro como este. ¡Oh día triste, oh día triste!

PARÍS.
Engañados, divorciados, agraviados, escupidos, asesinados. Muerte detestable, por ti engañada, por cruel, cruel que has sido

completamente derribada. ¡Oh amor! ¡Oh vida! ¡No la vida, sino el amor en la muerte!

CAPULETO.
Despreciado, angustiado, odiado, martirizado, asesinado. Tiempo incómodo, ¿por qué vienes ahora a asesinar, asesinar nuestra solemnidad? ¡Oh niño! ¡Oh niño! Alma mía, y no hija mía, estás muerta. Ay, mi hijo ha muerto, y con mi hijo están enterradas mis alegrías.

FRAILE LAWRENCE. Paz,, por vergüenza. El remedio de la confusión no vive en estas confusiones. El cielo y tú tuvierais parte en esta hermosa doncella, ahora el cielo lo tiene todo, y tanto mejor es para la doncella. Tu parte en ella no la pudiste guardar de la muerte, pero el cielo guarda su parte en la vida eterna. Lo más que buscabais era su promoción, porque era vuestro cielo que ella debía avanzar, ¿y lloráis ahora, viendo que ella avanza por encima de las nubes, tan alta como el cielo mismo? Oh, en este amor, amas tanto a tu hija que te vuelves loco al ver que está bien. No está bien casada la que vive casada mucho tiempo, pero está mejor casada si muere casada joven. Seca tus lágrimas, y pega tu romero en este hermoso corso, y, como es costumbre, y en su mejor atuendo llévala a la iglesia; Porque, aunque la naturaleza cariñosa nos haga lamentar a todos, sin embargo, las lágrimas de la naturaleza son el regocijo de la razón.

CAPULETO. Todas las cosas que ordenamos festividadPasan de su oficio a un funeral negro:Nuestros instrumentos a campanas melancólicas,Nuestra alegría de bodas a un triste banquete de entierro; Nuestros himnos solemnes a los hoscos cantos fúnebres cambian; Nuestras flores de novia sirven para un corso enterrado, y todas las cosas las cambian al contrario.

FRAILE LAWRENCE. Señor, entrad y, señora, id con él, y veos, sir Paris, que todos se preparen para seguir a esta hermosa corsa hasta su tumba. Los cielos se inclinan sobre ti por algún mal; no los conmuevas más cruzando su alta voluntad.

[*Exeunt* Capuleto, Dama Capuleto, París *y* Fraile.]

PRIMER MÚSICO. Fe, podemos dejar nuestras pipas y marcharnos.

ENFERMERA. Honrados buenos muchachos, ah, aguanten, aguanten, porque ustedes saben muy bien que este es un caso lamentable.

PRIMER MÚSICO. Sí, por mi parte, el caso puede ser enmendado.

[*Salir* de la enfermera.]

Entra Pedro.

PEDRO. Músicos, O, músicos, 'Heart's ease', 'Heart's ease', O, y ustedes me tendrán en vivo, toquen 'Heart's ease'.

PRIMER MÚSICO. ¿Por qué 'Heart's ease'?

PEDRO. ¡Oh músicos!, porque mi corazón mismo toca: 'Mi corazón está lleno'. Oh, tócame un alegre basurero para consolarme.

PRIMER MÚSICO. No es un basurero, no es momento de jugar ahora.

PEDRO. ¿No lo harás entonces?

PRIMER MÚSICO. No.

PEDRO. Entonces te lo daré rotundamente.

PRIMER MÚSICO. ¿Qué nos vas a dar?

PETER.No dinero, a fe mía, sino el regocijo! Te daré el juglar.

PRIMER MÚSICO. Entonces te daré la criatura que te sirve.

PEDRO. Entonces pondré el puñal de la criatura sirviente en tu paté. No llevaré crochets. Te voy a ser, te voy a engañar. ¿Te fijas en mí?

PRIMER MÚSICO. Y tú nos eres y nos fa nosotros, nos notas.

SEGUNDO MÚSICO. Te ruego que levantes tu daga y saques tu ingenio.

PEDRO. Entonces te golpeo con mi ingenio. Te golpearé en seco con un ingenio de hierro, y pondré mi daga de hierro. Respóndeme como hombres.   "Cuando el corazón hiere por las penas, y la mente oprime la tristeza, y la música con su sonido de plata" —¿Por qué el "sonido de plata"? ¿Por qué 'música con su sonido plateado'? ¿Qué dices tú, Simon Catling?

PRIMER MÚSICO. Cásate, señor, porque la plata tiene un sonido dulce.

PEDRO. Prates. ¿Qué dice usted, Hugh Rebeck?

SEGUNDO MÚSICO. Digo 'sonido de plata' porque los músicos suenan para la plata.

PEDRO. ¡Prates también! ¿Qué dices tú, James Soundpost?

TERCER MÚSICO. Fe, no sé qué decir.

PEDRO. Oh, te pido misericordia, tú eres el cantante. Lo diré por ti. Es 'música con su sonido de plata' porque los músicos no tienen oro para sonar.   "Entonces la música, con su sonido de plata, con pronta ayuda, da reparación".

[*Salir.*]

PRIMER MÚSICO. ¡Qué sota tan pestilente es ésta!

SEGUNDO MÚSICO. Cuélgalo, Jack. Vengan, entraremos aquí, nos quedaremos para los dolientes, y nos quedaremos a cenar.

[*Exeunt.*]

Acto V

Escenas I. Mantua. Una calle

Entra Romeo.

ROMEO. Si puedo confiar en el ojo halagador del sueño, mis sueños presagian algunas noticias alegres a la mano. El señor de mi pecho se sienta ligeramente en su trono; Y todo este día un espíritu desacostumbrado me eleva por encima de la tierra con pensamientos alegres. Soñé que mi señora venía y me encontraba muerto... ¡Extraño sueño, que da a un muerto permiso para pensar!... Y respiré tal vida con besos en mis labios, que reviví y fui emperador. ¡Ay de mí, cuán dulce es el amor mismo poseído, cuando las sombras del amor son tan ricas en alegría!

Entra en Balthasar.

¡Noticias de Verona! ¿Y ahora, Baltasar? ¿No me traes cartas del fraile? ¿Cómo está mi señora? ¿Está bien mi padre? ¿Cómo le va a mi Julieta? Que vuelvo a preguntar; Porque nada puede estar enfermo si ella está sana.

BALTHASAR. Entonces ella está bien, y nada puede estar enfermo. Su cuerpo duerme en el monumento de Capel, y su parte inmortal con los ángeles vive. La vi acostada en la bóveda de su parentela, y en seguida tomé el puesto para contártelo. Oh, perdóneme por traer estas malas noticias, ya que usted las dejó para mi oficina, señor.

ROMEO.Is así? ¡Entonces os reto, estrellas! Tú conoces mi alojamiento. Tráeme tinta y papel, y alquila caballos de posta. Por lo tanto, lo haré esta noche.

BALTHASAR. Le ruego, señor, que tenga paciencia. Tu aspecto es pálido y salvaje, y no importa alguna desventura.

ROMEO. Tush, estás engañado. Déjame y haz lo que te ordeno que hagas. ¿No tienes cartas para mí del fraile?

BALTHASAR.No, mi buen señor.

ROMEO.No importan. Vete y alquila esos caballos. Estaré contigo derecho.

[*Salida* de Balthasar.]

Bueno, Julicta, me acostaré contigo esta noche.
Veamos los medios. ¡Oh maldad te apresuras a entrar en los pensamientos de los hombres desesperados! Recuerdo a un boticario, —Y por aquí habita,—que más tarde notéEn malas hierbas andrajosas, con cejas abrumadoras,Culling de simples, escasas eran sus miradas,La aguda miseria lo había desgastado hasta los huesos; Y en su tienda necesitada colgaba una tortuga, un caimán disecado y otras pieles de peces mal formados; y alrededor de sus estanterías había una miserable cuenta de cajas vacías, macetas de barro verde, vejigas y semillas mohosas, restos de hilo de carga y viejos pasteles de rosas, esparcidos finamente para formar un espectáculo. Al notar esta penuria, me dije a mí mismo: Y si un hombre necesitara ahora un veneno, cuya venta es la muerte presente en Mantua, aquí vive un desgraciado caitiff se lo vendería. ¡Oh!, este mismo pensamiento no

hizo más que anticipar mi necesidad, y este mismo hombre
necesitado debe vendérmelo.

Según recuerdo, esta debería ser la casa. Al ser día festivo, la tienda
del mendigo está cerrada. ¡Qué, ho! ¡Boticario!

Entra en Boticario.

BOTICARIO. ¿Quién llama tan fuerte?

ROMEO. Ven acá, hombre. Veo que eres pobre. Espera, hay cuarenta
ducados. Déjame tener un trago de veneno, un engranaje que se
acelere pronto y se disperse por todas las venas, para que el portador
cansado de la vida caiga muerto, y para que el tronco se descargue de
aliento tan violentamente como la pólvora apresurada que se
precipita desde el vientre del fatal cañón.

BOTICARIO. Tales drogas mortales tengo, pero la ley de Mantua es
la muerte para cualquiera que las pronuncie.

ROMEO.Art estás tan desnudo y lleno de miseria, ¿Y temes morir?
El hambre está en tus mejillas,La necesidad y la opresión mueren de
hambre en tus ojos,El desprecio y la mendicidad cuelgan sobre tus
espaldas. El mundo no es tu amigo, ni la ley del mundo; El mundo
no concede ninguna ley que te haga rico; Entonces no seas pobre,
sino rómpela y toma esto.

APOTHECARY.My la pobreza, pero no mi voluntad consiente.

ROMEO. Yo pago tu pobreza, y no tu voluntad.

BOTICARIO. Pon esto en cualquier cosa líquida que quieras
y bébelo, y, si tuvieras la fuerza de veinte hombres, te despacharía
directamente.

ROMEO. Ahí está tu oro, peor veneno para las almas de los
hombres, que mata más en este mundo repugnante que estos pobres
compuestos que no puedes vender. Yo te vendo veneno, tú no me has
vendido ninguno. Adiós, compra comida y métete en carne. Ven,
cordial y no envenenada, veme a la tumba de Julieta, que allí te he de
servir.

[*Exeunt.*]

Escena II. Celda de Fray Lorenzo

Entra Fray Juan.

FRAILE JUAN. ¡Santo fraile franciscano! ¡Hermano, ho!

Entra Fray Lorenzo.

FRAILE LAWRENCE. Esta misma debería ser la voz de Fray Juan.Bienvenidos desde Mantua. ¿Qué dice Romeo? O, si se le ocurre lo que piensa, dame su carta.

FRAILE JUAN. Yendo a buscar a un hermano descalzo, uno de nuestra orden, para que me asocie, aquí en esta ciudad visitando al enfermo, y encontrándolo, los buscadores de la ciudad, sospechando que ambos estábamos en una casa donde reinaba la peste infecciosa, sellaron las puertas y no nos dejaron salir, de modo que mi camino a Mantua se detuvo.

FRAILE LAWRENCE. ¿Quién llevó entonces mi carta a Romeo?

FRAILE JUAN. No pude enviarlo, aquí está de nuevo, ni conseguir un mensajero que te lo trajera, tan temerosos estaban de la infección.

FRAILE LAWRENCE. ¡Desgraciada fortuna! Por mi hermandad,La carta no era bonita, pero sí llena de carga,De gran importancia, y el descuido de ella puede hacer mucho peligro. Fray Juan, vete de aquí, tráeme un cuervo de hierro y llévalo directamente a mi celda.

FRAILE JUAN. Hermano, iré y te lo traeré.

[*Salir.*]

FRAILE LAWRENCE. Ahora debo ir solo al monumento. Dentro de estas tres horas se despertará la bella Julieta. Me lamentará mucho que Romeo no se haya enterado de estos accidentes; Pero volveré a escribir a Mantua y la tendré en mi celda hasta que venga Romeo. Pobre corso viviente, encerrado en la tumba de un muerto.

[*Salir.*]

Escena III. un cementerio; En ella un monumento perteneciente a los Capuleto

Entra en París, *y su* paje *lleva flores y una antorcha.*

PARÍS. Dame tu antorcha, muchacho. Por lo tanto, y manténganse al margen. Y apágalo, porque no me verían. Debajo de tu tejo te acostaste todo el tiempo, acercando tu oreja a la tierra hueca; Así no pisará el cementerio de la iglesia,
 estando suelto, infirme, cavando sepulcros, sin que lo oirás. Silba, pues, a mí, como señal de que oyes que algo se acerca. Dame esas flores. Haz lo que te ordeno, vete.

PÁGINA. [*Aparte.*] Casi tengo miedo de estar soloaquí en el cementerio; sin embargo, me aventuraré.

[*Se retira.*]

PARÍS. Dulce flor, con flores esparcí tu lecho nupcial. ¡Ay, tu dosel es polvo y piedras, que con agua dulce rocío todas las noches, o queriendo que, con lágrimas destiladas por gemidos! Las exequias que por ti guardaré, todas las noches serán para esparcir tu tumba y llorar.

(*El* paje *silba.*]

El muchacho avisa de que algo se acerca. ¿Qué pie maldito vaga por aquí esta noche, para cruzar mis exequias y el rito del amor verdadero? ¡Qué, con una antorcha! Muégeme, noche, un rato.

[*Se retira.*]

Entran Romeo y Baltasar *con una antorcha, azadón, etc.*

ROMEO. Dame ese azadón y el hierro desgarrador. Espera, toma esta carta; De mañana, entrégalo a mi señor y padre. Dame la luz; Sobre tu vida te encargo, todo lo que oigas o veas, mantente al margen, y no me interrumpas en mi camino. La razón por la que desciendo a este lecho de muerte es en parte para contemplar el rostro de mi señora, pero sobre todo para sacar de su dedo muerto un anillo precioso, un anillo que debo usar
en mi querido empleo. Por lo tanto, vete. Pero si tú, celoso, vuelves a curiosear en lo que yo pretendo hacer, por el cielo te despedazaré

coyuntura por coyuntura, y esparciré este cementerio hambriento con tus miembros. El tiempo y mis intenciones son salvajes; Más feroz y más inexorable que los tigres vacíos o el mar rugiente.

BALTHASAR. Me iré, señor, y no le molestaré.

ROMEO.So me mostrarás amistad. Toma eso. Vive, y sé próspero, y adiós, buen hombre.

BALTHASAR. Por todo esto, me esconderé aquí. Temo su apariencia y dudo de sus intenciones.

[*Se retira*]

ROMEO. Tú, fauces detestables, vientre de muerte, desgarrado con el bocado más querido de la tierra, así obligo a abrir tus mandíbulas podridas,

[*Rompiendo la puerta del monumento.*]

Y a pesar de todo, te atiborraré de más comida.

PARÍS. Este es el desterrado altivo Montesco que asesinó al primo de mi amada, con cuyo dolor, se supone, murió la hermosa criatura, y aquí ha venido a hacer una vergüenza malvada a los cadáveres. Lo aprehenderé.

[*Avances.*]

Detén tu trabajo impío, vil Montesco.¿Se puede perseguir la venganza más allá de la muerte?
Maldito villano, yo sí te aprehendo. Obedece y vete conmigo, porque tienes que morir.

ROMEO. Debé, en efecto; y por eso vine acá. Buen joven gentil, no tientes a un hombre desesperado. Vuela de aquí y déjame. Piensen en estos que se han ido; Que te espanten. Te ruego, joven, que no pongas otro pecado sobre mi cabeza, instándome a la furia. ¡Oh, vete! Por el cielo te amo más que a mí mismo; Porque vengo aquí armado contra mí mismo. No te quedes, vete, vive, y de aquí en adelante di: La misericordia de un loco te ordene huir.

PARÍS. Desafío tu conjuro, y te aprehendo, por un delincuente aquí.

ROMEO. ¿Me provocarás? ¡Entonces tenlo a ti, muchacho!

[*Pelean.*]

PÁGINA. ¡Oh Señor, luchan! Iré a llamar al reloj.

[*Salir.*]

PARÍS. ¡Oh, me han matado! [*Caídas.*] Si eres misericordioso, abre el sepulcro, túsame con Julieta.

[*Muere.*]

ROMEO.In fe, lo haré. Permítanme examinar detenidamente esta cara. ¡Pariente de Mercucio, noble condado de Paris! ¿Qué dijo mi hombre, cuando mi alma desechada no lo acompañó mientras cabalgábamos? Creo que me dijo que Paris debería haberse casado con Julieta. ¿O lo soñé así?
¿O estoy loco al oírle hablar de Julieta, al pensar que era así? ¡Oh, dame tu mano, una escrita conmigo en el libro de la amarga desgracia!
Te enterraré en una tumba triunfal. ¿Una tumba? Oh no, un farol, un joven rojo matado, porque aquí yace Julieta, y su belleza hace de esta bóveda una presencia festiva llena de luz. Muerte, yaces allí, por un hombre muerto enterrado.

[*Colocando* a París *en el monumento.*]

¡Cuántas veces, cuando los hombres están a punto de morir, se han alegrado! Que sus guardianes llamanUn relámpago antes de la muerte. ¡Oh!, ¿cómo puede ser todo esto un relámpago? Oh mi amor, mi esposa, la muerte que ha chupado la miel de tu aliento, no ha tenido aún poder sobre tu belleza. Tú no estás vencido. El estandarte de la belleza aún es carmesí en tus labios y en tus mejillas, y la pálida bandera de la muerte no se enarbola allí. Teobaldo, ¿yaces allí en tu sábana ensangrentada? ¡Oh, qué más favor te puedo hacer que con esa mano que partió en dos tu juventud para despedazar a la que era tu enemiga! Perdóname, primo. ¡Ah, querida Julieta!, ¿por qué sigues siendo tan hermosa? ¿Creeré que la muerte insustancial es amorosa; ¿Y que el monstruo flaco y aborrecido te tiene aquí en la oscuridad pára ser su amante? Por miedo a eso, todavía me quedaré contigo, y nunca más me iré de este palacio de noche tenue. Aquí, aquí me quedaréCon gusanos que son tus camarotas. ¡Oh, aquí estableceré mi descanso eterno! Y sacude el yugo de las estrellas desfavorablesDe

esta carne cansada del mundo. Ojos, miren por última vez. ¡Armas, tomad vuestro último abrazo! Y, labios, oh túLas puertas del aliento, selladas con un beso justoUn pacto sin fecha para la muerte absorbente.
Ven, amarga conducta, ven, desagradable guía. Tú, piloto desesperado, ahora de inmediato correteLas rocas espultadas tu barca cansada y mareada.
¡Brindo por mi amor! [*Bebidas.*] ¡Oh verdadero boticario! Tus drogas son rápidas. Así que con un beso me muero.

[*Muere.*]

Entra, en el otro extremo del cementerio, Fray Lorenzo, *con una linterna, un cuervo y una pala.*

FRAILE LAWRENCE. San Francisco sea mi velocidad. ¿Cuántas veces esta noche han tropezado mis viejos pies en las tumbas? ¿Quién está ahí? ¿Quién es el que asocia, tan tarde, a los muertos?

BALTHASAR.
Aquí hay uno, un amigo, y uno que te conoce bien.

FRAILE LAWRENCE. La bienaventuranza sea sobre ti. Dime, buen amigo mío, ¿qué antorcha es aquella que en vano presta su luz a las larvas y a los cráneos sin ojos? Como yo discierno, arde en el monumento de los Capels.

BALTHASAR.It lo hace, santo señor, y allí está mi amo, uno a quien amáis.

FRAILE LAWRENCE. ¿Quién es?

BALTHASAR. Romeo.

FRAILE LAWRENCE. ¿Cuánto tiempo lleva allí?

BALTHASAR. Media hora completa.

FRAILE LAWRENCE. Acompáñame a la bóveda.

BALTHASAR. No me atrevo, señor; Mi amo no lo sabe, pero yo me he ido de aquí, y terriblemente me amenazaba con la muerte si me quedaba a mirar sus intenciones.

FRAILE LAWRENCE. Quédate entonces, iré solo. El miedo se apodera de mí. ¡Oh, mucho temo alguna cosa desafortunada!

BALTHASAR.As dormí aquí debajo de este tejo, soñé que mi amo y otro peleaban, y que mi amo lo mataba.

FRAILE LAWRENCE. ¡Romeo! [*Avances.*¿Qué sangre es esta que mancha la entrada pétrea de este sepulcro? ¿Qué significan estas espadas sin amo y sangrientas yacer descoloridas por este lugar de paz?

[*Entra en el monumento.*]

¡Romeo! ¡Oh, pálido! ¿Quién más? ¿Qué, París también? ¿Y empapado en sangre? ¡Ah, qué hora tan desagradable es la culpable de esta lamentable oportunidad! La señora se revuelve.

(*Julieta se despierta y se agita.*]

JULIETA. ¡Oh cómodo fraile!, ¿dónde está mi señor? Recuerdo bien dónde debería estar, y ahí estoy. ¿Dónde está mi Romeo?

[*Ruido interior.*]

FRAILE LAWRENCE. Escucho algo de ruido. Señora, ven de ese nido de muerte, contagio y sueño antinatural. Un poder mayor del que podemos contradecir ha frustrado nuestros intentos. Ven, vete. Tu marido en tu seno yace muerto; Y París también. Ven, me desharé de tiEntre una hermandad de santas monjas. No te quedes a preguntar, porque el reloj se acerca. Vamos, vamos, buena Julieta. Ya no me atrevo a quedarme.

JULIETA. Vete, vete de aquí, porque no me iré.

[*Salida Fray* Lorenzo.]

¿Qué hay aquí? ¿Una copa cerrada en la mano de mi verdadero amor? El veneno, veo, ha sido su fin eterno. ¡Oh churl! Bebe todo, y no dejó ninguna gota amistosa para ayudarme después? Besaré tus labios. Quizá todavía pende de ellos algún veneno para hacerme morir con un reconstituyente.

(*Lo besa.*]

¡Tus labios son cálidos!

PRIMER RELOJ. [*Dentro.*] Plomo, muchacho. ¿De qué manera?

JULIETA. Sí, ¿ruido? Entonces seré breve. ¡Oh daga feliz!

(*Arrebatando* la daga *de Romeo.*]

Esta es tu vaina. (*Se apuñala*) Descansa y déjame morir.

(*Cae sobre el* cuerpo de Romeo *y muere.*]

Entra en Watch con la Página *de París.*

PÁGINA. Este es el lugar. Allí, donde arde la antorcha.

PRIMER RELOJ. El suelo está ensangrentado. Busca en el cementerio. Id, algunos de Uds., a quien sea que encuentren adherido.

[*Exeunte algo de la* Guardia.]

¡Lamentable espectáculo! Aquí yace el condado muerto, y Julieta sangrando, caliente y recién muerta, que aquí ha yacido enterrada durante dos días. Ve y dile al Príncipe; corre a los Capuleto.Levanta a los Montescos, algunos otros buscan.

[*Exeunte a otros de la* Guardia.]

Vemos el terreno en el que yacen estos males, pero el verdadero fundamento de todos estos lamentables males no podemos distinguirlo sin ninguna circunstancia.

Vuelve a entrar en parte de la Guardia *con Balthasar.*

SEGUNDA GUARDIA. Aquí está el hombre de Romeo. Lo encontramos en el cementerio.

PRIMER RELOJ. Mantenlo a salvo hasta que el Príncipe venga aquí.

Vuelve a entrar en otros de la Guardia *con Fray Lorenzo.*

TERCERA GUARDIA. He aquí un fraile que tiembla, suspira y llora. Le quitamos este azadón y esta pala cuando venía de este lado del cementerio.

PRIMER RELOJ. Una gran sospecha. Sigue siendo el fraile también.

Entran el Príncipe *y los* asistentes.

PRÍNCIPE. ¿Qué desventura es tan madrugadora, que llama a nuestra persona desde nuestro descanso matutino?

Entran Capuleto, Lady Capuleto *y otros.*

CAPULETO. ¿Qué debería ser que gritaran tanto en el extranjero?

LADY CAPULETO. ¡Oh, la gente en la calle grita Romeo, alguna Julieta y alguna París, y todos corren con abierto clamor hacia nuestro monumento!

PRÍNCIPE. ¿Qué miedo es este que sobresalta en nuestros oídos?

PRIMER RELOJ. Soberano, aquí yace el condado de Paris asesinado, y Romeo muerto, y Julieta, muerta antes, cálida y recién asesinada.

PRÍNCIPE. Busca, busca y sabe cómo viene este asqueroso asesinato.

PRIMER RELOJ. Aquí está un fraile, y mató al hombre de Romeo, con instrumentos adecuados para abrir las tumbas de estos muertos.

CAPULETO. ¡Oh cielo! ¡Oh esposa, mira cómo sangra nuestra hija! Esta daga ha sido mía, porque he aquí que su casa está vacía en el lomo de Montague, y está mal envainada en el pecho de mi hija.

LADY CAPULETO. ¡Oh yo! Esta visión de la muerte es como una campana que advierte mi vejez a un sepulcro.

Entran Montague *y otros.*

PRÍNCIPE. Ven, Montesco, que madrugas, para ver a tu hijo y heredero más temprano.

MONTAGUE. ¡Ay, mi señor!, mi esposa ha muerto esta noche. El dolor del exilio de mi hijo ha detenido su respiración. ¿Qué otro ay conspira contra mi edad?

PRÍNCIPE. Mira, y verás.

MONTAGUE. ¡Oh tú, indocto! ¿Qué modales hay en esto: Ir delante de tu padre a la tumba?

PRÍNCIPE. Sella la boca de la indignación por un tiempo, hasta que podamos aclarar estas ambigüedades, y conocer su fuente, su cabeza, su verdadero descenso, y entonces seré general de tus aflicciones, y te llevaré incluso a la muerte. Mientras tanto, abstente, y deja que el infortunio sea esclavo de la paciencia. Saca a relucir las partes sospechosas.

FRAILE LAWRENCE. Yo soy el más grande, el más capaz de hacer lo mínimo, pero el tiempo y el lugar son los más sospechosos de este horrible asesinato. Y aquí estoy, tanto para acusar como para purgarme a mí mismo condenado y excusarme.

PRÍNCIPE. Entonces di de una vez lo que sabes en esto.

FRAILE LAWRENCE. Seré breve, porque mi corta fecha de aliento no es tan larga como lo es un cuento tedioso. Romeo, allí muerto, era esposo de esa Julieta, y ella, allí muerta, la fiel esposa de Romeo. Me casé con ellos; y el día de su boda robada fue el día del juicio final de Teobaldo, cuya muerte prematura

desterró al recién hecho esposo de esta ciudad; Por quién, y no por Tybalt, cubrió Julieta. Tú, para quitarle el asedio del dolor, te habrías prometido, y la habrías casado forzosamente

con el condado de París. Entonces ella se acerca a mí, y con miradas salvajes, me pide que invente algún medio para librarla de este segundo matrimonio, o en mi celda se suicidaría. Entonces le di, tan instruido por mi arte, una poción para dormir, que surtió el efecto que yo quería, porque obró en ella la forma de la muerte. Mientras tanto, le ruego a Romeo que venga aquí como esta noche terrible para ayudar a sacarla de su tumba prestada, siendo el momento en que la fuerza de la poción debe cesar. Pero el que llevaba mi carta, fray Juan, se detuvo por accidente; y anoche

devolví mi carta. Entonces, completamente solo, a la hora prefijada de su despertar, vine a sacarla de la bóveda de su parentela, con la intención de mantenerla cerca de mi celda hasta que pudiera enviarla convenientemente a Romeo. Pero cuando llegué, un minuto antes de la hora en que ella despertara, aquí yacía intempestivamente el noble París y el verdadero Romeo muerto. Ella despierta; y le rogué que saliera y llevara con paciencia esta obra del cielo. Pero entonces un ruido me asustó y me alejó de la tumba; Y ella, demasiado desesperada, no quiso ir conmigo, sino que, al parecer, se violentó a sí misma. Todo esto lo sé; y al matrimonioSu nodriza está enterada.

Y si en esto fuere abortado por mi culpa, que mi vieja vida sea sacrificada, alguna hora antes de su tiempo, al rigor de la ley más severa.

PRÍNCIPE. Todavía te hemos conocido como un hombre santo. ¿Dónde está el hombre de Romeo? ¿Qué puede decir a esto?

BALTHASAR. Llevé a mi amo la noticia de la muerte de Julieta, y luego, en el correo, vino de Mantua
a este mismo lugar, a este mismo monumento. Pronto me pidió que le diera a su padre esta carta, y me amenazó con matarme, yendo a la bóveda, si no me iba y lo dejaba allí.

PRÍNCIPE. Dame la carta, la revisaré. ¿Dónde está el paje del condado que levantó la guardia? Sirrah, ¿qué hizo que tu amo estuviera en este lugar?

PÁGINA. Vino con flores para esparcir la tumba de su señora,Y me pidió que me apartara, y así lo hice.Enseguida viene uno con luz para abrir la tumba,Y poco a poco mi amo se acercó a él,Y entonces me escapé a llamar a la guardia.

PRÍNCIPE. Esta carta cumple las palabras del fraile, su curso de amor, la noticia de su muerte. Y aquí escribe que compró un veneno de un pobre boticario, y con ello vino a esta bóveda para morir y acostarse con Julieta. ¡Capuleto, Montesco, mira qué azote se ha puesto sobre tu odio, que el cielo encuentra medios para matar tus alegrías con amor! Y yo, por guiñar también tus discordias, he perdido a un par de parientes. Todos son castigados.

CAPULETO. ¡Oh hermano Montesco, dame tu mano! Esta es la unión de mi hija, porque no puedo exigir más.

MONTAGUE. Pero yo te puedo dar más, porque levantaré su estatua de oro puro, que mientras Verona sea conocida por ese nombre, no se fijará una cifra tal como la de la verdadera y fiel Julieta.

CAPULET.As rico será Romeo por la mentira de su dama,Pobres sacrificios de nuestra enemistad.

PRÍNCIPE. Una paz sombría esta mañana trae consigo; El sol, por la tristeza, no asomará su cabeza. Id de aquí, a tener más que hablar de estas cosas tristes. Algunos serán perdonados y otros castigados, porque nunca hubo una historia de mayor aflicción que esta de Julieta y su Romeo.

[*Exeunt.*]

FIN

Julius Caesar

Dramatis Personae

Julio CésarOctavio César, triunviro tras la muerte de Julio
CésarMarco Antonio, triunviro tras la muerte de Julio César. Emilio
Lépido, triunviro después de la muerte de Julio CésarCicerón,
senador Publio, senador
Popilio Lena, senador Marco Bruto, conspirador contra Julio
CésarCasca, conspirador contra Julio CésarCasca, conspirador contra
Julio CésarTrebonio, conspirador contra Julio César
Ligario, conspirador contra Julio CésarDecio Bruto, conspirador
contra Julio CésarMetelo Cimber, conspirador contra Julio
CésarCinna, conspirador contra Julio CésarFlavio y Marullus,
tribunosArtemidoro de Cnido, maestro de retóricaUn adivinoCinna,
poeta. Otro poetaLucilio, amigo de Bruto y CasioTitinio, amigo de
Bruto y CasioMessala, amigo de Bruto y CasioEl joven Catón,
amigo de Bruto y CasioVolumnio, amigo de Bruto y CasioVarrón,
sirviente de BrutoClitus, sirviente de BrutusClaudius, sirviente de
BrutusStrato, sirviente de BrutusLucius, sirviente de Brutus
Dardanius, sirviente de Brutus
Píndaro, sirviente de Casio Calpurnia, esposa de CésarPorcia, esposa
de BrutoSenador, ciudadanos, guardias, sirvientes, etc. Escena:
Roma; el vecino de Sardes; el vecino de Filipos.

Acto I

Escena I

Roma. Una calle.

Entran FLAVIO, MARULLUS y ciertos plebeyos

FLAVIUS

¡Por lo tanto! a casa, ustedes criaturas ociosas los llevan a casa:¿Es esto un día de fiesta? ¡Qué! ¿No sabes que, siendo mecánico, no debes andar en un día de trabajo sin la señal de tu profesión? Habla, ¿de qué oficio eres?

Primer Plebeyo

Pues, señor, un carpintero.

MARULLUS

¿Dónde está tu delantal de cuero y tu regla? ¿Qué llevas puesto con tus mejores ropas? Usted, señor, ¿de qué oficio es usted?

Segundo Plebeyo

En verdad, señor, en lo que respecta a un buen artesano, no soy, como usted diría, un zapatero.

MARULLUS

Pero, ¿qué oficio eres tú? Respóndeme directamente.

Segundo Plebeyo

Un oficio, señor, que, espero, pueda usar con la conciencia tranquila; Lo cual es, en efecto, señor, un reparador de malas suelas.

MARULLUS

¿Qué oficio, bribón? Pícaro travieso, ¿qué oficio?

Segundo Plebeyo

No, te ruego, señor, que no salgas conmigo; sin embargo, si estás fuera, señor, puedo curarte.

MARULLUS

¿Qué quieres decir con eso? ¡Mírame, hombre descarado!

Segundo Plebeyo

Pues, señor, empedrado usted.

FLAVIUS

Eres un zapatero, ¿verdad?

Segundo Plebeyo

En verdad, señor, todo lo que vivo es con el punzón: Imeddle no con asuntos de comerciantes, ni de mujeres, sino con punzón. Soy, en verdad, señor, un cirujano de zapatos viejos; cuando están en gran peligro, yo los recupero. Hombres tan decentes como los que jamás han pisado el cuero de Neat han pasado por mi obra.

FLAVIUS

Pero, ¿por qué no estás hoy en tu tienda? ¿Por qué conduces a estos hombres por las calles?

Segundo Plebeyo

De verdad, señor, para gastar sus zapatos, para ponerme a trabajar más. Pero, en verdad, señor, hacemos vacaciones para ver a César y regocijarnos en su triunfo.

MARULLUS

¿Por qué te regocijas? ¿Qué conquista trae a casa? ¿Qué afluentes le siguen a Roma, para honrar en cautivos las ruedas de su carro? ¡Bloques, piedras, cosas peores que las tonterías! ¡Oh vosotros corazones duros, hombres crueles de Roma!,
¿no conocíais a Pompeyo? Muchas veces y a menudo has subido a muros y almenas, a torres y ventanas, sí, a las chimeneas en tus brazos, y allí te has sentado todo el día, con paciente expectación, para ver al gran Pompeyo pasar por las calles de Roma, y cuando viste aparecer su carro, ¿no has lanzado un grito universal, ¿Que el Tíber temblaba bajo sus orillas, para oír la réplica de tus sonidos hechos en sus orillas cóncavas? ¿Y ahora te pones tu mejor atuendo? ¿Y ahora te tomas unas vacaciones? ¿Y ahora esparces flores en su

camino, que viene en triunfo sobre la sangre de Pompeyo? ¡Vete! Corran a sus casas, caigan de rodillas, oren a los dioses para que interrumpan la plaga, que las necesidades deben iluminar esta ingratitud.

FLAVIUS

Id, id, buenos paisanos, y, por esta falta, reunid a todos los pobres de vuestra especie; Atráelos a las orillas del Tíber, y llora tus lágrimas en el canal, hasta que el arroyo más bajo bese las orillas más exaltadas de todas.

Exeunt a todos los plebeyos

Mira si su metal más vil no se mueve; Se desvanecen con la lengua trabada en su culpa. Baja por ese camino hacia el Capitolio;

De esta manera podré

Desnuda las imágenes, si las encuentras adornadas con ceremonias.

MARULLUS

¿Podemos hacerlo? Sabes que es la fiesta de Lupercal.

FLAVIUS

No importa; que no haya imágenes colgadas con los trofeos de César. Y ahuyentaré al vulgo de las calles:Así también vosotros, donde los percibís espesos. Estas plumas crecientes arrancadas del ala de César le harán volar un tono ordinario, ¿quién más se elevaría por encima de la vista de los hombres? Y nos mantendría a todos en un temor servil.

Salen

Escena II

Un lugar público.

Florecer. Entra en César; ANTONY, por el curso; CALPURNIA, PORCIA, DECIO BRUTO, CICERÓN, BRUTO, CASIO y CASCA; una gran multitud siguiéndole, entre ellos un adivino

CÉSAR

¡Calpurnia!

CASCA

¡Paz, ho! Habla César.

CÉSAR

¡Calpurnia!

CALPURNIA

Aquí, mi señor.

CÉSAR

Ponte en el camino de Antonio, cuando él siga su curso. ¡Antonius!

ANTONY

¿César, mi señor?

CÉSAR

No olvides, en tu prisa, Antonio, tocar Calpurnia; porque nuestros ancianos dicen: "Los estériles, tocados en esta santa caza, sacudid su estéril maldición".

ANTONY

Recordaré: Cuando César dice 'haz esto', se cumple.

CÉSAR

Azuzar; y no dejar ninguna ceremonia fuera.

Florecer

Adivino

¡César!

CÉSAR

¡Ja! ¿Quién llama?

CASCA

Que todo ruido se calleje: ¡paz una vez más!

CÉSAR

¿Quién es el que me llama la atención en la prensa? Oigo una lengua, más estridente que toda la música, que grita: «¡César!» Hablar; César se vuelve para escuchar.

Adivino

Cuidado con los idus de marzo.

CÉSAR

¿Qué hombre es ese?

BRUTUS

Un adivino te pide que tengas cuidado con los idus de marzo.

CÉSAR

Ponlo delante de mí; déjame ver su rostro.

CASSIUS

Amigo, ven de la muchedumbre; mira a César.

CÉSAR

¿Qué me dices ahora? Habla una vez más.

Adivino

Cuidado con los idus de marzo.

CÉSAR

Es un soñador; Dejémoslo: pase.

Sennet. Exeunt todos excepto BRUTO y CASSIUS

CASSIUS

¿Irás a ver el orden del curso?

BRUTUS

Yo no.

CASSIUS

Te ruego que lo hagas.

BRUTUS

No soy juguetón: me falta alguna parte de ese espíritu rápido que hay
en Antonio.
No permitas que obstaculice, Casio, tus deseos;
Te dejo.

CASSIUS

Bruto, te observo ahora últimamente:No tengo de tus ojos esa
dulzura y muestra de amor como solía tener:Llevas una mano
demasiado obstinada y demasiado extraña sobre tu amigo que te
ama.

BRUTUS

Casio, no te engañes: si he velado mi mirada, vuelvo la turbación de
mi semblante simplemente sobre mí mismo. Últimamente estoy
afligido por pasiones de alguna diferencia, concepciones sólo propias
de mí, que dan tal vez algo de tierra a mis conductas; Pero, por tanto,
no se entristezcan mis buenos amigos, entre los cuales, Casio, seas
tú, ni interpretes más mi negligencia que la de que el pobre Bruto,
estando él mismo en guerra, olvida las muestras de amor a los demás
hombres.

CASSIUS

Entonces, Bruto, he confundido mucho tu pasión; Por medio de los
cuales este pecho mío ha enterrado pensamientos de gran valor,
dignas cavilaciones. Dime, buen Bruto, ¿puedes verte la cara?

BRUTUS

No, Casio; porque el ojo no se ve a sí mismo, sino por reflexión, por
otras cosas.

CASSIUS

Y es muy lamentable, Bruto,
que no tengas espejos que conviertan tu oculta dignidad en tu ojo,
para que puedas ver tu sombra. He oído hablar de Bruto y gemir bajo
el yugo de esta época, donde muchos de los más respetados en
Roma, excepto el inmortal César, han deseado que el noble Bruto
tuviera sus ojos.

BRUTUS

¿A qué peligros me llevarías, Casio, para que quisiera que buscara en mí mismo lo que no está en mí?

CASSIUS

Por lo tanto, buen Bruto, prepárate para escuchar: Y como sabes que no puedes verte a ti mismo tan bien como por reflexión, yo, tu espejo, te descubriré modestamente lo que aún no conoces. Y no tengas celos de mí, gentil Bruto:¿Fui yo un vulgar risueño, o solía soltar con juramentos ordinarios mi amorA cada nuevo manifestante; si sabes que adulo a los hombres y los abrazo con fuerza y después de escandalizarlos, o si sabes que me profeso en banquetes a todas las derrotas, entonces tenme por peligroso.

Florece y grita

BRUTUS

¿Qué significa este grito? Me temo que el pueblo elige a César como su rey.

CASSIUS

Ay, ¿le temes? Entonces debo pensar que no lo harías así.

BRUTUS

Yo no lo haría, Casio; sin embargo, lo quiero mucho. Pero, ¿por qué me tienes aquí tanto tiempo? ¿Qué es lo que me impartiría? Si es algo para el bien general, pon el honor en un ojo y la muerte en el otro, y miraré a ambos con indiferencia, porque que los dioses me apresuren tanto como amoEl nombre del honor más de lo que temo a la muerte.

CASSIUS

Sé que esa virtud está en ti, Bruto, tan bien como conozco tu favor exterior. Bueno, el honor es el tema de mi historia. No puedo decir lo que tú y otros hombres pensáis de esta vida; pero, por mi singularidad, no tenía que ser tan vivo para estar tan asombrado de tal cosa como yo mismo. Nací libre como César; tú también:Los dos nos hemos alimentado también, y los dos podemos soportar el frío del invierno tan bien como él:Por una vez, en un día crudo y racheado,El turbulento Tíber rozando sus orillas,César me dijo:

'Atrevido tú, Casio, ahoraSalta conmigo en esta inundación furiosa,¿Y nada hasta ese punto?' Al oír la palabra, Pertrechado como estaba, me lancé y le pedí que me siguiera; así lo hizo. El torrente rugió, y lo azotamos con tendones lujuriosos, arrojándolo a un lado, y deteniéndolo con corazones de controversia; Pero antes de que pudiéramos llegar al punto propuesto, César gritó: «¡Ayúdame, Casio, o me hundo!» Yo, como Eneas, nuestro gran antepasado, lo hice de las llamas de Troya sobre su hombro el viejo Anquises, así de las olas del Tíber lo hice el cansado César. Y este hombre se ha convertido ahora en un dios, y Casio es una criatura miserable y debe doblar su cuerpo, si César descuidadamente asiente con la cabeza. Tuvo fiebre cuando estuvo en España,Y cuando le dio un ataque, noté cómo temblaba: es verdad, este dios temblaba; Sus labios cobardes volaron de su color, y ese mismo ojo cuyo recodo asombra al mundo perdió su brillo: le oí gemir: ¡Ay!, y esa lengua suya que ordenaba a los romanos que lo marcaran y escribieran sus discursos en sus libros, ¡ay!, gritó: 'Dame de beber, Titinio', como una niña enferma. ¡Oh dioses!, me asombraUn hombre de un temperamento tan débil debeAsí comenzar el mundo majestuoso y llevar la palma solo.

Gritar. Florecer

BRUTUS

¡Otro grito general! Creo que estos aplausos son algunos de los nuevos honores que se amontonan sobre César.

CASSIUS

Pues, hombre, él cabalga por el estrecho mundo como un coloso, y nosotros, los hombres mezquinos, caminamos bajo sus enormes piernas y miramos a nuestro alrededor para encontrarnos con tumbas deshonrosas. Los hombres en algún momento son dueños de sus destinos: la culpa, querido Bruto, no está en nuestras estrellas, sino en nosotros mismos, que somos subalternos. Bruto y César: ¿qué debe haber en ese 'César'? ¿Por qué ha de sonar más ese nombre que el tuyo? Escríbelos juntos, el tuyo es un nombre tan hermoso; Hazlos sonar, y también se convierte en la boca; Pésalos, es igual de pesado; conjurar con ellos, Bruto iniciará un espíritu tan pronto como César. Ahora bien, en nombre de todos los dioses a la vez, ¿de qué alimento se alimenta este nuestro César, que se ha hecho tan grande? ¡Edad, estás avergonzado! ¡Roma, has perdido la raza de las sangres nobles! ¿Cuándo fue allí por una edad, desde el gran diluvio, sin que fuera famoso con más de un hombre? ¿Cuándo podían decir hasta ahora, que hablaban de Roma, que sus anchas murallas abarcaban a un solo hombre? Ahora bien, ¿es Roma en verdad y hay espacio suficiente, cuando en ella no hay más que un solo hombre? ¡Oh!, tú y yo hemos oído decir a nuestros padres: "Había una vez un Bruto que habría tolerado que el eterno diablo mantuviera su estado en Romatan fácilmente como un rey".

BRUTUS

Que me amas, no soy nada celoso; A lo que me quieres hacer, tengo algún objetivo: cómo he pensado en esto y en estos tiempos, lo contaré más adelante; por este presente, no quiero, así que con amor podría suplicarte, que me conmuevas más. Lo que has dicholo consideraré; lo que tienes que decirCon paciencia escucharé, y encontraré un tiempoAmbos se reúnen para oír y responder a cosas tan altas. Hasta entonces, mi noble amigo, mastica esto: Bruto preferiría ser un aldeano que reputarse hijo de Roma en estas duras condiciones como las que este tiempo va a imponernos.

CASSIUS

Me alegro de que mis débiles palabras no hayan hecho más que tanta demostración de fuego de Bruto.

BRUTUS

Los juegos han terminado y César está de regreso.

CASSIUS

A medida que pasan, arranca a Casca por la manga; Y él, a su manera amarga, os dirá lo que ha sucedido dignamente de notarse hoy.

Volver a entrar en César y su Tren

BRUTUS

Lo haré. Pero, mira tú, Casio,La mancha de ira brilla en la frente de César,Y todo lo demás parece una cola oculta:La mejilla de Calpurnia está pálida; y Cicerón mira con tan hurón y con ojos tan ardientes, como le hemos visto en el Capitolio, siendo enfadado en conferencia por algunos senadores.

CASSIUS

Casca nos dirá cuál es el problema.

CÉSAR

¡Antonius!

ANTONY

¿César?

CÉSAR

Déjame tener a mi alrededor hombres que sean gordos; Hombres de cabeza elegante y como duermen por las noches: Yond Cassius tiene un aspecto delgado y hambriento; Piensa demasiado: esos hombres son peligrosos.

ANTONY

No le temáis, César; No es peligroso; Es un romano noble y bien dado.

CÉSAR

¡Ojalá estuviera más gordo! Pero yo no le temo, pero si mi nombre fuera susceptible de ser temido, no conozco al hombre que evitaría tan pronto como perdonaría a Casio. Lee mucho; Es un gran observador y mira a través de las obras de los hombres: no ama las comedias, como tú, Antonio; no oye música; Rara vez sonríe, y lo hace de tal manera, como si se burlara de sí mismo y despreciara su espíritu que podría ser movido a sonreír ante cualquier cosa. Hombres como él nunca están tranquilos en su corazón, mientras contemplan a alguien más grande que ellos, y por lo tanto son muy peligrosos. Prefiero decirte lo que hay que temer que lo que temo; que siempre soy yo César. Ven a mi diestra, que este oído es sordo, y dime en verdad lo que piensas de él.

Sennet. Exeunt CAESAR y todo su Tren, pero CASCA

CASCA

Me tiraste de la capa; ¿Hablarías conmigo?

BRUTUS

Ay, Casca; Dinos qué ha sucedido hoy, que César se ve tan triste.

CASCA

¿Por qué estabas con él, no es así?

BRUTUS

No debía preguntarle entonces a Casca qué había ocurrido por casualidad.

CASCA

Pues, se le ofreció una corona, y habiéndosele ofrecido, la puso con el dorso de su mano, así; Y entonces la gente se puso a gritar.

BRUTUS

¿Para qué fue el segundo ruido?

CASCA

¿Por qué?, para eso también.

CASSIUS

Gritaron tres veces: ¿por qué fue el último grito?

CASCA

¿Por qué?, para eso también.

BRUTUS

¿Se le ofreció la corona tres veces?

CASCA

¡Ay, casarse!, y lo hizo tres veces, cada vez más gentil que otro, y a cada paso de la mina gritaban los vecinos honrados.

CASSIUS

¿Quién le ofreció la corona?

CASCA

Pues, Antonio.

BRUTUS

Cuéntanos cómo es así, gentil Casca.

CASCA

Lo mismo puedo ser ahorcado que decir la manera en que lo hizo:
fue una mera tontería; No lo marqué. Vi a Marco Antonio ofrecerle
una corona, pero tampoco era una corona, era una de esas coronas, y,
como ya te he dicho, la puso de inmediato; pero, a pesar de todo eso,
a mi parecer, de buena gana la habría tenido. Luego
se lo ofreció de nuevo, y luego lo volvió a guardar; pero, a mi
parecer, era muy reacio a quitar los dedos de él. Y luego se lo ofreció
por tercera vez; la dejó pasar por tercera vez: y mientras él la
rechazaba, la chusma ululaba y aplaudía y arrojaba sus gorros de
dormir sudorosos y emitía un aliento tan apestoso porque César
rechazó la corona que casi había ahogado a César; porque él se
lastimó y cayó en ella: y por mi parte, no me atreví a reír, por temor
de abrir los labios y recibir el mal aire.

CASSIUS

Pero, suavemente, te ruego: ¿qué, hirió César?

CASCA

Se postró en la plaza del mercado, echó espuma y se quedó mudo.

BRUTUS

Es muy semejante: él tiene la enfermedad fallecedera.

CASSIUS

No, César no lo tiene; pero tú y yo, y la honesta Casca, tenemos la
enfermedad de la caída.

CASCA

No sé lo que quieres decir con eso; pero, estoy seguro, César cayó. Si
la gente de los trapos no le aplaudió y le silbó, según le agradó y a él
les disgustó, como suelen hacer con los actores del teatro, yo no soy
un hombre de verdad.

BRUTUS

¿Qué dijo él cuando volvió en sí?

CASCA

Casarse, antes de caer, cuando vio que el rebaño común se alegraba de haber rechazado la corona, me arrancó su jubón y les ofreció su garganta para que la cortaran. Si yo hubiera sido un hombre de cualquier ocupación, si no lo hubiera aceptado al menos al instante, me iría al infierno entre los pícaros. Y así cayó. Cuando volvió en sí, dijo: "Si había hecho o dicho algo malo, quería que sus mercedes pensaran que era su flaqueza". Tres o cuatro mozas, donde yo estaba, gritaron: «¡Ay, buena alma!», y le perdonaron de todo corazón; pero no hay que prestarles atención; si César hubiera apuñalado a sus madres, no habrían hecho menos.

BRUTUS

¿Y después de eso, se fue, tan triste?

CASCA

Sí.

CASSIUS

¿Dijo algo Cicerón?

CASCA

Sí, hablaba griego.

CASSIUS

¿Con qué efecto?

CASCA

No, y te lo aseguro, no volveré a mirarte a la cara; pero los que le entendían se sonreían unos a otros y meneaban la cabeza; pero, por mi parte, para mí era griego. Podría contarte más noticias también: Marullus y Flavius, por arrancar pañuelos de las imágenes de César, son silenciados. Que te vaya
bien. Había más tonterías todavía, si es que podía recordarlas.

CASSIUS

¿Vas a cenar conmigo esta noche, Casca?

CASCA

No, se me ha prometido.

CASSIUS

¿Vas a cenar conmigo mañana?

CASCA

Ay, si estoy vivo y tu mente aguanta y tu cena vale la pena comer.

CASSIUS

Bueno: Te esperaré.

CASCA

Hazlo. Adiós a los dos.

Salida

BRUTUS

¡Qué tipo tan brusco se ha llegado a ser! Era rápido cuando iba a la escuela.

CASSIUS

Así es ahora en la ejecución de cualquier empresa audaz o noble, sin embargo, se ponga esta forma tardía. Esta grosería es una salsa para su buen ingenio, que da a los hombres estómago para digerir sus palabras con mejor apetito.

BRUTUS

Y así es. Por esta vez te dejaré:Mañana, si quieres hablar conmigo, volveré a casa contigo; o, si quieres, ven a casa conmigo y te esperaré.

CASSIUS

Así lo haré: hasta entonces, piensa en el mundo.

Salir de BRUTUS

Pues bien, Bruto, tú eres noble; sin embargo, veo,Tu honorable metal puede ser forjadoDe eso está dispuesto: por lo tanto, es convenienteQue las mentes nobles permanezcan siempre con sus semejantes; ¿Quién, tan firme, que no puede ser seducido? César me soporta duramente; pero ama a Bruto: si yo fuera Bruto ahora y él fuera Casio, no me tomaría el pelo. Voy a lanzar esta noche,En varias manos, por sus ventanas,Como si vinieran de varios ciudadanos,Escritos todos tendentes a la gran opiniónQue Roma tiene de su nombre; en que oscuramente se mirará la ambición de César:Y después de esto, que César lo siente seguro; Porque lo sacudiremos, o vendrán días peores.

Salida

Escena III

Igualmente. Una calle.

Truenos y relámpagos. Entran por lados opuestos, CASCA, con la espada desenvainada, y CICERÓN

CICERO

Bueno incluso, Casca: ¿te trajo a casa César? ¿Por qué te falta el aire? ¿Y por qué te quedas así?

CASCA

¿No te conmueves cuando todo el vaivén de la tierra tiembla como una cosa infirme? ¡Oh Cicerón!, he visto tempestades, cuando los vientos regañadores han desgarrado los robles nudosos, y he visto el ambicioso océano hincharse, enfurecerse y espumarse, para ser exaltado con las nubes amenazadoras: pero nunca hasta esta noche, nunca hasta ahora, pasé por una tempestad arrojando fuego. O bien hay una contienda civil en el cielo, o bien el mundo, demasiado descarado con los dioses, los inciensa para enviar la destrucción.

CICERO

¿Has visto algo más maravilloso?

CASCA

Un esclavo común -lo conoces bien de vista- levantó su mano izquierda, que ardía y ardía como veinte antorchas juntas, y sin embargo, su mano, que no era sensible al fuego, permanecía sin quemarse. Además, desde que no he levantado mi espada, me encontré contra el Capitolio con un león que me miró y pasó hosco sin molestarme, y fueron arrastradas sobre un montón cien mujeres espantosas, transformadas por su miedo; que juraron verHombres todos en fuego caminan de un lado a otro de las calles. Y ayer el pájaro de la noche se posó hasta el mediodía en la plaza del mercado, ululando y chillando. Cuando estos prodigios se encuentren así, que los hombres no digan: 'Estas son sus razones; son naturales;» Porque, creo, son cosas portentosas para el clima al que apuntan.

CICERO

De hecho, es un tiempo de disposición extraña: pero los hombres pueden interpretar las cosas a su manera, limpios del propósito de las cosas mismas. ¿Viene César al Capitolio mañana?

CASCA

Él lo hace; porque mandó a Antonio que te avise de que mañana estaría allí.

CICERO

Buenas noches, Casca: este cielo perturbado no es para caminar.

CASCA

Adiós, Cicerón.

Salir de CICERO

Entra en CASSIUS

CASSIUS

¿Quién está ahí?

CASCA

Un romano.

CASSIUS

Casca, por tu voz.

CASCA

Tu oído es bueno. Casio, ¡qué noche es esta!

CASSIUS

Una noche muy agradable para los hombres honestos.

CASCA

¿Quién hubiera sabido que los cielos amenazaban así?

CASSIUS

Los que han conocido la tierra tan llena de faltas. Por mi parte, he andado por las calles, sometiéndome a la peligrosa noche, y, así, sin fuerzas, Casca, como ves, he desnudado mi pecho a la piedra del trueno; Y cuando el relámpago azul cruz pareció abrirseEl pecho del cielo, me presentéIncluso en la puntería y el mismo destello de él.

CASCA

Pero, ¿por qué tentaste tanto a los cielos? Es propio de los hombres temer y temblar, cuando los dioses más poderosos envían por señales tan terribles heraldos para asombrarnos.

CASSIUS

Eres torpe, Casca, y esas chispas de vida que deberían estar en un romano que sí quieres, o de lo contrario no usas. Te ves pálido y miras, y te vistes de miedo y te asombras, para ver la extraña impaciencia de los cielos, pero si consideras la verdadera causa, por qué todos estos incendios, por qué todos estos fantasmas que se deslizan, por qué los pájaros y las bestias de calidad y clase, por qué los ancianos tontos y los niños calculan, por qué todas estas cosas cambian de su ordenanza, sus naturalezas y facultades preformadas, a una calidad monstruosa,-- Pues, descubrirás que el cielo los ha infundido con estos espíritus, para hacerlos instrumentos de temor y advertencia para algún estado monstruoso. Ahora bien, Casca, podría yo, Casca, nombrarte a un hombre muy parecido a esta noche espantosa, que truena, relámpago, abre tumbas y ruge como lo hace el león en el Capitolio, un hombre no más poderoso que tú o yo en acción personal, pero prodigioso crecido y temeroso, como lo son estas extrañas erupciones.

CASCA

Es a César a lo que te refieres; ¿No es así, Casio?

CASSIUS

Que sea lo que es: porque los romanos ahora tienen las piernas y los miembros semejantes a sus antepasados; Pero, ¡ay del tiempo! las mentes de nuestros padres están muertas,Y nosotros somos gobernados con los espíritus de nuestras madres; Nuestro yugo y sufrimiento nos muestran ser mujeriegos.

CASCA

En efecto, dicen que los senadores de mañana tienen la intención de establecer a César como rey; Y llevará su corona por mar y por tierra, en todo lugar, excepto aquí en Italia.

CASSIUS

Entonces sé dónde llevaré este puñal; Casio de la esclavitud librará a Casio:En ella, dioses, hacéis más fuertes a los débiles; En ella, dioses, vosotros tiranos vencéis: Ni la torre de piedra, ni los muros de bronce batido, ni la mazmorra sin aire, ni los fuertes lazos de hierro, pueden ser retentivos a la fuerza del espíritu; Pero a la vida, cansada de estos barrotes mundanos, nunca le falta poder para despedirse a sí misma. Si sé esto, conozco todo el mundo además, esa parte de la tiranía que sí soporto puedo sacudirme a placer.

Todavía trueno

CASCA

Yo también puedo:Así que cada siervo en su propia mano llevaEl poder de cancelar su cautiverio.

CASSIUS

¿Y por qué habría de ser entonces César un tirano? ¡Pobre hombre! Sé que no sería un lobo, pero que ve que los romanos no son más que ovejas: no era un león, no eran ciervas romanas. Los que con prisa harán un fuego poderosoComienzalo con pajas débiles: ¡qué basura es Roma, qué basura y qué despojos, cuando sirvePara que la materia vil ilumineCosa tan vil como César! Pero, ¡oh dolor!, ¿adónde me has llevado? Tal vez hable esto delante de un siervo voluntario;

entonces séMi respuesta debe ser hecha. Pero yo estoy armado, y los peligros me son indiferentes.

CASCA

Le hablas a Casca, y a un hombre así, eso no es un delator. Sostén mi mano: Sé facciosa para la reparación de todas estas penas, y pondré este pie mío tan lejos como el que llega más lejos.

CASSIUS

Hay un trato hecho. Ahora que sabes, Casca, que ya he movido a algunos de los romanos más nobles para emprender conmigo una empresa de honrosa y peligrosa consecuencia; Y yo sé, por esto, que se quedan por míEn el pórtico de Pompeyo: por ahora, esta noche espantosa,No hay alboroto ni andar por las calles; Y la tez del elemento
a favor es como la obra que tenemos entre manos, la más sangrienta, la ardiente y la más terrible.

CASCA

Quédate cerca un rato, porque aquí viene uno con prisa.

CASSIUS

Es Cinna; Lo conozco por su andar; Es un amigo.

Entra en CINNA

Cinna, ¿por dónde te apresuras tanto?

CINNA

Para conocerte. ¿Quién es ese? ¿Metelo Cimber?

CASSIUS

No, es Casca; uno incorpora a nuestros intentos. ¿No me quedo por qué, Cinna?

CINNA

Me alegro de ello. ¡Qué noche tan espantosa es esta! Hay dos o tres de nosotros que hemos visto cosas extrañas.

CASSIUS

¿No me voy a quedar para? Dime.

CINNA

Sí, lo eres. ¡Oh Casio!, si pudieras ganar al noble Bruto para nuestro partido...

CASSIUS

Conténtate: buen Cinna, toma este papel, y mira que lo pones en la silla del pretor, donde Bruto puede encontrarlo, y tíralo
a su ventana, colócalo con cera sobre la estatua del viejo Bruto: todo esto hecho, dirígete al pórtico de Pompeyo, donde nos encontrarás. ¿Están allí Decio Bruto y Trebonio?

CINNA

Todos menos Metelo Cimber; y se ha ido a buscarte a tu casa. Bien, lo haré, y así otorgaré estos papeles como me ordenaste.

CASSIUS

Hecho esto, reparen el teatro de Pompeyo.

Salir de CINNA

Ven, Casca, tú y yo aún no volveremos a ver a Bruto en su casa: tres partes de él son ya nuestras, y el hombre entero en el próximo encuentro le cede la nuestra.

CASCA

¡Oh!, él se sienta en lo alto de todos los corazones de la gente, y lo que parecería ofensa en nosotros, su semblante, como la más rica alquimia, se transformará en virtud y en dignidad.

CASSIUS

A él y a su valor y a nuestra gran necesidad de él, lo tienes bien engreído. Vámonos, porque es pasada la medianoche; y antes de que despeguemos de él y estemos seguros de él.

Salen

Acto II

Escena I

Roma. El huerto de Bruto.

Entra en BRUTUS

BRUTUS

¡Qué, Lucius, ho! No puedo, por el progreso de las estrellas, adivinar cuánto cerca está el día. ¡Lucio, digo yo! Ojalá fuera mi culpa dormir tan profundamente. ¿Cuándo, Lucio, cuándo? ¡Despierta, te digo! ¡qué, Lucio!

Entra en LUCIUS

LUCIUS

¿Habéis llamado, mi señor?

BRUTUS

Tráeme un cirio en mi estudio, Lucius: Cuando esté iluminado, ven y llámame aquí.

LUCIUS

Lo haré, mi señor.

Salida

BRUTUS

Debe ser por su muerte, y por mi parte, no conozco ninguna causa personal para despreciarle, excepto por el general. Sería coronado: Cómo eso podría cambiar su naturaleza, ahí está la pregunta. Es el día brillante el que produce la víbora; Y eso anhela caminar con cautela. Coronadle?-- eso... Y luego, concedo, le ponemos un aguijón,
para que a su voluntad pueda hacer peligro. El abuso de la grandeza es cuando separa el remordimiento del poder; y, a decir verdad de César, no he sabido cuándo sus afectos oscilaron más que su razón. Pero es una prueba común, que la humildad es la escalera de la joven

ambición, a la cual el trepador vuelve su rostro; Pero una vez que alcanza la ronda más alta. Entonces se acerca a la escalera de espaldas, mira en las nubes, despreciando los grados bajos por los que ascendió. Así puede ser César. Luego, para que no pueda, prevenir. Y, puesto que la disputa no tendrá color por la cosa que es, Modúrala así; que lo que él es, aumentado, correría hasta estos y estos extremos, y por lo tanto lo consideraría como un huevo de serpiente que, al eclosionar, se volvería travieso como su especie, y lo mataría en el caparazón.

Volver a entrar en LUCIUS

LUCIUS

La vela arde en su armario, señor. Buscando en la ventana un pedernal, encontré este papel, así sellado; y, estoy seguro, no estaba allí cuando me fui a la cama.

Le da la carta

BRUTUS

Llevarte a la cama de nuevo; No es de día. ¿No es mañana, muchacho, los idus de marzo?

LUCIUS

No lo sé, señor.

BRUTUS

Mira en el calendario y tráeme un mensaje.

LUCIUS

Lo haré, señor.

Salida

BRUTUS

Las exhalaciones que zumban en el aire dan tanta luz que puedo leer por ellas.

Abre la carta y lee

"Bruto, tú duermes: despierta y mírate a ti mismo. ¿Será Roma, & c. ¡Habla, huelga, reparación! Bruto, tú duermes: ¡despierta! Tales instigaciones han sido a menudo abandonadas dondequiera que las he tomado. '¿Estará Roma, etc.?' Así debo reconstruirlo: ¿Resistirá Roma bajo el temor de un hombre? ¿Qué, Roma? Mis antepasados lo hicieron desde las calles de Roma, cuando Tarquinio fue llamado rey. ¿Se me ruega que hable y golpee? Oh Roma, te prometo: si la reparación sigue, recibes tu petición completa de manos de Bruto.

Volver a entrar en LUCIUS

LUCIUS

Señor, marzo se desperdicia catorce días.

Golpeando hacia adentro

BRUTUS

Es bueno. Ve a la puerta; Alguien llama a la puerta.

Salir de LUCIUS

Desde que Casio me azotó por primera vez contra César, no he dormido. Entre la acción de una cosa espantosa
y el primer movimiento, todo el intermedio es como un fantasma o un sueño horrible: el genio y los instrumentos mortales están entonces en consejo; y el estado del hombre, como un pequeño reino, sufre entonces la naturaleza de una insurrección.

Volver a entrar en LUCIUS

LUCIUS

Señor, es tu hermano Casio a la puerta, quien desea verte.

BRUTUS

¿Está solo?

LUCIUS

No, señor, hay moe con él.

BRUTUS

¿Los conoces?

LUCIUS

No, señor; sus sombreros están arrancados alrededor de sus orejas, y la mitad de sus rostros enterrados en sus capas, para que de ninguna manera los descubra, por ninguna señal de favor.

BRUTUS

Déjalos entrar.

Salir de LUCIUS

Ellos son la facción. ¡Oh conspiración!,
¿te avergüenzas de mostrar tu peligrosa frente de noche, cuando los males son más libres? ¡Oh!, entonces, de día¿Dónde encontrarás una caverna lo suficientemente oscura como para enmascarar tu monstruoso rostro? No busques ninguna, conspiración;
Escóndelo con sonrisas y afabilidad: Porque si tu camino, tu apariencia nativa en marcha, Ni el mismo Erebo fuera lo suficientemente tenue como para ocultarte de la prevención.

Entran los conspiradores, CASSIUS, CASCA, DECIUS BRUTUS, CINNA, METELO CIMBER y TREBONIUS

CASSIUS

Creo que somos demasiado atrevidos con tu descanso:Buenos días, Bruto; ¿Te molestamos?

BRUTUS

He estado despierto a esta hora, despierto toda la noche. ¿Conozco yo a estos hombres que vienen contigo?

CASSIUS

Sí, cada uno de ellos, y ningún hombre aquí te honra; y todo el mundo desearía que tuvieras de ti mismo la opinión que todo noble romano tiene de ti. Este es Trebonius.

BRUTUS

Él es bienvenido aquí.

CASSIUS

Esto, Decio Bruto.

BRUTUS

Él también es bienvenido.

CASSIUS

Esto, Casca; éste, Cinna; y éste, Metelo Cimber.

BRUTUS

Todos son bienvenidos. ¿Qué cuidados vigilantes se interponen entre los ojos y la noche?

CASSIUS

¿Debo suplicar una palabra?

BRUTO y CASSIUS susurran

DECIO BRUTO

Aquí está el oriente: ¿no amanece aquí?

CASCA

No.

CINNA

¡Oh, perdón, señor, así es! y esas líneas grises que inquietan las nubes son mensajeras del día.

CASCA

Confesarás que ambos estáis engañados. Aquí, mientras apunto mi espada, sale el sol, que es un gran camino que crece en el sur, pesando la estación juvenil del año. Unos dos meses más arriba, hacia el norte, presenta por primera vez su fuego; y el alto esteStands, como el Capitolio, directamente aquí.

BRUTUS

Dame tus manos por todas partes, una por una.

CASSIUS

Y juremos nuestra resolución.

BRUTUS

No, no es un juramento: si no es el rostro de los hombres, el sufrimiento de nuestras almas, el abuso del tiempo,--
Si estos son motivos débiles, rompe a tiempo, y cada uno de ahí a su lecho ocioso; Así que la tiranía altiva continúe, hasta que cada hombre caiga por sorteo. Pero si estos, como estoy seguro de que lo hacen, llevan fuego lo suficiente como para encender a los cobardes y endurecer con valor los espíritus derretidos de las mujeres, entonces, compatriotas, ¿qué necesitamos más acicate que nuestra propia causa, para pincharnos para reparar? ¿Qué otro lazo sino los romanos secretos, que han hablado la palabra y no flaquearán? ¿Y qué otro juramento que el de la honestidad a la honradez, de que esto será, o caeremos en él? Jurad sacerdotes y cobardes y hombres cautelosos,Viejas y débiles carroñas y tales almas sufrientes que dan la bienvenida a las injusticias; a las malas causas juranTales criaturas como los hombres dudan; pero no manches la virtud de nuestra empresa,Ni el temple inpresor de nuestros espíritus,Para pensar que o nuestra causa o nuestra actuación necesitaban un juramento; cuando cada gota de sangre que todo romano lleva, y lleva noblemente, es culpable de varias bastardas, si rompe la más pequeña partícula de cualquier promesa que haya salido de él.

CASSIUS

Pero, ¿qué hay de Cicerón? ¿Le sondeamos? Creo que se mantendrá muy firme con nosotros.

CASCA

No lo dejemos de lado.

CINNA

No, de ninguna manera.

METELLUS CIMBER

¡Oh!, dejémoslo, porque sus cabellos de plata nos comprarán una buena opiniónY comprarán voces de hombres para alabar nuestras obras:Se dirá, su juicio gobernó nuestras manos; Nuestra juventud y nuestro salvajismo no aparecerán ni un ápice, sino que todos serán sepultados en su gravedad.

BRUTUS

Oh, no lo nombres: no rompamos con él; Porque él nunca seguirá nada de lo que otros hombres comienzan.

CASSIUS

Luego déjalo fuera.

CASCA

De hecho, no es apto.

DECIO BRUTO

¿No se tocará a nadie más que al César?

CASSIUS

Decio, bien instado: creo que no es justo, Marco Antonio, tan amado de César, que sobreviva a César: encontraremos de él un astuto contendiente; y, ya sabéis, sus medios, si los mejora, bien pueden llegar hasta el punto de molestarnos a todos: lo cual para impedirlo, que Antonio y César caigan juntos.

BRUTUS

Nuestro camino parecerá demasiado sangriento, Cayo Casio, para cortarle la cabeza y luego cortarle los miembros, como la ira en la muerte y la envidia después; Porque Antonio no es más que un miembro de César:Seamos sacrificadores, pero no carniceros, Cayo.Todos nos levantamos contra el espíritu de César;
Y en el espíritu de los hombres no hay sangre: ¡Oh, si entonces pudiéramos venir por el espíritu de César, y no desmembrar al César! Pero, ¡ay!, ¡César tiene que sangrar por ello! Y, gentiles amigos, matémoslo con valentía, pero no con ira; Trinquémoslo como un plato digno de los dioses, no lo cortemos como un cadáver digno de sabuesos, y dejemos que nuestros corazones, como hacen los amos sutiles, inciten a sus sirvientes a un acto de ira, y después parezcan reprenderlos. Esto hará que nuestro propósito sea necesario y no envidioso: lo cual apareciendo así a los ojos comunes, seremos llamados purgadores, no asesinos. Y en cuanto a Marco Antonio, no pienses en él; Porque él no puede hacer más que el brazo de César, cuando a César le han cortado la cabeza.

CASSIUS

Sin embargo, le temo; Porque en el amor injertado que tiene al César,

BRUTUS

¡Ay, buen Casio!, no pienses en él:Si ama a César, todo lo que puede hacer es para sí mismo, pensar y morir por César:Y eso sería mucho lo que debería; porque es dado a los deportes, a la locura y a mucha compañía.

TREBONIO

No hay miedo en él; que no muera; Porque él vivirá, y se reirá de esto en el más allá.

Campanadas del reloj

BRUTUS

¡Paz! Cuenta el reloj.

CASSIUS

El reloj ha dado las tres.

TREBONIO

Es hora de partir.

CASSIUS

Pero todavía es dudoso si César saldrá hoy, o no; Porque últimamente es supersticioso, muy alejado de la opinión principal que una vez tuvo de la fantasía, de los sueños y de las ceremonias, puede ser que estos aparentes prodigios, el terror desacostumbrado de esta noche y la persuasión de sus auguradores lo alejen hoy del Capitolio.

DECIO BRUTO

No temáis nunca eso: si él está tan decidido, yo puedo convencerlo; porque le gusta oír que los unicornios pueden ser traicionados con los árboles, y los osos con las gafas, los elefantes con los agujeros, los leones con los trabajos y los hombres con los aduladores; Pero cuando le digo que odia a los aduladores, dice que sí, siendo entonces el más halagado. Déjame trabajar; Porque puedo darle a su humor la verdadera inclinación, y lo llevaré al Capitolio.

CASSIUS

No, todos estaremos allí para buscarlo.

BRUTUS

A la hora octava: ¿es eso lo máximo?

CINNA

Sea lo último, y no falles entonces.

METELLUS CIMBER

Cayo Ligario soporta duramente a César, que le ha acusado de hablar bien de Pompeyo: Me extraña que ninguno de vosotros haya pensado en él.

BRUTUS

Ahora, buen Metelo, pasa junto a él: me quiere bien, y yo le he dado razones; Envíalo acá, y yo lo formaré.

CASSIUS

Llega la mañana: te dejamos, Bruto.Y, amigos, dispersaos; pero todos se acuerdan de lo que ustedes han dicho, y muéstrense verdaderos romanos.

BRUTUS

Buenos caballeros, luced frescos y alegres; No permitamos que nuestras miradas pongan en juego nuestros propósitos, sino que lo hagan como lo hacen nuestros actores romanos, con espíritus incansables y constancia formal: Y así buenos días a todos ustedes.

Exeunt todos menos BRUTUS

¡Muchacho! ¡Lucius! ¿Dormido? No importa; Disfruta del rocío pesado de miel del sueño:No tienes figuras ni fantasías,Que la ocupada preocupación dibuja en el cerebro de los hombres; Por eso duermes tan profundamente.

Entra en PORTIA

PORTIA

¡Bruto, mi señor!

BRUTUS

Portia, ¿a qué te refieres? ¿Por qué te levantas ahora? No es para tu salud comprometer tu débil condición a la cruda y fría mañana.

PORTIA

Ni para el tuyo tampoco. Has robado de mi cama sin delicadeza, Bruto, y anoche, a la hora de la cena, te levantaste de repente y caminaste de un lado a otro, meditando y suspirando, con los brazos cruzados, y cuando te pregunté qué te pasaba, me miraste con miradas desagradables; Te insté aún más; luego te rascaste la cabeza,Y con demasiada impaciencia pateaste con el pie; Sin embargo, insistí, pero no respondiste, sino que, con un movimiento airado de tu mano, me dio señas para que te dejara: así lo hice, temiendo aumentar esa impaciencia que parecía demasiado encendida, y al mismo tiempo, esperando que no fuera más que un efecto del humor, que en algún momento tiene su hora con cada hombre. No te dejará comer, ni hablar, ni dormir, y si pudiera obrar tanto en tu forma como ha prevalecido mucho en tu condición, no te conocería, Bruto. Querido mi señor, hazme conocer la causa de tu dolor.

BRUTUS

No estoy bien de salud, y eso es todo.

PORTIA

Bruto es sabio y, si no gozara de buena salud, abrazaría los medios para conseguirla.

BRUTUS

Buena Portia, vete a la cama.

PORTIA

¿Está enfermo Bruto? ¿Y es físicoCaminar sin correas y absorber los humores de la húmeda mañana? ¿Qué, está Bruto enfermo, y se escabullirá de su saludable lecho para atreverse al vil contagio de la noche y tentar el aire reumático y sin purga para aumentar su enfermedad? No, Bruto mío; Tienes alguna ofensa enfermiza en tu mente, que, por el derecho y la virtud de mi lugar, debería conocer; y, de rodillas, te encanta, con mi belleza una vez elogiada, con todos tus votos de amor y ese gran voto que nos incorporó y nos hizo uno, que me revelas a mí, a ti mismo, a tu mitad, ¿Por qué sois pesados, y qué hombres han tenido que recurrir a vosotros esta noche?, porque aquí ha habido unos seis o siete que ocultaron sus rostros incluso de las tinieblas.

BRUTUS

No te arrodilles, gentil Portia.

PORTIA

No necesitaría, si fueras el gentil Bruto.Dentro del vínculo del matrimonio, dime, Bruto, ¿Es exceptuado que no conocería secretos que te conciernen? ¿Soy yo mismo, por así decirlo, en especie o limitación, para acompañarte en las comidas, consolar tu cama y hablarte a veces? ¿Habito yo en los suburbiosDe tu beneplácito? Si ya no es así, Porcia es la ramera de Bruto, no su esposa.

BRUTUS

Eres mi verdadera y honorable esposa, tan querida para mí como lo son las gotas rojizas que visitan mi triste corazón

PORTIA

Si esto fuera cierto, entonces debería conocer este secreto. Reconozco que soy una mujer; pero al mismo tiempoUna mujer que Lord Brutus tomó por esposa:Concedo que soy una mujer; pero al mismo tiempoUna mujer de buena reputación, hija de Catón. ¿Crees que no soy más fuerte que mi sexo, siendo tan padre y tan marido? Cuéntame tus consejos, no los revelaré: he dado pruebas contundentes de mi constancia, dándome una herida voluntaria aquí, en el muslo: ¿puedo soportarlo con paciencia? ¿Y no los secretos de mi marido?

BRUTUS

¡Oh dioses, hacedme digno de esta noble esposa!

Golpeando hacia adentro

¡Escucha, escucha! uno llama: Portia, vete un rato; Y poco a poco tu seno participará de los secretos de mi corazón. Te interpretaré todos mis compromisos, todo el carácter de mis tristes cejas, déjame con prisa.

Salir de PORTIA

Lucius, ¿quién es el que llama?

Vuelve a entrar en LUCIUS con LIGARIUS

LUCIUS

Es un hombre enfermo que hablaría contigo.

BRUTUS

Cayo Ligario, del que habló Metelo. Chico, hazte a un lado. ¡Cayo Ligario! ¿cómo?

LIGARIUS

Buena mañana de una lengua débil.

BRUTUS

¡Oh, qué tiempo has elegido, valiente Cayo, para llevar un pañuelo! ¡Ojalá no estuvieras enfermo!

LIGARIUS

No estoy enfermo, si Bruto tiene entre manos alguna hazaña digna del nombre de honor.

BRUTUS

Semejante hazaña tengo yo en mis manos, Ligarius, ¿Tuviste un oído sano para oírla?

LIGARIUS

¡Por todos los dioses ante los que se inclinan los romanos, aquí descarto mi enfermedad! ¡Alma de Roma! ¡Valiente hijo, derivado de lomos honorables! Tú, como un exorcista, has conjurado mi espíritu mortificado. Ahora dime que corra, y lucharé con cosas imposibles; Sí, sacar lo mejor de ellos. ¿Qué hacer?

BRUTUS

Una obra que sanará a los enfermos.

LIGARIUS

Pero, ¿no son algunos seres enteros a los que debemos enfermar?

BRUTUS

Eso también debemos hacer nosotros. Lo que es, mi Cayo, te lo revelaré, a medida que vamos, a quien debe hacerse.

LIGARIUS

Ponte en tu pie,Y con un corazón renovado te sigo,No sé qué hacer: pero basta con que Bruto me guíe.

BRUTUS

Sígueme, pues.

Salen

Escena II

La casa de César.

Truenos y relámpagos. Entra César, en camisón

CÉSAR

Ni el cielo ni la tierra han estado en paz esta noche: Tres veces ha gritado Calpurnia en su sueño: "¡Socorro, ho! ¡Asesinan a César!' ¿Quién está dentro?

Entra un sirviente

Servidor

¿Mi señor?

CÉSAR

Ve a pedir a los sacerdotes que presenten sacrificios y tráeme sus opiniones sobre el éxito.

Servidor

Lo haré, mi señor.

Salida

CALPURNIA

¿Qué quieres decir, César? ¿Piensas que vas a avanzar? Hoy no saldrás de tu casa.

CÉSAR

Saldrá César: las cosas que me amenazaban, no miraban sino en mi espalda; cuando vean el rostro de César, se desvanecerán.

CALPURNIA

César, nunca estuve en ceremonias, pero ahora me asustan. Hay uno dentro, además de las cosas que hemos oído y visto, Relata las escenas más horribles vistas por el reloj. Una leona ha parido en las calles; Y los sepulcros bostezaron, y entregaron a sus muertos; Feroces guerreros de fuego luchaban sobre las nubes,En filas y escuadrones y recta forma de guerra,Que rociaban sangre sobre el Capitolio; El ruido de la batalla se precipitaba en el aire, los caballos relinchaban, y los moribundos gemían, y los fantasmas chillaban y chillaban por las calles. ¡Oh César! estas cosas están más allá de toda utilidad, y les temo.

CÉSAR

¿Qué se puede evitar?¿De quién es el fin que se proponen los podcrosos dioses? Sin embargo, César saldrá; porque estas predicciones son para el mundo en general como para César.

CALPURNIA

Cuando mueren los mendigos, no se ven cometas; Los cielos mismos resplandecen con la muerte de los príncipes.

CÉSAR

Los cobardes mueren muchas veces antes de morir; Los valientes nunca prueban la muerte más que una vez.
De todas las maravillas que hasta ahora he oído. Me parece muy extraño que los hombres teman; Viendo que la muerte, un fin necesario, vendrá cuando llegue.

Volver a entrar en el servicio

¿Qué dicen los auguradores?

Servidor

Ellos no quieren que Uds. se muevan hoy. Arrancando las entrañas de una ofrenda, no pudieron encontrar un corazón dentro de la bestia.

CÉSAR

Los dioses hacen esto por vergüenza de cobardía: César sería una bestia sin corazón, si hoy se quedara en casa por miedo. No, César no lo hará: el peligro sabe muy bien que César es más peligroso que él: Somos dos leones enredados en un día, y yo el más viejo y más terrible: y César saldrá.

CALPURNIA

¡Ay, mi señor!, vuestra sabiduría se consume en confianza. No salgas hoy: llámalo mi miedo que te mantiene en la casa, y no el tuyo. Enviaremos a Marco Antonio a la casa del Senado, y él dirá que hoy no estás bien. Permíteme, de rodillas, prevalecer en esto.

CÉSAR

Marco Antonio dirá que no estoy bien, y, por tu humor, me quedaré en casa.

Entra DECIO BRUTO

Aquí está Decio Bruto, él se lo dirá.

DECIO BRUTO

César, ¡salve! Buenos días, digno César: Vengo a buscarte a la casa del Senado.

CÉSAR

Y has venido en un tiempo muy feliz, para llevar mi saludo a los senadores, y decirles que no vendré hoy: No puedo, es falso, y no me atrevo, más falso: No vendré hoy: diles así, Decio.

CALPURNIA

Digamos que está enfermo.

CÉSAR

¿Enviará César una mentira? ¿Acaso en la conquista he extendido tanto mi brazo como para temer decir la verdad a los barbas grises? Decio, ve y diles que César no vendrá.

DECIO BRUTO

Poderosísimo César, dame alguna causa, no sea que se rían de mí cuando se lo diga.

CÉSAR

La causa está en mi voluntad: no iré; Eso es suficiente para satisfacer al Senado. Pero para tu satisfacción privada,Porque te amo, te lo haré saber:Calpurnia aquí, mi esposa, me queda en casa:Ella soñó esta noche que veía mi statua,Que, como una fuente con cien chorros,Manaba sangre pura: y muchos romanos lujuriosos Vinieron sonriendo, y se lavaron las manos en ella:Y ella pide advertencias, y portentos,
y males inminentes; y en sus rodillas ha suplicado que hoy me quede en casa.

DECIO BRUTO

Este sueño está mal interpretado; Fue una visión hermosa y afortunada: Tu estatua arrojando sangre en muchas pipas, en las que se bañaban tantos romanos sonrientes, significa que de ti la gran Roma mamará la sangre revivida, y que los grandes hombres presionarán por tinturas, manchas, reliquias y conocimiento. Esto por el sueño de Calpurnia está significado.

CÉSAR

Y de esta manera lo has expuesto bien.

DECIO BRUTO

Lo he hecho, cuando habéis oído lo que puedo decir:Y sabed ahora: el Senado ha decididoDar hoy una corona al poderoso César.Si les envías un mensaje, no vendrás,Sus mentes pueden cambiar. Además, sería una burla que alguien dijera: "Rompe el Senado hasta otro momento, cuando la esposa de César tenga mejores sueños". Si César se esconde, ¿no susurrarán: "He aquí, César tiene miedo"?

Perdóname, César; porque mi querido amorA nuestro proceder me ordena que te diga esto; Y la razón a mi amor es responsable.

CÉSAR

¡Qué insensatos parecen ahora tus temores, Calpurnia! Me avergüenzo de haberme rendido ante ellos. Dame mi manto, porque yo iré.

Entran PUBLIO, BRUTO, LIGARIO, METELO, CASCA, TREBONIUS y CINNA

Y mira dónde ha venido Publio a buscarme.

PUBLIUS

Buenos días, César.

CÉSAR

Bienvenido, Publio.¿Qué, Bruto, te has agitado tan temprano también? Buenos días, Casca. Cayo Ligario, César no fue tanto tu enemigocomo el mismo que te ha hecho flaquear. ¿Qué son las horas en punto?

BRUTUS

César, ha tocado a las ocho.

CÉSAR

Les agradezco sus esfuerzos y cortesía.

Entra en ANTONY

¡Ver! Antonio, que se divierte largas noches, está a pesar de todo. Buenos días, Antonio.

ANTONY

Así al nobilísimo César.

CÉSAR

Dígales que se preparen en su interior: Yo tengo la culpa de que me esperen así. Ahora, Cinna: ahora, Metelo: ¡qué, Trebonio! Tengo reservada para ti una charla de una hora; Acuérdate de que hoy me invocas: Quédate cerca de mí, para que me acuerde de ti.

TREBONIO

César, yo:

Aparte

y tan cerca estaré, que tus mejores amigos desearán que hubiera
estado más lejos.

CÉSAR

Buenos amigos, entrad y probad un poco de vino conmigo; Y
nosotros, como amigos, iremos juntos de inmediato.

BRUTUS

[Aparte] ¡Que no todos los semejantes son iguales, oh César!, ¡El
corazón de Bruto anhela pensar!

Salen

Escena III

Una calle cerca del Capitolio.

Entra ARTEMIDORUS, leyendo un periódico

ARTEMIDORO

"César, cuídate de Bruto; presta atención a Casio; no te acerques a
Casca; Fíjate en Cinna, no te fíesTrebonio: fíjate bien en Metelo
Cimber: Decio Bruto no te ama, has ofendido a Cayo Ligario.No hay
más que una mente en todos estos hombres, y está inclinada contra
César. Si no eres inmortal, mira a tu alrededor: la seguridad da paso a
la conspiración. ¡Los dioses poderosos te defienden! Tu amante,
Artémidoro, aquí estaré hasta que pase César, y le daré esto como
pretendiente. Mi corazón se lamenta de que la virtud no pueda vivir
de los dientes de la emulación. Si lees esto, oh César, puedes vivir; Si
no, las Parcas con traidores sí se las ingenian.

Salida

Escena IV

Otra parte de la misma calle, antes de la casa de Bruto.

Entra PORTIA y LUCIUS

PORTIA

Te ruego, muchacho, que corras a la casa del Senado; No te quedes para responderme, sino vete: ¿Por qué te quedas?

LUCIUS

Para saber cuál es mi misión, señora.

PORTIA

Te habría tenido allí, y aquí otra vez, antes de que pueda decirte lo que debes hacer allí. ¡Oh constancia, sé fuerte de mi lado, pon una gran montaña entre mi corazón y mi lengua! Tengo la mente de un hombre, pero la de una mujer. ¡Qué difícil es para las mujeres guardar consejo! ¿Ya has llegado?

LUCIUS

Señora, ¿qué debo hacer? ¿Correr al Capitolio y nada más? ¿Y así volver a ti, y nada más?

PORTIA

Sí, dime, muchacho, si tu señor mira bien, porque se fue enfermo, y toma buena nota de lo que hace el César, de lo que le apremian los pretendientes. ¡Oye, muchacho! ¿Qué ruido es ese?

LUCIUS

No escucho ninguno, señora.

PORTIA

Padre, escucha bien; Escuché un rumor bullicioso, como una refriega, y el viento lo trae desde el Capitolio.

LUCIUS

Tranquiliza, señora, no oigo nada.

Entra el adivino

PORTIA

Ven acá, amigo, ¿por dónde has ido?

Adivino

En mi casa, buena señora.

PORTIA

¿Qué no son las horas?

Adivino

A eso de la hora novena, señora.

PORTIA

¿César ya ha ido al Capitolio?

Adivino

Señora, todavía no: voy a tomar mi estrado, para verlo pasar al Capitolio.

PORTIA

¿No es cierto que tienes algún pleito para el César?

Adivino

Así lo tengo, señora: si a César le place ser tan amable con César que me escuche, le rogaré que se haga amigo de él.

PORTIA

¿Por qué, sabes que se le ha causado algún daño?

Adivino

Ninguno que yo sepa que lo será, mucho me temo que puede suceder. Buenos días para ti. Aquí la calle es estrecha:La muchedumbre que sigue a César pisándole los talones,De senadores, de pretores, pretendientes comunes,Se apiñará en un hombre débil casi hasta la muerte:
Me llevaré a un lugar más vacío, y allí hablaré con el gran César a medida que pase.

Salida

PORTIA

Debo entrar. ¡Ay, qué cosa tan débil es el corazón de la mujer! ¡Oh Bruto, los cielos te aceleran en tu empresa! Claro, el muchacho me escuchó: Bruto tiene un pleito que César no concederá. Oh, me desmayo. Corre, Lucio, y encomiéndame a mi señor; Di que estoy alegre, ven a mí otra vez, y dime lo que él te dice.

Exeunt separadamente

Acto III

Escena I

Roma. Ante el Capitolio; el Senado, sentado arriba.

Una multitud de personas; entre ellos ARTEMIDORO y el Adivino. Florecer. Entran CÉSAR, BRUTO, CASIO, CASCA, DECIO BRUTO, METELO CIMBERO, TREBONIO, CINNA, ANTONIO, LÉPIDO, POPILIO, PUBLIO y otros

CÉSAR

[Al adivino] Han llegado los idus de marzo.

Adivino

¡Ay, César! pero no se ha ido.

ARTEMIDORO

¡Salve, César! Lea este horario.

DECIO BRUTO

Trebonio desea que leas, a tu mejor gusto, este su humilde traje.

ARTEMIDORO

Oh César, lee primero la mía; porque el mío es un trajeQue toca más de cerca a César: léelo, gran César.

CÉSAR

Lo que nos toca a nosotros mismos será el último servido.

ARTEMIDORO

No te demores, César; Léelo al instante.

CÉSAR

¿Qué, está loco el tipo?

PUBLIUS

Sirrah, da lugar.

CASSIUS

¿Qué, urgen tus peticiones en la calle? Acércate al Capitolio.

César sube a la Cámara del Senado, y el resto le sigue

POPILIO

Deseo que su empresa de hoy prospere.

CASSIUS

¿Qué empresa, Popilio?

POPILIO

Que te vaya bien.

Anticipos a CAESAR

BRUTUS

¿Qué dijo Popilio Lena?

CASSIUS

Deseaba que hoy nuestra empresa prosperara. Me temo que nuestro propósito ha sido descubierto.

BRUTUS

Mira, cómo le hace a César; Márcalo.

CASSIUS

Casca, sé súbita, porque tememos la prevención. Bruto, ¿qué se hará? Si esto se sabe, Casio o César no volverán atrás, porque yo me mataré a mí mismo.

BRUTUS

Casio, sé constante:
Popilio Lena no habla de nuestros propósitos; Porque, mira, él sonríe, y César no cambia.

CASSIUS

Trebonio conoce su tiempo; porque, mira tú, Bruto, saca de en medio a Marco Antonio.

Exeunt ANTONY y TREBONIUS

DECIO BRUTO

¿Dónde está Metellus Cimber? Déjalo ir, y ahora prefiere su traje al de César.

BRUTUS

Se dirige a él: presiona cerca y lo secunda.

CINNA

Casca, eres el primero que levanta la mano.

CÉSAR

¿Estamos todos listos? ¿Qué es lo que está mal ahora que César y su Senado deben remediar?

METELLUS CIMBER

Altísimo, poderosísimo y pusilánime César, Metelo Cimber arroja ante tu trono un humilde corazón,--

Arrodillado

CÉSAR

Debo prevenirte, Cimber, que estas humillaciones y estas humildes cortesías puedan encender la sangre de los hombres ordinarios y convertir la pre-ordenanza y el primer decreto
en la ley de los niños. No te guste pensar que César lleva tal sangre

rebelde, que se descongelará de la verdadera cualidad, con la que
derrite a los tontos; Quiero decir, palabras dulces, cortesanos bajos y
aduladores de spaniel viles. Tu hermano por decreto es desterrado:Si
te inclinas y rezas y adulas por él, te desprecio como a un maldito de
mi camino. Has de saber que el César no hace mal, ni sin causa
quedará satisfecho.

METELLUS CIMBER

¿No hay voz más digna que la mía para sonar más dulcemente en el
oído del gran César, para la derogación de mi hermano desterrado?

BRUTUS

Beso tu mano, pero no en halago, César; Deseando que Publio
Cimber tenga una inmediata libertad de derogación.

CÉSAR

¡Qué, Bruto!

CASSIUS

Perdón, César; César, perdón: Tan bajo como a tu pie cae Casio, para
suplicar la libertad de Publio Cimber.

CASSIUS

Podría conmoverme bien, si fuera como tú:Si pudiera rezar para
moverme, las oraciones me conmoverían:Pero soy constante como la
estrella del norte,De cuya cualidad verdaderamente fija y en reposo
no hay nadie en el firmamento. Los cielos están pintados con
innumerables chispas, todos son fuego y todos resplandecen,
pero no hay más que uno en todos que ocupa su lugar: Así en el
mundo; Está bien provisto de hombres, y los hombres son de carne y
hueso, y temerosos; Sin embargo, en el número que sí conozco, sólo
unoQue inexpugnable se aferra a su rango,
 Inquebrantable de movimiento: y que yo soy él, Permitidme
mostrarlo un poco, incluso en esto; Que yo era constante Cimber
debía ser desterrado, Y constante permanece para mantenerlo así.

CINNA

¡Oh César,--

CÉSAR

¡Por lo tanto! ¿Levantarás el Olimpo?

DECIO BRUTO

Gran César,--

CÉSAR

¿No se arrodilla Bruto sin botas?

CASCA

¡Hablad, manos por mí!

CASCA primero, luego los otros conspiradores y BRUTUS apuñalan a CÉSAR

CÉSAR

¡Come, Bruto! Entonces cae, César.

Muere

CINNA

¡Libertad! ¡Libertad! ¡La tiranía ha muerto! Corre de aquí, proclama, llora por las calles.

CASSIUS

Algunos a los púlpitos comunes, y gritan: '¡Libertad, libertad y emancipación!'

BRUTUS

Pueblo y senadores, no temáis; No vueles; Mantente firme: la deuda de la ambición está pagada.

CASCA

Sube al púlpito, Bruto.

DECIO BRUTO

Y Casio también.

BRUTUS

¿Dónde está Publio?

CINNA

Aquí, bastante confundido con este motín.

METELLUS CIMBER

Manteneos firmes, no sea que algún amigo del César pudiese

BRUTUS

No hables de estar de pie. Publio, buen ánimo; No hay mal a tu persona, ni a ningún otro romano: así que díselo, Publio.

CASSIUS

Y déjanos, Publio; no sea que el pueblo, que se abalanza sobre nosotros, haga algún daño a tu edad.

BRUTUS

Haced así, y nadie tolere esta obra, sino nosotros los hacedores.

Volver a entrar en TREBONIUS

CASSIUS

¿Dónde está Antonio?

TREBONIO

Huyó a su casa asombrado:Hombres, esposas e hijos miran, gritan y correnComo si fuera el día del juicio final.

BRUTUS

Parcas, conoceremos tus placeres:Que moriremos, lo sabemos; No es más que el tiempo, y los días que se extienden, en los que los hombres se encuentran.

CASSIUS

Pues, el que corta veinte años de vida, corta tantos años de temer a la muerte.

BRUTUS

Concédenos eso, y entonces la muerte será un beneficio: Así somos nosotros los amigos de César, que hemos abreviado su tiempo de temer a la muerte. Agáchate, romanos, agáchate, y bañemos nuestras

manos en la sangre de César hasta los codos, y untemos nuestras espadas.
 Luego caminamos, hasta la plaza del mercado, y, agitando nuestras armas rojas sobre nuestras cabezas, gritemos todos: '¡Paz, libertad y libertad!'

CASSIUS

Agáchate, entonces, y lávate. ¡Cuántos siglos de aquí a partir de ahora se representará esta nuestra elevada escenaEn estados no nacidos y acentos aún desconocidos!

BRUTUS

¡Cuántas veces sangrará César en el deporte, que ahora sobre la base de Pompeyo yace que no es más digno que el polvo!

CASSIUS

Por muy a menudo que sea, tan a menudo el nudo de nosotros será llamado Los hombres que dieron la libertad a su país.

DECIO BRUTO

¿Qué, vamos a salir?

CASSIUS

¡Ay, que todo el hombre se vaya:Bruto guiará; y honraremos sus talones con los corazones más audaces y mejores de Roma.

Entra un sirviente

BRUTUS

¡Suave! ¿Quién viene aquí? Un amigo de Antonio.

Servidor

Así, Bruto, me mandó mi amo que me arrodillara: así me mandó Marco Antonio que cayera; Y, estando postrado, me mandó decir: Bruto es noble, sabio, valeroso y honrado; César era poderoso, audaz, real y amoroso:Di que amo a Bruto, y lo honro; Di que temía a César, lo honraba y lo amaba. Si Bruto garantiza que Antonio puede venir a él con seguridad, y se resuelve cómo César ha merecido yacer en la muerte, Marco Antonio no amará a César muerto, tan bien como Bruto vivo; sino que seguiráLas fortunas y los negocios del noble BrutoA través de los peligros de este estado inexploradoCon toda fe verdadera. Así dice mi señor Antonio.

BRUTUS

Tu señor es un romano sabio y valiente; Nunca lo pensé peor. Dile, por favor, ven a este lugar, él quedará satisfecho; y, por mi honor, me marcho intacto.

Servidor

Lo iré a buscar enseguida.

Salida

BRUTUS

Sé que lo tendremos bien amigo.

CASSIUS

Ojalá lo hagamos: pero sin embargo tengo una mente que le teme mucho; y mi recelo todavía cae astutamente al propósito.

BRUTUS

Pero aquí viene Antonio.

Volver a entrar en ANTONY

Bienvenido, Marco Antonio.

ANTONY

¡Oh poderoso César!, ¿te acuerdas tanto? ¿Están todas tus conquistas, glorias, triunfos, despojos, encogidos a esta pequeña medida? Que te vaya bien. No sé, señores, lo que queréis decir, ¿Quién más ha de ser derramado con sangre, quién más es de rango? Si yo mismo, no hay hora tan adecuada como la hora de la muerte de César, ni instrumento de la mitad de lo que valen esas vuestras espadas, enriquecidas con la sangre más noble de todo este mundo. Os ruego que, si me soportáis duro,
 ahora, mientras vuestras manos moradas apestan y humean, satisfagáis vuestro placer. Vive mil años, no me encontraré tan propenso a morir: Ningún lugar me agradará tanto, ningún medio de

muerte, Como aquí por César, y por ti cortado, Los espíritus elegidos y maestros de esta edad.

BRUTUS

Oh Antonio, no nos ruegues que nos mates. Aunque ahora tengamos que parecer sangrientos y crueles, como, por nuestras manos y este nuestro acto presente, ya veis que lo hacemos, sin embargo, no os vemos más que nuestras manos, y este es el sangrante negocio que han hecho: Nuestros corazones no veis; Son lamentables; Y lástima por el mal general de Roma: como el fuego expulsa el fuego, así lástima por la piedad, que ha hecho esta obra contra César. Por tu parte,A ti nuestras espadas tienen puntas de plomo, Marco Antonio:Nuestros brazos, con fuerza de malicia, y nuestros corazonesDe temperamento de hermanos, te reciben con todo amor bondadoso, buenos pensamientos y reverencia.

CASSIUS

Tu voz será tan fuerte como la de cualquier hombre en la disposición de nuevas dignidades.

BRUTUS

Solo ten paciencia hasta que hayamos apaciguado a la multitud, fuera de sí por el miedo, y entonces te daremos la causa: Por qué yo, que amé a César cuando lo golpeé, he procedido así.

ANTONY

No dudo de tu sabiduría. Que cada uno me dé su mano ensangrentada:Primero, Marco Bruto, estrecharé contigo; Ahora, Cayo Casio, te tomo la mano; Ahora, Decio Bruto, tuyo: ahora tuyo, Metelo; Tuyo, Cinna; y, mi valiente Casca, la tuya; Aunque el último, no el último en el amor, el vuestro, el buen Trebonio.Caballeros todos,--ay, ¿qué voy a decir? Mi crédito se encuentra ahora en un terreno tan resbaladizo, que uno de los dos malos caminos me debes engañar, o soy un cobarde o un adulador. Que yo te amaba, César, ¡oh!, es verdad: si entonces tu espíritu nos mira ahora, ¿no te entristecerá más que tu muerte, ver a tu Antonio haciendo la paz, sacudiendo los dedos sangrientos de tus enemigos, nobilísimos! en presencia de tu corso? Si yo tuviera tantos ojos como

tú has herido, llorando tan rápido como fluyen tu sangre, sería mejor para mí cerrar en términos de amistad con tus enemigos.
¡Perdóname, Julio! Aquí estabas aucado, valiente ciervo; Aquí caíste; y aquí están tus cazadores,
 firmados en tus despojos, y encarmecidos en tu leterio. ¡Oh mundo, tú fuiste el bosque para este ciervo! Y esto, en verdad, oh mundo, el corazón de ti. ¡Cómo, como un ciervo, herido por muchos príncipes, yaces aquí!

CASSIUS

Marco Antonio,--

ANTONY

Perdóname, Cayo Casio: los enemigos de César dirán esto; Luego, en un amigo, es fría modestia.

CASSIUS

No te culpo por alabar tanto a César; Pero, ¿qué significa tener con nosotros?
¿Serás pinchado en número de nuestros amigos; ¿O seguiremos adelante y no dependeremos de ti?

ANTONY

Por lo tanto, tomé tus manos, pero en verdad me
desvié del punto, mirando hacia abajo a César. Amigos estoy con todos vosotros y os amo a todos, con la esperanza de que me daréis razones de por qué y en qué César era peligroso.

BRUTUS

De lo contrario, si esto fuera un espectáculo salvaje: Nuestras razones están tan llenas de buena consideración: Si tú, Antonio, el hijo de César, estuvieras satisfecho.

ANTONY

Eso es todo lo que busco: Y además soy pretendiente para que puedaProducir su cuerpo para la plaza del mercado; Y en el púlpito, como corresponde a un amigo, habla en el orden de su funeral.

BRUTUS

Lo harás, Marco Antonio.

CASSIUS

Bruto, una palabra contigo.

Aparte de BRUTUS

No sabéis lo que hacéis, no consintáis que Antonio hable en sus funerales: ¿Sabéis cuánto se conmoverá el pueblo con lo que él va a decir?

BRUTUS

Por su perdón; Yo mismo subiré primero al púlpito y mostraré la razón de la muerte de nuestro César: Lo que Antonio hable, protestaréÉl habla con permiso y con permiso, Y que estamos contentos de que César tenga todos los ritos verdaderos y ceremonias legales. Nos beneficiará más que nos hará daño.

CASSIUS

No sé lo que puede caer; No me gusta.

BRUTUS

Marco Antonio, aquí, llévate el cuerpo de César. No nos culparás en tu discurso fúnebre, sino que hablarás todo el bien que puedas concebir de César, y dirás que no lo haces con nuestro permiso; De lo contrario, no tendrás nada que ver con su funeral, y hablarás en el mismo púlpito adonde yo voy, después de que termine mi discurso.

ANTONY

Que así sea. No deseo más.

BRUTUS

Prepara, pues, el cuerpo y síguenos.

Exeunt todo menos ANTONY

ANTONY

¡Oh, perdóname, pedazo de tierra sangrante, que soy manso y gentil con estos carniceros! Vosotros sois las ruinas del hombre más noble que jamás haya vivido en la marea de los tiempos. ¡Ay de la mano que derramó esta sangre costosa!

Sobre tus heridas profetizo ahora,--Que, como bocas mudas, rehúyen sus labios rubíes, para suplicar la voz y la expresión de mi lengua— Una maldición caerá sobre los miembros de los hombres; La furia doméstica y las feroces luchas civiles estorbarán todas las partes de Italia; La sangre y la destrucción estarán tan en uso, y los objetos espantosos tan familiares, que las madres no harán más que sonreír cuando vean a sus hijos descuartizados por las manos de la guerra; Toda piedad ahogada por la costumbre de las malas acciones:Y el espíritu de César, en busca de venganza,Con Ate a su lado viene caliente del infierno,En estos confines con voz de monarca Gritará 'Estragos', y soltará los perros de la guerra; Que esta mala acción olerá sobre la tierra con hombres carroñeros, gimiendo por sepultura.

Entra un sirviente

Sirves a Octavio César, ¿no es así?

Servidor

Y a Marco Antonio.

ANTONY

César le escribió para que viniera a Roma.

Servidor

Recibió sus cartas, y va a venir; Y dime que te diga de palabra: ¡Oh César--

Ver el cuerpo

ANTONY

Tu corazón es grande, apártate y llora. La pasión, ya veo, se está contagiando; porque mis ojos,
 al ver esas cuentas de tristeza en los tuyos, comenzaron a lagrimear. ¿Viene tu señor?

Servidor

Yace esta noche a siete leguas de Roma.

ANTONY

Retroceda con presteza, y dígale lo que ha sucedido: Aquí hay una Roma de luto, una Roma peligrosa, Todavía no hay una Roma segura para Octavio; Por lo tanto, y díselo. Sin embargo, quédate un rato; No volverás hasta que yo haya llevado este corso a la plaza del mercado: allí probaré en mi discurso, cómo el pueblo toma la cruel salida de estos hombres sangrientos; De acuerdo con lo cual, hablarás al joven Octavio del estado de las cosas. Préstame tu mano.

Exeunt con el cuerpo de César

Escena II

El Foro.

Entran BRUTO y CASIO, y una multitud de ciudadanos

Ciudadanos

Quedaremos satisfechos; Démonos satisfechos.

BRUTUS

Entonces síganme, y denme público, amigos. Casio, ve a la otra calle y divide los números. Los que me oigan hablar, que se queden aquí; Los que seguirán a Casio, vayan con él;
Y se darán causas públicas de la muerte de César.

Primer Ciudadano

Oiré hablar a Bruto.

Segundo Ciudadano

Oiré a Casio; y comparamos sus razones, cuando las oímos pronunciar.

Sal de CASSIUS, con algunos de los Ciudadanos. Bruto sube al púlpito

Tercer Ciudadano

El noble Bruto ha ascendido: ¡silencio!

BRUTUS

Ten paciencia hasta el final. ¡Romanos, compatriotas y amantes! Escúchame por mi causa, y calla, para que oigas; créeme por mi honor, y respeta mi honor, para que creas; censuradme en vuestra sabiduría, y despertad vuestros sentidos, para que juzguéis mejor. Si hay alguno en esta asamblea, algún amigo querido de César, le digo que el amor de Bruto por César no era menor que el suyo. Si, pues, ese amigo pregunta por qué Bruto se levantó contra César, esta es mi respuesta: No es que yo amara menos a César, sino que amaba más a Roma. ¿Preferirías que César viviera y muriera todo siervo, a que César muriera para vivir todos los hombres libres? Como César me amó, lloro por él; como él fue afortunado, me regocijo por ello; como era valiente, lo honro: pero, como era ambicioso, lo mató. Hay lágrimas por su amor; alegría por su fortuna; honor por su valor; y la muerte por suambición. ¿Quién está aquí tan vil que sería un esclavo? Si los hay, habla; por él he ofendido. ¿Quién es aquí tan grosero que no sería un romano? Si

alguno, habla, por él he ofendido. ¿Quién hay aquí sovile que no ame a su patria? Si los hay, habla; por él he ofendido. Hago una pausa para responder.

Todo

Ninguno, Bruto, ninguno.

BRUTUS

Entonces no he ofendido a nadie. No he hecho a César más de lo que tú harás a Bruto. La cuestión de su muerte está inscrita en el Capitolio; Su gloria no fue textenuada, en lo que era digno, ni sus ofensas fueron aplicadas, por las cuales sufrió la muerte.

Entra ANTONY y otros, con el cuerpo de César

Aquí viene su cuerpo, llorado por Marco Antonio: quien, aunque no tuvo nada que ver en su muerte, recibirá el beneficio de su muerte, un lugar en la república; ¿Quién de vosotros no lo hará? Con esto me voy,-- que, así como maté a mi mejor amante por el bien de Roma, tengo el mismo puñal para mí, cuando a mi país le plazca necesitar mi muerte.

Todo

¡Vive, Bruto! ¡Vive, vive!

Primer Ciudadano

Llévalo triunfalmente a su casa.

Segundo Ciudadano

Regálale una estatua con sus antepasados.

Tercer Ciudadano

Que sea César.

Cuarto Ciudadano

Las mejores partes de César serán coronadas en Bruto.

Primer Ciudadano

Lo llevaremos a su casaCon gritos y clamores.

BRUTUS

Compatriotas,--

Segundo Ciudadano

¡Paz, silencio! Bruto habla.

Primer Ciudadano

¡Paz, ho!

BRUTUS

Buenos compatriotas, dejadme partir solo, y, por mí, quedaos aquí
con Antonio: Haced gracia al cadáver de César, y bendigo su
discurso, tendiendo a las glorias de César; que Marco Antonio, con
nuestro permiso, se le permite hacer. Te ruego que nadie se vaya,
sino yo solo, hasta que Antonio haya hablado.

Salida

Primer Ciudadano

¡Quédate, jo! y escuchemos a Marcos Antonio.

Tercer Ciudadano

Que suba a la silla pública; Lo escucharemos. Noble Antonio, sube.

ANTONY

Por amor de Bruto, te estoy contemplando.

Sube al púlpito

Cuarto Ciudadano

¿Qué dice de Bruto?

Tercer Ciudadano

Dice que, por el amor de Bruto, se encuentra contemplándonos a todos.

Cuarto Ciudadano

Sería mejor que no hablara mal de Bruto aquí.

Primer Ciudadano

Este César era un tirano.

Tercer Ciudadano

No, eso es cierto: somos bendecidos de que Roma se haya librado de él.

Segundo Ciudadano

¡Paz! escuchemos lo que Antonio puede decir.

ANTONY

¡Ustedes gentiles romanos,--

Ciudadanos

¡Paz, ho! Escuchémosle.

ANTONY

Amigos, romanos, compatriotas, prestadme vuestros oídos; Vengo a enterrar a César, no a alabarlo. El mal que hacen los hombres vive después de ellos; Los buenos son a menudo enterrados con sus huesos; Que así sea con César. El noble Bruto os ha dicho que César era ambicioso: Si así fuera, sería una grave falta, y César lo ha respondido gravemente. Aquí, con permiso de Bruto y los demás... Porque Bruto es un hombre honorable; Así son todos,

todos hombres honorables... Vengo a hablar en el funeral de César. Era mi amigo, fiel y justo conmigo: Pero Bruto dice que era ambicioso; Y Bruto es un hombre honorable. Ha traído muchos cautivos a Roma, cuyos rescates llenaron las arcas generales. ¿Parecía ambicioso esto en César? Cuando los pobres han llorado, César ha llorado:La ambición debe estar hecha de un material más duro:Y Bruto dice que era ambicioso; Y Bruto es un hombre honorable. Todos vosotros habéis visto que en el Lupercal le presenté tres veces una corona real, que él rechazó tres veces: ¿era esto una ambición? Sin embargo, Bruto dice que era ambicioso; Y, claro, es un hombre honorable. No hablo para refutar lo que Bruto dijo, pero aquí estoy para decir lo que sé. Todos vosotros le amáis una vez, no sin causa: ¿Qué causa os detiene, pues, para llorar por él? ¡Oh juicio! has huido a las bestias brutas,y los hombres han perdido la razón. Ten paciencia conmigo; Mi corazón está en el ataúd allí con César, y debo hacer una pausa hasta que regrese a mí.

Primer Ciudadano

Me parece que hay mucha razón en sus dichos.

Segundo Ciudadano

Si consideras bien el asunto, César ha tenido un gran error.

Tercer Ciudadano

¿Lo ha hecho, maestros? Me temo que en su lugar vendrá algo peor.

Cuarto Ciudadano

¿Habéis reparado en sus palabras? No quiso tomar la corona; Por lo tanto, es seguro que no era ambicioso.

Primer Ciudadano

Si se halla así, algunos lo soportarán de buena gana.

Segundo Ciudadano

¡Pobre alma! Sus ojos están rojos como el fuego por el llanto.

Tercer Ciudadano

No hay un hombre más noble en Roma que Antonio.

Cuarto Ciudadano

Ahora fíjate en él, él comienza a hablar de nuevo.

ANTONY

Pero ayer, la palabra de César pudo haber estado en contra del mundo, pero ahora yace allí. Y ninguno tan pobre como para hacerle reverencia. Oh señores, si yo estuviera dispuesto a agitar vuestros corazones y vuestros espíritus al motín y a la ira, haría mal a Bruto y mal a Casio, que, como todos sabéis, son hombres honorables: no les haré mal; Prefiero ofender a los muertos, hacerme daño a mí mismo y a ti, antes que hacer daño a hombres tan honorables. Pero aquí hay un pergamino con el sello de César; Lo encontré en su armario, es su voluntad: Que la plebeya oiga este testamento, que, perdóneme, no tengo intención de leer, y ellos irían a besar las heridas del difunto César, y mojarían sus servilletas en su sangre sagrada, sí, le rogarían un pelo para que lo recordara,
 y, al morir, lo mencionarían en sus testamentos, legándolo como un rico legado a su descendencia.

Cuarto Ciudadano

Escucharemos el testamento: léelo, Marco Antonio.

Todo

¡La voluntad, la voluntad! escucharemos la voluntad del César.

ANTONY

Tened paciencia, amables amigos, no debo leerlo; No es bueno que sepas cuánto te amaba César. No sois madera, no sois piedras, sino hombres; Y, siendo hombres, portadores de la voluntad del César, os inflamará, os hará enloquecer: 'Es bueno que no sepáis que sois sus herederos; Porque, si lo hicieras, ¡oh, qué resultaría de ello!

Cuarto Ciudadano

Lea el testamento; lo oiremos, Antonio; Léenos el testamento, el testamento del César.

ANTONY

¿Serás paciente? ¿Te quedarás un rato? Me he atrevido a decírtelo: temo haber ofendido a los honorables hombres cuyas dagas han apuñalado a César; Le temo.

Cuarto Ciudadano

Eran traidores: ¡hombres honorables!

Todo

¡La voluntad! ¡El Testamento!

Segundo Ciudadano

Eran villanos, asesinos: ¡la voluntad! Lee el testamento.

ANTONY

¿Me obligarás, pues, a leer el testamento? Luego haz un anillo alrededor del cadáver de César, y déjame mostrarte al que hizo el testamento. ¿Descendo? ¿Y me darás permiso?

Varios ciudadanos

Baja.

Segundo Ciudadano

Descender.

Tercer Ciudadano

Tendrás permiso.

Baja ANTONY

Cuarto Ciudadano

Un anillo; Quédate a tu alrededor.

Primer Ciudadano

Levántate del coche fúnebre, levántate del cuerpo.

Segundo Ciudadano

Habitación para Antonio, el nobilísimo Antonio.

ANTONY

No, no me insistas así; Párate lejos.

Varios ciudadanos

Atrás; cuarto; Retrocede.

ANTONY

Si tienes lágrimas, prepárate para derramarlas ahora. Todos vosotros conocéis este manto: recuerdo
la primera vez que César se lo puso;
Fue en una tarde de verano, en su tienda,Aquel día venció a los Nervii:Mira, en este lugar atravesó el puñal de Casio:Mira qué desgarro hizo el envidioso Casca:A través de esto apuñaló el bien amado Bruto; Y mientras arrancaba su maldito acero,Observa cómo la sangre de César la seguía,Como si saliera corriendo de las puertas, para resolverse si Bruto llamaba tan cruelmente, o no; Porque Bruto, como sabéis, era el ángel de César: ¡Juzgad, oh dioses, cuánto le amaba César! Este fue el corte más desagradable de todos; Porque cuando el noble César lo vio apuñalar,La ingratitud, más fuerte que los brazos de los traidores,Lo venció por completo: luego reventó su poderoso corazón; Y, con su manto cubriendo su rostro, incluso en la base de la estatua de Pompeyo, que todo el tiempo corría sangre, cayó el gran César. ¡Oh, qué caída hubo allí, compatriotas míos! Entonces yo, tú y todos nosotros caímos, mientras la traición sangrienta florecía sobre nosotros. Oh, ahora lloras; y, percibo, sientesLa fuerza de la lástima: estas son gotas de gracia. Almas bondadosas, ¿qué lloráis cuando contempláis la vestidura de Nuestro César herida? Mira aquí, aquí está él mismo, casado, como ves, con traidores.

Primer Ciudadano

¡Oh lamentable espectáculo!

Segundo Ciudadano

¡Oh noble César!

Tercer Ciudadano

¡Oh día triste!

Cuarto Ciudadano

¡Oh traidores, villanos!

Primer Ciudadano

¡Oh espectáculo sangriento!

Segundo Ciudadano

Seremos vengados.

Todo

¡Venganza! ¡Acerca de! ¡Buscar! ¡Arder! ¡Fuego! ¡Matar! ¡Matar!
¡Que no viva un traidor!

ANTONY

Quédense, compatriotas.

Primer Ciudadano

¡Paz allí! oiga al noble Antonio.

Segundo Ciudadano

Lo escucharemos, lo seguiremos, moriremos con él.

ANTONY

Buenos amigos, dulces amigos, no permitáis que os incite a una
oleada tan repentina de motines. Los que han hecho esta obra son
honorables: qué penas privadas tienen, ¡ay!, no sé, que les hicieron
hacerlo: son sabios y honorables, y sin duda te responderán con
razones. No vengo, amigos, a robar vuestros corazones: no soy
orador, como lo es Bruto; Pero, como todos me conocéis, un hombre
sencillo y brusco, que ama a mi amigo; y que ellos saben muy
bienQue me dio licencia pública para hablar de él:Porque no tengo
ingenio, ni palabras, ni valor,Acción, ni expresión, ni poder de
hablar,Para agitar la sangre de los hombres: sólo hablo bien; Os digo
lo que vosotros mismos sabéis;
Os mostré las dulces heridas de César, pobres pobres bocas mudas, y
ordenad que hablaran por mí: pero si yo fuera Bruto y Bruto Antonio,
hubiera un Antonio que os alborotara el ánimo y pusiera una lengua
en cada herida de César que moviera las piedras de Roma a
levantarse y amotinarse.

Todo

Nos amotinaremos.

Primer Ciudadano

Quemaremos la casa de Bruto.

Tercer Ciudadano

¡Fuera, pues! Venid, buscad a los conspiradores.

ANTONY

Sin embargo, escúchenme, compatriotas; sin embargo, escúchame hablar.

Todo

¡Paz, ho! Escucha a Antonio. ¡Muy noble Antonio!

ANTONY

¿Por qué, amigos, vais a hacer no sabéis qué?, ¿en qué ha merecido así el César vuestros amores? ¡Ay!, no lo sabes: tengo que decirte entonces: has olvidado el testamento del que te hablé.

Todo

Muy cierto. ¡La voluntad! Quedémonos y escuchemos la voluntad.

ANTONY

Aquí está el testamento, y bajo el sello de César. A cada ciudadano romano le da setenta y cinco dracmas.

Segundo Ciudadano

¡Nobilísimo César! Vengaremos su muerte.

Tercer Ciudadano

¡Oh real César!

ANTONY

Escúchame con paciencia.

Todo

¡Paz, ho!

ANTONY

Además, os ha dejado todos sus paseos,Sus cenadores privados y sus huertos recién plantados,A este lado del Tíber; A vosotros os ha dejado a vosotros, y a vuestros herederos para siempre, placeres comunes, para que paseéis y os recreéis. ¡Aquí había un César! ¿Cuándo llega otro así?

Primer Ciudadano

Nunca, nunca. ¡Ven, lejos, lejos! Quemaremos su cuerpo en el lugar santo, y con los tizones incendiaremos las casas de los traidores. Toma el cuerpo.

Segundo Ciudadano

Ve a buscar fuego.

Tercer Ciudadano

Arranca los bancos.

Cuarto Ciudadano

Derriba formularios, ventanas, cualquier cosa.

Exeunt Ciudadanos con el cuerpo

ANTONY

Ahora deja que funcione. ¡Travesura, estás en marcha, toma el rumbo que quieras!

Entra un sirviente

¡Cómo ahora, amigo!

Servidor

Señor, Octavio ya ha llegado a Roma.

ANTONY

¿Dónde está?

Servidor

Él y Lépido están en casa de César.

ANTONY

Y allí iré directamente a visitarlo: Él viene con un deseo. La fortuna es alegre, y en este estado de ánimo nos dará cualquier cosa.

Servidor

Le oí decir: Bruto y Casio han salido como locos por las puertas de Roma.

ANTONY

Como si tuvieran alguna noticia de la gente, de cómo los había conmovido. Llévame a Octavio.

Salen

Escena III

Una calle.

Entra CINNA el poeta

CINNA EL POETA

Soñé esta noche que festejaba con César, y las cosas desafortunadas cargan mi fantasía: no tengo voluntad de salir de las puertas, pero algo me conduce.

Ingresa Ciudadanos

Primer Ciudadano

¿Cómo te llamas?

Segundo Ciudadano

¿A dónde vas?

Tercer Ciudadano

¿Dónde vives?

Cuarto Ciudadano

¿Eres un hombre casado o soltero?

Segundo Ciudadano

Responde a cada hombre directamente.

Primer Ciudadano

Sí, y brevemente.

Cuarto Ciudadano

Sí, y sabiamente.

Tercer Ciudadano

Ay, y en verdad, fuiste el mejor.

CINNA EL POETA

¿Cómo me llamo? ¿A dónde voy? ¿Dónde viven los Id? ¿Soy un hombre casado o soltero? Luego, para responder a cada hombre directa y brevemente, sabia y verdaderamente: sabiamente digo, soy un soltero.

Segundo Ciudadano

Eso es tanto como decir que son tontos que se casan: me temo que me darás una paliza por eso. Proceder; directamente.

CINNA EL POETA

Directamente, voy al funeral de César.

Primer Ciudadano

¿Como amigo o enemigo?

CINNA EL POETA

Como un amigo.

Segundo Ciudadano

A esa cuestión se le responde directamente.

Cuarto Ciudadano

Para su vivienda,--brevemente.

CINNA EL POETA

Brevemente, habito junto al Capitolio.

Tercer Ciudadano

Su nombre, señor, en verdad.

CINNA EL POETA

En verdad, mi nombre es Cinna.

Primer Ciudadano

Hazlo pedazos; Es un conspirador.

CINNA EL POETA

Soy Cinna el poeta, soy Cinna el poeta.

Cuarto Ciudadano

Que lo despedacen por sus versos malos, que lo despedacen por sus versos malos.

CINNA EL POETA

Yo no soy Cinna, el conspirador.

Cuarto Ciudadano

No importa, su nombre es Cinna; arranca su nombre de su corazón, y hazlo partir.

Tercer Ciudadano

¡Desgarrarlo, desgarrarlo! ¡Venid, marcas ho! tizones de fuego: a la de Bruto, a la de Casio; quemarlo todo: unos en la casa de Decio, y otros en la de Casca; algunos a la de Ligarius: ¡fuera, fuera!

Salen

Acto IV

Escena I

Una casa en Roma.

ANTONIO, OCTAVIO y LÉPIDO, sentados a una mesa

ANTONY

Estos muchos, pues, morirán; Sus nombres están pinchados.

OCTAVIUS

Tu hermano también tiene que morir; ¿De acuerdo, Lépido?

LEPIDUS

Yo sí doy mi consentimiento...

OCTAVIUS

Dale un pinchazo, Antonio.

LEPIDUS

Con la condición de que Publio no viva, que es el hijo de tu hermana, Marco Antonio.

ANTONY

No vivirá; mira, con una mancha lo maldigo. Pero, Lépido, ve tú a la casa del César; Traigan el testamento aquí, y determinaremos cómo cortar algún cargo en los legados.

LEPIDUS

¿Qué, te encuentro aquí?

OCTAVIUS

O aquí, o en el Capitolio.

Salir de LEPIDUS

ANTONY

Este es un hombre leve e indigno,Digno de ser enviado a hacer recados: ¿es adecuado,El mundo triple dividido, debería estar uno de los tres para compartirlo?

OCTAVIUS

Así lo pensabas; Y tomó su voz que debía ser punzada para morir, en nuestra negra sentencia y proscripción.

ANTONY

Octavio, he visto más días que tú: y aunque le demos estos honores a este hombre, para aliviarnos de diversas cargas calumniosas, él no las llevará sino como el asno lleva oro, para gemir y sudar bajo el negocio, ya sea conducido o empujado, según le indiquemos el camino; Y habiendo traído nuestro tesoro a donde quisiéramos, entonces bajamos su carga, y lo despedimos, como al asno vacío, para sacudir sus orejas, y pastar en común.

OCTAVIUS

Puedes hacer tu voluntad; Pero es un soldado probado y valiente.

ANTONY

Así es mi caballo, Octavio, y para eso le asigno un almacén de forraje: es una criatura a la que enseño a luchar, a enrollar, a detenerse, a correr directamente, su movimiento corporal gobernado por mi espíritu. Y, en cierto modo, es Lépido, pero así; Hay que enseñarle y entrenarle y pedirle que salga;
Un hombre de espíritu estéril, uno que se alimenta de abyectos, tonterías e imitaciones, que, fuera de uso y rancios por otros hombres, comienzan su moda: no hables de él, sino como una propiedad. Y ahora, Octavio, escucha grandes cosas: Bruto y Casio están recaudando poderes: debemos hacer cabeza en línea recta: Por lo tanto, que se combine nuestra alianza, que se hagan nuestros mejores amigos, que se estiren nuestros medios, y que luego vayamos a sentarnos en consejo, cómo se pueden revelar mejor los asuntos encubiertos, y responder a los peligros abiertos con mayor seguridad.

OCTAVIUS

Hagámoslo así, porque estamos en la hoguera,Y andados con muchos enemigos; Y algunos que sonríen tienen en sus corazones, me temo, millones de travesuras.

Salen

Escena II

Campamento cerca de Sardis. Ante la tienda de Bruto.

Tambor. Entran BRUTO, LUCILIO, LUCIO y soldados; TITINIO y PÍNDARO se encuentran con ellos

BRUTUS

¡De pie,!

LUCILIO

Da la palabra, ¡ho! y ponerse de pie.

BRUTUS

¡Y ahora qué, Lucilio! ¿Está Casio cerca?

LUCILIO

Él está a la mano; y Píndaro ha venido a saludarte de su señor.

BRUTUS

Me saluda bien. Tu señor, Píndaro, en su propio cambio, o por medio de malos oficiales, me ha dado algún motivo digno para desear que las cosas se hayan hecho, pero si él está cerca, me daré por satisfecho.

PÍNDARO

No dudo que mi noble amo aparecerá tal como es, lleno de respeto y honor.

BRUTUS

No se duda de él. Una palabra, Lucilio; Cómo te recibió, déjame ser resuelto.

LUCILIO

Con cortesía y con el respeto suficiente; Pero no con ejemplos tan familiares, ni con una conferencia tan libre y amistosa como la que ha usado en la antigüedad.

BRUTUS

Has descritoUn amigo caliente que se refresca: siempre nota, Lucilio, que cuando el amor comienza a enfermar y decaer, usa una ceremonia forzada. No hay trucos en la fe simple y llana; Pero los hombres huecos, como caballos al alcance de la mano, hacen galante alarde y prometen su temple; Pero cuando deben soportar la espuela sangrienta,
 caen sus crestas y, como jades engañosos, se hunden en la prueba. ¿Viene su ejército?

LUCILIO

Quieren que esta noche en Sardis sea descuartizada; La mayor parte, el caballo en general, viene con Cassius.

BRUTUS

¡Disco! Ha llegado.

Marcha baja en el interior

Camina suavemente hacia su encuentro.

Entra CASSIUS y sus poderes

CASSIUS

¡De pie,!

BRUTUS

¡De pie,! Di la palabra.

Primer soldado

¡Estar de pie!

Segundo soldado

¡Estar de pie!

Tercer soldado

¡Estar de pie!

CASSIUS

Muy noble hermano, me has hecho mal.

BRUTUS

¡Júzguenme, dioses! ¿Me equivoco yo en mis enemigos? Y, si no es así, ¿cómo debería perjudicar a un hermano?

CASSIUS

Bruto, esta sobria forma tuya esconde errores; Y cuando los haces...

BRUTUS

Casio, conténtate. Habla tus penas con suavidad: yo te conozco bien. Ante los ojos de nuestros dos ejércitos aquí, que no deberían percibir nada más que amor de nosotros, no discutamos: pídales que se alejen; Entonces, en mi tienda, Casio, ensancha tus penas, y yo te daré audiencia.

CASSIUS

Píndaro, ordena a nuestros comandantes que conduzcan sus cargas un poco más lejos de este terreno.

BRUTUS

Lucilio, haz tú lo mismo; y que nadie venga a nuestra tienda hasta que hayamos terminado nuestra conferencia. Que Lucio y Titinio guarden nuestra puerta.

Salen

Escena III

Tienda de Bruto.

Entran BRUTUS y CASSIUS

CASSIUS

Que me has ofendido aparece en esto:Has condenado y señalado a Lucio Pella por aceptar aquí sobornos de los sardos;

Donde mis cartas, orando por su parte, porque conocía al hombre, fueron despreciadas.

BRUTUS

Te equivocaste a ti mismo al escribir en un caso así.

CASSIUS

En un momento como este no es justo que toda buena ofensa lleve su comentario.

BRUTUS

Déjame decirte, Casio, que tú mismo estás muy condenado a tener picazón en la palma de la mano; Para vender y comercializar sus oficinas por oroA los indestructores.

CASSIUS

¡Me pica la palma de la mano! Sabes que eres Bruto el que hablas esto, O, por los dioses, este discurso si de otro modo fuera el último.

BRUTUS

El nombre de Casio honra esta corrupción, y el castigo oculta su cabeza.

CASSIUS

¡Castigo!

BRUTUS

Acuérdate de marzo, los idus de marzo recuerdan: ¿No sangró el gran Julio por causa de la justicia? ¿Qué villano tocó su cuerpo, que apuñaló, y no por justicia? ¿Qué, uno de nosotros, que golpeó al hombre más importante de todo este mundo, sino por apoyar a los ladrones, contaminará ahora nuestros dedos con sobornos viles y venderá el poderoso espacio de nuestros grandes honores
por tanta basura como pueda ser agarrada de esta manera? Preferiría ser un perro y aullar la luna que un romano así.

CASSIUS

Bruto, no me ayúes;
No lo soportaré: te olvidas de ti mismo,Para cerdarme a mí; Soy un

soldado, yo,mayor en la práctica, más capaz que túPara hacer condiciones.

BRUTUS

Vete a; no lo eres, Casio.

CASSIUS

Soy yo.

BRUTUS

Yo digo que no lo eres.

CASSIUS

No me insistas más, me olvidaré de mí mismo; Ten cuidado con tu salud, no me tientes más.

BRUTUS

¡Fuera, hombre ligero!

CASSIUS

¿No es posible?

BRUTUS

Escúchame, porque yo hablaré. ¿Debo ceder el paso y el espacio a tu cólera sarpullido? ¿Me asustaré cuando un loco me mire fijamente?

CASSIUS

¡Oh dioses, dioses! ¿Debo soportar todo esto?

BRUTUS

¡Todo esto! Ay, más: inquieta hasta que se rompa tu orgulloso corazón; Ve y muéstrales a tus esclavos lo colérico que eres, y haz temblar a tus siervos. ¿Debo ceder? ¿Debo observarte? ¿Tendré que quedarme de pie y agacharmebajo tu irritable humor? Por los dioses, digerirás el veneno de tu bazo, aunque te parta; porque, desde hoy en adelante, te usaré para mi alegría, sí, para mi risa, cuando seas avispado.

CASSIUS

¿Se ha llegado a esto?

BRUTUS

Dices que eres mejor soldado:Que así parezca; haz verdad tu jactancia, y me agradará mucho: por mi parte, me alegraré de saber de los hombres nobles.

CASSIUS

Me haces daño en todos los sentidos; me haces daño, Bruto; Le dije, un soldado mayor, no uno mejor: ¿Dije 'mejor'?

BRUTUS

Si lo hiciste, no me importa.

CASSIUS

Cuando César vivió, no se atrevió a conmoverme así.

BRUTUS

¡Paz, paz! No te atreviste a tentarlo así.

CASSIUS

¡No me atrevo!

BRUTUS

No.

CASSIUS

¡Qué, no te atrevas a tentarlo!

BRUTUS

¡Por tu vida no te atreves!

CASSIUS

No presumas demasiado de mi amor; Puedo hacer eso, me arrepentiré.

BRUTUS

Has hecho algo de lo que deberías arrepentirte. No hay terror, Casio, en tus amenazas, porque estoy tan armado en honradez que pasan de mi lado como el viento ocioso, al cual no respeto. Os envié ciertas sumas de oro, que me negasteis:Porque no puedo recaudar dinero por medios viles:Por el cielo, preferiría acuñar mi corazón,Y derramar mi sangre por dracmas, que retorcer de las duras manos de los campesinos su vil basuraPor cualquier indirección: Os envié a vosotros por oro para pagar a mis legiones, Lo cual me negaste: ¿se hizo eso como Casio? ¿Debería haberle respondido así a Cayo Casio? Cuando Marco Bruto se vuelve tan codicioso,Para bloquear a sus amigos tan bribones contadores,Estad preparados, dioses, con todos vuestros rayos; ¡Hazlo pedazos!

CASSIUS

No te negué.

BRUTUS

Lo hiciste.

CASSIUS

No lo hice: no fue más que un tonto el que me devolvió mi respuesta. Bruto ha desgarrado mi corazón:Un amigo debe soportar las flaquezas de su amigo,Pero Bruto hace que la mía sea más grande de lo que son.

BRUTUS

No lo hago, hasta que tú las practiques conmigo.

CASSIUS

No me amas.

BRUTUS

No me gustan tus defectos.

CASSIUS

Un ojo amistoso nunca podría ver tales fallas.

BRUTUS

Los de un adulador no lo harían, aunque parecen tan grandes como el alto Olimpo.

CASSIUS

Venid, Antonio, y el joven Octavio, venid, veníos a solas de Casio, porque Casio está cansado del mundo; Odiado por alguien a quien ama; desafiado por su hermano;
Chequeo como un esclavo; todas sus faltas observadas, anotadas en un cuaderno de notas, aprendidas y aprendidas de memoria para fundirlas entre mis dientes. ¡Oh, podría llorar mi espíritu desde mis ojos! Allí está mi puñal, y aquí mi pecho desnudo; dentro, un corazón más querido que el mío de Plutón, más rico que el oro:
Si eres romano, sácalo; Yo, que te negé el oro, daré mi corazón:Golpea, como lo hiciste contra el César; porque, yo sé, que cuando más le odiabas, le amabas más que a Casio.

BRUTUS

Envaina tu daga:Enójate cuando quieras, tendrá alcance; Haz lo que quieras, la deshonra será humor. Oh Casio, estás unido con un cordero que lleva la ira como el pedernal lleva el fuego; Quien, muy forzado, muestra una chispa apresurada,Y lo recto vuelve a ser frío.

CASSIUS

¿Ha vivido Casio para no ser más que alegría y risa para su Bruto, cuando el dolor y la sangre malhumorada le afligen?

BRUTUS

Cuando hablé de eso, yo también estaba de mal humor.

CASSIUS

¿Confiesas tanto? Dame tu mano.

BRUTUS

Y mi corazón también.

CASSIUS

¡Oh Bruto!

BRUTUS

¿Qué ocurre?

CASSIUS

¿No has amado lo suficiente como para soportarme, cuando ese humor imprudente que me dio mi madre me hace olvidar?

BRUTUS

Sí, Casio; y, de ahora en adelante, cuando seas demasiado serio con tu Bruto, él pensará que tu madre te reprende y te dejará así.

Poeta

[Dentro] Déjame entrar a ver a los generales; Hay algo de rencor entre ellos, no es encontrarseEstán solos.

LUCILIO

[Dentro] No vendrás a ellos.

Poeta

[Dentro] Nada más que la muerte me detendrá.

Entra Poeta, seguido de Lucilio, TITINIO y LUCIO

CASSIUS

¡Cómo ahora! ¿Qué ocurre?

Poeta

¡Qué vergüenza, generales! ¿Qué quieres decir? Amad y sed amigos, como deben ser dos hombres así; Porque he visto más años, estoy seguro, que vosotros.

CASSIUS

¡Je je! ¡Cuán vilmente rima esta cínica!

BRUTUS

Llegad de aquí, señora; ¡Tipo descarado, por lo tanto!

CASSIUS

Ten paciencia con él, Bruto; Es su moda.

BRUTUS

Conoceré su humor, cuando conozca su tiempo: ¿Qué deben hacer las guerras con estos tontos tontos? ¡Compañero, por lo tanto!

CASSIUS

Lejos, lejos, vete.

Poeta de salida

BRUTUS

Lucilio y Titinio, ordenan a los comandantes que se preparen para alojar sus compañías esta noche.

CASSIUS

Venid vosotros mismos y traed a Messala con vosotros inmediatamente.

Exeunt Lucilio y TITINIO

BRUTUS

Lucius, ¡un cuenco de vino!

Salir de LUCIUS

CASSIUS

No pensé que pudieras haber estado tan enojado.

BRUTUS

Oh Casio, estoy enfermo de muchas penas.

CASSIUS

De tu filosofía no sirves de nada, si cedes el lugar a males accidentales.

BRUTUS

Ningún hombre soporta mejor el dolor. Portia está muerta.

CASSIUS

¡Ja! ¡Portia!

BRUTUS

Está muerta.

CASSIUS

¿Cómo escapé de matar cuando te crucé así? ¡Oh pérdida insoportable y conmovedora! ¿Sobre qué enfermedad?

BRUTUS

Impaciente por mi ausencia, y con tristeza de que el joven Octavio con Marco Antonio se hayan hecho tan fuertes, porque con su muerte llegaron las noticias, con esto se distrajo y, ausentes sus asistentes, tragó fuego.

CASSIUS

¿Y murió así?

BRUTUS

Aun así.

CASSIUS

¡Oh dioses inmortales!

Vuelve a entrar en LUCIUS, con vino y cirio

BRUTUS

No hables más de ella. Dame un cuenco de vino. En esto entierro toda la crueldad, Casio.

CASSIUS

Mi corazón está sediento de esa noble promesa. Llena, Lucio, hasta que el vino se hinche de la copa; No puedo beber demasiado del amor de Bruto.

BRUTUS

Como en, ¡Titinio!

Salir de LUCIUS

Volver a entrar en TITINIUS, con MESSALA

Bienvenido, buen Messala.Ahora siéntese a cerrar este cirio aquí, y ponga en duda nuestras necesidades.

CASSIUS

Portia, ¿te has ido?

BRUTUS

No más, te lo ruego. Messala, he recibido aquí cartas, que el joven Octavio y Marco Antonio descienden sobre nosotros con un gran poder, inclinando su expedición hacia Filipos.

MESSALA

Yo mismo tengo cartas del mismo tenor.

BRUTUS

¿Con qué adición?

MESSALA

Que por proscripción y proscripciones ilegales, Octavio, Antonio y Lépido han dado muerte a cien senadores.

BRUTUS

En esto nuestras cartas no concuerdan bien; Los míos hablan de setenta senadores que murieron por sus proscripciones, siendo Cicerón uno de ellos.

CASSIUS

¡Cicerón uno!

MESSALA

Cicerón ha muerto, y por ese orden de proscripción. ¿Tenías cartas de tu esposa, mi señor?

BRUTUS

No, Messala.

MESSALA

¿Ni nada en tus cartas escrito de ella?

BRUTUS

Nada, Messala.

MESSALA

Eso, me parece, es extraño.

BRUTUS

¿Por qué preguntarte? ¿Oyes algo de ella en la tuya?

MESSALA

No, mi señor.

BRUTUS

Ahora, ya que eres un romano, dime la verdad.

MESSALA

Entonces, como un romano, sé la verdad: Ciertamente está muerta, y de una manera extraña.

BRUTUS

Adiós, Portia. Tenemos que morir, Messala: Al meditar que ella debe morir una vez, tengo la paciencia para soportarlo ahora.

MESSALA

Aun así, los grandes hombres deben sufrir grandes pérdidas.

CASSIUS

Tengo tanto de esto en el arte como tú,
pero sin embargo mi naturaleza no podía soportarlo así.

BRUTUS

Bueno, a nuestro trabajo en vivo. ¿Qué piensas de marchar a Filipos en la actualidad?

CASSIUS

No lo creo bueno.

BRUTUS

¿La razón?

CASSIUS

Esto es: Mejor es que el enemigo nos busque: Así malgastará sus recursos, cansará a sus soldados, haciéndose ofensa a sí mismo; mientras que nosotros, acostados y quietos, estamos llenos de descanso, defensa y agilidad.

BRUTUS

Las buenas razones deben, por fuerza, ceder el lugar a las mejores. El pueblo entre Filipos y este terreno no se mantiene sino en un afecto forzado; Porque nos han renegado de nuestra contribución:El enemigo, marchando junto a ellos,Por ellos se elevará un número más grande,Vengan
 refrescados, recién añadidos y animados; ¿De qué ventaja le cortaremos, si en Filipos nos enfrentamos a él allí, a esta gente a nuestras espaldas?

CASSIUS

Escúchame, buen hermano.

BRUTUS

Bajo su indulto. Debes notar además,Que hemos intentado lo máximo de nuestros amigos,Nuestras legiones están rebosantes, nuestra causa está madura:El enemigo aumenta cada día; Nosotros, en la altura, estamos listos para declinar. Hay una marea en los asuntos de los hombres, que, tomada en el diluvio, conduce a la fortuna; Omitido, todo el viaje de su vida está ligado a bajíos y a miserias. En un mar tan lleno estamos ahora a flote; Y debemos tomar la corriente cuando nos convenga, o perder nuestras empresas.

CASSIUS

Luego, con tu voluntad, sigue adelante; Continuaremos nosotros mismos y nos encontraremos con ellos en Filipos.

BRUTUS

El abismo de la noche se desliza sobre nuestras palabras, y la naturaleza debe obedecer a la necesidad; Lo cual haremos con un poco de descanso. ¿No hay más que decir?

CASSIUS

Ya no más. Buenas noches: Mañana temprano nos levantaremos, y de aquí.

BRUTUS

¡Lucius!

Entra en LUCIUS

Mi vestido.

Salir de LUCIUS

Adiós, buen Messala:Buenas noches, Titinius. Noble, noble Casio, buenas noches y buen descanso.

CASSIUS

¡Oh mi querido hermano! Este fue un mal comienzo de la noche: ¡Nunca ha habido tal división entre nuestras almas! No lo permitas, Bruto.

BRUTUS

Todo está bien.

CASSIUS

Buenas noches, mi señor.

BRUTUS

Buenas noches, buen hermano.

TITINIO MESSALA

Buenas noches, señor Brutus.

BRUTUS

Adiós a todos.

Exeunt todos menos BRUTUS

Vuelve a entrar en LUCIUS, con la toga

Dame el vestido. ¿Dónde está tu instrumento?

LUCIUS

Aquí en la tienda.

BRUTUS

¿Qué, hablas somnoliento? Pobre bribón, no te culpo; Llama a Claudio y a algunos otros de mis hombres: los haré dormir en cojines en mi tienda.

LUCIUS

¡Varrón y Claudio!

Entran VARRO y CLAUDIO

VARRO

¿Llama a mi señor?

BRUTUS

Os ruego, señores, que os acostéis en mi tienda y duermas; Puede ser que te eleve poco a poco a mi hermano Casio.

VARRO

Así que por favor, nos quedaremos de pie y observaremos su placer.

BRUTUS

No quiero que sea así: acuéstate, buenos señores; Puede ser que yo piense de otra manera. Mira, Lucio, aquí está el libro que tanto busqué; Lo metí en el bolsillo de mi bata.

Varro y CLAUDIO se acuestan

LUCIUS

Estaba seguro de que Vuestra Señoría no me lo había dado.

BRUTUS

Ten paciencia conmigo, buen muchacho, que soy muy olvidadizo. ¿Puedes levantar tus pesados ojos por un rato, y tocar tu instrumento una o dos tensiones?

LUCIUS

Ay, mi señor, no os agrado.

BRUTUS

Así es, hijo mío: te molesto demasiado, pero tú estás dispuesto.

LUCIUS

Es mi deber, señor.

BRUTUS

No insistiría en tu deber más allá de tus fuerzas; Sé que las sangres jóvenes buscan un tiempo de descanso.

LUCIUS

Ya he dormido, mi señor.

BRUTUS

Estaba bien hecho; y volverás a dormir; No te retendré por mucho tiempo; si vivo, seré bueno contigo.

Música, y una canción

Esta es una melodía somnolienta. Oh sueño asesino,
 ¿pones tu maza de plomo sobre mi hijo, que te toca música? Gentil bribón, buenas noches; No te haré tanto mal para despertarte:Si cabeceas, rompes tu instrumento;
Te lo quitaré, y, buen chico, buenas noches. Déjame ver, déjame ver; ¿No se ha vuelto la hojaDonde me fui leyendo? Aquí está, creo.

Entra en el Fantasma de César

¡Qué mal arde este cirio! ¡Ja! ¿Quién viene aquí? Creo que es la debilidad de mis ojos lo que da forma a esta monstruosa aparición. Viene sobre mí. ¿Eres tú algo? ¿Eres tú un dios, un ángel o un demonio que hiela mi sangre y me hace mirar fijamente? Háblame de lo que eres.

FANTASMA

Tu espíritu maligno, Bruto.

BRUTUS

¿Por qué vienes?

FANTASMA

Para decirte que me verás en Filipos.

BRUTUS

Pozo; entonces te volveré a ver?

FANTASMA

Ay, en Filipos.

BRUTUS

Pues, te veré en Filipos, entonces.

Salir de Ghost

Ahora me he animado a que te desvanezcas: Mal espíritu, quisiera
hablar más contigo. ¡Vaya, Lucio! ¡Varro! ¡Claudius! ¡Señores,
despertad! ¡Claudius!

LUCIUS

Las cuerdas, mi señor, son falsas.

BRUTUS

Cree que todavía está en su instrumento. Lucio, ¡despierta!

LUCIUS

¿Mi señor?

BRUTUS

¿Soñaste, Lucio, que así gritabas?

LUCIUS

Mi señor, no sé si lloré.

BRUTUS

Sí, eso hiciste: ¿viste algo?

LUCIUS

Nada, mi señor.

BRUTUS

Duerme de nuevo, Lucius. ¡Sirrah Claudio!

A VARRO

¡Amigo, despierta!

VARRO

¿Mi señor?

CLAUDIUS

¿Mi señor?

BRUTUS

¿Por qué gritasteis así, señores, en sueños?

VARRO CLAUDIO

¿Lo hicimos, mi señor?

BRUTUS

Ay: ¿Viste algo?

VARRO

No, mi señor, no vi nada.

CLAUDIUS

Ni yo, mi señor.

BRUTUS

Ve y encomiéndame a mi hermano Casio; Dígale que haga uso de sus poderes antes de tiempo, y nosotros lo seguiremos.

VARRO CLAUDIO

Así se hará, mi señor.

Salen

Acto V

Escena I

Las llanuras de Filipos.

Entran Octavio, Antonio y su ejército

OCTAVIUS

Ahora, Antonio, nuestras esperanzas han sido cumplidas: Dijiste que el enemigo no descendería, sino que conservaría las colinas y las

regiones altas; Resulta que no es así: sus batallas están a la mano;
Tienen la intención de advertirnos aquí en Filipos, respondiendo
antes de que les exijamos.

ANTONY

Tut, estoy en su seno, y séPor qué lo hacen: podrían contentarseCon
visitar otros lugares; y descender con temerosa valentía, pensando en
este rostroPara fijar en nuestros pensamientos que tienen valor; Pero
no es así.

Entra en un mensajero

Mensajero

Preparaos, generales: el enemigo se presenta con gallardo
espectáculo; Su sangriento signo de batalla está colgado, y algo que
se debe hacer de inmediato.

ANTONY

Octavio, dirige tu batalla suavemente, a la izquierda del campo
parejo.

OCTAVIUS

A la mano derecha yo; Guarda la izquierda.

ANTONY

¿Por qué me molestas en esta exigencia?

OCTAVIUS

Yo no te cruzo. pero lo haré.

Marzo

*Tambor. Entran BRUTUS, CASSIUS y su ejército; LUCILIO,
TITINIO, MESSALA y otros*

BRUTUS

Se ponen de pie, y parlamentarían.

CASSIUS

Mantente firme, Titinio: tenemos que salir a hablar.

OCTAVIUS

Marco Antonio, ¿daremos señal de batalla?

ANTONY

No, César, responderemos de su acusación. Hacer adelante; Los generales tendrían algunas palabras.

OCTAVIUS

No revuelva hasta que la señal.

BRUTUS

Palabras antes de golpes: ¿es así, compatriotas?

OCTAVIUS

No es que amemos más las palabras, como lo haces tú.

BRUTUS

Las buenas palabras son mejores que los malos trazos, Octavius.

ANTONY

En tus malos golpes, Bruto, das buenas palabras:Testigo del agujero que hiciste en el corazón de César,Gritando '¡Viva! ¡Salve, César!

CASSIUS

Antonio,La postura de tus golpes aún es desconocida; Pero por tus palabras, roban a las abejas Hybla, y las dejan sin miel.

ANTONY

Tampoco sin aguijón.

BRUTUS

Oh, sí, y también silencioso; Porque les has robado su zumbido, Antonio, y muy sabiamente amenazas antes de que piques.

ANTONY

Villanos, no lo hicisteis así, cuando vuestros viles puñales
 se cortaron unos a otros en los costados de César:
Mostrasteis vuestros dientes como monos, y aduláis como
sabuesos,Y os inclinasteis como siervos, besando los pies de César;

Mientras que la maldita Casca, como un maldito, golpeó a César en el cuello. ¡Oh aduladores!

CASSIUS

¡Aduladores! Ahora, Bruto, agradécete a ti mismo: esta lengua no habría ofendido tanto hoy, si Casio hubiera podido gobernar.

OCTAVIUS

Vamos, vamos, la causa: si discutir nos hace sudar, la prueba de ello se convertirá en gotas más rojas. Mirar; Desenvaino una espada contra los conspiradores; ¿Cuándo crees que la espada vuelve a subir? Nunca, hasta que las treinta y tres heridas de César sean bien vengadas; o hasta que otro César haya añadido la matanza a la espada de los traidores.

BRUTUS

César, no puedes morir a manos de los traidores, si no los llevas contigo.

OCTAVIUS

Así espero; No nací para morir en la espada de Bruto.

BRUTUS

Oh, si fueras el más noble de tu estirpe, joven, no podrías morir más honorable.

CASSIUS

¡Un colegial malhumorado, sin valor de tal honor,
unido a un enmascarado y a un juerguista!

ANTONY

¡El viejo Cassius todavía!

OCTAVIUS

¡Ven, Antonio, vete! Desafío, traidores, arrojad a vuestros dientes:Si os atrevéis a pelear hoy, venid al campo; Si no, cuando tengas estómago.

Exeunt OCTAVIO, ANTONIO y su ejército

CASSIUS

¡Por qué, ahora, sopla el viento, se hincha y nada la corteza! La
tormenta ha pasado y todo está en peligro.

BRUTUS

¡Ho, Lucilio! Escucha, una palabra contigo.

LUCILIO

[De pie] ¿Mi señor?

Bruto y Lucilio conversan por separado

CASSIUS

¡Messala!

MESSALA

[De pie] ¿Qué dice mi general?

CASSIUS

Messala, este es el día de mi nacimiento, como hoy mismo nacieron
Casio. Dame tu mano, Messala, sé
testigo mío de que, contra mi voluntad, como lo fue Pompeyo, me
veo obligado a poner en una sola batalla todas nuestras libertades.
Sabes que mantuve firme a Epicuro y su opinión: ahora cambio de
opinión, y en parte doy crédito a cosas que sí presagian. Viniendo de
Sardes, en nuestro antiguo alférez cayeron dos águilas poderosas, y
allí se posaron, atiborrándose y alimentándose de las manos de
nuestros soldados; ¿Quiénes nos han dado aquí aquí en Filipos?:Esta
mañana han huido y se han ido; Y en su lugar vuelan cuervos,
cuervos y milanos, vuelan sobre nuestras cabezas y nos miran hacia
abajo, como si fuéramos una presa enfermiza: sus sombras parecen
un dosel funesto, bajo el cual yace nuestro ejército, listo para
abandonar el fantasma.

MESSALA

No lo creas.

CASSIUS

Yo sólo lo creo en parte; Porque estoy fresco de espíritu y resuelto a enfrentar todos los peligros muy constantemente.

BRUTUS

Aun así, Lucilio.

CASSIUS

Ahora, nobilísimo Bruto, los dioses hoy son amigos, para que nosotros, amantes en paz, podamos llevar en nuestros días a la vejez. Pero ya que los asuntos de los hombres siguen siendo inciertos, razonemos con lo peor que pueda suceder. Si perdemos esta batalla, entonces será ésta la última vez que hablaremos juntos: ¿Qué estáis decididos a hacer, pues?

BRUTUS

Aun por la regla de esa filosofíaPor la cual culpé a Catón de la muerte que él mismo dio, no sé cómo, pero sí la encuentro cobarde y vil, por miedo a lo que pudiera caer, para prevenir el tiempo de la vida: armarme de paciencia para detener la providencia de algunos altos poderes que nos gobiernan abajo.

CASSIUS

Entonces, si perdemos esta batalla, ¿te contentas con ser conducido en triunfo por las calles de Roma?

BRUTUS

No, Casio, no: no pienses, noble romano, que Bruto irá atado a Roma; Tiene una mente demasiado grande. Pero este mismo día debe terminar esa obra comenzaron los idus de marzo; Y no sé si nos volveremos a encontrar. Por lo tanto, nuestro eterno adiós toma:Por siempre, y para siempre, ¡adiós, Casio! Si nos volvemos a encontrar, pues, sonreiremos; Si no, ¿por qué entonces?, esta despedida estuvo bien hecha.

CASSIUS

¡Por siempre, y para siempre, adiós, Bruto! Si nos volvemos a encontrar, sonreiremos de verdad; Si no, es cierto que esta despedida estuvo bien hecha.

BRUTUS

¿Por qué, entonces, seguir adelante? ¡Oh, si un hombre supiera el fin de los asuntos de este día antes de que llegue! Pero basta con que el día termine, y entonces se conocerá el fin. ¡Vamos,! ¡lejos!

Salen

Escena II

Igualmente. El campo de batalla.

Alarum. Entra en BRUTUS y MESSALA

BRUTUS

Cabalga, cabalga, Messala, cabalga, y entrega estos billetes a las legiones del otro lado.

Fuerte alarum

Que se pongan en marcha de una vez; porque no percibo más que una actitud fría en el ala de Octavio, y un empujón repentino les da la derrota. Cabalga, cabalga, Messala: que bajen todos.

Salen

Escena III

Otra parte del campo.

Alarums. Entran CASSIUS y TITINIUS

CASSIUS

¡Oh, mira, Titinio, mira, los villanos vuelan! Yo mismo tengo a mi propio enemigo convertido:Este estandarte mío aquí se volvía; Maté al cobarde y se lo quité.

TITUS

¡Oh Casio!, Bruto dio la palabra demasiado pronto; El cual, teniendo alguna ventaja sobre Octavio, lo tomó con demasiado entusiasmo:

sus soldados cayeron para saquear, mientras que nosotros, por Antonio, estamos todos encerrados.

Entra en PINDARUS

PÍNDARO

Vuela más lejos, mi señor, vuela más lejos; Marco Antonio está en vuestras tiendas, mi señorVuela, pues, noble Casio, vuela lejos.

CASSIUS

Esta colina está lo suficientemente lejos. Mira, mira, Titinio; ¿Son esas mis tiendas donde percibo el fuego?

TITUS

Lo son, mi señor.

CASSIUS

Titinio, si me amas, monta en mi caballo y esconde en él tus espuelas, hasta que te haya llevado a las tropas de allá, y aquí otra vez; para que pueda estar seguro de que sus tropas sean amigas o enemigas.

TITUS

Estaré aquí de nuevo, aunque sea con un pensamiento.

Salida

CASSIUS

Ve, Píndaro, sube más alto en esa colina; Mi vista era siempre espesa; mira a Titinio, y dime lo que no odias del campo.

PÍNDARO asciende la colina

Este día respiré primero: el tiempo ha llegado,Y donde empecé, allí terminaré; Mi vida es correr su brújula. Sirrah, ¿qué noticia?

PÍNDARO

[Arriba] ¡Oh mi señor!

CASSIUS

¿Qué novedades?

PÍNDARO

[Arriba] Titinio está cercado por todas partes con jinetes, que le hacen en el espolón; Aun así, sigue espoleando. Ahora están casi encima de él. ¡Ahora, Titinius! Ahora un poco de luz. Oh, él también se enciende. Él es ta'en.

Gritar

Y, ¡escucha! Gritan de alegría.

CASSIUS

Desciende, no contemples más. ¡Oh, cobarde que soy, vivir tanto tiempo, ver a mi mejor amigo ta'en delante de mi cara!

PINDARUS desciende

Ven acá, señora: en Partia te tomé prisionera; Y entonces te juré, salvando tu vida, que todo lo que te ordenara hacer, lo intentarías. Ven ahora, cumple tu juramento; Sé ahora un hombre libre, y con esta buena espada que corrió por las entrañas de César, escudriña este pecho. No te levantes para responder: toma, toma las empuñaduras; Y, cuando mi rostro esté cubierto, como ahora, guía la espada.

PÍNDARO lo apuñala

César, te has vengado, incluso con la espada que te mató.

Muere

PÍNDARO

Entonces, soy libre; sin embargo, no habría sido así, pero he hecho mi voluntad. ¡Oh Casio!, lejos de este país correrá Píndaro, donde nunca los romanos se fijarán en él.

Salida

Vuelve a entrar en TITINIUS con MESSALA

MESSALA

No es más que un cambio, Titinio; porque Octavio es derrocado por el poder del noble Bruto,como las legiones de Casio lo son por Antonio.

TITUS

Estas noticias bien consolarán a Casio.

MESSALA

¿Dónde lo dejaste?

TITUS

Todos desconsolados, con Píndaro su siervo, en esta colina.

MESSALA

¿No es que yace en el suelo?

TITUS

No miente como los vivos. ¡Oh mi corazón!

MESSALA

¿No es él?

TITUS

No, era él, Messala, pero Casio ya no existe. Oh sol poniente,Como
en tus rojos rayos te hundes esta noche,Así en su sangre roja se pone
el día de Casio; ¡El sol de Roma se pone! Nuestro día se ha ido;
Llegan las nubes, el rocío y los peligros; ¡Nuestras obras están
hechas! La desconfianza en mi éxito ha hecho esto.

MESSALA

La desconfianza en el buen éxito ha hecho esto. ¡Oh odioso error,
hijo de la melancolía!, ¿por qué muestras a los pensamientos
adecuados de los hombres las cosas que no son? ¡Oh error, pronto
concebido, nunca llegas a un parto feliz, sino que matas a la madre
que te engendró!

TITUS

¡Qué, Píndaro! ¿Dónde estás, Píndaro?

MESSALA

Búscalo, Titinio, mientras yo voy al encuentroEl noble Bruto,
metiendo este informe en sus oídos; Puedo decir, empujándolo; Por

perforar el acero y los dardos envenenadosSerá tan bienvenido a los oídos de BrutoComo noticias de este espectáculo.

TITUS

Hola tú, Messala, y yo buscaré a Píndaro mientras tanto.

Salir de MESSALA

¿Por qué me enviaste, valiente Casio? ¿No me encontré con tus amigos? ¿Y no pusieron en mi frente esta corona de victoria, y me ordenaron que te la diera? ¿No oíste sus gritos? ¡Ay, has malinterpretado todo! Pero, sostene, toma esta guirnalda en tu frente; Tu Bruto me ordena que te la dé, y yo
cumpliré sus órdenes. Bruto, venid pronto, y ved cómo he mirado a Cayo Cassius.By tu permiso, dioses: esta es la parte de un romano. Venid, la espada de Casio, y encontrad el corazón de Titinio.

Se suicida

Alarum. Vuelve a entrar en MESSALA, con BRUTUS, CATO, STRATO, VOLUMNIUS y LUCILIUS

BRUTUS

¿Dónde, dónde, Messala, yace su cuerpo?

MESSALA

He aquí, allá, y Titinio lamentándolo.

BRUTUS

La cara de Titinius está hacia arriba.

CATO

Es asesinado.

BRUTUS

¡Oh Julio César, aún eres poderoso! Tu espíritu camina por el exterior y vuelve nuestras espadas en nuestras propias entrañas.

Alarums bajos

CATO

¡Valiente Titinio! ¡Mira si no ha coronado al muerto Casio!

BRUTUS

¿Viven todavía dos romanos como éstos? ¡Al último de todos los romanos, que te vaya bien! Es imposible que alguna vez Roma engendre a tu semejante. Amigos, le debo más lágrimas a este difunto de las que me veréis pagar. Encontraré tiempo, Casio, encontraré tiempo. Ven, pues, y envía su cuerpo a Tasos: sus funerales no serán en nuestro campamento, para que no nos incomode. Lucilio, ven; Y ven, joven Catón; Vayamos al campo. Labeo y Flavio iniciamos nuestras batallas: Son las tres, y, romanos, antes de la noche probaremos fortuna en una segunda batalla.

Salen

Escena IV

Otra parte del campo.

Alarum. Entrad en combate, soldados de ambos ejércitos; luego BRUTO, CATÓN, LUCILIO y otros

BRUTUS

Sin embargo, compatriotas, ¡oh, sigan levantando la cabeza!

CATO

¿Qué bastardo no lo hace? ¿Quién irá conmigo? Proclamaré mi nombre en el campo:Soy hijo de Marco Catón, ¡ho! Enemigo de los tiranos y amigo de mi país; Soy el hijo de Marco Catón, ¡ho!

BRUTUS

Y yo soy Bruto, Marco Bruto, yo;Bruto, el amigo de mi patria; ¡Conóceme por Bruto!

Salida

LUCILIO

¡Oh joven y noble Catón!, ¿estás deprimido? Pues, ahora mueres tan valientemente como Titinio; Y puede ser honrado, siendo hijo de Catón.

Primer soldado

Ríndete, o mueres.

LUCILIO

Sólo me rindo a morir:Hay tanto que me matarás directamente;

Ofrecer dinero

Mata a Bruto y sé honrado en su muerte.

Primer soldado

No debemos. ¡Un noble prisionero!

Segundo soldado

¡Habitación, ho! Dile a Antonio, Bruto es ta'en.

Primer soldado

Contaré la noticia. Aquí viene el general.

Entra en ANTONY

Brutus es ta'en, Brutus es ta'en, mi señor.

ANTONY

¿Dónde está?

LUCILIO

Seguro, Antonio; Bruto está a salvo:Me atrevo a asegurarte que ningún enemigoJamás tomará vivo al noble Bruto:¡Los dioses lo defienden de tan grande vergüenza! Cuando lo encuentres, vivo o muerto, será encontrado como Bruto, como él mismo.

ANTONY

Este no es Bruto, amigo; pero, te aseguro, un premio no menos valioso: mantén a este hombre a salvo; Dale toda la bondad: preferiría tener a tales hombres como amigos que como enemigos. Adelante, a ver si Bruto está vivo o muerto; Y llévanos a la tienda de Octavio cómo todo se sucede.

Salen

Escena V

Otra parte del campo.

Entran BRUTUS, DARDANIUS, CLITUS, STRATOS y VOLUMNIUS

BRUTUS

Venid, pobres restos de amigos, descansad en esta roca.

CLÍMITO

Estatilio mostró la luz de la antorcha, pero, mi señor, no regresó: él es o ta'en o muerto.

BRUTUS

Siéntate, Clito: matar es la palabra; Es un hecho de moda. Escúchate, Clícito.

Susurros

CLÍMITO

¿Qué, mi señor? No, no para todo el mundo.

BRUTUS

¡Paz, pues! No hay palabras.

CLÍMITO

Preferiría suicidarme.

BRUTUS

Escúchame, Dardanio.

Susurros

DARDANIO

¿Debo hacer tal acción?

CLÍMITO

¡Oh Dardanio!

DARDANIO

¡Oh Clícito!

CLÍMITO

¿Qué mala petición te hizo Bruto?

DARDANIO

Para matarlo, Clitus. Mira, medita.

CLÍMITO

Ahora está ese noble vaso lleno de dolor, que recorre hasta sus ojos.

BRUTUS

Ven acá, buen Volumnio; Escribe una palabra.

VOLUMNIO

¿Qué dice mi señor?

BRUTUS

El fantasma de César se me ha aparecido dos
veces de noche, una vez en Sardis, y esta última noche aquí en los
campos de Filipos: sé que ha llegado mi hora.

VOLUMNIO

No es así, mi señor.

BRUTUS

No, estoy seguro de que lo es, Volumnio. Tú ves el mundo, Volumnio,
cómo va; Nuestros enemigos nos han golpeado hasta la fosa:

Alarums bajos

Es más digno saltar en nosotros mismos, que demorarnos hasta que
nos empujen. Buen Volumnio, tú sabes que los dos fuimos juntos a la
escuela: Incluso por ese nuestro amor a la antigüedad, te lo ruego,
Sostén las empuñaduras de mi espada mientras corro sobre ella.

VOLUMNIO

Esa no es una oficina para un amigo, mi señor.

Alarum todavía

CLÍMITO

Vuela, vuela, mi señor; Aquí no hay que demorarse.

BRUTUS

Adiós a ti, y a ti, y a ti, Volumnio.Strato, has sido todo esto mientras dormías; Adiós a ti también, Strato. Compatriotas, mi corazón se alegra de que, sin embargo, en toda mi vida no encontré a ningún hombre que no me fuera fiel. Tendré gloria en este día perdidoMás que Octavio y Marco AntonioCon esta vil conquista llegaré. Así que te vaya bien de una vez; porque la lengua de Bruto casi ha terminado con la historia de su vida:La noche cuelga sobre mis ojos; mis huesos descansarían,Que sólo han trabajado para llegar a esta hora.

Alarum. Grita en tu interior: '¡Vuela, vuela, vuela!'

CLÍMITO

Vuela, mi señor, vuela.

BRUTUS

¡Por lo tanto! Yo lo seguiré.

Exeunt CLITUS, DARDANIUS y VOLUMNIUS

Te ruego, Strato, que te quedes junto a tu señor: eres un hombre de buen respeto; Tu vida ha tenido en ella algún tinte de honra: Sostiene, pues, mi espada, y aparta tu rostro, mientras yo corro sobre ella. ¿Quieres, Strato?

STRATO

Dame tu mano primero. Que os vaya bien, mi señor.

BRUTUS

Adiós, buen Strato.

Corre con su espada

César, quédate quieto: no te maté con la mitad de buena voluntad.

Muere

Alarum. Retirarse. Entran Octavio, Antonio, Mesala, Lucilio y el ejército

OCTAVIUS

¿Qué hombre es ese?

MESSALA

El hombre de mi amo. Strato, ¿dónde está tu amo?

STRATO

Libre de la esclavitud en que estás, Messala:Los vencedores no pueden sino hacer de él un fuego; Porque Bruto sólo se venció a sí mismo, y ningún otro tiene honor con su muerte.

LUCILIO

Así que Bruto debería ser encontrado. Te doy gracias, Bruto, porque has demostrado que las palabras de Lucilio son ciertas.

OCTAVIUS

Todo lo que le sirvió a Bruto, los entretendré. Amigo, ¿me darás tu tiempo?

STRATO

¡Ay, si Messala me prefiere a mí antes que a ti!

OCTAVIUS

Hazlo, buen Messala.

MESSALA

¿Cómo murió mi amo, Strato?

STRATO

Yo sostuve la espada y él corrió hacia ella.

MESSALA

Octavio, entonces llévalo para que te siga, que hizo el último servicio a mi señor.

ANTONY

Este era el romano más noble de todos:Todos los conspiradores, excepto él, hicieron lo que hicieron por envidia del gran César; Él sólo, en un pensamiento honesto generalY bien común para todos, hizo uno de ellos. Su vida era apacible, y los elementos se mezclaban en él de tal manera que la Naturaleza podía levantarse y decir a todo el mundo: '¡Este era un hombre!'

OCTAVIUS

De acuerdo con su virtud, usémosle, con todo respeto y ritos de sepultura. Dentro de mi tienda descansarán sus huesos esta noche, como un soldado, ordenado honorablemente. Así que llama al campo a descansar; y vámonos, para separar las glorias de este día feliz.

Salen

FIN

King Lear

ACTO I

ESCENA I. El palacio del rey Lear.

Entran KENT, GLOUCESTER y EDMUND

KENT

Pensé que el rey había afectado más al duque de
Albany que Cornualles.

GLOUCESTER

Siempre nos lo pareció, pero ahora, en la
división del reino, no se ve a cuál de
los duques estima más, porque las igualdades son tan
pesadas, que la curiosidad de ninguno de los dos puede elegir
 la mitad de uno y otro.

KENT

¿No es éste tu hijo, mi señor?

GLOUCESTER

Su crianza, señor, ha estado a mi cargo: tantas veces me he
sonrojado al reconocerlo, que ahora me siento
orgulloso de ello.

KENT

No puedo concebirte.

GLOUCESTER

Señor, la madre de este joven pudo, con lo cual
ella creció de vientre redondo, y tuvo, en efecto, señor, un hijo
por cuna antes de tener un marido para su cama.
¿Hueles una falla?

KENT

No puedo desear que se deshaga la culpa, siendo la cuestión de que
sea
tan adecuada.

GLOUCESTER

Pero yo tengo, señor, un hijo por orden de la ley, un año
mayor que éste, que no es más querido en mi opinión;
 aunque este bribón vino al mundo algo descarado
antes de que lo enviaran a buscar, sin embargo, su madre era
hermosa; había un buen juego en su creación, y el
hijo de puta debe ser reconocido. ¿Conoces a este
noble caballero, Edmund?

EDMUND

No, mi señor.

GLOUCESTER

Mi señor de Kent: recuérdalo en lo sucesivo como mi
honorable amigo.

EDMUND

Mis servicios a vuestra señoría.

KENT

Debo amarte, y demandar para conocerte mejor.

EDMUND

Señor, estudiaré lo que merezco.

GLOUCESTER

Ha estado fuera nueve años, y se marchará
de nuevo. El rey viene.

*Sennet. Entran KING LEAR, CORNWALL, ALBANY, GONERIL,
REGAN, CORDELIA y los asistentes*

EL REY LEAR

Asisten los señores de Francia y Borgoña, Gloucester.

GLOUCESTER

Lo haré, mi señor.

Exeunt GLOUCESTER y EDMUND

EL REY LEAR

Mientras tanto, expresaremos nuestro propósito más oscuro.
Dame el mapa allí. Sabed que hemos dividido
en tres nuestro reino, y es nuestra firme intención
sacudir todos los cuidados y negocios de nuestra edad;
Conferírselas a las fuerzas más jóvenes, mientras nosotros
nos arrastramos hacia la muerte. Nuestro hijo de Cornualles,
 y tú, nuestro no menos amoroso hijo de Albany,
tenemos en esta hora una voluntad constante de publicar las
diversas dotes de nuestras hijas, para que se eviten ahora futuras
contiendas
. Los príncipes, Francia y Borgoña,
grandes rivales en el amor de nuestra hija menor,
 han hecho su larga estancia amorosa en nuestra corte,
 y aquí se les responderá. Dime, hijas mías,--
Ya que ahora nos despojaremos a las dos del dominio, del
 interés del territorio, de los cuidados del estado,--
 ¿A cuál de vosotras diremos que nos ama más?
Para que nosotros, nuestra mayor munificencia, podamos
extendernos
Donde la naturaleza lo hace con mérito desafío. Goneril,
 nuestro primogénito, habla primero.

GONERIL

Señor, te amo más de lo que las palabras pueden esgrimir el asunto;
Más caro que la vista, el espacio y la libertad;
Más allá de lo que se puede valorar, rico o raro;
No menos que la vida, con gracia, salud, belleza, honor;
Tanto como hijo amado, o padre encontrado;
Un amor que hace que el aliento sea pobre y el habla incapaz;
Más allá de todo tipo de tanto te amo.

CORDELIA

¿Qué hará Cordelia?
Ama y calla.

LEAR

De todos estos límites, desde esta línea hasta acá,
 con bosques sombríos y con champainas ricas,

con ríos caudalosos e hidromieles de falda ancha,
te hacemos señora: para tu descendencia y la de Albany
sea así perpetua. ¿Qué dice nuestra segunda hija,
nuestra queridísima Regan, esposa de Cornualles? Hablar.

REGAN

Señor, estoy hecho
del mismo metal que mi hermana,
y me estima en su valor. En mi verdadero corazón
descubro que ella nombra mi misma obra de amor;
Sólo que ella se queda corta: que me confieso
enemigo de todas las demás alegrías,
 que posee el cuadrado más precioso de los sentidos;
Y descubro que estoy solo, felicito
en el amor de vuestra querida alteza.

CORDELIA

¡Entonces pobre Cordelia!
Y, sin embargo, no es así, porque, estoy seguro, mi amor es
más rico que mi lengua.

EL REY LEAR

A ti y a los tuyos les
queda siempre este amplio tercio de nuestro hermoso reino;
No menos en espacio, validez y placer
que el conferido a Goneril. Ahora bien, nuestra alegría,
 aunque no sea la menor, a cuyo amor juvenil se esfuerzan por
interesarse
las vides de Francia y la leche de Borgoña
, ¿qué puedes decir para atraer a
un tercero más opulento que tus hermanas? Hablar.

CORDELIA

Nada, mi señor.

EL REY LEAR

¡Nada!

CORDELIA

Nada.

EL REY LEAR

Nada saldrá de la nada: habla de nuevo.

CORDELIA

Desdichado como soy, no puedo meter
mi corazón en mi boca: amo a vuestra majestad
según mi obligación, ni más ni menos.

EL REY LEAR

¡Cómo, cómo, Cordelia! enmienda un poco tu discurso,
 no sea que estropee tu suerte.

CORDELIA

Buen mi señor,
me has engendrado, me has criado, me has amado: yo
devuelvo esos deberes como corresponde,
te obedezco, te amo y te honro mucho.
¿Por qué mis hermanas tienen maridos, si dicen
que os quieren a todos? Quizá, cuando me case
, ese señor cuya mano ha de tomar mi desgracia llevará
consigo la mitad de mi amor, la mitad de mi cuidado y mi deber:
 Seguro, nunca me casaré como mis hermanas,
para amar a mi padre todo.

EL REY LEAR

¿Pero va tu corazón con esto?

CORDELIA

¡Ay, buen mío!

EL REY LEAR

¿Tan joven y tan poco tierno?

CORDELIA

Tan joven, mi señor, y verdadero.

EL REY LEAR

Que así sea, pues tu verdad sea tu dote,
porque por el sagrado resplandor del sol,
 los misterios de Hécate y la noche;
Por toda la operación de los orbes de los
que existimos, y dejamos de ser;
Aquí renuncio a todo mi cuidado paternal,
a la propiedad y a la propiedad de la sangre,
 y como un extraño a mi corazón y a mí
, te guardo de esto para siempre. El bárbaro escita,
o el que hace que su generación se ensucie
para atiborrar su apetito, será tan
bien prójimo, compadecido y aliviado como
tú, mi hija en algún momento.

KENT

¡Bien mi señor,--

EL REY LEAR

¡Paz, Kent!
No te interpongas entre el dragón y su ira.
Yo la amaba más, y pensé poner mi descanso
en su amable cuarto de niños. ¡Por lo tanto, y evita mi vista!
¡Que sea mi sepulcro mi paz, como aquí le entrego
de ella el corazón de su padre! Llama a Francia; ¿Quién revuelve?
Llama a Borgoña. Cornualles y Albany,Con
 las dotes de mis dos hijas digiere esta tercera:
Que el orgullo, que ella llama llaneza, se case con ella.
Te invierto conjuntamente con mi poder, mi
 preeminencia y todos los grandes efectos
que tropan con majestad. Nosotros mismos, por curso mensual,
 con reserva de cien caballeros,
por vosotros para ser sostenidos, nuestra morada
os acompañará por turnos debidos. Sólo nosotros conservamos
todavía el nombre, y todas las adiciones a un rey;
Vuestros sean vuestros el dominio, las rentas, la ejecución de lo
 demás, amados hijos, lo cual confirmará
esta parte de la corona entre vosotros.

Dar la corona

KENT

El Real Lear,
a quien siempre he honrado como a mi rey,
amado como a mi padre, como mi maestro lo siguió,
 como mi gran patrón pensó en mis oraciones,--

EL REY LEAR

El arco se dobla y se tensa, hecho desde el eje.

KENT

Déjalo caer más bien, aunque el tenedor invada
la región de mi corazón: sé Kent descortés,
 cuando Lear está loco. ¿Qué harás, anciano?
¿Piensas que el deber tendrá pavor de hablar,
cuando el poder de la adulación se inclina? A la llanura está ligada el honor,
 cuando la majestad se inclina a la locura. Revierte tu perdición;
Y, en tu mejor consideración, tacha
esta horrible temeridad: responde a mi vida mi juicio,
 Tu hija menor no te ama en lo más mínimo;
Tampoco son esos vacíos de corazón cuyo sonido bajo
reverbs no es hueco.

EL REY LEAR

Kent, en tu vida, no más.

KENT

Nunca sostuve mi vida sino como un peón
para luchar contra tus enemigos, ni temiste perderla,
 siendo tu seguridad el motivo.

EL REY LEAR

¡Fuera de mi vista!

KENT

Mira mejor, Lear, y permíteme seguir siendo
el verdadero blanco de tus ojos.

EL REY LEAR

Ahora, por Apolo,--

KENT

Ahora, por Apolo, rey,
 juras a tus dioses en vano.

EL REY LEAR

¡Oh, vasallo! ¡Malhechor!

Poniendo su mano sobre su espada

ALBANY CORNUALLES

Querido señor, absténgase.

KENT

Mata
 a tu médico, y el pago se concede
a tu infame enfermedad. Revoca tu condenación;
O, mientras pueda desahogar el clamor de mi garganta,
 te diré que haces el mal.

EL REY LEAR

¡Escúchame, incrédulo!
¡De tu lealtad, escúchame!
Puesto que has procurado hacernos quebrantar nuestro juramento
, que nunca nos atrevimos a hacer todavía, y con orgullo forzado,
para interponernos entre nuestra sentencia y nuestro poder,
 que ni nuestra naturaleza ni nuestro lugar pueden soportar,
 nuestra potencia hecha buena, toma tu recompensa.
Cinco días te damos para provisión
que te proteja de las enfermedades del mundo;
Y el sexto volverás tu aborrecido regreso
a nuestro reino: si al décimo día siguiente se
encuentra tu baúl desterrado en nuestros dominios,
 el momento es tu muerte. ¡Lejos! por Júpiter,
 esto no será revocado.

KENT

Que te vaya bien, rey: si así te presentas,
la libertad vive de aquí, y el destierro está aquí.

A CORDELIA

¡Los dioses a su querido refugio te llevan, doncella,
 que con justicia piensas y has dicho con toda razón!

A REGAN y GONERIL

Y que tus grandes discursos sean aprobados,
para que de las palabras de amor broten buenos efectos.
Así Kent, ¡oh príncipes!, os dice adiós a todos;
Dará forma a su antiguo rumbo en un país nuevo.

Salida

*Florecer. Vuelva a entrar en GLOUCESTER, con el rey de Francia,
Borgoña y los asistentes*

GLOUCESTER

Aquí está Francia y Borgoña, mi noble señor.

EL REY LEAR

Mi señor de Borgoña.
Primero nos dirigimos a ti, que con este rey
has rivalizado por nuestra hija: ¿qué es lo
 que más te apetezca en el presente con ella,
o cesarás en tu búsqueda de amor?

BORGOÑA

Majestad Real,
no anhelo más de lo que Vuestra Alteza me ha ofrecido,
 ni ofreceré menos.

EL REY LEAR

Noble Borgoña,
cuando nos era querida, la sosteníamos así;
Pero ahora su precio ha bajado. Señor, allí está ella:
si algo dentro de esa pequeña sustancia aparente,
o toda ella, con nuestro disgusto destrozado,

y nada más, puede gustar a su gracia,
Ella está allí, y es suya.

BORGOÑA

No sé la respuesta.

EL REY LEAR

¿Tú, con esas flaquezas que ella debe,
sin amigos, recién adoptada a nuestro odio,
dotada de nuestra maldición y extraña con nuestro juramento,
 la tomarás o la dejarás?

BORGOÑA

Perdóneme, real señor;
La elección no se da en tales condiciones.

EL REY LEAR

Déjala, pues, señor, que, por el poder que me hizo,
te cuento todas sus riquezas.

AL REY DE FRANCIA

Por ti, gran rey,
 no quisiera por tu amor extraviarme tanto
como yo te aborrezco; por lo tanto, te suplico que
evites tu gusto de una manera más digna
que en un miserable a quien la naturaleza casi se avergüenza
de reconocer la suya.

REY DE FRANCIA

Es muy extraño
que ella, que hasta ahora era tu mejor objeto
, el argumento de tu alabanza, el bálsamo de tu edad
, el mejor, el más querido, cometiera en este tiempo
una cosa tan monstruosa, para desmantelar
tantos pliegues de favor. Claro, su ofensa
debe ser de un grado tan antinatural,
que la monstrua, o tu afecto garantizado de antemano
cae en la mancha, lo cual para creer en ella

debe ser una fe que la razón sin milagro
nunca podría plantar en mí.

CORDELIA

Todavía ruego a Vuestra Majestad,--
si quiero que ese arte simplista y aceitoso
 no hable y se proponga; ya que lo que bien me propongo,
 no haré antes de hablar,-- que usted dé a conocer
que no es una mancha viciosa, ni un asesinato, ni una inmundicia,
 ni una acción impúdica, ni un paso deshonrado,
 lo que me ha privado de su gracia y favor;
Pero aun por falta de aquello de lo que soy más rico,
 un ojo todavía solicitante, y una lengua que
me alegro de no tener, aunque no tenerla
me ha perdido en tu agrado.

EL REY LEAR

Mejor que
no hubieras nacido a no haberme agradado más.

REY DE FRANCIA

¿Es sólo esto,--una tardanza en la naturaleza
que a menudo deja la historia sin decir
lo que se propone hacer? Mi señor de Borgoña,
¿qué le dices a la señora? El amor no es amor
cuando se mezcla con aspectos que se mantienen
alejados de todo el punto. ¿La tendrás?
Ella misma es una dote.

BORGOÑA

Da la parte que tú propusiste,
y aquí tomo a Cordelia de la mano,
duquesa de Borgoña.

EL REY LEAR

Nada: lo he jurado; Soy firme.

BORGOÑA

Lamento, pues, que hayas perdido a un padre de tal manera
que tengas que perder a un marido.

CORDELIA

¡La paz sea con Borgoña!
Puesto que los respetos de la fortuna son su amor,
 yo no seré su esposa.

REY DE FRANCIA

La hermosa Cordelia, que eres la más rica, siendo pobre;
¡La más escogida, abandonada, y la más amada, despreciada!
A ti y a tus virtudes aquí me aferro:
Sea lícito que recojo lo que ha desechado.
¡Dioses, dioses! Es extraño que de su más fría negligencia se
encienda mi amor hasta convertirse en un respeto inflamado.
Tu hija sin dote, rey, arrojada a mi suerte,
es reina de nosotros, de nuestra y de nuestra hermosa Francia:
 No todos los duques de la acuosa Borgoña
pueden comprarme esta preciosa doncella sin premio.
Despídete, Cordelia, aunque sea cruel:
Pierdes aquí, un lugar mejor donde encontrarlo.

EL REY LEAR

Tú la tienes, Francia, déjala ser tuya, porque
no tenemos tal hija, ni volveremos a ver
ese rostro suyo. Por lo tanto, vetete
sin nuestra gracia, nuestro amor, nuestra benevolencia.
Ven, noble Borgoña.

Florecer. Exeunt todos excepto REY DE FRANCIA, GONERIL,
REGAN y CORDELIA

REY DE FRANCIA

Despídete de tus hermanas.

CORDELIA

Las joyas de nuestro padre, con los ojos lavados
Cordelia te deja: Te sé lo que eres;
Y como una hermana, me resisto a llamar a

Tus faltas como son nombradas. Usa bien a nuestro padre:
A tus pechos profesos lo encomiendo
Pero sin embargo, ¡ay!, estuve dentro de su gracia,
 lo preferiría a un lugar mejor.
Así que, adiós a los dos.

REGAN

No nos prescribas nuestros deberes.

GONERIL

Que tu estudio
sea para contentar a tu señor, que te ha recibido
en las limosnas de la fortuna. Tienes la obediencia escasa,
 y bien vale la necesidad que has querido.

CORDELIA

El tiempo desvelará lo que la astucia trenzada esconde:
Que cubren las faltas, al fin las avergüenzan y se burlan.
¡Que prosperes!

REY DE FRANCIA

Ven, mi bella Cordelia.

Exeunt REY DE FRANCIA y CORDELIA

GONERIL

Hermana, no es poco lo que tengo que decir de lo que
más nos concierne a las dos. Creo que nuestro
padre lo hará esta noche.

REGAN

Eso es lo más cierto, y contigo; el mes que viene con nosotros.

GONERIL

Ya veis cuán llena de cambios está su edad; la
observación que hemos hecho de ella no ha sido
poca: siempre ha amado mucho a nuestra hermana, y
el mal juicio con el que ahora la ha rechazado
parece demasiado grosero.

REGAN

Ésta es la debilidad de su edad, pero siempre se ha
conocido a sí mismo muy débilmente.

GONERIL

Lo mejor y más sano de su tiempo no ha sido más que
precipitado; entonces debemos esperar recibir de su edad,
no sólo las imperfecciones de una condición largamente injertada
, sino también la rebeldía rebelde
que los años enfermos y coléricos traen consigo.

REGAN

Tales comienzos inconstantes nos gusta tener de
él como este del destierro de Kent.

GONERIL

Hay otro halago de despedida
entre Francia y él. Te ruego que golpeemos
juntos: si nuestro padre lleva autoridad con
las disposiciones que tiene, esta última
rendición de su voluntad no hace más que ofendernos.

REGAN

Vamos a pensar más en ello.

GONERIL

Tenemos que hacer algo, y el calor.

Salen

ESCENA II. El castillo del conde de Gloucester.

Entra EDMUND, con una letra

EDMUND

Tú, naturaleza, eres mi diosa; a tu ley
están ligados mis servicios. ¿Por qué he de
estar en medio de la plaga de la costumbre y permitir
 que la curiosidad de las naciones me prive,
 porque estoy a unos doce o catorce años de un

hermano? ¿Por qué bastardo? ¿Por qué base?
¿Cuando mis dimensiones son tan compactas,
mi mente tan generosa y mi forma tan verdadera,
como el asunto de la señora honesta? ¿Por qué marcarlos
con nosotros? ¿Con bajeza? ¿Bastardía? ¿Base, base?
¿Quién, en el lujurioso sigilo de la naturaleza, toma
más composición y feroz calidad
que él, dentro de un lecho aburrido, rancio y cansado,
 se dedica a crear toda una tribu de tontos,
 se duerme y se despierta? Pues bien,
Edgar legítimo, debo quedarme con tu tierra:
El amor de nuestro padre es al bastardo Edmundo
En cuanto a lo legítimo: ¡buena palabra,--legítimo!
Bueno, mi legítimo, si esta letra se acelera
 y mi invención prospera, Edmund la base
superará a la legítima. Crezco; Yo prospero:
¡Ahora, dioses, defended a los bastardos!

Entra en GLOUCESTER

GLOUCESTER

¡Kent desterró así!, y Francia, en cólera, se separó.
¡Y el rey se fue esta noche! ¡Suscrito su poder!
¡Confinado a la exposición! ¡Todo esto hecho
en el gad! ¡Edmundo, cómo ahora! ¿Qué novedades?

EDMUND

De modo que agrada a su señoría, a ninguno.

Poner la carta

GLOUCESTER

¿Por qué te ruego tan fervientemente que publiques esa carta?

EDMUND

No conozco ninguna noticia, mi señor.

GLOUCESTER

¿Qué periódico estabas leyendo?

EDMUND

Nada, mi señor.

GLOUCESTER

¿No? ¿Qué necesitaba, entonces, que
te llegara a tu bolsillo ese terrible despacho? La cualidad de la nada no tiene
tal necesidad de ocultarse. A ver: vamos,
 si no es nada, no necesitaré gafas.

EDMUND

Os ruego, señor, que me perdonéis: es una carta
de mi hermano, que no he leído del todo;
y por lo que he leído, no lo encuentro
apto para tu mirada.

GLOUCESTER

Entrégueme la carta, señor.

EDMUND

Ofenderé, ya sea para detenerlo o para darlo. Los
contenidos, tal y como en parte los entiendo, tienen la culpa.

GLOUCESTER

Veamos, veamos.

EDMUND

Espero, para que mi hermano lo justifique, haya escrito esto,
pero como un ensayo o una muestra de mi virtud.

GLOUCESTER

[Dice] 'Esta política y reverencia de la edad amarga
al mundo para lo mejor de nuestros tiempos; nos oculta
nuestras fortunas hasta que nuestra vejez no pueda
saborearlas. Empiezo a encontrar una esclavitud ociosa y cariñosa
en la opresión de la antigua tiranía, que se balancea, no
como tiene poder, sino como se sufre. Venid a
mí, para que hable más de esto. Si nuestro padre

durmiera hasta que yo lo despertara, tú darías la mitad de sus
ingresos para siempre, y vivirías como la amada de tu
hermano, Edgar.
Murmura... --¡Duerme hasta que lo despierte,--
deberías disfrutar de la mitad de sus ingresos!
¿Tenía él una mano para escribir esto?, ¿un corazón y un cerebro
para engendrarlo?--Cuándo te llegó esto?, ¿quién
lo trajo?

EDMUND

No me fue traída, mi señor; ahí está la
astucia de ello; Lo encontré tirado en la
ventana de mi armario.

GLOUCESTER

¿Sabes que el personaje es de tu hermano?

EDMUND

Si el asunto fuera bueno, mi señor, me atrevería a jurar
que era suyo; pero, con respecto a eso, me
gustaría pensar que no lo fuera.

GLOUCESTER

Es suyo.

EDMUND

Es su mano, mi señor, pero espero que su corazón no esté
en el contenido.

GLOUCESTER

¿Nunca hasta ahora te ha sondeado en este negocio?

EDMUND

Nunca, mi señor, pero le he oído
decir a menudo que es conveniente que, los hijos en la edad madura
 y los padres en decadencia, el padre sea como
el guardián del hijo, y el hijo administre sus ingresos.

GLOUCESTER

¡Oh villano, villano! ¡Su misma opinión en la
carta! ¡Aborrecido villano! ¡Contra natura, detestado,
 villano brutal! ¡Peor que brutal! Vaya, señor,
 búsquelo; Lo aprehenderé: ¡villano abominable!
¿Dónde está?

EDMUND

No lo sé bien, mi señor. Si os place
suspender vuestra indignación contra mi
hermano hasta que podáis obtener de él un mejor
testimonio de sus intenciones, seguiréis un cierto
camino, en el que, si procedes violentamente contra
él, equivocando su propósito, se abriría una gran
brecha en tu propio honor y se haría pedazos el
corazón de su obediencia. Me atrevo a empeñar mi vida
por él, que ha escrito esto para sentir mi
afecto a vuestra honra, y no para que no finja más
peligro.

GLOUCESTER

¿Crees que sí?

EDMUND

Si Vuestra Señoría lo juzga conveniente, le pondré
en un lugar donde nos oiga hablar de esto, y con una
garantía auricular tendrá su satisfacción, y
esto sin más demora que esta misma noche.

GLOUCESTER

No puede ser un monstruo así...

EDMUND

Tampoco lo es, seguro.

GLOUCESTER

A su padre, que lo ama tan tierna y enteramente
. ¡Cielo y tierra! Edmundo, búscalo
: avuélveme en él, te lo ruego: enmarca el

asunto según tu propia sabiduría. Me desautoafirmaría
, para estar en una resolución debida.

EDMUND

Lo buscaré, señor, dentro de poco: transmita el
asunto a medida que encuentre medios y le familiarice con él.

GLOUCESTER

Estos eclipses tardíos de sol y de luna no nos auguran
nada bueno: aunque la sabiduría de la naturaleza pueda
razonarlo de este modo a otro, sin embargo, la naturaleza se
encuentra
azotada por los efectos consiguientes: el amor se enfría, la
 amistad se desvanece, los hermanos se dividen: en
las ciudades, los motines; en los países, la discordia; en
 los palacios, la traición; y el vínculo se rompe entre el hijo
y el padre. Este villano mío cae bajo la
predicción; hay un hijo contra un padre; el rey
cae por prejuicio de la naturaleza; hay un padre contra
un hijo. Hemos visto lo mejor de nuestro tiempo:
las maquinaciones, la vacuidad, la traición y todos los
desórdenes ruinosos, nos siguen inquietos hasta nuestras
tumbas. Descubre a este villano, Edmund; Nada
te perderá; hazlo con cuidado. ¡Y el
noble y sincero Kent desterró! ¡Su
ofensa, su honradez! Es extraño.

Salida

EDMUND

Esta es la excelente trampa del mundo:
que, cuando estamos enfermos de fortuna,--a menudo por el exceso
de nuestra propia conducta,-- hacemos culpables de nuestros
desastres al sol, a la luna y a las estrellas, como
si fuéramos villanos por necesidad, necios por
compulsión celestial, bribones, ladrones y
traidores, por predominio esférico, borrachos
, mentirosos y adúlteros. por una obediencia forzada de
 la influencia planetaria; y todo en lo que somos malos,

por un impulso divino: ¡una admirable evasión
del hombre prostituto, para poner su carácter de cabra
a la carga de una estrella! Mi
padre se unió a mi madre bajo la
cola del dragón, y mi nacimiento fue bajo la Osa
Mayor, de modo que se deduce que soy rudo y
lujurioso. Tutankamón, habría sido lo que soy,
 si la estrella más soltera del firmamento
hubiera centelleado en mi bastardeza. Edgar--

Entra en EDGAR

Y pat llega como la catástrofe de la vieja
comedia: mi señal es una melancolía malvada, con un
suspiro como Tom o' Bedlam. ¡Oh, estos eclipses presagian
estas divisiones! fa, sol, la, mi.

EDGAR

¿Y ahora, hermano Edmundo!, ¿en qué seria
contemplación se encuentra usted?

EDMUND

Estoy pensando, hermano, en una predicción que leí
el otro día, lo que debería seguir a estos eclipses.

EDGAR

¿Te ocupas de eso?

EDMUND

Te prometo que los efectos de los que escribe tienen un éxito
infeliz: como la falta de naturalidad entre el niño
y el padre, la muerte, la escasez, la disolución de
antiguas amistades, las divisiones de estado, las amenazas y
maldiciones contra el rey y los nobles, las
desconfianzas innecesarias, el destierro de los amigos, la disipación
de las cohortes, las rupturas nupciales, y no sé qué.

EDGAR

¿Cuánto tiempo llevas siendo un astronómico sectario?

EDMUND

Ven, ven; ¿Cuándo fue la última vez que te vimos, mi padre?

EDGAR

Pues, la noche que pasó.

EDMUND

¿Hablaste con él?

EDGAR

Ay, dos horas juntos.

EDMUND

¿Se despidió en buenos términos? ¿No le disgustó
 ni por la palabra ni por el semblante?

EDGAR

Ninguno.

EDMUND

Piensa en qué le habrás ofendido
, y a mi ruego, abstente de su presencia
hasta que algún poco de tiempo haya calmado el ardor de
su disgusto, el cual en este instante se enfurece de tal manera
, que con el daño de tu persona
apenas se aliviaría.

EDGAR

Algún villano me ha hecho mal.

EDMUND

Ese es mi miedo. Os ruego que tengáis paciencia
 continental hasta que el espiado de su ira vaya
más despacio; y, como os digo, retírates conmigo a mi
alojamiento, de donde bien os llevaré a oír hablar a
mi señor: os ruego, id, ahí está mi llave:
si os mueves fuera, id armados.

EDGAR

¡Armado, hermano!

EDMUND

Hermano, te aconsejo lo mejor: ve armado:
no soy un hombre honesto si hay algún buen significado
hacia ti: te he dicho lo que he visto
y oído; pero débilmente, nada como la imagen y el
horror de ello: te ruego, apártate.

EDGAR

¿Quiere saber de ti anon?

EDMUND

Yo sí te sirvo en este negocio.

Salir de EDGAR

¡Un padre crédulo y un hermano noble,
cuya naturaleza está tan lejos de hacer daño,
que no sospecha de ninguno, de cuya insensata honestidad
cabalgan fácilmente mis prácticas! Veo el negocio.
Permítame, si no es por nacimiento, tener tierras por ingenio:
 Todo conmigo se encuentra que me queda bien.

Salida

ESCENA III. Palacio del duque de Albany.

Entran GONERIL y OSWALD, su mayordomo

GONERIL

¿Golpeó mi padre a mi caballero por reprender a su tonto?

OSWALD

Sí, señora.

GONERIL

De día y de noche me hace daño; a cada hora
se convierte en un crimen grosero u otro,
que nos pone a todos en desacuerdo: no lo toleraré:
sus caballeros se vuelven alborotados, y él mismo nos reprende

por cada nimiedad. Cuando regrese de cazar,
no hablaré con él, diré que estoy enfermo.
Si te quedas sin los servicios anteriores
, harás bien.

OSWALD

Ya viene, señora; Lo escucho.

Cuernos en el interior

GONERIL

Vestíos de la negligencia que queráis,
vosotros y vuestros semejantes; Haré que se le pregunte:
Si a él no le gusta, que se lo diga a nuestra hermana,
 cuya mente y la mía, lo sé, en eso son una,
para no ser dominada. ¡Viejo ocioso,
que todavía se encargaría de esas autoridades
que ha regalado! Ahora, por mi vida,
los viejos tontos vuelven a ser niños, y hay que usarlos
con los cheques como halagos,-- cuando se les ve maltratados.
Recuerden lo que les digo.

OSWALD

Bueno, señora.

GONERIL

Y que sus caballeros tengan miradas más frías entre vosotros;
Lo que crezca de ello, no importa; aconseja a tus compañeros así:
 Quisiera criar de aquí ocasiones, y lo haré,
Para poder hablar: Escribiré directamente a mi hermana,
para mantener mi propio rumbo. Prepárate para la cena.

Salen

ESCENA IV. Un salón en el mismo.

Entra KENT, disfrazado

KENT

Si tan bien como yo otros acentos tomo prestados,
Que mi discurso puede desactivar, mi buena intención

Puede llevarse a través de sí misma a ese resultado completo
por el cual arrasé mi imagen. Ahora, desterrado Kent,
 si puedes servir donde estás condenado,
que así venga, tu amo, a quien amas,
te encontrará lleno de trabajos.

*Cuernos en su interior. Entra el Rey LEAR, los Caballeros y los
Asistentes*

EL REY LEAR

Que no me detenga ni un ápice en la cena; Ve a prepararlo.

Salir de un asistente

¡Cómo ahora! ¿Qué eres tú?

KENT

Un hombre, señor.

EL REY LEAR

¿Qué profesas? ¿Qué quieres con nosotros?

KENT

Profeso no ser menos de lo que parezco; servirle verdaderamente a
aquel que me dará confianza; amar al
que es honesto; conversar con el que es sabio
 y habla poco; temer el juicio; pelear cuando
no puedo elegir; y no comer pescado.

EL REY LEAR

¿Qué eres tú?

KENT

Un tipo muy honesto de corazón, y tan pobre como el rey.

EL REY LEAR

Si eres tan pobre para un súbdito como él lo es para un
rey, eres bastante pobre. ¿Qué querrías tú?

KENT

Servicio.

EL REY LEAR

¿A quién quieres servir?

KENT

Tú.

EL REY LEAR

¿Me conoces, amigo?

KENT

No, señor, pero usted tiene algo en su semblante
que yo llamaría de buena gana el amo.

EL REY LEAR

¿Qué es eso?

KENT

Autoridad.

EL REY LEAR

¿Qué servicios puedes hacer?

KENT

Puedo seguir un consejo honesto, cabalgar, correr, estropear una
historia curiosa
al contarla, y transmitir un mensaje claro y
sin rodeos: aquello para lo que los hombres ordinarios son aptos, yo
estoy
calificado; y lo mejor de mí es la diligencia.

EL REY LEAR

¿Cuántos años tienes?

KENT

No tan joven, señor, para amar a una mujer por cantar, ni
tan viejo como para adorarla por cualquier cosa: tengo años
a mis espaldas cuarenta y ocho.

EL REY LEAR

Sígueme, tú me servirás; si no me agradas
más después de la cena, no me separaré de ti todavía.
¡Cena, ho, cena! ¿Dónde está mi bribón? ¿Mi tonto?
Ve tú y llama a mi tonto acá.

Salir de un asistente

Entra en OSWALD

Tú, tú, señora, ¿dónde está mi hija?

OSWALD

Así que, por favor,--

Salida

EL REY LEAR

¿Qué dice el hombre de allí? Vuelve a llamar al coágulo.

Salir de un caballo

¿Dónde está mi tonto,? Creo que el mundo está dormido.

Volver a entrar en el Caballero

¡Cómo ahora! ¿Dónde está ese mestizo?

Caballero

Dice: "Mi señor, tu hija no está bien".

EL REY LEAR

¿Por qué el esclavo no volvió a mí cuando lo llamé?

Caballero

Señor, me contestó de la manera más rotunda, no lo haría

.

EL REY LEAR

¡No lo haría!

Caballero

Mi señor, yo no sé lo que pasa, pero, a mi
juicio, vuestra alteza no es tenida con ese
ceremonioso afecto como solía ser, sino que hay una
gran disminución de la bondad que se manifiesta tanto en los
dependientes generales como en el mismo duque y
en su hija.

EL REY LEAR

¡Hah! Saist Thu So?

Caballero

Os ruego que me perdonéis, mi señor, si me equivoco;
porque mi deber no puede callar cuando pienso que Vuestra
Alteza ha sido agraviada.

EL REY LEAR

Tú no te acuerdas de mí mismo concepto: últimamente
he percibido un descuido muy débil, que
he achacado más bien a mi propia curiosidad celosa
que a una misma pretensión y propósito de crueldad.
 Pero, ¿dónde está mi tonto? No
lo he visto en estos dos días.

Caballero

Desde que mi joven se va a Francia, señor, el
tonto ha languidecido mucho.

EL REY LEAR

No más de eso; Lo he anotado bien. Ve tú y
dile a mi hija que yo hablaría con ella.

Salir de un asistente

Ve, llama acá mi tonto.

Salir de un asistente

Volver a entrar en OSWALD

¡Oh, señor, señor, ven aquí, señor!: ¿quién soy yo,
 señor?

OSWALD

El padre de mi señora.

EL REY LEAR

—¡El padre de mi señor! ¡El bribón de mi señor! ¡Tu
perro hijo de puta! ¡Esclavo! ¡Maldito!

OSWALD

Yo no soy ninguno de ellos, mi señor; Le ruego que me perdone.

EL REY LEAR

¿Me miras bien, bribón?

Golpeándolo

OSWALD

No seré golpeado, mi señor.

KENT

Ni tampoco tropezó, jugador de fútbol base.

Tropezando con sus talones

EL REY LEAR

Te doy gracias, amigo, tú me sirves, y yo
te amaré.

KENT

¡Vamos, señor, levántate, vete! Te enseñaré las diferencias:
¡lejos, lejos! si vuelves a medir la longitud de tu lubber
, deténtate: ¡pero fuera! vete a; ¿tienes
sabiduría?

Expulsa a OSWALD

EL REY LEAR

Ahora, mi bribón amistoso, te doy gracias: hay
seriedad en tu servicio.

Dar dinero a KENT

Entra Fool

Tonto

Déjame contratarlo a él también: aquí está mi timonel.

Ofreciéndole a KENT su gorra

EL REY LEAR

¡Cómo ahora, mi linda bribona! ¿Cómo lo haces?

Tonto

Sirrah, era mejor que te llevaras mi peine de timonel.

KENT

¿Por qué, tonto?

Tonto

Pues, por tomar la parte de uno que está en desacuerdo
: no, si no puedes sonreír mientras el viento se calma,
 te resfriarás pronto: toma, toma mi cresta:
pues, este hombre ha desterrado a dos hijas de uno,
y a la tercera le ha hecho una bendición contra su voluntad; si
lo sigues, tienes que usar mi timonel.
¡Cómo ahora, tío! ¡Tendría yo dos timonel y dos hijas!

EL REY LEAR

¿Por qué, hijo mío?

Tonto

Si les diera toda mi vida, yo mismo me quedaría con mis timoneles
. Ahí está la mía; ruega a otra de tus hijas.

EL REY LEAR

Presta atención, señora; el látigo.

Tonto

La verdad es que un perro tiene que ir a la perrera, hay que sacarlo a látigo
, cuando la Dama la Brach puede estar junto al fuego y apestar.

EL REY LEAR

¡Una hiel pestilente para mí!

Tonto

Sirrah, te enseñaré un discurso.

EL REY LEAR

Hacer.

Tonto

Fíjate, tío:
Ten más de lo que muestras,
Habla menos de lo que sabes,
Presta menos de lo que debes,
 Cabalga más de lo que vas,
 Aprende más de lo que pisas,
Establece menos de lo que tiras;
Deja tu bebida y tu ramera,
y quédate en una puerta,
 y tendrás más
de dos decenas por veinte.

KENT

Esto no es nada, tonto.

Tonto

Entonces es como el aliento de un abogado sin honorarios:
no me diste nada a cambio de nada. ¿No puedes hacer uso de
nada, tío?

EL REY LEAR

Pues no, muchacho; Nada puede ser hecho de la nada.

Tonto

A Crité, dile que hasta dónde llega la renta de
su tierra, que no creerá a un tonto.

EL REY LEAR

¡Un tonto amargado!

Tonto

¿Sabes la diferencia, hijo mío, entre un
tonto amargado y un tonto dulce?

EL REY LEAR

No, muchacho; casa de mí.

Tonto

Ese señor que te aconsejó
que entregaras tu tierra,
Ven, colócalo aquí junto a mí,
 Mantenlo por él en pie:
 El dulce y amargo tonto
aparecerá enseguida;
El uno de aquí,
el otro se enteró por allá.

EL REY LEAR

Dost thu kal mein phool, chico?

Tonto

Todos tus otros títulos los has dado,
 con los que naciste.

KENT

Esto no es del todo absurdo, mi señor.

Tonto

No, a fe mía, señores y grandes hombres no me lo permitirán; si
yo tuviera el monopolio, ellos tendrían parte en él;
y señoras también, no me dejarán tener todo el ridículo
para mí mismo; estarán arrebatando. Dame un huevo
, tío, y te daré dos coronas.

EL REY LEAR

¿Qué dos coronas serán?

Tonto

Pues, después de haber cortado el huevo por la mitad, y haberme comido
la carne, las dos coronas del huevo. Cuando
te pusiste la corona por la mitad, y
entregaste ambas partes, llevaste tu asno sobre tu espalda sobre
la tierra; tenías poco ingenio en tu corona calva,
 cuando entregaste la de oro. Si en esto hablo
como yo, sea azotado el que primero
lo encuentre así.

Canto

Los tontos no tuvieron menos ingenio en un año;
Porque los hombres sabios se han vuelto tontos,
 no saben cómo vestir su ingenio,
sus modales son tan simiescos.

EL REY LEAR

¿Cuándo solías estar tan lleno de canciones, señora?

Tonto

Yo la he usado, tío, desde que hiciste a tus
hijas tus madres, porque cuando les diste
la vara y dejaste los calzones,

Canto

Entonces ellos, de súbito gozo, lloraron,
 y yo de tristeza canté,
 que tal rey jugase a la bo-pío,
y se fuesen los necios.
Tío, ten un maestro de escuela que enseñe
a tu necio a mentir: yo querría aprender a mentir.

EL REY LEAR

Si mientes, señora, te azotaremos.

Tonto

Me maravillo de qué parientes son tú y tus hijas:
 me harán azotar por decír la verdad, tú
me azotarán por mentir, y a veces me
azotan por callarme. Preferiría ser cualquier
cosa que un tonto; y sin embargo, no quiero ser
tú, tío; has cortado tu ingenio por ambos lados, y no has
 dejado nada en el medio: aquí viene uno de
los pares.

Entra en GONERIL

EL REY LEAR

¿Y ahora, hija!, ¿qué es lo que hace que ese frontón funcione?
Me parece que eres demasiado últimamente con el ceño fruncido.

Tonto

Eras un hombre guapo cuando no tenías necesidad
de preocuparte por ella frunciendo el ceño; ahora eres una O sin
figura: yo soy mejor de lo que eres ahora; Yo soy un tonto,
 tú no eres nada.

A GONERIL

Sí, en verdad, me callaré, así me lo pide tu rostro
, aunque no digas nada. Mamá, mamá,
el que no guarda ni corteza,
cansado de todo, querrá algo.

Señalando al Rey LEAR

Eso es un peascod curado.

GONERIL

No sólo, señor, este vuestro tonto con toda licencia,
sino que otros de vuestro insolente séquito
se quejan y riñen a cada hora, estallando
en alborotos de rango y no tolerables. Señor,
 había creído que, al hacértelo saber a ti,
había encontrado un remedio seguro; pero ahora me asustes
 por lo que has hablado y hecho demasiado tarde.
Que protejas este camino y lo pongas en marcha

con tu mesada, la cual, si lo hicieras, la culpa
no escaparía a la censura, ni las compensaciones dormirían
, las cuales, en la oferta de un bien saludable,
 podrían en su obra hacerte esa ofensa
, que de otro modo sería vergüenza, que entonces la necesidad
llamará proceder discretamente.

Tonto

Porque, tú, tío,
el gorrión alimentó al cuco durante tanto tiempo,
que le ha arrancado la cabeza de un mordisco joven.
Entonces, se apagó la vela y nos quedamos a oscuras.

EL REY LEAR

¿Eres nuestra hija?

GONERIL

Vamos, señor,
quisiera que hicieras uso de esa buena sabiduría, de la
 que sé que estás cargado, y deseches
estas disposiciones que últimamente te han transformado
de lo que eres justamente.

Tonto

¿No sabrá un asno cuándo el carro
tira del caballo? ¡Vaya, jarra! Te amo.

EL REY LEAR

¿Me conoce alguno de los que están aquí? Esto no es Lear:
 ¿Camina Lear así?, ¿habla así? ¿Dónde están sus ojos?
O su noción se debilita, sus discernimientos
se aletargan... ¿Ja!, ¿despierto? No es así.
¿Quién es el que puede decirme quién soy?

Tonto

La sombra de Lear.

EL REY LEAR

Lo aprendería, porque, por las
señales de la soberanía, del conocimiento y de la razón,
 estaría falsamente persuadido de que tenía hijas.

Tonto

A la cual harán un padre obediente.

EL REY LEAR

¿Cómo te llamas, hermosa caballero?

GONERIL

Esta admiración, señor, es mucho del sabor
de otras de sus nuevas travesuras. Te ruego que
entiendas bien mis propósitos:
como eres viejo y reverendo, debes ser sabio.
Aquí guardas cien caballeros y escuderos;
Hombres tan desordenados, tan desordenados y audaces,
 que esta nuestra corte, infectada con sus modales,
se muestra como una posada alborotada: el epicurismo y la lujuria
la hacen más parecida a una taberna o a un burdel
que a un palacio adornado. La vergüenza misma habla
por remedio inmediato: sea entonces deseado
por ella, que de otra manera tomará lo que ella ruega,
 un poco para descuantificar su tren;
Y el resto, que todavía dependerá,
de ser hombres que puedan tener tu edad
y conocerse a sí mismos y a ti.

EL REY LEAR

¡Oscuridad y demonios!
Ensillad mis caballos, llamad a mi séquito:
 ¡Bastardo degenerado! No te molestaré.
Sin embargo, he dejado una hija.

GONERIL

Golpeas a mi pueblo, y tu chusma desordenada
hace siervos a sus superiores.

Entra en ALBANY

EL REY LEAR

¡Ay, que se arrepiente demasiado tarde,--

A ALBANY

Oh, señor, ¿ha venido usted?
¿Es tu voluntad? Habla, señor. Prepara mis caballos.
¡Ingratitud, demonio de corazón de mármol,
 más horrible cuando te muestras en un niño
que el monstruo marino!

ALBANY

Le ruego, señor, que tenga paciencia.

EL REY LEAR

[A GONERIL] ¡Cometa detestado! mientes.
Mi séquito son hombres escogidos y de las partes más raras,
 que todos los detalles del deber conocen,
 y en el más exacto aspecto apoyan
los cultos de su nombre. ¡Oh pequeñísima falta,
 cuán fea mostraste en Cordelia!
Que, como un motor, arrancó mi armazón de naturaleza
del lugar fijo; sacó del corazón todo el amor
y aumentó la hiel. ¡Oh Lear, Lear, Lear!
Golpea esta puerta, que dejó entrar tu locura,

Golpeándole la cabeza

¡Y tu querido juicio! Vamos, vamos, mi gente.

ALBANY

Mi señor, soy inocente, ya que ignoro
lo que te ha conmovido.

EL REY LEAR

Puede ser así, mi señor.
¡Escucha, naturaleza, escucha, querida diosa, escucha!
¡Suspende tu propósito, si tenías la intención
de hacer fructífera a esta criatura!
¡En su vientre transmiten la esterilidad!

Seca en ella los órganos del crecimiento;
¡Y de su cuerpo desdeñoso nunca brote
un bebé para honrarla! Si ella ha de rebosar,
 crea a su hijo de bazo, para que viva,
y sea para ella un tormento desnaturalizado.
Que estampe arrugas en su frente de juventud;
Con lágrimas cadentes se inquietan los canales de sus mejillas;
Convierte todos los dolores y beneficios de su madre
en risa y desprecio, para que sienta
¡Cuán afilado es que el diente de una serpiente
tener un hijo ingrato! ¡Fuera, fuera!

Salida

ALBANY

Ahora, dioses que adoramos, ¿de dónde viene esto?

GONERIL

Nunca te aflijas para conocer la causa;
Pero que su carácter tenga ese alcance
que le da.

Volver a entrar en KING LEAR

EL REY LEAR

¡Qué, cincuenta de mis seguidores en un aplauso!
¡Dentro de quince días!

ALBANY

¿Qué le pasa, señor?

EL REY LEAR

Te diré:

A GONERIL

¡La vida y la muerte! Me avergüenzo
de que tengas el poder de sacudir así mi virilidad;
Que estas lágrimas ardientes, que brotan de mí por fuerza,
 te hagan merecerlas. ¡Ráfagas y nieblas sobre ti!
¡Las heridas indenodadas de la maldición de un padre

perforan todos los sentidos de ti! Viejos ojos cariñosos,
 Llora esta causa otra vez, Te arrancaré,
 Y te arrojaré, con las aguas que pierdes,
Para templar el barro. Sí, ¿se ha llegado a esto?
Que así sea, pero he dejado una hija,
la cual, estoy seguro, es amable y cómoda:
 cuando oiga esto de ti, con sus uñas
desollabará tu rostro de lobo. Descubrirás
que retomaré la forma que crees que
he desechado para siempre: lo harás,
te lo garantizo.

Exeunt KING LEAR, KENT y Asistentes

GONERIL

¿Os fijáis en eso, mi señor?

ALBANY

No puedo ser tan parcial, Goneril,
 al gran amor que te tengo,--

GONERIL

Te ruego, contento. ¡Qué, Oswald, ho!

Al Loco

Tú, señor, más tonto que tonto, después de tu amo.

Tonto

Tío Lear, tío Lear, quédate y llévate al tonto
contigo.
Un zorro, cuando uno la ha atrapado,Y
 tal hija,Debería
 asegurar el matadero,Si
mi gorra comprara un cabestro:
Así que el tonto lo sigue.

Salida

GONERIL

Este hombre ha tenido un buen consejo: ¡cien caballeros!
Es político y seguro dejar que
guarde en punta a cien caballeros: sí, para que, en cada sueño
, en cada zumbido, en cada fantasía, en cada queja, en su disgusto,
 pueda proteger su vida con sus poderes,
y tener nuestras vidas en misericordia. ¡Oswald, digo yo!

ALBANY

Bueno, puede que temas demasiado.

GONERIL

Más seguro que confiar demasiado lejos:
Déjame aún quitar los daños que temo,No
 temer aún ser tomado: Conozco su corazón.
Lo que él ha dicho, yo le he escrito a mi hermana
, si ella lo sostiene a él y a sus cien caballeros
, cuando yo he demostrado la ineptitud,--

Volver a entrar en OSWALD

¡Cómo ahora, Oswald!
¿Qué, le has escrito esa carta a mi hermana?

OSWALD

Sí, señora.

GONERIL

Te llevo un poco de compañía, y te vas a caballo:
Infórmala de mi temor particular;
Y a esto añade las razones propias
que puedan compactarlo más. Que te vayas;
Y apresura tu regreso.

Salir de OSWALD

No, no, mi señor,
esta lechosa dulzura y este comportamiento vuestro
, aunque no condeno, sin embargo, bajo el perdón,

estáis mucho más afligidos por falta de sabiduría
que alabados por vuestra dañina dulzura.

ALBANY

No puedo decir hasta dónde pueden penetrar tus ojos:
esforzándonos por mejorar, a menudo estropeamos lo que está bien.

GONERIL

No, entonces...

ALBANY

Vaya, vaya; el evento.

Salen

ESCENA V. Corte ante el mismo.

Entran EL REY LEAR, KENT y el loco

EL REY LEAR

Ve antes a Gloucester con estas cartas.
No le des a mi hija más información
que la que te diga de su demanda de la carta.
Si tu diligencia no es pronta, yo estaré allí delante de ti.

KENT

No dormiré, mi señor, hasta que haya entregado
tu carta.

Salida

Tonto

Si el cerebro de un hombre estaba en los talones, ¿no corría
el peligro de los kibes?

EL REY LEAR

Ay, muchacho.

Tonto

Entonces, i prithi, bey meri; el ingenio tailandés se irá
a dormir.

EL REY LEAR

¡Je je je!

Tonto

Verás que tu otra hija te tratará con bondad;
porque, aunque es tan así como el cangrejo como la manzana
, sin embargo, puedo decir lo que puedo decir.

EL REY LEAR

¿Qué, qué puedes decir, hijo mío?

Tonto

Ella sabrá tan así como un cangrejo a un
cangrejo. ¿Puedes decir por qué la nariz de uno está en
 el medio de la cara?

EL REY LEAR

No.

Tonto

Pues, para mantener los ojos de la nariz de ambos lados, para que lo que
un hombre no puede oler, pueda espiarlo.

EL REY LEAR

Le hice mal...

Tonto

¿Puedes decir cómo una ostra hace su concha?

EL REY LEAR

No.

Tonto

Ni yo tampoco; pero puedo decir por qué un caracol tiene una casa.

EL REY LEAR

¿Por qué?

Tonto

Pues, para meter su cabeza, no para dársela a sus
hijas, y dejar sus cuernos sin estuche.

EL REY LEAR

Olvidaré mi naturaleza. ¡Qué padre tan amable! ¿Están listos mis
caballos?

Tonto

Tus asnos se han ido alrededor de ellos. La razón por
la que las siete estrellas no son más de siete es una bonita razón.

EL REY LEAR

¿Porque no son ocho?

Tonto

Sí, en efecto: harías un buen tonto.

EL REY LEAR

¡Tomar 't de nuevo por la fuerza! ¡Monstruosa ingratitud!

Tonto

Si fueras mi tonto, tío, te haría golpear
por ser viejo antes de tiempo.

EL REY LEAR

¿Cómo es eso?

Tonto

No debiste haber sido viejo hasta que hubieras
sido sabio.

EL REY LEAR

¡Oh, que no me enoje, no esté loco, dulce cielo
Guárdame de mal humor: no estaría loco!

Entra Caballero

¡Cómo ahora! ¿Están listos los caballos?

Caballero

Listo, mi señor.

EL REY LEAR

Ven, muchacho.

Tonto

La que ahora es criada, y se ríe de mi partida,
no será doncella por mucho tiempo, a menos que las cosas se
acorten.

Salen

ACTO II

ESCENA I. El castillo de Gloucester.

Entra EDMUND, y CURAN se encuentra con él

EDMUND

Guárdalo, hazlo.

GRIEGO

Y usted, señor. He estado con tu padre y le he
avisado de que el duque de Cornualles y Regan,
su duquesa, estarán aquí con él esta noche.

EDMUND

¿Cómo es eso?

GRIEGO

No, no lo sé. Has oído hablar de las noticias en el extranjero;
Me refiero a los susurrados, porque no son más que
argumentos que besan los oídos.

EDMUND

Te ruego que no, ¿qué son?

GRIEGO

¿No has oído hablar de guerras probables contra los
duques de Cornualles y Albany?

EDMUND

Ni una palabra.

GRIEGO

Es posible que lo hagas, entonces, con el tiempo. Que le vaya bien,
señor.

Salida

EDMUND

¿Estará el duque aquí esta noche? ¡Lo mejor! ¡mejor!
Esto se entreteje forzosamente en mi negocio.
Mi padre ha puesto guardia para prender a mi hermano;
Y tengo una cosa, de una pregunta inquietante,
que debo actuar: ¡la brevedad y la fortuna, el trabajo!
Hermano, una palabra; desciende: ¡hermano, digo!

Entra en EDGAR

Mi padre observa: ¡Oh señor, vuela de este lugar!
La inteligencia se da donde estás escondido;
Ahora tienes la buena ventaja de la noche:
 ¿no has hablado con el duque de Cornualles?
Viene acá: ahora, por la noche, por la prisa,
y Regan con él: ¿no has dicho nada
sobre su partido para ganar al duque de Albany?
Aconséjase a sí mismo.

EDGAR

Estoy seguro de que no, ni una palabra.

EDMUND

Oigo venir a mi padre: perdóname:
con astucia debo desenvainar mi espada sobre ti
, desenvaina; parece que te defiendes, ahora déjate bien.
Cede: ven delante de mi padre. ¡Luz, ho, aquí!
Vuela, hermano. ¡Antorchas, antorchas! Así que, adiós.

Salir de EDGAR

Un poco de sangre extraída sobre mí engendraría opinión.

Heridas en su brazo

De mi empeño más feroz: he visto a borrachos
hacer más que esto en el deporte. ¡Padre, padre!
¡Alto, alto! ¿No hay ayuda?

Entra GLOUCESTER, y Sirvientes con antorchas

GLOUCESTER

Ahora, Edmund, ¿dónde está el villano?

EDMUND

Allí estaba él, en la oscuridad, con su afilada espada desenvainada,
 murmurando malvados encantos, conjurando a la luna
para que se mantuviera auspiciosa,--

GLOUCESTER

Pero, ¿dónde está?

EDMUND

Mire, señor, sangro.

GLOUCESTER

¿Dónde está el villano, Edmund?

EDMUND

Huyó por aquí, señor. Cuando de ninguna manera podía...

GLOUCESTER

¡Persíguelo,! Perseguir.

Exeunt algunos sirvientes

¿De ninguna manera qué?

EDMUND

Convénceme del asesinato de tu señoría;
Pero eso le dije, los parricidas de los dioses vengadores

hicieron que todos sus truenos se doblaran;
Habló, con cuán múltiple y fuerte vínculo
estaba el niño atado al padre; señor, en fin,
viendo cuán repugnantemente opuesto estaba
a su propósito antinatural, en movimiento vacilante
, con su espada preparada, carga a casa
Mi cuerpo desprovisto, lanzó mi brazo:
 Pero cuando vio mis mejores espíritus,
Audaz en el derecho de la pelea, Despertado por el encuentro,
 o ya sea agotado por el ruido que hacía,
 de repente huyó.

GLOUCESTER

Que vuele lejos:
En esta tierra no quedará sin ser capturado;
Y encontrado: despacho. El noble duque mi señor,
 mi digno arco y patrón, viene esta noche:
 Por su autoridad proclamaré,
que el que lo encuentre merecerá nuestro agradecimiento,
 llevando al cobarde asesino a la hoguera;
El que lo oculta, la muerte.

EDMUND

Cuando lo disuadí de su intención,
y lo encontré en condiciones de hacerlo, con palabras malsonantes
amenacé con descubrirlo:
'¡Bastardo desposeído! ¿Crees que
 si yo me opusiera a ti, el remanente
de cualquier confianza, virtud o valor en ti
haría que tus palabras fueran fe? No: lo que yo negaría,--
Como lo haría: ¡ay, aunque produjeras
mi propio carácter,-- lo convertiría todo
en tu sugerencia, conspiración y maldita práctica:
 y convertirías al mundo en un tonto,
si no pensaran que los beneficios de mi muerte
eran muy preñados y potenciales estímulos
para hacerte buscarla.

GLOUCESTER

Villano fuerte y sujeto
, ¿negaría su carta? Nunca lo conseguí.

Tucket adentro

¡Escuchad, las trompetas del duque! No sé por qué viene.
Voy a cerrar todos los puertos; el villano no escapará;
El duque me lo ha de conceder, y además enviaré su retrato
de lejos y de cerca, para que todo el reino
tenga la debida nota de él; y de mi tierra,
 leal y natural, haré los medios
para hacerte capaz.

Ingresa CORNWALL, Regan y Asistentes

CORNUALLES

¡Cómo ahora, mi noble amigo!, desde que llegué aquí,
 que puedo llamar, pero ahora, he oído noticias extrañas.

REGAN

Si es verdad, toda venganza se queda corta
para perseguir al ofensor. ¿Cómo estás, mi señor?

GLOUCESTER

¡Oh, señora, mi viejo corazón está agrietado, está agrietado!

REGAN

¿Qué, el ahijado de mi padre buscó tu vida?
¿Aquel a quien mi padre nombró?, ¿tu Edgar?

GLOUCESTER

¡Oh, señora, señora, qué vergüenza lo tendría escondido!

REGAN

¿No era él compañero de los caballeros alborotadores
que cuidan de mi padre?

GLOUCESTER

No lo sé, señora: es una lástima, una lástima.

EDMUND

Sí, señora, pertenecía a esa consorte.

REGAN

No es de extrañar, pues, que le
hayan puesto en la muerte del anciano,
para que tenga que pagar y despilfarrar sus rentas.
Esta noche, gracias a mi hermana, he
sido bien informado de ellos, y con tales precauciones,
 que si vienen a vivir en mi casa,
yo no estaré allí.

CORNUALLES

Ni yo, te lo aseguro, Regan.
Edmund, he oído que le has enseñado a tu padre
una oficina como la de un niño.

EDMUND

Era mi deber, señor.

GLOUCESTER

De hecho, abandonó su práctica, y recibió
este dolor, esforzándose por aprehenderlo.

CORNUALLES

¿Lo persiguen?

GLOUCESTER

¡Ay, mi buen señor!

CORNUALLES

Si es capturado, nunca más
tendrá miedo de hacer daño: haz tu propio propósito,
 como en mi fuerza te plazca. Porque tú, Edmundo,
cuya virtud y obediencia se recomiendan tanto en este instante
, serás nuestro:
naturalezas de tan profunda confianza necesitaremos mucho;
A ti te agarramos primero.

EDMUND

Le serviré, señor
, verdaderamente, como sea lo demás.

GLOUCESTER

Por él agradezco a vuestra gracia.

CORNUALLES

¿No sabes por qué hemos venido a visitarte,--

REGAN

Así, fuera de tiempo, enhebrando la noche de ojos oscuros
: Ocasiones, noble Gloucester, de cierto aplomo,
en las que debemos servirnos de tus consejos:
Nuestro padre ha escrito, así lo ha hecho nuestra hermana,
 De diferencias, que menos creí conveniente
responder desde nuestra casa; los varios mensajeros
Desde aquí atienden el despacho. Nuestro buen viejo amigo,
 pon consuelo en tu pecho, y concede
Tu consejo necesario a nuestro negocio,
 que anhela el uso inmediato.

GLOUCESTER

Yo le sirvo, señora:
 Sus gracias son justas.

Salen

ESCENA II. Antes del castillo de Gloucester.

Entran KENT y OSWALD, por separado

OSWALD

Buen amanecer para ti, amigo: ¿arte de esta casa?

KENT

Sí.

OSWALD

¿Dónde podemos poner nuestros caballos?

KENT

Yo el fango.

OSWALD

Amigo, si me amas, dímelo.

KENT

No te amo.

OSWALD

¿Por qué, entonces, no me importa ti?

KENT

Si te tuviera en el pliegue de Lipsbury, haría que te preocuparas por mí.

OSWALD

¿Por qué me usas así? Yo no te conozco.

KENT

Amigo, yo te conozco.

OSWALD

¿Por qué me conoces?

KENT

Un bribón, un bribón, un comedor de carnes rotas, un bribón
vil, orgulloso, superficial, mendigo, de tres trajes
, de cien libras, sucio y con medias de estambre; un
bribón de hígado de lirio, que toma acción, una prostituta,
 que mira a los vidrios, un pícaro finiagudo súper útil;
un esclavo heredero de un solo tronco, uno que sería un
 tonto, en señal de buen servicio, y que no es
más que la composición de un bribón, un mendigo, un cobarde, un
pandar,
 y el hijo y heredero de una perra mestiza: uno a quien golpearé
hasta hacer lloriqueos clamorosos, si niegas
la menor sílaba de tu adición.

OSWALD

¡Vaya, qué hombre tan monstruoso eres tú, para despotricar así contra alguien que no es conocido de ti ni te conoce!

KENT

¡Qué descarado varón eres tú, para negar que
me conoces! ¿Hacía ya dos días que te tropecé
en los talones y te golpeé delante del rey? Dibuja,
pícaro, porque, aunque sea de noche, la luna
resplandece; Te haré un sorbo a la luz de la luna:
 dibuja, puta barbera culliúnica, dibuja.

Desenvainando su espada

OSWALD

¡Lejos! No tengo nada que ver contigo.

KENT

Dibuja, bribón: vienes con cartas contra el
rey, y toma la vanidad de la marioneta contra la
realeza de su padre: dibuja, pícaro, o te carbonaré los
vástagos: dibuja, bribón, ven por tu camino.

OSWALD

¡Ayuda,! ¡asesinato! ¡Ayuda!

KENT

Golpea, esclavo; párate, pícaro, párate; tú, esclavo pulcro
, golpea.

Golpeándolo

OSWALD

¡Ayuda,! ¡asesinato! ¡asesinato!

Entra EDMUND, con el estoque desenvainado, CORNUALLES, REGAN, GLOUCESTER y sirvientes

EDMUND

¡Cómo ahora! ¿Qué ocurre?

KENT

Contigo, buen muchacho, y por favor: ven, te daré
carne; vamos, joven maestro.

GLOUCESTER

¡Armas! ¡armas! ¿Qué pasa aquí?

CORNUALLES

Guarden la paz, sobre sus vidas:
 Muere el que golpea de nuevo. ¿Qué pasa?

REGAN

Los mensajeros de nuestra hermana y del rey.

CORNUALLES

¿Cuál es tu diferencia? hablar.

OSWALD

Me falta el aliento, mi señor.

KENT

No es de extrañar, has hecho gala de tu valor. Tú
, bribón cobarde, la naturaleza te desautoriza: un
sastre te hizo.

CORNUALLES

Eres un hombre extraño: ¿un sastre hace a un hombre?

KENT

¡Ay!, un sastre, señor: un picapedrero o un pintor no podían
haberlo puesto tan enfermo, aunque no hubiera estado más que dos
horas en el oficio.

CORNUALLES

Habla ya, ¿cómo creció tu disputa?

OSWALD

Este viejo rufián, señor, a quien le he perdonado la vida
gracias a su barba gris,--

KENT

¡Puta zorra!, ¡carta innecesaria! Mi
señor, si me lo permitís, convertiré a este
villano desencajado en argamasa y embadurnaré con él la pared de
un jakes. ¿Perdona mis canas, lavandera?

CORNUALLES

¡Paz, señora!
¿No conoces la reverencia?

KENT

Sí, señor; pero la ira tiene un privilegio.

CORNUALLES

¿Por qué te enojas?

KENT

Que un esclavo como éste lleve una espada,
que no lleva honradez. Pícaros tan sonrientes como éstos,
como ratas, muerden a menudo las cuerdas sagradas
que son demasiado intrínsecas para desatar; suaviza todas las
pasiones
que en la naturaleza de sus señores se rebelan;
Lleva el aceite al fuego, la nieve a sus estados de ánimo más fríos;
Reniegan, afirmen y vuelvan sus picos halcyon
con cada vendaval y varada de sus amos,
sin saber nada, como los perros, sino seguir.
¡Una plaga sobre tu rostro epiléptico!
¿Sonríes mis discursos, como si fuera un tonto?
Ganso, si te tuviera en la llanura de Sarum,
 te llevaría cacareando a casa de Camelot.

CORNUALLES

¿Por qué estás loco, viejo?

GLOUCESTER

¿Cómo te cayó? Decir eso.

KENT

Ningún contrario tiene más antipatía
que yo y semejante bribón.

CORNUALLES

¿Por qué le llamas bribón? ¿Cuál es su ofensa?

KENT

Su semblante no me agrada.

CORNUALLES

Ni la mía, ni la suya, ni la de ella.

KENT

Señor, es mi ocupación ser claro:
he visto mejores rostros en mi tiempo
que los que están en cualquier hombro que veo
ante mí en este instante.

CORNUALLES

Este es un hombre
que, habiendo sido alabado por su franqueza, afecta
una rudeza descarada, y restringe el atuendo
completamente de su naturaleza: no puede halagar, él,
 una mente honesta y sencilla, debe decir la verdad.
Y ellos lo tomarán, así que; si no, él es simple.
Conozco a esta clase de bribones, que en esta sencillez
albergan más astucia y fines más corruptos
que veinte tontos observadores esquivos
que cumplen muy bien sus deberes.

KENT

Señor, en buena verdad,
bajo la concesión de tu gran aspecto, cuya
influencia, como la corona de fuego radiante sobre el
frente vacilante de Febo,--

CORNUALLES

¿Qué significa esto?

KENT

Salir de mi dialecto, que tanto desprecias
. Lo sé, señor, que no soy un
adulador: el que os engañó con un acento llano
era un simple bribón, lo cual por mi parte
no lo seré, aunque me ganara su disgusto
para suplicarme que lo haga.

CORNUALLES

¿Cuál fue la ofensa que le diste?

OSWALD

Nunca le di ninguna:
Agradó al rey su señor muy tarde
golpearme, por su mala interpretación;
Cuando él, en conjunción y halagando su disgusto,
me hizo tropezar por detrás; siendo humillado, insultado, insultado,
 y puesto sobre él tal cantidad de hombre
, que lo digno, obtuvo alabanzas del rey
por el intento de quien se sometió a sí mismo;
Y, en la carne de esta espantosa hazaña,
me atrajo aquí de nuevo.

KENT

Ninguno de estos pícaros y cobardes
Pero Ajax es su tonto.

CORNUALLES

¡A buscar las acciones!
Viejo bribón obstinado, reverendo fanfarrón,
te enseñaremos...

KENT

Señor, soy demasiado viejo para aprender:No
 llaméis por mí vuestros cepos: yo sirvo al rey;
A cuyo empleo fui enviado a ti:
Harás poco respeto, mostrarás malicia demasiado atrevida

contra la gracia y la persona de mi señor,Abasteciendo
 a su mensajero.

CORNUALLES

¡A buscar las acciones! Como yo tengo vida y honor,
allí se sentará hasta el mediodía.

REGAN

¡Hasta el mediodía! hasta la noche, mi señor; Y toda la noche
también.

KENT

Pues, señora, si yo fuera el perro de su padre,
 no me trataría así.

REGAN

Señor, siendo su bribón, lo haré.

CORNUALLES

Este es un tipo del mismo color
del que habla nuestra hermana. ¡Ven, llévate las acciones!

Acciones sacadas a relucir

GLOUCESTER

Permitidme suplicar a vuestra merced que no lo haga:
 Su culpa es mucha, y el buen rey su señor
le echará en jaque por ello: tu baja corrección a propósito
es tal que los miserables más bajos y despreciados
Porque los robos y las ofensas más comunes
Son castigados con: el rey debe tomarlo a mal,
 Que es tan poco valorado en su mensajero,
Debería tenerlo así restringido.

CORNUALLES

Voy a responder a eso.

REGAN

Mi hermana puede recibirlo mucho peor,
que su caballero sea maltratado, agredido,
por seguir sus asuntos. Mét333elo en sus piernas.

KENT se pone en el cepo

Ven, mi buen señor, vete.

Exeunt todos menos GLOUCESTER y KENT

GLOUCESTER

Lo siento por ti, amigo; Es el placer del duque,
cuyo carácter, todo el mundo lo sabe bien,
 que no será frotado ni detenido: rogaré por ti.

KENT

Por favor, no lo hagas, señor: he velado y viajado mucho;
Algún tiempo dormiré fuera, el resto silbaré.
La fortuna de un buen hombre puede crecer con los talones: ¡
Te doy buenos días!

GLOUCESTER

El duque tiene la culpa en esto; Será mal tomado.

Salida

KENT

¡Buen rey, que debes aprobar el común serrucho, Tú,
 de la bendición del cielo, vienes
al cálido sol!
Acércate, faro a este globo inferior,
para que con tus cómodos rayos pueda
leer esta carta. Nada ve milagros sino
la miseria: sé que es de Cordelia,
que afortunadamente ha sido informada
de mi oscura conducta, y que hallará tiempo
en este enorme estado, tratando de dar a
las pérdidas sus remedios. Todos cansados y vigilados,
 avíllense, ojos pesados, para no contemplar
este vergonzoso alojamiento.
Fortuna, buenas noches: sonríe una vez más: ¡gira tu rueda!

Duerme

ESCENA III. Un bosque.

Entra en EDGAR

EDGAR

Me oí proclamar;
Y por el feliz hueco de un árbol
escapó de la caza. Ningún puerto es gratuito; no hay lugar
 que guardián, y la más inusitada vigilancia,
 no asista a mi toma. Mientras pueda escapar,
me preservaré a mí mismo: y se me ocurre
tomar la forma más baja y más pobre
que jamás la penuria, en desprecio del hombre,
se acercará a la bestia: mi rostro me ensuciaré de inmundicia;
Cubre mis lomos: enhebra todo mi cabello en nudos;
Y con la desnudez presentada a la vista
de los vientos y las persecuciones del cielo.
El país me da pruebas y precedentes
de mendigos alborotados, que, con voces rugientes,
golpean en sus brazos desnudos adormecidos y mortificados
alfileres, pinchazos de madera, clavos, ramitas de romero;
Y con este horrible objeto, desde las granjas bajas,
los pobres pueblos de apedreamiento, los corrales de ovejas y los molinos,
 a veces con prohibiciones lunáticas, a veces con oraciones,
 imponen su caridad. ¡Pobre Turlygod! ¡Pobre Tom!
Eso es algo todavía: Edgar, no soy nada.

Salida

ESCENA IV. Antes del castillo de Gloucester. KENT en las acciones.

Entra el Rey LEAR, Tonto y Caballero

EL REY LEAR

Es extraño que se vayan de casa
y no envíen de vuelta a mi mensajero.

Caballero

Como supe,
la noche anterior no había propósito en ellos
de esta eliminación.

KENT

¡Salve a ti, noble amo!

EL REY LEAR

¡Ja!
¿Haces de esta vergüenza tu pasatiempo?

KENT

No, mi señor.

Tonto

¡Ja, ja!, lleva ligas crueles. Los caballos están atados
por las cabezas, los perros y los osos por el cuello, los monos por
los lomos y los hombres por las piernas: cuando un hombre es
demasiado lujurioso en las piernas, entonces usa
cepas de madera.

EL REY LEAR

¿Qué es aquel que ha equivocado tanto tu lugar
para ponerte aquí?

KENT

Es tanto él como ella;
Tu hijo y tu hija.

EL REY LEAR

No.

KENT

Sí.

EL REY LEAR

No, digo yo.

KENT

Yo digo que sí.

EL REY LEAR

No, no, no lo harían.

KENT

Sí, lo han hecho.

EL REY LEAR

Por Júpiter, lo juro, no.

KENT

Por Juno, te lo juro, ay.

EL REY LEAR

No se atreven a hacerlo;
No podían, no querían hacer; Es peor que el asesinato,
hacer con respeto un ultraje tan violento:
 Desuélveme, con toda modesta prisa, por dónde
podrías merecer, o imponen, este uso,
viniendo de nosotros.

KENT

Mi señor, cuando en su casa
les encomendé las cartas de Vuestra Alteza,
antes de levantarme del lugar que mostraba
mi deber arrodillado, llegué allí un puesto apestoso,
 guisado en su prisa, medio sin aliento, jadeando
desde Goneril los saludos de su señora;
Entregaron cartas, a pesar de la interrupción,

que luego leyeron: en cuyo contenido,
convocaron a su meiny caballo tomado en línea recta;
Me mandó que la siguiera y que me dirigiera
 a la calma de su respuesta; me dirigió miradas frías.
Y encontrándome aquí con el otro mensajero,
 cuya bienvenida, percibí, había envenenado la mía,--
Siendo el mismo hombre que últimamente
se había mostrado tan descaradamente contra Vuestra Alteza,--
Teniendo más hombre que ingenio a mi alrededor, dibujó:
 Levantó la casa con fuertes y cobardes gritos.
Tu hijo y tu hija encontraron que esta ofensa valía
la vergüenza que aquí sufre.

Tonto

El invierno aún no se ha ido, si los gansos salvajes vuelan en esa
dirección.
Los padres que visten harapos ciegan
 a sus hijos;
Pero los padres que llevan bolsas
verán a sus hijos amables.
La fortuna, esa puta arrogante,
 no le da la llave a los pobres.
Pero, a pesar de todo esto, tendrás tantos dolores
por tus hijas como puedas contar en un año.

EL REY LEAR

¡Oh, cómo se hincha esta madre hacia mi corazón!
Hysterica passio, abajo, tú que trepas dolor,
¡Tu elemento está abajo! ¿Dónde está esta hija?

KENT

Con el conde, señor, aquí dentro.

EL REY LEAR

No me sigas;
Quédate aquí.

Salida

Caballero

¿No te ha ofendido más que lo que dices?

KENT

Ninguno.
¿Qué casualidad es que el rey venga con un tren tan pequeño?

Tonto

Y tú habías sido puesto en el cepo para esa
pregunta, bien te lo habías merecido.

KENT

¿Por qué, tonto?

Tonto

Te pondremos en la escuela de una hormiga, para enseñarte que
no hay trabajo en invierno. Todos los que siguen
sus narices son guiados por sus ojos, pero los ciegos, y
no hay una nariz entre veinte que no pueda oler al
que apesta. Suelta tu agarre cuando una gran rueda
corre colina abajo, no sea que te rompa el cuello al
seguirla; pero el grande que sube la
colina, que te siga. Cuando un hombre sabio
te dé un consejo mejor, dame otra vez el mío: no quiero
que nadie más que los bribones lo sigan, porque el necio lo da.
Ese señor que sirve y busca la ganancia, Y
sigue sólo por la forma, Empacará
 cuando comience a llover, Y
te dejará en la tormenta, Pero
 yo me demoraré; el necio se quedará, Y
 el sabio vuele:
La sota se vuelve tonta que huye;
El tonto no es un bribón, perdy.

KENT

¿Dónde aprendiste esto, tonto?

Tonto

No en las acciones, tonto.

Vuelve a entrar en el Rey LEAR con GLOUCESTER

EL REY LEAR

¿Te niegas a hablar conmigo? ¿Están enfermos? ¿Están cansados?
¿Han viajado toda la noche? Meras búsquedas;
Las imágenes de la revuelta y la huida.
Tráeme una respuesta mejor.

GLOUCESTER

Mi querido señor,
ya conocéis la ardiente cualidad del duque;
¡Cuán inamovible y fijo está
en su propio curso!

EL REY LEAR

¡Venganza!, ¡plaga!, ¡muerte!, ¡confusión!
¿Ardiente?, ¿qué cualidad? Gloucester, Gloucester,
 hablaría con el duque de Cornualles y su esposa.

GLOUCESTER

Pues bien, mi buen señor, así se lo he informado.

EL REY LEAR

¡Infórmeles! ¿Me entiendes, hombre?

GLOUCESTER

¡Ay, mi buen señor!

EL REY LEAR

El rey hablaría con Cornualles; el querido padre
hablaría con su hija, le ordenaría que sirviera: ¿
Están informados de esto? ¡Mi aliento y mi sangre!
¿Ardiente?, ¿el ardiente duque? Dígale al ardiente duque que...
 No, pero todavía no: puede ser que no esté bien:
 La debilidad todavía descuida todos los oficios
a los que está ligada nuestra salud; no somos nosotros mismos
Cuando la naturaleza, estando oprimida, ordena a la mente

que sufra con el cuerpo: me abstendré;
Y me caigo con mi voluntad más embriagadora,
para tomar al indispuesto y enfermizo apto
para el hombre sano. ¡Muerte en mi estado! por lo tanto,

Mirando a KENT

¿Debería sentarse aquí? Este acto me persuade
de que esta remoción del duque y de ella
no es más que práctica. Dame a mi siervo.
Ve y dile al duque y a la mujer de mi mujer que hablaré con ellos
, ahora mismo, y diles que salgan y me escuchen,
o a la puerta de su aposento tocaré el tambor
hasta que grite hasta morir.

GLOUCESTER

Estaría muy bien entre ti.

Salida

EL REY LEAR

¡Oh yo, mi corazón, mi corazón naciente! Pero, ¡abajo!

Tonto

Grita a ella, tío, como hizo la cockney a las anguilas
cuando las puso vivas en la pasta; las cortó
con un palo y gritó: «¡Abajo,
descarados, abajo!» Fue su hermano quien, en pura
bondad hacia su caballo, untó su heno con mantequilla.

Entran CORNUALLES, REGAN, GLOUCESTER y sirvientes

EL REY LEAR

Buenos días a los dos.

CORNUALLES

¡Salve a tu gracia!

KENT se pone en libertad

REGAN

Me alegro de ver a Su Alteza.

EL REY LEAR

Regan, creo que lo eres; Sé qué razón
tengo para pensar así: si no te alegraras,
me divorciaría de la tumba de tu madre,
sepulturando a una anciana.

Ir a KENT

O, ¿eres libre?
Algún otro momento para eso. Amado Regan, tu
hermana no es nada: ¡Oh Regan, ella ha atado la
crueldad de dientes afilados, como un buitre, aquí!

Señala su corazón

Apenas puedo hablarte, no creerás
cuán depravada cualidad... ¡Oh Regan!

REGAN

Le ruego, señor, que tenga paciencia: tengo esperanza.
Tú menos sabes valorar su mérito
que ella escatimar su deber.

EL REY LEAR

Dime, ¿cómo es eso?

REGAN

No creo que mi hermana
pueda faltar en lo más mínimo a su obligación: si, señor, acaso
ha refrenado los disturbios de sus seguidores,
 es sobre tal base y con un fin tan saludable
que la exime de toda culpa.

EL REY LEAR

¡Mis maldiciones sobre ella!

REGAN

Oh, señor, usted es viejo.
La naturaleza en ti está al borde mismo

de su confinamiento: debes ser gobernado y conducido
por alguna discreción, que discierna tu estado
mejor que tú mismo. Por tanto, os ruego
que volváis a nuestra hermana;
Diga que la ha hecho mal, señor.

EL REY LEAR

¿Pedirle perdón?
Fíjate en cómo se convierte esto en la casa:
 'Querida hija, confieso que soy vieja;

Arrodillado

La edad es innecesaria: de rodillas te ruego
que me concedas vestido, cama y comida.

REGAN

Buen señor, no hay más; son trucos desagradables:
 Devuélvalo a mi hermana.

EL REY LEAR

[Levantándose] Nunca, Regan:
 Ella me ha rebajado la mitad de mi tren;
Mírame de negro, me golpeó con su lengua, como una
 serpiente, en el corazón mismo:
¡Todas las venganzas almacenadas del cielo caen
sobre su cima ingrata! ¡Golpea sus jóvenes huesos,
 tú que te das aires, con cojera!

CORNUALLES

¡Que así sea, señor, que así sea!

EL REY LEAR

¡Ágiles relámpagos, lanzad vuestras llamas cegadoras
a sus ojos desdeñosos! ¡Contagiad su belleza,
nieblas chupadas por el pantano, atraídas por el poderoso sol,
 para caer y destruir su orgullo!

REGAN

¡Oh los benditos dioses!, así me desearéis,
cuando el mal humor esté en marcha.

EL REY LEAR

No, Regan, nunca tendrás mi maldición:
Tu tierna naturaleza no te entregará
a la dureza: sus ojos son feroces, pero los tuyos
consuelan y no arden. No está en ti
renegar de mis placeres, cortar mi cola,
decir palabras apresuradas, escasear mis tallas, y,
 en conclusión, oponerse al cerrojo
contra mi entrada: más vale que conozcas
los oficios de la naturaleza, el vínculo de la infancia,
 los efectos de la cortesía, los deberes de gratitud;
No has olvidado la mitad del reino,
de donde yo te he dotado.

REGAN

Buen señor, al propósito.

EL REY LEAR

¿Quién puso a mi hombre en el cepo?

Tucket adentro

CORNUALLES

¿Qué trompeta es esa?

REGAN

No sé, la de mi hermana: esto aprueba su carta,
 que pronto estaría aquí.

Entra en OSWALD

¿Ha venido tu señora?

EL REY LEAR

Se trata de una esclava, cuyo orgullo fácil de tomar prestado
habita en la gracia voluble de la que sigue.
¡Fuera, varón, de mi vista!

CORNUALLES

¿Qué significa tu gracia?

EL REY LEAR

¿Quién abasteció a mi siervo? Regan, tengo buenas esperanzas
de que no lo supieras. ¿Quién viene aquí? ¡Oh cielos!

Entra en GONERIL

Si amáis a los viejos, si vuestro dulce dominio
permite la obediencia, si sois viejos, haced
 de ella vuestra causa; enviad y tomad mi parte.

A GONERIL

¿No te da vergüenza mirar esta barba?
¡Oh Regan!, ¿la tomarás de la mano?

GONERIL

¿Por qué no de la mano, señor? ¿Cómo he ofendido?
No es ofensa que la indiscreción encuentre
Y los términos de dotage así.

EL REY LEAR

O lados, sois demasiado duros;
¿Aguantarás todavía? ¿Cómo llegó mi hombre a las acciones?

CORNUALLES

Lo puse allí, señor, pero sus propios desórdenes
merecían mucho menos progreso.

EL REY LEAR

¡Tú! ¿Lo hiciste?

REGAN

Te ruego, padre, que siendo débil, lo parezcas.
Si, hasta la expiración de tu mes,
 vuelves y te quedas con mi hermana,
despidiendo la mitad de tu séquito, ven a mí:

ahora estoy fuera de casa, y sin esa provisión
que será necesaria para tu entretenimiento.

EL REY LEAR

¿Volver a ella y despedir a cincuenta hombres?
No, más bien abjuro de todos los tejados, y elijo
luchar contra la enemistad del aire;
Ser camarada del lobo y la lechuza,--
¡La necesidad es un apretón brusco! ¿Volver con ella?
Pues, la Francia de sangre caliente, que se llevó a
nuestro hijo más joven, bien podría ser llevado
a arrodillar su trono, y, como un escudero, una pensión suplicar
para mantener la vida vil en marcha. ¿Volver con ella?
Convénceme más bien de ser esclavo y sumidero
de este detestado novio.

Señalando a OSWALD

GONERIL

A su elección, señor.

EL REY LEAR

Te ruego, hija, que no me enloquezcas:
 No te molestaré, hija mía; Adiós:
No nos volveremos más, no nos veremos más:
 Pero tú eres mi carne, mi sangre, mi hija;
O más bien una enfermedad que está en mi carne, a
la que necesariamente debo llamar mía: eres un forúnculo,
 una llaga de peste, un carbunclo en relieve,
 en mi sangre corrompida. Pero no te reprenderé;
Que la vergüenza venga cuando quiera, yo no la llamo:
No ordeno al portador del trueno disparar,Ni
 contar cuentos de ti al alto juicio Júpiter:
Repara cuando puedas; sé mejor en tu ocio:
Yo puedo ser paciente; Puedo quedarme con Regan,
 yo y mis cien caballeros.

REGAN

No del todo así:
Todavía no te busco, ni estoy provisto
para que seas bienvenido. Escucha, señor, a mi hermana;
Porque aquellos que mezclan la razón con tu pasión
deben contentarse con pensar que eres viejo, y así...
 Pero ella sabe lo que hace.

EL REY LEAR

¿Es esto bien dicho?

REGAN

Me atrevo a afirmarlo, señor: ¿qué, cincuenta seguidores?
¿No está bien? ¿Qué deberías necesitar de más?
sí, o tantos, ¿por qué tanto la carga como el peligro
hablan en tan gran número? ¿Cómo, en una casa,
deben muchas personas, bajo dos mandamientos,
 mantener amistad? Es difícil; casi imposible.

GONERIL

¿Por qué no podrías tú, mi señor, recibir asistencia
de aquellos a los que ella llama siervos o de los míos?

REGAN

¿Por qué no, mi señor? Si por casualidad te aflojaran,
 podríamos controlarlos. Si quieres venir a mí,--
porque ahora veo un peligro,-- te ruego
que traigas solo veinticinco años: a nadie más
le daré lugar ni aviso.

EL REY LEAR

Te di todo...

REGAN

Y a su debido tiempo se lo diste.

EL REY LEAR

Os hice mis guardianes, mis depositarios;
Pero mantuvo una reserva para ser seguido

con tal número. ¿Qué, tengo que ir a ti
con veinticinco y cinco, Regan?, ¿lo dijiste tú?

REGAN

Y no vuelvas a hablar, mi señor; No más conmigo.

EL REY LEAR

Esas criaturas malvadas todavía parecen bien favorecidas,
 cuando otras son más malvadas: no ser las peores
se encuentra en algún rango de alabanza.

A GONERIL

Yo iré contigo:
Tus cincuenta aún doblan veinticinco y veinte,
 y tú eres el doble de su amor.

GONERIL

Escúchame, mi señor;
¿Qué necesitas que seas veinticinco, diez o cinco
 para seguir en una casa donde el doble de ellos
tienen la orden de atenderte?

REGAN

¿Qué necesidad hace uno?

EL REY LEAR

Oh, no razones la necesidad: nuestros mendigos más bajos
Están en la cosa más pobre superflua:
No permitas a la naturaleza más de lo que la naturaleza necesita,La
 vida del hombre es tan barata como la de la bestia: tú eres una dama;
Si sólo para entrar en calor fuera hermoso
, ¿por qué?, la naturaleza no necesita lo que tú te pones tan hermoso,
 que apenas te mantiene caliente. Pero, por verdadera necesidad,--
 cielos, ¡dame esa paciencia, la paciencia que necesito!
Me veis aquí, dioses, un pobre anciano,
tan lleno de dolor como la edad, ¡desdichado en ambos!
Si eres tú quien agita el corazón de estas hijas
contra su padre, no me engañes tanto
para soportarlo con mansedumbre; tócame con noble ira,

y no dejes que las armas de las mujeres, las gotas de agua,
 manchen las mejillas de mi hombre. No, brujas antinaturales,
 tendré tales venganzas contra Uds. dos,
 que todo el mundo hará... yo haré tales cosas,--
 lo que son, pero no lo sé, pero serán
los terrores de la tierra. Piensas que voy a llorar
, no, no voy a llorar;
tengo plena razón para llorar; pero este corazón
se romperá en cien mil defectos,
o antes de que yo llore. ¡Oh tonto, me volveré loco!

Exeunt EL REY LEAR, GLOUCESTER, KENT y el loco

Tormenta y tempestad

CORNUALLES

Vamos a retirarnos; Será una tormenta.

REGAN

Esta casa es pequeña: el viejo y su gente
no pueden ser bien otorgados.

GONERIL

Es su propia culpa; se ha apartado del reposo,
 y tiene que probar su locura.

REGAN

Por su particular, lo recibiré con gusto,
pero no a un seguidor.

GONERIL

Así me propongo.
¿Dónde está mi señor de Gloucester?

CORNUALLES

Seguid al viejo hombre: él ha vuelto.

Volver a entrar en GLOUCESTER

GLOUCESTER

El rey está muy furioso.

CORNUALLES

¿A dónde va?

GLOUCESTER

Llama al caballo; pero no sabré a dónde.

CORNUALLES

Lo mejor es cederle; Él se lidera a sí mismo.

GONERIL

Mi señor, no le ruegues de ninguna manera que se quede.

GLOUCESTER

Amague, llega la noche, y los vientos sombríos
se agitan dolorosamente; por muchas millas un combate
apenas hay un arbusto.

REGAN

¡Oh, señor!, a los hombres voluntariosos,
 las injurias que ellos mismos se procuran
deben ser sus maestros. Cerrad vuestras puertas:
Le acompaña un tren desesperado;
Y a lo que le incensen, siendo propenso
a que le maltraigan el oído, la sabiduría manda temer.

CORNUALLES

Cerrad vuestras puertas, mi señor; Es una noche salvaje:
 Mi Regan aconseja bien; sal de la tormenta.

Salen

ACTO III

ESCENA I. Un brezo.

Tormenta todavía. Entra KENT y un caballero, encuentro

KENT

¿Quién está ahí, además del mal tiempo?

Caballero

Con una mente como el clima, de la manera más inquieta.

KENT

Te conozco. ¿Dónde está el rey?

Caballero

Contendiendo con el elemento inquieto:
Ordena a los vientos que lleven la tierra al mar,O
 hinchen el agua rizada 'bove la principal,Para
 que las cosas cambien o cesen; rasga sus cabellos blancos,Que
los impetuosos revientan, con furia sin ojos,Atrapan
 en su furia, y no hacen nada;
Se esfuerza en su pequeño mundo de hombre por despreciar
el viento y la lluvia conflictivos.
Esta noche, en la que el oso tirado por un cachorro se acostaba,
 el león y el lobo con el vientre apretado
Mantienen su pelaje seco, sin sombrero corre,
 Y dice lo que se llevará todo.

KENT

Pero, ¿quién está con él?

Caballero

Nadie más que el necio, que se esfuerza por burlarse de
sus heridas desgarradas por el corazón.

KENT

Señor, yo sí le conozco;
Y me atrevo, con la garantía de mi nota,

a recomendarte una cosa querida. Hay división,
aunque todavía el rostro de la misma esté cubierto
con mutua astucia, entre Albany y Cornualles;
¿Quiénes tienen, como no tienen, que sus grandes estrellas han
trono y puesto en alto ?-- servidores, que no parecen menos
 que son para Francia los espías y especulaciones
inteligentes de nuestro estado, lo que se ha visto,
 ya en los rapés y fardos de los duques,
o en las duras riendas que ambos han llevado
contra el viejo y amable rey, o algo más profundo,
De lo cual, tal vez, no son más que muebles;
Pero, en verdad, de Francia viene un poder
a este reino disperso, que ya,
sabio en nuestra negligencia, tiene pies secretos
en algunos de nuestros mejores puertos, y está a punto de
mostrar su estandarte abierto. Y a ti:
Si por mi favor te atreves a construir tan lejos
para llegar a Dover, encontrarás
algunos que te lo agradecerán, dando un informe
justo de lo antinatural y desconcertante que
 es la tristeza que el rey tiene motivos para aclarar.
Soy un caballero de sangre y crianza;
Y, con algún conocimiento y seguridad, ofrecerle
este oficio.

Caballero

Hablaré más con ustedes.

KENT

No, no lo hagas.
Para confirmar que soy mucho
más que mi pared exterior, abre esta bolsa y toma
lo que contiene. Si ves a Cordelia,--
no temas,--, sino que le mostrarás este anillo;
Y ella te dirá quién es tu prójimo
, que aún no sabes. ¡Fie en esta tormenta!
Iré a buscar al rey.

Caballero

Dame tu mano: ¿no tienes más que decir?

KENT

Pocas palabras, pero, para hacer efecto, más que todas todavía;
Que, cuando hayamos encontrado al rey,--en el que tu dolor
De esa manera, voy a este,-- el que primero se enciende en él
Holla el otro.

Exeunt separadamente

ESCENA II. Otra parte del brezo. Tormenta todavía.

Entra el Rey Lear y el Loco

EL REY LEAR

¡Sopla, viento, y cruje tus mejillas! ¡rabia! ¡soplo!
¡Cataratas y huracanes, vomitad
hasta que hayáis empapado nuestros campanarios, ahogado los
gallos!
¡Fuegos sulfurosos y ejecutores del pensamiento,Mensajeros
 de vaunt-mails a los rayos que parten el roble,¡
Chamuscan mi blanca cabeza! ¡Y tú, trueno que todo lo sacude,
 aplasta la espesa rotundidad del mundo!
¡Rompe los moldes de la naturaleza, un germen se derrama a la vez,
 que hacen al hombre ingrato!

Tonto

Oh tío, el agua bendita de la corte en una casa seca
es mejor que el agua de lluvia en la puerta.
Tío mío, entra, y pide la bendición de tus hijas:
aquí hay una noche que no se compadece ni del sabio ni del necio.

EL REY LEAR

¡Retumba tu vientre! ¡Escupe, fuego! ¡Caño, lluvia!
Ni la lluvia, ni el viento, ni el trueno, ni el fuego, son mis hijas:
 no os gravo a vosotras, elementos, con crueldad;
Nunca os di el reino, os llamé hijos, no
me debéis ninguna suscripción: entonces dejad caer

vuestro horrible placer: aquí estoy, vuestro esclavo, un
anciano pobre, enfermo, débil y despreciado: Pero,
 sin embargo, os llamo ministros serviles,
 que con dos hijas perniciosas os habéis unido a
vuestras altas batallas engendradas para ganar una cabeza
tan vieja y blanca como ésta. O! O! ¡Es asqueroso!

Tonto

El que tiene una casa en la que meter la cabeza, tiene un buen
tocado.
La pieza de bacalao que albergará Antes de que
la cabeza tenga alguna,La
 cabeza y él piojará;
Así que los mendigos se casan con muchos.
El hombre que hace su dedo del pie lo que
su corazón debe hacer
, de un maíz gritará ay,
y convertirá su sueño en despertar.
Porque nunca hubo mujer hermosa que no hiciera
bocas en un vaso.

EL REY LEAR

No, yo seré el modelo de toda paciencia;
No diré nada.

Entra en KENT

KENT

¿Quién está ahí?

Tonto

Cásate, aquí tienes la gracia y un pedazo de bacalao; eso es un
hombre sabio
y un tonto.

KENT

¡Ay, señor!, ¿está usted aquí! cosas que aman la noche
No améis noches como éstas; los cielos iracundos Ensucian
a los mismos vagabundos de las tinieblas,

Y les hacen guardar sus cuevas: desde que yo era hombre,
Tales sábanas de fuego, tales ráfagas de truenos horribles,
Tales gemidos de viento rugiente y lluvia, nunca recordé
haber oído: la naturaleza del hombre no puede cargar
con la aflicción ni con el temor.

EL REY LEAR

Que los grandes dioses,
que guardan este terrible lazo sobre nuestras cabezas,
 descubran ahora a sus enemigos. Tiembla, miserable,
que tienes dentro de ti crímenes no divulgados,
 sin azotes de justicia: escóndete, mano sangrienta;
Perjuraste, y simulaste al hombre de virtud
que es incestuoso: caitiff, temblando en pedazos,
que bajo apariencia encubierta y conveniente
ha practicado en la vida del hombre: culpas reprimidas cercanas,
 Rompe tus continentes ocultos, y clama
gracia a estos terribles invocadores. Soy un hombre
contra el que se peca más que contra el que se peca.

KENT

¡Ay, con la cabeza descubierta!
Misericordioso mi señor, cerca de aquí hay una choza;
Alguna amistad te prestará para vencer la tempestad:
 Descansa allí, mientras yo a esta dura casa,
Más dura que las piedras de las que se levanta;
Que incluso ahora, exigiendo por ti,
 me negó entrar, volver, y forzar
su escasa cortesía.

EL REY LEAR

Mi ingenio comienza a cambiar.
Vamos, hijo mío: ¿cómo estás, hijo mío? ¿Eres frío?
Yo mismo tengo frío. ¿Dónde está esta paja, amigo mío?
Es extraño el arte de nuestras necesidades,
que puede hacer preciosas las cosas viles. Ven,
 tu choza.

Pobre tonto y bribón, tengo una parte en mi corazón
que aún lo siento por ti.

Tonto

El
que tiene un poco de ingenio...
Con hey, ho, el viento y la lluvia,--
Debe contentarse con su fortuna,
Porque la lluvia llueve todos los días.

EL REY LEAR

Es cierto, mi buen muchacho. Ven, tráenos a esta choza.

Exeunt KING LEAR y KENT

Tonto

Esta es una noche valiente para refrescar a un cortesano.
Voy a hablar una profecía antes de irme:
Cuando los sacerdotes son más en palabra que en materia;
Cuando los cerveceros estropean su malta con agua;
Cuando los nobles son sus tutores de sastres;
No se quemaron herejes, sino pretendientes de mozas;
Cuando todos los casos de derecho son correctos;
Ni escudero endeudado, ni pobre caballero;
Cuando las calumnias no habitan en lenguas;
Ni las carteras no llegan a las multitudes;
Cuando los usureros cuentan su oro en el campo;
Y las iglesias se burlan y se prostituyen;
Entonces el reino de Albión vendrá
a una gran confusión:
Entonces viene el tiempo, quien vive para ver,
 que el ir será usado con pies.
Merlín hará esta profecía, porque yo vivo antes de su tiempo.

Salida

ESCENA III. Castillo de Gloucester.

Entran GLOUCESTER y EDMUND

GLOUCESTER

Alack, alack, Edmund, no me gusta este trato antinatural
. Cuando pedí su licencia para
compadecerme de él, me quitaron el uso de mi propia
casa, y me encargaron, bajo pena de su perpetuo
disgusto, que no hablara de él, ni le rogara
, ni le sostuviera de ninguna manera.

EDMUND

¡De lo más salvaje y antinatural!

GLOUCESTER

Ve a, no digas nada. Hay una división entre
los duques, y lo que es peor: he
recibido una carta esta noche; Es peligroso que se
hable; He guardado la carta en mi armario:
estas heridas que ahora soporta el rey serán vengadas a
casa; hay parte de un poder ya calzado: debemos inclinarnos
hacia el rey. Yo le buscaré, y
le aliviaré secretamente: ve tú y habla con
el duque, para que no se note mi caridad de él,
si me pide. Estoy enfermo y me he ido a la cama.
Aunque muera por ello, ya que no menos me amenazan,
 el rey, mi antiguo señor, debe ser aliviado. Hay
algo extraño en ello, Edmund; te ruego que tengas cuidado.

Salida

EDMUND

Esta cortesía, si no lo permites, lo sabrá al duque
al instante, y también de aquella carta.
Esto me parece un justo merecido, y me ha de atraer
lo que mi padre pierde, no menos que todos.
 El menor se levanta cuando el viejo cae.

Salida

ESCENA IV. El brezo. Ante una choza.

Entran EL REY LEAR, KENT y el loco

KENT

Aquí está el lugar, mi señor; buen mi señor, entra:
La tiranía de la noche abierta es demasiado áspera
para que la naturaleza la aguante.

La tormenta sigue

EL REY LEAR

Déjame en paz.

KENT

Bien, mi señor, entrad aquí.

EL REY LEAR

¿Me romperás el corazón?

KENT

Preferiría romper la mía. Buen señor mío, entra.

EL REY LEAR

Piensas que es mucho que esta tormenta contenciosa
nos invada hasta la piel: así es para ti;
Pero donde se fija el mal mayor,
el menor se siente escasamente. Debes rehuir a un oso;
Pero si tu huida se dirige hacia el mar embravecido,
 te encontrarás con el oso en la boca. Cuando la
mente está libre,
 el cuerpo es delicado: la tempestad en mi mente
De mis sentidos se lleva todo lo demás
Excepto lo que late allí. ¡Ingratitud filial!
¿No es como si esta boca rasgara esta mano
para levantar la comida? Pero castigaré a casa:
 No, no lloraré más. ¡En una noche así
para excluirme! Verter; Voy a aguantar.
¡En una noche como esta! ¡Oh Regan, Goneril!
Tu viejo y bondadoso padre, cuyo corazón franco lo dio todo,--

Oh, así está la locura; Déjame rehuir eso;
No más de eso.

KENT

Bien, mi señor, entrad aquí.

EL REY LEAR

Presa mía, vete en ti misma: busca tu propia comodidad:
 Esta tempestad no me dará licencia para meditar
sobre las cosas que me dolerían más. Pero voy a entrar.

Al Loco

Entra, muchacho, ve primero. Tú, pobre sin hogar
,--No, métete dentro. Rezaré y luego dormiré.

El tonto entra

Pobres desgraciados desnudos, dondequiera que estés,
 que soportas el azote de esta tormenta despiadada,
¿cómo te defenderán tus cabezas desamparadas y tus costados
desamparados
, tus andrajosos lazos y ventanas, de
estaciones como estas? ¡Oh, tengo
muy poco cuidado de esto! Por ejemplo, la física, la pompa;
Exponte a sentir lo que sienten los miserables,
 para que sacudas el superflujo hacia ellos
y muestres los cielos más justos.

EDGAR

[Dentro] ¡Braza y mitad, braza y mitad! ¡Pobre Tom!

El Loco sale corriendo de la choza

Tonto

No entres aquí, tío, aquí hay un espíritu
¡Ayúdame, ayúdame!

KENT

Dame tu mano. ¿Quién está ahí?

Tonto

Un espíritu, un espíritu: dice que se llama el pobre Tom.

KENT

¿Qué eres tú que murmuras allí sobre la paja?
Ven adelante.

Entra EDGAR disfrazado de loco

EDGAR

¡Fuera!, ¡el asqueroso demonio me sigue!
A través del espino afilado sopla el viento frío.
Ve a tu cama fría y caliéntate.

EL REY LEAR

¿Se lo has dado todo a tus dos hijas?
¿Y has llegado a esto?

EDGAR

¿Quién le da algo al pobre Tom?, a quien el malvado
demonio ha conducido a través del fuego y de las llamas, y
a través de vados y remolinos, pantanos y lodazales;
que ha puesto cuchillos debajo de su almohada, y cabestros
en su banco; ha puesto a Ratsbane junto a sus gachas; ha hecho
películas
orgullosas de corazón, para montar en un caballo de trote bayo sobre
puentes de cuatro pulgadas, para perseguir su propia sombra como
un
traidor. ¡Bendice tus cinco ingenios! Tom está resfriado,--O, do
de, do de, do de. ¡Bendito seas de los torbellinos,
de las estrellas que explotan y de las tomas! Hazle un poco de
caridad al pobre Tom
, a quien el asqueroso demonio molesta: allí podría
tenerlo ahora,-- y allí,-- y allí de nuevo, y allí.

La tormenta sigue

EL REY LEAR

¿Qué, lo han traído sus hijas a este paso?
¿No podrías salvar nada? ¿Les diste a todos?

Tonto

No, se reservó una manta, de lo contrario, todos habríamos sido avergonzados.

EL REY LEAR

¡Ahora, todas las plagas que en el aire péndulo
cuelgan predestinadas sobre las faltas de los hombres se ciernen
sobre tus hijas!

KENT

No tiene hijas, señor.

EL REY LEAR

¡Muerte, traidor!, nada podría haber sometido
a la naturaleza a tal bajeza, excepto sus crueles hijas.
¿Es la moda que los padres descartados
tengan tan poca misericordia de su carne?
¡Juicioso castigo! Fue esta carne la que engendró
a esas hijas pelícanos.

EDGAR

Pillicock se sentó en la colina de Pillicock:
 ¡Hola, hola, hola, mueca!

Tonto

Esta noche fría nos convertirá a todos en tontos y locos.

EDGAR

Cuida al vil demonio: obedece a tus padres;
Guarda tu palabra con justicia, no jures, no te comprometas con
la esposa jurada del hombre, no pongas tu dulce corazón en un
atuendo soberbio
. Tom está resfriado.

EL REY LEAR

¿Qué has sido?

EDGAR

Un siervo, orgulloso de corazón y de mente, que me rizaba
el cabello, que llevaba guantes en la gorra, que servía a la lujuria del
corazón de
mi señora, y que hacía con ella el acto de las tinieblas
, que juraba tantos juramentos como palabras pronunciaba, y
los rompía en la dulce faz del cielo, que
dormía en la trama de la lujuria, y despertó para hacerlo:
el vino amaba profundamente, dados entrañablemente: y en la mujer
amaba al turco: falso de corazón, ligero de
oído, sangriento de mano; cerdo en la pereza, zorro en el sigilo,
 lobo en la codicia, perro en la locura, león en la presa.
No dejes que el crujido de los zapatos ni el susurro de las
sedas traicionen tu pobre corazón a la mujer: mantén tu pie
fuera de los burdeles, tu mano fuera de las tapetas, tu pluma
de los libros de los prestamistas, y desafía al demonio inmundo.
Todavía a través del espino sopla el viento frío:
Dice suum, mun, ha, no, nonny.
Delfín, mi niño, ¡sessa!, déjalo trotar.

La tormenta sigue

EL REY LEAR

Pues, eras mejor en tu tumba que responder
con tu cuerpo descubierto a este extremo de los cielos.
¿Acaso el hombre no es más que esto? Considéralo bien. Al
gusano no le debes seda, a la bestia piel, a la oveja
lana, al gato perfume. ¡Ja! ¡Aquí hay tres encendidos
 que son sofisticados! Tú eres la cosa misma: el
hombre desacomodado no es más que un pobre animal desnudo y
 bifurcado como tú. ¡Fuera, fuera, préstamos!
Ven a desabrochar aquí.

Arrancándose la ropa

Tonto

Tío, contentate; Es una noche traviesa
para nadar. Ahora, un pequeño fuego en un campo salvaje era como
el

corazón de un viejo lecher; una pequeña chispa, todo lo
demás en el cuerpo frío. Mira, aquí viene un fuego andante.

Entra en GLOUCESTER, con una antorcha

EDGAR

Este es el asqueroso demonio Flibbertigibbet: comienza en el
toque de queda y camina hasta el primer gallo; da
la telaraña y el alfiler, entrecierra los ojos y hace el
labio de liebre; enmohece el trigo blanco y hiere a la
pobre criatura de la tierra.
S. Con los pies viejos tres veces los viejos;
Encontró a la yegua de la noche, y a ella nueve;
¡Dile que se apee,
y su compromiso se encargue de ello,
 y levántate, bruja, levántate!

KENT

¿Cómo le va a su gracia?

EL REY LEAR

¿Qué es él?

KENT

¿Quién está ahí? ¿Qué es lo que no buscas?

GLOUCESTER

¿Qué eres ahí? ¿Sus nombres?

EDGAR

El pobre Tom, que se come la rana nadadora, el sapo,
 el renacuajo, el tritón y el agua; que en
la furia de su corazón, cuando el repugnante demonio se enfurece,
 come estiércol de vaca para salar; se traga la vieja rata y
el perro de la zanja; bebe el manto verde del
estanque estancado; que es azotado de diezmo en
diezmo, y castigado por el ganado, y encarcelados; que
ha tenido tres trajes a su espalda, seis camisas a su
cuerpo, caballo para montar, y arma para vestir;

Pero los ratones y las ratas, y esos ciervos tan pequeños,
 han sido el alimento de Tom durante siete largos años.
Cuidado con mi seguidor. Paz, Smulkin; ¡Paz, demonio!

GLOUCESTER

¿Qué, no tiene tu gracia mejor compañía?

EDGAR

El príncipe de las tinieblas es un caballero:
 Modo se llama, y Mahu.

GLOUCESTER

Nuestra carne y nuestra sangre se han vuelto tan viles, mi señor,
 que aborrecen lo que la recibe.

EDGAR

El pobre Tom está resfriado.

GLOUCESTER

Entra conmigo: mi deber no puede tolerar
obedecer todos los duros mandamientos de tus hijas:
 aunque su mandato sea cerrar mis puertas,
 y que esta noche tiránica se apodere de ti,
sin embargo, me he atrevido a venir a buscarte
y llevarte a donde tanto el fuego como la comida están listos.

EL REY LEAR

Primero permítanme hablar con este filósofo.
¿Cuál es la causa de los truenos?

KENT

Buen señor mío, aceptad su oferta; Entra en la casa.

EL REY LEAR

Hablaré una palabra con este mismo erudito tebano.
¿En qué consiste su estudio?

EDGAR

Cómo prevenir al demonio y matar alimañas.

EL REY LEAR

Permítame preguntarle una palabra en privado.

KENT

Importunéale una vez más para que se vaya, mi señor;
Su ingenio comienza a inquietarse.

GLOUCESTER

¿Puedes culparlo?

La tormenta sigue

Sus hijas buscan su muerte: ¡ah, ese buen Kent!
¡Dijo que sería así, pobre desterrado!
Dices que el rey se vuelve loco; Te diré, amigo,
que yo mismo estoy casi loco: tuve un hijo,
 ahora proscrito de mi sangre, buscó mi vida,
pero últimamente, muy tarde, lo amé, amigo;
No hay padre más querido que su hijo: la verdad te lo digo,El
 dolor ha enloquecido mi ingenio. ¡Qué noche es esta!
Suplico a vuestra merced,--

EL REY LEAR

¡Oh, clama tu misericordia, señor!
Noble filósofo, tu compañía.

EDGAR

Tom está resfriado.

GLOUCESTER

Entra, amigo, allí, en la choza: mantente caliente.

EL REY LEAR

Vamos, vamos a entrar en todo.

KENT

Por aquí, mi señor.

EL REY LEAR

Con él;
Me quedaré quieto con mi filósofo.

KENT

Buen señor mío, tranquilízalo; Que se lleve al hombre.

GLOUCESTER

Llévalo a ti.

KENT

Sirrah, vamos; Acompáñanos.

EL REY LEAR

Ven, buen ateniense.

GLOUCESTER

Sin palabras, sin palabras: silencio.

EDGAR

El niño Rowland llegó a la torre oscura,
su palabra seguía siendo ,--Fie, foh y fum,
 huelo la sangre de un británico.

Salen

ESCENA V. Castillo de Gloucester.

Entra en CORNUALLES y EDMUND

CORNUALLES

Tendré mi venganza antes de irme de su casa.

EDMUND

Cómo, mi señor, puedo ser censurado, que la naturaleza
ceda así el paso a la lealtad, algo me aterra pensar
.

CORNUALLES

Ahora percibo que no fue del todo
el mal carácter de tu hermano lo que le hizo buscar la muerte;
sino un mérito provocador, puesto a trabajar por una maldad reprobable
en él mismo.

EDMUND

¡Cuán maliciosa es mi fortuna, que tengo que arrepentirme para
ser justo! Esta es la carta de la que habló, que
lo aprueba como un partido inteligente en favor de las ventajas
de Francia: ¡Oh cielos! ¡Que esta traición no fuera,
o no fuera yo el detector!

CORNUALLES

O conmigo a la duquesa.

EDMUND

Si el asunto de este documento es cierto, usted tiene
un gran asunto entre manos.

CORNUALLES

Verdadero o falso, te ha nombrado conde de
Gloucester. Busca dónde está tu padre, para que
esté preparado para nuestra aprehensión.

EDMUND

Si lo encuentro consolando al rey, disipará
más sus sospechas. Perseveraré en
mi curso de lealtad, aunque el conflicto sea doloroso
entre eso y mi sangre.

CORNUALLES

Confiaré en ti, y hallarás un
padre más querido en mi amor.

Salen

ESCENA VI. Una cámara en una masía contigua al castillo.

Entran GLOUCESTER, EL REY LEAR, KENT, Fool y EDGAR

GLOUCESTER

Aquí es mejor que el aire libre, tómalo
con gratitud. Voy a reconstruir el consuelo con la adición que
pueda: no estaré mucho tiempo lejos de ti.

KENT

Todo el poder de su ingenio ha dado paso a su
impaciencia: ¡los dioses recompensan tu bondad!

Salida GLOUCESTER

EDGAR

Frateretto me llama y me dice que
Nerón es un pescador en el lago de las tinieblas.
Reza, inocente, y ten cuidado con el asqueroso demonio.

Tonto

Por favor, tío, dime si un loco es un
caballero o un campesino.

EL REY LEAR

¡Un rey, un rey!

Tonto

No, es un terrateniente que tiene un caballero para su hijo;
porque es un loco que ve a su hijo un caballero delante de
él.

EL REY LEAR

Tener a mil con escupitajos rojos y ardientes
que vienen silbando sobre ellos,--

EDGAR

El asqueroso demonio me muerde la espalda.

Tonto

Es loco el que confía en la mansedumbre de un lobo, en la salud de un
caballo, en el amor de un muchacho o en el juramento de una puta.

EL REY LEAR

Se hará; Los procesaré directamente.

A EDGAR

Ven, siéntate aquí, sabio justiciero;

Al Loco

Tú, señor sapiente, siéntate aquí. ¡Ahora, a ti ella zorra!

EDGAR

¡Mira, dónde está parado y mira!
¿Te apetecen los ojos en la prueba, señora?
¡Ven a verme, Bessy,--

Tonto

Su barca tiene una gotera,
 y no debe hablar,
por qué no se atreve a acercarse a ti.

EDGAR

El asqueroso demonio acecha al pobre Tom con voz de
ruiseñor. Hopdance llora en el vientre de Tom por dos
arenques blancos. No croes, ángel negro; No tengo
alimento para ti.

KENT

¿Cómo le va, señor? No te asombres tanto:
¿Te acostarás y descansarás sobre los cojines?

EL REY LEAR

Primero veré su juicio. Trae las pruebas.

A EDGAR

Tú, hombre despojado de justicia, toma tu lugar;

Al Loco

Y tú, su compañero de yugo de equidad,
 banco a su lado:

Ir a KENT

tú eres la comisión,
siéntate tú también.

EDGAR

Tratemos con justicia.
¿Duermes o despiertas, alegre pastor?
Tus ovejas estén en el trigo;
Y por un golpe de tu boca de minikin,
tus ovejas no sufrirán daño.
El gato es gris.

EL REY LEAR

Acérquela primero; Es Goneril. Aquí hago mi
juramento ante esta honorable asamblea, ella pateó al
pobre rey su padre.

Tonto

Ven acá, señora. ¿Te llamas Goneril?

EL REY LEAR

Ella no puede negarlo.

Tonto

Llora piedad, te tomé por un taburete para juntas.

EL REY LEAR

Y aquí hay otra, cuya mirada deformada proclama
de qué almacén está hecho su corazón. ¡Detenla ahí!
¡Armas, armas, espada, fuego! ¡Corrupción en el lugar!
Falso justiciador, ¿por qué la has dejado escapar?

EDGAR

¡Bendice tus cinco ingenios!

KENT

¡Oh lástima! Señor, ¿dónde está ahora la paciencia
 que tantas veces te has jactado de retener?

EDGAR

[Aparte] Mis lágrimas comienzan a tomar su parte tanto que
 estropearán mi falsificación.

EL REY LEAR

Los perritos y todo, Tray, Blanch y
Sweet-heart, miren, me ladran.

EDGAR

Tom les lanzará la cabeza. ¡Maldito, maldito!
Sea tu boca o blanca o negra,
Diente que envenena si muerde;
Mastín, galgo, mestizo,
sabueso o spaniel, brach o lym,
 o bobtail tike o cola de nido,
 Tom los hará llorar y gemir:
Porque, al arrojar así mi cabeza, los
perros saltan la escotilla, y todos huyen.
Do de, de, de. ¡Sessa! Ven, marchad a los velorios, a
las ferias y a los mercados. Pobre Tom, tu cuerno está seco.

EL REY LEAR

Entonces que anatomicen a Regan, a ver qué se reproduce
en su corazón. ¿Hay alguna causa en la naturaleza que haga que
estos corazones sean duros?

A EDGAR

A ti, señor, te entretengo por uno de mis cien, sólo que no me
gusta la moda de tus vestidos: dirás
que son trajes persas, pero que se cambien.

KENT

Ahora, buen mi señor, acuéstese aquí y descanse un poco.

EL REY LEAR

No hagas ruido, no hagas ruido; corre las cortinas:
tan, tan, tan. Iremos a cenar por la mañana. Entonces, así, así.

Tonto

Y me iré a la cama al mediodía.

Volver a entrar en GLOUCESTER

GLOUCESTER

Ven acá, amigo, ¿dónde está el rey, mi señor?

KENT

Aquí, señor; pero no lo molestes, su ingenio se ha ido.

GLOUCESTER

Buen amigo, te ruego que lo tomes en tus brazos;
He oído un complot de muerte sobre él:
Hay una litera preparada; échalo en ella,
 y vete hacia Dover, amigo, donde encontrarás
tanto acogida como protección. Toma a tu señor:
Si te quedaras media hora, su vida,Con
la tuya, y todos los que se ofrecen a defenderle,Quédate
 en pérdida segura: toma, toma;
Y sígueme, que te dará una pronta
conducta.

KENT

La naturaleza oprimida duerme:
este descanso aún podría haber ablandado tus sentidos quebrantados
, los cuales, si la conveniencia no lo permite,
 están en dura cura.

Al Loco

Ven, ayúdame a dar a luz a tu señor;
No debes quedarte atrás.

GLOUCESTER

Ven, ven, vete.

Exeunt todos menos EDGAR

EDGAR

Cuando nosotros, nuestros superiores, vemos que soportamos
nuestros males,
 apenas pensamos en nuestras miserias como en nuestros enemigos.
El único que sufre, es el que más sufre en la mente,
dejando atrás las cosas libres y los espectáculos felices;
 pero entonces la mente se salta mucho sufrimiento,
cuando la tristeza tiene parejas, y lleva comunión.
¡Cuán ligero y portátil parece ahora mi dolor,
cuando lo que me hace doblar hace que el rey se incline,
 Él engendró como yo lo hice! ¡Tom, fuera!
Fíjate en los ruidos altos, y tú mismo te lamentas,
 cuando la falsa opinión, cuyo mal pensamiento te contamina,
 en tu justa prueba, te deroga y te reconcilia.
¿Qué más sucederá esta noche, a salvo del rey?
Al acecho, al acecho.

Salida

ESCENA VII. Castillo de Gloucester.

Entran CORNWALL, REGAN, GONERIL, EDMUND y Servants

CORNUALLES

Envía rápidamente a mi señor tu esposo, muéstrale
esta carta: el ejército de Francia ha desembarcado. Busca
al villano Gloucester.

Exeunt algunos de los Sirvientes

REGAN

Cuélgalo al instante.

GONERIL

Sácale los ojos.

CORNUALLES

Déjalo a mi disgusto. Edmundo, hazte compañía de
hermanas: las venganzas que estamos obligados a tomar
contra tu padre traidor no son dignas de que las

contemples. Avisa al duque, adonde vas, que haga
una preparación de lo más festiva: estamos obligados a lo
mismo. Nuestras publicaciones serán rápidas e inteligentes
entre nosotros. Adiós, querida hermana: adiós, mi
señor de Gloucester.

Entra en OSWALD

¡Cómo ahora! ¿Dónde está el rey?

OSWALD

Mi señor de Gloucester lo ha trasladado de aquí:Unos
 cinco o seis y treinta de sus caballeros,
buscadores calientes después de él, lo recibieron en la puerta;
Los cuales, con algunos otros de los señores dependientes,
 se han ido con él a Dover, donde se jactan
de tener amigos bien armados.

CORNUALLES

Consigue caballos para tu ama.

GONERIL

Adiós, dulce señor y hermana.

CORNUALLES

Edmund, adiós.

Exeunt GONERIL, EDMUND y OSWALD

Ve a buscar al traidor Gloucester,
 anícalo como a un ladrón, tráelo ante nosotros.

Exeunt otros Sirvientes

Aunque no pasemos por su vida
sin la forma de la justicia, sin embargo, nuestro poder
hará una cortesía a nuestra ira, a la que los hombres
pueden culpar, pero no controlar. ¿Quién está ahí? ¿El traidor?

Entra GLOUCESTER, traído por dos o tres

REGAN

¡Zorro ingrato! Es él.

CORNUALLES

Ata fuertemente sus brazos corchosos.

GLOUCESTER

¿Qué significan tus gracias? Buenas amigas mías,
considerad que sois mis invitados: no me hagáis faltas, amigos.

CORNUALLES

Átalo, le digo.

Los siervos lo atan

REGAN

Duro, duro. ¡Oh asqueroso traidor!

GLOUCESTER

Señora despiadada como eres, no soy ninguna.

CORNUALLES

A esta silla átalo. Villano, encontrarás...

REGAN se arranca la barba

GLOUCESTER

Por los amables dioses, se hace de la manera más ignominiosa
arrancarme por la barba.

REGAN

¡Tan blanco y qué traidor!

GLOUCESTER

Señora traviesa,
 estos cabellos, que arrancas de mi barbilla
, te vivificarán y te acusarás: yo soy tu anfitrión:
Con manos de ladrones mis hospitalarios favores
no debes alborotar así. ¿Qué vas a hacer?

CORNUALLES

Vamos, señor, ¿qué cartas habéis tardado de Francia?

REGAN

Responda con sencillez, porque nosotros sabemos la verdad.

CORNUALLES

¿Y qué confederación tienes con los traidores
 que han pasado por el reino?

REGAN

¿A manos de quién has enviado al rey lunático? Hablar.

GLOUCESTER

Tengo una carta que está adivinando
que vino de alguien que es de un corazón neutral,
 y no de alguien opuesto.

CORNUALLES

Astuto.

REGAN

Y falso.

CORNUALLES

¿A dónde has enviado al rey?

GLOUCESTER

A Dover.

REGAN

¿Por qué ir a Dover? ¿No fuiste acusado de peligro?

CORNUALLES

¿Por qué ir a Dover? Que él responda primero a eso.

GLOUCESTER

Estoy atado a la hoguera y debo mantener el rumbo.

REGAN

¿Por qué ir a Dover, señor?

GLOUCESTER

Porque no quiero ver tus crueles uñas
arrancar sus pobres ojos viejos, ni tu feroz hermana
en su carne ungida pegar colmillos de jabalí.
El mar, con una tormenta como la que soportó su cabeza desnuda en una
noche negra como el infierno, habría flotado
y apagado los fuegos apagados:
sin embargo, pobre viejo corazón, él hizo llover los cielos.
Si los lobos hubiesen aullado a tu puerta en aquel momento tan severo
, habrías dicho: «Buen portero, gira la llave»,
todos los demás crueles se suscribieron, pero yo veré
que la venganza alada alcanza a esos niños.

CORNUALLES

No verás tú, nunca. Compañeros, sostengan la silla.
Sobre estos ojos tuyos pondré mi pie.

GLOUCESTER

El que piense vivir hasta que sea viejo,
 ¡dame ayuda! ¡Oh cruel! ¡Oh dioses!

REGAN

Un bando se burlará del otro; el otro también.

CORNUALLES

Si ves venganza,--

Primer Sirviente

Toma tu mano, mi señor:
 Te he servido desde que era un niño;
Pero nunca te he hecho un mejor servicio
que ahora para pedirte que te mantengas.

REGAN

¡Cómo ahora, perro!

Primer Sirviente

Si llevaras barba en la barbilla,
la sacudiría en esta pelea. ¿Qué quieres decir?

CORNUALLES

¡Mi villano!

Dibujan y luchan

Primer Sirviente

No, entonces, vamos, y aprovecha el riesgo de la ira.

REGAN

Dame tu espada. ¡Un campesino se levanta así!

Toma una espada y corre hacia él por detrás

Primer Sirviente

¡Oh, me han matado! Mi señor, os queda un ojo
para ver alguna travesura en él. ¡Vaya!

Muere

CORNUALLES

Para que no vea más, prevenirlo. ¡Fuera, vil gelatina!
¿Dónde está ahora tu lustre?

GLOUCESTER

Todo oscuro e incómodo. ¿Dónde está mi hijo Edmund?
Edmundo, enciende todas las chispas de la naturaleza,
 para que dejes este horrible acto.

REGAN

¡Fuera, villano traicionero!
Invocas al que te aborrece: fue él
el que nos hizo la insinuación de tus traiciones;
¿Quién es demasiado bueno para compadecerse de ti?

GLOUCESTER

¡Oh locuras mías!, entonces Edgar fue maltratado.
¡Dioses bondadosos, perdónenme eso y prosperen!

REGAN

Ve a empujarlo por las puertas, y déjalo oler
su camino a Dover.

Salida uno con GLOUCESTER

¿Cómo no estás, mi señor? ¿Cómo te ves?

CORNUALLES

He recibido una herida: sígueme, señora.
Saca a ese villano sin ojos, arroja a este esclavo
al estercolero. Regan, sangro a un ritmo acelerado:Llega
 intempestivamente este dolor: dame tu brazo.

Salida CORNUALLES, liderada por REGAN

Segundo Sirviente

A mí nunca me importará la maldad que haga,
 si este hombre llega al bien.

Tercer Sirviente

Si ella vive mucho tiempo,
y al final se encuentra con el viejo curso de la muerte,
todas las mujeres se convertirán en monstruos.

Segundo Sirviente

Sigamos al viejo conde, y consigamos que el Bedlam
lo conduzca a donde él quiera: su locura pícara
se permite cualquier cosa.

Tercer Sirviente

Ve tú: voy a buscar un poco de lino y claras de huevo
para aplicarlo en su cara sangrante. Ahora, ¡que el cielo lo ayude!

Exeunt separadamente

ACTO IV

ESCENA I. El brezo.

Entra en EDGAR

EDGAR

Y aún mejor así, y conocido como despreciado,
 que aún despreciado y halagado. Para ser peor,La
 cosa más baja y abatida de la fortuna,Se
queda quieta en la espera, no vive con miedo:
El lamentable cambio es de lo mejor;
Lo peor vuelve a la risa. ¡Bienvenido, pues, tú,
 aire insustancial que abrazo!
El miserable que has llevado a lo peor
no debe nada a tus explosiones. Pero, ¿quién viene aquí?

Entra en GLOUCESTER, liderado por un anciano

¿Mi padre, mal dirigido? ¡Mundo, mundo, oh mundo!
Pero que tus extrañas mutaciones nos hagan odiarte, la
mentira no cedería a la edad.

Viejo

Oh, mi buen señor, he sido tu inquilino y
el inquilino de tu padre estos ochenta años.

GLOUCESTER

Vete, vete; buen amigo, vete:
Tus comodidades no me pueden hacer ningún bien;
A ti te pueden doler.

Viejo

Alack, señor, no puede ver su camino.

GLOUCESTER

No tengo camino, y por lo tanto no quiero ojos;
Tropecé cuando vi: "A menudo se ve,
Nuestros medios nos aseguran, y nuestros meros defectos
prueban nuestras mercancías". ¡Oh querido hijo Edgar,

el alimento de la ira de tu padre maltratado!
¡Si viviera para verte en mi tacto,
diría que volví a tener ojos!

Viejo

¡Cómo ahora! ¿Quién está ahí?

EDGAR

¡Oh dioses! ¿Quién no puede decir 'estoy en
lo peor'?
Estoy peor de lo que estaba.

Viejo

Es el pobre loco Tom.

EDGAR

Y puede que sea peor todavía: lo peor no es
mientras podamos decir: 'Esto es lo peor'.

Viejo

Amigo, ¿a dónde va?

GLOUCESTER

¿Es un mendigo?

Viejo

Loco y mendigo también.

GLOUCESTER

Tiene alguna razón, de lo contrario no podría mendigar.
Yo, la tormenta de la noche anterior, yo vi a un hombre así;
Lo cual me hizo pensar que un hombre era un gusano: mi hijo
vino entonces a mi mente, y sin embargo, mi mente
era entonces escasa amiga de él: he oído
más desde entonces.
Como moscas a los muchachos lascivos, somos a los dioses.
Nos matan por su deporte.

EDGAR

[Aparte] ¿Cómo debería ser esto?
Malo es el oficio que ha de hacer el ridículo a la tristeza,
enfureciéndose a sí mismo y a los demás.—¡Bendito seas, maestro!

GLOUCESTER

¿Es ese el hombre desnudo?

Viejo

¡Ay, mi señor!

GLOUCESTER

Entonces, señor, vete: si, por mi causa,
 nos llevas, aquí una milla o dos,
por el camino de Dover, hazlo por amor antiguo;
Y trae algo de cobertura para esta alma desnuda,
 a quien suplicaré que me guíe.

Viejo

Alack, señor, está loco.

GLOUCESTER

Es la plaga de los tiempos, cuando los locos guían a los ciegos.
Haz lo que te mando, o mejor dicho, haz lo que quieras;
Por encima del resto, vete.

Viejo

Le traeré el mejor parel que tengo,
Vamos lo que será.

Salida

GLOUCESTER

Sirrah, hombre desnudo,--

EDGAR

El pobre Tom está resfriado.

Aparte

No puedo embadurnarlo más.

GLOUCESTER

Ven acá, amigo.

EDGAR

[Aparte] Y, sin embargo, debo.—Bendice tus dulces ojos, sangran.

GLOUCESTER

¿Conoces el camino a Dover?

EDGAR

Tanto el montante como la puerta, el camino de caballos y el
sendero. El pobre
Tom ha sido asustado y ha perdido su buen juicio: ¡bendito
seas, hijo de un buen hombre, del asqueroso demonio! cinco
demonios han estado en el pobre Tom a la vez; de lujuria, como
Obidicut; Hobbididence, príncipe de la mudez; Mahu, de
robar; Modo, de asesinato; Flibbertigibbet, de
fregona y siega, que desde entonces posee camareras
y camareras. Así que, ¡bendito seas, maestro!

GLOUCESTER

Toma, toma esta bolsa, tú a quien las plagas de los cielos
han humillado a todos los golpes: que soy desdichado
te hace más feliz: ¡cielos, tan quietos!
Que el hombre superfluo y lujurioso,
que es esclavo de tu ordenanza, que no quiere ver
porque no siente, sienta tu poder rápidamente;
Por lo tanto, la distribución debe deshacer el exceso,
 y cada hombre tiene suficiente. ¿Conoces Dover?

EDGAR

Ay, maestro.

GLOUCESTER

Hay un acantilado, cuya cabeza alta e inclinada
mira temerosa en el abismo confinado:
 Tráeme hasta el borde mismo de él,
 y repararé la miseria que llevas

con algo rico a mi alrededor: desde ese lugar
no tendré necesidad de llevarme.

EDGAR

Dame tu brazo:
el pobre Tom te guiará.

Salen

ESCENA II. Antes del palacio de ALBANY.

Entra GONERIL y EDMUND

GONERIL

Bienvenido, mi señor: me maravillo de que nuestro apacible esposo
no nos haya encontrado en el camino.

Entra en OSWALD

Ahora, ¿dónde está tu amo?

OSWALD

Señora, por dentro, pero nunca el hombre ha cambiado tanto.
Le hablé del ejército que había desembarcado;
Él sonrió: Le dije que venías:Su
respuesta fue: «Lo peor» de la traición de Gloucester
y del leal servicio de su hijo.Cuando
 le informé, entonces me llamó y
me dijo que me había equivocado:
Lo que más le desagradaría le parece agradable;
O sea, ofensivo.

GONERIL

[A EDMUND] Entonces no irás más lejos.
Es el terror de su espíritu,
que no se atreve a emprender: no sentirá los males
que lo atan a una respuesta. Nuestros deseos en el camino
pueden resultar efectos. De vuelta, Edmund, a mi hermano;
Apresúrate sus reuniones y dirige sus poderes:
 Debo cambiar de armas en casa, y entregar la rueca
en las manos de mi esposo. Este fiel servidor

pasará entre nosotros: dentro de poco estarás a punto de oír,
si te atreves a aventurarte en tu propio favor,
 la orden de una señora. Ponte esto; habla parca;

Hacer un favor

Declina tu cabeza: este beso, si se atreviera a hablar,
 extendería tus espíritus en el aire:
Concebir, y te iría bien.

EDMUND

Tuyo en las filas de la muerte.

GONERIL

¡Mi queridísimo Gloucester!

Salir de EDMUND

¡Oh, la diferencia del hombre y del hombre!
A ti se deben los servicios de una mujer:
Mi necio usurpa mi cuerpo.

OSWALD

Señora, aquí viene mi señor.

Salida

Entra en ALBANY

GONERIL

Me ha valido el silbato.

ALBANY

¡Oh Goneril!
No vales el polvo que el viento rudo
te sopla en la cara. Temo tu disposición:
Esa naturaleza, que desprecia su origen,
no puede ser limitada a la certeza en sí misma;
La que ella misma se astilla y se ramifica
de su savia material, forzosamente debe marchitarse
y llegar a un uso mortal.

GONERIL

Ya no más; El texto es insensato.

ALBANY

La sabiduría y la bondad parecen viles a los viles:
Las inmundicias no huelen sino a sí mismas. ¿Qué has hecho?
Tigres, no hijas, ¿qué han hecho?
¡Un padre, y un anciano gracioso,
cuya reverencia lamería incluso el oso con la cabeza arruteada,
 el más bárbaro, el más degenerado!
¿Podría mi buen hermano permitirte que lo hicieras?
¡Un hombre, un príncipe, por él tan beneficiado!
Si los cielos no envían rápidamente a sus espíritus visibles
a domar estas viles ofensas,
vendrá, la
humanidad tendrá que forzosamente depredarse a sí misma,
 como monstruos de las profundidades.

GONERIL

¡Hombre de hígado de leche!
Que tiene mejilla para los golpes, cabeza para los agravios;
¿Quién no tiene en tu frente un ojo que distinga
tu honra de tu sufrimiento, para que los necios no sabios
se compadezcan de esos villanos que son castigados antes de
haber hecho su mal? ¿Dónde está tu tambor?
Francia despliega sus banderas en nuestra tierra silenciosa;
Con yelmo emplumado comienza tu asesino las amenazas;
Mientras tú, tonto moral, te quedas quieto y gritas
: «¿Por qué lo hace?»

ALBANY

¡Mírate, diablo!
La deformidad propiamente dicha no parece en el demonio
tan horrible como en la mujer.

GONERIL

¡Oh necio vanidoso!

ALBANY

Cambiaste y te cubriste a ti mismo, por vergüenza,
no seas monstruo tu rasgo. Si no fuera mi aptitud
para dejar que estas manos obedezcan a mi sangre,
 son lo suficientemente propensas a dislocar y desgarrar
tu carne y tus huesos: aunque seas un demonio,
la forma de una mujer te protege.

GONERIL

Cásate con tu hombría ahora...

Entra en un mensajero

ALBANY

¿Qué novedades?

Mensajero

Oh, mi buen señor, el duque de Cornualles ha muerto:
 asesinado por su criado, que iba a apagar
el otro ojo de Gloucester.

ALBANY

¡El ojo de Gloucester!

Mensajero

Un siervo que crió, estremecido de remordimiento,
 se opuso al acto, tensando su espada
a su gran señor; los cuales, enfurecidos,
 volaron sobre él, y entre ellos cayó muerto;
Pero no sin ese golpe dañino, que desde entonces
lo ha desplumado.

ALBANY

¡Esto demuestra que estáis por encima,
 jueces, que estos nuestros crímenes inferiores
pueden vengarse tan rápidamente! Pero, ¡oh pobre Gloucester!
¿Perdió el otro ojo?

Mensajero

Ambos, ambos, mi señor.
Esta carta, señora, pide una pronta respuesta;
Es de tu hermana.

GONERIL

[Aparte] Hay una forma en que me gusta mucho;
Pero siendo viuda, y mi Gloucester con ella,
Que todo el edificio de mi fantasía se despegue
sobre mi odiosa vida: de otra manera,
 las noticias no son tan agrias.

Salida

ALBANY

¿Dónde estaba su hijo cuando le quitaron los ojos?

Mensajero

Ven con mi señora acá.

ALBANY

Él no está aquí.

Mensajero

No, mi buen señor; Lo volví a encontrar.

ALBANY

¿Conoce él la maldad?

Mensajero

¡Ay, mi buen señor! Fue él informado contra él;
Y se fueron de la casa a propósito, para que su castigo
tuviera el curso más libre.

ALBANY

Gloucester, vivo
para agradecerte por el amor que mostraste al rey
 y para vengar tus ojos. Ven acá, amigo,
 dime qué más sabes.

Salen

ESCENA III. El campamento francés cerca de Dover.

Entra KENT y un caballero

KENT

¿Por qué el rey de Francia ha regresado tan repentinamente
, sabes la razón?

Caballero

Algo que dejó imperfecto en el
estado, que desde su venida se piensa
, lo cual trae al reino tanto
temor y peligro, que su regreso personal era
muy requerido y necesario.

KENT

¿A quién ha dejado tras de sí, general?

Caballero

El mariscal de Francia, Monsieur La Far.

KENT

¿Tus cartas traspasaron a la reina con alguna
demostración de dolor?

Caballero

¡Ay, señor!, ella los tomó, los leyó en mi presencia;
Y de vez en cuando una abundante lágrima recorría
su delicada mejilla: parecía que era una reina
de su pasión, que, como una rebelde,
buscaba ser rey de ella.

KENT

Oh, entonces la conmovió.

Caballero

No a la rabia: la paciencia y la tristeza luchaban
por quién debía expresar su bondad más buena. Has visto
el sol y la lluvia a la vez: sus sonrisas y lágrimas

eran como una forma mejor: esas sonrisas felices,
 que jugaban en su labio maduro, parecían no saber
qué invitados había en sus ojos, que se separaban de allí
 como caían perlas de diamantes. En resumen,
 la tristeza sería una rareza muy amada,
si todo pudiera llegar a serlo.

KENT

¿No le hizo ninguna pregunta verbal?

Caballero

A fe mía, una o dos veces pronunció el nombre de «padre»
 jadeante, como si le oprimiera el corazón:
«¡Hermanas! ¡Hermanas! ¡Qué vergüenza de las damas! ¡Hermanas!
¡Kent!, ¡padre!, ¡hermanas! ¿Qué, la tormenta? ¿Y la noche?
¡Que no se crea a la piedad!". Allí sacudió
el agua bendita de sus ojos celestiales,
 y el clamor se humedeció: luego comenzó
a lidiar sola con el dolor.

KENT

Son las estrellas, las
estrellas sobre nosotros, las que gobiernan nuestras condiciones;
De lo contrario, un compañero y un compañero no podrían engendrar
cuestiones tan diferentes. ¿No has vuelto a hablar con ella desde
entonces?

Caballero

No.

KENT

¿Fue esto antes de que el rey regresara?

Caballero

No, desde.

KENT

Bien, señor, el pobre afligió a Lear en la ciudad;
Que alguna vez, en su mejor tono, se acuerda de lo que

estamos haciendo, y de ninguna manera
cederá a ver a su hija.

Caballero

¿Por qué, buen señor?

KENT

Una vergüenza soberana le da un codazo: su propia crueldad,
 que la despojó de su bendición, la convirtió
en víctimas extranjeras, le dio sus queridos derechos
a sus hijas de corazón de perro, estas cosas pican
su mente tan venenosamente, que la vergüenza ardiente
lo detiene de Cordelia.

Caballero

¡Ay, pobre caballero!

KENT

¿De los poderes de Albany y Cornualles no has oído hablar?

Caballero

Así es, están en marcha.

KENT

Bien, señor, os llevaré a nuestro amo Lear,
y os dejaré que le atendiquéis: alguna querida causa
me envolverá un poco en secreto;
Cuando se me conozca correctamente, no te entristecerás
prestándome este conocimiento. Te ruego que me acompañes
.

Salen

ESCENA IV. Igualmente. Una tienda de campaña.

Entra, con tambor y colores, CORDELIA, Doctor y Soldados

CORDELIA

Alack, es él: ¡vaya, se encontró incluso ahora
Tan loco como el mar embravecido; cantando en voz alta;
Coronado con fumitador y malezas de surcos,
 con arribos, cicuta, ortigas, flores de cuco,
cizaña y todas las malas hierbas ociosas que crecen
en nuestro maíz sustentador. Un siglo de envío;
Escudriña cada acre en el campo crecido
y tráelo a nuestros ojos.

Salir de un oficial

¿Qué puede puede hacer la sabiduría del hombre
en la restauración de su afligido sentido?
El que le ayuda a tomar todo mi valor exterior.

Doctor

Hay medios, señora:
nuestro nodriza de la naturaleza es el reposo,
 el que le falta, que para provocar en él
hay muchos simples operarios, cuyo poder
cerrará el ojo de la angustia.

CORDELIA

¡Todos los benditos secretos,
 todas las virtudes inéditas de la tierra,
 brotar con mis lágrimas! ¡Ayudad y remediad
en la angustia del buen hombre! Búscalo, búscalo;
No sea que su rabia ingobernable disuelva la vida
que quiere los medios para llevarla.

Entra en un mensajero

Mensajero

Noticias, señora;
Las potencias británicas marchan hacia aquí.

CORDELIA

Es conocido de antemano; nuestra preparación está
en espera de ellos. Oh querido padre,
 es asunto tuyo que yo me ocupe;
Por eso, gran Francia,
Mi luto y mis lágrimas importantes se han compadeced.
No incitan nuestros brazos a la ambición desmesurada
, sino el amor, el amor querido, y el derecho de nuestro anciano
padre:
 ¡Pronto podré oírlo y verlo!

Salen

ESCENA V. Castillo de Gloucester.

Entran REGAN y OSWALD

REGAN

Pero, ¿están expuestos los poderes de mi hermano?

OSWALD

¡Ay, señora!

REGAN

¿Él mismo en persona allí?

OSWALD

Señora, con mucho alboroto:Su
 hermana es la mejor soldado.

REGAN

¿No habló lord Edmund con su señor en casa?

OSWALD

No, señora.

REGAN

¿Qué podría importar la carta de mi hermana para él?

OSWALD

No lo sé, señora.

REGAN

—A fe mía, está puesto en un asunto serio.
Era una gran ignorancia, Gloucester tenía los ojos abiertos,
 para dejarle vivir: donde llega, mueve
todos los corazones contra nosotros: Edmund, creo, se ha ido
, compadecido de su miseria, para despachar
su vida nocturna, además, para adivinar
la fuerza del enemigo.

OSWALD

Debo buscarlo, señora, con mi carta.

REGAN

Nuestras tropas parten mañana: quédense con nosotros;
Los caminos son peligrosos.

OSWALD

No puedo, señora:
mi señora cumplió con mi deber en este negocio.

REGAN

¿Por qué debería escribirle a Edmund? ¿No podrías
transportar sus propósitos por medio de la palabra?
Algo... no sé qué: Te amaré mucho,
Déjame abrir la carta.

OSWALD

Señora, yo hubiera preferido...

REGAN

Sé que tu señora no ama a su marido;
De eso estoy seguro, y al estar aquí tarde,
le dedicó extrañas miradas y miradas muy parlantes
al noble Edmund. Sé que eres de su seno.

OSWALD

¿Yo, señora?

REGAN

Yo hablo en entendimiento; tú eres; No lo sé:
Por lo tanto, te aconsejo que tomes nota de esto:
Mi señor ha muerto; Edmund y yo hemos hablado;
Y él es más conveniente para mi mano
que para la de tu señora: puedes recoger más.
Si lo encuentras, te ruego, dale esto;
Y cuando tu señora oiga tanto de ti,
te ruego que le desees, que le llame sabiduría.
Así que que te vaya bien.
Si por casualidad oís hablar de ese traidor ciego, la
preferencia recae sobre el que lo interrumpe.

OSWALD

¡Ojalá pudiera encontrarme con él, señora! Debería mostrar
a qué partido sigo.

REGAN

Que te vaya bien.

Salen

ESCENA VI. Campos cerca de Dover.

Entró Gloucester y EDGAR vestido de campesino

GLOUCESTER

¿Cuándo llegaremos a la cima de esa misma colina?

EDGAR

Ustedes sí lo suben ahora: miren, cómo trabajamos.

GLOUCESTER

Me parece que el suelo está nivelado.

EDGAR

Horrible empinado.
Oye, ¿oyes el mar?

GLOUCESTER

No, de verdad.

EDGAR

¿Por qué, entonces, tus otros sentidos se vuelven imperfectos
por la angustia de tus ojos?

GLOUCESTER

Que así sea, en efecto:
 me parece que tu voz se ha alterado, y que hablas
con mejor frase y materia de la que lo hiciste.

EDGAR

Estáis muy engañados: en nada he cambiado,
sino en mis vestidos.

GLOUCESTER

Creo que se habla mejor.

EDGAR

Vamos, señor, aquí está el lugar: quédese quieto.
¡Qué miedo y qué vértigo arrojar los ojos tan bajos!
Los cuervos y las chovas que vuelan a mitad de camino
muestran escasos tan groseros como escarabajos: a mitad de camino
cuelga uno que recoge hinojo, ¡espantoso comercio!
Me parece que no parece más grande que su cabeza:
 los pescadores, que caminan por la playa,
 parecen ratones, y su alto ladrido de anclaje,
disminuido a su gallo; su gallo, una boya
casi demasiado pequeña para la vista: el murmullo de la marejada,
 que en los innumerables guijarros ociosos roza,
 no se puede oír tan alto. No miraré más;
No sea que mi cerebro se revuelva y la deficiente vista
se derrumbe de cabeza.

GLOUCESTER

Ponme donde estás.

EDGAR

Dame tu mano: ahora estás a un pie
del borde extremo, porque todo lo que hay debajo de la luna
no saltaría erguido.

GLOUCESTER

Suelta mi mano.
He aquí, amigo, otra bolsa, en la que hay una joya
que vale la pena que se la lleve un pobre: las hadas y los dioses
la prosperan contigo. Vete más lejos;
Despídete de mí y déjame oírte partir.

EDGAR

Ahora que le vaya bien, buen señor.

GLOUCESTER

Con todo mi corazón.

EDGAR

Por qué juego así con su desesperación
se hace para curarla.

GLOUCESTER

[Arrodillándose] ¡Oh dioses poderosos!
Renuncio a este mundo, y, a tus ojos, sacudo
 pacientemente mi gran aflicción:
si pudiera soportarla por más tiempo, y no caer
a pelear con tus grandes voluntades opuestas,
mi rapé y mi parte aborrecida de la naturaleza se quemarían
a sí mismas. ¡Si Edgar vive, oh, bendito sea!
Ahora, amigo, que te vaya bien.

Cae hacia adelante

EDGAR

Se fue, señor: adiós.
Y, sin embargo, no sé cómo la presunción puede robar
el tesoro de la vida, cuando la vida misma
cede al robo: si hubiera estado donde pensaba
, con esto habría sido el pensamiento pasado. ¿Vivo o muerto?

¡Eh, señor!, ¡amigo! ¡Escúcheme, señor! ¡hablar!
Así podría pasar, en verdad, y sin embargo revive.
¿Qué es usted, señor?

GLOUCESTER

Vete, y déjame morir.

EDGAR

Si no hubieras sido más que telaraña, plumas, aire,
 tantos brazas precipitando,
 tiemblas como un huevo, pero respiras;
Tener sustancia pesada, no sangrar, hablar, arte sano.
Diez mástiles en cada uno no hacen la altura
que has caído perpendicularmente:
tu vida es un milagro. Habla una vez más.

GLOUCESTER

Pero, ¿me he caído o no?

EDGAR

Desde la temible cumbre de este bourn calcáreo.
Mira hacia arriba a la altura; la alondra chillona hasta ahora
no se puede ver ni oír: solo mira hacia arriba.

GLOUCESTER

Alack, no tengo ojos.
¿Se priva a la miseria de ese beneficio,
para acabar con la muerte? Todavía era un consuelo,
cuando la miseria podía seducir la ira del tirano
 y frustrar su orgullosa voluntad.

EDGAR

Dame tu brazo:
Arriba: entonces. ¿Cómo es 't? ¿Sientes tus piernas? Te pones de pie.

GLOUCESTER

Demasiado bien, demasiado bien.

EDGAR

Esto es sobre todo extrañeza.
En la corona del precipicio, ¿qué cosa era esa
que se separó de ti?

GLOUCESTER

Un pobre mendigo desdichado.

EDGAR

Mientras estaba aquí abajo, me pareció que sus ojos
eran dos lunas llenas; tenía mil narices,
cuernos zumbantes y ondeaban como el mar embravecido;
 era un demonio; por lo tanto, feliz padre,
piensa que los dioses más claros, que los hacen honores de las
imposibilidades de los hombres, te han preservado.

GLOUCESTER

Lo que sí recuerdo ahora es que de ahora en adelante soportaré
la Aflicción hasta que grite por sí misma
: 'Basta, basta', y muera. Esa cosa de la que hablas,
yo la tomé por un hombre; a menudo decía:
 "El demonio, el demonio", él me llevó a ese lugar.

EDGAR

Lleva pensamientos libres y pacientes. Pero, ¿quién viene aquí?

Entra el Rey LEAR, fantásticamente vestido con flores silvestres

El sentido más seguro no acomodará a
su amo de esta manera.

EL REY LEAR

No, no me pueden tocar para acuñar; Yo soy el
rey mismo.

EDGAR

¡Oh vista que penetra los costados!

EL REY LEAR

En ese sentido, la naturaleza está por encima del arte. Ahí está el
dinero de la prensa. Ese hombre maneja su arco como un

cuervo: dibújame un patio de pañeros. ¡Mira,
mira, un ratón! Paz, paz; Este trozo de queso tostado
no servirá. Ahí está mi guantelete; Lo demostraré
en un gigante. Saca a relucir los billetes marrones. ¡Oh, bien
volado, pájaro! i la influencia, i ' la influencia: ¡hewgh!
Da la palabra.

EDGAR

Mejorana dulce.

EL REY LEAR

Pasar.

GLOUCESTER

Conozco esa voz.

EL REY LEAR

¡Ja! ¡Goneril, con barba blanca! Me halagaron
como a un perro y me dijeron que tenía pelos blancos en la
barba antes de que llegaran los negros. Decir 'sí'
 y 'no' a cada cosa que dijera-- 'sí' y 'no'
tampoco era una buena divinidad. Cuando la lluvia vino a
mojarme una vez, y el viento a hacerme parlotear, cuando
los truenos no se apaciguaron a mi voluntad, allí los
encontré, allí los olí. Vayan, no son
hombres de sus palabras: me dijeron que yo era todo
; Es mentira, no soy a prueba de ague.

GLOUCESTER

El truco de esa voz lo recuerdo muy bien:
 ¿No es el rey?

EL REY LEAR

Ay, cada centímetro un rey:
Cuando miro fijamente, mira cómo tiembla el sujeto.
Perdono la vida de ese hombre. ¿Cuál fue tu causa? ¿Adulterio?
No morirás: ¡muere por adulterio! No:
el chochín va a 't, y la pequeña mosca dorada
revolotea a mi vista.

Que prospere la cópula, porque el hijo bastardo de Gloucester
era más amable con su padre que mis hijas
 con las sábanas legales.
¡A t, lujo, pell-mell!, porque me faltan soldados.
He aquí a tu sonriente dama,
cuyo rostro entre sus tenedores presagia nieve;
Que pica la virtud, y sacude la cabeza
Al oír el nombre del placer;
Ni el caballo sucio va a 't
Con un apetito más desenfrenado.
De la cintura son Centauros,Aunque
todas las mujeres de arriba:
Pero al cinturón heredan los dioses,Abajo
 está todos los demonios';
Ahí está el infierno, ahí está la tiniebla, ahí está el
pozo sulfuroso
, ardiendo, hirviendo, hedor, consumición; ¡fie,
 fie, fie! ¡pah, pah! Dame una onza de civeta,
buen boticario, para endulzar mi imaginación:
 hay dinero para ti.

GLOUCESTER

¡Oh, déjame besar esa mano!

EL REY LEAR

Déjame limpiarlo primero; huele a mortalidad.

GLOUCESTER

¡Oh pedazo de naturaleza en ruinas! Este gran mundo
se desgastará hasta la nada. ¿Me conoces?

EL REY LEAR

Recuerdo muy bien tus ojos. ¿Me miras con los ojos entrecerrados
? ¡No, haz lo peor que puedas, ciego Cupido! No voy a
amar. Lee este desafío; Fíjate en la
escritura de la misma.

GLOUCESTER

Si todas las letras fueran soles, no pude ver ninguna.

EDGAR

No tomaría esto de un informe; lo es,
y mi corazón se rompe ante ello.

EL REY LEAR

Leer.

GLOUCESTER

¿Qué, con el caso de los ojos?

EL REY LEAR

Oh, ho, ¿estás ahí conmigo? ¿No tienes ojos en la
cabeza, ni dinero en el bolso? Tus ojos están en
un estuche pesado, tu bolsa en una luz; sin embargo, ves cómo
va este mundo.

GLOUCESTER

Lo veo con sentimiento.

EL REY LEAR

¿Qué, loco por el arte? Un hombre puede ver cómo va este mundo
sin ojos. Mira con tus oídos: mira cómo la
justicia arremete contra tu simple ladrón. Escucha, en
tu oído: cambia de lugar, y, manitas, ¿cuál
es la justicia, cuál es el ladrón? ¿Has visto
ladrar al perro de un granjero a un mendigo?

GLOUCESTER

Sí, señor.

EL REY LEAR

¿Y la criatura huyó de la maldición? Allí podrías
contemplar la gran imagen de la autoridad: un
perro es obedecido en su oficio.
¡Tú, bribón, toma tu mano sangrienta!
¿Por qué azotas a esa ramera? Desnuda tu propia espalda;
Deseas ardientemente usarla de esa manera por la

cual la azotas. El usurero ahorca al cozener.
A través de la ropa andrajosa aparecen pequeños vicios;
Las túnicas y los vestidos de piel lo ocultan todo. Placa el pecado
con oro,Y
 la fuerte lanza de la justicia se rompe inofensiva:
Ármalo en harapos, la paja de un cerdo lo atraviesa.
Ninguno ofende, ninguno, digo, ninguno; Voy a poder:
Toma eso de mí, amigo mío, que tengo el poder de
sellar los labios del acusador. Consigue tus ojos de vidrio;
Y como un político escorbuto, parece
ver las cosas que tú no ves. Ahora, ahora, ahora, ahora:
Quítame las botas: más duro, más duro: así.

EDGAR

¡Oh, materia e impertinencia mezcladas! ¡Razón en la locura!

EL REY LEAR

Si quieres llorar mi fortuna, toma mis ojos.
Te conozco bastante bien; tu nombre es Gloucester;
debes tener paciencia; vinimos llorando hasta aquí;
 tú sabes, la primera vez que olemos el aire,
gemimos y lloramos. Te predicaré: Marcos.

GLOUCESTER

¡Ay, alack el día!

EL REY LEAR

Cuando nacemos, lloramos que hemos llegado
a este gran estadio de los necios: este es un buen bloque;
Sería una delicada estratagema, herrar una tropa
de caballos con fieltro: lo pondré en prueba;
Y cuando haya robado a estos yernos,
¡entonces, matar, matar, matar, matar, matar, matar!

Entra un caballero, con asistentes

Caballero

Oh, aquí está: pon la mano sobre él. Señor,
 su queridísima hija...

EL REY LEAR

¿No hay rescate? ¿Qué, un prisionero? Incluso soy
el tonto natural de la fortuna. Úsame bien;
Tendréis rescate. Déjenme tener cirujanos;
Estoy cortado hasta el cerebro.

Caballero

Tendrás cualquier cosa.

EL REY LEAR

¿Sin segundos? ¿todo yo mismo?
Pues, esto convertiría a un hombre en un hombre de sal,
para usar sus ojos para las vasijas de agua del jardín,
 ¡ay!, y para poner el polvo del otoño.

Caballero

¡Buen señor,--

EL REY LEAR

Moriré valientemente, como un novio. ¡Qué!
Seré jovial: ven, ven; Yo soy un rey,
mis señores, sabed eso.

Caballero

Tú eres un miembro de la realeza, y nosotros te obedecemos.

EL REY LEAR

Luego está la vida. No, si lo consigues,
lo conseguirás corriendo. Sa, sa, sa, sa.

Sal de correr; Siguen los asistentes

Caballero

¡Un espectáculo de lo más lamentable en el miserable más mezquino,
 del que se habla más allá en un rey! Tienes una hija
que redime a la naturaleza de la maldición general a la
que dos la han llevado.

EDGAR

Salve, gentil señor.

Caballero

Señor, acelere: ¿cuál es su voluntad?

EDGAR

¿Oye usted, señor, algo de una batalla hacia adentro?

Caballero

Muy seguro y vulgar: todo el mundo oye lo
que puede distinguir el sonido.

EDGAR

Pero, por tu favor, ¿
qué tan cerca está el otro ejército?

Caballero

Cerca y a paso veloz, el principal desconocimiento
se encuentra en el pensamiento de cada hora.

EDGAR

Le agradezco, señor: eso es todo.

Caballero

A pesar de que la reina por causa especial está aquí,
su ejército sigue adelante.

EDGAR

Le doy las gracias, señor.

Caballero de salida

GLOUCESTER

¡Dioses siempre gentiles, apartad de mí mi aliento:
no permitáis que mi peor espíritu me tiente de nuevo
a morir antes de que vosotros cojéis!

EDGAR

Bien te lo ruego, padre.

GLOUCESTER

Ahora, buen señor, ¿qué es Ud.?

EDGAR

Un pobrecísísimo hombre, hecho dócil a los golpes de la fortuna;
Que, por el arte de conocer y sentir penas,
estoy embarazada de buena piedad. Dame tu mano,
 te llevaré a algunas ofertas.

GLOUCESTER

Agradecimientos de corazón:
 ¡La generosidad y la bendición del cielo
para arrancar, y arrancar!

Entra en OSWALD

OSWALD

¡Un premio proclamado! ¡Muy felices!
Esa cabeza tuya sin ojos fue primero hecha carne
para aumentar mi fortuna. Tú, viejo traidor,
recuérdalo brevemente: ha salido la espada
que te destruirá.

GLOUCESTER

Ahora deja que tu mano amiga
ponga la fuerza suficiente para ello.

EDGAR interviene

OSWALD

¿Por qué, campesino audaz,
te atreves a apoyar a un traidor publicado? Por lo tanto;
No sea que la infección de su fortuna
se apodere de ti. Suéltale el brazo.

EDGAR

No te soltaré, zir, sin que te eches cuenta.

OSWALD

¡Déjalo, esclavo, o morirás!

EDGAR

Buen caballero, siga su andar y deje pasar al pobre Volk
. Un chud ha' bin zwaggerado de mi vida,
no tendría bin zo mientras sea por una noche de vórtice.
No, no te acerques al anciano; mantente fuera, oh vor
, o procura que tu cobarde o mi botín sean
más duros: seré franco contigo.

OSWALD

¡Fuera, estercolero!

EDGAR

Te arrancaré los dientes, zir: ven, no importa
lo que te ocurra.

Pelean, y EDGAR lo derriba

OSWALD

Esclavo, me has matado: villano, toma mi bolsa:
Si alguna vez quieres prosperar, entierra mi cuerpo;
Y da las cartas que encuentres sobre mí
a Edmund, conde de Gloucester; búscalo
en el partido británico: ¡Oh, muerte prematura!

Muere

EDGAR

Te conozco bien: un villano útil;
Tan obediente a los vicios de tu señora
como la maldad lo desearía.

GLOUCESTER

¿Qué, está muerto?

EDGAR

Siéntate, padre, descansa
Vamos a ver estos bolsillos: las cartas de las que habla
Que sean mis amigas. Está muerto; Lo único que lamento

es que no haya tenido otro hombre de la muerte. Veamos:
Vete, gentil cera; y, modales, no nos culpes:
Para conocer las mentes de nuestros enemigos, desgarraríamos sus
corazones;
Sus papeles, es más lícito.

Lee

"Que se recuerden nuestros votos recíprocos. Tienes
muchas oportunidades para cortarle: si no quieres
, el tiempo y el lugar se te ofrecerán fructíferamente.
No hay nada que hacer, si él devuelve al vencedor:
entonces yo soy el prisionero, y su lecho mi meta; del
aborrecido calor del cual líbrame, y provee
el lugar para tu trabajo.
—Tu... esposa, así diría yo...
 —Criada afectuosa,
GONERIL.
¡Oh espacio indistinguido de la voluntad de la mujer!
Un complot contra la vida de su virtuoso esposo;
¡Y el intercambio, mi hermano! Aquí, en las arenas,
 rastrillaré, el puesto no santificado
de los asesinos: y en el tiempo maduro
con este papel descortés golpea la vista
de la muerte practicada duque: para él es bueno
que de tu muerte y negocios puedo contar.

GLOUCESTER

El rey está loco: ¡cuán rígido es mi vil sentido,
 que me levanto y tengo un sentimiento ingenioso
de mis grandes penas! Mejor me distraiga:
así deberían mis pensamientos ser separados de mis penas,
y las desgracias de las malas imaginaciones perderían
el conocimiento de sí mismas.

EDGAR

Dame tu mano:

Tambor a lo lejos

A lo lejos, me parece, oigo el tambor retocado:
Ven, padre, te daré un amigo.

Salen

ESCENA VII. Una tienda de campaña en el campamento francés. LEAR en una cama dormida,

reproducción de música suave; Gentleman, y otros asistentes.

Entran CORDELIA, KENT y Doctor

CORDELIA

¡Oh buen Kent!, ¿cómo viviré y trabajaré
para igualar tu bondad? Mi vida será demasiado corta,
y todas las medidas me fallarán.

KENT

Ser reconocido, señora, es o'erpaid.
Todos mis informes van con la modesta verdad;
Ni más ni recortado, sino así.

CORDELIA

Sé más adecuado:
Estas malas hierbas son recuerdos de esas horas peores:
Te pido, apártalas.

KENT

Perdóneme, querida señora;
Sin embargo, el ser conocido acorta mi intención hecha:
Mi bendición la hago, que no me conozcas Hasta que
el tiempo y yo creo encontrarme.

CORDELIA

Entonces no sea así, mi buen señor.

Al Doctor

¿Cómo lo hace el rey?

Doctor

Señora, duerme todavía.

CORDELIA

¡Oh dioses bondadosos,
curad esta gran brecha en su naturaleza maltratada!
Los sentidos desafinados y discordantes, ¡oh, terminan
De este padre cambiado por niño!

Doctor

Le plazca, pues, a Su Majestad
que despertemos al rey, que ha dormido mucho tiempo.

CORDELIA

Déjate gobernar por tu conocimiento, y procede
yo bajo el dominio de tu propia voluntad. ¿Está ataviado?

Caballero

¡Ay, señora! En la pesadez de su sueño
le pusimos vestiduras frescas.

Doctor

Quédate presente, buena señora, cuando lo despertemos;
No dudo de su templanza.

CORDELIA

Muy bien.

Doctor

Por favor, acércate. ¡Más fuerte la música allí!

CORDELIA

¡Oh mi querido padre! Restauración, cuelga
tu medicina en mis labios, y que este beso
repare esos violentos daños que mis dos hermanas
han hecho en tu reverencia.

KENT

¡Amable y querida princesa!

CORDELIA

Si no hubieras sido su padre, estos copos blancos
habrían desafiado la piedad de ellos. ¿Era este un rostro
al que había que oponerse contra los vientos guerreros?
¿Resistir el profundo trueno de los truenos?
¿Con el golpe más terrible y ágil
de un relámpago rápido y cruzado? para mirar... ¿pobre perdu--
Con este delgado yelmo? El perro de mi enemigo
, aunque me hubiera mordido, se habría levantado aquella noche
contra mi fuego; ¿y querías, pobre padre,
que te enzarzaras de cerdos y pícaros desamparados,
 en una paja corta y mohosa? ¡Ay, alack!
Es de maravilla que tu vida y tu ingenio
no lo hubieran concluido todo a la vez. Se despierta; Háblale.

Doctor

Señora, ¿lo hace usted? Es el más apto.

CORDELIA

¿Cómo lo hace mi señor real? ¿Cómo le va a Su Majestad?

EL REY LEAR

Me haces mal al sacarme de la tumba:
Tú eres un alma en bienaventuranza, pero yo estoy atado
a una rueda de fuego, para que mis propias lágrimas
escalden como el plomo muda.

CORDELIA

Señor, ¿me conoce?

EL REY LEAR

Eres un espíritu, lo sé: ¿cuándo moriste?

CORDELIA

¡Todavía, todavía, muy ancho!

Doctor

Apenas está despierto: déjalo en paz un rato.

EL REY LEAR

¿Dónde he estado? ¿Dónde estoy? ¿Buena luz del día?
Se me maltrata poderosamente. Me moriría de lástima
 ver a otro así. No sé qué decir.
No juraré que estas son mis manos: veamos;
Siento el pinchazo de este alfiler. ¡Ojalá estuviera seguro
de mi condición!

CORDELIA

Oh, mírame, señor,
y sostén tus manos en bendición sobre mí:
No, señor, no debes arrodillarte.

EL REY LEAR

Te ruego, no te burles de mí:
 soy un viejo cariñoso muy tonto,
 ochenta años y más, ni una hora más ni menos;
Y, para decirlo claramente,
me temo que no estoy en mi mente perfecta.
Me parece que debería conocerte a ti, y conocer a este hombre;
Sin embargo, tengo dudas, porque principalmente ignoro
qué lugar es este, y toda la habilidad que tengo
no recuerda estas vestiduras, ni sé
dónde me alojé anoche. No te rías de mí;
Porque, como soy hombre, creo que esta dama
es mi hija Cordelia.

CORDELIA

Y así soy, yo soy.

EL REY LEAR

¿Están mojadas tus lágrimas? Sí, 'fe. Te ruego, no llores:
 si tienes veneno para mí, lo beberé.
Sé que no me amas, porque tus hermanas
, según recuerdo, me han hecho mal:
tú tienes alguna causa, ellas no.

CORDELIA

Sin causa, sin causa.

EL REY LEAR

¿Estoy en Francia?

KENT

En su propio reino, señor.

EL REY LEAR

No abuses de mí.

Doctor

Consuélate, buena señora: la gran rabia
 está muerta en él, y sin embargo es un peligro
hacerle perder el tiempo que ha perdido.
Desead que entre, no le molestéis más
hasta que se calme.

CORDELIA

¿No complacerá a Su Alteza caminar?

EL REY LEAR

Debes tener paciencia conmigo:
 Te ruego que olvides y perdones: soy viejo y necio.

Exeunt todos menos KENT y Gentleman

Caballero

¿Es cierto, señor, que el duque de Cornualles fue asesinado de esa manera?

KENT

Muy cierto, señor.

Caballero

¿Quién es el conductor de su pueblo?

KENT

Como se dice, el hijo bastardo de Gloucester.

Caballero

Dicen que Edgar, su hijo desterrado, está con el conde
de Kent en Alemania.

KENT

El informe se puede modificar. Es hora de mirar a nuestro alrededor;
Los
poderes del reino se acercan a buen ritmo.

Caballero

El arbitraje es como si fuera sangriento. Que le vaya
bien, señor.

Salida

KENT

Mi punto y mi período serán bien forjados,
o bien o mal, según se haya librado la batalla de este día.

Salida

ACTO V

ESCENA I. El campamento británico, cerca de Dover.

*Entran, con tambor y colores, EDMUND, REGAN, Caballeros y
Soldados.*

EDMUND

Sepa del duque si su último propósito se mantiene,
 o si ya que le aconseja
cambiar el rumbo: está lleno de alteración
y se reprueba a sí mismo: traiga su placer constante.

A un caballero, que sale

REGAN

El hombre de nuestra hermana ciertamente ha sufrido un aborto
espontáneo.

EDMUND

Es dudoso, señora.

REGAN

Ahora, dulce señor,
 tú sabes el bien que quiero para ti:
Dime, pero con verdad, pero luego di la verdad,
 ¿no amas a mi hermana?

EDMUND

En honor al amor.

REGAN

¿Pero nunca has encontrado el camino de mi hermano
al lugar abandonado?

EDMUND

Ese pensamiento abusa de ti.

REGAN

Dudo que hayas estado en conjunción
y pecho con ella, en lo que a nosotros la llamamos suya.

EDMUND

No, por mi honor, señora.

REGAN

Nunca la soportaré: querido mi señor,
 no la conozcas.

EDMUND

No me temáis: ¡
ella y el duque su marido!

Entran, con tambor y colores, ALBANY, GONERIL y Soldados

GONERIL

Preferiría perder la batalla a que esa hermana
nos soltara a él y a mí.

ALBANY

Nuestra muy amorosa hermana, bien recibida.
Señor, esto es lo que oigo: el rey ha venido a su hija,
con otros a quienes el rigor de nuestro estado
obligó a gritar. Donde no pude ser honesto,
nunca fui valiente: porque este negocio,
nos toca, como Francia invade nuestra tierra,
no se atreve con el rey, con otros, a quienes, me temo,
 las causas más justas y pesadas hacen oponerse.

EDMUND

Señor, usted habla noblemente.

REGAN

¿Por qué se debe esta razón?

GONERIL

Combínense para vencer al enemigo;
Porque estos asados domésticos y particulares
no son la cuestión aquí.

ALBANY

Determinemos entonces
Con el anciano de la guerra en nuestros procedimientos.

EDMUND

Pronto te atenderé en tu tienda.

REGAN

Hermana, ¿irás con nosotros?

GONERIL

No.

REGAN

Es lo más conveniente; Te ruego que vayas con nosotros.

GONERIL

[Aparte] Oh, ho, conozco el enigma.—Iré.

A medida que van a salir, entra EDGAR disfrazado

EDGAR

Si tu merced ha hablado con un hombre tan pobre,
escúchame una palabra.

ALBANY

Te adelantaré. Hablar.

Exeunt todos menos ALBANY y EDGAR

EDGAR

Antes de que luches en la batalla, ope esta carta.
Si tienes la victoria, que suene la trompeta
por el que la trajo: por miserable que parezca,
puedo producir un campeón que demuestre lo que
allí se avala. Si te equivocas,
tus negocios del mundo tienen un fin,
y la maquinación cesa. La fortuna te ama.

ALBANY

Quédate hasta que haya leído la carta.

EDGAR

Me lo prohibieron.
Cuando el tiempo te sirva, que el heraldo clame,
y yo apareceré de nuevo.

ALBANY

Pues, que te vaya bien: yo miraré tu papel.

Salir de EDGAR

Volver a entrar en EDMUND

EDMUND

El enemigo está a la vista; desenvuelve tus poderes.
Aquí está la conjetura de su verdadera fuerza y fuerzas

por medio de un descubrimiento diligente; pero tu prisa
se apremia ahora sobre ti.

ALBANY

Vamos a saludar a la hora.

Salida

EDMUND

A estas dos hermanas les he jurado mi amor;
Cada uno celoso del otro, como los aguijoneados
lo son de la víbora. ¿Con cuál de ellos me quedaré?
¿Ambos?, ¿uno?, ¿ninguno? Ninguno de los dos puede ser
disfrutado,
 si ambos permanecen vivos: tomar a la viuda
Exaspera, enloquece a su hermana Goneril;
Y difícilmente cumpliré mi parte,
estando vivo su marido. Ahora, pues, usaremos
su semblante para la batalla, la cual, una vez hecha,
 que la que quiera librarse de él tramite
su pronta salida. En cuanto a la misericordia
que se propone para Lear y para Cordelia,
la batalla ha terminado, y están en nuestro poder,
 nunca verán su perdón, porque mi estado
depende de mí para defender, no para debatir.

Salida

ESCENA II. Un campo entre los dos campos.

*Alarum en el interior. Entran, con tambor y colores, EL REY LEAR,
CORDELIA y soldados, sobre el escenario; y exeunt*

Entran EDGAR y GLOUCESTER

EDGAR

Aquí, padre, toma la sombra de este árbol
por tu buen anfitrión; ruega para que el derecho prospere:

Si alguna vez vuelvo a ti,
te traeré consuelo.

GLOUCESTER

¡Gracia vaya con usted, señor!

Salir de EDGAR

Alarum y retírate hacia adentro. Volver a entrar en EDGAR

EDGAR

¡Vete, anciano, dame tu mano!
El rey Lear ha perdido, él y su hija ta'en:
Dame tu mano, vamos.

GLOUCESTER

No más lejos, señor; Un hombre puede pudrirse incluso aquí.

EDGAR

¿Qué, otra vez con malos pensamientos? Los hombres deben
soportar
su ir de aquí, así como su venir acá;
La madurez lo es todo: vamos.

GLOUCESTER

Y eso también es cierto.

Salen

ESCENA III. El campamento británico cerca de Dover.

*Entran, en conquista, con tambor y colores, EDMUNDO, EL REY
LEAR y CORDELIA, prisioneros; Capitán, soldados, & c*

EDMUND

Algunos oficiales se los llevan: buena guardia,Hasta
 que primero se sepan sus mayores placeres
que son para censurarlos.

CORDELIA

No somos los primeros
que, con la mejor intención, han incurrido en lo peor.
Por ti, rey oprimido, estoy abatido;
De lo contrario, yo mismo podría fruncir el ceño fruncido de la falsa
fortuna.
¿No veremos a estas hijas y a estas hermanas?

EL REY LEAR

¡No, no, no, no! Ven, vámonos a la cárcel:
Solo nosotros dos cantaremos como pájaros en la jaula:
 Cuando me pidas bendición, me arrodillaré
 y te pediré perdón: así viviremos,
y rezaremos, y cantaremos, y contaremos viejos cuentos, y nos
reiremos
de las mariposas doradas, y oiremos a los pobres pícaros
hablar de las noticias de la corte; y también hablaremos con ellos,
Quién pierde y quién gana; quién está dentro, quién está fuera;
Y asumimos el misterio de las cosas,
como si fuéramos espías de Dios, y nos agotaremos
, en una prisión amurallada, jaurías y sectas de grandes hombres,
 que fluyen y refluyen junto a la luna.

EDMUND

Llévatelos.

EL REY LEAR

Sobre tales sacrificios, mi Cordelia,
 los mismos dioses arrojan incienso. ¿Te he atrapado?
El que nos separe traerá un tizón del cielo,
y nos despedirá de aquí como a zorros. Enjuga tus ojos;
Los años buenos los devorarán, carne y caída,
antes de que nos hagan llorar: los veremos morir de hambre
primero. Venirse.

Exeunt EL REY LEAR Y CORDELIA, custodiados

EDMUND

Ven acá, capitán, escucha.
Toma esta nota;

Entrega de un trabajo

ve y síguelos a la cárcel:
Un paso te he adelantado; si haces
Como esto te manda, te abres camino
A nobles fortunas: Has de saber esto, que los hombres
Son como es el tiempo: ser tierno
no se convierte en espada: tu gran empleo
No se pondrá en duda; o decir que no lo harás,
O prosperar por otros medios.

Capitán

No lo haré, mi señor.

EDMUND

Y escribe feliz cuando hayas terminado.
Fíjate, digo, al instante, y llévalo tal
como lo he dejado.

Capitán

No puedo tirar de un carro, ni comer avena seca;
Si es obra del hombre, no lo haré.

Salida

Florecer. Entran ALBANY, GONERIL, REGAN, otro capitán, y soldados

ALBANY

Señor, hoy has mostrado tu valiente estirpe,
y la fortuna te ha llevado bien: tienes a los cautivos
que fueron los opuestos a la lucha de este día:
 te los exigimos, para que los uses
como encontremos que sus méritos y nuestra seguridad
lo determinen igualmente.

EDMUND

Señor, creí conveniente
enviar al viejo y miserable rey
a algún guardián y guardia designado;

Cuya edad tiene encantos en ella, cuyo título más,
Para arrancar el pecho común de su costado,
Y volver nuestras lanzas impresas en nuestros ojos
Que las ordenan. Con él envié a la reina;
De todos modos, mi razón es que están listos
para mañana, o en un espacio más lejano, para aparecer
en el lugar donde ustedes celebren su sesión. En este momento
sudamos y sangramos: el amigo ha perdido a su amigo;
Y las mejores disputas, en el calor, son maldecidas
por aquellos que sienten su agudeza:
 la cuestión de Cordelia y su padre
requiere un lugar más adecuado.

ALBANY

Señor, por su paciencia,
no lo considero más que un sujeto de esta guerra,
 no como un hermano.

REGAN

Eso es lo que enumeramos para honrarlo.
Creo que nuestro placer podría haber sido exigido,
antes de que hubieras hablado hasta ahora. Él dirigía nuestros
poderes;
Llevé el encargo de mi lugar y persona;
El cual la inmediatez bien puede levantarse,
 y llamarse a sí mismo tu hermano.

GONERIL

No tan caliente:En
 su propia gracia se exalta a sí mismo,Más
 que en tu adición.

REGAN

En mis derechos,Por
 mí invertido, él se parece a los mejores.

GONERIL

Eso era lo más, si él se casara contigo.

REGAN

Los bufones a menudo resultan profetas.

GONERIL

¡Hola, hola!
Ese ojo que te lo dijo miraba solo entrecerrando los ojos.

REGAN

Señora, no estoy bien; de lo contrario, debería responder
con el estómago lleno. General,
toma mis soldados, prisioneros, patrimonio;
Deshazte de ellos, de mí, que tus muros son tuyos:
 Testigo el mundo, que aquí te creo,
mi señor y señor.

GONERIL

¿Quieres que lo disfrutes?

ALBANY

Lo de mucho menos no está en tu buena voluntad.

EDMUND

Ni en el tuyo, señor.

ALBANY

Un tipo mestizo, sí.

REGAN

[A EDMUND] Que suene el tambor y demuestre que mi título es
tuyo.

ALBANY

Quédate quieto, escucha la razón. Edmundo, te arresto
por traición capital; y, en tu alcance,
esta serpiente dorada

Señalando a Goneril

Por tu reclamo, hermosa hermana,
 lo prohíbo en interés de mi esposa:
'Es que ella está subcontratada por este señor,
 y yo, su esposo, contradigo tus prohibiciones.
Si quieres casarte, hazme tus amores,
 mi señora es a medida.

GONERIL

¡Un interludio!

ALBANY

Tú estás armado, Gloucester: que suene la trompeta:
Si nadie aparece para probar en tu cabeza
tus traiciones atroces, manifiestas y muchas,ahí
 está mi promesa;

Tirando un guante

Lo probaré en tu corazón,
antes de que pruebe el pan, no estás en nada menos que en
 lo que aquí te he proclamado.

REGAN

¡Enfermo, oh, enfermo!

GONERIL

[Aparte] Si no, no confiaré en la medicina.

EDMUND

He aquí mi intercambio:

Tirando un guante

¿Qué demonios es él
que me nombra traidor, como villano miente:
Llama con tu trompeta: el que se atreve a acercarse,Sobre
 él, sobre ti, ¿quién no? Mantendré
Mi verdad y Mi honor con firmeza.

ALBANY

¡Un heraldo, ho!

EDMUND

¡Un heraldo, ho, un heraldo!

ALBANY

Confía en tu única virtud, porque tus soldados,
todos reclutados en mi nombre, en mi nombre han
tomado su licencia.

REGAN

Mi enfermedad crece sobre mí.

ALBANY

Ella no está bien; llévala a mi tienda.

Salida Regan, led

Entra un Heraldo

Ven acá, heraldo,--Que suene la trompeta,
y lee en voz alta esto.

Capitán

¡Sonido, trompeta!

Suena una trompeta

Heraldo

[Dice] 'Si algún hombre de calidad o grado dentro de
las listas del ejército sostiene sobre Edmund,
 supuesto conde de Gloucester, que es un
traidor múltiple, que aparezca al tercer sonido de la
trompeta: es audaz en su defensa'.

EDMUND

¡Sonido!

Primera trompeta

Heraldo

¡Otra vez!

Segunda trompeta

Heraldo

¡Otra vez!

Tercera trompeta

La trompeta responde en su interior

Entra EDGAR, al tercer sonido, armado, con una trompeta delante de él

ALBANY

Pregúntale cuáles son sus propósitos, por qué aparece
a este toque de la trompeta.

Heraldo

¿Qué eres?
¿Tu nombre, tu calidad?, ¿y por qué respondes a
este llamado presente?

EDGAR

Sabed, mi nombre se ha perdido;
Por la traición con los dientes ridos y los chancros:
Sin embargo, soy noble como el adversario
al que vengo a hacer frente.

ALBANY

¿Cuál es ese adversario?

EDGAR

¿Qué es lo que habla en nombre de Edmund, conde de Gloucester?

EDMUND

Él mismo: ¿qué le dices?

EDGAR

Desenvaina tu espada
para que, si mis palabras ofenden a un corazón noble,
 tu brazo te haga justicia: aquí está la mía.
He aquí, es el privilegio de mis honores,
mi juramento y mi profesión: protesto,

Maugre tu fuerza, juventud, lugar y eminencia,
a pesar de tu espada victoriosa y tu nueva fortuna de fuego,
 tu valor y tu corazón, eres un traidor;
Falso a tus dioses, a tu hermano y a tu padre;
Conspirador para ganar a este ilustre príncipe;
Y, desde el extremo más alto de tu cabeza
hasta el descenso y el polvo bajo tus pies,
 un traidor manchado de sapo. Di que no,
esta espada, este brazo y mis mejores espíritus están inclinados
a probar en tu corazón lo que yo digo,
que mientes.

EDMUND

Con sabiduría preguntaría tu nombre;
Pero, ya que tu exterior se ve tan hermoso y guerrero,Y
 que tu lengua algunos dicen de cría respira,Lo
 que seguro y bien podría retrasar
Por regla de caballería, desprecio y desprecio:
Atrás arrojo estas traiciones a tu cabeza;
Con la mentira aborrecida por el infierno abruma tu corazón;
La cual, porque todavía miran a su alrededor y apenas se lastiman,
 esta espada mía les dará un camino instantáneo,
donde descansarán para siempre. ¡Trompetas, hablad!

Alarums. Luchan. Cataratas EDMUND

ALBANY

¡Sálvalo, sálvalo!

GONERIL

Esta es la práctica, Gloucester:
por la ley de las armas no estabas obligado a responder a
un opuesto desconocido; no estás vencido,
sino engañado y engañado.

ALBANY

Cierra la boca, señora,
 o con este papel la detendré: Espera, señor:

Tú peor que cualquier nombre, lee tu propio mal:
 No te lagrimes, señora: veo que lo sabes.

Entrega la carta a EDMUND

GONERIL

Di: Si lo hago, las leyes son mías, no tuyas:
 ¿Quién me acusará por ello?

ALBANY

¡De lo más monstruoso! ¡Oh!
¿Conoces este papel?

GONERIL

No me preguntes lo que sé.

Salida

ALBANY

Ve tras ella: está desesperada; gobernarla.

EDMUND

Lo que me has encargado, eso he hecho;
Y más, mucho más; el tiempo lo sacará a la luz:
Es pasado, y yo también. Pero, ¿qué eres tú
que tienes esta fortuna sobre mí? Si eres noble,
 te perdono.

EDGAR

Intercambiemos caridad.
No soy menos en sangre que tú, Edmund;
Si más, más me has ofendido.
Me llamo Edgar y soy hijo de tu padre.
Los dioses son justos, y de nuestros agradables vicios
hacen instrumentos para atormentarnos:
El oscuro y vicioso lugar donde te has metido
le costó sus ojos.

EDMUND

Has hablado bien, es verdad;
Se ha cerrado el círculo de la rueda: estoy aquí.

ALBANY

Me pareció que tu mismo andar profetizaba
una nobleza real: Debo abrazarte: ¡
Que la tristeza parta mi corazón, si alguna vez
te odié a ti o a tu padre!

EDGAR

Digno príncipe, no lo sé.

ALBANY

¿Dónde te has escondido?
¿Cómo has conocido las miserias de tu padre?

EDGAR

Cuidándolos, mi señor. Haz una lista de un cuento breve;
Y cuando se dice, ¡oh, que mi corazón iba a estallar!
La sangrienta proclama de escapar,
que me siguió tan cerca,--Oh, la dulzura de nuestras vidas!
Que nosotros, el dolor de la muerte, moriríamos cada hora
antes que morir de una vez-- me enseñó a ponerme
harapos de loco, a asumir una apariencia
que los mismos perros desdeñaban: y con este hábito
me encontré con mi padre con sus anillos sangrantes,
sus piedras preciosas recién perdidas: me convertí en su guía,
 lo guié, supliqué por él, lo salvé de la desesperación;
Nunca,--oh culpa--me revelé a él,
hasta que pasó media hora, cuando estaba armado:
 No seguro, aunque esperanzado, de este buen éxito
, le pedí su bendición, y desde el principio hasta el final
 le conté mi peregrinación: pero su corazón defectuoso,
¡Ay, demasiado débil el conflicto para soportarlo!
"Entre dos extremos de pasión, alegría y dolor,
estalló sonriendo.

EDMUND

Este discurso tuyo me ha conmovido,
 y tal vez hará bien, pero sigue hablando;
Parece que tenías algo más que decir.

ALBANY

Si hay más, más lamentable, aguanta;
Porque estoy casi a punto de disolverme,
 al oír esto.

EDGAR

Esto habría parecido un período
para los que aman y no para los que sienten tristeza; pero otro,
 para amplificar demasiado, haría mucho más,
y la extremidad superior.
Mientras yo estaba lleno de clamor, vino un hombre
 que, habiéndome visto en mi peor estado,
rehuía mi aborrecida sociedad; pero luego, al descubrir
quién era el que así había soportado, con sus fuertes brazos
 me sujetó al cuello, y bramó
como si reventara el cielo; Lo arrojó sobre mi padre;
Conté la historia más lastimosa de Lear y de aquel
que jamás haya recibido el oído, la cual, al relatar
su dolor, se hizo más poderosa y las cuerdas de la vida
comenzaron a crujir: dos veces sonaron las trompetas,
 y allí lo dejé en trance.

ALBANY

Pero, ¿quién era?

EDGAR

Kent, señor, el desterrado Kent, que disfrazado
siguió a su rey enemigo y le hizo un servicio
impropio de un esclavo.

Entra un caballero, con un cuchillo ensangrentado

Caballero

¡Ayuda, ayuda, oh, ayuda!

EDGAR

¿Qué tipo de ayuda?

ALBANY

Habla, hombre.

EDGAR

¿Qué significa ese cuchillo ensangrentado?

Caballero

Hace calor, humea;
Vino incluso del corazón de... ¡Oh, ella está muerta!

ALBANY

¿Quién murió? Habla, hombre.

Caballero

Vuestra señora, señor, vuestra señora, y su hermana
está envenenada por ella, y lo ha confesado.

EDMUND

Yo estaba comprometido con los dos: los tres
se casan en un instante.

EDGAR

Aquí viene Kent.

ALBANY

Sacad sus cuerpos, vivos o muertos:
Este juicio de los cielos, que nos hace temblar,
no nos toca con piedad.

Caballero de salida

Entra en KENT

Oh, ¿es él?
El tiempo no permitirá el cumplido
que los mismos modales urgen.

KENT

He venido
a dar las buenas noches a mi rey y señor: ¿
no está aquí?

ALBANY

¡Gran cosa que se nos olvidó!
Habla, Edmund, ¿dónde está el rey?, ¿y dónde está Cordelia?
¿Ves este objeto, Kent?

Se traen los cuerpos de GONERIL y REGAN

KENT

Alack, ¿por qué así?

EDMUND

Sin embargo, Edmund era amado:
 el otro envenenó a uno por mi causa,
y después se mató a sí misma.

ALBANY

Aun así. Cúbreles la cara.

EDMUND

Anhelo la vida: algún bien que pienso hacer, a
pesar de mi propia naturaleza. Envíalo rápidamente,
 sé breve en ello, al castillo, porque mi escrito
es sobre la vida de Lear y sobre Cordelia.

ALBANY

¡Corre, corre, oh, corre!

EDGAR

¿A quién, mi señor? ¿Quién tiene el cargo? envía
Tu señal de indulto.

EDMUND

Bien pensado: toma mi espada,
dásela al capitán.

ALBANY

Apresúrate, por tu vida.

Salir de EDGAR

EDMUND

Tiene el encargo de tu esposa y de mí
de colgar a Cordelia en la cárcel, y de
echar la culpa a su propia desesperación,
de que se haya olvidado a sí misma.

ALBANY

¡Los dioses la defienden! Llévalo aquí por un tiempo.

EDMUND se lleva

*Vuelve a entrar el Rey LEAR, con CORDELIA muerta en sus brazos;
EDGAR, el Capitán, y otros que seguían*

EL REY LEAR

¡Aullido, aullido, aullido, aullido! Oh, vosotros sois hombres de piedras:
 si yo tuviera vuestra lengua y vuestros ojos, los usaría para
que la bóveda del cielo se resquebrajara. ¡Se ha ido para siempre!
Yo sé cuándo uno está muerto, y cuándo uno vive;
Está muerta como la tierra. Préstame un espejo;
Si su aliento empaña o mancha la piedra,
entonces ella vive.

KENT

¿Es este el final prometido?

EDGAR

¿O imagen de ese horror?

ALBANY

¡Cae y cesa!

EL REY LEAR

Esta pluma se agita, ¡vive! si es así,
es una oportunidad que redime todas las penas
que he sentido.

KENT

[Arrodillado] ¡Oh mi buen amo!

EL REY LEAR

Fuera, fuera.

EDGAR

Es el noble Kent, tu amigo.

EL REY LEAR

¡Una plaga sobre vosotros, asesinos, traidores todos!
Podría haberla salvado, ¡ahora se ha ido para siempre!
¡Cordelia, Cordelia!, quédate un poco. ¡Ja!
¿Qué es lo que dices? Su voz era siempre suave
, gentil y baja, algo excelente en una mujer.
Yo maté al esclavo que te estaba ahorcando.

Capitán

Es verdad, mis señores, que lo hizo.

EL REY LEAR

¿No lo hice, amigo?
He visto el día, con mi buen falchion mordaz
los hubiera hecho saltar: ya soy viejo,
y estas mismas cruces me malcrian. ¿Quién eres?
Mis ojos no son los mejores: te lo diré directamente.

KENT

Si la fortuna se jactaba de dos amó y odió,
a uno de ellos contemplamos.

EL REY LEAR

Este es un espectáculo aburrido. ¿No eres tú Kent?

KENT

El mismo,
 tu siervo Kent: ¿Dónde está tu siervo Cayo?

EL REY LEAR

Es un buen tipo, te lo puedo decir;
Atacará, y rápido: está muerto y podrido.

KENT

No, mi buen señor; Yo soy el mismo hombre,--

EL REY LEAR

Lo veré claro.

KENT

Que, desde tus primeros tiempos de diferencia y decadencia,
 han seguido tus tristes pasos.

EL REY LEAR

Eres bienvenido aquí.

KENT

Ni nadie más: todo es triste, oscuro y mortal.
Tus hijas mayores se han abandonado a sí mismas,
y están desesperadamente muertas.

EL REY LEAR

Sí, eso creo.

ALBANY

Él no sabe lo que dice, y en vano nos
presentamos a él.

EDGAR

Muy sin arranque.

Entra un Capitán

Capitán

Edmund ha muerto, mi señor.

ALBANY

Eso no es más que una nimiedad aquí.
Vosotros, señores y nobles amigos, conocéis nuestra intención.
El consuelo que pueda venir a esta gran decadencia
se aplicará: por nosotros renunciaremos,
durante la vida de esta antigua majestad,
 a él nuestro poder absoluto;

A EDGAR y KENT

tú, a tus derechos:Con
 bota, y tal adición como tus honores
Han más que merecido. Todos los amigos gustarán
el salario de su virtud, y todos los enemigos
la copa de sus merecimientos. ¡Oh, mira, mira!

EL REY LEAR

¡Y mi pobre tonto está ahorcado! ¡No, no, no hay vida!
¿Por qué ha de tener vida un perro, un caballo, una rata,
 y tú no tener aliento? ¡No volverás más,
nunca, nunca, nunca, nunca!
Le ruego que deshaga este botón: gracias, señor.
¿Lo ves? ¡Mírala, mira, sus labios,
mira allí, mira allí!

Muere

EDGAR

¡Se desmaya! ¡Mi señor, mi señor!

KENT

Rompe, corazón; ¡Te ruego, rompo!

EDGAR

Mira hacia arriba, mi señor.

KENT

No vejéis a su fantasma: ¡Oh, déjalo pasar! Lo odia tanto
que en el potro de este duro mundo
lo estiraría más tiempo.

EDGAR

Se ha ido, en efecto.

KENT

Lo maravilloso es que ha soportado tanto tiempo,
 que no hizo más que usurpar su vida.

ALBANY

Llevadlos de aquí. Nuestro negocio actual
es la desgracia general.

A KENT y EDGAR

Amigos de mi alma, vosotros dos
gobiernáis en este reino, y el estado corneado sostiene.

KENT

Tengo un viaje, señor, que me queda pronto;
Mi amo me llama, no debo decir que no.

ALBANY

Al peso de este triste tiempo debemos obedecer;
Decir lo que sentimos, no lo que deberíamos decir.
El mayor es el que más ha dado a luz: nosotros, los jóvenes
, nunca veremos tanto, ni viviremos tanto tiempo.

Exeunt, con una marcha muerta

A Midsummer Night's Dream

ACTO I

ESCENA I. Atenas. El palacio de Teseo.

Entran TESEO, HIPÓLITA, FILÓSTRATO y asistentes

TESEO

Ahora, hermosa Hipólita, nuestra hora nupcial
avanza a buen ritmo; cuatro días felices traen
otra luna; pero, ¡oh, me parece, cuán lentamente
se desvanece esta vieja luna! ella persiste en mis deseos,
 como a una madrastra o a una viuda que
 hace mucho tiempo marchitando a un joven.

HIPÓLITA

Cuatro días se empaparán rápidamente de noche;
Cuatro noches soñarán rápidamente el tiempo;
Y entonces la luna, como un lazo de plata
recién doblado en el cielo, contemplará la noche
de nuestras solemnidades.

TESEO

Ve, Filóstrato,
agita a la juventud ateniense a las alegrías;
Despierta el espíritu ágil y ágil de la alegría;
Convierte la melancolía en los funerales;
El compañero pálido no es para nuestra pompa.

Salir de PHILOSTRATE

Hipólita, te cortejé con mi espada,
y gané tu amor, haciéndote injurias;
Pero me casaré contigo en otra llave,
 con pompa, con triunfo y con jolgorio.

Entran EGEO, HERMIA, LISANDRO y DEMETRIO

EGEO

¡Feliz sea Teseo, nuestro famoso duque!

TESEO

Gracias, buen Egeo: ¿qué te trae la noticia?

EGEO

Lleno de aflicción vengo yo, con queja
contra mi hija, mi hija Hermia.
Levántate, Demetrio. Mi noble señor,
este hombre tiene mi consentimiento para casarse con ella.
Levántate, Lisandro, y mi bondadoso duque,
este hombre ha hechizado el seno de mi hijo;
Tú, tú, Lisandro, le has dado rimas,Y
has intercambiado muestras de amor con mi hija:
A la luz de la luna en su ventana has cantado,Con
 voz fingida versos de amor fingido,Y
has robado la impresión de su fantasía
Con brazaletes de tus cabellos, anillos, bocinas,
presunciones,Hachazos
, bagatelas, narices, dulces, mensajeros
De fuerte predominio en la juventud no endurecida:
Con astucia has robado el corazón de mi hija,
Convertida su obediencia, que me es debida,
 a una obstinada dureza; y, mi amable duque,
sea así, que no consienta aquí ante vuestra merced
en casarse con Demetrio,
ruego el antiguo privilegio de Atenas
, ya que es mía, puedo disponer de ella,
 que será a este caballero
o a su muerte, de acuerdo con nuestra ley
Inmediatamente prevista en ese caso.

TESEO

¿Qué dices, Hermia?, sé aconsejada hermosa doncella:
Para ti tu padre debe ser como un dios;
Uno que compuso tus bellezas, sí, y uno
para quien no eres más que una forma en cera
por él impresa y dentro de su poder
para dejar la figura o desfigurarla.
Demetrio es un digno caballero.

HERMIA

También lo es Lisandro.

TESEO

En sí mismo lo es;
Pero en este tipo, queriendo la voz de tu padre,
el otro debe ser considerado el más digno.

HERMIA

Me gustaría que mi padre mirara, pero con mis ojos.

TESEO

Más bien, tus ojos deben mirar con su juicio.

HERMIA

Suplico a vuestra merced que me perdone.
No sé por qué poder me he hecho valiente,
ni cómo puede interesar a mi modestia,
en tal presencia aquí para alegar mis pensamientos;
Pero suplico a vuestra merced que sepa
lo peor que me puede suceder en este caso,
si me niego a casarme con Demetrio.

TESEO

O para morir la muerte o para abjurar
para siempre de la sociedad de los hombres.
Por lo tanto, hermosa Hermia, cuestiona tus deseos;
Conoce tu juventud, examina bien tu sangre
, si si no cedes a la elección de tu padre,
puedes soportar la librea de una monja,
porque estás en un claustro sombrío maullando,
para vivir como una hermana estéril toda tu vida,
 cantando himnos débiles a la luna fría e infructuosa.
Tres veces benditos los que dominan así su sangre,
para someterse a tal peregrinación inaugural;
Pero más feliz es la rosa destilada,
que la que, marchitándose en la espina virgen
, crece, vive y muere en una sola bienaventuranza.

HERMIA

Así creceré, así viviré, así moriré, mi señor,
 antes de que mi virgen se patente
a su señorío, cuyo yugo no deseado
mi alma no consiente en dar soberanía.

TESEO

Tómate un tiempo para hacer una pausa; y, para la próxima luna nueva,
 el día del sellamiento entre mi amor y yo,
 por el vínculo eterno de la comunión,
en ese día, o bien prepárate para morir
por desobediencia a la voluntad de tu padre
, o bien para casarte con Demetrio, como él lo haría;
O en el altar de Diana para protestar
por la austeridad y la soltería.

DEMETRIUS

Cede, dulce Hermia, y, Lisandro, cede
tu enloquecido título a mi cierto derecho.

LYSANDER

Tienes el amor de su padre, Demetrio;
Déjame la de Hermia: ¿te casas con él?

EGEO

¡Desdeñoso Lisandro! Es verdad que él tiene mi amor,
 y lo que es mío le dará mi amor.
Y ella es mía, y todo el derecho que tengo de ella
lo heredé a Demetrio.

LYSANDER

Yo, mi señor, estoy tan bien derivado como él,
 tan bien poseído; mi amor es más que el suyo;
Mi fortuna en todos los sentidos estaba tan bien clasificada,
 si no con ventaja, como la de Demetrio;
Y, lo que es más de lo que pueden ser todas estas jactancias,
 soy amado de la hermosa Hermia:
¿Por qué no he de perseguir entonces mi derecho?

Demetrio, se lo atribuiré a su cabeza,
hizo el amor con la hija de Nedar, Helena,
 y conquistó su alma, y ella, dulce señora, adora
, devotamente adora, adora en idolatría
 a este hombre manchado e inconstante.

TESEO

Debo confesar que he oído tanto,
y con Demetrio se cree haber hablado de ello;
Pero, como estaba demasiado llena de asuntos propios,
 mi mente la perdió. Pero, Demetrio, ven;
Y ven, Egeo, tú irás conmigo,
tengo una escuela privada para los dos.
Por vos, hermosa Hermia, mirad que os armas
para adecuar vuestras fantasías a la voluntad de vuestro padre;
O bien, la ley de Atenas te entrega,
lo cual de ninguna manera podemos atenuar,
 a la muerte, o a un voto de soltería.
Ven, Hipólita mía: ¿qué alegría, amor mío?
Demetrio y Egeo, seguid adelante:
 tengo que emplearos en algún negocio
contra nuestra boda y conferenciar con vosotros
sobre algo que os concierne.

EGEO

Con deber y deseo te seguimos.

Exeunt todos menos LYSANDER y HERMIA

LYSANDER

¿Cómo, amor mío!, ¿por qué está tan pálida tu mejilla?
¿Qué tan probable es que las rosas se marchiten tan rápido?

HERMIA

Que por falta de lluvia, bien podría
haberlos librado de la tempestad de mis ojos.

LYSANDER

¡Ay de mí!, por todo lo que pude leer,
pude oír por el cuento o la historia,
 el curso del amor verdadero nunca fue fácil;
Pero, o era diferente en la sangre,--

HERMIA

¡Oh cruz! Demasiado alto para ser cautivado hacia abajo.

LYSANDER

O bien mal grafitado con respecto a los años,--

HERMIA

¡Oh despecho! Demasiado viejo para estar comprometido con jóvenes.

LYSANDER

O bien dependía de la elección de amigos,--

HERMIA

¡Oh infierno! elegir el amor por los ojos del otro.

LYSANDER

O, si había una simpatía en la elección, la
guerra, la muerte o la enfermedad la asediaban,
haciéndola momentánea como un sonido,
rápida como una sombra, corta como cualquier sueño;
Breve como el relámpago en la noche agitada,
 que, en un bazo, despliega el cielo y la tierra,
y antes de que un hombre tenga poder para decir: '¡Mira!'
Las fauces de las tinieblas lo devoran:Tan
rápidamente las cosas brillantes llegan a la confusión.

HERMIA

Si, pues, los verdaderos amantes han sido alguna vez cruzados
, es como un edicto en el destino,
entonces enseñemos a nuestra prueba paciencia,
 porque es una cruz habitual,
tan debida al amor como los pensamientos, los sueños y los suspiros,
 los deseos y las lágrimas, pobres seguidores de la fantasía.

LYSANDER

Una buena persuasión: por lo tanto, escúchame, Hermia.
Tengo una tía viuda, viuda
de muchas rentas, y no tiene hijos:
De Atenas está su casa a siete leguas;
Y me respeta como a su único hijo.
Allí, gentil Hermia, que me case contigo;
Y hasta ese lugar la aguda ley ateniense
no puede perseguirnos. Si me amas, pues,
salta la casa de tu padre mañana por la noche;
Y en el bosque, a una legua de la ciudad,Donde
 te encontré una vez con Helena,Para
hacer observancia hasta una mañana de mayo,Allí
 me quedaré por ti.

HERMIA

¡Mi buen Lisandro!
Te juro, por el arco más fuerte de Cupido,
por su mejor flecha con la cabeza de oro,
por la sencillez de las palomas de Venus,
 por lo que teje las almas y prospera los amores,
 y por ese fuego que quemó a la reina de Cartago,
 cuando se vio el falso Troyano a vela,
por todos los votos que los hombres han roto,
En número más de lo que siempre hablaron las mujeres,
 en el mismo lugar que me has designado,
mañana verdaderamente me encontraré contigo.

LYSANDER

Cumple la promesa, amor. Mira, aquí viene Helena.

Entra en escena HELENA

HERMIA

¡Dios te bendiga, la bella Helena! ¿A dónde?

HELENA

¿Me llamas justo?, esa feria otra vez sin decir.
Demetrio ama tu bella: ¡oh feliz feria!
Tus ojos son estrellas imán, y el dulce aire de tu lengua
más afinado que la alondra a la oreja de pastor,
cuando el trigo es verde, cuando aparecen los brotes de espino.
La enfermedad es contagiosa: ¡Oh, si así se favoreciera,
 tuya cogería, hermosa Hermia, antes de irme!
Mi oído debe atrapar tu voz, mi ojo tu ojo,
mi lengua debe atrapar la dulce melodía de tu lengua.
Si el mundo fuera mío, Demetrio siendo despreciado,
 el resto lo daría por que te lo tradujeran.
Oh, enséñame cómo miras, y con qué arte
balanceas el movimiento del corazón de Demetrio.

HERMIA

Lo miro con malos ojos, pero él todavía me ama.

HELENA

¡Oh, si tus ceños fruncidos enseñaran a mis sonrisas tal habilidad!

HERMIA

Le doy maldiciones, pero él me da amor.

HELENA

¡Oh, si mis oraciones pudieran conmover tal afecto!

HERMIA

Cuanto más odio, más me sigue.

HELENA

Cuanto más amo, más me odia él.

HERMIA

Su locura, Helena, no es culpa mía.

HELENA

Ninguna, sino tu hermosura: ¡ojalá esa culpa fuera mía!

HERMIA

Consuélate, porque no volverá a ver mi rostro;
Lisandro y yo volaremos este lugar.
Antes de que yo viera, Lisandro
me pareció a Atenas como un paraíso. ¡
Oh, pues, qué gracias habitan en mi amor,
que ha convertido un cielo en un infierno!

LYSANDER

Helena, a ti nos revelaremos nuestras mentes:
 Mañana por la noche, cuando Febe contemple
Su rostro plateado en el vaso de agua,
Cubriendo con perla líquida la hierba afilada,
Un tiempo que los vuelos de los amantes aún ocultan,
A través de las puertas de Atenas hemos ideado robar.

HERMIA

Y en el bosque, donde a menudo solíamos recostarnos tú y yo
, sobre tenues lechos de prímulas,
vaciando nuestros pechos de sus dulces consejos,
 allí nos encontraremos mi Lisandro y yo;
Y de allí de Atenas apartamos nuestros ojos,
para buscar nuevos amigos y compañías extrañas.
Adiós, dulce compañero de juegos: ruega por nosotros;
¡Y la buena suerte te conceda a tu Demetrio!
Cumple la palabra, Lisandro: tenemos que privar a nuestra vista
de la comida de los amantes hasta mañana a medianoche.

LYSANDER

Lo haré, mi Hermia.

Salir de HERMIA

Helena, adiós: ¡
Como tú a él, Demetrio te adora!

Salida

HELENA

¡Cuán felices pueden ser unos u otros!
En Atenas se me considera tan bella como ella.

Pero, ¿qué hay de eso? Demetrio piensa que no;
Él no sabrá lo que todos saben, pero él sí sabe:
Y como él yerra, adorando los ojos de Hermia,Así
 yo, admirando sus cualidades:
Cosas viles y viles, sin doblar cantidad,El
amor puede transponer a la forma y a la dignidad:
El amor no mira con los ojos, sino con la mente;
Y por eso se pinta ciego el Cupido alado:
Ni la mente del Amor tiene gusto para juzgar;
Las alas y los ojos no figuran la prisa descuidada:
 Y por eso se dice que el Amor es un niño,
porque en la elección es tan a menudo engañado.
Como los muchachos bravucones en el juego se niegan a
sí mismos,Así el niño Amor es perjuro en todas partes:
Porque antes de que Demetrio mirara el ojo de Hermia,Él
 gritó jurando que él era sólo mío;
Y cuando este granizo sintió algo de calor de Hermia,
así se disolvió, y lluvias de juramentos se derritieron.
Iré a contarle la huida de la hermosa Hermia.
Mañana por la noche la perseguiré al bosque
, y por esta noticia
, si tengo que agradecerme, es un gasto caro.
 Pero en esto quiero enriquecer mi dolor,
 tener su vista de ida y vuelta.

Salida

ESCENA II. Atenas. La casa de QUINCE.

*Ingresa MEMBRILLO, CEÑIDO, TRASERO, FLAUTA, HOCICO y
HAMBRIENTO*

MEMBRILLO

¿Está toda nuestra empresa aquí?

FONDO

Lo mejor era llamarlos generalmente, hombre por hombre,
 de acuerdo con el alfabeto.

MEMBRILLO

Aquí está el pergamino con el nombre de cada hombre, que se
cree oportuno, en toda Atenas, para sonar en nuestro
interludio ante el duque y la duquesa, el
día de su boda por la noche.

FONDO

Primero, el bueno de Peter Quince, diga de qué trata la obra
, luego lea los nombres de los actores, y así crecerá
hasta llegar a un punto.

MEMBRILLO

Cásate, nuestra obra es: La comedia más lamentable y
la muerte más cruel de Píramo y Tisby.

FONDO

Un muy buen trabajo, se lo aseguro, y un
buen viaje. Ahora, buen Pedro Membrillo, llama a tus
actores por el pergamino. Maestros, extiéndanse.

MEMBRILLO

Responde como yo te llamo. Nick Bottom, el tejedor.

FONDO

Listo. Nombra a qué parte estoy a favor y prosigue.

MEMBRILLO

Tú, Nick Bottom, estás listo para Pyramus.

FONDO

¿Qué es Pyramus? ¿Un amante o un tirano?

MEMBRILLO

Un amante, que se mata a sí mismo de la manera más galante por
amor.

FONDO

Eso exigirá algunas lágrimas en la verdadera ejecución de
la misma: si lo hago, que el público los mire a
los ojos; Moveré las tormentas, daré el pésame en alguna
medida. A los demás, sin embargo, mi mayor humor es para un
tirano: podría interpretar a Ercles raras veces, o un papel para
destrozar a un gato, para hacer que todo se partiera.
Las rocas embravecidas
y los temblorosos estremecimientos
romperán las cerraduras de las puertas de las
cárceles;
Y el coche de Phibbus
brillará desde lejos
y hará y estropeará
las necias Parcas.
¡Esto fue grandioso! Ahora nombra al resto de los jugadores.
Esta es la vena de Ercles, la vena de un tirano; un amante es
más condoliente.

MEMBRILLO

Francis Flute, el reparador de fuelles.

FLAUTA

Aquí, Peter Quince.

MEMBRILLO

Flauta, debes llevar Thisby contigo.

FLAUTA

¿Qué es Thisby? ¿Un caballero errante?

MEMBRILLO

Es la dama a la que Píramo debe amar.

FLAUTA

No, a fe mía, no me hagas la de mujer; Se me viene la barba.

MEMBRILLO

Eso es todo uno: lo jugarás con una máscara, y
puedes hablar tan pequeño como quieras.

FONDO

Y puedo esconder mi rostro, déjame jugar a Thisby también,
hablaré con una vocecita monstruosa. 'Thisne,
Thisne'; —¡Ah, Píramo, amado querido! ¡Estopor querida
 y dama querida!

MEMBRILLO

No, no; tienes que tocar Píramo: y, Flauta, tú Thisby.

FONDO

Bueno, continúe.

MEMBRILLO

Robin Starveling, el sastre.

MORIR DE HAMBRE

Aquí, Peter Quince.

MEMBRILLO

Robin Starveling, debes interpretar a la madre de Thisby.
Tom Hocico, el calderero.

HOCICO

Aquí, Peter Quince.

MEMBRILLO

Tú, el padre de Píramo; yo, el padre de Thisby
; Snug, el carpintero; tú, la parte del león; y,
espero, aquí hay una obra adecuada.

CÓMODO

¿Tienes escrita la parte del león?, si es así
, me la das, porque soy tardo en el estudio.

MEMBRILLO

Puedes hacerlo improvisadamente, porque no es más que rugido.

FONDO

Déjame jugar también al león: rugiré, que
haré bien al corazón de cualquier hombre si me oye; Voy a rugir,
 que haré que el duque diga: 'Que vuelva a rugir,
que vuelva a rugir'.

MEMBRILLO

Si lo hicieras demasiado terriblemente, asustarías
 a la duquesa y a las damas, que chillarían;
Y eso fue suficiente para ahorcarnos a todos.

TODO

Eso nos ahorcaría a nosotros, a todos los hijos de madre.

FONDO

Os concedo, amigos, que si espantaseis a las
señoras, no tendrían más
remedio que ahorcarnos; pero yo agravaré mi
voz de modo que os rugiere tan suavemente como una
paloma que amamanta; Te rugiré como si fuera un
ruiseñor.

MEMBRILLO

No puedes desempeñar otro papel que el de Píramo, porque Píramo
es un
hombre de rostro dulce, un hombre de bien, como se verá en un
día de verano, un hombre de lo más encantador y caballeroso;
 por lo tanto, tienes que jugar a Píramo.

FONDO

Bueno, lo emprenderé. ¿Con qué barba era mejor
jugar?

MEMBRILLO

Pues, lo que quieras.

FONDO

Lo descargaré en tu barba de color pajizo
, en tu barba de color leonado anaranjado, en tu barba de grano
púrpura

o en tu barba de color corona francesa, tu
amarillo perfecto.

MEMBRILLO

Algunas de tus coronas francesas no tienen pelo en absoluto, y
entonces jugarás a cara descubierta. Pero, señores, aquí
están vuestras partes, y yo os he de rogar, de
rogaros y de desearos, que las entreguéis mañana por la noche;
Y nos encontraremos en el bosque del palacio, a una milla de la
ciudad, a la luz de la luna; allí ensayaremos, porque si
nos encontramos en la ciudad, seremos perseguidos con
compañía, y nuestros planes serán conocidos. Mientras tanto
, haré una lista de propiedades, tal como nuestro juego
quiere. Te ruego que no me falles.

FONDO

Nos encontraremos, y allí podremos ensayar de la manera más
obscena y valiente. Esfuérzate; Sé perfecto: adiós.

MEMBRILLO

En el roble del duque nos encontramos.

FONDO

Bastante; Sujete o corte las cuerdas del arco.

Salen

ACTO II

ESCENA I. Un bosque cerca de Atenas.

Entran, desde lados opuestos, un Hada y PUCK

DUENDE

¡Cómo ahora, espíritu! ¿Por dónde deambulas?

Hada

Sobre la colina, sobre el valle, el
arbusto completo, el brezo completo, el parque

, sobre la palidez

, la inundación completa, el fuego completo,

 vago por todas partes,

más rápido que la esfera de la luna;

Y sirvo a la reina de las hadas,

para que rocíe sus orbes sobre el verde.

Las prímulas altas son sus pensionistas:

En sus casacas de oro se ven;

Esos son rubíes, favores de hadas,

 en esas pecas viven sus sabores:

tengo que ir a buscar unas gotas de rocío aquí

y colgar una perla en la oreja de cada prímula.

Adiós, globo de espíritus; Me iré:

Nuestra reina y todos nuestros elfos vienen aquí enseguida.

DUENDE

El rey guarda aquí sus fiestas esta noche:

Mirad que la reina no se presente a su vista;

Porque Oberón está pasando, cayó y se enojó,

 porque ella, como su sirvienta, ha

robado un hermoso muchacho a un rey indio;

Nunca había tenido un cambiante tan dulce;

Y el celoso Oberón quería que el niño

Caballero de su séquito, recorriese los bosques salvajes;

Pero ella forzosamente retiene al niño amado,

 lo corona con flores y le hace toda su alegría,

y ahora nunca se encuentran en la arboleda o en el verde,

junto a la fuente clara o el brillo de las estrellas con lentejuelas,

 sino que se cuadran, que todos sus elfos por miedo se

meten en copas de bellota y las esconden allí.

Hada

O me equivoco en tu forma y en tu complexión,

 o bien eres ese duende astuto y astuto llamado

Robin Goodfellow: ¿no eres tú el

que asusta a las doncellas del pueblo;

Leche descremada, y a veces trabajo en el quern

Y sin botas hacen que el ama de casa sin aliento se revuelva;

Y a veces hacer que la bebida no lleve barm;
¿Engañar a los vagabundos nocturnos, riéndose de su daño?
Aquellos que Hobgoblin te llaman a ti y al dulce Puck,
 tú haces su trabajo, y ellos tendrán buena suerte:
 ¿No eres tú?

DUENDE

Tú hablas bien;
Yo soy ese alegre vagabundo de la noche.
Bromeo con Oberón y le hago sonreír
Cuando yo, un caballo gordo y alimentado con judías,
 relinchando a semejanza de un potro potranca,
 y a veces acecho en el cuenco de un chismoso
, a semejanza de un cangrejo asado,
y cuando ella bebe, contra sus labios me balanceo
y sobre su papada marchita vierto la cerveza.
La tía más sabia, contando la historia más triste, Alguna
 vez por un taburete de tres pies me equivoca;
Entonces me deslizo de su trasero, ella se desploma,
 y el sastre llora, y cae en tos;
Y entonces todo el cuerro se agarra las caderas y ríe,
 y se engorda en su alegría y jadea y jura
que nunca se desperdició allí una hora más alegre.
Pero, ¡habitación, hada!, aquí viene Oberón.

Hada

Y aquí mi señora. ¡Ojalá se hubiera ido!

*Entra, por un lado, OBERON, con su séquito; de la otra, TITANIA,
con la suya*

OBERÓN

Mal recibida a la luz de la luna, la orgullosa Titania.

TITANIA

¡Qué, celoso Oberón! Hadas, saltad de aquí:
he renunciado a su lecho y a su compañía.

OBERÓN

Tarado, temerario: ¿no soy yo tu señor?

TITANIA

Entonces yo debo ser tu dama, pero yo sé
cuando te has escapado del país de las hadas,
y en la forma de Corin te sentaste todo el día,
 jugando a las pipas de maíz y versando el amor
a la amorosa Phillida. ¿Por qué estás aquí, vienes
 de la estepa más lejana de la India?
Pero que, en verdad, la amazona saltarina,
 tu amante y tu amor guerrero,
con Teseo debe estar casado, y vienes
a dar alegría y prosperidad a su lecho.

OBERÓN

¿Cómo puedes así, por vergüenza, Titania,
 mirar mi crédito con Hipólita,
sabiendo que conozco tu amor a Teseo?
¿No lo llevaste a través de la noche resplandeciente
desde Perigenia, a quien violó?
¿Y hacerle con la justicia quebrantar su fe,
 con Ariadna y Antiopa?

TITANIA

Estas son las falsificaciones de los celos:
 Y nunca, desde la primavera del verano medio,
nos encontramos en la colina, en el valle, en el bosque o en el
hidromiel,
 junto a la fuente empedrada o junto al arroyo caudaloso,
 o en la playa del mar,
para bailar nuestros rizos al viento silbante,
sin que con tus peleas hayas perturbado nuestro deporte.
Por tanto, los vientos, que nos soplan en vano
, como en venganza, han arrastrado del mar
nieblas contagiosas, las cuales, cayendo en la tierra,
han enorgullecido tanto a todos los ríos que azotan
 sus continentes, y el
buey ha extendido su yugo en vano, el labrador

ha perdido su sudor, y el trigo verde se
ha podrido antes de que su juventud alcanzara la barba;
El redil está vacío en el campo ahogado,Y
los cuervos se engordan con el rebaño de murrios;
El morris de los nueve hombres está lleno de barro,Y
los pintorescos laberintos en el verde desenfrenado
Por falta de pisada son indistinguibles:
Los mortales humanos quieren su invierno aquí;
Ninguna noche es ahora bendita con himno o villancico:
Por lo tanto, la luna, la institutriz de las inundaciones,Pálida
 en su ira, lava todo el aire,Que
las enfermedades reumáticas abundan:Y
 a través de esta destemperatura vemos
que las estaciones cambian: heladas canosas
Lejos en el fresco regazo de la rosa carmesí,Y en la
 corona delgada y helada del viejo Hiems
Una corona olorosa de dulces capullos de verano
Está, como en burla, establecido: la primavera, el verano
, el otoño infantil, el invierno furioso, cambian
sus libreas acostumbradas, y el mundo laberinado,
 con su aumento, ahora no sabe cuál es cuál:
y esta misma progenie de males proviene
de nuestro debate, de nuestra disensión;
Somos sus padres y originales.

OBERÓN

¿Lo enmendas, pues, y está en ti?¿
Por qué ha de cruzar Titania a su Oberón?
No hago más que rogarle a un niño cambiante
 que sea mi secuaz.

TITANIA

Descansa tu corazón:
El país de las hadas no compra a mi hijo.
Su madre era una devota de mi orden:
Y, en el aire especiado de la India, por la noche,A
 menudo ha chismorreado a mi lado,Y se
ha sentado conmigo en las arenas amarillas de Neptuno,Marcando

a los comerciantes embarcados en el diluvio,Cuando
 nos hemos reído al ver las velas concebir
y engrandecerse con el viento desenfrenado;
A la cual ella, con lindo andar y con andar nadador
que seguía,-- entonces rico con mi joven escudero,--
 imitaba, y navegaba por la tierra
para traerme bagatelas, y volver otra vez,
 como de un viaje, rico en mercancías.
Pero ella, siendo mortal, de aquel muchacho murió;
Y por ella crío a su hijo,
y por ella no me separaré de él.

OBERÓN

¿Cuánto tiempo dentro de este bosque piensas quedarte?

TITANIA

Tal vez hasta después del día de la boda de Teseo.
Si quieres bailar pacientemente en nuestra ronda
y ver nuestras delicias a la luz de la luna, ve con nosotros;
Si no, evítame, y perdonaré tus guaridas.

OBERÓN

Dame ese muchacho y yo iré contigo.

TITANIA

No para tu reino de hadas. ¡Hadas, fuera!
Le reprenderemos francamente si me quedo más tiempo.

Sal de TITANIA con su tren

OBERÓN

Pues vete por tu camino, no te irás de esta arboleda
hasta que yo te atormente por esta injuria.
Mi gentil Puck, ven aquí. Te acuerdas
desde que una vez me senté en un promontorio
 y oí a una sirena en el lomo de un delfín
que emitía un aliento tan dulce y armonioso
que el mar bravo se civilizó con su canto

y ciertas estrellas salieron disparadas locas de sus esferas
para escuchar la música de la doncella del mar.

DUENDE

Recuerdo.

OBERÓN

Aquella misma vez vi, pero tú no pudiste, Volando
 entre la fría luna y la tierra, Cupido
todo armado: un cierto objetivo tomó
A una hermosa vestal entronizada por el oeste, Y
 soltó astutamente su asta de amor de su arco, Como
 si perforara cien mil corazones;
Pero podría ver el rayo ardiente del joven Cupido
apagarse en los castos rayos de la luna acuosa,
 y la devota imperial pasar,
en meditación de doncella, libre de fantasía.
Sin embargo, marqué el rayo de Cupido:
cayó sobre una pequeña flor occidental,
antes blanca como la leche, ahora púrpura por la herida del amor,
 y las doncellas lo llaman amor en la ociosidad.
Tráeme esa flor, la hierba que una vez te mostré:
el jugo de ella en los párpados dormidos
hará que el hombre o la mujer adoren locamente
a la próxima criatura viva que vea.
Tráeme esta hierba, y vuelve a estar aquí
antes de que el leviatán pueda nadar una legua.

DUENDE

Pondré un cinturón alrededor de la tierra
en cuarenta minutos.

Salida

OBERÓN

Tomando una vez este jugo,
 observaré a Titania cuando esté dormida,
 y dejaré caer el licor en sus ojos.
Lo siguiente que ella despierta mira,

ya sea en un león, un oso, un lobo o un toro,
en un mono entrometido o en un mono ocupado,
 lo perseguirá con el alma del amor,
y antes de que le quite este encanto de la vista,
 como puedo tomarlo con otra hierba,
 le haré que me entregue su página.
Pero, ¿quién viene aquí? Yo soy invisible;
Y escucharé su conferencia.

Entra DEMETRIO, HELENA, siguiéndole

DEMETRIUS

No te amo, por lo tanto, no me persigas.
¿Dónde está Lisandro y la bella Hermia?
Al uno lo mataré, al otro me mata a mí.
Tú me dijiste que habían sido robados a este bosque;
Y aquí estoy, y me quedo en este bosque,
porque no puedo encontrarme con mi Hermia.
Por lo tanto, vete, y no me sigas más.

HELENA

Tú me atraes, inflexible de corazón duro;
Pero tú no sacas hierro, porque mi corazón
es firme como el acero: déjate tu poder de desenvainar,
 y yo no tendré poder para seguirte.

DEMETRIUS

¿Te seduco?, ¿te hablo con justicia?
¿O, más bien, no os digo con toda la verdad
que no os amo, ni puedo amarte?

HELENA

Y aun por eso te quiero más.
Yo soy tu spaniel, y, Demetrio
, cuanto más me golpees, te adularé:
Úsame, pero como tu spaniel, desdéñame, golpéame,
 descuidame, piérdeme, solo dame permiso,
 indigno como soy, de seguirte.
¿Qué peor lugar puedo rogar en tu amor,--

y sin embargo un lugar de gran respeto hacia mí,--
 que ser usado como tú usas a tu perro?

DEMETRIUS

No tientes demasiado el odio de mi espíritu;
Porque estoy enfermo cuando te miro.

HELENA

Y estoy enfermo cuando no te miro.

DEMETRIUS

Impugnas demasiado tu modestia,
para abandonar la ciudad y entregarte
en manos de alguien que no te ama;
Confiar la oportunidad de la noche
y los malos consejos de un lugar desértico
con el rico valor de tu virginidad.

HELENA

Tu virtud es mi privilegio: porque
no es de noche cuando veo tu rostro,Por
 eso creo que no estoy en la noche;
Y a este bosque no le faltan mundos de compañía,
porque vosotros, en mi respeto, sois todo el mundo.
Entonces, ¿cómo se puede decir que estoy solo,
 cuando todo el mundo está aquí para mirarme?

DEMETRIUS

Huiré de ti y me esconderé en los frenos,
y te dejaré a merced de las bestias salvajes.

HELENA

El más salvaje no tiene un corazón como tú.
Corre cuando quieras, la historia cambiará:
Apolo vuela y Dafne mantiene la persecución;
La paloma persigue al grifo; la cierva apacible
hace velocidad para atrapar al tigre; velocidad sin botas,
 cuando la cobardía persigue y el valor vuela.

DEMETRIUS

No detendré tus preguntas, déjame ir,
 o si me sigues, no creas
que te haré daño en el bosque.

HELENA

Ay, en el templo, en la ciudad, en el campo,
 me haces daño. ¡Fie, Demetrio!
Tus errores ponen un escándalo en mi sexo:
No podemos luchar por amor, como lo hacen los hombres;
Deberíamos ser de madera y no estar hechos para cortejar.

Salir de DEMETRIO

Te seguiré y haré del infierno un cielo,
para morir en la mano que tanto amo.

Salida

OBERÓN

Que te vaya bien, ninfa: antes de que se vaya de esta arboleda,
 lo volarás y buscará tu amor.

Volver a entrar en PUCK

¿Tienes ahí la flor? Bienvenido, vagabundo.

DUENDE

Ay, ahí está.

OBERÓN

Te ruego que me lo des.
Conozco una ribera donde sopla el tomillo silvestre,Donde
crecen los labios de buey y la violeta cabeceante,Completamente
 cubierto de deliciosas leñas,Con
dulces rosas almizcleras y con eglantina:
Allí duerme Titania en algún momento de la noche,Arrullada
 en estas flores con bailes y deleite;
Y allí la serpiente arroja su piel esmaltada,Hierba
lo suficientemente ancha como para envolver a un hada:
Y con el jugo de esto rayaré sus ojos,Y

la llenaré de fantasías odiosas.
Toma un poco de ella, y busca por esta arboleda:
Una dulce dama ateniense está enamorada
de un joven desdeñoso: unge sus ojos;
Pero hazlo cuando lo próximo que vea
sea a la dama: conocerás al hombre
por las vestiduras atenienses que lleva puestas.
Hazlo con cierto cuidado, para que él se
encariñe más con ella que ella con su amor:
y mira que me encuentras antes de que cante el primer gallo.

DUENDE

No temáis, mi señor, que vuestro siervo lo hará.

Salen

ESCENA II. Otra parte del bosque.

Entra TITANIA, con su tren

TITANIA

Ven, ahora un redondel, y un canto de hadas;
Luego, durante la tercera parte de un minuto, por lo tanto;
Algunos para matar cancros en los capullos de rosa
almizclera,Algunos
 luchan con los ratones re-por sus alas de cuero,Para
hacer abrigos a mis pequeños elfos, y algunos retienen
al búho clamoroso que todas las noches ulula y se maravilla
de nuestros pintorescos espíritus. Cántame ahora dormido;
Luego a sus oficinas y déjenme descansar.

Las hadas cantan

Viste serpientes con doble
lengua,Erizos espinosos, no te vean;
Tritones y gusanos ciegos, no hagáis mal,
no os acerquéis a nuestra reina de las hadas.
Filomel, con melodía Canta
en nuestra dulce canción de cuna;

Lulla, lulla, canción de cuna, canción de cuna, canción de cuna:
Nunca hagas daño,Ni
 hechizo ni encanto,Acércate
 nuestra encantadora dama;
Así que, buenas noches, con canción de cuna.
Arañas tejedoras, no vengas aquí;
¡Por lo tanto, hilanderas de piernas largas, por lo tanto!
Escarabajos negros, no se acercan cerca;
Gusano ni caracol, no ofendas.
Filomel, con la melodía, & c.

Hada

Por lo tanto, ¡fuera!, ahora todo está bien:
 un centinela distante.

Hadas exeunt. TITANIA duerme

Entra OBERON y aprieta la flor en los párpados de TITANIA

OBERÓN

Lo que ves cuando despiertas,
hazlo por tu amor verdadero,
 ama, y languidece por él:
ya sea onza, o gato, o oso,
pard, o jabalí con pelo erizado,
 en tu ojo que aparecerá
cuando despiertes, es tu amado:
despierta cuando alguna cosa vil esté cerca.

Salida

Entra en LYSANDER y HERMIA

LYSANDER

Hermoso amor, te desmayas de vagar por el bosque;
Y para hablar de verdad, me he olvidado de nuestro camino:
 Descansaremos, Hermia, si te parece bien,
y nos quedaremos para la comodidad del día.

HERMIA

Sea así, Lisandro: búscate una cama;
Porque yo en esta orilla descansaré mi cabeza.

LYSANDER

Un césped nos servirá de almohada a los dos;
Un corazón, un lecho, dos pechos y un trozo.

HERMIA

No, buen Lisandro, por mí, querida mía,
túmbate aún más lejos, no te acuestes tan cerca.

LYSANDER

¡Oh, toma el sentido, dulce, de mi inocencia!
El amor toma el significado en la conferencia del amor.
Quiero decir, que mi corazón al tuyo está unido de
tal manera que sólo podemos hacer de él un solo corazón;
Dos pechos entrelazados con un juramento;
Así que dos pechos y un solo trozo.
Entonces, a tu lado, no hay dormitorio, lo niego;
Por mentir así, Hermia, no miento.

HERMIA

Lisandro adivina muy bonitamente:
Ahora mucho por mis modales y mi orgullo,Si
Hermia quería decir que Lisandro mintió.
Pero, gentil amigo, el amor y la cortesía
están más lejos, en la modestia humana,
 la separación que bien puede decirse que
es propia de un soltero virtuoso y de una doncella,
 hasta que esté distante, y buenas noches, dulce amigo,
tu amor no se alterará hasta el fin de tu dulce vida.

LYSANDER

Amén, amén, a esa hermosa oración, digo yo;
¡Y luego acabar con la vida cuando yo acabe con la lealtad!
Aquí está mi lecho: ¡el sueño te dé todo su descanso!

HERMIA

¡Con la mitad de ese deseo se aprieten los ojos del deseante!

Duermen

Entra en PUCK

DUENDE

A través del bosque he ido.
Pero ateniense no encontré ninguno,
 en cuyos ojos pudiera aprobar
la fuerza de esta flor para despertar el amor.
Noche y silencio.—¿Quién está aquí?
Yerba de Atenas lleva:
Este es él, dijo mi señor,Despreció
 a la doncella ateniense;
Y aquí la doncella, dormida profundamente,
 en el suelo húmedo y sucio.
¡Alma bonita!, no se atrevía a mentir
cerca de esta falta de amor, de esta cortesía asesina.
Maldición, sobre tus ojos arrojo
todo el poder que este encanto debe.
Cuando despiertes, que el amor no lo permita.
Duerme su asiento en tu párpado:
Tan despierto cuando yo me haya ido;
Pues ahora debo dirigirme a Oberón.

Salida

Entran DEMETRIO y HELENA, corriendo

HELENA

Quédate, aunque me mates, dulce Demetrio.

DEMETRIUS

Te encargo, por tanto, y no me persigas así.

HELENA

¡Oh!, ¿me dejarás tú, tenebroso? no es así.

DEMETRIUS

Quédate, por tu cuenta y riesgo: yo solo iré.

Salida

HELENA

¡Oh, me quedo sin aliento en esta tierna persecución!
Cuanto más mi oración, menor es mi gracia.
Dichosa Hermia, dondequiera que se acueste;
Porque ella tiene ojos benditos y atractivos.
¿Cómo es que sus ojos brillaron tanto? No con lágrimas de sal:
Si es así, mis ojos se lavan más a menudo que los de ella.
No, no, soy tan feo como un oso;
Porque las bestias que me encuentran huyen de miedo:
Por tanto, aunque Demetrio no se marañe
, como un monstruo vuela así de mi presencia.
¿Qué perverso y disimulado vaso mío
me hizo compararme con el esférico de Hermia?
Pero, ¿quién está aquí? ¡Lysander! ¡En el suelo!
¿Muerto o dormido? No veo sangre, ni herida.
Lisandro, si vives, buen señor, despierto.

LYSANDER

Y correré por el fuego por tu dulce amor.
¡Helena transparente! La naturaleza muestra el arte,
 que a través de tu seno me hace ver tu corazón.
¿Dónde está Demetrio? ¡Oh, cuán apropiada es esa palabra
ese vil nombre para perecer en mi espada!

HELENA

No digas así, Lisandro, no digas así:
¿Y si ama a tu Hermia? Señor, ¿qué?
Sin embargo, Hermia todavía te ama: entonces conténtate.

LYSANDER

¡Contento con Hermia! No; Me arrepiento
de los tediosos minutos que he pasado con ella.
No a Hermia, sino a Helena a la que amo:
 ¿Quién no cambiará un cuervo por una paloma?
La voluntad del hombre es influida por su razón;
Y la razón dice que eres la doncella más digna.
Las cosas que crecen no maduran hasta su tiempo
, así que yo, siendo joven, hasta ahora no estoy maduro para razonar;

Y tocando ahora el punto de la habilidad humana, la
razón se convierte en el mariscal de mi voluntad
y me conduce a tus ojos, donde contemplo las
historias de amor escritas en el libro más rico del amor.

HELENA

¿Por qué nací yo a esta aguda burla?
¿Cuándo de tus manos merecí este desprecio?
¿No es suficiente, no es suficiente, joven,Que
 nunca, no, ni nunca puedo,Merecer
una dulce mirada de los ojos de Demetrio,
¿Pero debes burlarte de mi insuficiencia?
Buen trote, me haces mal, Dios mío, lo haces,
de una manera tan desdeñosa para cortejarme.
Pero que te vaya bien: forzosamente debo confesar
que te he creído señor de una dulzura más verdadera.
¡Oh, que una dama, de un solo hombre, se negara!
Por lo tanto, ¡debería de otro ser abusado!

Salida

LYSANDER

Ella no ve a Hermia. Hermia, duerme allí, ¡
y nunca podrás acercarte a Lisandro!
Porque como un exceso de las cosas más dulces
trae la repugnancia más profunda al estómago,
o como las herejías que los hombres dejan
Son odiadas la mayoría de aquellos a quienes engañaron,
 así tú, mi exceso y mi herejía, eres
odiado de todos, ¡pero la mayor parte de mí!
Y, todos mis poderes, dirige tu amor y tu fuerza
para honrar a Helena y ser su caballero.

Salida

HERMIA

¡Ayúdame, Lisandro, ayúdame! ¡Haz lo mejor que puedas
para arrancar de mi pecho a esta serpiente que se arrastra!
¡Ay, por lástima!, ¡qué sueño había aquí!

Lisandro, mira cómo tiemblo de miedo:
Me pareció que una serpiente me comía el corazón,Y
 te sentaste sonriendo a su cruel oración.
¡Lisandro!, ¿qué, quitado? ¡Lysander! ¡señor!
¿Qué, fuera del oído?, ¿ido?, ¿sin sonido, sin palabra?
Alack, ¿dónde hablas, y si oyes;
¡Habla, de todos los amores! Me desmayo casi de miedo.
¿No?, entonces bien os percibo a todos no cerca
. O la muerte o vosotros os encontraré inmediatamente.

Salida

ACTO III

ESCENA I. El bosque. TITANIA dormida.

Ingresa MEMBRILLO, CEÑIDO, TRASERO, FLAUTA, HOCICO y HAMBRIENTO

FONDO

¿Estamos todos cumplidos?

MEMBRILLO

Pat, pat, y aquí hay un lugar maravilloso y conveniente
para nuestro ensayo. Este verde solar será nuestro
escenario, este espino nuestro cuartel, y
lo haremos en acción como lo haremos ante el duque.

FONDO

Pedro Quince,--

MEMBRILLO

¿Qué dices tú, bravucón Bottom?

FONDO

Hay cosas en esta comedia de Píramo y
Thisby que nunca gustarán. Primero, Píramo debe
desenvainar una espada para suicidarse, lo que las damas
no pueden tolerar. ¿Cómo respondes a eso?

HOCICO

By'r lakin, un miedo lamentable.

MORIR DE HAMBRE

Creo que debemos dejar de lado la matanza, cuando todo esté hecho.

FONDO

Ni un ápice: tengo un dispositivo para hacer todo bien.
Escríbeme un prólogo, y que parezca que el prólogo
dice: No haremos daño con nuestras espadas, y que
Píramo no ha sido asesinado; y, para mayor
seguridad, diles que yo, Píramo, no soy Píramo
, sino Bottom el tejedor: esto los hará
perder el miedo.

MEMBRILLO

Bien, tendremos tal prólogo, y se escribirá
en ocho y seis.

FONDO

No, que sean dos más; Que se escriba en ocho y ocho.

HOCICO

¿No temerán las damas del león?

MORIR DE HAMBRE

Lo temo, te lo prometo.

FONDO

Señores, deberíais considerar con vosotros mismos: traer -
-Dios nos proteja-- un león entre las damas, es una
cosa terrible, porque no hay un ave salvaje más temible
que vuestro león vivo; y deberíamos
mirar hacia ello.

HOCICO

Por lo tanto, otro prólogo debe decir que no es un león.

FONDO

No, debes decir su nombre, y la mitad de su rostro debe
verse a través del cuello del león; y él mismo
debe hablar, diciendo así, o con el mismo
defecto,-- 'Señoras', o 'Bellas damas, te lo desearía
', o 'Te lo pediría', o '
Te suplicaría,-- que no temas, que no tiembles: mi vida
por la tuya. Si piensas que vengo aquí como un león, sería
lástima de mi vida: no, no soy tal cosa; Yo soy un
hombre como los demás hombres, y que diga su
nombre, y que les diga claramente que es Snug el carpintero.

MEMBRILLO

Pues así será. Pero hay dos cosas difíciles;
es decir, llevar la luz de la luna a una cámara, porque,
ya sabéis, Píramo y Thisby se encuentran a la luz de la luna.

HOCICO

¿Brilla la luna esa noche en que tocamos nuestra obra?

FONDO

¡Un calendario, un calendario!, miren en el almanaque, descubran el
aguardiente de luna, descubran el aguardiente.

MEMBRILLO

Sí, brilla esa noche.

FONDO

Entonces, que dejes una ventana de la gran
cámara, donde jugamos, abierta, y la luna
pueda brillar en la ventana.

MEMBRILLO

De lo contrario, uno debe entrar con un arbusto de espinas
y una linterna, y decir que viene a desfigurar, o a
presentar, a la persona de Moonshine. Luego, hay
otra cosa: debemos tener una pared en la gran
cámara, porque Píramo y Thisby dicen la historia, hablaron
a través de la grieta de una pared.

HOCICO

Nunca se puede meter una pared. ¿Qué dices tú, Bottom?

FONDO

Un hombre u otro debe presentar Pared, y que tenga
un poco de yeso, o alguna marga, o algún molde tosco
alrededor de él, para significar Pared; y que sostenga sus
dedos así, y a través de esa grieta susurrarán Píramo
y Thisby.

MEMBRILLO

Si eso puede ser, entonces todo está bien. Vengan, siéntense,
 hijo de cada madre, y ensayen sus partes.
Píramo, comienzas: cuando hayas dicho tu
discurso, entra en ese freno: y así cada uno
según su señal.

Entra PUCK detrás

DUENDE

¿Qué hilos caseros de cáñamo tenemos pavoneándonos aquí,
 tan cerca de la cuna de la reina de las hadas?
¡Qué, una jugada hacia! Seré auditor;
Un actor también, tal vez, si veo causa.

MEMBRILLO

Habla, Píramo. Esto, levántate.

FONDO

Estoby, las flores de los sabores odiosos dulces,--

MEMBRILLO

Olores, olores.

FONDO

--los olores saben dulce:
Así ha sido tu aliento, mi queridísima Thisby.
Pero, ¡oye, una voz!, quédate aquí un rato,
 y poco a poco te apareceré.

Salida

DUENDE

Un Píramo más extraño que él jugó aquí.

Salida

FLAUTA

¿Debo hablar ahora?

MEMBRILLO

¡Ay, cásate!, porque debes entender que él no va
sino para ver un ruido que oyó, y que va a volver.

FLAUTA

Píramo más radiante, el blanco lirio de color,
el color como la rosa roja en el brezo triunfante,
 el más juvenal y el judío más hermoso,
tan cierto como el caballo más verdadero que nunca se cansará,
 te encontraré, Píramo, en la tumba de Ninny.

MEMBRILLO

"La tumba de Nino", hombre: bueno, no debes decir eso
todavía, que respondes a Píramo: dices toda tu
parte a la vez, señales y todo Píramo entra: tu señal
ha pasado, es: 'nunca te canses'.

FLAUTA

O,--Tan cierto como el caballo más verdadero, que sin embargo
nunca se cansaba.

Vuelve a entrar en el disco y en el fondo con la cabeza de un asno

FONDO

Si yo fuera justo, Thisby, no sería más que tuyo.

MEMBRILLO

¡Oh monstruoso! ¡Oh extraño! Estamos embrujados. ¡Orad,
 maestros!, ¡volad, maestros! ¡Ayuda!

Exeunt MEMBRILLO, CEÑIDO, FLAUTA, HOCICO y HAMBRIENTO

DUENDE

Te seguiré, te llevaré por un camino,A
través de la ciénaga, a través de los matorrales, a través del freno, a
través de la zarza:
Alguna vez un caballo seré, otra vez un sabueso,Un
 cerdo, un oso sin cabeza, alguna vez un fuego;
Y relinchan, y ladran, y gruñen, y rugen, y arden,
como caballo, sabueso, cerdo, oso, fuego, a cada paso.

Salida

FONDO

¿Por qué huyen? Esto es una astucia de ellos para
hacerme temblar.

Vuelva a ingresar a SNOUT

HOCICO

¡Oh Fondo, has cambiado! ¿Qué es lo que veo en ti?

FONDO

¿Qué es lo que ves?, ¿ves a un imbécil propio, verdad
?

Salir de SNOUT

Volver a entrar a QUINCE

MEMBRILLO

¡Bendito seas, Abajo! ¡Bendito seas!

Salida

FONDO

Veo su picardía: esto es para hacerme el asno;
para asustarme, si pudieran. Pero yo no me
moveré de este lugar, hagan lo que puedan: caminaré por

aquí arriba y por aquí, y cantaré, para que me oigan
que no tengo miedo.

Canta

El gallo de la nariz tan negro de color,
 con el pico rojizo anaranjado,
 el palpitar con su nota tan verdadera,
el reyezuelo con la pluma pequeña,--

TITANIA

[Despertando] ¿Qué ángel me despierta de mi lecho de flores?

FONDO

El pinzón, el gorrión y la alondra,
el cuco gris de canto llano,
 cuya nota llena de hombres marca,
y no se atreve a responder que no,
porque, en verdad, ¿quién pondría su ingenio en un pájaro tan tonto
? ¿Quién mentiría a un pájaro, aunque
nunca gritara cuco?

TITANIA

Te ruego, gentil mortal, que vuelvas a cantar:
 Mi oído está muy enamorado de tu nota;
Así está mi ojo cautivado por tu figura;
Y la fuerza de tu hermosa virtud me mueve forzosamente
a la primera vista a decir, a jurar: Te amo.

FONDO

Me parece, señora, que no tendáis mucha razón
para ello; y, sin embargo, a decir verdad, la razón y el
amor no se tienen hoy en día mucha compañía,
tanto más lástima de que algunos vecinos honrados no
los hagan amigos. Es más, de vez en cuando puedo regojejar.

TITANIA

Eres tan sabia como hermosa.

FONDO

Tampoco es así: pero si tuve el ingenio suficiente para salir
de este bosque, tengo suficiente para servir a mi turno.

TITANIA

No quieras salir de este bosque:
 aquí permanecerás, quieras o no.
Soy un espíritu que no es de tasa común;
El verano todavía tiende a mi estado;
Y yo te amo: por tanto, vete conmigo;
Te daré hadas para que te atiendan, Y
ellas te traerán joyas del abismo, Y cantarán
 mientras tú duermes sobre flores prensadas;
Y purgaré tu grosería mortal para
que te vayas como un espíritu aéreo.
¡Flor de guisante! ¡Telaraña! ¡Polilla! y el alpiste de mostaza!

Ingresa PEASEBLOSSOM, COBWEB, MOTH y MUSTARDSEED

FLOR DE PEASEBLOSSOM

Listo.

TELARAÑA

Y yo.

POLILLA

Y yo.

ALPISTE DE MOSTAZA

Y yo.

TODO

¿A dónde vamos?

TITANIA

Sé amable y cortés con este caballero;
Salta en sus paseos y retoza en sus ojos;
Aliméntalo con albaricoques y bayas, Con
 uvas moradas, higos verdes y moras;

Los sacos de miel roban a las humildes abejas,Y
para los cirios nocturnos cortan sus muslos de cera
Y los encienden a los ojos ardientes de la luciérnaga,Para
 tener mi amor en la cama y levantarse;
Y arranca las alas de las mariposas pintadas
para abanicar los rayos de la luna de sus ojos dormidos:
 Asiente con la cabeza, elfos, y hazle cortesías.

FLOR DE PEASEBLOSSOM

¡Salve, mortal!

TELARAÑA

¡Granizo!

POLILLA

¡Granizo!

ALPISTE DE MOSTAZA

¡Granizo!

FONDO

Clamo misericordia de vuesa merced de corazón: ruego
el nombre de vuestra merced.

TELARAÑA

Telaraña.

FONDO

Desearé que os conozca más, buen maese
Telaraña: si me corto el dedo, me atreveré con
vos. ¿Cómo se llama, honrado caballero?

FLOR DE PEASEBLOSSOM

Flor de guisante.

FONDO

Te ruego que me encomiendes a la señora Squash, tu
madre, y al señor Peascod, tu padre. Buen

maese Peaseblossom, yo también desearé que usted
se conozca más. ¿Cómo se llama, se lo ruego, señor?

ALPISTE DE MOSTAZA

Semillas de mostaza.

FONDO

Buen señor Mostaza, conozco bien vuestra paciencia:
esa misma carne de buey cobarde y gigante ha
devorado a más de un caballero de vuestra casa; os prometo que
vuestros parientes me han hecho llorar los ojos antes de ahora. Deseo
que se le conozca más, buen maestro
Mostaza.

TITANIA

Ven, espérale y llévalo a mi enramada.
La luna me parece mirar con ojos llorosos;
Y cuando llora, llora cada florecita,
lamentándose de alguna castidad forzada.
Ata la lengua de mi amor, tráelo en silencio.

Salen

ESCENA II. Otra parte del bosque.

Entra en OBERON

OBERÓN

Me pregunto si Titania estará despierta;
Entonces, lo que fue lo siguiente vino a sus ojos,
 lo cual ella debía adorar en extremo.

Entra en PUCK

Aquí viene mi mensajero.
¡Cómo ahora, espíritu loco!
¿Qué regla nocturna se acerca ahora a esta arboleda encantada?

DUENDE

Mi amante de un monstruo está enamorada.
Cerca de su cerrada y consagrada enramada,
mientras ella estaba en su hora aburrida y dormida,
 un grupo de remiendos, rudos mecánicos,
que trabajan para el pan en los puestos atenienses,
 se reunieron para ensayar una obra
 destinada al día nupcial del gran Teseo.
La piel más gruesa y superficial de esa clase estéril,Que
 Píramo presentó, en su juego
Abandonó su escena y entró en un frenazo
Cuando lo hice tomar con esta ventaja,Le
fijé la nariz de un asno en la cabeza:
Anon su Tisbe debe ser respondido,Y
 sale mi mímica. Cuando lo espían,Como
gansos salvajes que el cazador rastrero mira,O
chovas rojizas, muchas en especie,Levantándose
 y graznando al oír el rumor del arma,Se
 cortan y barren locamente el cielo,Así
, a su vista, sus compañeros vuelan;
Y, a nuestro sello, aquí y aquí cae uno;
El asesino grita y la ayuda de Atenas llama.
Su sentido tan débil, perdido con sus temores
tan fuertes,
hizo que las cosas insensatas comenzaran a hacerles mal;
Porque las zarzas y los espinos arrebatan sus vestidos;
Algunas mangas, algunos sombreros, de los rendientes, todas
las cosas atrapan.
Los conduje en este miedo distraído,
y dejé allí al dulce Píramo traducido:
 Cuando en ese momento, así sucedió,
Titania despertó y al instante amó a un asno.

OBERÓN

Esto sale mejor de lo que podría imaginar.
Pero, ¿has clavado todavía los ojos del ateniense
con el jugo del amor, como te lo ordené?

DUENDE

Lo llevé durmiendo,--eso también está acabado,--
Y la mujer ateniense a su lado:
Que, cuando él despertara, de fuerza debía ser observada.

Entran HERMIA y DEMETRIO

OBERÓN

Quédate cerca: este es el mismo ateniense.

DUENDE

Esta es la mujer, pero no este el hombre.

DEMETRIUS

¿Por qué reprendéis al que os ama tanto?
Deja un aliento tan amargo sobre tu acérrimo enemigo.

HERMIA

Ahora no hago más que reprender, pero te trataría peor,
 porque me temo que me has dado motivo para maldecir
, si has matado a Lisandro mientras dormía,
siendo un hervidero de sangre, sumérgete en el abismo
y me matas a mí también.
El sol no fue tan fiel al día
como él a mí: ¿se habría robado
de la dormida Hermia? Creeré que tan pronto toda
la tierra se aburrirá y que la luna
puede arrastrarse por el centro y así desagradar
el mediodía de su hermano con las Antípodas.
No puede ser si no lo has asesinado;
Así debería parecer un asesino, tan muerto, tan sombrío.

DEMETRIUS

Así debería verse el asesinado, y así debería ser yo,
 traspasado el corazón con tu severa crueldad:
sin embargo, tú, el asesino, te ves tan brillante, tan claro,
 como esa Venus en su esfera resplandeciente.

HERMIA

¿Qué es esto para mi Lisandro?, ¿dónde está?
¡Ah, buen Demetrio!, ¿me lo darás?

DEMETRIUS

Preferiría dar su cadáver a mis sabuesos.

HERMIA

¡Fuera, perro!, ¡fuera, maldito!, me llevas más allá de los límites de la
paciencia de la doncella. ¿Lo has matado, pues?
¡De ahora en adelante no seáis contados entre los hombres!
¡Oh, una vez di la verdad, di la verdad, incluso por mi bien!
¿Te has atrevido a verlo despierto,
y lo has matado durmiendo? ¡Oh valiente toque!
¿No podría un gusano, una víbora, hacer tanto?
Lo hizo una víbora, porque con más doble lengua
que la tuya, serpiente, nunca picó la víbora.

DEMETRIUS

Gastas tu pasión en un estado de ánimo mal pensado:
No soy culpable de la sangre de Lisandro;
Y tampoco está muerto, por lo que yo sé.

HERMIA

Te ruego que me digas entonces que está bien.

DEMETRIUS

Y si pudiera, ¿qué obtendría por lo tanto?

HERMIA

Un privilegio no verme nunca más.
Y de tu odiada presencia me aparto así:
 No me veas más, esté muerto o no.

Salida

DEMETRIUS

No hay manera de seguirla en esta vena feroz:
Aquí, por tanto, me quedaré por un tiempo.

Así se hace más pesada la pesadez de la tristeza,
porque la deuda que el sueño arruinado debe, la tristeza
, la cual ahora en alguna pequeña medida pagará,
si por su oferta aquí hago alguna estancia.

Se acuesta y duerme

OBERÓN

¿Qué has hecho?, te has equivocado por completo,
y has puesto el jugo del amor en la vista de algún amor verdadero:
 de tu malestar debe resultar forzosamente
algún amor verdadero y no un amor falso convertido en verdadero.

DUENDE

Entonces el destino gobierna, que, un hombre que sostiene el
trote,Un
 millón falla, confundiendo juramento sobre juramento.

OBERÓN

Alrededor del bosque va más rápido que el viento,Y
 Helena de Atenas mira que encuentras:
Toda enferma de fantasía está y pálida de alegría,Con
 suspiros de amor, que cuesta la sangre fresca querida:
Por alguna ilusión mira que la traes aquí:
Encantaré sus ojos para que ella aparezca.

DUENDE

Voy, voy, mira cómo voy,
más veloz que la flecha del arco del tártaro.

Salida

OBERÓN

Flor de este tinte púrpura,Golpeado
con el tiro con arco de Cupido,Hundirse
 en la niña de sus ojos.
Cuando él espíe su amor,
que ella brille tan gloriosamente
como la Venus del cielo.

Cuando despiertes, si ella está cerca,
 pídele que te remedie.

Volver a entrar en PUCK

DUENDE

La capitana de nuestra banda de hadas,
 Helena, está aquí a mano;
Y el joven, confundido por mí,
suplicando por un honorario de amante.
¿Vamos a ver su entrañable desfile?
¡Señor, qué tontos son estos mortales!

OBERÓN

Hazte a un lado: el ruido que hacen
hará que Demetrio despierte.

DUENDE

Entonces dos a la vez cortejarán a uno;
Eso tiene que ser sólo el deporte;
Y esas cosas me agradan más
que me parecen absurdamente.

Entran LYSANDER y HELENA

LYSANDER

¿Por qué habrías de pensar que debería cortejar con desprecio?
El desprecio y la burla nunca llegan en lágrimas:
 Mira, cuando voto, lloro; y los votos nacen así,
 En su nacimiento aparece toda la verdad.
¿Cómo es posible que estas cosas que hay en mí os parezcan
despreciables,
 llevando la insignia de la fe, para probar que son verdaderas?

HELENA

Avanzas tu astucia cada vez más.
Cuando la verdad mata a la verdad, ¡oh refriega diabólica y santa!
Estos votos son de Hermia: ¿se los daréis?
Pesa juramento con juramento, y nada pesarás:

Tus votos a ella y a mí, puestos en dos balanzas,
incluso pesarán, y ambos tan ligeros como cuentos.

LYSANDER

No tenía juicio cuando a ella juraba.

HELENA

Ni ninguna, en mi mente, ahora le das o'er.

LYSANDER

Demetrio la ama, y no te ama a ti.

DEMETRIUS

¡Oh Helena, diosa, ninfa, perfecta, divina!
¿A qué, amor mío, compararé tu ojo?
El cristal está embarrado. ¡Oh, cuán maduros en mostrar
tus labios, esas cerezas besadoras, tentadoras crecen!
Esa nieve pura y blanca congelada de Tauro,
abanicada por el viento del este, se convierte en cuervo
cuando levantas la mano: ¡Oh, déjame besar
a esta princesa de blanco puro, este sello de felicidad!

HELENA

¡Oh despecho! ¡Oh infierno! Veo que todos vosotros estáis
empeñados
en oponeros a mí por vuestra alegría:
Si sois civilizados y conocéis cortesía,No
 me haríais tanto daño.
¿No puedes odiarme, como sé que lo haces,
pero también debes unirte en almas para burlarte de mí?
Si fuerais hombres, como hombres estáis en exhibición,
 no usaríais a una dama gentil así;
Jurar, jurar y alabar mis partes,
cuando estoy seguro de que me odiáis con vuestros corazones.
Ambos sois rivales, y amáis a Hermia;
Y ahora ambos rivales, para burlarse de Helena:
 una hazaña elegante, una empresa varonil,
para conjurar lágrimas en los ojos de una pobre doncella

con tu burla, nadie de noble clase
ofendería tanto a una virgen, y extorsionaría
la paciencia de una pobre alma, todo para hacerte jugar.

LYSANDER

Eres cruel, Demetrio;
Porque tú amas a Hermia; esto tú sabes que yo sé:
Y aquí, con toda buena voluntad, con todo mi corazón,En
 el amor de Hermia te entrego mi parte;
Y la tuya de Helena me la lega, a
 quien amo y haré hasta mi muerte.

HELENA

Nunca los burlones desperdiciaron más aliento ocioso.

DEMETRIUS

Lisandro, guarda tu Hermia; Si
 la amaré, todo ese amor se ha ido.
Mi corazón a ella no fue como huésped de estancia,
 y ahora a Helen es su hogar de regreso,
allí para permanecer.

LYSANDER

Helen, no es así.

DEMETRIUS

No menosprecies la fe que no conoces, no
sea que, por tu propio riesgo, la aceptes querida.
Mira, donde viene tu amor, allá está tu amado.

Volver a entrar en HERMIA

HERMIA

Noche oscura, que del ojo toma su función,
el oído más rápido de aprehensión hace;
En lo que perjudica el sentido de la vista,
 paga al oído una doble recompensa.
No eres hallado por mis ojos, Lisandro;

Mi oído, se lo agradezco, me trajo a tu sonido,
pero ¿por qué tan cruelmente me dejaste así?

LYSANDER

¿Por qué ha de quedarse aquel a quien el amor presiona para que se
vaya?

HERMIA

¿Qué amor podría apartar a Lisandro de mi lado?

LYSANDER

El amor de Lisandro, que no le dejaba detenerse,
 la bella Elena, que más engalana la noche
que todas vosotras, ardientes y ojos de luz.
¿Por qué me buscas?, ¿no te podría dar a conocer el
 odio que te tengo?, ¿me hizo dejarte así?

HERMIA

No hablas como piensas: no puede ser.

HELENA

¡He aquí que ella es una de esta confederación!
Ahora me doy cuenta de que han unido los tres
para crear este falso juego, a pesar mío.
¡Hermia injuriosa!, ¡doncella ingrata!
¿Has conspirado, con esto has urdido
para engañarme con este vil escarnio?
¿Es todo el consejo que hemos compartido,
los votos de las hermanas, las horas que hemos pasado,
 cuando hemos reprendido el tiempo apresurado
para separarnos,--Oh, ¿se ha olvidado todo?
¿La amistad de todos los días de escuela, la inocencia de la infancia?
Nosotros, Hermia, como dos dioses artificiales,
 hemos creado con nuestras agujas una sola flor,
 ambos en un sampler, sentados en un cojín,
ambos gorjeando una canción, ambos en una tonalidad, como
 si nuestras manos, nuestros costados, voces y mentes
 hubieran sido incorporados. Así crecemos juntos,

como una cereza doble, que parece dividida,
pero sin embargo una unión en la partición;
Dos hermosas bayas moldeadas en un tallo;
Así, con dos cuerpos aparentes, pero un solo corazón;
Dos de los primeros, como escudos heráldicos,
 debidos a uno solo y coronados con un blasón.
¿Y vas a destrozar nuestro antiguo amor
para unirte a los hombres en el desprecio de tu pobre amigo?
No es amistoso, no es de doncella:
Nuestro sexo, así como yo, puede reprenderte por ello,
 aunque sólo yo siento la herida.

HERMIA

Estoy asombrado por sus apasionadas palabras.
Yo no os desprecio, parece que vosotros me despreciáis a mí.

HELENA

¿No has puesto a Lisandro, como en escarnio,
para que me siga y alabe mis ojos y mi rostro?
¿Y has hecho tu otro amor, Demetrio,
 que aún ahora me despreciaba con su pie,
para llamarme diosa, ninfa, divina y rara,
 preciosa, celestial? ¿Por qué le dice esto
a la que aborrece, y por qué Lisandro
niega tu amor, tan rico en su alma,
y me ofrece, por cierto, afecto,
sino por tu voluntad, con tu consentimiento?
¿Qué pensaba yo que no estaba tan en gracia como tú,
 tan aferrado con amor, tan dichoso, pero sobre
 todo miserable para amar sin amar?
Deberías compadecerlo en lugar de despreciarlo.

HERNIA

No entiendo lo que quieres decir con esto.

HELENA

Ay, hace, persevera, fingen miradas tristes,
 Hazme bocas cuando me dé la espalda;

Guñen el ojo el uno al otro, sostengan la dulce broma:
 este deporte, bien practicado, será narrado.
Si tuvieras alguna lástima, gracia o modales,
 no me harías tal argumento.
Pero haced bien: en parte es culpa mía;
Lo cual la muerte o la ausencia remediarán pronto.

LYSANDER

Quédate, dulce Helena, escucha mi excusa: ¡
Mi amor, mi vida, mi alma, hermosa Helena!

HELENA

¡Oh excelente!

HERMIA

Dulce, no la desprecies tanto.

DEMETRIUS

Si ella no puede suplicar, yo puedo obligarla.

LYSANDER

No puedes obligar más de lo que ella suplica:
Tus amenazas no tienen más fuerza que sus débiles oraciones.
Helena, yo te amo, por mi vida lo hago;
 juro por lo que perderé por ti,
para probar que es falso el que dice que no te amo.

DEMETRIUS

Digo que te amo más de lo que él puede hacerlo.

LYSANDER

Si tú lo dices, retírate y demuéstralo también.

DEMETRIUS

¡Rápido, ven!

HERMIA

Lisandro, ¿a dónde tiende todo esto?

LYSANDER

¡Fuera, Etiopía!

DEMETRIUS

No, no; él [ ] Parecerá
 que se desata; asume como tú lo seguirías,
pero sin embargo no vengas: eres un hombre manso, ¡vete!

LYSANDER

¡Cuelga, gato, tú, vil cosa, desatada,
o te sacudiré de mí como una serpiente!

HERMIA

¿Por qué te has vuelto tan grosero?, ¿qué cambio es este?
¡Dulce amor,--

LYSANDER

¡Tu amor! ¡Fuera, tártaro leonado, fuera!
¡Fuera, aborrecida medicina! ¡odiada poción, por lo tanto!

HERMIA

¿No es así?

HELENA

Sí, por supuesto; Y tú también.

LYSANDER

Demetrio, cumpliré mi palabra contigo.

DEMETRIUS

Ojalá tuviera tu vínculo, porque percibo
que un lazo débil te sostiene: no confiaré en tu palabra.

LYSANDER

¿Qué, debería lastimarla, golpearla, matarla?
Aunque la odio, no le haré tanto daño.

HERMIA

¿Qué, puedes hacerme más daño que el odio?
¡Ódiame!, ¿por qué? ¡Oh yo! ¡Qué noticia, mi amor!
¿No soy yo Hermia?, ¿no eres tú Lisandro?
Ahora soy tan justo como lo era antes.
Desde la noche me amaste, pero desde la noche
me
dejaste... ¿Por qué, entonces me dejaste! ¡Oh, los dioses no lo
quieran--
En serio, ¿diré yo?

LYSANDER

¡Ay, por mi vida!
Y nunca más deseé verte.
Por lo tanto, no tengas esperanza, ni duda, ni dudas;
Tengan la certeza, nada más cierto; No es broma
que te odie y ame a Helena.

HERMIA

¡Oh yo, malabarista, flor de cancro!
¡Ladrón de amor!, ¿qué, has venido de noche y le
has robado el corazón de mi amor?

HELENA

¡Bien, fe!
¿No tienes modestia, ni vergüenza de doncella,
 ni un toque de vergüenza? ¿Qué, arrancarás
respuestas impacientes de mi dulce lengua?
¡Fie, fie!, falsificado, títere, ¡tú!

HERMIA

¿Títere?, ¿por qué?, sí, así va el juego.
Ahora percibo que ella ha hecho comparaciones
entre nuestras estaturas, ha instaurado su estatura;
Y con su personaje, su alto personaje,
su estatura, en verdad, ella ha prevalecido con él.
¿Y has crecido tanto en su estima;
¿Porque soy tan enano y tan bajo?
¿Cuán bajo estoy, tú pintado de palo de mayo? habla;

¿Qué tan bajo estoy? Todavía no estoy tan bajo
como para que mis uñas lleguen a tus ojos.

HELENA

Os ruego, aunque os burléis de mí, señores,
 que no me haga daño: nunca fui maldito;
No tengo ningún don en la astucia;
Soy una doncella justa por mi cobardía:
 que no me pegue. Tal vez pienses,
porque ella es algo inferior a mí,
que puedo igualarla.

HERMIA

¡Bajar! Escuche, otra vez.

HELENA

Buena Hermia, no seas tan amargada conmigo.
Siempre te amé, Hermia,
siempre guardé tus consejos, nunca te ofendí;
Salvo que, por amor a Demetrio,
 le conté de tu sigilo en este bosque.
Él te siguió, por amor yo lo seguí a él.
Pero él me ha reprendido de aquí y me ha amenazado
con golpearme, despreciarme, más aún, matarme también.
 Y ahora, así me dejarás ir tranquilo,
 a Atenas soportaré mi locura
y no te seguiré más: déjame ir.

HERMIA

¿Quién no es el que te estorba?

HELENA

Un corazón insensato, que dejo aquí atrás.

HERMIA

¿Qué, con Lisandro?

HELENA

Con Demetrio.

LYSANDER

No temáis; ella no te hará daño, Helena.

DEMETRIUS

No, señor, no lo hará, aunque usted tome su parte.

HELENA

¡Oh, cuando está enojada, es aguda y astuta!
Era una zorra cuando fue a la escuela;
Y aunque es pequeña, es feroz.

HERMIA

¡'Pequeño' otra vez!, ¡nada más que 'bajo' y 'pequeño'!
¿Por qué vas a permitir que me desprecie de esta manera?
Déjame acercarme a ella.

LYSANDER

Vete, enano;
Tú, mínimo, de estorbar la hierba nudosa hecha;
Abalorio, bellota.

DEMETRIUS

Eres demasiado oficioso
en su nombre que desprecia tus servicios.
Déjala en paz: no hables de Helena;
No tomes parte de ella, porque, si no piensas mostrarle
nunca tan poco amor a ella, lo
aceptarás.

LYSANDER

Ahora ella no me abraza;
Ahora, si te atreves, sigue a probar qué derecho,
 tuyo o mío, está más en Helena.

DEMETRIUS

¡Seguir! no, iré contigo, mejilla por jole.

Exeunt LISANDRO y DEMETRIO

HERMIA

Tú, señora, todo este enredo te queda largo:
No, no vuelvas atrás.

HELENA

No confiaré en ti, ni
permaneceré más en tu maldita compañía.
Tus manos que las mías son más rápidas para una refriega,
 mis piernas son más largas, sin embargo, para huir.

Salida

HERMIA

Estoy asombrado y no sé qué decir.

Salida

OBERÓN

Esta es tu negligencia: aun así, te equivocas,
 o cometes tus torpezas deliberadamente.

DUENDE

Créeme, rey de las sombras, me equivoqué.
¿No me dijiste que debía conocer al hombre
por la vestidura ateniense que llevaba puesta?
Y hasta ahora es intachable mi empresa,
que he ungido los ojos de un ateniense;
Y hasta ahora me alegro de que así haya sido
como este su tintineo estimo un deporte.

OBERÓN

Ves que estos amantes buscan un lugar donde pelear:
Hi, por lo tanto, Robin, nubló la noche;
La estrella de la tierra te cubre de una
niebla caída tan negra como el Aqueronte,
y desvía a estos irritables rivales tan descarriados
que uno no se interpone en el camino del otro.
Como a Lisandro alguna vez envuelve tu lengua,Entonces

agita a Demetrio con amarga injusticia;

Y alguna vez te quejas como Demetrio;

Y los apartas los unos de los otros y los conduces así,Hasta

 que sobre sus frentes se arrastra el sueño falso de la muerte

, con patas de plomo y alas batidas:

Entonces aplasta esta hierba en el ojo de Lisandro;

Cuyo licor tiene esta propiedad virtuosa,

para quitar de allí todo error con su fuerza,

y hacer que sus globos oculares rueden con vista acostumbrada.

La próxima vez que despierten, todas estas burlas

parecerán un sueño y una visión infructuosa,

 y los amantes volverán a Atenas

con una liga cuya fecha hasta la muerte nunca terminará.

Mientras yo me ocupe en este negocio, iré

a mi reina y le rogaré a su indio muchacho;

Y entonces liberaré su ojo encantado

de la vista del monstruo, y todas las cosas serán paz.

DUENDE

Mi señor de las hadas, esto debe hacerse con prisa,

porque los veloces dragones de la noche cortan las nubes con toda rapidez,

 y allá brilla el heraldo de Aurora;

A cuya aproximación, los fantasmas, vagando de aquí para allá,

Tropel de regreso a los cementerios: todos los espíritus malditos,

 Que en los cruces y las inundaciones tienen sepultura,

 Ya a sus lechos de gusanos se han ido;

Por temor a que el día viera sus vergüenzas,

ellos mismos voluntariamente se exilian de la luz

y deben asociarse con la noche de cejas negras.

OBERÓN

Pero nosotros somos espíritus de otra clase: yo,

 con el amor de la mañana, a menudo me he entretenido,

y, como un guardabosques, las arboledas pueden pisar,

incluso hasta que la puerta oriental, toda de color rojo fuego,

 se abre sobre Neptuno con hermosos rayos benditos,

convierte en oro amarillo sus arroyos de color verde sal.

Pero, a pesar de todo, apresúrate, no te demores:
podemos llevar a cabo este asunto antes de que llegue el día.

Salida

DUENDE

Arriba y abajo, arriba y abajo,
 los guiaré arriba y abajo:
Tengo miedo en el campo y en la ciudad:
Duende, guíalos arriba y abajo.
Aquí viene uno.

Vuelva a entrar en LYSANDER

LYSANDER

¿Dónde estás, orgulloso Demetrio? Habla ahora.

DUENDE

Aquí, villano; dibujado y listo. ¿Dónde estás?

LYSANDER

Estaré contigo derecho.

DUENDE

Sígueme, pues,
a un terreno más llano.

Salga de LYSANDER, como siguiendo la voz

Volver a entrar DEMETRIO

DEMETRIUS

¡Lisandro!, vuelve a hablar: Huye
, cobarde, ¿has huido?
¡Hablar! ¿En algún arbusto? ¿Dónde escondes tu cabeza?

DUENDE

Cobarde, ¿te jactas ante las estrellas
 diciendo a los arbustos que esperas guerras
 y no vendrás? Ven, incrédulo; Ven, niño;

Te azotaré con vara, es un impuro el
que saca una espada sobre ti.

DEMETRIUS

Sí, ¿estás ahí?

DUENDE

Sigue mi voz: aquí no intentaremos la hombría.

Salen

Vuelva a entrar en LYSANDER

LYSANDER

Él va delante de mí y todavía me desafía a seguir adelante:
 cuando llego a donde él llama, entonces se va.
El villano es mucho más ligero que yo: lo
seguí rápido, pero más rápido voló;
Ese caído estoy en un camino oscuro y desigual,
 y aquí descansaré.

Se acuesta

¡Ven, buen día!
Porque si una sola vez me muestras tu luz gris,
encontraré a Demetrio y me vengaré de este despecho.

Duerme

Vuelve a entrar PUCK y DEMETRIO

DUENDE

¡Ho, ho, ho! Cobarde, ¿por qué no vienes?

DEMETRIUS

Quédate conmigo, si te atreves, porque bien sé
 que corrías delante de mí, removiendo todas partes,
 y no te atreves a pararte, ni a mirarme a la cara.
¿Dónde estás ahora?

DUENDE

Venid acá: aquí estoy.

DEMETRIUS

No, entonces, te burlas de mí. Comprarás esto querido,
si alguna vez veo tu rostro a la luz del día:
Ahora, vete por tu camino. El desfallecimiento me constriñe
a medir mi longitud en este lecho frío.
Al acercarse el día parece ser visitado.

Se acuesta y duerme

Volver a entrar HELENA

HELENA

¡Oh noche cansada, oh noche larga y tediosa,
apacigua tu hora! Resplandecen los consuelos del oriente,
 para que pueda volver a Atenas a la luz del día,
 de estos que mi pobre compañía detesta,
y el sueño, que a veces cierra los ojos de la tristeza,
 róbame un rato de mi propia compañía.

Se acuesta y duerme

DUENDE

¿Y no hay más que tres? Ven uno más;
Dos de ambos tipos hacen cuatro.
Aquí viene ella, maldita y triste:
Cupido es un muchacho astuto,Así
 que enloquece a las pobres hembras.

Volver a entrar en HERMIA

HERMIA

Nunca tan cansado, nunca tan en la aflicción,Salpicado
 por el rocío y desgarrado por las zarzas,No
puedo arrastrarme más, no puedo ir más allá;
Mis piernas no pueden seguir el ritmo de mis deseos.
Aquí descansaré hasta el amanecer.
¡Que los cielos protejan a Lisandro, si se proponen una refriega!

Se acuesta y duerme

DUENDE

En el suelo
Sonido del sueño:
Aplicaré
En tu ojo, Amante
 gentil, remedio.

Exprimiendo el jugo en los ojos de LISANDER

Cuando despiertes,
te deleitarás

verdaderamente en la vista
del ojo de tu antigua dama,
y se conocerá el proverbio del país,
 que cada hombre debe tomar lo suyo,
 en tu despertar se mostrará:
 Jack tendrá a Jill;
Nada se echará a perder;
El hombre volverá a tener su yegua y todo estará bien.

Salida

ACTO IV

ESCENA I. Lo mismo. LISANDRO, DEMETRIO, HELENA y HERMIA

acostado dormido.

Entra en TITANIA y BOTTOM; FLOR DE GUISANTE, TELARAÑA, POLILLA, MOSTAZA y otras hadas que asisten; OBERON detrás de lo invisible

TITANIA

Ven, siéntate en este lecho florido,
mientras yo mis amables mejillas me muevo tímidamente,
 y meto rosas almizcleras en tu cabeza lisa y lisa,
y besa tus hermosas orejas grandes, mi dulce alegría.

FONDO

¿Dónde está Peaseblossom?

FLOR DE PEASEBLOSSOM

Listo.

FONDO

Rasca mi cabeza, Peaseblossom. ¿Dónde está Mounsieur Cobweb?

TELARAÑA

Listo.

FONDO

Mounsieur Telaraña, buen mounsieur, tráeme tus
armas en la mano, y mátame una abeja humilde de caderas rojas
en lo alto de un cardo; y, buen
mounsieur, tráeme la bolsa de miel. No te preocupes
demasiado en la acción, mounsieur; y,
buen mounsieur, ten cuidado de que el saco de miel no se rompa;
Me resistiría a que te llenaran de una
bolsa de miel, señor. ¿Dónde está el alpón de mostaza?

ALPISTE DE MOSTAZA

Listo.

FONDO

Dame tu neaf, Mounsieur Motardseed. Te ruego que
dejes tu cortesía, buen mounsieur.

ALPISTE DE MOSTAZA

¿Cuál es tu voluntad?

FONDO

Nada, buen mounsieur, sino ayudar a Cavalery Telaraña
a rascarse. Debo ir a la barbería, señor; porque
a mí me parece que tengo la cara maravillosamente velluda, y que
soy un culo tan tierno, que si me hacen cosquillas el pelo,
 tengo que rascarme.

TITANIA

¿Qué, vas a oír alguna música,
mi dulce amor?

FONDO

Tengo un oído razonablemente bueno en la música. Vamos a tener
las pinzas y los huesos.

TITANIA

O di, dulce amor, lo que deseas comer.

FONDO

Verdaderamente, un poco de provender: podría masticar tu buena
avena seca. Me parece que tengo un gran deseo de una botella
de heno: el heno bueno, el heno dulce, no tiene compañero.

TITANIA

Tengo un hada aventurera que buscará
el tesoro de la ardilla y te traerá nueces nuevas.

FONDO

Preferiría tomar un puñado o dos de guisantes secos.
Pero, te ruego, que nadie de tu pueblo me conmueva: tengo
una exposición del sueño que viene sobre mí.

TITANIA

Duerme, y yo te enrollaré en mis brazos.
Hadas, vete, y aléjate por todos lados.

Hadas exeunt

Así la leña la dulce madreselva
se retuerce suavemente; la hiedra hembra
envuelve así los dedos cortezantes del olmo.
¡Oh, cuánto te amo, cuánto te adoro!

Duermen

Entra en PUCK

OBERÓN

[Avanzando] Bienvenido, buen Robin.
¿Ves este dulce espectáculo?
Ahora empiezo a compadecerme de su vejez:
Porque, encontrándola últimamente detrás del bosque,
 buscando dulces favores de este odioso tonto,
 la reproché y me peleé con ella;
Porque ella sus sienes peludas se habían redondeado
con una corona de flores frescas y fragantes;
Y ese mismo rocío, que en algún momento en los capullos
solía hincharse como perlas redondas y orientadas,
se erguía ahora en los ojos de las hermosas flores
como lágrimas que lamentaban su propia desgracia.
Cuando me hube burlado de ella a mi antojo
, y ella en términos suaves suplicó mi paciencia,
 entonces le pedí a su hijo cambiante;
Lo cual me dio, y su hada lo envió
a llevarlo a mi enramada en el país de las hadas.
Y ahora que tengo al niño, voy a deshacer
esta odiosa imperfección de sus ojos:
Y, gentil Puck, toma este cuero cabelludo transformado
de la cabeza de este galán ateniense;
Que, despertando cuando el otro lo hace,
 Que todos a Atenas vuelvan a reparar
Y no pienses más en los accidentes de esta noche
Sino como la feroz vejación de un sueño.
Pero primero liberaré a la reina de las hadas.
Sé como acostumbrabas ser;
Mira como solías ver:
el capullo de Dian o la flor de Cupido
tienen tanta fuerza y bendito poder.
Ahora, mi Titania, despierta, mi dulce reina.

TITANIA

¡Mi Oberón!, ¡qué visiones he visto!
Pensé que estaba enamorado de un asno.

OBERÓN

Ahí está tu amor.

TITANIA

¿Cómo sucedieron estas cosas?
¡Oh, cómo mis ojos aborrecen ahora su rostro!

OBERÓN

Silencio un rato. Robin, quítate esta cabeza.
Titania, la música llama, y golpea más muerto
que el sueño común de todos estos cinco el sentido.

TITANIA

¡Música, ho! música, como Charmeth Sleep!

Música, quieta

DUENDE

Ahora, cuando te despiertes, con tus
propios ojos de tonto miran.

OBERÓN

¡Sonido, música! Ven, reina mía, toma mis manos y
mece la tierra sobre la que están estos durmientes.
Ahora tú y yo somos nuevos en amistad,
y mañana a medianoche bailaremos solemnemente
en la casa del duque Teseo triunfalmente,
y la bendeciremos con toda hermosa prosperidad.

DUENDE

Rey de las hadas, atiende, y marca:
Escucho a la alondra de la mañana.

OBERÓN

Entonces, mi reina, en silencio
triste,Tropezamos tras la sombra de la noche:Nosotros,
 el globo, podemos abarcar pronto,Más
 veloz que la luna errante.

TITANIA

Ven, mi señor, y en nuestra huida
dime cómo ha sido esta noche
que yo, durmiendo aquí, he sido hallado
con estos mortales en el suelo.

Salen

Las bocinas serpenteaban por dentro

Entra en TESEO, HIPÓLITA, EGEO y entrena

TESEO

Id, uno de vosotros, a buscar al guardabosques;
Por ahora nuestra observación está realizada;
Y ya que tenemos el vaward del día,
mi amor escuchará la música de mis sabuesos.
Desacoplaos en el valle occidental, dejadlos ir:
Despachad, digo, y buscad al guardabosques.

Salir de un asistente

Subiremos, hermosa reina, a la cima de la montaña,
 y marcaremos la confusión musical
de los sabuesos y el eco en conjunción.

HIPÓLITA

Estuve una vez con Hércules y Cadmo,
cuando en un bosque de Creta aullaron al oso
con sabuesos de Esparta: nunca oí
tan gallardas reproches, porque, además de las arboledas,
 los cielos, las fuentes, todas las regiones cercanas
parecían ser un solo grito mutuo: nunca escuché
una discordia tan musical, un trueno tan dulce.

TESEO

Mis sabuesos son criados de la especie espartana
, tan volados, tan arenosos, y sus cabezas están colgadas
con orejas que barren el rocío de la mañana;
De rodillas torcidas y rocío como los toros de Tesalia;
Lentos en la persecución, pero emparejados en la boca como
campanas,

cada uno debajo de cada uno. Un grito más melodioso
nunca fue aclamado, ni aclamado con trompa,En
Creta, en Esparta, ni en Tesalia:Juzga
 cuando oigas. Pero, ¡suave! ¿Qué ninfas son estas?

EGEO

Mi señor, esta es mi hija aquí dormida;
Y esto, Lisandro, este es Demetrio;
Esta Helena, la Helena de la vieja Nedar:
 Me pregunto si están aquí juntas.

TESEO

Sin duda se levantaron temprano para observar
el rito de mayo, y oyendo nuestra intención,
vinieron aquí en gracia nuestra solemnidad.
Pero habla, Egeo, ¿no es éste el día
en que Hermia ha de dar respuesta a su elección?

EGEO

Lo es, mi señor.

TESEO

Ve y ordena a los cazadores que los despierten con sus cuernos.

*Cuernos y gritos en el interior. LISANDRO, DEMETRIO, HELENA y
HERMIA se despiertan y se ponen en marcha*

Buenos días, amigos. San Valentín ha pasado:
Comienzan estos pájaros del bosque, pero ¿para emparejarse ahora?

LYSANDER

Perdón, mi señor.

TESEO

Les ruego a todos que se pongan de pie.
Sé que ustedes dos son enemigos rivales:
¿Cómo es que esta suave concordia en el mundo, que el
 odio está tan lejos de los celos,
duerme por el odio y no teme ninguna enemistad?

LYSANDER

Mi señor, responderé con asombro:
Mitad sueño, mitad vigilia: pero hasta ahora, lo juro,
 no puedo decir con verdad cómo llegué aquí;
Pero, mientras pienso,-- porque en verdad quiero hablar,
 y ahora pienso que así es,--
vine con Hermia aquí: nuestra intención
era irnos de Atenas, donde podríamos,
sin el peligro de la ley ateniense.

EGEO

Basta, basta, mi señor, ya tenéis suficiente:
 ruego a la ley, la ley, sobre su cabeza.
Habrían robado, lo harían, Demetrio,
para derrotarte a ti y a mí,
a ti de tu esposa y a mí de mi consentimiento,
de mi consentimiento para que ella fuera tu esposa.

DEMETRIUS

Mi señor, la hermosa Helena me habló de su sigilo,
de este su propósito hasta aquí en este bosque;
Y yo, furioso, los seguí hasta aquí, y la
 bella Helena me siguió.
Pero, mi buen señor, no sé con qué poder,--
Pero por algún poder es,-- mi amor a Hermia,
derretido como la nieve, me parece ahora
como el recuerdo de un galán ocioso
que en mi infancia adoré;
Y toda la fe, la virtud de mi corazón,
 el objeto y el placer de mis ojos,
es sólo Helena. A ella, mi señor,
 me desposé antes de ver a Hermia:
Pero, como en la enfermedad, detestaba este alimento;
Pero, como en la salud, llega a mi gusto natural,
 ahora sí lo deseo, lo amo, lo anhelo,
 y seré siempre fiel a él.

TESEO

Hermosos amantes, afortunadamente os encontráis:
De este discurso oiremos más anon.
Egeo, dominaré tu voluntad;
Porque en el templo, poco a poco, con nosotros
, estas parejas se unirán eternamente,
 y porque ahora la mañana es algo gastado,
nuestra caza propuesta será dejada a un lado.
Váyase con nosotros a Atenas; tres y tres,
celebraremos una fiesta con gran solemnidad.
Ven, Hipólita.

Exeunt TESEO, HIPÓLITA, EGEO y tren

DEMETRIUS

Estas cosas parecen pequeñas e indistinguibles,

HERMIA

Me parece ver estas cosas con los ojos entreabiertos,
 cuando todo parece doble.

HELENA

Y he
encontrado a Demetrio como una joya,
 mía y no mía.

DEMETRIUS

¿Estás seguro de
que estamos despiertos? Me parece
que aún así dormimos, soñamos. ¿No creéis que
el duque estuvo aquí y nos mandó que le siguiéramos?

HERMIA

Sí; y mi padre.

HELENA

E Hipólita.

LYSANDER

Y nos mandó que lo siguiéramos hasta el templo.

DEMETRIUS

Pues, entonces, estamos despiertos: sigámoslo Y,
de paso, contemos nuestros sueños.

Salen

FONDO

[Despertando] Cuando llegue mi señal, llámame, y yo responderé
: mi siguiente es: 'Muy bello Píramo'. ¡Vaya!
¡Pedro Membrillo! ¡Flauta, la remendada de fuelles! ¡Hocico,
 el calderero! ¡Hambriento! ¡Dios es mi vida, robada
de aquí, y me dejó dormido! He tenido una visión muy rara
. He tenido un sueño, más allá del ingenio del hombre para
decir qué sueño era: el hombre no es más que un asno, si se
pone a exponer este sueño. Pensé que lo era... no hay
hombre que pueda decir qué. Yo creía que lo era,--y
yo creía que lo había hecho,--pero el hombre no es más que un tonto
remendado, si
se ofrece a decir lo que yo creía que yo tenía. El ojo
del hombre no ha oído, el oído del hombre no ha
visto, la mano del hombre no puede gustar, su lengua no puede
concebir, ni su corazón informar cuál fue mi sueño
. Haré que Pedro Quince escriba una balada de
este sueño: se llamará El sueño de Bottom,
 porque no tiene fondo, y la cantaré al
final de una obra, ante el duque
; tal vez, para hacerla más graciosa, la cantaré
a su muerte.

Salida

ESCENA II. Atenas. La casa de QUINCE.

Entra MEMBRILLO, FLAUTA, HOCICO y HAMBRUNA

MEMBRILLO

¿Has enviado a la casa de Bottom? ¿Ya ha vuelto a casa?

MORIR DE HAMBRE

No se puede oír hablar de él. Fuera de toda duda se transporta
.

FLAUTA

Si no viene, entonces la obra se estropea:
no avanza, ¿verdad?

MEMBRILLO

No es posible: no hay un solo hombre en toda
Atenas capaz de descargar a Píramo que él.

FLAUTA

No, tiene simplemente el mejor ingenio de todos los artesanos de
Atenas.

MEMBRILLO

Sí, y la mejor persona también; y es un amante muy
 amante de una voz dulce.

FLAUTA

Debes decir 'parangón': un amante es, Dios nos bendiga,
 una cosa de nada.

Entra en SNUG

CÓMODO

Señores, el duque viene del templo, y
hay dos o tres señores y damas más casados:
si nuestro deporte hubiera avanzado, todos nos habríamos hecho
hombres.

FLAUTA

¡Oh dulce bravucón Bottom! Así ha perdido seis peniques al
día durante su vida; no habría podido escapar de
seis peniques al día: si el duque no le hubiera dado
seis peniques al día por jugar a Píramo, seré ahorcado;
se lo habría merecido: seis peniques al día en
Píramo, o nada.

Entrar en BOTTOM

FONDO

¿Dónde están estos muchachos? ¿Dónde están estos corazones?

MEMBRILLO

¡Fondo! ¡Oh día valerísimo! ¡Oh la hora más feliz!

FONDO

Señores, yo voy a hablar maravillas, pero no me preguntéis
qué, porque si os lo digo, no soy un verdadero ateniense. Te
diré todo, tal como cayó.

MEMBRILLO

Déjanos escuchar, dulce Bottom.

FONDO

Ni una palabra de mí. Lo único que te diré es que
el duque ha cenado. Juntad vuestros vestidos,
buenos cordones para vuestras barbas, cintas nuevas para vuestros
zapatos de tacón; reuníos ahora mismo en el palacio; cada uno mira
su parte; porque lo corto y lo largo es, nuestro
juego es preferido. En cualquier caso, que Thisby tenga
lino limpio, y que el que juega al león
no se corte las uñas, porque colgarán para las
garras del león. Y, queridísimos actores, no comáis cebollas
ni ajos, porque hemos de pronunciar dulce aliento; y
no dudo en oírles decir que es una dulce
comedia. No hay más palabras: ¡fuera! ¡Vete!

Salen

ACTO V

ESCENA I. Atenas. El palacio de Teseo.

Entran TESEO, HIPÓLITA, FILÓSTRATO, Señores y Asistentes

HIPÓLITA

Es extraño, mi Teseo, que estos
amantes hablen.

TESEO

Más extraño que cierto: nunca podré creer
en estas fábulas antiguas, ni en estos juguetes de hadas.
Los amantes y los locos tienen cerebros tan hirvientes,
 tales fantasías moldeadoras, que aprehenden
más de lo que la razón fría puede comprender.
El lunático, el amante y el poeta
son de imaginación todos compactos:
Uno ve más demonios de los que el vasto infierno puede contener,Es
 decir, el loco: el amante, todo tan frenético,Ve la
 belleza de Helena en una frente de Egipto:
El ojo del poeta, en fino frenesí rodando,Mira
 del cielo a la tierra, de la tierra al cielo;
Y como la imaginación da cuerpo a las
formas de las cosas desconocidas, la pluma del poeta
las convierte en formas y da a la nada
una habitación local y un nombre.
Tales trucos tienen una fuerte imaginación,
 que si quisiera aprehender algún gozo,
comprende a algún portador de ese gozo;
O en la noche, imaginando algún miedo, ¡
Qué fácil se supone que un arbusto es un oso!

HIPÓLITA

Pero toda la historia de la noche contada,
y todas sus mentes se transfiguraron tan juntas,
más testigos que las imágenes de la fantasía
y se convierten en algo de gran constancia;
Pero, por muy extraño y admirable que sea.

TESEO

Aquí vienen los amantes, llenos de alegría y alegría.

Entran LISANDRO, DEMETRIO, HERMIA y ELENA

¡Alegría, queridos amigos!, ¡alegría y días frescos de amor
acompañen sus corazones!

LYSANDER

Más que a nosotros
¡Espera en tus paseos reales, tu tabla, tu cama!

TESEO

Vamos, ¿qué máscaras, qué bailes tendremos
para consumir esta larga edad de tres horas
entre la sobremesa y la hora de dormir?
¿Dónde está nuestro gerente habitual de alegría?
¿Qué fiestas se avecinan? ¿No hay juego
para aliviar la angustia de una hora torturante?
Llama a Philostrate.

FILOSTRATO

Aquí, poderoso Teseo.

TESEO

Dime, ¿qué compendio tienes para esta noche?
¿Qué máscara?, ¿qué música? ¿Cómo vamos a seducir
el tiempo perezoso, si no es con algún deleite?

FILOSTRATO

Hay un breve cuántos deportes están maduros:
Elija cuál su alteza verá primero.

Entrega de un trabajo

TESEO

[Lectura] 'La batalla con los centauros, para ser cantada
por un eunuco ateniense al arpa'.
No haremos nada de eso: eso le he dicho a mi amor,
 en gloria de mi pariente Hércules.

Lee

'El alboroto de las bacanales borrachas,
 desgarrando al cantante tracio en su rabia'.
Ése es un viejo artilugio, y se jugó
cuando yo, de Tebas, llegué por última vez conquistador.

Lee

"Las tres veces tres Musas de luto por la muerte de la
Erudición, fallecidas tardíamente en la mendicidad".
Esa es una sátira, aguda y crítica,
que no se clasifica con una ceremonia nupcial.

Lee

Una breve y tediosa escena del joven Píramo
y su amada Tisbe, una alegría muy trágica.
¡Alegre y trágico!, tedioso y breve.
Es decir, hielo caliente y maravillosas nieves extrañas.
¿Cómo encontraremos la concordia de esta discordia?

FILOSTRATO

Hay una comedia, mi señor, de unas diez palabras,
que es tan breve como yo he conocido una comedia;
Pero por diez palabras, mi señor, es demasiado largo,
 lo que lo hace tedioso, porque en toda la obra
no hay una palabra adecuada, un jugador adecuado
: y trágico, mi noble señor, lo es;
Porque Píramo allí se mata a sí mismo.
Lo cual, cuando lo vi ensayado, debo confesarlo,
hizo que mis ojos se llenaran de lágrimas; pero lágrimas más alegres
que nunca derramaron la pasión de la risa ruidosa.

TESEO

¿Qué son los que lo juegan?

FILOSTRATO

Hombres de mano dura que trabajan aquí en Atenas,
que nunca habían trabajado en sus mentes hasta ahora,
 y ahora han trabajado sus recuerdos sin aliento
con este mismo juego, contra tu boda.

TESEO

Y lo escucharemos.

FILOSTRATO

No, mi noble señor;
No es para ti: lo he oído una y otra vez,

y no es nada, nada en el mundo;
A menos que puedas encontrar deporte en sus intenciones,
 extremadamente estiradas y reunidas con un dolor cruel,
 para hacerte un servicio.

TESEO

Escucharé esa jugada;
Porque nunca nada puede estar mal,
cuando la sencillez y el deber lo ofrecen.
Id, tráiganlos y ocupen sus lugares, señoras.

Salir de PHILOSTRATE

HIPÓLITA

No me gusta ver perecer la miseria de quien se acusa y el
deber en su servicio.

TESEO

Pues, gentil dulzura, no verás tal cosa.

HIPÓLITA

Dice que no pueden hacer nada en este sentido.

TESEO

Los más amables nosotros, para darles gracias por nada.
Nuestro deporte consistirá en tomar lo que ellos cometen en su error:
 y lo que el pobre deber no puede hacer, el noble respeto
lo toma en fuerza, no en mérito.
A donde he llegado, grandes escribanos se han propuesto
saludarme con premeditadas bienvenidas;
Donde los he visto temblar y palidecer,
hacer menstruaciones en medio de las frases,
 estrangular su acento practicado en sus miedos
y, en conclusión, se han interrumpido mudamente,
 sin darme la bienvenida. Créeme, cariño,
De este silencio aún escogeré una bienvenida;
Y en la modestia del deber temeroso
leo tanto como de la lengua traqueteante
de la elocuencia descarada y audaz.

El amor, por lo tanto, y la sencillez trabada
en lo menos hablan más, a mi capacidad.

Volver a entrar en PHILOSTRATE

FILOSTRATO

Así que, con la venia de vuestra merced, el Prólogo está dirigido.

TESEO

Que se acerque.

Floritura de trompetas

Entra QUINCE para el prólogo

Prólogo

Si ofendemos, es con nuestra buena voluntad.
Para que pienses, no venimos a ofender,
sino con buena voluntad. Para mostrar nuestra simple habilidad,
 ese es el verdadero comienzo de nuestro fin.
Considera, pues, que venimos, pero a pesar de todo.
No venimos como queriendo impugnarte,
nuestra verdadera intención es. Todo para tu deleite
, no estamos aquí. Para que aquí te arrepientas, los
actores están a la mano y por su espectáculo
sabrás todo lo que te gustaría saber.

TESEO

Este hombre no se detiene en puntos.

LYSANDER

Se ha librado de su prólogo como un pollino rudo, no conoce
la parada. Una buena moral, mi señor: no basta
con hablar, sino decir la verdad.

HIPÓLITA

De hecho, ha tocado en su prólogo como un niño
en una flauta dulce: un sonido, pero no en el gobierno.

TESEO

Su habla era como una cadena enmarañada; nada
afectado, sino todo desordenado. ¿Quién es el siguiente?

Entran Píramo y Tisbe, Muro, Luz de luna y León

Prólogo

Caballeros, tal vez se asombren de este espectáculo;
Pero sigue preguntándote, hasta que la verdad aclare todas las cosas.
Este hombre es Píramo, si quieres saberlo;
Esta hermosa dama Thisby está segura.
Este hombre, con cal y tosca, presenta
el Muro, ese vil Muro que hizo pedazos a estos amantes;
Y a través de la grieta de Wall, pobres almas, se contentan
con susurrar. De lo cual nadie se maraville.
Este hombre, con linterna, perro y arbusto de espinos,
presentaba el aguardiente de la luna; porque, si quieres saberlo,
 a la luz de la luna no les importaba
a estos amantes encontrarse en la tumba de Nino, allí, allí, para
cortejar.
Esta espeluznante bestia, a la que el león llamaba
 el fiel Thisby, que llegaba primero de noche,
 espantaba, o más bien asustaba;
Y, mientras huía, su manto cayó,
el cual León vil con boca ensangrentada manchó.
Enseguida llega Píramo, dulce joven y alto, Y
 encuentra muerto el manto de su fiel Thisby:
Ante lo cual, con espada, con espada sangrienta y
reprochada, Valientemente
 abordó su pecho hirviendo y sangriento;
Y Thisby, deteniéndose a la sombra de la morera
, su daga se desenvainó, y murió. Por lo demás
, que el León, el Moonshine, el Muro y los amantes hablen
en general, mientras que aquí permanecen.

Exeunt Prólogo, Tisbe, León y Moonshine

TESEO

Me pregunto si el león será para hablar.

DEMETRIUS

No es de extrañar, mi señor: un león puede, cuando muchos asnos lo
hacen.

Pared

En este mismo interludio sucede
que yo, un Hocico por nombre, presento un muro;
Y una pared así, como quiero que pienses,
que tenía en su interior un agujero o grieta,
 a través del cual los amantes, Píramo y Thisby,
 susurraban a menudo en secreto.
Esta marga, esta tosca molde y esta piedra muestran
que yo soy ese mismo muro; la verdad es así:
 Y esta es la grieta, justa y siniestra,
a través de la cual los amantes temerosos han de susurrar.

TESEO

¿Desearías que la lima y el cabello hablaran mejor?

DEMETRIUS

Es el tabique más ingenioso que jamás he oído
pronunciar, mi señor.

Entra Píramo

TESEO

Píramo se acerca a la muralla: ¡silencio!

Píramo

¡Oh noche de aspecto sombrío! ¡Oh noche con un matiz tan negro!
¡Oh noche, que eres cuando el día no es!
¡Oh noche, oh noche!, alack, alack, alack,
me temo que la promesa de mi Thisby se ha olvidado.
¡Y tú, oh muro, oh dulce, oh hermoso muro,
que se interpone entre la tierra de su padre y la mía!
¡Tú, muro, oh muro, oh dulce y hermoso muro,
 muéstrame tu grieta, para parpadear con mis ojos!

Wall levanta los dedos

¡Gracias, muro cortés: Jove te protege bien por esto!
Pero, ¿qué es lo que veo? No veo esto.
¡Oh muro malvado, a través del cual no veo la bienaventuranza!
¡Malditas sean tus piedras por haberme engañado así!

TESEO

El muro, creo, siendo sensato, debería maldecir de nuevo.

Píramo

No, en verdad, señor, no debería. «Engañarme»
es la señal de Thisby: ella tiene que entrar ahora, y yo tengo que
espiarla a través de la pared. Ya verás, caerá
como te dije. Allá viene ella.

Entra en Thisbe

Tisbe

¡Oh muro, muchas veces has oído mis gemidos,
por separar a mi hermoso Píramo y a mí!
Mis labios de cereza han besado muchas veces tus piedras,
 tus piedras con cal y cabellos tejidos en ti.

Píramo

Veo una voz: ahora voy a la grieta,
para espiar y puedo oír la cara de mi Thisby. ¡Estopor!

Tisbe

Mi amor eres, mi amor pienso.

Píramo

Piensa lo que quieras, yo soy la gracia de tu amante;
Y, como Limander, sigo siendo de confianza.

Tisbe

Y me gusta Helen, hasta que las Parcas me maten.

Píramo

Ni Shafalus para Procrus era tan cierto.

Tisbe

Como Shafalus a Procrus, yo a ti.

Píramo

¡Oh, bésame a través del agujero de este vil muro!

Tisbe

Beso el agujero de la pared, no tus labios en absoluto.

Píramo

¿Quieres encontrarte conmigo en la tumba de Nenny de inmediato?

Tisbe

'Marea de vida, marea de muerte, vengo sin demora.

Exeunt Píramo y Tisbe

Pared

Así he cumplido yo, Muro, mi parte;
Y, una vez hecho, así se va el muro.

Salida

TESEO

Ahora está el mural caído entre los dos vecinos.

DEMETRIUS

No hay remedio, mi señor, cuando los muros son tan obstinados a oír
sin previo aviso.

HIPÓLITA

Esto es lo más tonto que he escuchado.

TESEO

Los mejores de esta especie no son más que sombras, y los peores
no son peores, si la imaginación los enmienda.

HIPÓLITA

Debe ser tu imaginación entonces, y no la de ellos.

TESEO

Si no nos imaginamos de ellos peores que ellos mismos
, pueden pasar por hombres excelentes. Aquí
entran dos bestias nobles, un hombre y un león.

Entra en Lion y Moonshine

León

Vosotras, señoras, vosotras, cuyos dulces corazones temen
al más pequeño ratón monstruoso que se arrastra por el suelo,
 tal vez ahora tiemblen y tiemblen aquí,
cuando el león ruga con la rabia más salvaje.
Sabed, pues, que yo, el que me une, soy
un león, y no soy una presa de león;
Porque, si yo, como un león, viniera en contienda
a este lugar, sería lástima de mi vida.

TESEO

Una bestia muy gentil, de buena conciencia.

DEMETRIUS

El mejor bestia, mi señor, que he visto.

LYSANDER

Este león es muy zorro por su valor.

TESEO

Verdadero; y un ganso por su discreción.

DEMETRIUS

No es así, mi señor, porque su valor no puede llevar a su
discreción, y el zorro lleva al ganso.

TESEO

Su discreción, estoy seguro, no puede llevar su valor;
porque el ganso no lleva al zorro. Está bien:
 dejémoslo a su arbitrio, y escuchemos a la luna.

Aguardiente

Esta linterna hace presente la luna;

DEMETRIUS

Debería haber llevado los cuernos en la cabeza.

TESEO

No es una media luna, y sus cuernos son invisibles dentro de la circunferencia.

Aguardiente

Esta linterna hace presente la luna;
Yo mismo, el hombre que la luna parece ser.

TESEO

Este es el error más grande de todos los demás: el hombre debe ser puesto en la linterna. ¿De qué otra manera es el hombre y la luna?

DEMETRIUS

No se atreve a ir allí por la vela, porque, ya ves
, ya está en rapé.

HIPÓLITA

Estoy cansado de esta luna: ¡ojalá cambiara!

TESEO

Parece, por su pequeña discreción, que
está en decadencia; pero, sin embargo, por cortesía, con toda razón, debemos quedarnos el tiempo.

LYSANDER

Adelante, Luna.

Aguardiente

Todo lo que tengo que decir, es decirte que la linterna es la luna; Yo, el hombre en la luna; este arbusto espinoso, mi arbusto espinoso; y este perro, mi perro.

DEMETRIUS

Pues, todo esto debería estar en la linterna, porque todo esto está en la luna. Pero, ¡silencio! aquí viene Tisbe.

Entra en Thisbe

Tisbe

Esta es la tumba del viejo Ninny. ¿Dónde está mi amor?

León

[Rugiendo] Oh--

Thisbe se escapa

DEMETRIUS

Bien rugido, León.

TESEO

Bien corrido, Tisbe.

HIPÓLITA

Bien brilló, Luna. Verdaderamente, la luna brilla con buena gracia.

El León sacude el manto de Tisbe y sale

TESEO

Bien montado, León.

LYSANDER

Y así el león desapareció.

DEMETRIUS

Y entonces llegó Píramo.

Entra Píramo

Píramo

Dulce Luna, te doy gracias por tus rayos soleados;
Te doy gracias, Luna, por brillar ahora tan intensamente;
Porque, por tus graciosos, dorados y resplandecientes resplandores,
 confío en tomar de la más verdadera Esto a la vista.

¡Pero quédate, oh despecho!
Pero fíjate, pobre caballero,
 ¡qué espantoso paro hay aquí!
Ojos, ¿lo ves?
¿Cómo puede ser?
¡Oh pato delicado! ¡Oh querido!
¡Tu manto bueno
, qué, manchado de sangre!
¡Acércate, caídas las Furias!
Oh Parcas, ven, ven,
corta el hilo y el retumbar;
¡Codorniz, tritura, concluye y sofoca!

TESEO

Esta pasión, y la muerte de un amigo querido, estarían
a punto de hacer que un hombre pareciera triste.

HIPÓLITA

Llora mi corazón, pero me compadezco de ese hombre.

Píramo

¿Por qué, Naturaleza, armasteis vosotros los leones?
Puesto que el león vil ha desflorado aquí a mi querida:
 que es... no, no... cuál fue la más hermosa dama
que vivió, que amó, que gustó, que miró
con alegría.
Ven, lágrimas, confunde;
Fuera, espada, y herida
La papilla de Píramo;
Ay, que se fue papi,
Donde el corazón salta:

Se apuñala a sí mismo

Así muero yo, así, así, así.
Ahora estoy muerto,
 ahora he huido;
Mi alma está en el cielo:

Lengua, pierde tu luz;
Luna, levanta tu vuelo:

Salir de Moonshine

Ahora el, el, el, el, el.

Muere

DEMETRIUS

No hay dado, sino un as, para él; porque Él no es más que uno.

LYSANDER

Menos que un as, hombre; porque está muerto; Él no es nada.

TESEO

Con la ayuda de un cirujano aún podría recuperarse y
convertirse en un asno.

HIPÓLITA

¿Qué tan probable es que Moonshine se haya ido antes de que Thisbe
regrese y encuentre a su amante?

TESEO

Ella lo encontrará a la luz de las estrellas. Aquí viene ella; Y
su pasión termina la obra.

Vuelve a entrar en Thisbe

HIPÓLITA

Creo que no debería usar uno largo para un
Píramo así: espero que sea breve.

DEMETRIUS

Una mota tornará la balanza, que Píramo, que
Tisbe, es el mejor; él por hombre, Dios nos garantice;
ella por mujer, que Dios nos bendiga.

LYSANDER

Ella ya lo ha espiado con esos dulces ojos.

DEMETRIUS

Y así quiere decir, videlicet:

Tisbe

¿Dormido, mi amor?
¿Qué, muerta, paloma mía?
¡Oh Píramo, levántate!
Habla, habla. ¿Bastante tonto?
¿Muerto, muerto? Una tumba
debe cubrir tus dulces ojos.
Estos mis labios,esta
 nariz de cereza,estas
 mejillas amarillas de prímula,se
 han ido, se han ido:
Amantes, hacen gemir:
Sus ojos eran verdes como puerros.
Oh Hermanas Tres,
Venid, venid a mí,
Con las manos pálidas como la leche;
Ponlos en sangre,Ya
 que has orillado
con tijeras su hilo de seda.
Lengua, ni una palabra:
Ven, espada fiel;
Ven, espada, mi pecho se imbuye:

Se apuñala a sí misma

Y, adiós, amigos;
Así termina Thisby:
Adiós, adiós, adiós.

Muere

TESEO

Moonshine y Lion se quedan para enterrar a los muertos.

DEMETRIUS

Ay, y Wall también.

FONDO

No te lo aseguro, ha caído el muro que
separó a sus padres. ¿Le agradará ver el
epílogo, o escuchar un baile de Bergomask entre dos
de nuestra compañía?

TESEO

Te ruego que no tengas epílogo, porque tu obra no necesita
excusa. Nunca excuses; Porque cuando todos los jugadores están
muertos, no hay que culpar a nadie. Cásate, si el
que lo escribió hubiera jugado a Píramo y se hubiera ahorcado
en la liga de Tisbe, habría sido una hermosa
tragedia, y así es, en verdad, y muy notablemente
cumplido. Pero vamos, tu Bergomask: deja en paz tu
epílogo.

Un baile

La lengua de hierro de la medianoche ha dicho a las doce:
 Amantes, a la cama; Es casi la hora de las hadas.
Me temo que la mañana que viene dormiremos más que nosotros
 tanto como esta noche hemos vigilado.
Este juego palpable-grosero ha seducido bien
el pesado andar de la noche. Dulces amigos, a la cama.
Quince días celebramos esta solemnidad,
con juergas nocturnas y nueva alegría.

Salen

Entra en PUCK

DUENDE

Ahora ruge el león hambriento, Y
 el lobo aúlla la luna;
Mientras el pesado labrador ronca, Todo
 con fatigosa tarea fordone.
Ahora las marcas desperdiciadas brillan,
mientras que la lechuza chillona, chillando fuerte,
 pone al miserable que yace en la aflicción
en memoria de un sudario.
Ahora es la hora de la noche

en que las tumbas se abren de par en par,
 cada uno deja salir su duende,
en los senderos del camino de la iglesia para deslizarse:
 y nosotras, las hadas, que corremos
por la yunta de la triple Hécate,
desde la presencia del sol, siguiendo la
 oscuridad como un sueño,
ahora estamos retozando: ni un ratón
perturbará esta casa santificada:
Me mandan con escoba antes,
para barrer el polvo detrás de la puerta.

Entra en OBERON y TITANIA con su tren

OBERÓN

A través de la casa da luz recolector,Junto
 al fuego muerto y somnoliento:
Cada duende elfo y hada
salta tan ligero como el pájaro de brezo;
Y esta cancioncilla, después de mí,
 canta y baila a trompicones.

TITANIA

Primero, ensaya tu canción de memoria
A cada palabra una nota gorjeante:
Mano a mano, con gracia de hadas,Cantaremos
 y bendeciremos este lugar.

Canto y baile

OBERÓN

Ahora, hasta el amanecer,
a través de esta casa cada hada se extravía.
Al mejor lecho nupcial llegaremos,
el cual por nosotros será bendecido;
Y el resultado que allí se crea
siempre será afortunado.
Así serán todas las tres parejas
siempre verdaderas en el amor;

Y las manchas de la mano de la Naturaleza
no permanecerán en su emisión;
Jamás lunar, ni labio de liebre, ni cicatriz,
 ni marca prodigiosa, a los que son
despreciados en la natividad,
 será sobre sus hijos.
Con este rocío del campo consagra,Cada
 hada toma su andar;
Y cada una de las cámaras bendice,
 a través de este palacio, con dulce paz;
Y el dueño de ella, bendito jamás,
descansará con seguridad.
Viaje de viaje, no se quede;
Encuéntrame a todos al amanecer.

Exeunt OBERON, TITANIA, y tren

DUENDE

Si nosotros, las sombras, hemos ofendido,
 Piensa sólo en esto, y todo se ha reparado,
 Que no has hecho más que dormir aquí
mientras estas visiones aparecieron.
Y este tema débil y ocioso,Ya
no cede sino un sueño,Caballeros,
 no reprehender:
si me perdonan, lo arreglaremos:
Y, como soy un Puck honesto,Si
 tenemos suerte inmerecida
ahora para escapar de la lengua de la serpiente,Haremos
 las paces antes de que pase mucho tiempo;
De lo contrario, el Puck llama a un mentiroso;
Así que, buenas noches a todos.
Dame tus manos, si somos amigos,
 y Robin se enmendará.

The Merchant of Venice

455

ACTO I

ESCENA I. Venecia. Una calle.

Entra ANTONIO, SALARINO y SALANIO

ANTONIO

En verdad, no sé por qué estoy tan triste:
Me cansa; tú dices que te cansa;
Pero cómo lo atrapé, cómo lo encontré, o cómo llegué a él,
 de qué materia está hecho, de qué nace,
debo aprenderlo;
Y tal tristeza de falta de ingenio hace de mí,
que tengo mucho que esperar para conocerme a mí mismo.

SALARINO

Tu mente está dando vueltas en el océano;
Allí, donde vuestros argoses con velas corpulentas,
 como signigos y ricos burgueses en la inundación
, o, por así decirlo, los desfiles del mar,
 vigilan a los pequeños traficantes,
 que les hacen reverencias, mientras
vuelan junto a ellos con sus alas tejidas.

SALANIO

Créame, señor, que si me hubiera aventurado así,
 la mejor parte de mis afectos estaría
con mis esperanzas en el extranjero. Debería estar todavía
arrancando la hierba, para saber dónde se asienta el viento,
escudriñando los mapas en busca de puertos, muelles y carreteras;
Y todo objeto que me hiciera temer la
desgracia a mis empresas, sin duda
me entristecería.

SALARINO

Mi viento enfriando mi caldo
me haría temblar cuando pensaba
en el daño que podría hacer un viento demasiado fuerte en el mar.
No vería correr el reloj de arena de arena,

pero pensaría en aguas poco profundas y en llanos,
 y vería a mi rico Andrew atracado en la arena,
blandiendo su caña alta más baja que sus costillas
para besar su entierro. ¿Debería ir a la iglesia
y ver el santo edificio de piedra,
y no pensar en mí directamente de rocas peligrosas,
que tocando solo el costado de mi gentil barco,
esparciría todas sus especias en el arroyo, cubriría
 las aguas rugientes con mis sedas
, y, en una palabra, pero incluso ahora vale esto,
 y ahora no vale nada? ¿Tendré el pensamiento
de pensar en esto, y me faltará el pensamiento
de que tal cosa me entristecería?
Pero no me lo digas; Lo sé, Antonio
se entristece al pensar en su mercancía.

ANTONIO

Créeme, no: doy gracias a mi fortuna por ello,Mis
 empresas no están en un solo fondo confiadas,Ni
 en un solo lugar; ni todo mi patrimonio
está en la fortuna de este año presente:
Por lo tanto, mis mercancías no me entristecen.

SALARINO

Pues, entonces estás enamorado.

ANTONIO

¡Fie, fie!

SALARINO

¿Ni enamorado tampoco? Entonces digamos que estás triste
 porque no estás alegre: y te fue tan fácil
reír y saltar y decir que estás alegre porque
no estás triste. Ahora, por medio de Jano de dos cabezas,
la Naturaleza ha creado extraños individuos en su tiempo:
 algunos que siempre mirarán a través de sus ojos
y se reirán como loros de un gaitero,
y otros de tal aspecto de vinagre

que no mostrarán sus dientes en forma de sonrisa,
aunque Néstor jure que la broma sea ridícula.

Entran BASSANIO, LORENZO y GRATIANO

SALANIO

Aquí viene Bassanio, vuestro más noble pariente,
 Gratiano y Lorenzo. Que os vaya bien:
 Os dejamos ahora con mejor compañía.

SALARINO

Me habría quedado hasta que te hubiera hecho feliz,
si amigos más dignos no me lo hubieran impedido.

ANTONIO

Tu valor es muy querido en mi opinión.
Lo acepto, tus propios asuntos te llaman
y aprovechas la ocasión para partir.

SALARINO

Buenos días, mis buenos señores.

BASSANIO

Buenos signiadores ambos, ¿cuándo nos reiremos?, ¿cuándo?
Te vuelves excesivamente extraño: ¿debe ser así?

SALARINO

Haremos nuestros días libres para atender a los suyos.

Exeunt Salarino y Salanio

LORENZO

Mi señor Bassanio, ya que has encontrado a Antonio,
nosotros dos te dejaremos, pero a la hora de la cena
, te ruego que tengas en cuenta dónde debemos encontrarnos.

BASSANIO

No te voy a fallar.

GRATIANO

No se ve usted bien, señor Antonio;
Tienes demasiado respeto por el mundo:
Lo pierden los que lo compran con mucho cuidado:
 Créeme, has cambiado maravillosamente.

ANTONIO

Yo sostengo el mundo pero como el mundo, Graciano;
Un escenario en el que cada hombre debe desempeñar un papel,
 y el mío uno triste.

GRATIANO

Déjame hacerme el tonto:
Con alegría y risa que vengan las viejas arrugas,
 Y que mi hígado se caliente más con vino
que mi corazón se enfríe con gemidos mortificantes.
¿Por qué un hombre, cuya sangre está caliente por dentro, se
 sienta como su abuelo tallado en alabastro?
¿Dormir cuando se despierta y caer en la ictericia
por estar irritable? Te digo una cosa, Antonio:
 te amo, y es mi amor el que habla.
Hay una especie de hombres cuyos rostros
se cubren y cubren como un estanque erguido,
 y entretienen una quietud deliberada,
con el propósito de ser revestidos con una opinión
de sabiduría, gravedad, profunda presunción,
 como quien dice: "Soy el señor oráculo,
¡Y cuando abra mis labios, que ningún perro ladre!
¡Oh mi Antonio!, yo sé de estos
que, por lo tanto, sólo son reputados
sabios por no decir nada, cuando, estoy muy seguro,
 si hablaran, casi condenarían esos oídos,
que, al oírlos, llamarían tontos a sus hermanos.
De esto te contaré más en otra ocasión:
Pero no pesques, con este cebo melancólico,
 por este tonto gobio, esta opinión.
Ven, buen Lorenzo. Que os vaya bien un rato:
terminaré mi exhortación después de la cena.

LORENZO

Bien, os dejaremos hasta la hora de la cena:
 yo debo ser uno de esos sabios mudos,
porque Graciano nunca me deja hablar.

GRATIANO

Pues hazme compañía, pero hace dos años,
 que no conocerás el sonido de tu propia lengua.

ANTONIO

Adiós: me convertiré en un hablador de este equipo.

GRATIANO

Gracias, a fe, porque el silencio sólo es digno de elogio
en la lengua seca de una criada que no es vendible.

Exeunt GRATIANO y LORENZO

ANTONIO

¿Es eso algo ahora?

BASSANIO

Graciano habla infinitamente de nada, más
que cualquier hombre en toda Venecia. Sus razones son como dos
granos de trigo escondidos en dos fanegas de paja:
buscarás todo el día antes de encontrarlos, y cuando
los tengas, no valdrá la pena buscarlos.

ANTONIO

Pues dime, ¿qué dama es la misma
a la que juraste una peregrinación secreta
 de la que hoy prometiste hablarme?

BASSANIO

No te es desconocido, Antonio,
 cuánto he perjudicado mi hacienda
por algo que muestra un puerto más hinchado
de lo que mis débiles medios me permitirían continuar,
 y ahora no hago gemir para que se me reduzca
de tan noble tasa; pero mi principal cuidado

es salir bastante de las grandes deudas
en las que mi tiempo algo demasiado pródigo
me ha dejado desamparado. A ti, Antonio,
 te debo más, en dinero y en amor,
 y de tu amor tengo una garantía
para desahogar todas mis tramas y propósitos
cómo librarme de todas las deudas que tengo.

ANTONIO

Te ruego, buen Bassanio, que me lo hagas saber;
Y si permanece, como tú mismo todavía lo haces,
bajo el ojo del honor, ten la seguridad de que
 mi bolsa, mi persona, mis medios más extremos,
 yacen todos abiertos a tus ocasiones.

BASSANIO

En mis días de escuela, cuando había perdido una flecha,
 disparé a su compañero de la misma huida
de la misma manera con un reloj más aconsejado
, para encontrar la otra, y aventurándome en ambas
a menudo encontré ambas: insisto en esta prueba de la infancia,
 porque lo que sigue es pura inocencia.
Te debo mucho, y, como un joven voluntarioso,
 lo que debo se ha perdido; pero si te place
disparar otra flecha de la misma manera que
disparaste la primera, no lo dudo, ya que
vigilaré la puntería, o encontraré ambas
 cosas o traeré de vuelta tu último peligro
de nuevo y afortunadamente descansa deudor por el primero.

ANTONIO

Tú me conoces bien, y en esto no pasas más que tiempo
para enredar mi amor con las circunstancias;
Y sin duda me haces ahora más mal
al cuestionar mi extremo
que si hubieras desperdiciado todo lo que tengo.
 Entonces dime lo que debo hacer

para que yo lo sepa yo,
y yo estoy dispuesto a ello; por lo tanto, habla.

BASSANIO

En Belmont hay una dama ricamente izquierda;
Y ella es hermosa, y, más hermosa que esa palabra,De
 maravillosas virtudes: a veces de sus ojos
recibía hermosos mensajes sin palabras:
Su nombre es Porcia, nada menospreciado
A la hija de Catón, la Porcia de Bruto:
Ni el ancho mundo ignora su valor,Porque
los cuatro vientos soplan desde todas las
costas Pretendientes famosos, y sus cabellos
soleados Cuelgan de sus sienes como un vellocino de oro;
Lo que la convierte en sede de la playa de Belmont Colchos,
 y muchos Jasones vienen en su busca.
¡Oh mi Antonio, si tuviera los medios
para ocupar un lugar rival con uno de ellos,
tengo una mente que me presagia tal ahorro,
 que sin duda sería afortunado!

ANTONIO

Tú sabes que todas mis fortunas están en el mar;
Ni tengo dinero ni mercancía
para reunir una suma presente: por tanto, sal adelante;
Intenta hacer lo que mi crédito pueda hacer en Venecia,
 que será atormentado hasta el extremo,
para proporcionarte a Belmont, a la hermosa Portia.
Vaya, pregunte enseguida, y yo también lo haré
, dónde está el dinero, y no dudo
en tenerlo de mi confianza o por mi bien.

Salen

ESCENA II: Belmont. Una habitación en la casa de PORTIA.

Entra en PORTIA y NERISSA

PORTIA

Por mi corazón, Nerissa, mi cuerpecito está cansado de
este gran mundo.

NERISSA

Lo seríais, dulce señora, si vuestras miserias fuesen
 tan abundantes como vuestras buenas venturas; y
, sin embargo, por lo que veo, están tan enfermos los que se exceden
de demasiado, como los que se mueren de hambre de nada. Por
lo tanto, no es poca felicidad estar sentado en el
medio: lo superfluo llega antes por las canas, pero
la competencia vive más tiempo.

PORTIA

Buenas frases y bien pronunciadas.

NERISSA

Serían mejores, si se siguieran bien.

PORTIA

Si hacer fuera tan fácil como saber lo que era bueno hacer
, las capillas habían sido iglesias y las cabañas de los pobres,
 los palacios de los príncipes. Es un buen teólogo el que
sigue sus propias instrucciones: puedo enseñar más fácilmente
a veinte lo que es bueno hacer, que ser uno de los
veinte que siguen mi propia enseñanza. El cerebro puede
idear leyes para la sangre, pero el temperamento caliente salta
sobre un decreto frío: tal liebre es la locura del
joven, para saltarse las mallas del buen consejo al
lisiado. Pero este razonamiento no está en la moda de
elegirme un esposo. ¡Oh yo, la palabra 'escoge!' No puedo
elegir a quien quiero ni rechazar a quien me
desagrada; así es la voluntad de una hija viva refrenada

por la voluntad de un padre muerto. ¿No es duro,
Nerissa, que no puedo elegir uno ni rechazar ninguno?

NERISSA

Vuestro padre siempre fue virtuoso, y los hombres santos al
morir tienen buenas inspiraciones; por tanto, la lotería
 que él ha ideado en estos tres cofres de oro,
plata y plomo, de la cual el que elige su significado
te elige a ti, sin duda nunca será elegida por nadie
rectamente, sino por alguien que amará rectamente. Pero, ¿qué
calor hay en tu afecto hacia cualquiera de
estos pretendientes principescos que ya han llegado?

PORTIA

Te ruego que los nombres en exceso, y como tú los nombras
, yo los describiré, y de acuerdo con mi
descripción, me nivelaré con mi afecto.

NERISSA

En primer lugar, está el príncipe napolitano.

PORTIA

¡Ay!, eso sí que es un pollino, porque no hace más que
hablar de su caballo, y hace una gran
apropiación para sus propias partes buenas, el que él mismo puede
herrarlo. Mucho temo que mi señora su
madre haya jugado a la mentira con un herrero.

NERISSA

Luego está el Condado Palatino.

PORTIA

No hace más que fruncir el ceño, como quien dice: "Si
no me quieres, elige"; oye cuentos alegres y
no sonríe: me temo que será el filósofo llorón
cuando envejezca, estando tan lleno de
tristeza descortés en su juventud. Preferiría estar
casada con un cabeza de muerte con un hueso en la boca

que con cualquiera de ellos. ¡Dios me defienda de estos
dos!

NERISSA

¿Qué dice usted del señor francés, monsieur Le Bon?

PORTIA

Dios lo hizo, y por eso lo dejó pasar por un hombre.
En verdad, sé que es un pecado ser un burlón; pero
, ¡vaya!, tiene un caballo mejor que el
del napolitano, una mejor mala costumbre de fruncir el ceño que
el conde palatino; él es todo hombre en ningún hombre; si un
zorro canta, cae derecho a un cabrio; él
cercará con su propia sombra; si me casara con él, me casaría
con veinte maridos. Si me despreciara
, yo lo perdonaría, porque si me ama hasta la locura,
nunca se lo pagaré.

NERISSA

¿Qué le dices, pues, a Falconbridge, el joven barón
de Inglaterra?

PORTIA

Sabes que no le digo nada, porque
él no me entiende, ni yo a él: no sabe ni latín, ni francés,
 ni italiano, y vendrás a la corte y jurarás
que tengo un pobre penique en inglés.
Es la imagen de un hombre de verdad, pero, ¡ay!, ¿quién puede
conversar con un tonto? ¡Qué extraño es su traje!
Creo que compró su jubón en Italia, sus
medias redondas en Francia, su sombrero en Alemania y su
comportamiento en
todas partes.

NERISSA

¿Qué piensas del lord escocés, su vecino?

PORTIA

Que tiene en él una caridad de buena vecindad, porque
pidió prestada una caja de la oreja del inglés y
juró que le pagaría de nuevo cuando pudiera: creo
que el francés se convirtió en su fiador y selló
por otro.

NERISSA

¿Qué te pareces al joven alemán, sobrino del duque de Sajonia?

PORTIA

Muy vilmente por la mañana, cuando está sobrio, y
más vilmente por la tarde, cuando está borracho; cuando
está mejor, es un poco peor que un hombre, y
cuando está peor, es poco mejor que una bestia;
y la peor caída que jamás haya caído, espero que
me las arreglaré para ir sin él.

NERISSA

Si él se ofreciera a escoger, y elegir el
ataúd correcto, deberías negarte a cumplir la voluntad de tu padre
, si te negaras a aceptarlo.

PORTIA

Por lo tanto, te ruego que, por temor a lo peor, pongas un
vaso hondo de vino renano en el cofre contrario,
porque si el diablo está dentro y esa tentación
fuera, sé que lo escogerá. Haré cualquier
cosa, Nerissa, antes de casarme con una esponja.

NERISSA

No temáis, señora, tener a alguno de estos
señores, porque me han informado de sus
determinaciones, que es, en efecto, volver a su
casa y no molestaros con más demandas, a no ser que
os ganen por otra cosa que no sea la imposición de vuestro padre
, según los cofres.

PORTIA

Si vivo hasta ser tan viejo como Sibila, moriré tan
casto como Diana, a menos que sea obtenido por la forma
de la voluntad de mi padre. Me alegro de que este grupo de
cortejadores
sea tan razonable, porque no hay uno solo entre ellos
que no adore su misma ausencia, y ruego a Dios que les conceda
una salida justa.

NERISSA

¿No os acordáis, señora, en tiempos de vuestro padre, de un
veneciano, un erudito y un soldado, que vino aquí
en compañía del marqués de Montferrato?

PORTIA

Sí, sí, era Bassanio; según creo, así se llamaba.

NERISSA

Es verdad, señora: él, de todos los hombres que jamás miraron mis
ojos insensatos
, era el que más merecía una hermosa dama.

PORTIA

Lo recuerdo bien, y lo recuerdo digno de
tu alabanza.

Entra un sirviente

¡Cómo ahora! ¿Qué novedades?

Servidor

Los cuatro forasteros os buscan, señora, para
despediros, y hay un precursor que ha salido de un
quinto, el príncipe de Marruecos, que trae la noticia de que el
príncipe su señor estará aquí esta noche.

PORTIA

Si pudiera dar la bienvenida al quinto con tan buen
corazón como puedo despedirme de los otros cuatro, me alegraría
de que se acercara: si tiene la condición
de un santo y la tez de un demonio, preferiría

que me marchitara antes que me abandonara. Ven,
Nerissa. Sirrah, ve delante.
Mientras cerramos las puertas
a un cortejador, otro llama a la puerta.

Salen

ESCENA III. Venecia. Un lugar público.

Entra BASSANIO y SHYLOCK

SHYLOCK

Tres mil ducados; pozo.

BASSANIO

Sí, señor, por tres meses.

SHYLOCK

Durante tres meses; pozo.

BASSANIO

Por lo cual, como os he dicho, Antonio estará obligado.

SHYLOCK

Antonio quedará atado; pozo.

BASSANIO

¿Puedes sostenerme?, ¿me complacerás?, ¿sabré
tu respuesta?

SHYLOCK

Tres mil ducados por tres meses y Antonio atado.

BASSANIO

Tu respuesta a eso.

SHYLOCK

Antonio es un buen hombre.

BASSANIO

¿Has oído alguna acusación en sentido contrario?

SHYLOCK

Oh, no, no, no, no: lo que quiero decir al decir que es un
buen hombre es hacerme entender que es
suficiente. Sin embargo, sus medios están en suposición:
tiene un argosy ligado a Trípoli, otro a las
Indias; Tengo entendido además que en el Rialto
tiene un tercero en México, un cuarto para Inglaterra, y
otras empresas que ha despilfarrado en el extranjero. Pero los barcos
no son más que tablas, los marineros no son más que hombres: hay
ratas terrestres
y ratas acuáticas, ladrones de agua y ladrones de tierras, quiero
decir, piratas, y luego está el peligro de las aguas,
los vientos y las rocas. El hombre es, sin embargo,
 suficiente. Tres mil ducados; Creo que puedo
tomar su fianza.

BASSANIO

Tenga la seguridad de que puede.

SHYLOCK

Estaré seguro de que puedo; y, para que pueda estar seguro,
 pensaré en mí. ¿Puedo hablar con Antonio?

BASSANIO

Si le agrada cenar con nosotros.

SHYLOCK

Sí, para oler carne de cerdo, para comer de la habitación en la que
tu profeta el nazareo conjuró al diablo. Compraré
con ustedes, venderé con ustedes, hablaré con ustedes,
caminaré con ustedes, y así sucesivamente, pero no comeré
con ustedes, ni beberé con ustedes, ni oraré con ustedes. ¿Qué
novedades hay en el Rialto? ¿Quién es él viene aquí?

Entra en ANTONIO

BASSANIO

Este es el Signior Antonio.

SHYLOCK

[Aparte] ¡Qué parecido a un publicano adulador!
Lo odio porque es cristiano,
pero más por eso, en baja sencillez
, presta dinero gratis y reduce
la tasa de usanza aquí con nosotros en Venecia.
Si puedo atraparlo una vez en la cadera,
alimentaré con grasa el antiguo rencor que le tengo.
Odia a nuestra sagrada nación, y se queja de mí,
incluso allí donde la mayoría de los comerciantes se congregan
, de mis gangas y de mi bien ganado ahorro,
 al que llama interés. ¡Maldita sea mi tribu,
 si lo perdono!

BASSANIO

Shylock, ¿oyes?

SHYLOCK

Estoy debatiendo sobre mi actual reserva,
 y, por la cercana conjetura de mi memoria,
 no puedo levantar instantáneamente el bruto
de tres mil ducados. ¿Y qué hay de eso?
Tubal, un rico hebreo de mi tribu,
me proveerá. ¡Pero suave! ¿Cuántos meses
deseas?

A ANTONIO

Descansa tú, buen signior;
Vuesa merced fue el último hombre en nuestra boca.

ANTONIO

Shylock, aunque no presto ni pido prestado
ni tomando ni dando en exceso,
sin embargo, para suplir las necesidades maduras de mi amigo,

romperé una costumbre. ¿Cuánto
os gustaría todavía?

SHYLOCK

¡Ay, ay, tres mil ducados!

ANTONIO

Y durante tres meses.

SHYLOCK

Se me había olvidado, tres meses, me lo dijiste.
Pues bien, tu vínculo, y déjame ver, pero escúchate;
Me pareció que dijiste que ni prestas ni pides prestado
con ventaja.

ANTONIO

Nunca lo uso.

SHYLOCK

Cuando Jacob apacentaba las ovejas de su tío Labán,
 este Jacob de nuestro santo Abram era,
 como su sabia madre obró en su favor,
el tercer poseedor, sí, él era el tercero.

ANTONIO

¿Y qué hay de él? ¿Se interesó?

SHYLOCK

No, no tomes interés, no, como dirías Tú mismo,
interés directo: fíjate en lo que hizo Jacob.
Cuando Labán y él mismo se vieron comprometidos,
para que todos los polluelos que habían sido rayados y apilados
cayeran como el salario de Jacob, las ovejas, siendo de rango,
 al final del otoño se volvieron a los carneros,
 y, cuando la obra de la generación estaba
entre estos criadores lanudos en el acto,
 el hábil pastor me peló ciertas varitas,
 y, en la realización de la obra de la especie,
Los puso delante de las ovejas felices,

las cuales, al concebir, al cabo de un tiempo
cayeron corderos de colores, y éstos eran de Jacob.
Esta era una manera de prosperar, y él fue bendecido:
Y la frugalidad es bendición, si los hombres no la roban.

ANTONIO

Esta fue una empresa, señor, para la que Jacob sirvió;
Una cosa que no está en su poder llevar a cabo,
sino que ha sido moldeada y modelada por la mano del cielo.
¿Se insertó esto para hacer que el interés fuera bueno?
¿O es tu oro y plata ovejas y carneros?

SHYLOCK

No puedo decirlo; Lo hago reproducirse con la misma rapidez:
 Pero fíjese en mí, señor.

ANTONIO

Fíjate en esto, Bassanio:
el diablo puede citar la Escritura para su propósito.
Un alma malvada que produce un testimonio santo
es como un villano con una mejilla sonriente,
una hermosa manzana podrida en el corazón: ¡
Oh, qué hermosa mentira exterior!

SHYLOCK

Tres mil ducados; Es una buena suma redonda.
Tres meses a partir de las doce; entonces, déjame ver; la tasa...

ANTONIO

Bien, Shylock, ¿te vamos a ver?

SHYLOCK

Señor Antonio, muchas veces y a menudo
en el Rialto me has calificado
de mis dineros y de mis costumbres:
Todavía lo he soportado con un paciente encogimiento de hombros,
 porque el sufrimiento es la insignia de toda nuestra tribu.
Me llamas incrédulo, perro degollado,
y escupes sobre mi gaberdina judía,

y todo para uso de lo que es mío.
Pues bien, ahora parece que necesitas mi ayuda:
Ve a, entonces; vienes a mí y me dices:
«Shylock, tendríamos dinero», dices así;
Tú, que vaciaste tu andálico en mi barba
y me pisaste como desprecias a un extraño maldito
Sobre tu umbral: el dinero es tu traje
¿Qué debo decirte? ¿No debería decir:
«¿Tiene dinero un perro?, ¿es posible que
un perro pueda prestar tres mil ducados?» ¿O
me inclinaré y en la llave de un esclavo,Con
aliento contenido y humildad susurrante, Di esto;
—Buen señor, me escupiós el miércoles pasado;
Me despreciaste tal día, otra vez
me llamaste perro, y por estas cortesías
te prestaré tanto dinero.

ANTONIO

Es como si quisiera llamarte así otra vez
, para escupirte de nuevo, para despreciarte también.
Si quieres prestar este dinero, no lo prestes
como a tus amigos, porque ¿cuándo tomó la amistad
una raza para el metal estéril de su amigo?
Mas préstalo más bien a tu enemigo,
el cual, si quebranta, podrás con mejor cara
imponer el castigo.

SHYLOCK

¡Vaya, mira tú, cómo arrasas!
Quisiera ser tu amigo y tener tu amor,
Olvida las vergüenzas con las que me has manchado,
Suple tus necesidades presentes y no aceptes nada
de uso por mi dinero, y no me escucharás:
Esto es amable que ofrezco.

BASSANIO

Esto era bondad.

SHYLOCK

Esta bondad mostraré.
Acompáñame a un notario, séllame allí
tu único vínculo, y en un alegre juego
, si no me pagas en tal día
, en tal lugar, tal suma o sumas que se
expresan en la condición, que la pérdida
sea nominada por una libra igual
de tu hermosa carne, para ser cortada y tomada
en la parte de tu cuerpo que me plazca.

ANTONIO

Contento, a fe mía: sellaré tal vínculo
y diré que hay mucha bondad en el judío.

BASSANIO

No sellarás tal vínculo por mí:
más bien me quedaré en mi necesidad.

ANTONIO

Pues, no temas, hombre; No lo perderé:
dentro de estos dos meses, es decir, un mes antes de que
expire este bono, espero un rendimiento
de tres veces el valor de este bono.

SHYLOCK

¡Oh padre Abram, qué son estos cristianos,
cuyos propios tratos duros les enseñan sospechar
los pensamientos de los demás! Te ruego, dime esto;
Si él rompiera su día, ¿qué ganaría yo
con la exacción de la confiscación?
Una libra de carne de hombre tomada de un hombre
no es tan estimable, ni tan provechosa como la
 carne de cordero, vacas o cabras. Digo:
Para comprar su favor, le ofrezco esta amistad:
 si él lo acepta, así; si no, adiós;
Y, por mi amor, te ruego que no me hagas daño.

ANTONIO

Sí, Shylock, sellaré este vínculo.

SHYLOCK

Encuéntrame, pues, en seguida en el notario;
Dale dirección a este alegre vínculo,
y yo iré a buscar los ducados directamente,
y me ocuparé de mi casa, que quedó en la espantosa guardia
de un bribón ahorrativo, y luego
estaré contigo.

ANTONIO

¡Hola, gentil judío!

Salir de Shylock

El hebreo se volverá cristiano: se vuelve amable.

BASSANIO

Me gustan los términos no justos y la mente de un villano.

ANTONIO

Vamos: en esto no puede haber desaliento;
Mis barcos vuelven a casa un mes antes del día.

Salen

ACTO II

ESCENA I. Belmont. Una habitación en la casa de PORTIA.

Floritura de cornetas. Entra el PRÍNCIPE DE MARRUECOS y su séquito; PORTIA, NERISSA y otros asistentes

MARRUECOS

No me desagradas por mi tez,La
 librea sombría del sol bruñido,De
 quien soy vecino y casi criado.
Tráeme a la criatura más hermosa nacida del norte,
donde el fuego de Febo apenas descongela los carámbanos,

y permítanos hacer una incisión para tu amor,
para probar quién es la sangre más roja, la suya o la mía.
Te digo, señora, que este aspecto mío
ha temido a los valientes: por mi amor juro
que las vírgenes más respetadas de nuestro clima
también lo han amado: yo no cambiaría este tono,
excepto para robar tus pensamientos, mi gentil reina.

PORTIA

En cuanto a la elección, no me guío únicamente
por la bonita dirección de los ojos de una doncella;
Además, la lotería de mi destino
me priva el derecho de elegir voluntariamente:
 pero si mi padre no me hubiera esculpido
y me hubiera protegido con su ingenio, para entregarme a
su esposa que me conquista por ese medio, te lo dije:
"Tú mismo, príncipe renombrado, entonces estabas tan hermoso
como cualquier otro que he mirado hasta ahora
por mi afecto".

MARRUECOS

Por
lo tanto, te ruego, que me lleves a los ataúdes
para probar fortuna. Con esta cimitarra
que mató a la Sofía y a un príncipe persa
que ganó tres campos del sultán Solyman,
miraría más que los ojos más severos que miran,
superaría al corazón más atrevido de la tierra, arranca
 a los cachorros lactantes de la osa
, sí, se burla del león cuando ruge en busca de presa,
 para conquistarte, señora. Pero, ¡ay del tiempo!
Si Hércules y Licas juegan a los dados
¿Cuál es el mejor hombre?, el mayor tiro
puede ser desviado por la fortuna de la mano más débil:
Así es Alcides vencido por su paje;
Y así podré yo, guiándome la ciega fortuna,
 perder lo que un más indigno puede alcanzar,
 y morir con dolor.

PORTIA

Debes aprovechar tu oportunidad,
y no intentar elegir en absoluto
, o jurar antes de elegir, si eliges mal,
nunca hablar con una dama despúes
en el camino del matrimonio: por lo tanto, ten cuidado.

MARRUECOS

Ni tampoco lo hará. Ven, llévame a mi oportunidad.

PORTIA

Primero, adelante al templo: después de la cena
Tu riesgo será hecho.

MARRUECOS

¡Buena suerte, pues!
Para hacerme bendito o maldito entre los hombres.

Cornetas, y exeunt

ESCENA II. Venecia. Una calle.

Entra en LAUNCELOT

LANZAROTE

Ciertamente, mi conciencia me servirá para huir de
este judío, mi amo. El demonio está en mi codo y
me tienta diciéndome: 'Gobbo, Launcelot Gobbo, buen
Launcelot', o 'buen Gobbo', o buen Launcelot
Gobbo, usa tus piernas, toma la salida, huye. Mi
conciencia me dice: 'No, ten cuidado', honrado Lanzarote;
ten cuidado, honrado Gobbo, o, como ya se ha dicho, «honrado
Launcelot Gobbo; no corras; desdeña correr con tus
talones». Pues bien, el demonio más valiente me ordena
que haga las maletas: «¡Vía!», dice el demonio; «¡Fuera!», dice el
demonio; "Por los cielos, despierta una mente valiente",
dice el demonio, "y corre". Pues bien, mi conciencia,
colgando del cuello de mi corazón, me dice muy sabiamente

: «Mi honrado amigo Lanzarote, siendo el
hijo de un hombre honrado», o más bien el hijo de una mujer
honrada; porque,
 en efecto, mi padre hizo algo malo
, algo creció, tenía una especie de gusto; bueno, mi conciencia
dice: «Lanzarote, no te muevas».
 'No te muevas', dice mi conciencia.
'Conciencia', le digo yo, 'aconsejas bien'; "Demonio",
le digo yo, "aconsejas bien: para ser gobernado por mi
conciencia, debería quedarme con el judío mi amo,
quien, Dios bendiga la marca, es una especie de demonio; y, para
huir del judío, debería ser gobernado por el
demonio, quien, salvando tu reverencia, es el
diablo mismo. Ciertamente, el judío es el mismo diablo
encarnado; y, en mi conciencia, mi conciencia no es
más que una especie de conciencia dura, que me ofrece el consejo de
quedarme con el judío. El demonio da el consejo más
amistoso: Correré, demonio; mis talones están
a tus órdenes; Voy a correr.

Entra en Old GOBBO, con una cesta

GOBBO

Maestro joven, tú, te lo ruego, ¿cuál es el camino
para dominar a los judíos?

LANZAROTE

¡Oh cielos, este es mi Padre verdadero!
el cual, siendo más que ciego de arena, ciego de grava,
 no me conoce: intentaré confusiones con él.

GOBBO

Maestro joven caballero, le ruego, ¿cuál es el camino
para dominar el de los judíos?

LANZAROTE

Gira a tu derecha en el próximo giro, pero,
en el próximo giro de todos, a tu izquierda; cásate, en

el próximo giro, no gires de ninguna mano, sino que desciende indirectamente a la casa del judío.

GOBBO

Por los hijos de Dios, será un camino difícil de batear. ¿Puedes decirme si un Lanzarote,
que habita con él, mora con él o no?

LANZAROTE

¿Habla usted del joven maese Launcelot?

Aparte

Mírame ahora, ahora subiré las aguas. ¿
Habla usted del joven maese Launcelot?

GOBBO

No señor, señor, sino el hijo de un pobre: su padre,
aunque yo lo diga, es un hombre honrado y muy pobre
, y gracias a Dios, que vive bien.

LANZAROTE

Bueno, que su padre sea lo que quiera, hablamos del
joven maestro Launcelot.

GOBBO

El amigo de vuestra merced y Lanzarote, señor.

LANZAROTE

Pero te ruego, ergo, viejo, ergo, te lo ruego, ¿
hablas del joven maese Launcelot?

GOBBO

De Launcelot, y no agrada a vuestra señoría.

LANZAROTE

Ergo, Maestro Lanzarote. No hables de maese
Lanzarote, padre, porque el joven caballero,
según las Parcas y los Destinos y otros dichos tan
extraños, las Hermanas Tres y otras ramas del

saber, ha muerto, o, como se diría en
términos llanos, se ha ido al cielo.

GOBBO

¡Cásate, Dios no lo quiera!, el chico era el bastón de mi
edad, mi propio puntal.

LANZAROTE

¿Parezco un garrote o un poste de choza, un bastón o
un puntal? ¿Me conoces, padre?

GOBBO

Que llegue el día, no os conozco, joven caballero,
pero os ruego que me digáis: ¿mi hijo, que en paz descanse, está
vivo o muerto?

LANZAROTE

¿No me conoces, padre?

GOBBO

Alack, señor, estoy ciego como la arena; No te conozco.

LANZAROTE

Es más, si tuvieras tus ojos, podrías dejar de
conocerme: es un padre sabio el que conoce a su
propio hijo. Pues bien, anciano, te daré noticias de
tu hijo: dame tu bendición: la verdad saldrá
a la luz; el asesinato no se puede ocultar por mucho tiempo; el hijo
de un hombre
puede, pero al final la verdad saldrá a la luz.

GOBBO

Le ruego, señor, que se levante: estoy seguro de que no es
usted Lanzarote, hijo mío.

LANZAROTE

Te ruego que no nos engañemos más, pero
dame tu bendición: yo soy Lanzarote, tu hijo

que fue, tu hijo que es, tu hijo que
será.

GOBBO

No puedo pensar que eres mi hijo.

LANZAROTE

No sé lo que pensaré de eso, pero soy
Lanzarote, el hombre de los judíos, y estoy seguro de que Margery,
tu esposa,
es mi madre.

GOBBO

Su nombre es Margery, en efecto: juraré que, si eres
Lanzarote, eres mi propia carne y sangre.
¡Adorado sea, Dios mío!, ¡qué barba
tienes! Tienes más pelo en la barbilla que el que
tiene Dobbin, mi caballo de saciedad, en la cola.

LANZAROTE

Parecería, entonces, que la cola de Dobbin crece
hacia atrás: estoy seguro de que tenía más pelo en la cola
que yo en mi cara la última vez que lo vi.

GOBBO

¡Señor, cómo has cambiado! ¿En qué estáis de acuerdo tú y tu
señor? Le he traído un regalo. ¿Cómo
te encuentras ahora?

LANZAROTE

Bueno, bueno, pero, por mi parte, así como he establecido
mi descanso para huir, así no descansaré hasta
que haya corrido algo de terreno. Mi amo es muy judío: ¡dadle
un regalo!, dadle un cabestro; estoy hambriento en
su servicio; podéis contar cada dedo que tengo con
las costillas. Padre, me alegro de que hayas venido: dame
tu presente a un tal maese Bassanio, que, en verdad,
 da libreas nuevas y raras: si no le sirvo,
correré hasta donde Dios tenga algún terreno. ¡Oh rara

fortuna!, aquí viene el hombre: a él, padre, porque soy
judío, si es que sirvo más al judío.

Entra BASSANIO, con LEONARDO y otros seguidores

BASSANIO

Podéis hacerlo, pero que sea tan apresurado que la cena
esté lista a más tardar a las cinco de la tarde. Mira
que te entreguen estas cartas, pon las libreas a hacer
 y ruega a Gratiano que venga a mi alojamiento.

Salir de un sirviente

LANZAROTE

A él, padre.

GOBBO

¡Dios bendiga a vuestra merced!

BASSANIO

¡Gramercy! ¿Quieres hacer algo conmigo?

GOBBO

Aquí está mi hijo, señor, un pobre muchacho,--

LANZAROTE

No un pobre muchacho, señor, sino el judío rico; eso
sería, señor, como mi padre especificará...

GOBBO

Tiene una gran infección, señor, como quien diría, para servir...

LANZAROTE

De hecho, lo corto y lo largo es: sirvo al judío
y tengo un deseo, como mi padre lo especificará:

GOBBO

Su amo y él, salvando la reverencia de vuestra merced,
son escasos primos de catering...

LANZAROTE

Para ser breves, la verdad misma es que el judío, habiéndome
hecho mal, hace que yo, como mi padre, siendo,
espero, un hombre viejo, fructifique para vosotros:

GOBBO

Tengo aquí un plato de palomas que quiero dar a
vuestra merced, y mi traje es...

LANZAROTE

En suma, el pleito es impertinente para mí, como
vuesa merced sabrá por este honrado anciano; y,
 aunque lo digo, siendo viejo, pobre, padre mío.

BASSANIO

Uno habla por ambos. ¿Qué harías tú?

LANZAROTE

Sírvanle, señor.

GOBBO

Ese es el defecto mismo del asunto, señor.

BASSANIO

Te conozco bien; has conseguido tu traje:
 Shylock, tu amo, habló conmigo hoy,
 y te ha preferido, si es preferible,
dejar el servicio de un judío rico, para convertirte en
el seguidor de un caballero tan pobre.

LANZAROTE

El viejo proverbio está muy bien repartido entre mi
amo Shylock y usted, señor: usted tiene la gracia de
Dios, señor, y él tiene suficiente.

BASSANIO

Lo dices bien. Ve, padre, con tu hijo.
Despídete de tu viejo amo y pregunta
por mi alojamiento. Dadle una librea
más guardada que la de sus compañeros: mirad que se haga.

LANZAROTE

Padre, en. No puedo obtener un servicio, no; No tengo
ni una lengua en la cabeza. Pues bien, si algún hombre en
Italia tiene una mesa más hermosa que se ofrezca a jurar
sobre un libro, tendré buena suerte. Vaya a,
aquí hay una línea simple de la vida: aquí hay una pequeña bagatela
de esposas: ¡ay, quince esposas no es nada! Once
viudas y nueve criadas es una simple llegada para un
hombre: y luego escapar de ahogarme tres veces, y estar
en peligro de mi vida con el borde de un lecho de plumas;
Aquí hay paisajes simples. Bueno, si Fortune es una
mujer, es una buena moza para este equipo. Padre,
 ven; Me despediré del judío en un abrir y cerrar de ojos.

Exeunt Launcelot y Old Gobbo

BASSANIO

Te ruego, buen Leonardo, que pienses en esto:
 Compradas estas cosas y ordenadamente concedidas,
 vuelve de prisa, porque esta noche festejo
 a mi mejor estimado: ¡vete, vete!

LEONARDO

Aquí haré todo lo posible.

Entra en GRATIANO

GRATIANO

¿Dónde está tu maestro?

LEONARDO

Allá, señor, él camina.

Salida

GRATIANO

¡Señor Bassanio!

BASSANIO

Gratiano!

GRATIANO

Tengo un traje para ti.

BASSANIO

Lo has conseguido.

GRATIANO

No debes negarme: debo ir contigo a Belmont.

BASSANIO

¿Por qué entonces debes hacerlo? Pero escúchate, Graciano;
Eres demasiado salvaje, demasiado grosero y atrevido de voz;
Partes que te son bastante felices,
Y a los ojos como los nuestros, no parecen faltas;
Pero donde no se te conoce, ¿por qué?, allí muestran
algo demasiado liberal. Te ruego que te esfuerces
por aliviar con unas frías gotas de modestia
tu espíritu saltón, no sea que por tu comportamiento salvaje
sea malinterpretado en el lugar al que voy,
y pierda mis esperanzas.

GRATIANO

Signior Bassanio, escúchame:
 Si no me pongo un hábito sobrio,
 Hablo con respeto y juro de vez en cuando,
Llevo libros dc oraciones en el bolsillo, miro recatadamente
, Es más, mientras la gracia dice, Cubre mis ojos
así con mi sombrero, y suspira y di: 'Amén',
Usa toda la observancia de la cortesía,
Como quien está bien estudiado en un triste ostent
Para complacer a su abuela, Nunca confíes más en mí.

BASSANIO

Bueno, ya veremos su orientación.

GRATIANO

No, sino que esta noche oiré, y no me medirás
por lo que hagamos esta noche.

BASSANIO

No, eso sería lástima:
 te suplicaría más bien que te pusieras
tu traje más atrevido de alegría, porque tenemos amigos
que se alegran con propósito. Pero que te vaya bien:
 tengo algunos asuntos.

GRATIANO

Y debo decir a Lorenzo y a los demás:
Pero os visitaremos a la hora de la cena.

Salen

ESCENA III. Igualmente. Una habitación en la casa de SHYLOCK.

Entra JESSICA y LAUNCELOT

JESSICA

Lamento que hayas dejado a mi padre así:
nuestra casa es un infierno, y tú, un diablo alegre,
 le robaste un poco de tedio.
Pero que te vaya bien, que hay un ducado para ti:
Y, Lanzarote, presto a la cena verás a
Lorenzo, que es el huésped de tu nuevo amo:
Dale esta carta; hazlo en secreto;
Y así, adiós: no quiero que mi padre
me vea hablar contigo.

LANZAROTE

¡Adiós!, las lágrimas exhiben mi lengua. ¡Pagano hermosísimo
, judío dulcísima!, si un cristiano no jugaba
a la sota y te atrapaba, me engaño mucho. Pero,
adiós: estas gotas insensatas hacen algo que ahoga mi
espíritu varonil: adiós.

JESSICA

Adiós, buen Launcelot.

Salir de Launcelot

¡Ay, qué pecado tan atroz hay en mí
avergonzarme de ser hijo de mi padre!
Pero aunque soy hija de su sangre,
no lo soy de sus modales. Oh Lorenzo,
si cumples tu promesa, pondré fin a esta contienda,
conviértete en cristiana y en tu amada esposa.

Salida

ESCENA IV. Igualmente. Una calle.

Entran GRATIANO, LORENZO, SALARINO y SALANIO

LORENZO

No, nos escabulliremos a la hora de la cena,
nos disfrazaremos en mi alojamiento y regresaremos,
 todo en una hora.

GRATIANO

No hemos hecho una buena preparación.

SALARINO

Todavía no hemos hablado de los portadores de la antorcha.

SALANIO

Es vil, a menos que pueda ser pintorescamente ordenado,
 y es mejor en mi mente no emprenderlo.

LORENZO

No son más que las cuatro: tenemos dos horas
para proveernos.

Entra LAUNCELOT, con una letra

Amigo Launcelot, ¿cuáles son las novedades?

LANZAROTE

Y te placerá romper
esto, parecerá significar.

LORENZO

Yo conozco la mano: con fe, es una mano justa;
Y más blanca que el papel en que escribió
, es la mano hermosa que escribió.

GRATIANO

Noticias de amor, en la fe.

LANZAROTE

Con su permiso, señor.

LORENZO

¿A dónde vas?

LANZAROTE

Cásate, señor, para invitar a mi viejo amo el
judío a cenar esta noche con mi nuevo amo el cristiano.

LORENZO

Aguanta aquí, toma esto: dile a la amable Jessica
que no le fallaré; háblalo en privado.
Id, señores,

Salir de Launcelot

¿Te prepararás para esta mascarada esta noche?
Se me proporciona un portador de la antorcha.

SALANIO

Ay, cásate, me iré derecho.

SALANIO

Y yo también lo haré.

LORENZO

Nos vemos a mí y a Gratiano
en la casa de Graciano dentro de una hora.

SALARINO

Es bueno que lo hagamos.

Exeunt SALARINO y SALANIO

GRATIANO

¿No era esa carta de la bella Jessica?

LORENZO

Necesito contártelo todo. Ella ha ordenado
cómo la sacaré de la casa de su padre,
 qué oro y joyas está provista,
qué traje de paje tiene preparado.
Si el judío su padre viene al cielo,
 será por amor a su dulce hija,
y nunca se atreve a que la desgracia cruce su pie,
 a menos que lo haga con esta excusa,
 que es hija de un judío infiel.
Ven, vete conmigo; examina esto mientras vas: la
 bella Jessica será mi antorcha.

Salen

ESCENA V. Lo mismo. Antes de la casa de SHYLOCK.

Entra SHYLOCK y LAUNCELOT

SHYLOCK

Bien, tú verás, tus ojos serán tus jueces La
diferencia entre el viejo Shylock y el viejo Bassanio... ¿
Qué, Jessica-- no gormandizarás,
como has hecho conmigo... ¿Qué, Jessica--
Y dormir, roncar y rasgar la ropa... ¡
Vaya, Jessica, digo!

LANZAROTE

¡Por qué, Jessica!

SHYLOCK

¿Quién te manda que te llame? No te pido que me llames.

LANZAROTE

Solía decirme vuesa merced que
yo no podía hacer nada sin pedirlo.

Entra Jessica

JESSICA

¿Te llamas? ¿Cuál es tu voluntad?

SHYLOCK

Me invitan a cenar, Jessica:
ahí están mis llaves. Pero, ¿a dónde debo ir?
No se me pide amor, ellos me halagon,
pero aun así iré con odio para alimentarme del
cristiano pródigo. Jessica, mi niña,
 mira a mi casa. Me resisto a irme:
se está gestando algo malo para mi descanso,
porque esta noche soñé con bolsas de dinero.

LANZAROTE

Os ruego, señor, que váis: mi joven amo espera
vuestro oprobio.

SHYLOCK

Yo también el suyo.

LANZAROTE

Y han conspirado juntos, no diré que
verás una mascarada; pero si lo haces, no fue
en vano que mi nariz cayó sangrando el
Lunes Negro del pasado a las seis de la mañana,
cayendo ese año el Miércoles de Ceniza; el Miércoles de Cuatro
Años fue por la tarde.

SHYLOCK

¿Qué, hay máscaras? Escúchame, Jessica:
Cierra mis puertas; y cuando oigas el tambor
y el vil chillido del pífano de cuello torcido,
 no trepes entonces a las ventanas,
ni metas la cabeza en la calle pública
para mirar a los tontos cristianos con rostros barnizados,
sino que tapas los oídos de mi casa, quiero decir mis ventanas:
 no dejes que el sonido de la paja superficial entre en
mi sobria casa. Juro por el bastón de Jacob
 que no tengo intención de festejar esta noche,
 pero iré. Ve tú delante de mí, señora;
Di que vendré.

LANZAROTE

Iré delante, señor. Señora, mire por la
ventana, por todo esto, Allí vendrá un muchacho cristiano
, valdrá el ojo de una judía.

Salida

SHYLOCK

¿Qué dice ese tonto de la descendencia de Agar, ja?

JESSICA

Sus palabras fueron: «Adiós, señora», nada más.

SHYLOCK

El parche es bastante amable, pero un gran alimentador;
Lento como un caracol en la ganancia, y duerme de día
Más que el gato montés: los zánganos no me colmenan;
Por lo tanto, me separo de él, y me separo de él
a alguien que quiere que me ayude a malgastar
su bolsa prestada. Bueno, Jessica, entra;
Tal vez regrese inmediatamente:
Haz lo que te mando; cierra las puertas tras ti:
Ata rápido, encuentra rápido;
Un proverbio que nunca se queda dormido en la mente ahorrativa.

Salida

JESSICA

Adiós, y si mi fortuna no es estúpida,
yo tengo un padre, tú una hija, perdida.

Salida

ESCENA VI. Igualmente.

Entran GRATIANO y SALARINO, enmascarados

GRATIANO

Esta es la casa pent-house bajo la cual Lorenzo deseaba que
nos pusiéramos de pie.

SALARINO

Su hora está a punto de pasar.

GRATIANO

Y es maravilla que sobreviva a su hora,
porque los amantes siempre corren antes del reloj.

SALARINO

¡Oh, diez veces más rápido vuelan
las palomas de Venus para sellar los lazos del amor recién hechos, de
lo que suelen
mantener la fe obligada sin pérdida!

GRATIANO

Eso siempre se sostiene: ¿quién se levanta de un banquete
con ese apetito tan vivo que se sienta?
¿Dónde está el caballo que vuelve a hollar
sus tediosas medidas con el fuego inextinguible
que él los hizo primero? Todas las cosas que son,
son perseguidas con más espíritu que disfrutadas.
¡Cuán semejante a un joven o a un hijo pródigo
La corteza escarpada sale de su bahía natal,
abrazada y abrazada por el viento de trompeta!
¡Cuán parecida a la pródiga vuelve,

con las costillas desgastadas y las velas desgastadas,
 flaca, desgarrada y mendigada por el viento de trompeta!

SALARINO

Aquí viene Lorenzo: más de esto en el más allá.

Entra en LORENZO

LORENZO

Dulces amigos, vuestra paciencia por mi larga morada;
No yo, sino mis asuntos, te he hecho esperar:
 cuando te plazca jugar a los ladrones por esposas,
entonces te velaré todo el tiempo. Acercarse;
Aquí vive mi padre judío. ¡HO! ¿Quién está dentro?

Entra JESSICA, arriba, con ropa de niño

JESSICA

¿Quién eres? Dime, para mayor certeza,
 aunque juraré que conozco tu lengua.

LORENZO

Lorenzo, y tu amor.

JESSICA

Lorenzo, cierto, y mi amor en verdad,
 ¿A quién amo tanto? Y ahora, ¿quién sabe
sino tú, Lorenzo, si soy tuyo?

LORENZO

El cielo y tus pensamientos son testigos de que tú eres.

JESSICA

Aquí, atrapa este ataúd, vale la pena los esfuerzos.
Me alegro de que sea de noche, no me mires,
porque me avergüenzo mucho de mi intercambio:
Pero el amor es ciego y los amantes no pueden ver
las hermosas locuras que ellos mismos cometen;
Porque si pudieran, el mismo Cupido se sonrojaría
al verme así transformado en un niño.

LORENZO

Desciende, porque debes ser mi portador de la antorcha.

JESSICA

¿Qué, debo poner una vela a mis vergüenzas?
Ellos en sí mismos, por favor, son demasiado ligeros.
Pues, es un oficio de descubrimiento, de amor;
Y yo debería estar oscurecido.

LORENZO

Así eres tú, dulce,
incluso en la encantadora guarnición de un niño.
Pero ven de una vez;
Porque la noche cercana juega al fugitivo,
y nos quedamos en el banquete de Bassanio.

JESSICA

Cerraré las puertas, y me doraré
con algunos ducados más, y estaré contigo derecho.

Salir arriba

GRATIANO

Ahora, por mi capucha, un gentil y no un judío.

LORENZO

Te ruego que me bendigas, pero la amo de todo corazón;
Porque ella es sabia, si puedo juzgar de ella,
 y hermosa es, si mis ojos son verdaderos,
y verdadera es, como ella ha demostrado ser a sí misma,
y por lo tanto, como ella misma, sabia, hermosa y verdadera,
 será colocada en mi alma constante.

Entra en JESSICA, a continuación

¿Qué, has venido? Adelante, señores; ¡lejos!
Nuestros compañeros enmascarados a esta hora para nosotros se
quedan.

Salida con Jessica y Salarino

Entra en ANTONIO

ANTONIO

¿Quién está ahí?

GRATIANO

¡Signior Antonio!

ANTONIO

¡Fie, fie, Gratiano!, ¿dónde están todos los demás?
Son las nueve: todos nuestros amigos se quedan por ti.
Esta noche no hay máscara: el viento se ha levantado;
Bassanio subirá pronto a bordo:
 He enviado a veinte a buscarte.

GRATIANO

Me alegro de ello: no deseo más placer
que estar bajo la vela y marchar esta noche.

Salen

ESCENA VII. Belmont. Una habitación en la casa de PORTIA.

Floritura de cornetas. Entra en PORTIA, con el PRÍNCIPE DE MARRUECOS, y sus trenes

PORTIA

Ve a correr las cortinas y descubre
los diversos ataúdes de este noble príncipe.
Ahora haz tu elección.

MARRUECOS

El primero, de oro, que lleva esta inscripción:
"Quien me escoja obtendrá lo que muchos hombres desean";
La segunda, la plata, que lleva esta promesa:
 "El que me escoja recibirá todo lo que merezca";
Esta tercera pista, aburrida, con la misma advertencia que se le hace:

"Quien me elija debe dar y arriesgar todo lo que tiene".
¿Cómo sabré si elijo lo correcto?

PORTIA

Uno de ellos contiene mi foto, príncipe:
 Si eliges esa, entonces yo soy tuyo.

MARRUECOS

¡Que algún dios dirija mi juicio! Déjame ver;
Volveré a examinar las inscripciones.
¿Qué dice este ataúd de plomo?
'El que me escoja debe dar y arriesgar todo lo que tiene'.
Hay que dar: ¿para qué?, ¿para el plomo?, ¿para el peligro?
Este ataúd amenaza. Los hombres que lo arriesgan todo
lo hacen con la esperanza de obtener ventajas justas:
Una mente dorada no se rebaja a las exhibiciones de escoria;
Entonces no daré ni arriesgaré nada por plomo.
¿Qué dice la plata con su tono virgen?
"El que me escoja recibirá todo lo que se merece".
¡Tanto como se merece! Detente allí, Marruecos,
 y pesa tu valor con mano ecuánime:
si eres valorado por tu estimación,
mereces lo suficiente; y sin embargo, lo suficiente
no puede extenderse hasta la dama:
Y sin embargo, temer de mi merecimiento
no fuera más que una débil incapacidad de mí mismo.
¡Tanto como merezco! Pues, esa es la dama:
Yo la merezco en nacimiento, y en fortunas,
 en gracias y en cualidades de crianza;
Pero más que estos, en el amor sí merezco.
¿Qué pasaría si no me desviara más, sino que eligiera aquí?
Veamos una vez más este dicho grabado en oro
: "Quien me escoja obtendrá lo que muchos hombres desean".
Pues, esa es la dama, todo el mundo la desea;
De los cuatro puntos cardinales de la tierra vienen,Para
 besar este santuario, este santo que respira mortal:
Los desiertos de Hircania y las vastas tierras salvajes
de la ancha Arabia son ahora como caminos

para que los príncipes vengan a ver la bella Portia:
El reino acuoso, cuya cabeza ambiciosa
escupe en la faz del cielo, no es un obstáculo
para detener a los espíritus extranjeros, pero vienen,
 como sobre un arroyo, a ver la hermosa Porcia.
Uno de estos tres contiene su imagen celestial.
¿No es como si el plomo la contuviera? Sería una condenación
pensar un pensamiento tan vil: sería demasiado grosero
rasgar su tela de cerete en la oscura tumba.
¿O he de pensar que en plata está enmarañada,
siendo diez veces infravalorada en comparación con el oro probado?
¡Oh pensamiento pecaminoso! Nunca una gema tan rica
fue engastada en algo peor que el oro. Tienen en Inglaterra
una moneda que lleva la figura de un ángel
estampada en oro, pero que está inscrita;
Pero aquí un ángel en un lecho de oro
yace todo dentro. Dame la llave:
 ¡Aquí elijo, y prospero como puedo!

PORTIA

Tómalo, príncipe, y si mi forma yace allí,
entonces soy tuyo.

Abre el ataúd dorado

MARRUECOS

¡Oh, demonios!, ¿qué tenemos aquí?
¡Una Muerte carroñera, dentro de cuyo ojo vacío
hay un pergamino escrito! Leeré lo escrito.

Lee

No todo lo que brilla es oro;
A menudo habéis oído decir:
A muchos hombres vendió su vida
, pero mi exterior para que lo contemple:
Los sepulcros dorados envuelven a los gusanos.
Si hubieras sido tan sabio como audaz,Joven
 en miembros, en juicio viejo,Tu
respuesta no habría sido intencionada:Que

te vaya bien; tu traje es frío.
Frío, en efecto, y trabajo perdido:
 ¡Adiós, calor, y bienvenida, helada!
Portia, adiós. Tengo un corazón demasiado afligido
para tomarme una licencia tediosa: así se separan los perdedores.

Sal con su tren. Floritura de cornetas

PORTIA

Un suave paseo. Corre las cortinas, vete.
Que toda su tez me elija así.

Salen

ESCENA VIII. Venecia. Una calle.

Entra SALARINO y SALANIO

SALARINO

Pues, hombre, vi a Bassanio navegando:
 con él se ha ido Graciano;
Y en su nave estoy seguro de que Lorenzo no está.

SALANIO

El malvado judío alzó con gritos al duque,
que fue con él a registrar la nave de Bassanio.

SALARINO

Llegó demasiado tarde, el barco estaba a la vela:
Pero allí se dio a entender al duque
que en una góndola se veían juntos
Lorenzo y su enamorada Jessica:
Además, Antonio certificó al duque
que no estaban con Bassanio en su barco.

SALANIO

Nunca escuché una pasión tan confusa
, tan extraña, tan escandalosa y tan variable,
como la que el perro judío pronunciaba en las calles:

«¡Hija mía! ¡Oh mis ducados! ¡Oh hija mía!
¡Huí con un cristiano! ¡Oh mis ducados cristianos!
¡Justicia, la ley, mis ducados y mi hija!
¡Una bolsa sellada, dos bolsas selladas de ducados,
 de ducados dobles, que me robó mi hija!
Y joyas, dos piedras, dos piedras ricas y preciosas,
¡Robadas por mi hija! ¡Justicia! encontrar a la chica;
Tiene sobre sí las piedras y los ducados.

SALARINO

Vamos, todos los muchachos de Venecia lo siguen,
 llorando, sus piedras, su hija y sus ducados.

SALANIO

Que el bueno de Antonio mire que guarda su día,
 o pagará por esto.

SALARINO

Cásate, bien recordado.
Ayer razoné con un francés,
que me dijo, en los mares angostos que parte
de los franceses y los ingleses, allí abortó
un navío de nuestro país ricamente cargado:
 pensé en Antonio cuando me lo contó;
Y deseó en silencio que no fuera suyo.

SALANIO

Lo mejor que hacías era decirle a Antonio lo que oías;
Sin embargo, no lo hagas de repente, porque puede entristecerlo.

SALARINO

Un caballero más amable no pisa la tierra.
Vi a Bassanio y a Antonio partir:
 Bassanio le dijo que se apresuraría
a su regreso: él respondió: 'No lo hagas;
No hagas negocios por mí, Bassanio,
sino que te quedes con la misma madurez del tiempo;
Y en cuanto al vínculo que el judío tiene conmigo,

no entre en tu mente de amor:
Alégrate, y emplea tus pensamientos principales
en el cortejo y en las hermosas ostentaciones de amor
que te convienen allí: '
Y aun allí, siendo su ojo grande de lágrimas,
volviendo su rostro, puso su mano detrás de él,
Y con afecto maravillosamente sensato
retorció la mano de Bassanio, y así se separaron.

SALANIO

Creo que solo ama el mundo por él.
Te ruego que vayamos a buscarlo y vivifiquemos
su pesadez abrazada
con algún deleite u otro.

SALARINO

Así lo hacemos.

Salen

ESCENA IX. Belmont. Una habitación en la casa de PORTIA.

Entra en NERISSA con un Servidor

NERISSA

Rápido, rápido, te ruego; corre la cortina:
el Príncipe de Aragón ha hecho su juramento,
 y viene a su elección en seguida.

*Floritura de cornetas. Entra el PRÍNCIPE DE ARRAGÓN, PORTIA,
y sus trenes*

PORTIA

He aquí los ataúdes, noble príncipe:
si eliges aquel en el que estoy contenido,
 se solemnizarán nuestros ritos nupciales:
pero si fallas, sin más palabras, mi señor,
 debes irte de aquí inmediatamente.

ARGÓN

Se me ordena por juramento observar tres cosas:
 primero, nunca revelar a nadie
qué ataúd elegí; luego, si fallo
en el ataúd correcto, nunca en mi vida
cortejar a una doncella en forma de matrimonio; por último
, si fracaso en la fortuna de mi elección,
 dejarte inmediatamente y marcharme.

PORTIA

Todos juran por estos mandatos
que vienen a ser peligrosos para mi yo inútil.

ARGÓN

Y así me he dirigido a mí. ¡Fortuna ahora
a la esperanza de mi corazón! Oro; plata; y plomo base.
'El que me escoja debe dar y arriesgar todo lo que tiene'.
Te verás más hermosa, antes de que yo te dé o te arriesgue.
¿Qué dice el cofre de oro?, ¡ja!, déjame ver:
'Quien me escoja obtendrá lo que muchos hombres desean'.
¡Lo que muchos hombres desean!, que se refiera a "muchos"
por la multitud insensata, que escoge por el espectáculo,
 que no aprende más de lo que el ojo cariñoso enseña;
Que no se entromete en el interior, sino que, como la marta,
 se construye en el clima en la pared exterior,
incluso en la fuerza y el camino de la víctima.
No escogeré lo que muchos hombres desean,
 porque no saltaré con espíritus comunes
y me pondré a mi nivel entre las multitudes bárbaras.
¿Por qué, pues, a ti, tesoro de plata?
Dime una vez más qué título llevas:
"Quien me elija recibirá todo lo que merece",
y bien dicho también, porque ¿quién andará
para cozover la fortuna y ser honorable
sin el sello del mérito? Que nadie presuma
de llevar una dignidad inmerecida.
¡Oh, que las propiedades, los grados y los cargos
no se derivaran corruptamente, y que el honor claro

se comprara por el mérito de quien lo lleva!
¡Cuántos, pues, cubrirían esa posición desnuda!
¡A cuántos se les ordenará esa orden!
¡Cuánto campesinado se recogería entonces
de la verdadera semilla del honor, y cuánto honor se
recogería de la paja y la ruina de los tiempos
para ser barnizado de nuevo! Bueno, pero a mi elección:
 'Quien me elija recibirá todo lo que se merece'.
Asumiré desierto. Dame una llave para esto,
y al instante desbloquea mi fortuna aquí.

Abre el ataúd de plata

PORTIA

Una pausa demasiado larga para lo que encuentras allí.

ARGÓN

¿Qué hay aquí? el retrato de un idiota parpadeante,
¡Presentándome un horario! Lo voy a leer.
¡Cuánto te pareces a Porcia!
¡Cuán diferentes de mis esperanzas y mis merecimientos!
'El que me escoja tendrá todo lo que merezca'.
¿No merecía yo más que la cabeza de un tonto?
¿Es ese mi premio?, ¿no son mejores mis postres?

PORTIA

Ofender y juzgar son oficios distintos
y de naturalezas opuestas.

ARGÓN

¿Qué hay aquí?

Lee

El fuego siete veces intentó esto:
Siete veces intentó que el juicio es,Que
 nunca escogió mal.
Hay algunos que las sombras besan;
Tales no tienen más que la dicha de una sombra:
 Vivos serán los tontos, yo sabré,

y así fue esto.
Llévate a la mujer que quieras a la cama,
 siempre seré tu cabeza:
Así que vete: estás escurridizo.
Aún más tonto pareceré
para cuando me quede aquí
Con una cabeza de tonto vine a cortejar,
 pero me voy con dos.
Dulce, adiós. Cumpliré mi juramento de
 soportar pacientemente mi ira.

Exeunt Aragón y tren

PORTIA

Así ha chamuscado la vela a la polilla.
¡Oh, estos tontos deliberados!, cuando ellos deciden,
ellos tienen la sabiduría por su ingenio para perder.

NERISSA

El antiguo dicho no es una herejía,
el ahorcamiento y la esposa van por destino.

PORTIA

Ven, corre la cortina, Nerissa.

Entra un sirviente

Servidor

¿Dónde está mi señora?

PORTIA

Aquí: ¿qué querría mi señor?

Servidor

Señora, se ha posado a su puerta
un joven veneciano, uno que viene delante
para significar la llegada de su señor;
De quien trae regocijos sensibles,
a saber, además de elogios y aliento cortés,
dones de rico valor. Sin embargo, no he visto

a un embajador de amor tan probable:
 Un día de abril nunca fue tan dulce
para mostrar cuán costoso era el verano que se acercaba,
 ya que este espolón se presenta ante su señor.

PORTIA

No lo hagas más, te lo ruego: tengo medio miedo
de que digas que es algún pariente tuyo,
 que gastas tanto ingenio en alabarlo.
Ven, vamos, Nerissa, porque anhelo ver
el correo de Cupido el Rápido que llega tan amablemente.

NERISSA

¡Bassanio, señor Amor, si tú quieres!

Salen

ACTO III

ESCENA I. Venecia. Una calle.

Entra en SALANIO y SALARINO

SALANIO

Ahora bien, ¿qué novedades hay en el Rialto?

SALARINO

Pues, sin embargo, vive allí sin freno que Antonio tiene
un barco de rico cargamento que naufragó en los mares angostos;
los Goodwins, creo que llaman al lugar, un
llano muy peligroso y fatal, donde yacen enterrados los cadáveres de muchos
grandes barcos, como dicen, si mi informe de chismes
es una mujer honesta de palabra.

SALANIO

Ojalá fuera tan mentirosa como una chismosa como si alguna vez
hubiera cortado jengibre o hecho creer a sus vecinos que
lloraba por la muerte de un tercer marido. Pero es verdad

, sin deslices de prolijidad ni traspaso de la
llana autovía de la palabrería, que el buen Antonio, el
honrado Antonio,--O que yo tenía un título lo suficientemente bueno como
para hacer compañía a su nombre--

SALARINO

Vamos, punto final.

SALANIO

¿Qué dices tú? Pues, el fin es que ha
perdido un barco.

SALARINO

Ojalá pudiera ser el final de sus pérdidas.

SALANIO

Permítanme decir 'amén' a tiempo, no sea que el diablo cruce mi
oración, porque aquí viene en la semejanza de un judío.

Entra en SHYLOCK

¡Cómo ahora, Shylock! ¿Qué noticias hay entre los comerciantes?

SHYLOCK

Tú sabes, ninguno tan bien, ninguno tan bien como tú, de
la huida de mi hija.

SALARINO

Eso es cierto: yo, por mi parte, conocía al sastre
que hizo las alas con las que volaba.

SALANIO

Y Shylock, por su parte, supo que el pájaro había
emplumado, y entonces es el tono de todos ellos
abandonar la presa.

SHYLOCK

Está condenada por ello.

SALANIO

Eso es seguro, si el diablo puede ser su juez.

SHYLOCK

¡Mi propia carne y sangre para rebelarse!

SALANIO

¡A por ello, vieja carroña! ¿Se rebela en estos años?

SHYLOCK

Yo digo, mi hija es mi carne y mi sangre.

SALARINO

Hay más diferencia entre tu carne y la suya
que entre el azabache y el marfil, más entre tus sangres
que entre el vino tinto y el renano. Pero
dinos, ¿te enteras de si Antonio ha tenido alguna
pérdida en el mar o no?

SHYLOCK

Allí tengo otro mal partido: un fracasado, un
pródigo, que apenas se atreve a asomar la cabeza en el
Rialto; un mendigo, que solía venir tan presumido al
mercado; que mire a su vínculo; que
me llame usurero; que mire a su vínculo: que solía
prestar dinero por una cortesía cristiana; que
mire a su vínculo.

SALARINO

Pues, estoy seguro, que si él renuncia, tú no tomarás
su carne: ¿para qué sirve eso?

SHYLOCK

Para cebar a los peces: si no se alimenta de nada más,
 alimentará mi venganza. Me ha deshonrado y me ha
estorbado medio millón; se ha reído de mis pérdidas,
se ha burlado de mis ganancias, ha despreciado a mi nación, ha
frustrado mis

negocios, ha enfriado a mis amigos, ha enardecido a mis
enemigos; ¿y cuál es su razón? Soy judío. ¿No tiene
un judío ojos?, ¿no tiene un judío manos, órganos,
dimensiones, sentidos, afectos, pasiones?, alimentado con
el mismo alimento, herido con las mismas armas, sujeto
a las mismas enfermedades, curado por los mismos medios,
 calentado y enfriado por el mismo invierno y verano que
un cristiano? Si nos pinchas, ¿no sangramos?
Si nos haces cosquillas, ¿no nos reímos?, si nos envenenas
, ¿no morimos? Y si nos ofendes, ¿no nos vengaremos
? Si somos como tú en el resto, nos pareceremos
a ti en eso. Si un judío ofende a un cristiano,
¿cuál es su humildad? Venganza. Si un cristiano
ofende a un judío, ¿cuál debe ser su sufrimiento por el
ejemplo cristiano? Pues, la venganza. La vileza que
me enseñas, la ejecutaré, y será dura, pero mejoraré
la instrucción.

Entra un sirviente

Servidor

Señores, mi señor Antonio está en su casa y
desea hablar con los dos.

SALARINO

Hemos subido y bajado a buscarlo.

Ingresa a TUBAL

SALANIO

Aquí viene otro de la tribu: un tercero no puede ser
igualado, a menos que el diablo mismo se haga judío.

Exeunt SALANIO, SALARINO y Sirviente

SHYLOCK

¿Cómo, Tubal, qué noticias de Génova, has
encontrado a mi hija?

TUBÁRICO

A menudo llegué a donde oí hablar de ella, pero no la encuentro.

SHYLOCK

¡Vaya, allí, allí, allí, allí, un diamante desaparecido
 me costó dos mil ducados en Francfort! La maldición
nunca cayó sobre nuestra nación hasta ahora; Nunca lo había sentido
hasta ahora: dos mil ducados en aquello, y otras
joyas preciosas, preciosas. ¡Ojalá mi hija
estuviera muerta a mis pies, y las joyas en su oreja!
¡Ojalá la oyeran a mis pies, y los ducados en
su ataúd! ¿No hay noticias de ellos? Y yo
no sé lo que se ha gastado en la búsqueda: ¡por qué, pérdida tras
pérdida! el ladrón se ha ido con tanto, y tanto para
encontrar al ladrón; y no hay satisfacción, ni venganza,
ni se agita en la suerte sino lo que se enciende en mis
hombros; no hay suspiros sino de mi respiración; no hay lágrimas
sino de mi derramamiento.

TUBÁRICO

Sí, otros hombres también tienen mala suerte: Antonio, como escuché
en Génova,--

SHYLOCK

¿Qué, qué, qué? ¿Mala suerte, mala suerte?

TUBÁRICO

Tiene un náufrago argosy, que viene de Trípoli.

SHYLOCK

Le doy gracias a Dios, le doy gracias a Dios. ¿No es cierto, no es cierto?

TUBÁRICO

Hablé con algunos de los marineros que escaparon del naufragio.

SHYLOCK

Te doy las gracias, buen Tubal: ¡buenas noticias, buenas noticias!
¿Ja, ja!, ¿dónde?, ¿en Génova?

TUBÁRICO

Tu hija pasó en Génova, según he oído, en una
noche ochenta ducados.

SHYLOCK

Me clavas un puñal: no volveré a ver mi
oro: ¡ochenta ducados de una sentada!
¡Ochenta ducados!

TUBÁRICO

Vinieron a Venecia varios de los acreedores de Antonio en mi
compañía, que juran que no puede elegir sino quebrar.

SHYLOCK

Me alegro mucho de ello: lo atormentaré; Lo torturaré
: me alegro de ello.

TUBÁRICO

Uno de ellos me mostró un anillo que tenía de tu
hija para un mono.

SHYLOCK

¡A por ella! Tú me torturas, Tubal: era mi
turquesa; Lo tuve de Lea cuando era soltero:
no lo habría dado por un desierto de monos.

TUBÁRICO

Pero Antonio está ciertamente deshecho.

SHYLOCK

No, eso es cierto, eso es muy cierto. Ve, Tubal, págame
un oficial, háblale quince días antes. Tendré
su corazón, si renuncia, porque si estuviera
fuera de Venecia, podría hacer la mercancía que
quisiera. Ve, ve, Tubal, y encuéntrame en nuestra sinagoga;
Vete, buen Tubal, a nuestra sinagoga, Tubal.

Salen

ESCENA II. Belmont. Una habitación en la casa de PORTIA.

Entran BASSANIO, PORTIA, GRATIANO, NERISSA y los asistentes

PORTIA

Te ruego que te detengas, que te detengas un día o dos
antes de que te arriesgues, porque, al elegir mal,
 pierdo tu compañía; por lo tanto, abstente un poco.
Hay algo que me dice, pero no es amor,
no te perdería, y tú te conoces a ti mismo,
el odio no aconseja en tal calidad.
Pero para que no me entiendas bien,--
Y sin embargo una doncella no tiene lengua que la de pensar: ,--
Te detendría aquí un mes o dos
antes de que te aventures por mí. Podría enseñarte
a elegir correctamente, pero luego estoy abandonado;
Así no seré nunca: así que me eches de menos;
Pero si lo haces, me harás desear un pecado,
 que haya sido renunciado. Mira tus ojos,
 me han mirado y me han dividido;
Una mitad de mí es tuya, la otra mitad tuya,
mía, diría yo; pero si es mía, entonces tuya,
y así toda tuya. ¡Oh, estos tiempos traviesos
ponen barras entre los dueños y sus derechos!
Y así, aunque tuya, no tuya. Demuéstralo así,
que la fortuna se vaya al infierno por ello, no yo.
Hablo demasiado tiempo, pero es para aprovechar el tiempo,
 para aprovecharlo y alargarlo,
para impedirte ser elegido.

BASSANIO

Déjame escoger
porque tal como soy, vivo en el potro.

PORTIA

¡Sobre el potro, Bassanio!, confiesa entonces
qué traición hay mezclada con tu amor.

BASSANIO

Nada más que esa horrible traición de la desconfianza,
 que me hace temer el disfrute de mi amor:
 Bien puede haber amistad y vida
entre la nieve y el fuego, como la traición y mi amor.

PORTIA

¡Ay!, pero me temo que hablas en el potro,
donde los hombres forzados hablan cualquier cosa.

BASSANIO

Prométeme la vida y confesaré la verdad.

PORTIA

Pues bien, confiesa y vive.

BASSANIO

"Confiesa" y "ama"
han sido la suma misma de mi confesión:
¡oh feliz tormento, cuando mi torturador
me enseña respuestas para la liberación!
Pero déjame mi fortuna y los ataúdes.

PORTIA

¡Fuera, pues! Estoy encerrado cn una de ellas:
 si me amas, me descubrirás.
Nerissa y los demás se mantienen al margen.
Que suene la música mientras él hace su elección;
Entonces, si pierde, hace un final como de cisne,
desvaneciéndose en la música: para que la comparación
sea más adecuada, mi ojo será el arroyo y el
lecho de muerte acuoso para él. Puede que gane;
¿Y qué es la música entonces? Entonces la música es
como la floritura cuando los verdaderos súbditos se inclinan
ante un monarca recién coronado: tal es
como son esos dulces sonidos al amanecer
que se arrastran en el oído del novio soñador
y lo convocan al matrimonio. Ahora se va,No

con menos presencia, pero con mucho más amor,Que
 el joven Alcides, cuando sí redimió
El tributo virginal pagado por la aullante Troya
Al monstruo marino: Yo defiendo el sacrificio
El resto de las distantes son las esposas dardanianas,Con
 rostros desaliñados, salen a ver
el asunto de la hazaña. ¡Vamos, Hércules!
Vive tú, vivo yo: con mucho, mucho más espanto
veo la pelea que tú que haces la refriega.

Música, mientras BASSANIO comenta sobre los ataúdes para sí mismo

CANCIÓN.
Dime, ¿dónde se cría la fantasía,
 o en el corazón, o en la cabeza?
¿Cómo se engendró, cómo se alimentó?
Respuesta, respuesta.
Se engendra en los ojos,
se alimenta la mirada, y la fantasía muere
en la cuna donde yace.
Hagamos sonar todos la campana de fantasía
, yo comenzaré,--Ding, dong, bell.

TODO

Ding, dong, campana.

BASSANIO

De la misma manera, que los espectáculos exteriores sean menos ellos mismos:
 el mundo todavía está engañado con ornamentos.
En la ley, ¿qué alegato tan manchado y corrupto
, sino que, siendo sazonado con una voz amable,
oscurece el espectáculo del mal? En la religión,
 ¿qué maldito error, sino alguna frente sobria
lo bendecirá y lo aprobará con un texto,
ocultando la grosería con hermosos adornos?
No hay vicio tan simple que no asuma
alguna señal de virtud en sus partes externas:

¡Cuántos cobardes, cuyos corazones son todos tan falsos
como escaleras de arena, llevan todavía en sus
barbillas las barbas de Hércules y el ceño fruncido de Marte;
Quienes, buscados interiormente, tienen hígados blancos como la
leche;
¡Y éstos no asumen más que el excremento del valor
para hacerlos temibles! Mira la hermosura,
 y verás que se compra por peso;
Lo cual en ello obra un milagro en la naturaleza,
haciendo más ligeros a los que llevan la mayor parte de ella:
 así son esos mechones dorados y crujientes
que hacen tales brincos desenfrenados con el viento, sobre la
 supuesta justicia, a menudo se sabe
 que es la dote de una segunda cabeza,
 la calavera que los crió en el sepulcro.
Así, el adorno no es más que la orilla seducida
hacia un mar muy peligroso; el hermoso pañuelo
que cubre una belleza india; en una palabra,
la verdad aparente que los tiempos astutos se visten
para atrapar a los más sabios. Por lo tanto, oro chillón,Duro
 alimento para Midas, no quiero nada de ti;
Ni ninguno de ti, pálido y vulgar esclavo
entre hombre y hombre: pero tú, escaso plomo,
 que más bien amenaza que promete algo,
tu palidez me conmueve más que la elocuencia;
Y aquí elijo yo; ¡la alegría sea la consecuencia!

PORTIA

¡Cómo todas las demás pasiones se lanzan al aire,
como pensamientos dudosos, y desesperación abrazada
precipitadamente,
 y miedo estremecedor, y celos de ojos verdes! Oh amor
, sé moderado, alivia tu éxtasis,
refrena en medida tu alegría, escatima este exceso.
Siento demasiado tu bendición: hazla menos,
por miedo me excedo.

BASSANIO

¿Qué encuentro aquí?

Apertura del ataúd de plomo

¡Justo la falsificación de Portia! ¿Qué semidiós
se ha acercado tanto a la creación? ¿Mover estos ojos?
¿O si, cabalgando sobre las bolas mías,
parecen estar en movimiento? Aquí están los labios cortados,
 separados con aliento de azúcar: una barra tan dulce
debería separar a tan dulces amigos. Aquí, en sus cabellos
, el pintor juega a la araña y ha tejido
una malla de oro para atrapar los corazones de los hombres,
más rápido que los mosquitos en las telarañas; pero sus ojos,--
cómo podría ver para hacerlos? habiendo hecho uno,
 creo que debería tener poder para robar ambos suyos
y dejarse sin amueblar. Sin embargo, mirad hasta qué punto
la sustancia de mi alabanza perjudica a esta sombra
al subestimarla, hasta qué punto esta sombra
cojea detrás de la sustancia. Aquí está el pergamino,
 el continente y el resumen de mi fortuna.

Lee

¡Vosotros que elegís no por la vista, el
 azar como justo y elegís como verdadero!
Ya que esta fortuna cae sobre ti,
conténtate y no busques nada nuevo,
 si estás muy contento con esto
y guardas tu fortuna para tu bienaventuranza,
 vuélvete donde está tu dama
y reclámala con un beso amoroso.
Un pergamino suave. Hermosa señora, con su permiso;
Vengo por nota, para dar y para recibir.
Como uno de los dos que compiten por un premio,Que
 cree que ha hecho bien a los ojos de la gente,Escuchando
 aplausos y gritos universales,Aturdido
 en espíritu, todavía mirando con la duda
de si estas perlas de alabanza son suyas o no;
Así que, tres veces hermosa señora, estoy yo, aun así;

Como dudoso que lo que veo sea verdad, hasta que
 sea confirmado, firmado, ratificado por usted.

PORTIA

Vuesa vez me veis, señor Bassanio, donde estoy
, tal como soy: aunque por mí solo
no sería ambicioso en mi deseo,
de desearme mucho mejor, sin embargo, por vos
me triplicaría veinte veces;
Mil veces más justo, diez mil veces más rico;
Que sólo para estar en lo alto de tu cuenta,
 podría en virtud, bellezas, vidas, amigos,
exceder la cuenta; pero la suma total de mí
es la suma de algo, que, para decirlo en bruto,
es una niña sin lección, sin escuela, sin práctica;
Feliz en esto, aún no es tan vieja
Pero puede aprender; más feliz que esto,
 no es tan torpe pero puede aprender;
Lo más feliz de todo es que su gentil espíritu
se compromete con el tuyo para ser dirigido,
 como de su señor, su gobernador, su rey.
Yo mismo y lo que es mío para ti y para los tuyos
ahora se ha convertido: pero ahora yo era el señor
de esta hermosa mansión, señor de mis siervos,
reina de mí mismo: y incluso ahora, pero ahora,
 esta casa, estos siervos y este mismo yo mismo
son tuyos, mi señor: les doy con este anillo;
Que cuando te separes, pierdas o entregues,
 Que presagie la ruina de tu amor
y sea mi ventaja para exclamar sobre ti.

BASSANIO

Señora, me has despojado de todas las palabras,Sólo
 mi sangre te habla en mis venas;
Y hay tal confusión en mis poderes,
que después de alguna oración bien pronunciada
por un príncipe amado, aparece
entre la bulliciosa multitud complacida;

Donde cada algo, al estar junto,
se convierte en un desierto de nada, excepto de alegría,
 expresada y no expresada. Pero cuando este anillo
se separa de este dedo, luego se parte la vida de aquí:
¡Oh, entonces atrévete a decir que Bassanio está muerto!

NERISSA

Mi señor y mi señora, ahora es nuestro tiempo,
que hemos estado a nuestro lado y hemos visto prosperar nuestros deseos,
 para gritar, buena alegría: ¡buena alegría, mi señor y mi señora!

GRATIANO

Mi señor Bassanio y mi gentil señora,
os deseo toda la alegría que podáis desear;
Porque estoy seguro de que no puedes desear nada de mí:
 y cuando tus honores quieran solemnizar
el pacto de tu fe, te lo ruego,
incluso en ese momento yo también pueda estar casado.

BASSANIO

Con todo mi corazón, para que consigas una esposa.

GRATIANO

Agradezco a su señoría que me haya conseguido uno.
Mis ojos, mi señor, pueden parecer tan rápidos como los vuestros:
 Tú viste a la señora, yo contemplé a la doncella;
Tú amabas, yo amaba el intermedio.
No me pertenece a mí, mi señor, más que a ti.
Tu fortuna estaba allí sobre el ataúd,
y también la mía, a medida que el asunto cae;
Por cortejar aquí hasta que vuelva a sudar,
 y sudar hasta que mi techo se secó
con juramentos de amor, al fin, si la promesa dura,
 conseguí una promesa de esta hermosa aquí
para tener su amor, siempre que tu fortuna alcanzara
a su señora.

PORTIA

¿Es esto cierto, Nerissa?

NERISSA

Señora, así es, por lo que está contenta.

BASSANIO

¿Y tú, Graciano, te refieres a la buena fe?

GRATIANO

Sí, fe, mi señor.

BASSANIO

Nuestra fiesta será muy honrada en tu matrimonio.

GRATIANO

Jugaremos con ellos el primer chico por mil ducados.

NERISSA

¿Qué, y apostar?

GRATIANO

No, nunca ganaremos en ese deporte, y nos jugaremos.
Pero, ¿quién viene aquí? ¿Lorenzo y su infiel? ¿
Y mi viejo amigo veneciano Salerio?

Entran LORENZO, JESSICA y SALERIO, un mensajero de Venecia

BASSANIO

Lorenzo y Salerio, bienvenidos acá;
Si es que los jóvenes de mi nuevo interés aquí
tienen el poder de darle la bienvenida. Con su permiso,
le doy la bienvenida a mis amigos y compatriotas,
 dulce Portia.

PORTIA

Yo también, mi señor:
 son bienvenidos.

LORENZO

Agradezco a su señoría. Por mi parte, mi señor,
 mi propósito no era haberos visto aquí;
Pero, encontrándose con Salerio en el camino,
 me suplicó, sin decir que no,
que lo acompañara.

SALERIO

Lo hice, mi señor;
Y tengo razón para ello. El Signior Antonio
te lo encomenda.

Le da una carta a Bassanio

BASSANIO

Antes de leer su carta,
te ruego que me digas cómo le va a mi buen amigo.

SALERIO

No enfermo, mi señor, a menos que esté en la mente;
Y bueno, a menos que esté en la mente: su carta allí
te mostrará su herencia.

GRATIANO

Nerissa, anima a ese forastero, dale la bienvenida.
Tu mano, Salerio: ¿cuáles son las noticias de Venecia?
¿Cómo está ese mercader real, el buen Antonio?
Sé que se alegrará de nuestro éxito;
Somos los Jasones, hemos ganado el vellocino.

SALERIO

Ojalá hubieras ganado el vellón que él ha perdido.

PORTIA

Hay algunos contenidos astutos en ese mismo papel,
 que roban el color de la mejilla de Bassanio:
 Algún querido amigo muerto; de lo contrario, nada en el mundo
podría cambiar tanto la constitución
de un hombre constante. ¡Qué, de mal en peor!
Con permiso, Bassanio: yo soy la mitad de ti,

y tengo que tener libremente la mitad de todo lo
que este mismo papel te traiga.

BASSANIO

¡Oh dulce Portia,
aquí están algunas de las palabras más desagradables
que jamás hayan manchado el papel! Gentil señora,Cuando
 por primera vez te impartí mi amor,te
dije libremente, toda la riqueza que tenía
corría por mis venas, yo era un caballero;
Y entonces te dije la verdad, y sin embargo, querida señora,
 no considerándome nada, verás
cuánto era fanfarrón. Cuando te dije que
mi estado no era nada, debí haberte dicho entonces
que era peor que nada; porque, en verdad,
me he comprometido con un querido amigo, comprometí
 a mi amigo con su simple enemigo,
para alimentar mis recursos. He aquí una carta, señora;
El papel como el cuerpo de mi amigo,
y cada palabra en él una herida abierta,
que emite sangre vital. Pero, ¿es verdad, Salerio?
¿Han fracasado todas sus empresas? ¿Qué, ni un golpe?
¿De Trípolis, de México e Inglaterra,
de Lisboa, de Berbería y de la India?
¿Y ni un solo navío escapa al espantoso tacto
de las rocas que estropean a los mercaderes?

SALERIO

Ni uno, mi señor.
Además, parecería que si tuviera
el dinero presente para despedir al judío,
 no lo aceptaría. Nunca conocí
una criatura que llevara la forma de un hombre,Tan
perspicaz y codiciosa para confundir a un hombre:
Acosa al duque por la mañana y por la noche,Y
pone en tela de juicio la libertad del estado,Si
 le niegan la justicia: veinte mercaderes,El
 duque mismo, y los

magníficos De mayor porte, han persuadido con él;
Pero nadie puede apartarlo de la envidiable súplica de la
confiscación, de la justicia y de su vínculo.

JESSICA

Cuando estuve con él, le oí jurar
a Tubal y a Chus, sus compatriotas,
que preferiría tener la carne de Antonio
que veinte veces el valor de la suma
que le debía; y sé, mi señor,
que si la ley, la autoridad y el poder no se niegan,
 al pobre Antonio le irá mal.

PORTIA

¿Es tu querido amigo el que está en problemas?

BASSANIO

El amigo más querido para mí, el hombre más bondadoso,
 el espíritu mejor acondicionado e incansable
para hacer cortesías, y uno en quien
el honor romano antiguo aparece más
que cualquiera que respire en Italia.

PORTIA

¿Qué suma le debe al judío?

BASSANIO

Para mí tres mil ducados.

PORTIA

¿Qué, no más?
Págale seis mil, y desfigura el vínculo;
Dobla seis mil, y luego triplica eso,
antes de que un amigo de esta descripción
pierda un pelo por culpa de Bassanio.
Primero acompáñame a la iglesia y llámame esposa,
 y luego vete a Venecia a tu amiga;
Porque nunca te acostarás al lado de Porcia
con un alma inquieta. Tendrás oro

para pagar veinte veces la deuda.
Cuando esté pagada, trae a tu verdadero amigo.
Mientras tanto, mi criada Nerissa y yo
viviremos como sirvientas y viudas. ¡Ven, lejos!
Porque por tanto, en el día de tu boda, darás
la bienvenida a tus amigos, mostrarás una alegre alegría:
 ya que eres querida comprada, te amaré queridamente.
Pero déjame escuchar la carta de tu amigo.

BASSANIO

Dulce Bassanio, todos mis barcos han
fracasado, mis acreedores se han vuelto crueles, mi hacienda es
muy baja, mi vínculo con el judío se ha perdido, y como
 al pagarlo es imposible que viva, todas las
deudas están saldadas entre tú y yo, si pudiera
verte a mi muerte. No obstante, usa tu
placer: si tu amor no te persuade a venir,
no dejes mi carta.

PORTIA

¡Oh amor, despacha todos los negocios y vete!

BASSANIO

Puesto que tengo tu permiso para irme,
 me daré prisa; pero, hasta que vuelva,
ninguna cama será culpable de mi estancia,
ningún descanso se interpondrá entre nosotros dos.

Salen

ESCENA III. Venecia. Una calle.

Entran SHYLOCK, SALARINO, ANTONIO y Gaoler

SHYLOCK

Carcelero, míralo: no me hables de misericordia;
Este es el tonto que prestó dinero gratis:
Carcelero, míralo.

ANTONIO

Escúchame todavía, buen Shylock.

SHYLOCK

Tendré mi fianza, no hables contra mi fianza:
 he jurado que tendré mi fianza.
Me llamaste perro antes de que tuvieras una causa;
Pero, ya que soy un perro, cuídate de mis colmillos:
 el duque me concederá justicia. Me asombro,
carcelero travieso, de que te guste tanto
salir con él a petición suya.

ANTONIO

Te ruego que me escuches hablar.

SHYLOCK

Tendré mi vínculo; No te oiré hablar,
tendré mi atadura, y por lo tanto no hablaré más.
No me convertiré en un tonto blando y de ojos torpes,
 para sacudir la cabeza, ceder y suspirar, y ceder
a los intercesores cristianos. No sigas;
No tendré que hablar: tendré mi vínculo.

Salida

SALARINO

Es la maldición más impenetrable
que jamás haya existido entre los hombres.

ANTONIO

Déjalo en paz:
 no lo seguiré más con oraciones sin botas.
Él busca mi vida; su razón bien lo sé:
a menudo he librado de sus confiscaciones
a muchos que a veces me han hecho gemir;
Por eso me odia.

SALARINO

Estoy seguro de que el duque
nunca concederá esta confiscación para mantenerla.

ANTONIO

El duque no puede negar el curso de la ley:
Porque la mercancía que los extranjeros tienen
con nosotros en Venecia, si se niega,
 impugnará mucho la justicia de su estado;
Desde entonces, el comercio y las ganancias de la ciudad
consisten en todas las naciones. Por lo tanto, vete:
 Estas penas y pérdidas me han azotado de tal manera
 que apenas podré ahorrar una libra de carne
mañana a mi sangriento acreedor.
Bueno, carcelero, adelante. ¡Ruega a Dios, Bassanio que venga
a verme pagar su deuda, y entonces no me importa!

Salen

ESCENA IV. Belmont. Una habitación en la casa de PORTIA.

Entran PORTIA, NERISSA, LORENZO, JESSICA y BALTHASAR

LORENZO

Señora, aunque lo digo en vuestra presencia,
tenéis una noble y verdadera presunción
de amistad divina, que se manifiesta con mayor fuerza
al soportar así la ausencia de vuestro señor.
Pero si supieras a quién muestras este honor,
cuán verdadero caballero envías alivio,
 cuán querido amante de mi señor tu esposo,
 sé que estarías más orgulloso de la obra
de lo que la recompensa habitual puede imponerte.

PORTIA

Nunca me arrepentí de haber hecho el bien,
 ni lo haré ahora, porque en compañeros
que conversan y pierden el tiempo juntos,

cuyas almas llevan un yugo igual de amor,
debe haber necesidades de una proporción similar
de linajes, de modales y de espíritu;
Lo cual me hace pensar que este Antonio,
siendo el amante íntimo de mi señor,
ha de ser necesariamente como mi señor. Si es así,
 ¡cuán pequeño es el costo que he gastado
en comprar la apariencia de mi alma
desde el estado de miseria infernal!
Esto se acerca demasiado al elogio de mí mismo;
Por lo tanto, no más de eso: escucha otras cosas.
Lorenzo, encomiendo en tus manos
la labranza y administración de mi casa
hasta el regreso de mi señor: por mi parte,he
 pronunciado hacia el cielo un voto secreto
de vivir en oración y contemplación,Solo
 atendido por Nerissa aquí,Hasta
 el regreso de su esposo y mi señor:
Hay un monasterio a dos millas de distancia;
Y allí permaneceremos. Deseo que
no niegues esta imposición;
Lo que mi amor y alguna necesidad
ahora te imponen.

LORENZO

Señora, con todo mi corazón;
Te obedeceré en todos los mandamientos justos.

PORTIA

Mi gente ya conoce mi mente,
y te reconocerá a ti y a Jessica
en lugar de Lord Bassanio y yo.
Y así adiós, hasta que nos volvamos a encontrar.

LORENZO

¡Te esperan pensamientos justos y horas felices!

JESSICA

Deseo a vuestra señoría todo el corazón.

PORTIA

Te agradezco tu deseo, y me complace
devolvértelo: que te vaya bien Jessica.

Exeunt JESSICA y LORENZO

Ahora, Baltasar,
como siempre te he encontrado honesto y verdadero,
 así permíteme encontrarte todavía. Toma esta misma carta,
 y usa todo el esfuerzo de un hombre
para ir a Padua: mira que la entregas
en mano de mi primo, doctor Bellario;
Y, mira, qué notas y vestidos te da,
tráelos, te ruego, con imaginaria rapidez
al tranecto, a la barca común
que comercia a Venecia. No pierdas el tiempo en palabras,
 sino vete: allí estaré delante de ti.

BALTHASAR

Señora, voy con toda la rapidez que me convenga.

Salida

PORTIA

Vamos, Nerissa; Tengo entre manos un trabajo
que aún no conoces: veremos a nuestros maridos
antes de que piensen en nosotros.

NERISSA

¿Nos verán?

PORTIA

Lo harán, Nerissa, pero con tal hábito
 que pensarán que hemos logrado
lo que nos falta. Te daré cualquier apuesta,
cuando los dos estemos ataviados como jóvenes,
demostraré ser el hombre más guapo de los dos,
y llevaré mi daga con la gracia más valiente,

y hablaré entre el cambio de hombre y niño
con voz de caña, y convertiré dos pasos pichones
en un paso varonil, y hablaré de deshilachados
como un hermoso joven fanfarrón, y dicen mentiras
pintorescas,Cómo
 honorables damas buscaron mi amor,Lo
 cual negué, cayeron enfermas y murieron;
No pude convivir; entonces me arrepentiré,
 y desearé por todo eso, no haberlos matado;
Y diré veinte de estas insignificantes mentiras,
 que los hombres jurarán que he interrumpido la escuela
más de doce meses. Tengo en mi mente
mil trucos crudos de estos jactanciosos Jacks,
 que practicaré.

NERISSA

¿Por qué, vamos a dirigirnos a los hombres?

PORTIA

¡Fie, qué pregunta es esa,
si estuvieras cerca de un intérprete lascivo!
Pero ven, te diré todo mi ardid
cuando esté en mi coche, que se queda para nosotros
en la puerta del parque, y por lo tanto, date prisa,
 porque hoy tenemos que medir veinte millas.

Salen

ESCENA V. Lo mismo. Un jardín.

Entra LAUNCELOT y JESSICA

LANZAROTE

Sí, en verdad, porque mirad vosotros que los pecados del Padre
han de ser cargados sobre los hijos; por tanto,
os prometo que os temo. Siempre he sido franco
contigo, y por eso ahora hablo de mi agitación sobre el asunto:
 por lo tanto, ten buen ánimo, porque en verdad creo que

estás condenado. No hay en ella más que una esperanza que puede
haceros algún bien, y tampoco es más que una especie de esperanza
bastarda

.

JESSICA

¿Y qué esperanza es esa, te lo ruego?

LANZAROTE

Cásate, puedes esperar en parte que tu padre no te haya atrapado
, que no seas la hija del judío.

JESSICA

Ésa era una especie de esperanza bastarda, en verdad: que los
pecados de mi madre cayeran sobre mí.

LANZAROTE

En verdad, me temo que tu padre y tu madre te condenen
: así, cuando me niego a Escila, tu padre, caigo
en Caribdis, tu madre: bueno, te has
ido por ambos lados.

JESSICA

Seré salvada por mi marido, que me ha hecho
cristiana.

LANZAROTE

En verdad, él tenía más culpa: antes éramos cristianos
, y todos los que podían vivir, unos por
otros. Esto hará que los cristianos aumenten el
precio de los cerdos: si todos nos convertimos en comedores de carne
de cerdo,
no tardaremos en tener un rasgador en las brasas por dinero.

Entra en LORENZO

JESSICA

Le diré a mi marido, Lanzarote, lo que dices: ahí viene.

LORENZO

Pronto me pondré celoso de ti, Lanzarote, si
así arrinconas a mi esposa.

JESSICA

No, no tienes por qué temernos, Lorenzo: Lanzaro y yo
estamos fuera. Me dice rotundamente: "No hay misericordia para
mí en el cielo, porque soy hija de un judío"; y me
dice: "No eres un buen miembro de la comunidad,
porque al convertir a los judíos en cristianos, subes el
precio de la carne de cerdo".

LORENZO

Responderé a esto mejor a la república que
a la hora de levantar el vientre del negro: el
moro está encinta, Lanzarote.

LANZAROTE

Es mucho que la mora sea más que la razón;
pero si es menos que una mujer honrada, es
más de lo que yo la creí.

LORENZO

¡Cómo puede jugar con la palabra todo tonto! Creo que la
mejor gracia del ingenio pronto se convertirá en silencio,
 y el discurso se volverá encomiable sólo en los
loros. Entra, señora; Pídeles que se preparen para la cena.

LANZAROTE

Así está, señor; Tienen todos los estómagos.

LORENZO

¡Dios mío, qué tonto es usted!, luego dígales
que preparen la cena.

LANZAROTE

Eso también se hace, señor; Solo 'cubrir' es la palabra.

LORENZO

¿Podría cubrirse entonces, señor?

LANZAROTE

No es así, señor, tampoco; Conozco mi deber.

LORENZO

¡Más peleas con la ocasión! ¿Mostrarás
toda la riqueza de tu ingenio en un instante? Te ruego
que entiendas a un hombre sencillo en su claro significado:
 ve a tus compañeros, diles que cubran la mesa, que sirvan
la carne, y entraremos a cenar.

LANZAROTE

En cuanto a la mesa, señor, se servirá; en cuanto a la
carne, señor, se cubrirá; en cuanto a su entrada
a cenar, señor, pues, que sea como
gobiernen los humores y las presunciones.

Salida

LORENZO

¡Oh querida discreción, cómo se ajustan sus palabras!
El necio ha plantado en su memoria
un ejército de buenas palabras, y conozco a
muchos tontos, que están en un lugar mejor,
adornados como él, que por una palabra engañosa
desafían el asunto. ¿Cómo te animas, Jessica?
Y ahora, buena dulzura, di tu opinión:
 ¿Qué te parece la mujer del señor Bassanio?

JESSICA

Más allá de toda expresión. Es muy justo
que el Señor Bassanio viva una vida recta;
Porque, teniendo tal bendición en su señora,
encuentra los gozos del cielo aquí en la tierra;
Y si en la tierra no lo dice en serio, entonces
en razón nunca debería venir al cielo
. Por qué, si dos dioses jugaran algún partido celestial
y en la apuesta yacieran dos mujeres terrenales,
 y Porcia una, debe haber algo más

empeñado con la otra, porque el pobre mundo rudo
no tiene a su compañero.

LORENZO

Aun un un tal marido
tienes de mí como ella lo es por mujer.

JESSICA

No, pero pregúntame también mi opinión al respecto.

LORENZO

Primero, vayamos a cenar.

JESSICA

No, déjame alabarte mientras tenga estómago.

LORENZO

No, te ruego, que sirva para hablar en la sobremesa;
Entonces, como quiera que digas, yo lo
digeriré con otras cosas.

JESSICA

Bueno, te voy a exponer.

Salen

ACTO IV

ESCENA I. Venecia. Un tribunal de justicia.

*Entran el Duque, los Magníficos, ANTONIO, BASSANIO,
GRATIANO, SALERIO y otros*

DUQUE

¿Qué, está Antonio aquí?

ANTONIO

Listo, así que por favor su gracia.

DUQUE

Lo siento por ti: has venido a responder a
un adversario pétreo, a un miserable inhumano
incapaz de piedad, vacío y vacío
de cualquier trago de misericordia.

ANTONIO

He oído que
Vuestra merced se ha esforzado mucho por calificar
su riguroso proceder; pero como se mantiene obstinado
y no hay medios lícitos que puedan sacarme
del alcance de su envidia, opongo
mi paciencia a su furia, y estoy armado
para sufrir, con una quietud de espíritu,
 la misma tiranía y rabia suyas.

DUQUE

Ve uno y llama al judío al tribunal.

SALERIO

Está listo a la puerta: viene, mi señor.

Entra en SHYLOCK

DUQUE

Haz espacio, y déjalo delante de nuestra cara.
Shylock, el mundo piensa, y yo también lo creo,
que no haces más que llevar esta forma de tu malicia
hasta la última hora del acto; y entonces se piensa que
mostrarás tu misericordia y remordimiento más extraño
que tu extraña crueldad aparente;
Y donde ahora impongas el castigo,
que es una libra de la carne de este pobre comerciante,
 no sólo perderás la confiscación
, sino que, tocado con mansedumbre y amor humanos,
 perdonarás una mitad del principal;
Echando una ojeada de lástima a sus pérdidas,
que últimamente se han acurrucado tanto en su espalda,
 para apretar a un mercader real y
arrancar la conmiseración de su estado de

los pechos cobrizos y los corazones ásperos de pedernal,
 de los obstinados turcos y tártaros, nunca entrenados
a los oficios de tierna cortesía.
Todos esperamos una respuesta amable, judío.

SHYLOCK

He poseído tu gracia de lo que me propongo;
Y por nuestro santo día de reposo he jurado
tener lo que me corresponde y perderé mi fianza:
 si lo niegas, que el peligro se apodere
de tu carta y de la libertad de tu ciudad.
Me preguntarás por qué prefiero tener
un peso de carne de carroña que recibir
tres mil ducados: no te responderé,
pero dime, es mi humor: ¿es contestado?
¿Y si mi casa se llena de una rata
y yo me complace dar diez mil ducados
para que se prohíba? ¿Qué, ya te han respondido?
Algunos hombres no aman a un cerdo boquiabierto;
Algunos, que se vuelven locos si ven un gato;
Y otros, cuando la gaita canta en la nariz,
no pueden contener su orina: por afecto,
señora de la pasión, la balancea al humor
de lo que le gusta o detesta. Ahora, para tu respuesta:
Como no hay razón firme para ser rendido,
¿Por qué no puede soportar a un cerdo boquiabierto;
¿Por qué él, un gato inofensivo y necesario;
¿Por qué él, una gaita de lana, sino que de la fuerza
ha de ceder a una vergüenza tan inevitable
como para ofender, ofendiéndose él mismo;
Así que no puedo dar ninguna razón, ni lo haré,
 más que un odio alojado y un cierto odio
que le tengo a Antonio, de que sigo así
un pleito perdido contra él. ¿Te responden?

BASSANIO

Esta no es respuesta, hombre insensible,
para disculpar la corriente de tu crueldad.

SHYLOCK

No estoy obligado a complacerte con mis respuestas.

BASSANIO

¿Matan todos los hombres las cosas que no aman?

SHYLOCK

¿Odia a cualquier hombre que no mataría?

BASSANIO

Toda ofensa no es un odio al principio.

SHYLOCK

¿Qué, quieres que una serpiente te pique dos veces?

ANTONIO

Te ruego que pienses que le preguntas al judío:
 Es mejor que te vayas a la playa
y le digas a la inundación principal que califique su altura habitual;
Bien puedes preguntar al lobo:
¿Por qué ha hecho balar a la oveja por el cordero?
Es como prohibir a los pinos de montaña
que meneen sus altas copas y que no hagan ruido,
 cuando están inquietos por las ráfagas del cielo;
Es como si hicieras lo que fuera más duro,
 como tratar de suavizar eso, lo que es más difícil?--
 su corazón judío; por lo tanto, te lo suplico,
 no hagas más ofertas, no uses más medios,
 sino que con toda brevedad y sencilla conveniencia
permíteme tener juicio y al judío su voluntad.

BASSANIO

Por tus tres mil ducados, aquí tienes seis.

SHYLOCK

¿Qué juicio temeré, si
fuera en seis partes y cada parte un ducado,
 no las sacaría? Tendría mi vínculo.

DUQUE

¿Cómo esperarás misericordia sin dar ninguna?

SHYLOCK

¿Qué juicio temeré, si no haré nada malo?
Tenéis entre vosotros muchos esclavos comprados
, los cuales, como vuestros asnos, vuestros perros y mulas,
 usáis en partes abyectas y serviles,
porque los habéis comprado. ¿Os diré: Déjalos
 libres, cásate con tus herederos?
¿Por qué sudan bajo las pesadas?, ¿por qué dejan que sus camas
sean tan suaves como las tuyas, y que sus paladares
sean sazonados con tales viandas? Tú responderás
: 'Los esclavos son nuestros', así os respondo yo:
 La libra de carne que le exijo
 es muy cara; Es mío y lo tendré.
Si me niegas, ¡fíjate en tu ley!
No hay fuerza en los decretos de Venecia.
Yo estoy por juicio: respuesta, ¿lo tendré?

DUQUE

Con mis fuerzas podré destituir a este tribunal,
 a menos que Bellario, un doctor erudito, a
quien he mandado llamar para que determine esto, venga
 aquí hoy.

SALERIO

Mi señor, aquí se queda sin
Un mensajero con cartas del doctor,Recién
 llegado de Padua.

DUQUE

Tráenos la carta; Llama al mensajero.

BASSANIO

¡Ánimo, Antonio! ¡Qué, hombre, coraje todavía!
El judío tendrá mi carne, mi sangre, mis huesos y todo,
 antes de que pierdas por mí una gota de sangre.

ANTONIO

Yo soy un hombre manchado del rebaño,
el más apto para la muerte, el fruto más débil
cae más temprano a la tierra, y así me permites
que no puedas emplearte mejor, Bassanio,
 que vivir quieto y escribir mi epitafio.

Entra NERISSA, vestida como la secretaria de un abogado

DUQUE

¿Vienes de Padua, de Bellario?

NERISSA

De ambos, mi señor. Bellario saluda a Vuestra Gracia.

Presentación de una carta

BASSANIO

¿Por qué afilas tu cuchillo con tanta fuerza?

SHYLOCK

Para cortar el decomiso de ese quebrado allí.

GRATIANO

No en tu planta, sino en tu alma, duro judío
, afilas tu cuchillo, pero ningún metal puede,
ni el hacha del verdugo, soportar la mitad de la agudeza
de tu aguda envidia. ¿No te traspasarán las oraciones?

SHYLOCK

No, ninguno que tengas bastante ingenio para hacer.

GRATIANO

¡Oh, maldito seas, perro inexecrable!
Y por tu vida sea acusada la justicia.
Casi me haces vacilar en mi fe
para sostener la opinión de Pitágoras,
 que las almas de los animales se infunden
en los troncos de los hombres: tu espíritu malhumorado

gobernó a un lobo, que, colgado para la matanza humana,
 incluso de la horca huyó su alma caída,
y, mientras yacías en tu presa no sagrada,
se infundió en ti, porque tus deseos
son viles, sangriento, hambriento y hambriento.

SHYLOCK

Hasta que puedas arrancar el sello de mi atadura,
no ofendes más que tus pulmones al hablar tan alto:
 Repara tu ingenio, buen joven, o caerá
en la ruina sin cura. Estoy aquí por la ley.

DUQUE

Esta carta de Bellario recomienda
a nuestra corte a un joven y erudito doctor.
¿Dónde está?

NERISSA

Él asiste aquí de cerca,
 para saber su respuesta, si Ud. lo admite.

DUQUE

Con todo mi corazón. Unos tres o cuatro de vosotros,
id a conducirlo cortésmente a este lugar.
Mientras tanto, el tribunal escuchará la carta de Bellario.

Oficinista

Vuestra merced comprenderá que al recibir
su carta estoy muy enfermo; pero en el instante en que
llegó su mensajero, en amorosa visitación estaba conmigo
un joven doctor de Roma, que se llamaba Baltasar.
Le informé de la causa del pleito entre
el judío y Antonio el mercader: hojeamos juntos muchos
libros; él está provisto de mi
opinión, la cual, mejorada con su propia erudición, cuya
grandeza no puedo elogiar lo suficiente, viene
con él, a mi importunidad, a llenar la petición de vuestra merced

en mi lugar. Os ruego que su falta de
edad no sea obstáculo para que le falte una reverenda
estima, porque nunca conocí un cuerpo tan joven con
una cabeza tan vieja. Lo dejo a vuestra amable
aceptación, cuyo juicio publicará mejor su
elogio.

DUQUE

Oyes al sabio Bellario, lo que escribe:
Y aquí, lo tomo, es el médico que viene.

Entra PORTIA, vestida de doctor en leyes

Dame tu mano. ¿Vienes del viejo Bellario?

PORTIA

Lo hice, mi señor.

DUQUE

De nada: toma tu lugar.
¿Está usted familiarizado con la diferencia
que sostiene esta cuestión actual en el tribunal?

PORTIA

Estoy completamente informado de la causa.
¿Cuál es el mercader aquí y cuál el judío?

DUQUE

Antonio y el viejo Shylock, ambos se destacan.

PORTIA

¿Te llamas Shylock?

SHYLOCK

Shylock es mi nombre.

PORTIA

De extraña naturaleza es el traje que sigues;
Sin embargo, en tal regla que la ley veneciana

no puede impugnarte a medida que avanzas.
Te encuentras dentro de su peligro, ¿no es así?

ANTONIO

¡Ay!, eso dice él.

PORTIA

¿Confiesas el vínculo?

ANTONIO

Sí.

PORTIA

Entonces el judío debe ser misericordioso.

SHYLOCK

¿Con qué compulsión debo hacerlo? Dime eso.

PORTIA

La cualidad de la misericordia no se tensa,
 cae como la suave lluvia del cielo
sobre el lugar de abajo: es doblemente bendita;
Bendice al que da y al que recibe:
el más poderoso en el más poderoso: se convierte en
el monarca entronizado mejor que su corona;
Su cetro muestra la fuerza del poder temporal,el
atributo al temor y a la majestad,en
 que reside el pavor y el temor de los reyes;
Pero la misericordia está por encima de este dominio cetro;
Está entronizado en los corazones de los reyes,
 es un atributo de Dios mismo;
Y el poder terrenal se muestra entonces como el de Dios.
Cuando la misericordia sazona la justicia. Por tanto, judío,
 aunque sea tu súplica la justicia, considera esto:
que, en el curso de la justicia, ninguno de nosotros vea la
salvación: rogamos por misericordia;
Y esa misma oración nos enseña a todos a rendir
las obras de misericordia. He hablado tanto
para mitigar la justicia de tu súplica;

Lo cual, si sigues, este estricto tribunal de Venecia tiene que dictar sentencia para que el comerciante esté allí.

SHYLOCK

¡Mis obras sobre mi cabeza! Anhelo la ley,
el castigo y la pérdida de mi atadura.

PORTIA

¿No es capaz de descargar el dinero?

BASSANIO

Sí, aquí se lo ofrezco en el tribunal;
Sí, el doble de la suma: si eso no es suficiente,
 estaré obligado a pagarla diez veces más,
 al perder mis manos, mi cabeza, mi corazón:
 si esto no es suficiente, debe parecer
que la malicia derriba la verdad. Y yo te ruego,
Arrebata una vez la ley a tu autoridad,
para hacer un gran bien, hacer un poco de mal,
y refrenar a este cruel diablo de su voluntad.

PORTIA

No debe ser; no hay poder en Venecia
que pueda alterar un decreto establecido:
 "Será registrado como precedente,
y muchos errores con el mismo ejemplo
se precipitarán en el estado: no puede ser.

SHYLOCK

¡Un Daniel venido a juicio! ¡Sí, un Daniel!
¡Oh joven y sabio juez, cómo te honro!

PORTIA

Te ruego que me permitas mirar el vínculo.

SHYLOCK

Aquí está, reverendísimo doctor, aquí está.

PORTIA

Shylock, te han ofrecido tres veces tu dinero.

SHYLOCK

Juramento, juramento, juramento tengo juramento en el cielo: ¿
Pondré perjurio sobre mi alma?
No, no para Venecia.

PORTIA

Pues, esta fianza se pierde;
Y lícitamente por esto el judío puede reclamar
una libra de carne, para ser cortada por él
más cerca del corazón del mercader. Sé misericordioso:
toma tres veces tu dinero, mándame que rompa el vínculo.

SHYLOCK

Cuando se pague de acuerdo al tenor.
Parece que eres un juez digno;
Tú conoces la ley, tu exposición
ha sido muy sólida: yo te conjuro por la ley, de la
 cual eres una columna bien merecida,
 procede al juicio, por mi alma juro que
no hay poder en la lengua del hombre
para alterarme, yo me quedo aquí con mi obligación.

ANTONIO

Ruego de todo corazón al tribunal
que dicte sentencia.

PORTIA

¿Por qué, entonces, así es?:
 Debes preparar tu pecho para su cuchillo.

SHYLOCK

¡Oh noble juez! ¡Oh excelente joven!

PORTIA

Porque la intención y el propósito de la ley
tienen plena relación con la pena,
que aquí parece debida sobre el vínculo.

SHYLOCK

Es muy cierto: ¡Oh juez sabio y recto!
¡Cuánto más anciano eres que tu apariencia!

PORTIA

Por lo tanto, deja al descubierto tu pecho.

SHYLOCK

¡Ay, su pecho!:
Así dice el vínculo: ¿no es así, noble juez?
"Más cerca de su corazón", esas son las mismas palabras.

PORTIA

Es así. ¿Hay equilibrio aquí para pesar
la carne?

SHYLOCK

Los tengo listos.

PORTIA

Que algún cirujano, Shylock, esté a tu cargo,
para que le tapen las heridas, no sea que se desangre hasta morir.

SHYLOCK

¿Está tan nominado en el bono?

PORTIA

No se expresa así, ¿pero qué hay de eso?
Menos mal que haces tanto por la caridad.

SHYLOCK

No lo encuentro; No está en el vínculo.

PORTIA

Usted, comerciante, ¿tiene algo que decir?

ANTONIO

Pero poco: estoy armado y bien preparado.
Dame tu mano, Bassanio: ¡que te vaya bien!

No te entristezcas por haber caído en esto por ti;
Porque en esto la Fortuna se muestra más benigna
de lo que acostumbra: todavía es su uso
dejar que el desdichado sobreviva a su riqueza,
para contemplar con ojos huecos y frente arrugada
una edad de pobreza, de la cual
 me corta la penitencia de tanta miseria.
Encomiéndame a su honorable esposa: Cuéntale
 el proceso del fin de Antonio;
Di cuánto te amé, háblame justo en la muerte;
Y, cuando se cuente la historia, dígale que juzgue
si Bassanio no tuvo una vez un amor.
Arrepiéntete sino tú, de que perderás a tu amigo, Y
él no se arrepiente de haber pagado tu deuda;
Porque si el judío corta lo suficiente,
 lo pagaré pronto con todo mi corazón.

BASSANIO

Antonio, estoy casado con una mujer
que me es tan querida como la vida misma;
Pero la vida misma, esposa mía, y todo el mundo,
no son estimados conmigo por encima de tu vida:
 lo perdería todo, sí, los sacrificaría todos
aquí a este diablo, para librarte.

PORTIA

Tu esposa te daría las gracias por eso,
si ella estuviera cerca, al escucharte hacer la oferta.

GRATIANO

Tengo una esposa, a la que, protesto, amo:
ojalá estuviera en el cielo, para que pudiera
implorar algún poder para cambiar a este judío malhumorado.

NERISSA

Es bueno que lo ofrezcas a sus espaldas;
El deseo haría de otra cosa una casa inquieta.

SHYLOCK

Estos son los esposos cristianos. Tengo una hija;
¿Alguno de los habitantes de Barrabás
habría sido su marido en lugar de un cristiano?

Aparte

Jugamos con el tiempo: te ruego que busques la sentencia.

PORTIA

Tuya es la mina de la carne de aquel mismo mercader:
 el tribunal la concede, y la ley la da.

SHYLOCK

¡Muy legítimo juez!

PORTIA

Y cortarás esta carne de su seno:
La ley lo permite, y el tribunal lo concede.

SHYLOCK

¡Muy sabio juez! ¡Una frase! ¡Ven, prepárate!

PORTIA

Detente un poco, hay algo más.
Este lazo no te da aquí ni un ápice de sangre;
Las palabras expresamente son 'una mina de carne': '
Toma, pues, tu liga, toma tu mina de carne;
Pero, al cortarla, si derramas
una gota de sangre cristiana, tus tierras y bienes
son, según las leyes de Venecia, confiscados
al estado de Venecia.

GRATIANO

¡Oh juez recto! Marcos, judío: ¡Oh sabio juez!

SHYLOCK

¿Es esa la ley?

PORTIA

Tú mismo verás el acto:
porque, mientras imploras justicia, ten la seguridad
de que tendrás justicia más de la que deseas.

GRATIANO

¡Oh sabio juez! Marcos, judío: ¡un juez erudito!

SHYLOCK

Acepto esta oferta, entonces: pague la fianza tres veces
y deje ir al cristiano.

BASSANIO

Aquí está el dinero.

PORTIA

¡Suave!
El judío tendrá toda la justicia, sin prisa, no
 tendrá más que el castigo.

GRATIANO

¡Oh judío! ¡Un juez recto, un juez erudito!

PORTIA

Por tanto, prepárate para cortar la carne.
No derrames sangre, ni cortes ni más ni menos
, sino una libra de carne: si cortas más
o menos de una libra justa, sea tanto
que la haga ligera o pesada en la sustancia,
 o la división de la vigésima parte
de un pobre escrúpulo, más aún, si la balanza se inclina
en la estimación de un cabello,
Mueres y todos tus bienes son confiscados.

GRATIANO

¡Un segundo Daniel, un Daniel, judío!
Ahora, infiel, te tengo en la cadera.

PORTIA

¿Por qué se detiene el judío? Toma tu confiscación.

SHYLOCK

Dame mi capital y déjame ir.

BASSANIO

Lo tengo preparado para ti. Aquí está.

PORTIA

Lo ha rechazado en audiencia pública:
Le quedará simplemente la justicia y su cautiverio.

GRATIANO

¡Un Daniel, todavía digo yo, un segundo Daniel!
Te doy gracias, judío, por enseñarme esa palabra.

SHYLOCK

¿No tendré apenas mi capital?

PORTIA

No tendrás nada más que el decomiso,
para ser tomado así por tu cuenta y riesgo, judío.

SHYLOCK

¡Pues, entonces el diablo le dé bien de ello!
No me quedaré más cuestionando.

PORTIA

Permanece, Judío:
 La ley tiene otro asidero sobre ti.
Está promulgado en las leyes de Venecia:
 Si se prueba contra un extranjero
que por tentativas directas o indirectas
busca la vida de cualquier ciudadano,
 la parte que obtenga la que tramará
se apoderará de la mitad de sus bienes; la otra mitad
llega a las arcas privadas del estado;
Y la vida del ofensor está en la misericordia
del duque solamente, sobre toda otra voz.
En cuyo aprieto, digo, estás;

Porque parece, por un procedimiento manifiesto,
 que indirecta y directamente también
has maquinado contra la vida misma
del acusado, y has incurrido en
el peligro que antes yo había ensayado.
Bajad, pues, y suplicad misericordia al duque.

GRATIANO

Ruega que se te permita ahorcarte:
Y, sin embargo, habiendo perdido tus riquezas para el estado,
 no has dejado el valor de un cordón;
Por lo tanto, debes ser ahorcado a cargo del estado.

DUQUE

Para que veas la diferencia de nuestros espíritus,
 te perdono tu vida antes de que la pidas:
Porque la mitad de tu riqueza es de Antonio;
La otra mitad llega al estado general,
al cual la humildad puede llevar a una multa.

PORTIA

Sí, por el Estado, no por Antonio.

SHYLOCK

No, toma mi vida y todo; no perdones eso:
 Tú tomas mi casa cuando tomas el puntal
que sostiene mi casa; tú tomas mi vida
cuando tomas los medios por los cuales yo vivo.

PORTIA

¿Qué misericordia puedes hacerle, Antonio?

GRATIANO

Un libre de cojeras; nada más, por el amor de Dios.

ANTONIO

Con la bondad de mi señor el duque y de toda la corte
de dejar la multa por la mitad de sus bienes,
estoy contento; así que me dejará tener

la otra mitad en uso, para dársela, a
 su muerte, al caballero
que últimamente robó a su hija:
 dos cosas proveyeron más, que, por este favor,
Al poco tiempo se convirtió en cristiano;
La otra, que haga un regalo,
aquí en la corte, de todo lo que muere poseído,
 a su hijo Lorenzo y a su hija.

DUQUE

Él lo hará, o de lo contrario me retracto
del perdón que acabo de pronunciar aquí.

PORTIA

¿Estás contento, judío? ¿Qué dices tú?

SHYLOCK

Estoy contento.

PORTIA

Secretario, redacte una escritura de donación.

SHYLOCK

Te ruego que me des permiso para irme de aquí;
No estoy bien: envía la escritura tras mí,
 y yo la firmaré.

DUQUE

Vete, pero hazlo.

GRATIANO

En el bautizo tendrás dos padrinos:
si yo hubiera sido juez, tendrías que tener diez más
para llevarte a la horca, no a la pila bautismal.

Salir de SHYLOCK

DUQUE

Señor, le ruego que venga a cenar conmigo a casa.

PORTIA

Humildemente deseo tu gracia de perdón:
debo partir esta noche hacia Padua,
 y es justo que me ponga en camino.

DUQUE

Lamento que tu ocio no te sirva.
Antonio, gratifica a este caballero,
 porque, en mi opinión, estás muy ligado a él.

Exeunt Duke y su séquito

BASSANIO

Dignísimo caballero, mi amigo y yo
hemos sido absueltos hoy por vuestra sabiduría
de graves penas, en lugar de las cuales tres
 mil ducados debidos al judío,
con quienes soportamos libremente vuestras corteses penas.

ANTONIO

Y estar en deuda, por encima de todo,
 en amor y servicio a ti para siempre.

PORTIA

Está bien pagado el que está bien satisfecho;
Y yo, que te libero, me doy por satisfecho
Y en esto me considero bien pagado:
Mi mente nunca fue más mercenaria.
Te ruego que me conozcas cuando nos volvamos a encontrar:
 te deseo lo mejor, y por eso me despido.

BASSANIO

Querido señor, por la fuerza debo intentarlo aún más:
Toma algún recuerdo de nosotros, como un homenaje,
 no como una tarifa: concédeme dos cosas, te lo ruego,
 que no me niegues y que me perdones.

PORTIA

Me presionas hasta el fondo, y por lo tanto cederé.

A ANTONIO

Dame tus guantes, me los pondré por ti;

A BASSANIO

Y, por tu amor, te quitaré este anillo:
No retires tu mano; No tomaré más;
Y tú, enamorado, no me lo negarás.

BASSANIO

Este anillo, buen señor, ¡ay, es una bagatela!
No me avergonzaré de darte esto.

PORTIA

No tendré nada más que esto;
Y ahora creo que tengo una mente para ello.

BASSANIO

De esto depende más que del valor.
El anillo más querido de Venecia te daré,
y lo descubriré por proclamación:
 Solo por esto, te ruego, perdóname.

PORTIA

Ya veo, señor, que usted es liberal en los ofrecimientos:
usted me enseñó primero a mendigar, y ahora me parece que
me enseña cómo se debe responder a un mendigo.

BASSANIO

Buen señor, este anillo me lo regaló mi esposa;
Y cuando se lo puso, me hizo jurar
que no lo vendería, ni lo daría, ni lo perdería.

PORTIA

Esa escoria sirve a muchos hombres para salvar sus dones.
Y si tu esposa no es una loca,
 y sabes cuánto he merecido el anillo,
 no sería enemiga para siempre,
por dármelo. Bueno, ¡la paz sea contigo!

Exeunt Portia y Nerissa

ANTONIO

Mi señor Bassanio, que tenga el anillo:
 Que sus merecimientos y mi amor
sean estimados contra el mandamiento de su esposa.

BASSANIO

Ve, Graciano, corre y alcánzalo;
Dale el anillo, y llévalo, si puedes,
 a la casa de Antonio.

Salida Gratiano

Venid, tú y yo iremos allí dentro de poco;
Y por la mañana, muy temprano, volaremos los dos
hacia Belmont: ven, Antonio.

Salen

ESCENA II. Igualmente. Una calle.

Entra en PORTIA y NERISSA

PORTIA

Investiga la casa del judío, entrégale esta escritura
y que la firme: nos iremos esta noche
y estaremos un día antes que la casa de nuestro marido.

Entra en GRATIANO

GRATIANO

Buen señor, estáis bien o'erta'en
Mi señor Bassanio, con más consejos
, os ha enviado aquí este anillo, y os ruego
que os acompañéis en la cena.

PORTIA

Eso no puede ser:
Su anillo lo acepto con gratitud:
Y así, te ruego, le digas: además,te
ruego, muéstrale a mi juventud la casa del viejo Shylock.

GRATIANO

Eso lo haré.

NERISSA

Señor, yo hablaría con usted.

Aparte de PORTIA

Voy a ver si puedo conseguir el anillo de mi marido,
 que le hice jurar que conservaría para siempre.

PORTIA

[Aparte de NERISSA] Puedes, te lo garantizo.
Tendremos a los viejos jurando
que entregaron los anillos a los hombres;
Pero los superaremos, y también los juraremos.

En voz alta

¡Lejos! apresúrate: tú sabes dónde me detarearé.

NERISSA

Vamos, buen señor, ¿quiere usted mostrarme esta casa?

Salen

ACTO V

ESCENA I. Belmont. Avenida a la casa de PORTIA.

Entran LORENZO y JESSICA

LORENZO

La luna brilla intensamente: en una noche como ésta,
cuando el dulce viento besaba suavemente los árboles
y no hacían ruido, en una noche así,
Troilo subía a las murallas de Troya
y suspiraba con su alma hacia las tiendas griegas,
 donde Cresid yacía esa noche.

JESSICA

En una noche así
, Tisbe tropezó temerosamente con el rocío,
y vio la sombra del león delante de él
, y huyó despavorido.

LORENZO

En una noche así
, estaba Dido con un sauce en la mano
sobre las orillas del mar salvaje y agitaba su amor
para volver a Cartago.

JESSICA

En una noche así,
Medea recogió las hierbas encantadas
que renovaron el viejo Esón.

LORENZO

En una noche así
, Jessica robó al judío rico,
y con un amor desdeñoso huyó de Venecia
hasta Belmont.

JESSICA

En tal noche
juró el joven Lorenzo que la amaba bien,
robándole el alma con muchos votos de fe
, y nunca uno verdadero.

LORENZO

En una noche así
, la linda Jessica, como una pequeña arpía,
 calumnió su amor, y él se lo perdonó.

JESSICA

Te superaría de la noche a la mañana, si nadie viniera;
Pero, oye, oigo los pasos de un hombre.

Entra en STEPHANO

LORENZO

¿Quién viene tan rápido en el silencio de la noche?

ESTEBAN

Un amigo.

LORENZO

¡Un amigo! ¿Qué amigo? ¿Cómo te llamas, amigo?

ESTEBAN

Stephano es mi nombre, y traigo la noticia de que
 mi señora estará aquí en Belmont
antes del amanecer, y se extravía
junto a las santas cruces, donde se arrodilla y ruega
por felices horas de matrimonio.

LORENZO

¿Quién viene con ella?

ESTEBAN

Nadie más que un santo ermitaño y su doncella.
Te ruego, ¿ha vuelto ya mi señor?

LORENZO

No lo es, ni no hemos sabido nada de él.
Pero entramos, te lo ruego, Jessica,
 y preparemos ceremoniosamente
alguna bienvenida para la dueña de la casa.

Entra en LAUNCELOT

LANZAROTE

¡Sola, sola! ¡Jaja, ho! ¡Hace sol, Sola!

LORENZO

¿Quién llama?

LANZAROTE

¿Has visto al maestro Lorenzo?
¡Maestro Lorenzo, solo, solo!

LORENZO

Deja hollaing, hombre: aquí.

LANZAROTE

¡Sola! ¿Dónde? ¿Dónde?

LORENZO

Aquí.

LANZAROTE

Dile que ha llegado un correo de mi amo, con
su cuerno lleno de buenas noticias: mi amo estará aquí antes de
que amanezca.

Salida

LORENZO

Dulce alma, entremos, y allí esperamos su llegada.
Y, sin embargo, no importa: ¿por qué deberíamos entrar?
Amigo mío Stephano, te ruego que signifiques
 que dentro de la casa tu ama está cerca;
Y eleva tu música al aire.

¡Cuán dulce duerme la luz de la luna en esta orilla!
Aquí nos sentaremos y dejaremos que los sonidos de la música
se arrastren en nuestros oídos: la suave quietud y la noche
se conviertan en los toques de dulce armonía.
Siéntate, Jessica. Mira cómo el suelo del cielo
está espeso con incrustaciones de patines de oro brillante:
No hay el orbe más pequeño que contemples
, sino que en su movimiento como un ángel canta,Todavía
 preguntando a los querubines de ojos jóvenes;
Tal armonía está en las almas inmortales;
Pero mientras esta vestidura fangosa de la putrefacción
la encierra groseramente, no podemos oírla.

Entrar Músicos

¡Ven, ho! y despierta a Diana con un himno.
Con los toques más dulces perfora la oreja de tu amante,
 y llévala a casa con música.

Música

JESSICA

Nunca me alegro cuando escucho música dulce.

LORENZO

La razón es que vuestros espíritus están atentos:
porque no hagáis más que fijaros en una manada salvaje y
desenfrenada, o raza
 de pollinos jóvenes y descontrolados, que
dan saltos enloquecidos, bramando y relinchando fuerte,
 que es la condición caliente de su sangre;
Si acaso oyen el sonido de una trompeta,
o cualquier aire de música toca sus oídos,
 los verás tomar una posición mutua,
sus ojos salvajes se convierten en una mirada modesta
por el dulce poder de la música: por lo tanto, el poeta
fingió que Orfeo dibujaba árboles, piedras e inundaciones;
Puesto que nada es tan fornido, duro y lleno de rabia,

pero la música por el momento cambia su naturaleza.
El hombre que no tiene música en sí mismo,
 ni se conmueve con concordia de dulces sonidos,
es apto para traiciones, estratagemas y despojos;
Los movimientos de su espíritu son torpes como la noche
, y sus afectos oscuros como el Erebo:
Que no se confíe en tal hombre. Marca la música.

Entra en PORTIA y NERISSA

PORTIA

Esa luz que vemos está ardiendo en mi salón.
¡Cuán lejos esa pequeña vela lanza sus rayos!
Así brilla una buena acción en un mundo travieso.

NERISSA

Cuando brilló la luna, no vimos la vela.

PORTIA

Así se oscurece la gloria mayor y la menor:
 Un sustituto resplandece como un rey
hasta que el rey está cerca, y entonces su estado
se vacía como un arroyo interior
en lo principal de las aguas. ¡Música! ¡Disco!

NERISSA

Es su música, señora, de la casa.

PORTIA

Nada es bueno, ya veo, sin respeto:
me parece que suena mucho más dulce que de día.

NERISSA

El silencio le otorga esa virtud, señora.

PORTIA

El cuervo canta tan dulcemente como la alondra,
cuando no se le presta atención, y creo que
el ruiseñor, si cantara de día,

cuando todos los gansos cacarean, no se consideraría
mejor músico que el reyezuelo.
¡Cuántas cosas por estación son
a su justa alabanza y a su verdadera perfección!
La luna duerme con Endimión
y no se despierta.

La música cesa

LORENZO

Esa es la voz,
o estoy muy engañada, de Portia.

PORTIA

Él me conoce como el ciego conoce al cuco,
por la mala voz.

LORENZO

Querida señora, bienvenida a casa.

PORTIA

Hemos estado orando por la salud de nuestros esposos, lo
cual, esperamos, será lo mejor para nuestras palabras.
¿Son devueltos?

LORENZO

Señora, todavía no lo son;
Pero antes ha venido un mensajero para
 anunciar su venida.

PORTIA

Entra, Nerissa;
Da orden a mis siervos para que no se den
cuenta en absoluto de nuestra ausencia en este momento;
Ni tú, Lorenzo; Jessica, ni tú.

Suena un tucket

LORENZO

Tu marido está cerca; Oigo su trompeta: "
No somos delatores, señora; no temáis.

PORTIA

Esta noche me parece que no es más que la luz del día enferma;
Se ve un poco más pálido: es un día,
 como el día en que el sol se esconde.

Entran BASSANIO, ANTONIO, GRATIANO y sus seguidores

BASSANIO

Deberíamos pasar el día con las Antípodas,
 si quisieras caminar en ausencia del sol.

PORTIA

Déjame dar luz, pero no me dejes ser luz;
Porque una mujer ligera hace un marido pesado,
 y nunca seas Bassanio así para mí:
¡Pero Dios lo arregle todo! Eres bienvenido a casa, mi señor.

BASSANIO

Le agradezco, señora. Dale la bienvenida a mi amigo.
Este es el hombre, este es Antonio,
a quien estoy tan infinitamente ligado.

PORTIA

En todos los sentidos, deberías estar muy ligado a él.
Porque, según he oído, estaba muy ligado a ti.

ANTONIO

No más de lo que estoy bien absuelto.

PORTIA

Señor, usted es muy bienvenido a nuestra casa:
Debe aparecer de otras maneras que no sean las palabras,Por
 lo tanto, escaso este aliento de cortesía.

GRATIANO

[A NERISSA] Por aquella luna te juro que me haces mal;
Con fe, se lo di al secretario del juez:
¡Ojalá estuviera helado que lo tuviera, por mi parte, Ya que
 lo tomas, amor, tanto en el corazón.

PORTIA

¡Una pelea, jo, ya! ¿Qué ocurre?

GRATIANO

Sobre un aro de oro, un anillo insignificante
que ella me dio, cuyo ramillete era
Para todo el mundo como la poesía de un cuchillero
sobre un cuchillo: 'Ámame, y no me dejes'.

NERISSA

¿De qué hablas del ramillete o del valor?
Me juraste, cuando te lo di,
que lo llevarías hasta la hora de tu muerte
y que te acompañaría en tu tumba.
Aunque no por mí, sí por tus vehementes juramentos,
 debiste haber sido respetuoso y haberlo guardado.
¡Le di un secretario del juez! no, Dios es mi juez,
 el secretario nunca llevará pelo en la cara que lo tenía.

GRATIANO

Lo hará, y si vive para ser un hombre.

NERISSA

¡Ay, si una mujer vive para ser un hombre!

GRATIANO

Ahora, con esta mano, se lo di a un joven
, una especie de muchacho, un niño lavado,
 no más alto que tú, el secretario del juez
, un muchacho bromista, que lo pedía como honorario:
 no podía negárselo por mi corazón.

PORTIA

Tú tuviste la culpa, debo ser franco contigo,
al separarme tan ligeramente del primer regalo de tu esposa:
 una cosa pegada con juramentos en tu dedo
y tan remachada con fe en tu carne.
Le di un anillo a mi amor y le hice jurar
que nunca me separaría de él; y aquí está;
Me atrevo a jurar por él que no lo dejaría
ni se lo quitaría de un dedo, por la riqueza
que el mundo domina. Ahora, a fe mía, Graciano,
le das a tu esposa un motivo de tristeza demasiado cruel:
 Y a mí me enfadaría por ello.

BASSANIO

Vaya, sería mejor cortarme la mano izquierda
y jurar que perdí el anillo defendiéndola.

GRATIANO

Mi señor Bassanio entregó su anillo
al juez que lo había rogado y también
lo merecía; y entonces el muchacho, su escribano,
que se había tomado algunas molestias en escribir, suplicó el mío;
Y ni el hombre ni el señor tomarían nada
más que los dos anillos.

PORTIA

¿Qué anillo te dio, mi señor?
Espero que no sea lo que recibiste de mí.

BASSANIO

Si yo pudiera añadir una mentira a una falta,
 la negaría; pero ya ves que mi dedo
no tiene el anillo sobre él; se ha ido.

PORTIA

Así de vacío está tu falso corazón de verdad.
Por el cielo, nunca entraré en tu cama
hasta que vea el anillo.

NERISSA

Ni yo en la tuya
hasta que vuelva a ver la mía.

BASSANIO

Dulce Portia,
 si supieras a quién le di el anillo,
si supieras por quién le di el anillo
y concibieras por lo que di el anillo
y cuán a regañadientes dejé el anillo,
cuando no se aceptaría nada más que el anillo,
 disminuirías la fuerza de tu disgusto.

PORTIA

Si hubieras conocido la virtud del anillo, o la mitad de
 su dignidad que dio el anillo,
o tu propio honor para contener el anillo,
 entonces no te habrías desprendido del anillo.
¿Qué hombre hay tan irrazonable,
si te hubiera gustado haberlo defendido
con algún término de celo, quisiera la modestia
para instar a que la cosa se celebrara como una ceremonia?
Nerissa me enseña lo que tengo que creer:
No moriré por eso, pero una mujer tenía el anillo.

BASSANIO

No, por mi honor, señora, por mi alma,
Ninguna mujer lo tuvo, sino un médico civil,
 que me negó tres mil ducados y
suplicó el anillo, lo cual le negué
y le permití que se fuera disgustado;
Aun aquel que defendió la vida misma
de mi querido amigo. ¿Qué debo decir, dulce señora?
Me vi obligado a enviarlo tras él;
Me asaltaba la vergüenza y la cortesía;
Mi honra no permitiría que la ingratitud
la manchara tanto. Perdóneme, buena señora;
Porque, por estas benditas velas de la noche,

si hubieras estado allí, creo que habrías rogado que le dieras
el anillo al digno doctor.

PORTIA

Que ese doctor no se acerque a mi casa:
Puesto que tiene la joya que yo amaba,
 y la que juraste guardar para mí,
me volveré tan liberal como tú;
No le negaré nada de lo que tengo
, No, ni mi cuerpo ni la cama de mi marido:
 Lo conoceré, estoy muy seguro de ello:
No te acuestes una noche fuera de casa; mírame como Argos:
 Si no lo haces, si me quedo solo,
 Ahora, por mi honor, que aún es mío,
tendré a ese médico por compañero de cama.

NERISSA

Y yo su escribano; por lo tanto, ten bien aconsejado
cómo me dejas a mi propia protección.

GRATIANO

Pues haced así, no dejéis que yo le lleve, pues;
Porque si lo hago, estropearé la pluma del joven oficinista.

ANTONIO

Yo soy el infeliz sujeto de estas disputas.

PORTIA

Señor, no te entristezcas; A pesar de todo, es bienvenido.

BASSANIO

Portia, perdóname este mal forzado;
Y, a oídos de estos muchos amigos,
te juro, aun por tus hermosos ojos,
en los que me veo a mí mismo:

PORTIA

¡Te marque solo eso!
En mis dos ojos se ve doblemente a sí mismo;
En cada ojo, uno: jura por tu doble yo,
y hay un juramento de crédito.

BASSANIO

No, sino escúchame:
Perdona esta falta, y juro por mi alma
que nunca más romperé un juramento contigo.

ANTONIO

Una vez presté mi cuerpo por su riqueza;
Lo cual, si no fuera por el que tenía el anillo de tu marido,
había abortado bastante: me atrevo a estar atado de nuevo,
mi alma a la pérdida, de que tu señor
nunca más romperá la fe deliberadamente.

PORTIA

Entonces tú serás su fiador. Dale esto
y dile que lo guarde mejor que el otro.

ANTONIO

Aquí, señor Bassanio; Jura quedarte con este anillo.

BASSANIO

¡Por Dios, es el mismo que le di al médico!

PORTIA

Yo lo tenía de él: perdóneme, Bassanio;
Porque, junto a este anillo, el doctor se acostó conmigo.

NERISSA

Y perdóname, mi gentil Graciano;
Porque ese mismo muchacho lavado, el empleado del médico,
 en lugar de esto, anoche sí se acostó conmigo.

GRATIANO

Pues, esto es como el arreglo de las carreteras
en verano, donde los caminos son bastante justos:
 ¿Qué, somos antes de haberlo merecido?

PORTIA

No hables tan groseramente. Todos estáis asombrados:
Aquí hay una carta; léanla con calma;
Viene de Padua, de Bellario:
Allí encontrarás que Porcia era la doctora,Nerissa
 allí su secretario: Lorenzo aquí
será testigo de que me pongo en marcha tan pronto como tú
Y aún ahora regresé; Todavía no he
entrado en mi casa. Antonio, de nada;
Y tengo mejores noticias reservadas para ti
de lo que esperas: abre pronto esta carta;
Allí encontrarás tres de tus argosies
que han llegado a albergar de repente:
 no sabrás por qué extraño accidente
me encontré por casualidad con esta carta.

ANTONIO

Soy tonto.

BASSANIO

¿Era usted el médico y yo no lo conocía?

GRATIANO

¿Eras tú el empleado que me ha de poner los cuernos?

NERISSA

¡Ay!, pero el oficinista que nunca tiene la intención de hacerlo,
 a menos que viva hasta que sea un hombre.

BASSANIO

Dulce doctor, tú serás mi compañero de cama:
cuando yo esté ausente, acuéstate con mi mujer.

ANTONIO

Dulce señora, me has dado la vida y la vida;
Porque aquí leo con certeza que mis naves
han llegado a buen puerto.

PORTIA

¡Cómo ahora, Lorenzo!
Mi escribano también tiene algunas buenas comodidades para ti.

NERISSA

Ay, y se lo daré sin cobrar.
Allí te doy a ti y a Jessica
, del judío rico, una escritura especial de regalo,
 después de su muerte, de todo lo que muere poseído.

LORENZO

Hermosas damas, dejas caer maná en el camino
de la gente hambrienta.

PORTIA

Es casi de mañana,
y sin embargo, estoy seguro de que no estás satisfecho
de estos acontecimientos en su totalidad. Entremos;
Y encárganos allí sobre intergaciones,
y responderemos a todas las cosas fielmente.

GRATIANO

Que así sea: la primera pregunta
sobre la que mi Nerissa prestará juramento es
 si hasta la noche siguiente preferiría quedarse o
irse a la cama ahora, siendo dos horas al día;
pero si llegara el día, desearía que fuera oscuro,

que estuviera acostado con el empleado del médico.
Bueno, mientras viva no temeré otra cosa
tan dolorosa como mantener a salvo el anillo de Nerissa.

Salen

As You Like It

ACTO I

ESCENA I. Huerto de la casa de Oliver.

Entran ORLANDO y ADAM

ORLANDO

A mi parecer, Adán, de esta manera
me legó por testamento mil escudos, y
, como tú dices, encargó a mi hermano, con su
bendición, que me criase bien, y ahí comienza mi
tristeza. A mi hermano Jaques lo tiene en la escuela, y
los informes hablan muy bien de su provecho; por mi parte,
me tiene rústicamente en casa, o, para hablar con más
propiedad, me mantiene aquí en casa sin cuidado; porque ¿llamáis a
ese cuidado para un caballero de mi nacimiento, que
no difiere del establo de un buey? Sus caballos
se crían mejor, porque, además de que son justos
con su alimentación, se les enseña a manejarse,
y para este fin se les alquila caro a los jinetes; pero yo, su
hermano, no gano nada con él sino el crecimiento, por lo
cual sus animales en sus estercoleros están
tan ligados a él como yo. Además de esta nada que él
me da en abundancia, el algo que la naturaleza me dio
su semblante parece quitarme: me deja
apacentar con sus ciervas, me cierra el lugar de
un hermano, y, en cuanto en él está, mina mi
gentileza con mi educación. Esto es lo que
me entristece, Adán, y el espíritu de mi padre, que creo que
está dentro de mí, comienza a amotinarse contra esta
servidumbre: ya no la soportaré más, aunque todavía
no conozco ningún remedio sabio para evitarla.

ADÁN

Allá viene mi amo, tu hermano.

ORLANDO

Apártate, Adán, y oirás cómo me sacudirá

.

Entra en escena OLIVER

OLIVER

¡Ahora, señor! ¿Por qué estás aquí?

ORLANDO

Nada: no me enseñan a hacer nada.

OLIVER

¿Qué es lo que le molesta a usted, señor?

ORLANDO

Cásate, señor, te ayudo a estropear con la ociosidad lo que Dios hizo, un pobre e indigno hermano tuyo.

OLIVER

Cásate, señor, esfuérzate mejor y no seas nada por un tiempo.

ORLANDO

¿Guardaré tus cerdos y comeré cáscaras con ellos?
¿Qué porción pródiga he gastado para
llegar a tal penuria?

OLIVER

¿Sabe usted dónde está, señor?

ORLANDO

Oh, señor, muy bien; aquí en tu huerto.

OLIVER

¿Conoce usted ante quién, señor?

ORLANDO

Ay, mejor que él soy antes de conocerme. Sé
que eres mi hermano mayor, y en la gentil
condición de la sangre, deberías conocerme. La
cortesía de las naciones te permite lo mejor, en que
eres el primogénito; pero la misma tradición
no me quita la sangre si hubiera veinte hermanos

entre nosotros: tengo tanto de mi padre en mí como
tú; aunque, confieso, tu venida ante mí está
más cerca de su reverencia.

OLIVER

¡Qué, muchacho!

ORLANDO

Ven, ven, hermano mayor, eres demasiado joven en esto.

OLIVER

¿Me pondrás las manos encima, villano?

ORLANDO

No soy un villano; Soy el hijo menor de Sir
Rowland de Boys, que fue mi padre, y es tres veces
un villano que dice que un padre así engendró villanos.
Si no fueras mi hermano, no te quitaría esta mano
de la garganta hasta que esta otra te sacara la
lengua por decir así: te has insultado a ti mismo.

ADÁN

Dulces señores, tened paciencia: por el recuerdo de vuestro padre
, estad de acuerdo.

OLIVER

Déjame ir, le digo.

ORLANDO

No lo haré, hasta que me plazca: me oiréis. Mi
padre te encargó en su testamento que me dieras una buena
educación: me has educado como a un campesino,
oscureciéndome y ocultándome todas las cualidades de caballero
. El espíritu de mi padre se fortalece en
mí, y ya no lo soportaré más; por tanto,
permitidme los ejercicios que sean propios de un caballero, o
que me den la pobre limosna que mi padre me dejó por
testamento, con esto iré a comprar mi fortuna.

OLIVER

¿Y qué harás?, ¿mendigar cuando se haya gastado?
Bien, señor, entrad en ella: no me preocuparé mucho
por vosotros; tendréis alguna parte de vuestra voluntad;
os ruego que me dejéis.

ORLANDO

No te ofenderé más de lo que me conviene por mi bien.

OLIVER

Te llevo con él, perro viejo.

ADÁN

¿Es el 'perro viejo' mi recompensa? Lo más cierto es que he perdido mis
dientes a tu servicio. ¡Que Dios esté con mi viejo amo!
Él no habría dicho tal palabra.

Exeunt ORLANDO y ADAM

OLIVER

¿Es así? ¿Comienzas a crecer en mí? Voy
a reparar tu rango, y sin embargo, no daré mil
coronas tampoco. ¡Hola, Dennis!

Entra en DENNIS

DENNIS

¿Llama a vuestra merced?

OLIVER

¿No estaba Carlos, el luchador del duque, para hablar conmigo?

DENNIS

Así que por favor, él está aquí en la puerta e importune el
acceso a ti.

OLIVER

Llámalo.

Salir de DENNIS

Será un buen camino; Y mañana es la lucha.

Entra en CHARLES

CHARLES

Buenos días a vuestra merced.

OLIVER

Buen señor Charles, ¿cuáles son las novedades en la
nueva corte?

CHARLES

No hay noticias en la corte, señor, sino las viejas,
es decir, el viejo duque es desterrado por su hermano menor
, el nuevo duque, y tres o cuatro señores amorosos
se han desterrado voluntariamente con él,
cuyas tierras y rentas enriquecen al nuevo duque;
por lo tanto, les da buena licencia para vagar.

OLIVER

¿Puedes decir si Rosalinda, la hija del duque, será
desterrada con su padre?

CHARLES

¡Oh, no!, porque la hija del duque, su prima, la quiere tanto
, siendo siempre desde la cuna criada junta,
que hubiera seguido su destierro, o hubiera muerto
por quedarse detrás de ella. Está en la corte, y no
es menos querida por su tío que su propia hija, y
nunca dos damas han sido amadas como ellas.

OLIVER

¿Dónde vivirá el viejo duque?

CHARLES

Dicen que ya está en el bosque de Arden, y que
muchos hombres alegres están con él, y que allí viven como
el viejo Robin Hood de Inglaterra; dicen que muchos jóvenes

caballeros acuden a él todos los días y navegan el tiempo
descuidadamente, como lo hacían en el mundo dorado.

OLIVER

¿Qué, luchas mañana ante el nuevo duque?

CHARLES

Me caso, señor, y he venido a informarle de un
asunto. Se me ha dado, señor, a entender secretamente
que su hermano menor, Orlando, está dispuesto
a presentarse disfrazado contra mí para intentar una caída.
Mañana, señor, lucho por mi crédito, y el que se
escape de mí sin un miembro roto, lo absolverá
bien. Tu hermano es joven y tierno; y,
por tu amor, no me atrevería a frustrarle, como
lo he hecho, por mi honor, si entra: por
tanto, por mi amor a ti, he venido aquí a conocerte
, para que o le detengas de su
intención, o toleres tal desgracia como la que ha
de sufrir, porque es cosa de su propia búsqueda
y totalmente contra mi voluntad.

OLIVER

Carlos, te agradezco tu amor hacia mí, que verás que
 yo te corresponderé muy amablemente. Yo mismo me he
enterado del propósito de mi hermano en esto y
he trabajado por medios clandestinos para disuadirlo de
ello, pero él está decidido. Te diré, Carlos:
 es el joven más obstinado de Francia, lleno de
ambición, un envidioso imitador de las buenas partes de todos
, un contendiente secreto y villano contra
mí, su hermano natural: usa, pues, tu
discreción; Tuve la misma razón que le rompiste el cuello
como su dedo. Y es mejor que mires a ti; porque si
le haces alguna pequeña desgracia o si no
se honra poderosamente de ti, practicará
contra ti con veneno, te atrapará con alguna
tregua traicionera y no te dejará hasta que

haya quitado tu vida por algún medio indirecto u otro;
porque, te aseguro, y casi con lágrimas lo digo
, que no hay uno tan joven y tan villano que viva hoy
. Hablo de él con un tono fraternal; pero
si te lo anatomizara tal como es, me sonrojaría y lloraría,
y tú te pondrías pálido y maravillado.

CHARLES

Estoy muy contento de haber venido aquí a ti. Si mañana viene
, yo le daré su paga; y si alguna vez
vuelve a ir solo, no lucharé más por el premio, y así,
¡Dios guarde vuestra merced!

OLIVER

Adiós, buen Carlos.

Salir CHARLES

Ahora conmoveré a este jugador: espero ver
su fin, porque mi alma, aún no sé por qué,
no odia nada más que a él. Sin embargo, es gentil, nunca
educado y, sin embargo, instruido, lleno de nobles artimañas,
 de todo tipo encantadoramente amado, y en verdad tanto
en el corazón del mundo, y especialmente en mi propia
gente, que es la que mejor le conoce, que estoy completamente
malinterpretado; pero no será por mucho tiempo; este
luchador lo aclarará todo; no queda más que
yo encender al niño allí, lo cual ahora voy a recorrer.

Salida

ESCENA II. Césped ante el palacio del duque.

Entra CELIA y ROSALIND

CELIA

Te ruego, Rosalinda, dulce mía, que seas feliz.

ROSALIND

Querida Celia, muestro más alegría de la que soy dueña;
¿Y tú querrías que yo fuera más feliz? A menos que me enseñes
a olvidar a un padre desterrado, no debes
aprenderme a recordar ningún placer extraordinario.

CELIA

En esto veo que no me amas con todo el peso
que yo te amo. Si mi tío, tu padre desterrado,
hubiera desterrado a tu tío, el duque mi padre, y tú
hubieras estado conmigo, yo hubiera enseñado a mi
amor a tomar a tu padre por mío, y así lo harías tú,
si la verdad de tu amor por mí estuviera tan justamente
templada como la mía lo está contigo.

ROSALIND

Pues bien, me olvidaré de la condición de mi hacienda, para
regocijarme en la tuya.

CELIA

Tú sabes que mi padre no tiene más hijo que yo, ni hay quien
quiera tenerlo; y en verdad, cuando él muera, tú serás
su heredero, porque lo que él ha quitado a tu
padre por fuerza, yo te devolveré en
afecto; por mi honor, lo haré; y cuando rompa
ese juramento, que me convierta en monstruo. por lo tanto, mi
dulce Rosa, mi querida Rosa, sé feliz.

ROSALIND

De ahora en adelante lo haré, porque e ideo deportes. Déjame
ver, ¿qué piensas de enamorarte?

CELIA

Cásate, te ruego, hazlo para divertirte, pero
no ames a nadie con sinceridad, ni más en el deporte,
ni más que con la seguridad de un rubor puro puedas
volver a salir con honor.

ROSALIND

¿Cuál será, pues, nuestro deporte?

CELIA

Sentémonos y burlémonos de la buena ama de casa Fortuna desde
su rueda, para que sus dones puedan ser otorgados en lo sucesivo por
igual.

ROSALIND

Ojalá pudiéramos hacerlo, porque sus beneficios están
muy fuera de lugar, y la mujer ciega generosa
es la que más se equivoca en sus dones a las mujeres.

CELIA

Es verdad, porque a los que ella hace justos, apenas los
hace honestos, y a los que hace honestos, los
hace muy mal.

ROSALIND

No, ahora vas del oficio de la Fortuna al de la
Naturaleza: la Fortuna reina en los dones del mundo,
 no en los linajes de la Naturaleza.

Entra en TOUCHSTONE

CELIA

No, cuando la naturaleza ha hecho una hermosa criatura, ¿no puede
caer
por fortuna en el fuego? Aunque la Naturaleza
nos haya dado el ingenio para burlarnos de la Fortuna, ¿no ha
enviado la Fortuna a este necio para cortar la discusión?

ROSALIND

En efecto, hay una Fortuna demasiado dura para la Naturaleza,
cuando
la Fortuna hace que lo natural de la Naturaleza sea el cortador del
ingenio de la Naturaleza.

CELIA

Quizá esto no sea obra de la Fortuna, sino
de la Naturaleza, que percibe nuestro ingenio natural demasiado
torpe

para razonar de tales diosas, y ha enviado este
natural por nuestra piedra de afilar, porque siempre la torpeza del
tonto es la piedra de afilar del ingenio. ¿Cómo, ahora,
 ingenio, por dónde vagas?

PIEDRA DE TOQUE

Señora, debe irse con su padre.

CELIA

¿Fuiste tú el mensajero?

PIEDRA DE TOQUE

No, por mi honor, pero se me pidió que viniera por ti.

ROSALIND

¿Dónde aprendiste ese juramento, tonto?

PIEDRA DE TOQUE

De cierto caballero que juró por su honor que
eran buenos panqueques y juró por su honor que la
mostaza no era nada: ahora me atendré a ello, los
panqueques no eran nada y la mostaza era buena, y
sin embargo el caballero no fue abjurado.

CELIA

¿Cómo lo demuestras, en el gran montón de tu
conocimiento?

ROSALIND

Ay, cásate, ahora quita el bozal de tu sabiduría.

PIEDRA DE TOQUE

Poneos los dos de pie ahora: acaríciate la barbilla y
jura por vuestras barbas que soy un bribón.

CELIA

Por nuestras barbas, si las tuviéramos, tú eres.

PIEDRA DE TOQUE

Por mi torpeza, que si la tuviera, entonces la tenía; pero si juráis
por lo que no es, no estáis abjurados; ya no juraba
este caballero por su honor, porque nunca lo
tuvo; o si lo tenía, lo había jurado
antes de ver aquellas tortitas o aquella mostaza.

CELIA

¿Quién es a quien te refieres?

PIEDRA DE TOQUE

Uno que el viejo Frederick, tu padre, ama.

CELIA

El amor de mi padre es suficiente para honrarlo: ¡basta!
No hables más de él; un día de estos te azotarán por pagar impuestos
.

PIEDRA DE TOQUE

Tanto más lástima que los necios no hablen sabiamente lo que
los sabios hacen insensatamente.

CELIA

Por mi palabra dices verdad, porque desde que se silenció el poco
ingenio que tienen los necios, el pequeño ingenio
que tienen los sabios es un gran espectáculo. Aquí viene
Monsieur Le Beau.

ROSALIND

Con la boca llena de noticias.

CELIA

Que nos pondrá, como las palomas alimentan a sus crías.

ROSALIND

Entonces estaremos atiborrados de noticias.

CELIA

Tanto mejor; seremos los más comercializables.

Entra en THE BEAUTIFUL

Bon jour, Monsieur Le Beau: ¿cuáles son las novedades?

LE BEAU

Hermosa princesa, has perdido mucho buen deporte.

CELIA

¡Deporte! ¿De qué color?

LE BEAU

¡De qué color, señora! ¿Cómo te responderé?

ROSALIND

Como el ingenio y la fortuna lo harán.

PIEDRA DE TOQUE

O como decretan los Destinos.

CELIA

Bien dicho: eso se puso con una paleta.

PIEDRA DE TOQUE

No, si no conservo mi rango,--

ROSALIND

Pierdes tu viejo olor.

LE BEAU

Vosotros me asombráis, señoras: os habría hablado de una buena
lucha, de la que habéis perdido de vista.

ROSALIND

Ustedes nos cuentan la manera de luchar.

LE BEAU

Yo os diré el principio, y, si a
vuestras señorías les place, veréis el fin, porque lo mejor está
por hacer, y aquí, donde estáis, vienen
a cumplirlo.

CELIA

Bueno, el principio, que está muerto y enterrado.

LE BEAU

Allí viene un anciano y sus tres hijos,--

CELIA

Podría hacer coincidir este comienzo con un viejo cuento.

LE BEAU

Tres jóvenes adecuados, de excelente crecimiento y presencia.

ROSALIND

Con billetes en el cuello: 'Que sea notorio a todos por
estos presentes'.

LE BEAU

El mayor de los tres luchó con Carlos, el
luchador del duque, y Carlos en un momento le arrojó
y le rompió tres costillas, de modo que hay pocas
esperanzas de vida en él; así sirvió al segundo, y
así al tercero. Allá mienten; El pobre anciano,
 su padre, les da un limosna tan lastimero
que todos los que los miran se ponen de su parte llorando.

ROSALIND

¡Ay!

PIEDRA DE TOQUE

Pero, ¿cuál es el deporte, señor, que han perdido las damas
?

LE BEAU

Pues, esto de lo que hablo.

PIEDRA DE TOQUE

De este modo, los hombres pueden volverse más sabios cada día: es
la primera

vez que escucho que romperse las costillas es un deporte
para las mujeres.

CELIA

O yo, te lo prometo.

ROSALIND

Pero, ¿hay algún otro anhelo de ver esta música rota
en sus costados?, ¿hay otro adorno más sobre
la rotura de costillas? ¿Vamos a ver esta lucha, primo?

LE BEAU

Debéis hacerlo, si os quedáis aquí, porque aquí está el lugar
señalado para la lucha, y están dispuestos a
realizarla.

CELIA

Allá, seguro, van a venir: quedémonos ahora a verlo.

*Florecer. Entran DUKE FREDERICK, Lords, ORLANDO,
CHARLES y Asistentes*

DUQUE FREDERICK

Vamos: ya que el joven no será suplicado, su
propio peligro en su prontitud.

ROSALIND

¿Es ese el hombre?

LE BEAU

Incluso él, señora.

CELIA

¡Ay, es demasiado joven! Sin embargo, parece tener éxito.

DUQUE FREDERICK

¿Cómo, hija y prima, os arrastras hasta aquí
para ver la lucha?

ROSALIND

Ay, mi señor, por favor, nos conceda permiso.

DUQUE FREDERICK

Te deleitarás poco en ello, te lo aseguro;
Hay tales probabilidades en el hombre. A causa de la
juventud del retador, quisiera disuadirlo, pero no se deja
suplicar. Habladle, señoras; A ver si
puedes moverlo.

CELIA

Llámalo acá, buen señor Le Beau.

DUQUE FREDERICK

Hazlo: no estaré aquí.

LE BEAU

Monsieur el retador, las princesas te llaman.

ORLANDO

Los atiendo con todo respeto y deber.

ROSALIND

Joven, ¿has desafiado a Charles el luchador?

ORLANDO

No, hermosa princesa, él es el retador general: yo vengo
, como hacen los demás, a probar con él la
fuerza de mi juventud.

CELIA

Joven caballero, su espíritu es demasiado audaz para sus
años. Has visto crueles pruebas de la fuerza de este hombre
: si te vieras a ti mismo con tus ojos o te
conocieras a ti mismo con tu juicio, el miedo de tu
aventura te aconsejaría una empresa más igualitaria
. Te rogamos, por tu propio bien, que
abraces tu propia seguridad y entregues a este intento.

ROSALIND

Hazlo, joven señor, que tu reputación no
será menospreciada: nosotros haremos nuestro pleito al duque
para que la lucha no prospere.

ORLANDO

Os ruego que no me castiguéis con vuestros duros
pensamientos, en los cuales me confieso muy culpable, por negar
cosa alguna a tan hermosas y excelentes damas. Pero que
tus hermosos ojos y tus dulces deseos vayan conmigo a mi
prueba, en la cual, si me frustran, no hay más que un
avergonzado que nunca fue misericordioso; si me matan, sino un
muerto que quiso serlo: no haré mal a mis
amigos, porque no tengo quien me lamente, ni el
mundo ningún daño, porque en ella no tengo nada; sólo en
el mundo lleno un lugar, que puede estar mejor
abastecido cuando lo he dejado vacío.

ROSALIND

La poca fuerza que tengo, me gustaría que estuviera contigo.

CELIA

Y la mía, para sacar la suya a duras penas.

ROSALIND

¡Que te vaya bien: ruega al cielo que me engañe en ti!

CELIA

¡Los deseos de tu corazón estén contigo!

CHARLES

Vamos, ¿dónde está este joven galán que está tan
deseoso de yacer con su madre tierra?

ORLANDO

Listo, señor; pero su voluntad tiene en sí una obra más modesta.

DUQUE FREDERICK

No intentarás más que una caída.

CHARLES

No, garantizo a vuestra merced, que no le ruegues
a un segundo, que tan poderosamente le ha persuadido
desde el principio.

ORLANDO

Y después queréis burlaros de mí, no debíais
haberme burlado antes, pero venid por vuestros caminos.

ROSALIND

¡Ahora Hércules sea tu velocidad, joven!

CELIA

Ojalá fuera invisible, para atrapar al hombre fuerte
por la pierna.

Luchan

ROSALIND

¡Oh excelente joven!

CELIA

Si tuviera un rayo en el ojo, podría decir quién
debería caer.

Gritar. CHARLES es arrojado

DUQUE FREDERICK

No más, no más.

ORLANDO

Sí, suplico a tu gracia: aún no he respirado bien.

DUQUE FREDERICK

¿Cómo estás, Carlos?

LE BEAU

No puede hablar, mi señor.

DUQUE FREDERICK

Llévatelo. ¿Cómo te llamas, joven?

ORLANDO

Orlando, mi señor; el hijo menor de Sir Rowland de Boys.

DUQUE FREDERICK

Ojalá hubieras sido hijo de otro hombre:
el mundo estimaba a tu padre honorable,
pero todavía lo encontraba mi enemigo:
 me hubieras complacido más con esta acción,
si hubieras descendido de otra casa.
Pero que te vaya bien, que eres un joven gallardo:
 ojalá me hubieras hablado de otro padre.

Exeunt DUKE FREDERICK, tren, y LE BEAU

CELIA

Si yo fuera mi padre, ¿haría esto?

ORLANDO

Estoy más orgulloso de ser el hijo de Sir Rowland,
 su hijo menor, y no cambiaría esa vocación:
ser heredero adoptivo de Frederick.

ROSALIND

Mi padre amaba a Sir Rowland como a su alma,
 y todo el mundo era de la mente de mi padre.
Si hubiera conocido antes a este joven, su hijo,
 le habría dado lágrimas para suplicarle
antes de que se atreviera así.

CELIA

Gentil primo,Vamos
 a darle las gracias y animarle:
El carácter rudo y envidioso de mi padre
me pega en el corazón. Señor, bien lo has merecido:
 si cumples tus promesas con amor
, pero justamente, como has superado toda promesa,
 tu señora será feliz.

ROSALIND

Caballero

Dándole una cadena de su cuello

Ponte esto para mí, que está de traje con fortuna,
que podría dar más, pero que su mano carece de medios.
¿Nos vamos, porque?

CELIA

Sí. Que le vaya bien, buen caballero.

ORLANDO

¿No puedo decir, te doy las gracias? Mis mejores partes
han sido todas derribadas, y lo que aquí se levanta
no es más que una quintaín, un simple bloque sin vida.

ROSALIND

Él nos llama de vuelta: mi orgullo cayó con mi fortuna;
Le preguntaré qué haría. ¿Ha llamado, señor?
Señor, has luchado bien y has derrotado
más que a tus enemigos.

CELIA

¿Irás, porque?

ROSALIND

Tener contigo. Que te vaya bien.

Exeunt ROSALIND y CELIA

ORLANDO

¿Qué pasión cuelga de estos pesos sobre mi lengua?
No puedo hablar con ella, sin embargo, ella instó a la conferencia.
¡Oh pobre Orlando, has sido derrocado!
O Carlos, o algo más débil te domina.

Volver a entrar en LE BEAU

LE BEAU

Buen señor, yo en amistad le aconsejo
que se vaya de este lugar. A pesar de que has merecido
un gran elogio, un verdadero aplauso y amor,
sin embargo, tal es ahora la condición del duque
que malinterpreta todo lo que has hecho.
El duque es gracioso; lo que es, en efecto,
 os conviene más concebirlo que yo hablar.

ORLANDO

Os lo agradezco, señor, y os ruego que me digáis esto:
 ¿Cuál de las dos era hija del duque
que estaba aquí en la lucha?

LE BEAU

Tampoco su hija, si juzgamos por los modales;
Pero, sin embargo, la menor es su hija
, la otra es hija del duque desterrado,
y aquí retenida por su tío usurpador,
 para hacer compañía a su hija, cuyos
amores son más queridos que el vínculo natural de las hermanas.
Pero yo os puedo decir que últimamente este duque
ha tenido disgusto con su gentil sobrina,
 sin otro argumento
que el de que la gente la alaba por sus virtudes
y la compadece por su buen padre;
Y, en mi vida, su malicia se apoderará de la dama
de repente. Señor, que te vaya bien: de
ahora en adelante, en un mundo mejor que este,
 desearé más amor y conocimiento de ti.

ORLANDO

Estoy muy ligado a ti: que te vaya bien.

Salir de THE BEAUTIFUL

Así debo pasar del humo a la sofocación;
De duque tirano a hermano tirano:
¡Pero la celestial Rosalinda!

Salida

ESCENA III. Una habitación en el palacio.

Entra CELIA y ROSALIND

CELIA

¡Vaya, primo! ¡Vaya, Rosalind! ¡Cupido, ten piedad! ¿Ni una palabra?

ROSALIND

No es de los que se pueden tirar a un perro.

CELIA

No, tus palabras son demasiado preciosas para ser arrojadas sobre maldiciones; échame algunas de ellas; ven, cojo de razones.

ROSALIND

Luego había dos primos acostados, cuando el uno
debía estar cojo, y el otro enloquecido,
sin ninguna.

CELIA

Pero, ¿es todo esto para tu padre?

ROSALIND

No, parte de ella es para el padre de mi hijo. ¡Oh, qué
lleno de zarzas está este mundo de trabajo!

CELIA

No son más que buras, primo, arrojadas sobre ti en
tonterías de fiesta: si no caminamos por los senderos trillados
, nuestras mismas enaguas las atraparán.

ROSALIND

Podría sacudirlas de mi abrigo: estas fresas están en mi corazón.

CELIA

Hazles un dobladillo.

ROSALIND

Lo intentaría, si pudiera gritar 'jem' y tenerlo.

CELIA

Ven, ven, lucha con tus afectos.

ROSALIND

¡Oh, toman el papel de un luchador mejor que yo!

CELIA

¡Oh, un buen deseo para ti!, lo intentarás con el tiempo, a
pesar de una caída. Pero, dejando de lado estas bromas
, hablemos en serio: ¿es posible que
, de repente, caiga usted en
una simpatía tan fuerte con el hijo menor del viejo Sir Rowland?

ROSALIND

El duque mi padre quería mucho a su padre.

CELIA

¿Es, pues, que améis mucho a su hijo
? Con esta clase de persecución lo odiaría,
porque mi padre odiaba mucho a su padre; sin embargo, no odio a
Orlando.

ROSALIND

No, fe, no lo odies, por mi causa.

CELIA

¿Por qué no debería hacerlo? ¿Acaso no merece el bien?

ROSALIND

Déjame amarlo por eso, y tú lo amas
porque yo lo hago. Mira, aquí viene el duque.

CELIA

Con los ojos llenos de ira.

Entra DUKE FREDERICK, con Lords

DUQUE FREDERICK

Señora, desplácela con la más segura prisa
y sáquela de nuestra corte.

ROSALIND

¿Yo, tío?

DUQUE FREDERICK

Tú, primo,
dentro de estos diez días, si te encuentras
tan cerca de nuestro patio público como veinte millas,
 mueres por ello.

ROSALIND

Suplico a vuestra merced
 que me permita el conocimiento de mi falta:
si tengo inteligencia conmigo mismo
o conozco mis propios deseos,
si no sueño o no estoy frenético,--
como confío en que no lo soy, entonces, querido tío,
 nunca he ofendido a vuestra alteza
 ni en un pensamiento no nacido.

DUQUE FREDERICK

Así hacen todos los traidores:
Si su purgación consistiera en palabras,Son
 tan inocentes como la gracia misma:
Te baste que no confío en ti.

ROSALIND

Sin embargo, tu desconfianza no puede convertirme en un traidor:
 Dime de dónde depende la probabilidad.

DUQUE FREDERICK

Tú eres la hija de tu padre; Ya hay suficiente.

ROSALIND

Así era yo cuando Vuestra Alteza tomó su ducado;
Así era yo cuando Vuestra Alteza le desterró:
La traición no se hereda, mi señor;

O, si lo sacamos de nuestros amigos,
¿qué es eso para mí? mi padre no era un traidor:
Entonces, buen señor mío, no me equivoque tanto
para pensar que mi pobreza es traicionera.

CELIA

Querido soberano, escúchame hablar.

DUQUE FREDERICK

¡Ay, Celia!, nos quedamos con ella por ti, de
lo contrario, ella y su padre se habrían ido a la playa.

CELIA

No le rogué entonces que se quedara;
Era tu placer y tu propio remordimiento:
yo era demasiado joven entonces para valorarla;
Pero ahora la conozco: si ella es una traidora,
¿por qué yo también lo soy? Todavía hemos dormido juntos, nos levantamos
 en un instante, aprendimos, jugamos, comemos juntos,
y dondequiera que fuéramos, como los cisnes de Juno,
 aún así íbamos juntos e inseparables.

DUQUE FREDERICK

Ella es demasiado sutil para ti, y su suavidad,
 su mismo silencio y su paciencia
hablan a la gente, y se apiadan de ella.
Eres un necio: ella te roba tu nombre;
Y te mostrarás más brillante y parecerás más virtuoso
cuando ella se haya ido. Entonces no abras tus labios:
 firme e irrevocable es mi condenación
, que he pasado sobre ella; ella está desterrada.

CELIA

Pronuncia entonces esa sentencia sobre mí, mi señor:
 no puedo vivir de su compañía.

DUQUE FREDERICK

Eres un tonto. Tú, sobrina, provéete a ti misma:
si te quedas más allá del tiempo, por mi honor,
y en la grandeza de mi palabra, mueres.

Exeunt DUQUE FREDERICK y Lores

CELIA

¡Oh mi pobre Rosalinda!, ¿adónde irás?
¿Cambiarás de padre? Yo te daré la mía.
Te ruego que no te entristezcas más que yo.

ROSALIND

Tengo más motivos.

CELIA

No lo has hecho, primo;
Que te alegres: ¿no sabes que el duque
me ha desterrado a mí, su hija?

ROSALIND

Que no lo ha hecho.

CELIA

No, ¿no es así? A Rosalind le falta, pues, el amor
que te enseña que tú y yo somos uno:
¿Nos separaremos? ¿Nos separamos, dulce niña?
No: que mi padre busque otro heredero.
Por tanto, piensa conmigo cómo podemos volar,
a dónde ir y qué llevar con nosotros;
Y no trates de tomar tu cambio sobre ti,
para llevar tú mismo tus penas y dejarme fuera;
Porque, por este cielo, ahora pálido por nuestras penas,
di lo que puedas, yo te acompañaré.

ROSALIND

¿Por qué, a dónde iremos?

CELIA

A buscar a mi tío en el bosque de Arden.

ROSALIND

¡Ay, qué peligro será para nosotras,
 doncellas como somos, viajar tan lejos!
La belleza provoca a los ladrones antes que el oro.

CELIA

Me pondré en un atuendo pobre y mezquino
Y con una especie de sonrisa ocre mi rostro;
Lo mismo hacéis vosotros: así pasaremos
nosotros y no inquietaremos nunca a los asaltantes.

ROSALIND

¿No sería mejor,
 porque soy más que alto común,
que me adapté en todos los puntos como un hombre?
Con una gallarda hacha en mi muslo,
una lanza de jabalí en mi mano, y en mi corazón y... en mi corazón
yace
el miedo oculto de la mujer...
Tendremos un puñalado y un marcial afuera,
como muchos otros cobardes varoniles que
lo superan con sus semblantes.

CELIA

¿Cómo te llamaré cuando seas hombre?

ROSALIND

No tendré peor nombre que el de la propia página de Júpiter;
Y por eso mira, me llamas Ganímedes.
Pero, ¿cómo te llamarás?

CELIA

Algo que tiene una referencia a mi estado
: Ya no Celia, sino Aliena.

ROSALIND

Pero, primo, ¿qué tal si intentáramos robar al
tonto payaso de la corte de tu padre?
¿No sería un consuelo para nuestro viaje?

CELIA

Él irá conmigo por todo el ancho mundo;
Déjame en paz para cortejarlo. Vámonos,
y juntemos nuestras joyas y nuestras riquezas,
ideemos el momento más adecuado y la forma más segura
para escondernos de la persecución que se hará después de
mi huida. Ahora vamos contentos
a la libertad y no al destierro.

Salen

ACTO II

ESCENA I. El Bosque de Arden.

*Entra el duque senior, Amiens, y dos o tres señores, como
silvicultores*

DUQUE MAYOR

Ahora bien, compañeros míos y hermanos en el exilio,
 ¿no ha hecho esta vida más dulce que la
de la pompa pintada? ¿No están estos bosques
más libres de peligro que la corte envidiosa?
Aquí no sentimos más que el castigo de Adán,
la diferencia de las estaciones, como el colmillo helado
y la reprensión grosera del viento invernal
, que, cuando muerde y sopla sobre mi cuerpo,
incluso hasta que me encogo de frío, sonrío y digo
: 'Esto no es halago: estos son consejeros
que me persuaden sentimentalmente de lo que soy'.
Dulces son los usos de la adversidad,
 que, como el sapo, feo y venenoso,
lleva todavía una joya preciosa en su cabeza;
Y esta nuestra vida, exenta de la frecuentación pública

, encuentra lenguas en los árboles, libros en los arroyos que corren,
 sermones en piedras y bien en todas las cosas.
No lo cambiaría.

AMIENS

Dichosa vuestra gracia,
 que puede traducir la terquedad de la fortuna
en un estilo tan tranquilo y tan dulce.

DUQUE MAYOR

Vamos, ¿vamos a matar nuestra carne de venado?
Y, sin embargo, me molesta que los pobres tontos moteados,
 siendo burgueses nativos de esta ciudad desierta,
 tengan en sus propios confines con cabezas bifurcadas
sus anchas ancas redondas.

Primer Señor

En verdad, mi señor,
 el melancólico Jaques se aflige por eso,
 y, en ese género, jura que usurpas más
 que tu hermano que te ha desterrado.
Hoy, mi señor de Amiens y yo
nos escabullimos detrás de él mientras él yacía
bajo un roble cuya antigua raíz se asoma
sobre el arroyo que corre a lo largo de este bosque.
 A cuyo lugar un pobre ciervo secuestrado,
que por la mira del cazador había recibido un daño,
 vino a languidecer, y en verdad, mi señor,
El desdichado animal emitía tales gemidos
que su secreción estiró su abrigo de cuero
casi hasta reventar, y las grandes lágrimas redondas
corrieron unas por otras por su inocente nariz
en lastimosa persecución; y así el tonto peludo,
muy marcado por el melancólico Jaques,
se detuvo en el borde más extremo del rápido arroyo
, aumentándolo de lágrimas.

DUQUE MAYOR

Pero, ¿qué dijo Jaques?
¿No moralizó este espectáculo?

Primer Señor

Oh, sí, en mil símiles.
Primero, por su llanto en el arroyo innecesario;
"Pobre ciervo", dijo él, "haces un testamento
como lo hacen los mundanos, dando tu suma de más
a lo que tenía demasiado"; luego, estando allí solo,
abandonado y abandonado de sus amigos de terciopelo,
 es correcto, dijo; "Así la miseria parte
el flujo de la compañía": anon un rebaño descuidado,lleno
 de pastos, salta a su lado
y nunca se detiene a saludarlo; —¡Ay! —dijo Jaques—,
 ¡adelante, ciudadanos gordos y grasientos!
Es precisamente la moda: ¿por qué miras a
ese pobre y arruinado arruinado allí?
De este modo, con la mayor invectiva, atraviesa
el cuerpo del campo, la ciudad, la corte,
 y de esta nuestra vida, jurando que somos
meros usurpadores, tiranos y lo que es peor,
 para asustar a los animales y matarlos
en su morada asignada y nativa.

DUQUE MAYOR

¿Y lo dejaste en esta contemplación?

Segundo Señor

Lo hicimos, mi señor, llorando y comentando
sobre el sollozo del ciervo.

DUQUE MAYOR

Muéstrame el lugar:
Me encanta enfrentarme a él en estos hoscos ataques,Porque
 entonces está lleno de materia.

Primer Señor

Te llevaré a él directamente.

ESCENA II. Una habitación en el palacio.

Entra DUKE FREDERICK, con Lords

DUQUE FREDERICK

¿Es posible que ningún hombre los haya visto?
No puede ser: algunos villanos de mi corte
son de consentimiento y sufrimiento en esto.

Primer Señor

No puedo oír hablar de nadie que la haya visto.
Las damas, las sirvientas de su habitación,
la vieron acostada, y por la mañana, temprano,
encontraron la cama sin atesorar de su señora.

Segundo Señor

Mi señor, también ha desaparecido el payaso rey de quien tan a menudo
solía reírse Vuestra merced.
Hisperia, la dama de la princesa,
 confiesa que oyó en secreto a
tu hija y a su prima alabar mucho
las partes y gracias del luchador
que últimamente no hicieron más que frustrar al musculoso Carlos;
Y ella cree, dondequiera que vayan,
que la juventud seguramente está en su compañía.

DUQUE FREDERICK

Envía a su hermano, trae acá, a ese galán;
Si está ausente, tráeme a su hermano;
Haré que lo encuentre: haz esto de repente,
y que la búsqueda y la inquisición no cobarden
para traer de vuelta a estos insensatos fugitivos.

Salen

ESCENA III. Delante de la casa de Oliver.

Entra ORLANDO y ADAM, reunión

ORLANDO

¿Quién está ahí?

ADÁN

¿Qué, mi joven maestro? ¡Oh, mi gentil amo!
¡Oh mi dulce amo! ¡Oh tú, recuerdo
del viejo Sir Rowland!, ¿por qué, qué te hace estar aquí?
¿Por qué eres virtuoso?, ¿por qué la gente te ama?
¿Y por qué eres gentil, fuerte y valiente?
¿Por qué te gustaría tanto vencer a
El bonny priser del humorístico duque?
Tu alabanza ha llegado demasiado rápido ante ti.
¿No sabéis, señor, que a algunos hombres
les sirven sus gracias como a los enemigos?
Ya no hacen las vuestras: vuestras virtudes, gentil señor,
 son santificadas y santas traidoras a vosotros.
¡Oh, qué mundo es éste, cuando lo que es hermoso
envenena al que lo lleva!

ORLANDO

¿Por qué, qué pasa?

ADÁN

¡Oh infeliz joven!
No entres por estas puertas, dentro de este techo
vive el enemigo de todas tus gracias. Tu
hermano, no, ningún hermano; sin embargo, el hijo
, pero no el hijo, no lo llamaré hijo,
de él iba a llamar a su padre,
ha oído tus alabanzas, y esta noche quiere
quemar la posada donde solías acostarte
y tú dentro de ella. si no lo consigue,
tendrá otros medios para cortarte el paso.
Lo escuché a él y a sus prácticas.

Este no es lugar, esta casa no es más que una carnicería:
 aborrece, temedla, no entres en ella.

ORLANDO

¿Por qué, a dónde, Adán, quieres que vaya?

ADÁN

No importa dónde, así que no vienes aquí.

ORLANDO

¿Qué, quieres que vaya a mendigar mi comida?
¿O con una espada vil y bulliciosa imponer
a un ladrón que vive en el camino común?
Esto es lo que tengo que hacer, o no sé qué hacer:
Sin embargo, esto no haré, haz lo que pueda;
Más bien me someteré a la malicia
de una sangre desviada y de un hermano sangriento.

ADÁN

Pero no es así. Tengo quinientos escudos,El
ahorrativo sueldo que ahorré bajo tu padre,Que
 guardé para ser mi nodriza
cuando el servicio debería yacer cojo en mis viejos miembros
Y la edad descuidada en los rincones arrojados:
Toma eso, y Aquel que alimenta a los cuervos,sí
, providencialmente atiende al gorrión,
¡Sé consuelo para mi edad! Aquí está el oro;
Y todo esto te lo doy. Déjame ser tu siervo:
Aunque parezca viejo, sin embargo soy fuerte y lujurioso;
Porque en mi juventud nunca apliqué
en mi sangre licores ardientes y rebeldes,
 ni cortejé con frente desvergonzada
los medios de la debilidad y la debilidad;
Por tanto, mi edad es como un invierno lujurioso,
 helado, pero bondadoso: déjame ir contigo;
Haré el servicio de un hombre más joven
en todos tus negocios y necesidades.

ORLANDO

¡Oh buen anciano, qué bien se manifiesta en ti
el servicio constante del mundo antiguo, cuando el
 servicio suda por deber, no por merecido!
No eres para la moda de estos tiempos,
donde nadie sudará sino para ascender,
 y teniendo eso, ahogas su servicio
aun con el tener: no es así contigo.
Pero, pobre anciano, podas un árbol podrido,
 que no puede ni siquiera dar una flor
en lugar de todos tus dolores y laborios,
sino que ven por tus caminos; bien van juntos,
y antes de que hayamos gastado tu salario juvenil,
nos daremos cuenta de algún contento tranquilo y bajo.

ADÁN

Maestro, sigue adelante, y yo te seguiré,
hasta el último suspiro, con verdad y lealtad.
Desde los diecisiete años hasta ahora casi ochenta
he vivido aquí, pero ahora ya no vivo aquí.
A los diecisiete años muchos buscan su fortuna;
Pero a las ochenta es demasiado tarde una semana:
Sin embargo, la fortuna no puede recompensarme mejor
que morir bien y no ser el deudor de mi amo.

Salen

ESCENA IV. El Bosque de Arden.

*Entra ROSALIND para Ganímedes, CELIA para Aliena y
TOUCHSTONE*

ROSALIND

¡Oh Júpiter, cuánto cansado está mi espíritu!

PIEDRA DE TOQUE

No me importa mi espíritu, si mis piernas no estuvieran cansadas.

ROSALIND

Podría encontrar en mi corazón la deshonra de mi vestido de hombre
y llorar como una mujer; pero debo consolar

al vaso más débil, como el jubón y la manguera deben
mostrarse valientes hasta las enaguas: por lo tanto, ¡valor,
 buena Aliena!

CELIA

Te ruego que tengas paciencia conmigo; No puedo ir más lejos.

PIEDRA DE TOQUE

Por mi parte, preferiría soportarte que
soportarte; sin embargo, no llevaría ninguna cruz si te llevara,
 porque creo que no tienes dinero en tu bolsa.

ROSALIND

Bueno, este es el bosque de Arden.

PIEDRA DE TOQUE

¡Ay!, ahora estoy en Arden; cuanto más tonto soy; cuando estaba
en casa, estaba en un lugar mejor; pero los viajeros
deben estar contentos.

ROSALIND

Ay, que así sea, buena Piedra de Toque.

Entra en CORIN y SILVIUS

Miren Uds., que vienen aquí, un hombre joven y un anciano en
una conversación solemne.

CORIN

Esa es la manera de hacer que ella te siga despreciando.

SILVIUS

¡Oh Corin, si supieras cuánto la amo!

CORIN

Supongo en parte; porque ahora he amado a er.

SILVIUS

No, Corin, siendo vieja, no puedes adivinar,
aunque en tu juventud fuiste tan verdadera amante como

si alguna vez suspirara sobre una almohada de medianoche.
 Pero si tu amor fuera alguna vez semejante al mío,
 como creo que nunca el hombre amó así,
 ¿cuántas acciones más ridículas
te ha atraído tu fantasía?

CORIN

En mil que he olvidado.

SILVIUS

¡Oh, entonces nunca amaste de todo corazón!
Si no te acuerdas de la más leve locura
en que el amor te hizo tropezar,
 no has amado;
o si no te has sentado como yo lo hago ahora,
 cansando a tu oyente en la alabanza de tu señora,
 no has amado;
o si no has roto bruscamente de la compañía
, como ahora me hace mi pasión,
 no has amado.
¡Oh Febe, Febe, Febe!

Salida

ROSALIND

¡Ay, pobre pastor!, buscando tu herida,
por dura aventura he encontrado la mía.

PIEDRA DE TOQUE

Y yo la mía. Recuerdo que, cuando estaba enamorado, rompí
mi espada contra una piedra y le pedí que la tomara por
venir una noche a ver a Jane Smile; y recuerdo el
beso de su lechón y las cavidades de vaca que sus
hermosas manos picadas habían ordeñado; y recuerdo el
cortejo de un peascod en lugar de ella, de quien tomé
dos bacalaos y... entregándoselas de nuevo, le dijo con
lágrimas llorosas: "Ponte estas por mí". Nosotros, que somos
verdaderos amantes, tropezamos con extrañas travesuras; pero así
como todo es

mortal en la naturaleza, así también toda la naturaleza en el amor es mortal en la locura.

ROSALIND

Hablas más sabio de lo que te parece.

PIEDRA DE TOQUE

No, no me daré cuenta de mi propio ingenio hasta que me rompa las espinillas contra él.

ROSALIND

¡Jove, Jove!, esta pasión de pastor
está muy de moda en mí.

PIEDRA DE TOQUE

Y la mía; pero me crece algo rancio.

CELIA

Os ruego que uno de vosotros pregunte a su hombre
si él por el oro nos dará algo de comer:
Me desmayo casi hasta morir.

PIEDRA DE TOQUE

¡Hola, payaso!

ROSALIND

Paz, tonto: no es tu pariente.

CORIN

¿Quién llama?

PIEDRA DE TOQUE

Sus superiores, señor.

CORIN

De lo contrario, son muy miserables.

ROSALIND

Paz, digo yo. Bien incluso para ti, amigo.

CORIN

Y a usted, gentil señor, y a todos ustedes.

ROSALIND

Te ruego, pastor, que si el amor o el oro
pueden en este lugar desértico comprar entretenimiento,
llévanos a un lugar donde podamos descansar y alimentarnos:
 aquí tienes a una joven doncella con el viaje muy oprimida
y se desmaya en busca de socorro.

CORIN

Hermoso señor, la compadezco
y deseo, por su bien más que por el mío,
que mi fortuna sea más capaz de aliviarla;
Pero yo soy pastor de otro hombre
y no esquilo los vellones que pastoreo.
 Mi señor es de carácter grosero
y poco se preocupa por encontrar el camino al cielo
haciendo obras de hospitalidad.
Además, su cote, sus rebaños y los límites de forraje
están ahora a la venta, y en nuestro cote de ovejas ahora,
 a causa de su ausencia, no hay nada
de lo que te alimentes, sino lo que es, ven a ver.
Y en mi voz seréis bienvenidos.

ROSALIND

¿Qué es el que comprará sus ovejas y sus pastos?

CORIN

Ese joven galán que viste aquí hace poco,
a ese pequeño le importa comprar cualquier cosa.

ROSALIND

Te ruego que, si es honrado,
compres la cabaña, el pasto y el rebaño,
 y tendrás que pagarlo por nosotros.

CELIA

Y enmendaremos tu salario. Me gusta este lugar.
Y de buena gana podría perder mi tiempo en él.

CORIN

Ciertamente, la cosa se va a vender:
ve conmigo: si quieres que se te informe
sobre la tierra, la ganancia y este tipo de vida,
 seré tu muy fiel alimentador
y lo compraré con tu oro de repente.

Salen

ESCENA V. El Bosque.

Entra en AMIENS, JAQUES y otros

CANCIÓN.

AMIENS

Bajo el árbol de madera verde
que ama acostarse conmigo,
 y volver su alegre nota
a la garganta del dulce pájaro,
 ven acá, ven acá, ven acá:
aquí no verá más enemigo
 que el invierno y el mal tiempo.

JAQUES

Más, más, supongo, más.

AMIENS

Le pondrá melancólico, señor Jaques.

JAQUES

Le doy las gracias. Más, supongo, más. Puedo chupar
la melancolía de una canción, como una comadreja chupa huevos.
Más, supongo, más.

AMIENS

Mi voz es entrecortada: sé que no puedo complacerte.

JAQUES

No deseo que me agrades; Deseo que
cantes. Ven, más; otro estanco: ¿los llamas estanzos?

AMIENS

Lo que usted quiera, señor Jaques.

JAQUES

No, no me importan sus nombres, no me deben
nada. ¿Vas a cantar?

AMIENS

Más a petición tuya que para complacerme a mí mismo.

JAQUES

Pues bien, si alguna vez agradezco a algún hombre, te lo agradeceré
a ti;
pero eso que llaman cumplido es como el encuentro
de dos perros-monos, y cuando un hombre me da las gracias de todo
corazón,
 me parece que le he dado un penique y él me da
las gracias de manera miserable. Ven, canta; y vosotros los que no
quisisteis
, callad.

AMIENS

Bueno, voy a terminar la canción. Señores, cubran el tiempo; El
duque beberá bajo este árbol. Él ha estado todo
este día para mirarte.

JAQUES

Y he estado todo este día para evitarlo. Es
demasiado discutible para mi compañía: pienso en tantos
asuntos como él, pero doy gracias al cielo y no me jacto
de ellos. Ven, gorjea, ven.
CANCIÓN.
¿Quién rehúye la ambición?

Todos juntos aquí

Y ama vivir bajo el sol,Buscando
 el alimento que come
Y complacido con lo que consigue,Ven
 acá, ven acá, ven acá:
Aquí no verá
enemigo sino el invierno y el mal tiempo.

JAQUES

Les voy a dar un verso a esta nota que hice
ayer a pesar de mi invención.

AMIENS

Y lo cantaré.

JAQUES

Así va:
 Si sucede
que algún hombre se vuelve asno,
 dejando su riqueza y comodidad,
una obstinada voluntad de agradar
, ducdame, ducdame, aquí
 verá a
tontos asquerosos como él,
 y si quiere venir a mí.

AMIENS

¿Qué es esa 'ducdame'?

JAQUES

Es una invocación griega, llamar a los tontos a un
círculo. Me iré a dormir, si puedo; si no puedo,
despotricaré contra todos los primogénitos de Egipto.

AMIENS

Y yo iré a buscar al duque: su banquete está preparado.

Exeunt separadamente

ESCENA VI. El bosque.

Entran ORLANDO y ADAM

ADÁN

Querido maestro, no puedo ir más lejos. ¡Oh, muero por comida!
Aquí me acuesto y mido mi tumba. Adiós,
amable maestro.

ORLANDO

¿Por qué, cómo ahora, Adán, no hay un corazón más grande en ti? Vive
un poco, consuela un poco, alégrate un poco.
Si este tosco bosque produce algo salvaje, yo seré
alimento para él o te lo traeré como alimento a
ti. Tu presunción está más cerca de la muerte que tus poderes.
Por amor a mí, siéntete cómodo; mantén la muerte por un tiempo al
límite de tu brazo: aquí estaré contigo dentro de poco.
y si no te traigo de comer,
te dejaré morir; pero si mueres antes de que yo
venga, eres un burlador de mi trabajo. ¡Bien dicho!
Mira alegremente, y yo estaré contigo pronto.
Sin embargo, yaces en el aire sombrío: ven, yo te llevaré
a algún refugio, y no morirás por
falta de cena, si es que hay algo en este
desierto. ¡Alegre, buen Adán!

Salen

ESCENA VII. El bosque.

Una mesa dispuesta. Entran DUKE SENIOR, AMIENS y Lords como forajidos

DUQUE MAYOR

Creo que se transformará en una bestia;
Porque en ninguna parte puedo encontrarlo como a un hombre.

Primer Señor

Mi señor, ya se ha ido de aquí:
aquí estaba alegre, oyendo una canción.

DUQUE MAYOR

Si él, compacto de jarras, se vuelve musical,
 pronto tendremos discordia en las esferas.
Ve y búscalo: dile que hablaré con él.

Entra en JAQUES

Primer Señor

Él salva mi trabajo con su propio enfoque.

DUQUE MAYOR

¿Cómo, ahora, señor!, ¿qué vida es ésta,
que tus pobres amigos tienen que cortejar a tu compañía?
¡Qué, te ves alegre!

JAQUES

¡Un tonto, un tonto! Conocí a un tonto en el bosque,
 un tonto abigarrado, un mundo miserable.
Como vivo de la comida, conocí a un tonto
que lo acostó y lo bañó al sol,
y despotricó contra la Dama Fortuna en buenos términos,
en buenos términos y, sin embargo, era un tonto abigarrado.
-Buenos días, tonto -dije yo. -No, señor -dijo él-.
No me llaméis tonto hasta que el cielo me haya enviado fortuna. Y
 entonces sacó una esfera de su sombrero
 y, mirándola con ojos apagados,
dijo muy sabiamente: «Son las diez;
 así podemos ver», dijo, «cómo se mueve el mundo.
Hace sólo una hora, desde que eran las nueve.
Y al cabo de una hora serán las once;
Y así, de hora en hora, maduramos y maduramos, Y
luego, de hora en hora, nos pudrimos y nos pudrimos;
Y así se cuelga un cuento. Cuando escuché
al abigarrado tonto tan moral en ese momento,
mis pulmones comenzaron a cantar como un canto,
Que los tontos deberían ser tan profundamente contemplativos,

Y me reí sin intermedio
Una hora junto a su dial. ¡Oh noble tonto!
¡Un digno tonto! Motley es la única prenda de vestir.

DUQUE MAYOR

¿Qué tonto es este?

JAQUES

¡Oh tonto digno! Uno que ha sido cortesano
y dice que si las damas son jóvenes y hermosas,
 tienen el don de saberlo, y en su cerebro,
que está tan seco como el resto de la galleta
después de un viaje, tiene lugares extraños atiborrados de
observación, los cuales ventila
en formas destrozadas. ¡Oh, si yo fuera un tonto!
Tengo la ambición de un abrigo abigarrado.

DUQUE MAYOR

Tendrás uno.

JAQUES

Es mi único traje;
Con tal de que deshierbes tus mejores juicios
De toda opinión que crezca en ellos
Que yo soy sabio. Debo tener libertad
, una carta tan grande como el viento,
para soplar sobre quien me plazca, porque así lo han hecho los
necios;
Y los que más se irritan con mi insensatez,
son los que más deben reír. ¿Y por qué, señor, han de ser así?
El "por qué" es tan claro como el camino a la iglesia parroquial:
 Aquel a quien un tonto golpea muy sabiamente
, hace muy tontamente, aunque sea inteligente,
 para no parecer insensato: si no,
la locura del hombre sabio es anatomizada
incluso por las miradas despilfarradoras del tonto.
Inviérteme en mi abigarrada, dame permiso
para decir lo que pienso, y limpiaré de principio a fin

el cuerpo asqueroso del mundo infectado,
 si reciben pacientemente mi medicina.

DUQUE MAYOR

¡Fie en ti! Puedo decir lo que harías.

JAQUES

¿Qué haría, por un contador, sino el bien?

DUQUE MAYOR

Pecado perverso y repugnante, al reprender el pecado:
Porque tú mismo has sido un libertino,Tan
 sensual como el mismo aguijón bruto;
Y todas las llagas resonantes y los males con cabeza
 que con licencia de pie libre has atrapado,
 quisieras devorar al mundo general.

JAQUES

¿Por qué, quién clama por la soberbia,
 que puede gravar allí a cualquier parte privada?
¿No fluye tan grandemente como el mar,
hasta que los medios cansados se desvanecen?
¿A qué mujer de la ciudad nombro,
cuando digo que la mujer de la ciudad lleva
el costo de los príncipes sobre hombros indignos?
¿Quién puede entrar y decir que me refiero a ella,
 cuando una persona como ella es su prójima?¿
O qué es el de la más baja función
que dice que su valentía no es de mi costo,
pensando que me refiero a él, sino que en ello concuerda
su locura con el temple de mi discurso?
¿Cómo, entonces, qué, entonces? Déjame ver en qué
le ha ofendido mi lengua: si le ha hecho bien,
entonces se ha agraviado a sí mismo; si es libre,
¿por qué, pues, vuela mi tributación como un ganso salvaje
, sin que nadie lo reclame? Pero, ¿quién viene aquí?

Entra ORLANDO, con la espada desenvainada

ORLANDO

Absténganse y no coman más.

JAQUES

Vaya, todavía no he comido nada.

ORLANDO

Y no lo hará, hasta que la necesidad sea satisfecha.

JAQUES

¿De qué clase debería salir este gallo?

DUQUE MAYOR

¿Eres tan valiente, hombre, con tu aflicción,
o eres un grosero despreciador de los buenos modales,
 que en cortesía pareces tan vacío?

ORLANDO

Al principio tocaste mi vena: la punta espinosa de la
angustia desnuda ha recibido de mí el alarde
de una suave cortesía; sin embargo, me crié tierra adentro
y conozco alguna crianza. Pero no me diga:
Muere el que toca algo de este fruto hasta que
yo y mis asuntos seamos resueltos.

JAQUES

Y no serás respondido con razón, debo morir.

DUQUE MAYOR

¿Qué tendrías? Tu mansedumbre nos forzará
Más de lo que tu fuerza nos moverá a la mansedumbre.

ORLANDO

Casi me muero por comida; y déjame tenerlo.

DUQUE MAYOR

Siéntese y alimente, y bienvenido a nuestra mesa.

ORLANDO

¿Hablas tan suavemente? Perdóname, te lo ruego:
pensé que todas las cosas habían sido salvajes aquí;
Y por eso me puse en el semblante
de un mandamiento severo. Pero seas lo que seas
Que en este desierto inaccesible,
Bajo la sombra de ramas melancólicas,
Pierdes y descuidas las horas que se arrastran del tiempo
Si alguna vez has mirado en días mejores,
Si alguna vez has estado donde las campanas han tocado para ir a la
iglesia,
 Si alguna vez te sentaste en el banquete de algún hombre bueno,
 Si alguna vez de tus párpados se secó una lágrima
Y sabes lo que es compadecerse y ser compadecido,
Sea la mansedumbre mi fuerte imposición:
En cuya esperanza me ruborizo, y escondo mi espada.

DUQUE MAYOR

Es cierto que hemos visto días mejores,
y con la santa campana hemos sido llevados a la iglesia
y nos hemos sentado en las fiestas de los hombres buenos y nos
hemos limpiado los ojos
de las gotas que la sagrada piedad ha engendrado:
 y por lo tanto, siéntate con mansedumbre
y toma sobre la orden la ayuda que tenemos
, para que a tu necesidad se sirva.

ORLANDO

Entonces, no hagas más que esperar un poco de tu comida,
mientras, como una cierva, voy a buscar a mi cervatillo
y le doy de comer. Hay un pobre hombre viejo,
que después de mí ha dado muchos pasos cansados
, cojeando en puro amor: hasta que primero sea suficiente,
 oprimido por dos males débiles, la edad y el hambre,
 no tocaré ni un poco.

DUQUE MAYOR

Ve a buscarlo,
y no desperdiciaremos nada hasta que regreses.

ORLANDO

Os doy las gracias; ¡Y sea bendito por tu buen consuelo!

Salida

DUQUE MAYOR

Ya ves que no estamos solos infelices:
este amplio y universal teatro
presenta desfiles más tristes que la escena
en que actuamos.

JAQUES

Todo el mundo es un escenario,Y
todos los hombres y mujeres no son más que actores:
Tienen sus salidas y sus entradas;
Y un hombre en su tiempo desempeña muchos papeles,
 siendo Sus actos siete edades. Al principio, el bebé,
maullando y vomitando en los brazos de la nodriza.
Y luego el colegial quejumbroso, con su cartera y su
rostro resplandeciente de la mañana, arrastrándose como un caracol
a regañadientes a la escuela. Y entonces el amante,
suspirando como un horno, con una balada lamentable
hecha a la ceja de su amante. Entonces un soldado,Lleno
de juramentos extraños y barbudo como el pardo,Celoso en el
 honor, repentino y rápido en la pelea,Buscando
 la reputación de la burbuja
Incluso en la boca del cañón. Y luego la justicia,En
vientre rubio y redondo con buen capón forrado,Con
 ojos severos y barba de corte formal,Llena
 de sabias sierras y ejemplos modernos;
Y así desempeña su papel. La sexta edad se
transforma en el pantalón delgado y calzado,
 con gafas en la nariz y bolsa en el costado,
sus medias juveniles, bien guardadas, un mundo demasiado ancho
para su pierna encogida, y su gran voz varonil,
volviéndose de nuevo hacia los agudos infantiles, flauta
y silbidos en su sonido. La última escena de todas,
que pone fin a esta extraña historia llena de acontecimientos,

es la segunda puerilidad y el mero olvido,
sin dientes, sin ojos, sin gusto, sin todo.

Vuelve a entrar en ORLANDO, con ADAM

DUQUE MAYOR

Bienvenido. Deja tu venerable carga,
y déjalo alimentar.

ORLANDO

Les agradezco mucho por él.

ADÁN

Así que necesitaba:
Apenas puedo hablar para agradecerle por mí mismo.

DUQUE MAYOR

Bienvenidos, caigan en: No os molestaré
todavía, para preguntaros sobre vuestra suerte.
Danos algo de música y, buen primo, canta.
CANCIÓN.

AMIENS

Sopla, sopla, viento invernal.
No eres tan cruel
como la ingratitud del hombre;
Tu diente no es tan agudo,
 porque no te ven,
aunque tu aliento sea rudo.
¡Oye! canta, ¡oye! al verde acebo:
La mayor parte de la amistad es fingida, la mayoría de las amores
son meras locuras:
Entonces, ¡heigh-ho, el acebo!
Esta vida es de lo más alegre.
Congela, congela, cielo amargo,
que no muerdes tan cerca
como los beneficios olvidados:
 aunque las aguas se tuerzan,
tu aguijón no es tan agudo

como amigo no recuerda.
¡Oye!, canta, etc.

DUQUE MAYOR

Si tú eras el hijo del buen Sir Rowland,
como has susurrado fielmente que lo eras,
 y como mis ojos atestiguan sus efigies
 verdaderamente limadas y vivas en tu rostro,
sé verdaderamente bienvenido aquí: soy el duque
que amó a tu padre, el residuo de tu fortuna,
ve a mi cueva y dime. Buen anciano,
 eres bienvenido como lo es tu amo.
Apóyalo por el brazo. Dame tu mano,
y déjame entender toda tu fortuna.

Salen

ACTO III

ESCENA I. Una habitación en el palacio.

Entran DUKE FREDERICK, Lords y OLIVER

DUQUE FREDERICK

¿No lo has vuelto a ver desde entonces? Señor, señor, eso no puede
ser:
 pero si yo no tuviera misericordia en su mejor parte,
 no buscaría un argumento ausente
de mi venganza, tú presente. Mira a él:
 Averigua a tu hermano, dónde está;
Búscalo con una vela, tráelo vivo o muerto
dentro de estos doce meses, o no te conviertas
más para buscar la vida en nuestro territorio.
Tus tierras y todas las cosas que llamas tuyas son
dignas de ser confiscadas y las confiscamos en nuestras manos,
 hasta que puedas abandonarte por boca de tus hermanos
de lo que pensamos contra ti.

OLIVER

¡Oh, si Vuestra Alteza conociera mi corazón en esto!
Nunca amé a mi hermano en mi vida.

DUQUE FREDERICK

Más villano tú. Bueno, empújalo fuera de las puertas;
Y que mis oficiales de tal naturaleza
se extiendan por su casa y sus tierras:
Hagan esto convenientemente y háganlo partir.

Salen

ESCENA II. El bosque.

Entra a ORLANDO, con un papel

ORLANDO

Cuelga allí, mi verso, en testimonio de mi amor:
Y tú, tres veces coronada reina de la noche, examina
con tu casto ojo, desde tu pálida esfera arriba, el
nombre de tu cazadora que mi vida completa oscila.
¡Oh Rosalinda!, estos árboles serán mis libros
, y en sus cortezas plasmaré mis pensamientos;
Que todo ojo que mire en este bosque
verá tu virtud atestiguada en todas partes.
Corre, corre, Orlando; esculpe en cada árbol
la bella, la casta e inexpresiva ella.

Salida

Entra en CORIN y TOUCHSTONE

CORIN

¿Y qué te parece la vida de este pastor, Maestro Piedra de Toque?

PIEDRA DE TOQUE

Verdaderamente, pastor, en cuanto a sí misma, es una vida buena
, pero en cuanto a que es la vida de un pastor,
no es nada. En cuanto a que es solitaria, me
gusta mucho; pero en cuanto a que es
privada, es una vida muy vil. Ahora bien, en lo que
 respecta a esto, en el campo, me agrada mucho; pero en

cuanto a ello, no está en la corte, es tedioso. Como
es una vida libre, mira, me queda bien con mi humor;
pero como ya no hay abundancia en él, va mucho
en contra de mi estómago. ¿Tienes alguna filosofía en ti, pastor?

CORIN

No más, sino que sé que cuanto más se enferma uno,
peor se siente a gusto, y que el que necesita dinero,
 medios y contento se queda sin tres buenos amigos;
que la propiedad de la lluvia es mojar y el fuego
quemar; que los buenos pastos engordan las ovejas, y que una
gran causa de la noche es la falta de sol; que
el que no ha aprendido el ingenio ni el arte por naturaleza puede
quejarse de la buena crianza o proviene de una familia muy torpe.

PIEDRA DE TOQUE

Tal persona es un filósofo natural. ¿Has estado alguna vez en
la corte, pastor?

CORIN

No, de verdad.

PIEDRA DE TOQUE

Entonces estás condenado.

CORIN

No, espero.

PIEDRA DE TOQUE

En verdad, estás condenado como un huevo mal asado, todo
por un lado.

CORIN

¿Por no estar en la corte? Tu razón.

PIEDRA DE TOQUE

Pues, si nunca estuviste en la corte, nunca viste
buenos modales; si nunca viste buenos modales,
entonces tus modales deben ser malos; y la maldad es

pecado, y el pecado es condenación. Estás en un estado lamentable
, pastor.

CORIN

Ni un ápice, Touchstone: los que son de buenos modales
en la corte son tan ridículos en el campo como el
comportamiento del país es más ridículo en la
corte. Me dijiste que no saludas en la corte, sino
que te besas las manos: esa cortesía sería
impura si los cortesanos fueran pastores.

PIEDRA DE TOQUE

Ejemplo, brevemente; Vamos, instancia.

CORIN

Bueno, todavía estamos manejando a nuestras ovejas, y sus
hechas, ya sabes, son grasientas.

PIEDRA DE TOQUE

¿Por qué no sudan las manos de tu cortesano, y la
grasa de un cordero no es tan saludable como el sudor de
un hombre? Poco profundo, poco profundo. Un mejor ejemplo, digo
yo; venirse.

CORIN

Además, nuestras manos son duras.

PIEDRA DE TOQUE

Tus labios los sentirán más pronto. Superficial de nuevo.
Un ejemplo más sólido, ven.

CORIN

Y a menudo se manchan con la cirugía de
nuestras ovejas: ¿y queréis que besemos el alquitrán? Las
manos del cortesano están perfumadas con civeta.

PIEDRA DE TOQUE

¡Hombre muy superficial!, ¡carne de gusanos, como un
buen pedazo de carne! Aprended de los sabios, y

perpende: la civeta es de un nacimiento más bajo que el alquitrán, el flujo muy impuro de un gato. Arregla el caso, pastor.

CORIN

Tienes un ingenio demasiado cortesano para mí: descansaré.

PIEDRA DE TOQUE

¿Vas a ser condenado? ¡Que Dios te ayude, hombre superficial! ¡Dios haga incisión en ti!, estás en carne viva.

CORIN

Señor, soy un verdadero trabajador: gano lo que como, obtengo lo que me visto, no le debo odio a nadie, no envidio
 la felicidad de nadie, me alegro del bien de los demás, me contento con mi
mal, y el mayor de mis orgullos es ver pastar a mis ovejas
y a mis corderos mamar.

PIEDRA DE TOQUE

Ese es otro pecado simple en Uds., juntar las ovejas
y los carneros y ofrecerse a ganarse
la vida con la cópula del ganado, ser despreciado por un
campanero, y traicionar a una oveja de
doce meses a un carnero torcido, viejo y,
fuera de toda coincidencia razonable. Si no eres
condenado por esto, el diablo mismo no tendrá
pastores; No veo otra cosa que puedas
escapar.

CORIN

Aquí viene el joven maestro Ganímedes, el hermano de mi nueva amante.

Entra ROSALIND, con un papel, leyendo

ROSALIND

De este a oeste de India,
ninguna joya es como Rosalind.
Su valor, al estar montado en el viento,

a través de todo el mundo lleva a Rosalind.
Todos los cuadros más rayados
son negros para Rosalind.
Que no se tenga en cuenta otra feria que
la feria de Rosalinda.

PIEDRA DE TOQUE

Te rimaré así ocho años juntos, cenas
y cenas y horas de sueño exceptuando: es el
rango adecuado para las mujeres de mantequilla para comercializar.

ROSALIND

¡Fuera, tonto!

PIEDRA DE TOQUE

Para probar:
Si a un ciervo le falta una cierva,
 que busque a Rosalind.
Si el gato lo hará,
seguro que Rosalind lo hará.
Las prendas de invierno deben estar forradas,
 al igual que la esbelta Rosalind.
Los que siegan, deben amajar y atar;
Luego a la cesta con Rosalind.
La nuez más dulce tiene la cáscara más agria,
 tal nuez es Rosalinda.
Él, la rosa más dulce, encontrará
 la del amor y Rosalind.
Este es el falso galope de los versos: ¿por qué te contagias
de ellos?

ROSALIND

¡Paz, tonto tonto! Los encontré en un árbol.

PIEDRA DE TOQUE

Verdaderamente, el árbol da malos frutos.

ROSALIND

Lo injertaré contigo, y luego lo injertaré
con un níspero: entonces será el fruto más temprano
del país, porque estarás podrido antes de que estés medio
maduro, y esa es la verdadera virtud del níspero.

PIEDRA DE TOQUE

Tú lo has dicho; pero sea sabiamente o no, que el
bosque juzgue.

Entra en CELIA, con una escritura

ROSALIND

¡Paz! Ahí viene mi hermana, leyendo: hazte a un lado.

CELIA

[Lee]¿
Por qué debería ser esto un desierto?
¿Porque está despoblada? No:
Lenguas colgaré en cada árbol,Que
 mostrarán los dichos civiles:
Algunos, cuán breve es la vida del hombre
Corre su peregrinación errante,Que
 el estiramiento de un palmo
se dobla en su suma de edad;
Algunos, de votos violados
' Entre las almas de amigos y amigos:
Pero en las ramas más hermosas,O
al final de cada frase,Escribiré
 yo, Rosalinda,Enseñando
 a todos los que leen a conocer
La quintaesencia de cada duende
El Cielo sería en poco espectáculo.
Por lo tanto, la naturaleza del cielo ordenó
que un cuerpo se llenara de
todas las gracias ampliadas:
 la naturaleza destiló
pronto la mejilla de Helena, pero no su corazón,
 la majestad de Cleopatra,
 la mejor parte de Atalanta,

la modestia de la triste Lucrecia.
De este modo, Rosalinda de muchas partes
Por el sínodo celestial fue concebida,De
 muchos rostros, ojos y corazones,Para
que las caricias más queridas sean apreciadas.
Quiera el cielo que ella tenga estos dones,
y que yo viva y muera su esclavo.

ROSALIND

¡Oh dulcísimo púlpito!, ¡qué tediosa homilía de amor
has fatigado a tus feligreses, y nunca
has gritado: «¡Tened paciencia, gente buena!»

CELIA

¡Cómo ahora! ¡De vuelta, amigos! Pastor, aléjate un poco.
Ve con él, señora.

PIEDRA DE TOQUE

Ven, pastor, hagamos una retirada honorable;
aunque no con bolsa y equipaje, sí con alforja y alforja.

Exeunt CORIN y TOUCHSTONE

CELIA

¿Oíste estos versículos?

ROSALIND

Oh, sí, los oí a todos, y también más, porque algunos de
ellos tenían en sí más pies de los que podían llevar los versículos.

CELIA

Eso no importa: los pies pueden llevar los versículos.

ROSALIND

¡Ay!, pero los pies eran cojos y no podían sostenerse
sin el versículo, y por lo tanto permanecían
débiles en el versículo.

CELIA

Pero, ¿oíste sin preguntarte cómo tu nombre
había de ser colgado y tallado en estos árboles?

ROSALIND

Estuve siete de los nueve días fuera de la maravilla antes de
que tú llegaras, porque mira aquí lo que encontré en una
palmera. Desde los
tiempos de Pitágoras, nunca había sido tan rimado que fuera una rata
irlandesa, que
apenas puedo recordar.

CELIA

¿Tú quién ha hecho esto?

ROSALIND

¿Es un hombre?

CELIA

Y una cadena, que una vez llevaste, alrededor de su cuello.
¿Cambiar de color?

ROSALIND

¿Quién?

CELIA

¡Oh Señor, Señor!, es un asunto difícil para los amigos
encontrarse; pero las montañas pueden ser removidas con terremotos
y así encontrarse.

ROSALIND

No, pero ¿quién es?

CELIA

¿Es posible?

ROSALIND

No, te ruego ahora con la mayor vehemencia suplicante,
 dime quién es.

CELIA

¡Oh maravilloso, maravilloso, y maravillosamente
maravilloso!, y aún de nuevo maravilloso, y después de eso,
 ¡fuera de todo arro!

ROSALIND

¿Crees que, aunque estoy
vestido como un hombre, tengo un jubón y unas medias en
mi disposición? Una pulgada de retraso más es un
mar del Sur de descubrimientos; Te pregunto, dime quién es
rápidamente, y habla a buen ritmo. Ojalá pudieras
tartamudear para que pudieras derramar
de tu boca a este hombre oculto, como el vino sale de una botella de
boca estrecha
, ya sea demasiado de una vez, o nada en
absoluto. Te ruego que saques el corcho de tu boca para que
beba tus nuevas.

CELIA

Así que puedes poner un hombre en tu vientre.

ROSALIND

¿Es él obra de Dios? ¿Qué clase de hombre? ¿Su
cabeza vale un sombrero, o su barbilla vale una barba?

CELIA

No, no tiene más que un poco de barba.

ROSALIND

Pues, Dios enviará más, si el hombre es
agradecido: déjame detener el crecimiento de su barba, si
no me demoras en conocer su barbilla.

CELIA

Es el joven Orlando, que hizo tropezar los talones del luchador
y tu corazón en un instante.

ROSALIND

No, sino que el diablo se burla de él: habla, frente triste y verdadera doncella.

CELIA

A fe mía, porque es él.

ROSALIND

¿Orlando?

CELIA

Orlando.

ROSALIND

¡Ay!, ¿qué haré con mi jubón y mis
medias? ¿Qué hizo cuando lo viste? ¿Qué dijo
él? ¿Qué aspecto tenía? ¿A dónde se fue? ¿Por qué
está aquí? ¿Preguntó por mí? ¿Dónde queda?
¿Cómo se separó de ti, y cuándo volverás
a verlo? Respóndeme en una palabra.

CELIA

Primero debes tomarme prestada la boca de Gargantúa: es una
palabra demasiado grande para una boca del tamaño de esta edad.
Decir
sí y no a estos detalles es más que
responder en un catecismo.

ROSALIND

¿Y sabe él que estoy en este bosque y vestido
de hombre? ¿Se ve tan fresco como el
día que luchó?

CELIA

Es tan fácil contar átomos como resolver las
proposiciones de un amante; pero pruebe mi
hallazgo y disfrútelo con buena observación.
Lo encontré debajo de un árbol, como una bellota.

ROSALIND

Bien puede ser llamado el árbol de Júpiter, cuando produce tal fruto.

CELIA

Dame público, buena señora.

ROSALIND

Proceder.

CELIA

Allí yacía, tendido, como un caballero herido.

ROSALIND

Aunque sea una lástima ver semejante espectáculo, bien se convierte en tierra.

CELIA

Grita 'hola' a tu lengua, te lo ruego; se curva a destiempo. Estaba amueblado como un cazador.

ROSALIND

¡Oh, ominoso! Viene a matar mi corazón.

CELIA

Cantaría mi canción sin carga: tú me desafinas.

ROSALIND

¿No sabéis que soy una mujer? cuando pienso, tengo que hablar. Dulce, di.

CELIA

Tú me sacas a mí. ¡Suave! ¿No viene aquí?

Entra ORLANDO y JAQUES

ROSALIND

Es él: escabulléndose y fíjate en él.

JAQUES

Le agradezco su compañía, pero, de buena fe, hubiera
sido yo solo.

ORLANDO

Y yo también lo había hecho; pero sin embargo, por el bien de la
moda, también les agradezco a ustedes
por su compañía.

JAQUES

Que Dios te acompañe: encontrémonos lo menos que podamos.

ORLANDO

Deseo que seamos mejores extraños.

JAQUES

Te ruego que no estropees más los árboles escribiendo
canciones de amor en sus cortezas.

ORLANDO

Te ruego que no estropees más mis versos
leyéndolos con malos favores.

JAQUES

¿Rosalind es el nombre de tu amor?

ORLANDO

Sí, sólo.

JAQUES

No me gusta su nombre.

ORLANDO

No había ningún pensamiento de complacerte cuando fue
bautizada.

JAQUES

¿De qué estatura es?

ORLANDO

Tan alto como mi corazón.

JAQUES

Estás lleno de respuestas bonitas. ¿No has
conocido a las mujeres de los orfebres y las has estafado
con anillos?

ORLANDO

No es así, pero te respondo directamente tela pintada, de
donde has estudiado tus preguntas.

JAQUES

Tienes un ingenio ágil: creo que estaba hecho de
tacones de Atalanta. ¿Te sentarás conmigo? y
nosotros dos despotricaremos contra nuestra señora, el mundo y
toda nuestra miseria.

ORLANDO

No reprenderé a nadie en el mundo sino a mí mismo,
contra quien conozco la mayoría de las faltas.

JAQUES

El peor defecto que tienes es estar enamorado.

ORLANDO

Es un defecto que no cambiaré por tu mejor virtud.
Estoy cansado de ti.

JAQUES

Por mi parte, estaba buscando a un tonto cuando te encontré
.

ORLANDO

Se ha ahogado en el arroyo: mirad adentro, y
lo veréis.

JAQUES

Allí veré mi propia figura.

ORLANDO

Lo cual considero o un tonto o una cifra.

JAQUES

No me demoraré más contigo: adiós, buen
Signior Love.

ORLANDO

Me alegro de su partida: adiós, buen señor
Melancolía.

Salir de JAQUES

ROSALIND

Le hablaré como a un
lacayo descarado y, por esa costumbre, jugaré con él.
¿Oyes, guardabosques?

ORLANDO

Muy bien: ¿qué harías?

ROSALIND

Te ruego, ¿qué es lo que no es la hora?

ORLANDO

Deberías preguntarme qué hora del día: no hay reloj
en el bosque.

ROSALIND

Entonces no hay un verdadero amante en el bosque; de lo contrario,
suspirando a cada minuto y gimiendo a cada hora, detectaría
el perezoso pie del Tiempo tan bien como un reloj.

ORLANDO

¿Y por qué no el rápido pie del Tiempo?, ¿no había sido tan
apropiado?

ROSALIND

De ninguna manera, señor: el tiempo viaja a diversos ritmos con diversas personas. Te diré con quién deambula el Tiempo , con quién trota el Tiempo, con quién galopa el Tiempo y con quién se detiene.

ORLANDO

Te pregunto, ¿con quién trota?

ROSALIND

Al casarse, trota con una joven doncella entre el contrato de su matrimonio y el día en que se solemniza: si el ínterin no es más que una noche, el ritmo del tiempo es tan duro que parece la duración de siete años.

ORLANDO

¿Quién deambula con el Tiempo?

ROSALIND

Con un sacerdote que carece de latín y un hombre rico que no tiene gota, porque el uno duerme tranquilo porque no puede estudiar, y el otro vive alegremente porque no siente dolor, el uno sin la carga de la erudición magra y derrochadora, el otro sin conocer la carga de la pesada y tediosa penuria, el tiempo deambula con él.

ORLANDO

¿Con quién galopa?

ROSALIND

Con un ladrón a la horca, porque aunque camina tan suavemente como pueden caer los pies, cree que allí es demasiado pronto.

ORLANDO

¿Quién se queda quieto?

ROSALIND

Con los abogados en las vacaciones, porque duermen entre
un término y otro y luego no perciben cómo se mueve el tiempo.

ORLANDO

¿Dónde habitas tú, linda joven?

ROSALIND

Con esta pastora, mi hermana, aquí en las
faldas del bosque, como flecos sobre una enagua.

ORLANDO

¿Eres nativo de este lugar?

ROSALIND

Como el cono que ves habita donde se enciende.

ORLANDO

Su acento es algo más fino de lo que podría
comprar en una vivienda tan alejada.

ROSALIND

De muchos me lo han dicho, pero en verdad
me enseñó a hablar un viejo tío mío religioso, que
en su juventud era un hombre de interior, que conocía demasiado
bien el cortejo
, porque allí se enamoró. Le he oído
leer muchos sermones en contra de ella, y doy gracias a Dios
 de no ser una mujer, para ser tocada con tantas
ofensas vertiginosas como las que generalmente ha gravado
a todo su sexo.

ORLANDO

¿Recuerdas alguno de los principales males que atribuyó
a las mujeres?

ROSALIND

No había ningún principal; todos eran iguales entre sí
como lo son los medios peniques, y cada una de las faltas parecía
monstruosa hasta que su compañera llegaba a igualarlas.

ORLANDO

Te ruego que te ruego que te cuentes algunas de ellas.

ROSALIND

No, no desecharé mi físico, sino a los que
están enfermos. Hay un hombre que frecuenta el bosque, que
maltrata nuestras plantas jóvenes con el tallado de "Rosalinda" en
sus cortezas; cuelga odas en los espinos y elegías
en las zarzas, todo, por cierto, deificando el nombre de
Rosalind: si pudiera encontrarme con ese fantasioso
, le daría algunos buenos consejos, porque parece tener el
cotidiano del amor sobre él.

ORLANDO

Yo soy el que está tan sacudido por el amor: te ruego que me digas
tu remedio.

ROSALIND

No hay ninguna de las marcas de mi tío en ti: él
me enseñó a conocer a un hombre enamorado, en cuya jaula
de juncos estoy seguro de que no estás prisionero.

ORLANDO

¿Cuáles fueron sus marcas?

ROSALIND

Una mejilla delgada, que tú no tienes, unos ojos azules y
hundidos, que no tienes, un espíritu incuestionable
, que no tienes, una barba descuidada,
que no tienes; pero te perdono por eso, porque
el simple hecho de tener barba es el ingreso de un hermano menor
: entonces tu calza debería estar sin arte, tu
sombrero sin vendas, Con la manga desabrochada, el zapato
desatado y todo lo que te rodea demuestra una
desolación descuidada; pero tú no eres tal hombre; Eres
más bien un artificio en tus atavíos como
si te amaras a ti mismo que como si parecieras el amante de
cualquier otro.

ORLANDO

Hermosa juventud, ojalá pudiera hacerte creer que amo.

ROSALIND

¡Créeme!, tan pronto como puedas hacer que la que
amas lo crea, lo cual, te garantizo, es más propensa a
hacer que a confesar que lo hace: ese es uno de los
puntos en los que las mujeres todavía desmienten a
sus conciencias. Pero, en verdad, ¿eres tú el
que cuelga los versos en los árboles, en los que Rosalinda
es tan admirada?

ORLANDO

Te juro, joven, por la blanca mano de
Rosalinda, que soy ese él, ese desdichado él.

ROSALIND

Pero, ¿estás tan enamorado como dicen tus rimas?

ORLANDO

Ni la rima ni la razón pueden expresar cuánto.

ROSALIND

El amor no es más que una locura, y os digo que merece
una casa oscura y un látigo como los locos, y
la razón por la que no son tan castigados y curados
es que la locura es tan ordinaria que los azotadores
también están enamorados. Sin embargo, profeso curarla por medio
de consejos.

ORLANDO

¿Alguna vez curaste algo así?

ROSALIND

Sí, uno, y de esta manera. Había de imaginarme
a mí como su amada, su amante, y yo le ponía todos los días a
cortejarme: en cuyo momento yo, que no era más que un joven de
luna

, me afligía, me afeminaba, me cambiaba, anhelaba
y agradaba, era orgulloso, fantástico, simio, superficial,
 inconstante, lleno de lágrimas, lleno de sonrisas, por cada
pasión algo y por ninguna pasión verdaderamente ninguna
cosa. como los muchachos y las mujeres son en su mayor parte
ganado de este color; ahora lo quisieran, ahora lo aborrecieran
; luego lo entretengan, luego lo malinterpreten; ahora lloren
por él, luego le escupan; que yo saque a mi pretendiente
de su loco humor de amor a un vivo humor de
locura; que era, renunciar a toda la corriente
del mundo, y vivir en un rincón meramente monástico.
Y así lo curé, y de esta manera me encargaré de
lavar tu hígado tan limpio como el corazón de una oveja sana
, para que no quede una sola mancha de amor en ella.

ORLANDO

Yo no me curaría, joven.

ROSALIND

Te curaría si me llamaras Rosalind
y vinieras todos los días a mi casa y me cortejaras.

ORLANDO

Ahora, por la fe de mi amor, dime
dónde está.

ROSALIND

Acompáñame a ella y te la mostraré, y de paso
me dirás en qué parte del bosque vives.
¿Irás?

ORLANDO

De todo corazón, buena juventud.

ROSALIND

No, debes llamarme Rosalind. Ven, hermana, ¿irás?

Salen

ESCENA III. El bosque.

Entran TOUCHSTONE y AUDREY; JAQUES detrás

PIEDRA DE TOQUE

Ven rápido, buena Audrey: voy a buscar tus
cabras, Audrey. ¿Y cómo, Audrey? ¿Soy yo el hombre todavía?
¿Te satisface mi simple función?

AUDREY

¡Tus características! ¡Señor, nos garantice! ¡Qué características!

PIEDRA DE TOQUE

Estoy aquí contigo y con tus machos cabríos, como el poeta más
caprichoso, el honrado Ovidio, lo estuvo entre los godos.

JAQUES

¡Oh conocimiento mal habitado, peor que Júpiter
en una casa con techo de paja!

PIEDRA DE TOQUE

Cuando los versos de un hombre no pueden ser entendidos, ni
el buen ingenio de un hombre puede ser secundado con el
entendimiento de un niño
, al hombre le parece más muerto que un
gran ajuste de cuentas en una pequeña habitación. En verdad, ojalá
los dioses te hubieran hecho poético.

AUDREY

No sé qué es lo "poético": ¿es honesto en
los hechos y en las palabras?, ¿es algo verdadero?

PIEDRA DE TOQUE

No, en verdad, porque la poesía más verdadera es la más
fingida, y los amantes son dados a la poesía, y lo
que juran en poesía se puede decir como amantes que fingen.

AUDREY

¿Queréis entonces que los dioses me hayan hecho poético?

PIEDRA DE TOQUE

Sí, en verdad, porque me juras que eres
honrado; ahora, si fueras poeta, podría tener alguna
esperanza de que fingiste.

AUDREY

¿No me queréis sincerar?

PIEDRA DE TOQUE

No, en verdad, a no ser que fueras muy favorecido, porque
la honradez unida a la belleza es tener miel y salsa al azúcar.

JAQUES

[Aparte] ¡Un tonto material!

AUDREY

Bueno, no soy justo, y por lo tanto ruego a los dioses
que me hagan honesto.

PIEDRA DE TOQUE

En verdad, y desechar la honradez de una puta inmunda
sería poner buena carne en un plato inmundo.

AUDREY

No soy una puta, aunque doy gracias a los dioses por ser asquerosa.

PIEDRA DE TOQUE

¡Alabados sean los dioses por tu inmundicia!
La putería puede venir en el más allá. Pero sea como fuere
, me casaré contigo, y con ese fin he estado
con Sir Oliver Martext, el vicario de la aldea vecina
, quien ha prometido reunirse conmigo en este lugar
del bosque y emparejarnos.

JAQUES

[Aparte] Me gustaría ver esta reunión.

AUDREY

Bueno, ¡los dioses nos dan alegría!

PIEDRA DE TOQUE

Amén. Un hombre puede, si tuviera un corazón temeroso, tambalearse en este intento, porque aquí no tenemos más templo que el bosque, ni asamblea sino bestias con cuernos. ¿Pero qué ? ¡A continuación! Como los cuernos son odiosos, son necesarios. Se dice: "Muchos hombres conocen el fin de sus bienes"; muchos hombres tienen buenos cuernos, y conocen el fin de ellos. Bueno, esa es la dote de su esposa; No es algo que él reciba. ¿Trompetas? Aun así. ¿Pobres hombres solos? No, no; el ciervo más noble los tiene tan grandes como el bribón. ¿Es, por tanto, bendito el hombre soltero? No: como una ciudad amurallada es más digna que una aldea, así es más honrosa la frente de un hombre casado que la frente desnuda de un soltero; y por cuánta defensa es mejor que ninguna habilidad, por tanto es un cuerno más precioso que la necesidad. Aquí viene Sir Oliver.

Entra SIR OLIVER MARTEXT

Sir Oliver Martext, usted es usted muy bien recibido: ¿nos enviará aquí bajo este árbol, o iremos con usted a su capilla?

SIR OLIVER MARTEXT

¿No hay nadie aquí para darle a la mujer?

PIEDRA DE TOQUE

No la tomaré como regalo de ningún hombre.

SIR OLIVER MARTEXT

Verdaderamente, ella debe ser dada, o el matrimonio no es lícito.

JAQUES

[Avanzando]
 Adelante, proceda y le daré.

PIEDRA DE TOQUE

Bueno incluso, buen señor ¿Cómo se llama usted,
señor? Estáis muy bien recibidos: Dios os haya reservado para vuestra
última compañía: me alegro mucho de veros; incluso con un
juguete en la mano, señor; no, os ruego que os cubráis.

JAQUES

¿Te casarás, variopinto?

PIEDRA DE TOQUE

Como el buey tiene su arco, señor, el caballo su bordillo y
el halcón sus cascabeles, así el hombre tiene sus deseos; y
como las palomas pican, así sería el matrimonio mordisqueo.

JAQUES

¿Y tú, siendo un hombre de tu raza, te casarás debajo de
un arbusto como un mendigo? Llevad a la
iglesia, y tened un buen sacerdote que os diga
lo que es el matrimonio: este hombre os unirá como se unen a los
madereros; entonces uno de vosotros
resultará ser un panel encogido y, como madera verde, deformarse,
deformarse.

PIEDRA DE TOQUE

No creo que yo no esté en mi opinión, pero sería mejor
casarme con él que con otro, porque él no es de
bien casarse conmigo; y no estando bien casado,
me será un buen pretexto dejar a mi mujer en lo sucesivo.

JAQUES

Ve conmigo y déjame aconsejarte.

PIEDRA DE TOQUE

—Vamos, dulce Audrey:
tenemos que casarnos, o tenemos que vivir en un ambiente obsceno.
Adiós, buen maestro Oliver: no,--
Oh dulce Oliver,

oh valiente Oliver,
 no me dejes detrás de ti, sino ,--
Vete
, te digo,
 no quiero casarme contigo.

Exeunt JAQUES, TOUCHSTONE y AUDREY

SIR OLIVER MARTEXT

No importa: ni una sola criatura fantástica de todos ellos
me desaparecerá de mi vocación.

Salida

ESCENA IV. El bosque.

Entra ROSALIND y CELIA

ROSALIND

Nunca me hables; Voy a llorar.

CELIA

Hazlo, lo ruego, pero ten la gracia de considerar
que las lágrimas no son propias del hombre.

ROSALIND

¿Pero no tengo yo motivos para llorar?

CELIA

Tan buena causa como uno quisiera; por lo tanto, llora.

ROSALIND

Su mismo cabello es del color disimulado.

CELIA

Algo más moreno que el matrimonio de Judas, sus besos son
los propios hijos de Judas.

ROSALIND

A fe mía, su pelo es de buen color.

CELIA

Un color excelente: el castaño ha sido siempre el único color.

ROSALIND

Y sus besos están tan llenos de santidad como el tacto del
pan santo.

CELIA

Ha comprado un par de labios fundidos de Diana: una monja
de la hermandad de invierno no besa más religiosamente;
El hielo mismo de la castidad está en ellos.

ROSALIND

Pero, ¿por qué juró que vendría esta mañana, y
no viene?

CELIA

No, ciertamente, no hay verdad en él.

ROSALIND

¿Crees que sí?

CELIA

Sí; Creo que no es un carterista ni un
ladrón de caballos, pero por su verdad en el amor, lo considero
tan cóncavo como una copa cubierta o una
nuez carcomida por los gusanos.

ROSALIND

¿No es cierto en el amor?

CELIA

Sí, cuando él está dentro; pero creo que no está.

ROSALIND

Le has oído jurar rotundamente que lo era.

CELIA

"Fue" no es "es"; además, el juramento de un amante no es
más fuerte que la palabra de un tabernero; ambos son
el confirmador de falsos cálculos. Él asiste
aquí en el bosque en el duque tu padre.

ROSALIND

Ayer me encontré con el duque y tuve muchas preguntas con
él: me preguntó de qué parentesco era; Le dije
que era tan bueno como él, así que se rió y me dejó ir.
Pero, ¿qué hablamos de padres, cuando hay un
hombre como Orlando?

CELIA

¡Oh, qué hombre es un hombre valiente!, escribe versos valientes,
 pronuncia palabras valientes, hace juramentos valientes y
los rompe valientemente, completamente atravesando el corazón de
su amante; como un pusilánime que espolea su caballo
por un lado, rompe su bastón como un noble
ganso: pero todo lo que la juventud monta y la locura
 guía es valiente. ¿Quién viene aquí?

Entra en CORIN

CORIN

Señora y señora, muchas veces has preguntado
por el pastor que se quejaba de amor, a quien
 viste sentado junto a mí en el césped,
alabando a la pastora orgullosa y desdeñosa
que era su señora.

CELIA

Bueno, ¿y qué hay de él?

CORIN

Si quieres ver un desfile verdaderamente representado,
 entre la pálida tez del amor verdadero
y el resplandor rojo del desprecio y el orgulloso desdén,
 ve un poco y yo te conduciré,
si lo observas.

ROSALIND

¡Oh, venid, quitémonos!:
La vista de los amantes alimenta a los enamorados.
Tráenos a este espectáculo, y dirás que demostraré
ser un actor ocupado en su obra.

Salen

ESCENA V. Otra parte del bosque.

Entra en SILVIUS y PHEBE

SILVIUS

Dulce Febe, no me desprecies; no lo hagas, Febe;
Di que no me amas, pero no lo digas
con amargura. El verdugo común,
cuyo corazón la vista acostumbrada de la muerte endurece,
no deja caer el hacha sobre el cuello humillado
, sino que primero pide perdón: ¿serás más severo
que el que muere y vive por gotas sangrientas?

Entran ROSALIND, CELIA y CORIN, detrás

PHEBE

Yo no quiero ser tu verdugo, te
vuelo, porque no quiero hacerte daño.
Tú me dices que hay asesinato en mis ojos:
 es bonito, seguro y muy probable,
que los ojos, que son las cosas más frágiles y blandas,
que cierran sus cobardes puertas a los átomos,
 sean llamados tiranos, carniceros, asesinos.
Ahora sí que te miro con todo mi corazón;
Y si mis ojos pueden herir, ahora que te maten:Ahora
 falso para desmayarse; ¿Por qué ahora caer?
O si no puedes, ¡oh, por vergüenza, por vergüenza,
no mientas, para decir que mis ojos son asesinos!
Muestra ahora la herida que mi ojo ha hecho en ti:
 Ráscate solo con un alfiler, y quedará

alguna cicatriz de ella; apóyate solo en un junco,
 la cicatriz y la presión capaz de tu
palma se mantiene un momento; pero ahora mis ojos,
 que he lanzado hacia ti, no te lastiman,
ni, estoy seguro, no hay fuerza en los ojos
que pueda hacer daño.

SILVIUS

¡Oh querida Febe!,
si alguna vez,-- como eso puede estar cerca,--
encuentras en alguna mejilla fresca el poder de la fantasía,
 entonces conocerás las heridas
invisibles que hacen las flechas afiladas del amor.

PHEBE

Mas hasta entonces
no te acerques a mí, y cuando llegue aquel tiempo,
afligme con tus burlas, no me compadezcas;
Hasta entonces no tendré lástima de ti.

ROSALIND

¿Y por qué, te lo ruego? ¿Quién podría ser tu madre,
 a la que insultas, te regocijas y de repente
 sobre los miserables? ¿Y si no tienes hermosura,--
Como, a fe mía, no veo en ti más
que sin vela puede ir a la cama a oscuras?

¿Por qué, qué significa esto? ¿Por qué me miras?
No veo en ti más que en lo ordinario de la
obra de venta de la naturaleza. ¡Es mi pequeña vida,
 creo que ella también quiere enredar mis ojos!
No, fe, soberbia señora, no esperes en pos de ella:
no son tus cejas entintadas, tus cabellos de seda negra,
 tus ojos de corneta, ni tus mejillas de crema,
las que pueden entristecer mi espíritu a tu adoración.
Pastor insensato, ¿por qué la sigues,
como el brumoso sur resoplado por el viento y la lluvia?
Tú eres mil veces más hombre que

ella una mujer: son tan tontos como tú
los que llenan el mundo de niños desfavorecidos:
 no es su vaso, sino tú, el que la halaga;
Y fuera de ti se ve a sí misma más apropiada
de lo que cualquiera de sus rasgos puede mostrarle.
Pero, señora, conócete a ti misma: de rodillas,
y da gracias al cielo, ayunando, por el amor de un hombre bueno:
 Porque debo decirte amablemente al oído:
Vende cuando puedas: no eres para todos los mercados:
Clama misericordia al hombre, ámalo, acepta su oferta:
Lo inmundo es lo más repugnante, siendo lo malo ser un burlador.
Así que llévala a ti, pastor: que te vaya bien.

PHEBE

Dulce joven, te ruego que reprendas un año juntos:
preferiría oírte reprender a que a este hombre cortejar.

ROSALIND

Él se ha enamorado de tu inmundicia y ella se enamorará de
mi ira. Si es así, tan pronto como
ella te responda con miradas de ceño fruncido, la salpicaré
con palabras amargas. ¿Por qué me miras así?

PHEBE

Por ningún mal te soportaré.

ROSALIND

Te ruego que no te enamores de mí,
porque soy más falso que los votos hechos en vino.
 Si quieres conocer mi casa,
está en el penacho de olivos, aquí cerca.
¿Irás, hermana? Pastor, pásala con fuerza.
Ven, hermana. Pastora, míralo mejor,
y no seas soberbia: aunque todo el mundo pudiera ver,
nadie podría ser tan maltratado a la vista como él.
Venid a nuestro rebaño.

Exeunt ROSALIND, CELIA y CORIN

PHEBE

Pastor muerto, ahora descubro tu sierra de poder:
'¿Quién amó alguna vez a quien no amó a primera vista?'

SILVIUS

Dulce Phebe,--

PHEBE

¿Qué dices, Silvio?

SILVIUS

Dulce Febe, ten piedad de mí.

PHEBE

Pues, lo siento por ti, gentil Silvio.

SILVIUS

Dondequiera que esté la tristeza, el alivio sería:
 Si te entristeces de mi dolor en el amor,
 al dar amor, tu tristeza y mi dolor
fueron ambos exterminados.

PHEBE

Tú tienes mi amor: ¿no es eso prójimo?

SILVIUS

Me gustaría que fueras.

PHEBE

Pues, eso era codicia.
Silvio, hubo un tiempo en que te odiaba,
 y sin embargo, no es que te tenga amor;
Pero ya que puedes hablar tan bien del amor,
tu compañía, que antes me molestaba a mí,
 yo la soportaré, y también te emplearé;
 pero no busques más recompensa
que tu propia alegría de que te empleen.

SILVIUS

Tan santo y tan perfecto es mi amor,
 y yo en tal pobreza de gracia,
que pensaré que es una cosecha muy abundante
recoger las espigas rotas tras el hombre
que la cosecha principal cosecha: suelta de vez en cuando
una sonrisa dispersa, y de la que viviré.

PHEBE

¿Conoces ahora al joven que me habló hace un tiempo?

SILVIUS

No muy bien, pero me he encontrado con él a menudo;
Y ha comprado la cabaña y los límites
de los que una vez fue dueño el viejo cochero.

PHEBE

No pienses que lo amo, aunque pregunte por él:
no es más que un muchacho malhumorado; sin embargo, habla bien;
Pero, ¿qué me importan las palabras? pero las palabras hacen bien
cuando el que las pronuncia agrada a los que oyen.
Es un joven hermoso: no muy bonito;
pero, seguro, él es orgulloso, y sin embargo, su orgullo se convierte
en él:
 él será un hombre correcto: lo mejor en él
es su tez; y más rápido de lo que su lengua
ofendió, su ojo lo curó.
No es muy alto; sin embargo, por sus años es alto:
su pierna lo es; y sin embargo está bien:
Había un bonito enrojecimiento en su labio,
un poco más maduro y más rojo lujurioso
que el mezclado en su mejilla; Era sólo la diferencia
entre el rojo constante y el damasco mezclado.
Hay algunas mujeres, Silvio, que si lo hubieran marcado
en paquetes como yo lo hice, habrían estado a punto
de enamorarse de él; pero, por mi parte,
 no lo amo ni lo odio, y sin embargo,
tengo más motivos para odiarlo que para amarlo.

Dijo que mis ojos eran negros y mi cabello negro:
Y, ahora que me recuerdan, me despreciaron:
Me pregunto por qué no respondí de nuevo:
Pero eso es todo uno; la omisión no es una renuncia.
Le escribiré una carta muy burlona,
y tú la soportarás: ¿quieres, Silvio?

SILVIUS

Phebe, con todo mi corazón.

PHEBE

Lo escribiré directamente;
El asunto está en mi cabeza y en mi corazón:
 estaré amargado con él y me quedaré corto.
Acompáñame, Silvio.

Salen

ACTO IV

ESCENA I. El bosque.

Entran ROSALIND, CELIA y JAQUES

JAQUES

Te ruego, hermosa jovencita, que te conozca mejor

.

ROSALIND

Dicen que eres un tipo melancólico.

JAQUES

Yo soy así; Me gusta más que reírme.

ROSALIND

Aquellos que están en el extremo de cualquiera de los dos son
hombres abominables
y se traicionan a sí mismos a todas las censuras modernas
peores que los borrachos.

JAQUES

Es bueno estar triste y no decir nada.

ROSALIND

Entonces, es bueno ser un post.

JAQUES

No tengo ni la melancolía del erudito, que es
emulación, ni la del músico, que es fantástica,
ni la del cortesano, que es soberbia, ni la
del soldado, que es ambiciosa, ni la del abogado,
que es política, ni la de la dama, que es bonita, ni
la del amante, que es todas estas cosas; sino que es una
melancolía mía, compuesta de muchas simples,
extraído de muchos objetos, y de hecho la
contemplación de mis viajes, en los que mis cavilaciones a menudo
me envuelven en una tristeza muy graciosa.

ROSALIND

¡Un viajero! A fe mía, que tenéis grandes motivos para
estar tristes: temo que hayáis vendido vuestras propias tierras para
ver las
de otros hombres; entonces, haber visto mucho y no tener
nada, es tener ojos ricos y manos pobres.

JAQUES

Sí, he adquirido mi experiencia.

ROSALIND

Y tu experiencia te entristece: preferiría tener
un tonto que me hiciera feliz a que la experiencia me
entristeciera, ¡y viajar también por ello!

Entra en ORLANDO

ORLANDO

¡Buen día y felicidad, querida Rosalind!

JAQUES

No, entonces, Dios sea contigo, y hablas en verso blanco.

Salida

ROSALIND

Adiós, señor viajero: mire usted ceceo y
sus trajes extraños, desactive todas las bondades de su
propio país, esté desenamorado de su nacimiento y
casi reprenda a Dios por haberle hecho el semblante que
es, o apenas pensaré que ha nadado en
góndola. ¡Vaya, cómo ahora, Orlando! ¿Dónde has estado
todo este tiempo? ¡Eres un amante! Y tú me sirves otro
truco así, nunca más se me volverá a ver.

ORLANDO

Mi bella Rosalind, llego a una hora de cumplir mi promesa.

ROSALIND

¡Rompe la promesa de una hora en el amor! El que
divide un minuto en mil partes y rompe sólo
una parte de la milésima parte de un minuto en los
asuntos del amor, puede decirse de él que Cupido
le ha dado una palmada en el hombro, pero yo le garantizo
 que está todo el corazón.

ORLANDO

Perdóname, querida Rosalind.

ROSALIND

No, si tardas tanto, no vuelvas más a mi vista: yo
hubiera sido como si me hubiera cortejado un caracol.

ORLANDO

¿De un caracol?

ROSALIND

¡Ay, de un caracol! Porque, aunque viene despacio,
lleva su casa en la cabeza; una mejor articulación,

creo, que la que se hace con una mujer; además, trae
consigo su destino.

ORLANDO

¿Qué es eso?

ROSALIND

Pues, cuernos, por los cuales los que vosotros queréis estar
mirando a vuestras mujeres, pero él viene armado en
su fortuna y evita la calumnia de su mujer.

ORLANDO

La virtud no es un fabricante de cuernos; y mi Rosalind es virtuosa.

ROSALIND

Y yo soy tu Rosalind.

CELIA

Le agrada llamarte así, pero tiene una
Rosalind mejor que tú.

ROSALIND

Ven, cortejame, cortejame, porque ahora estoy de humor festivo
y me gusta lo suficiente como para consentir. ¿Qué
me dirías ahora, si yo fuera tu muy muy Rosalind?

ORLANDO

Me besaba antes de hablar.

ROSALIND

No, sería mejor que hablaras primero, y cuando estuvieras
gravado por falta de materia, podrías aprovechar
la ocasión para besarte. Los muy buenos oradores, cuando están
fuera, escupen; y para los amantes que carecen -Dios
nos advierta-- materia, el cambio más limpio es besar.

ORLANDO

¿Y si se niega el beso?

ROSALIND

Entonces te pone a suplicar, y ahí comienza un nuevo asunto.

ORLANDO

¿Quién podía estar fuera, estando delante de su amada señora?

ROSALIND

Cásate, si yo fuera tu amante, o
pensaría que mi honradez era más importante que mi ingenio.

ORLANDO

¿Qué, de mi traje?

ROSALIND

No fuera de tu ropa, y sin embargo fuera de tu traje.
¿No soy tu Rosalind?

ORLANDO

Me da un poco de alegría decir que lo eres, porque estaría
hablando de ella.

ROSALIND

Pues en su persona le digo que no te tendré.

ORLANDO

Entonces, en mi propia persona, muero.

ROSALIND

No, fe, morir por abogado. El pobre mundo tiene
casi seis mil años de antigüedad, y en todo este tiempo
no ha habido hombre que haya muerto en su propia persona,
videlicita, por una causa de amor. A Troilo le arrancaron el cerebro
con un garrote griego; sin embargo, hizo lo que
pudo para morir antes, y es uno de los modelos
del amor. Leandro, habría vivido muchos
años hermosos, aunque Hero se hubiera hecho monja, si no hubiera
sido
por una calurosa noche de verano, porque, buen joven,

no hizo más que salir a lavarse en el Helesponto, y,
presa del calambre, se ahogó, y los necios
forenses de aquella época descubrieron que era el Héroe de Sestos.
Pero todo esto son mentiras: los hombres han muerto de vez en
cuando y los gusanos se los han comido, pero no por amor.

ORLANDO

Yo no querría que Rosalind tuviera este pensamiento,
porque, protesto, su ceño fruncido podría matarme.

ROSALIND

Con esta mano, no matará una mosca. Pero vamos, ahora
seré tu Rosalind en un carácter más atrevido
, y pregúntame lo que quieras. Se lo concederé

.

ORLANDO

Entonces ámame, Rosalind.

ROSALIND

Sí, fe, lo haré, viernes y sábados y todo.

ORLANDO

¿Y me quieres?

ROSALIND

Ay, y veinte por el estilo.

ORLANDO

¿Qué dices tú?

ROSALIND

¿No eres bueno?

ORLANDO

Eso espero.

ROSALIND

¿Por qué, entonces, puede uno desear demasiado de algo bueno? Ven, hermana, tú serás el sacerdote y te casarás con nosotros. Dame tu mano, Orlando. ¿Qué dices, hermana?

ORLANDO

Te ruego que te cases con nosotros.

CELIA

No puedo decir las palabras.

ROSALIND

Debes empezar: «¿Lo harás, Orlando...?»

CELIA

Vete a. ¿Tendrá usted, Orlando, que casarse con esta Rosalind?

ORLANDO

Lo haré.

ROSALIND

Sí, ¿pero cuándo?

ORLANDO

¿Por qué ahora? tan pronto como pueda casarse con nosotros.

ROSALIND

Entonces debes decir: "Te tomo por esposa, Rosalind".

ORLANDO

Te tomo por esposa, Rosalind.

ROSALIND

Podría pedirte tu comisión, pero te acepto
, Orlando, por mi marido: hay una muchacha que va
delante del sacerdote, y ciertamente el pensamiento de una mujer
va antes de sus acciones.

ORLANDO

Lo mismo ocurre con todos los pensamientos; Son alados.

ROSALIND

Ahora dime cuánto tiempo la tendrías después de haberla
poseído.

ORLANDO

Por los siglos de los siglos.

ROSALIND

Di 'un día', sin el 'nunca'. No, no, Orlando;
los hombres son abril cuando cortejan, diciembre cuando se casan:
 las doncellas son mayo cuando son doncellas, pero el cielo
cambia cuando son esposas. Estaré más celoso
de ti que un gallo de Berbería por su gallina,
más clamoroso que un loro contra la lluvia, más
novedoso que un mono, más vertiginoso en mis deseos
que un mono: lloraré por nada, como Diana
en la fuente, y lo haré cuando estés
dispuesto a ser feliz; Me reiré como un hien, y
eso cuando te sientas inclinado a dormir.

ORLANDO

Pero, ¿lo hará mi Rosalind?

ROSALIND

Por mi vida, ella hará lo que yo hago.

ORLANDO

Oh, pero ella es sabia.

ROSALIND

De lo contrario, no tendría el ingenio para hacer esto: el
más sabio, el descarriado: haz las puertas al ingenio de una mujer
y se apagará por la ventana; cierra eso y
sarga por el ojo de la cerradura; detén eso, volará
con el humo por la chimenea.

ORLANDO

Un hombre que tuviera una esposa con tal ingenio, podría decir:
 'Ingenio, ¿dónde se marchita?'

ROSALIND

No, podrías guardar ese cheque hasta que te encuentres con
el ingenio de tu esposa yendo a la cama de tu vecino.

ORLANDO

¿Y qué ingenio podría tener el ingenio para excusar eso?

ROSALIND

Cásate, para decir que ella vino a buscarte allí.
Nunca la tomarás sin su respuesta, a menos que la tomes
sin su lengua. ¡Oh, esa mujer que no puede
hacer que su marido se llene de la ocasión, que
nunca ella misma críe a su hijo, porque lo engendrará
como una tonta!

ORLANDO

Por estas dos horas, Rosalind, te dejaré.

ROSALIND

¡Ay! querido amor, no puedo faltarte dos horas.

ORLANDO

Tengo que ir a cenar con el duque: a las dos estaré
de nuevo contigo.

ROSALIND

Ay, id por vuestros caminos, id por vuestros caminos; Sabía lo que ibas
a demostrar: mis amigos me lo dijeron, y yo
no pensé menos: esa lengua lisonjera tuya
me conquistó: no hay más que un náufrago, y así, ¡ven,
 la muerte! ¿Las dos en punto es tu hora?

ORLANDO

Ay, dulce Rosalind.

ROSALIND

Por mi promesa, y con toda seriedad, y que Dios me arregle
, y con todos los juramentos bonitos que no son peligrosos,
si rompes una jota de tu promesa o te atrasas un
minuto en tu hora, te consideraré la más
patética de la promesa de ruptura y la amante más hueca
y la más indigna de la que llamas Rosalinda que
puede ser elegida de la grosera banda de los
infieles. Por tanto, guarda mi censura y cumple
tu promesa.

ORLANDO

Con no menos religión que si fueras mi
Rosalinda: así que adiós.

ROSALIND

Bueno, el Tiempo es la vieja justicia que examina a todos esos
delincuentes, y que el Tiempo lo intente: adiós.

Salir de ORLANDO

CELIA

Sencillamente has abusado de nuestro sexo en tu amor y
debemos que te cubran la cabeza con el jubón y la manguera,
y mostrar al mundo lo que el pájaro ha hecho con
su propio nido.

ROSALIND

¡Oh, coz, coz, mi linda coz, que supieras
a cuántas brazas de profundidad estoy enamorado! Pero
no se puede sondear: mi afecto tiene un fondo desconocido
, como la bahía de Portugal.

CELIA

O mejor dicho, sin fondo, que tan rápido como le pones
cariño, se acaba.

ROSALIND

No, ese mismo malvado bastardo de Venus que fue engendrado
del pensamiento, concebido del bazo y nacido de la locura,
 ese niño ciego y bribón que maltrata los ojos de todos
porque los suyos están fuera, que juzgue cuán profundamente
enamorado
estoy. Te diré, Aliena, que no puedo estar fuera
de la vista de Orlando: iré a buscar una sombra y suspiraré
hasta que venga.

CELIA

Y dormiré.

Salen

ESCENA II. El bosque.

Entra en JAQUES, Lords y Foresters

JAQUES

¿Quién es el que mató al ciervo?

Un Señor

Señor, fui yo.

JAQUES

Presentémoslo al duque, como a un
conquistador romano, y sería bueno ponerle
los cuernos del ciervo en la cabeza, como rama de victoria. ¿No
tienes
ninguna canción, guardabosques, para este propósito?

Silvicultor

Sí, señor.

JAQUES

Cántalo: no importa cómo esté afinado, así que
hace suficiente ruido.
CANCIÓN.

Silvicultor

¿Qué querrá él que haya matado al ciervo?
Su piel de cuero y sus cuernos para vestir.
Luego cántale a casa;

El resto soportará esta carga

No te tomes el pelo de llevar el cuerno;
Era un blasón antes de que tú nacieras:
El padre de tu padre lo llevaba, Y
 tu padre lo llevaba:
El cuerno, el cuerno, el cuerno lujurioso
No es cosa para reír y despreciar.

Salen

ESCENA III. El bosque.

Entra ROSALIND y CELIA

ROSALIND

¿Cómo lo dices ahora? ¿No son más de las dos? y
aquí mucho Orlando!

CELIA

Te garantizo que, con puro amor y con el cerebro turbado, ha
guardado su arco y sus flechas y se ha ido a
dormir. Mira, ¿quién viene aquí?

Entra en SILVIUS

SILVIUS

Mi misión es para ti, hermosa joven;
Mi gentil Febe me ruega que te dé esto:
No conozco el contenido, pero, como supongo
por la frente severa y la acción avispa
que usó mientras escribía sobre ello,
tiene un tono iracundo: perdóname:
no soy más que un mensajero sin culpa.

ROSALIND

La misma Paciencia se sobresaltaría al oír esta carta
Y se haría la fanfarrona; soporta esto, soporta todo:
Dice que no soy justo, que me faltan modales;
Ella me llama orgulloso, y que no podría amarme,
si el hombre fuera tan raro como el fénix. ¡Es mi voluntad!
Su amor no es la liebre que yo cazo:
¿Por qué me escribe así? Bueno, pastor, bueno,
esta es una carta de su propio dispositivo.

SILVIUS

No, protesto, no conozco el contenido:
 Febe lo escribió.

ROSALIND

Ven, ven, eres un tonto y te
has convertido en el extremo del amor.
Vi su mano: tiene una mano de cuero.
Una mano de color de piedra libre; En verdad pensé
que sus viejos guantes estaban puestos, pero eran sus manos:
Ella tiene la mano de una esposa; pero eso no importa:
Yo digo que ella nunca inventó esta carta;
Esta es la invención de un hombre y su mano.

SILVIUS

Claro, es de ella.

ROSALIND

Es un estilo bullicioso y cruel.
Un estilo para los retadores; ¿por qué?, ella me desafía,
como el turco al cristiano: el gentil cerebro de las mujeres
no podía soltar una invención tan gigantesca y tosca
Tales palabras etíopes, más negras en su efecto
que en su semblante. ¿Escucharás la carta?

SILVIUS

Por favor, pues, que nunca lo he oído todavía;
Sin embargo, escuché demasiado de la crueldad de Phebe.

ROSALIND

Ella me dice: fíjate cómo escribe el tirano.

Lee

¿Eres tú dios para pastorear
vuelto, que el corazón de una doncella ha ardido?
¿Puede una mujer despotricar así?

SILVIUS

¿Te llamas esta barandilla?

ROSALIND

¿Por
qué, tu divinidad apartada,
 guerreas con corazón de mujer?
¿Alguna vez escuchaste tal barandilla?
Mientras el ojo del hombre me cortejaba,
 eso no podía vengarme.
Es decir, una bestia.
Si el desprecio de tu brillante eyne
tiene el poder de despertar tal amor en el mío,
 ¡ay, en mí, qué extraño efecto
obtendrían en un aspecto suave!
Mientras me regañabas, yo sí amaba;
 ¡Cómo, entonces, podrían conmover tus oraciones!
El que te trae este amor,
poco conoce este amor en mí:
Y en él sella tu entendimiento;
Si que tu juventud y bondad
Te ofrecerán los fieles tomarán
de mí y todo lo que yo pueda hacer;
O si no, por él mi amor niega,
 Y entonces estudiaré cómo morir.

SILVIUS

¿Te llamas así reprendiéndole?

CELIA

¡Ay, pobre pastor!

ROSALIND

¿Le das lástima? No, no merece lástima. ¿Amarás
a una mujer así? ¡Qué, para convertirte en un
instrumento y tocar falsos acordes sobre ti!
 Pues, vete a ella, que veo que
el amor te ha hecho una serpiente mansa, y dile esto
: que si me ama, yo le encargo que te ame
; si no quiere, no la tendré si no
la ruegas. Si eres un verdadero amante
, por lo tanto, y ni una palabra, porque aquí viene más compañía.

Salir de SILVIUS

Entra en escena OLIVER

OLIVER

Buenos días, hermosas: os ruego, si sabéis,
¿Dónde en el escarpadero de este bosque se encuentra
un corral de ovejas cercado de olivos?

CELIA

Al oeste de este lugar, abajo, en el fondo vecino:
La fila de mimbres junto al arroyo murmurante A la
izquierda, a tu derecha, te lleva al lugar.
Pero a esta hora la casa se guarda a sí misma;
No hay ninguno dentro.

OLIVER

Si el ojo se aprovecha de la lengua,
entonces yo te conoceré por descripción;
Tales prendas y tales años: "El muchacho es hermoso,De
 favor femenino, y se entrega a sí mismo
como una hermana madura: la mujer baja
Y más morena que su hermano". ¿No es usted
el dueño de la casa por la que pregunté?

CELIA

No es jactancia decir que lo somos.

OLIVER

Orlando lo encomienda a los dos,
y a ese joven al que llama su Rosalind
le envía esta servilleta ensangrentada. ¿Eres tú?

ROSALIND

Yo soy: ¿qué debemos entender por esto?

OLIVER

Algo de mi vergüenza, si quieres saber de mí
qué hombre soy, y cómo, y por qué, y dónde
se manchó este pañuelo.

CELIA

Te ruego que lo cuentes.

OLIVER

La última vez que el joven Orlando se separó de ti
, dejó la promesa de volver de nuevo
. Al cabo de una hora, y paseando por el bosque,
masticando la comida de la dulce y amarga fantasía,
 ¡he aquí lo que sucedió! Echó el ojo a un lado,
 y observó qué objeto se presentaba:
bajo un roble, cuyas ramas estaban cubiertas de musgo por la edad
y calvo de copa alta con la antigüedad seca,
Un miserable hombre harapiento, cubierto de cabello,
yacía dormido boca arriba: alrededor de su cuello
 se había envuelto una serpiente verde y dorada
, que con su cabeza ágil en amenazas se acercó a
la apertura de su boca; pero de repente,
 al ver a Orlando, se desvinculó,
y con deslizamientos dentados se deslizó
hacia un arbusto: bajo cuya sombra de arbusto
una leona, con las ubres todas secas,
yacía tendido, con la cabeza en el suelo, con un reloj de gato, cuando
 el hombre dormido se movía, porque esta es
la disposición real de esa bestia
para depredar nada que parezca muerto:

visto esto, Orlando se acercó al hombre
y descubrió que era su hermano, su hermano mayor.

CELIA

¡Oh!, le he oído hablar de ese mismo hermano;
Y lo convirtió en el más antinatural
que vivía entre los hombres.

OLIVER

Y bien podría hacerlo,
porque bien sé que era antinatural.

ROSALIND

Pero, a Orlando: ¿lo dejó allí,
comida para la leona chupada y hambrienta?

OLIVER

Dos veces le dio la espalda y así se propuso;
Pero la bondad, más noble que la venganza,
y la naturaleza, más fuerte que su justa ocasión,
 le hicieron dar batalla a la leona,
que rápidamente cayó ante él, en la cual me precipité
de un sueño miserable y desperté.

CELIA

¿Eres tu hermano?

ROSALIND

¿A ti te rescató?

CELIA

¿No fuiste tú quien tantas veces se las ingenió para matarlo?

OLIVER

Fui yo, pero no soy yo quien no me avergüenza
de decirte lo que fui, desde que mi conversión
sabe tan dulcemente, siendo lo que soy.

ROSALIND

Pero, ¿para la maldita servilleta?

OLIVER

Poco a poco.
Cuando, desde el principio hasta el fin, entre nosotros dos
lágrimas, nuestros relatos se habían bañado muy amablemente,
 como llegué a ese lugar desértico, en
resumen, me condujo al gentil duque,
quien me dio nuevos adornos y entretenimiento,
 encomendándome al amor de mi hermano;
Quien me condujo al instante a su cueva,
 allí se desnudó, y aquí, en su brazo,
la leona había arrancado parte de la carne,
que todo este tiempo había sangrado, y ahora se desmayaba
y lloraba, desmayado, sobre Rosalinda.
Brevemente, lo recuperé, vendé su herida;
Y, después de un breve espacio, siendo fuerte de corazón,
 me envió aquí, extraño como soy,
para contar esta historia, para que pudieras disculpar
su promesa incumplida, y para dar esta servilleta
teñida en su sangre al joven pastor
que en el deporte llama su Rosalinda.

ROSALIND se desmaya

CELIA

¡Vaya, cómo ahora, Ganímedes! ¡dulce Ganímedes!

OLIVER

Muchos se desmayarán cuando vean la sangre.

CELIA

Hay más en él. ¡Primo Ganímedes!

OLIVER

Mira, se recupera.

ROSALIND

Ojalá estuviera en casa.

CELIA

Te llevaremos hasta allí.
Te ruego, ¿lo tomarás del brazo?

OLIVER

Ten buen ánimo, joven: ¡tú eres un hombre! te falta
corazón de hombre.

ROSALIND

Lo hago, lo confieso. ¡Ah, señora, todo el mundo pensaría
que esto es bien falsificado! Te ruego que le digas
a tu hermano lo bien que falsifiqué. ¡Vaya!

OLIVER

Esto no era falso: hay un testimonio demasiado grande
en tu tez de que era una pasión
sincera.

ROSALIND

Falsificado, se lo aseguro.

OLIVER

Pues bien, toma un buen corazón y finge ser un hombre.

ROSALIND

Así lo hago, pero, a fe mía, debería haber sido una mujer por
derecho.

CELIA

Ven, te ves más y más pálido: te ruego, vuelve
a casa. Buen señor, vaya con nosotros.

OLIVER

Así lo haré, porque tengo que responder
cómo disculpas a mi hermano, Rosalind.

ROSALIND

Voy a idear algo, pero os ruego que le recomiendéis
mi falsificación. ¿Irás?

Salen

ACTO V

ESCENA I. El bosque.

Entran TOUCHSTONE y AUDREY

PIEDRA DE TOQUE

Encontraremos un momento, Audrey; paciencia, gentil Audrey.

AUDREY

A fe mía, el sacerdote era lo suficientemente bueno, a pesar de todo
lo que decía el anciano
caballero.

PIEDRA DE TOQUE

Un Sir Oliver muy malvado, Audrey, un
Martext muy vil. Pero, Audrey, hay un joven aquí en el
bosque que te reclama.

AUDREY

¡Ay!, yo sé quién es; él no tiene ningún interés en mí en
el mundo: aquí viene el hombre al que te refieres.

PIEDRA DE TOQUE

Para mí es comida y bebida ver a un payaso: por mi
palabra, los que tenemos buen ingenio tenemos mucho que responder
; estaremos burlando, no podemos sostenernos.

Entra en WILLIAM

GUILLERMO

Bien incluso, Audrey.

AUDREY

Dios mío, Guillermo.

GUILLERMO

Y bien incluso para usted, señor.

PIEDRA DE TOQUE

Buen amigo. Cubre tu cabeza, cubre tu
cabeza; no, por favor, cúbrete. ¿Cuántos años tienes, amigo?

GUILLERMO

Veinticinco cinco, señor.

PIEDRA DE TOQUE

Una edad madura. ¿Te llamas Guillermo?

GUILLERMO

Guillermo, señor.

PIEDRA DE TOQUE

Un nombre justo. ¿Naciste en el bosque aquí?

GUILLERMO

Ay, señor, doy gracias a Dios.

PIEDRA DE TOQUE

"Gracias a Dios", una buena respuesta. ¿Rico en arte?

GUILLERMO

A fe, señor, así.

PIEDRA DE TOQUE

"Así es" es bueno, muy bueno, muy excelente bien; y
sin embargo no lo es; es sólo así. ¿Eres tú sabio?

GUILLERMO

Ay, señor, tengo bastante ingenio.

PIEDRA DE TOQUE

Pues, tú dices bien. Ahora recuerdo un dicho:
 "El necio cree que es sabio, pero el sabio
se sabe tonto". El filósofo pagano

, cuando tenía el deseo de comer una uva,
abría sus labios cuando se la llevaba a la boca;
lo que significa que las uvas estaban hechas para comer y
los labios para abrirse. ¿Te encanta esta sirvienta?

GUILLERMO

Lo hago, señor.

PIEDRA DE TOQUE

Dame tu mano. ¿Eres tú instruido?

GUILLERMO

No, señor.

PIEDRA DE TOQUE

Aprended, pues, esto de mí: tener, es tener; porque
es una figura en la retórica que la bebida, al ser vertida de
una copa en un vaso, llenando el uno vacía
el otro; porque todos vuestros escritores consienten en que ipse
es él; ahora, tú no eres ipse, porque yo soy él.

GUILLERMO

¿Cuál él, señor?

PIEDRA DE TOQUE

Él, señor, que debe casarse con esta mujer. Por lo tanto,
payaso, abandona,--que está en el vulgo deja,--la
sociedad,--que en lo grosero es compañía,-- de esta
hembra,--que en el común es la mujer; que
juntos es, abandona la sociedad de esta mujer, o,
 payaso, pereces; o, para tu mejor
entendimiento, muere; o, a saber, yo te mato, te alejo
, transfiero tu vida en muerte, tu
libertad en servidumbre: Trataré contigo con veneno
, o con bastinado, o con acero; Me uniré
a ti en facción; Te erraré con
la política; Te mataré de ciento cincuenta maneras:
 tiembla, pues, y vete.

AUDREY

Hazlo, buen William.

GUILLERMO

Que Dios descanse en paz, señor.

Salida

Entra en CORIN

CORIN

Nuestro amo y señora te busca; ¡Ven, lejos, lejos!

PIEDRA DE TOQUE

¡Viaje, Audrey! ¡Viaje, Audrey! Yo asisto, yo asisto.

Salen

ESCENA II. El bosque.

Entran ORLANDO y OLIVER

ORLANDO

¿No es posible que en tan poco conocimiento te
guste? que al verte la ames y la ames
 y te enamores, ¿te
conceda? ¿Y perseverarás en disfrutarla?

OLIVER

No llames a la vértigo de ello, a la
pobreza de ella, al poco conocido, a mi repentino
cortejo, ni a su repentino consentimiento; sino que di conmigo:
 Amo a Aliena; di con ella que me ama;
Consiente con ambos que podamos gozar el uno del otro: será
para tu bien, porque la casa de mi padre y todos los
ingresos que eran del viejo Sir Rowland
serán propiedad de ti, y aquí viviré y moriré como un pastor.

ORLANDO

Tienes mi consentimiento. Que tu boda sea mañana:
allí invitaré al duque y a todos sus seguidores contentos
. Ve tú y prepara Aliena; porque mira
, aquí viene mi Rosalinda.

Entra en ROSALIND

ROSALIND

Dios te guarde, hermano.

OLIVER

Y tú, hermosa hermana.

Salida

ROSALIND

¡Oh, mi querido Orlando, cuánto me duele verte
llevar tu corazón envuelto en un pañuelo!

ORLANDO

Es mi brazo.

ROSALIND

Pensé que tu corazón había sido herido con las garras
de un león.

ORLANDO

Está herido, pero con ojos de dama.

ROSALIND

¿Te ha contado tu hermano que fingí desmayarme
cuando me enseñó tu pañuelo?

ORLANDO

Sí, y maravillas más grandes que esa.

ROSALIND

Oh, yo sé dónde estás; no, es verdad: nunca hubo
nada tan repentino que la pelea de dos carneros
y la jactancia trasónica de César de "Vine, vi y vencí

", porque tu hermano y mi hermana no bien
se conocieron y miraron, no bien miraron pero amaron
, no bien amaron sino suspiraron, Apenas
suspiraban, se preguntaban mutuamente la razón, no
bien sabían la razón, buscaban el remedio;
Y en estos grados han hecho un par de escaleras
para el matrimonio, las cuales subirán incontinentes, o
si no, serán incontinentes antes del matrimonio: están en
la misma ira del amor y lo harán juntos; los clubes
no pueden separarlos.

ORLANDO

Mañana se casarán, y yo invitaré
al duque a la boda. Pero, ¡oh, qué cosa tan amarga es
mirar la felicidad a través de los ojos de otro hombre
! Tanto más estaré mañana en
el colmo de la pesadez del corazón, por cuánto creeré
feliz a mi hermano de tener lo que desea.

ROSALIND

¿Por qué, entonces, mañana no puedo servirte el turno de Rosalind?

ORLANDO

Ya no puedo vivir pensando.

ROSALIND

Entonces no te cansaré más con palabrerías vanas.
Sabedme, pues, que ahora os hablo con algún propósito,
 que sé que sois un caballero de buena prudencia:
no digo esto para que tengáis buena opinión
de mi conocimiento, en cuanto digo que sé que lo sois;
ni me esfuerzo por tener una estima mayor que la que pueda
sacarte en alguna pequeña medida una creencia, para hacerte bien
a ti mismo y no para honrarme. Cree, pues, si
quieres, que puedo hacer cosas extrañas:
desde que tenía tres años, he conversado con un
mago, muy profundo en su arte y, sin embargo,
incondenable. Si amas a Rosalinda tan cerca del corazón

como tu gesto lo grita, cuando tu hermano
 se case con Aliena, ¿te casarás con ella? Sé
en qué aprietos de fortuna se ve empujada, y
no me es imposible, si no te parece inconveniente
, ponerla ante tus ojos mañana, humana
como es y sin ningún peligro.

ORLANDO

¿Hablas en serios significados?

ROSALIND

Por mi vida, lo hago, lo cual aprecio mucho, aunque
digo que soy un mago. Por lo tanto, pónganse en su
mejor conjunto: saluden a sus amigos, porque si se casan
mañana, lo harán, y con Rosalind, si quieren.

Entra en SILVIUS y PHEBE

Mira, aquí viene un amante mío y un amante de ella.

PHEBE

Joven, me has hecho mucha falta de dulzura
 para mostrar la carta que te escribo.

ROSALIND

No me importa si tengo: es mi estudio
parecerte despreciable y cruel a ti:
Allí eres seguido por un pastor fiel;
Míralo, ámalo, él te adora.

PHEBE

Buen pastor, dile a este joven lo que es amar.

SILVIUS

Ha de estar todo hecho de suspiros y lágrimas;
Y yo también lo soy para Phebe.

PHEBE

Y yo por Ganímedes.

ORLANDO

Y yo por Rosalind.

ROSALIND

Y yo por ninguna mujer.

SILVIUS

Todo ha de estar hecho de fe y servicio;
Y yo también lo soy para Phebe.

PHEBE

Y yo por Ganímedes.

ORLANDO

Y yo por Rosalind.

ROSALIND

Y yo por ninguna mujer.

SILVIUS

Ha de estar todo hecho de fantasía,
 todo hecho de pasión y todo hecho de deseos
, toda adoración, deber y observancia,
 toda humildad, toda paciencia e impaciencia,
toda pureza, toda prueba, toda observancia;
Y yo también lo soy para Phebe.

PHEBE

Y yo también lo soy para Ganímedes.

ORLANDO

Y yo también lo soy para Rosalind.

ROSALIND

Y yo también lo soy para ninguna mujer.

PHEBE

Si esto es así, ¿por qué culparte a mí para amarte?

SILVIUS

Si esto es así, ¿por qué culparte a mí para amarte?

ORLANDO

Si esto es así, ¿por qué culparte a mí para amarte?

ROSALIND

¿A quién le dices: '¿Por qué me culpo por amarte?'

ORLANDO

A la que no está aquí, ni oye.

ROSALIND

Te ruego que no vuelvas más de esto; Es como el aullido
de los lobos irlandeses contra la luna.

A SILVIO

Te ayudaré, si puedo:

A PHEBE

Te amaría, si pudiera. Mañana nos vemos todos juntos.

A PHEBE

Me casaré contigo, si alguna vez me caso con una mujer, y me casaré
mañana.

A ORLANDO

Te satisfaré, si alguna vez satisfizo a un hombre, y te casarás
mañana.

A SILVIO

Te contentaré, si te satisface lo que te agrada
, y te casarás mañana.

A ORLANDO

Como amas a Rosalind, conoce:

A SILVIO

como amas a Febe, encuéntrame: y como no amo a ninguna mujer,
 me encontraré. Que te vaya bien: te he dejado órdenes.

SILVIUS

No fracasaré, si vivo.

PHEBE

Yo tampoco.

ORLANDO

Yo tampoco.

Salen

ESCENA III. El bosque.

Entran TOUCHSTONE y AUDREY

PIEDRA DE TOQUE

Mañana es el día alegre, Audrey; mañana
nos casaremos.

AUDREY

Lo deseo con todo mi corazón, y espero que no sea
un deseo deshonesto desear ser una mujer de
mundo. Aquí vienen dos de los pajes del duque desterrado.

Introduzca dos páginas

Primera página

Bien cumplido, caballero honrado.

PIEDRA DE TOQUE

Por mi parte, bien cumplido. Ven, siéntate, siéntate y canta.

Segunda página

Somos para ti: siéntate en el medio.

Primera página

¿Vamos a aplaudir rotundamente, sin pregonar ni
escupir ni decir que estamos roncos, que son los únicos
prólogos de una mala voz?

Segunda página

Fe, fe, y las dos cosas en una melodía, como dos
gitanos a caballo.
CANCIÓN.
Era un amante y su muchacha,Con
 un hey, y un ho, y un hey nonino,Que
 sobre el verde campo de maíz pasó
En la primavera, el único tiempo de anillo bonito,Cuando
 los pájaros cantan, hey ding a ding, ding:
Los dulces amantes aman la primavera.
Entre los acres del centeno,Con
 un hey, y un ho, y un hey nonino
Estas lindas gentes del campo se acostaban,En
 primavera, etc.
Este villancico comenzaron a esa hora,
 con un hey, y un ho, y un hey nonino,
cómo una vida no era más que una flor
en primavera, etc.
Y por lo tanto, toma el tiempo presente,
 con un hey, y un ho, y un hey nonino;
Porque el amor se corona con la flor de la
primavera, etc.

PIEDRA DE TOQUE

En verdad, jóvenes caballeros, aunque no había gran
cosa en la cancioncilla, la nota era muy
desafinada.

Primera página

Está usted engañado, señor: hemos guardado el tiempo, no lo hemos
perdido.

PIEDRA DE TOQUE

Por mi parte, sí; Cuento que no es más que tiempo perdido escuchar una canción tan insensata. Dios sea contigo; y ¡Dios enmiende vuestras voces! Ven, Audrey.

Salen

ESCENA IV. El bosque.

Ingresa a DUKE SENIOR, AMIENS, JAQUES, ORLANDO, OLIVER y CELIA

DUQUE MAYOR

¿Crees tú, Orlando, que el muchacho
puede hacer todo lo que ha prometido?

ORLANDO

A veces creo, y a veces no;
Como los que temen, esperan, y saben que temen.

Entran ROSALIND, SILVIO y PHEBE

ROSALIND

Paciencia una vez más, mientras se insta a nuestro pacto:
 ¿Dices, si traigo a tu Rosalind,
 la otorgarás a Orlando aquí?

DUQUE MAYOR

Eso sería yo, si tuviera reinos que dar con ella.

ROSALIND

¿Y tú dices, la tendrás, cuando yo la traiga?

ORLANDO

Eso sería yo, si yo fuera el rey de todos los reinos.

ROSALIND

¿Dices que te casarías conmigo, si estoy dispuesto?

PHEBE

Eso lo haré, si muero la hora siguiente.

ROSALIND

Pero si te niegas a casarte conmigo,
 ¿te entregarás a este fiel pastor?

PHEBE

Así es el trato.

ROSALIND

¿Dices que tendrás a Phebe, si ella quiere?

SILVIUS

Aunque tenerla y la muerte eran ambas cosas.

ROSALIND

He prometido hacer que todo esto sea justo.
Cumple tu palabra, oh duque, de dar a tu hija;
Tú eres tuyo, Orlando, para recibir a su hija:
Cumple tu palabra, Febe, de que te casarás conmigo,O
 si no, rehúsa mí, casarme con este pastor:
Cumple tu palabra, Silvio, de que te casarás con ella.
Si ella me rehúsa, y de aquí me voy,
para hacer todas estas dudas.

Exeunt ROSALIND y CELIA

DUQUE MAYOR

Recuerdo en este pastorcillo
algunos toques vivos del favor de mi hija.

ORLANDO

Mi señor, la primera vez que lo vi, pensé que
era un hermano para su hija.
Pero, mi buen señor, este niño ha nacido en el bosque,
 y ha sido instruido en los rudimentos
de muchos estudios desesperados por su tío,
 de quien dice ser un gran mago,
oscurecido en el círculo de este bosque.

Entran TOUCHSTONE y AUDREY

JAQUES

Ciertamente hay otro diluvio hacia adelante, y estas
parejas están llegando al arca. Aquí viene un par de
bestias muy extrañas, que en todas las lenguas se llaman tontas.

PIEDRA DE TOQUE

¡Un saludo y un saludo a todos!

JAQUES

Buen señor mío, dale la bienvenida: éste es el
caballero de mente abigarrada que tantas veces he encontrado en
el bosque: ha sido un cortesano, jura.

PIEDRA DE TOQUE

Si alguno lo duda, que me ponga en mi
purgación. He pisado una medida; He lisonjeado a
una dama; He sido político con mi amigo, suave
con mi enemigo; He deshecho a tres sastres; He
tenido cuatro peleas, y me gustaría haber peleado una.

JAQUES

¿Y cómo fue ese ta'en?

PIEDRA DE TOQUE

A fe nos encontramos, y descubrimos que la disputa era sobre la
séptima causa.

JAQUES

¿Cómo la séptima causa? Bien, mi señor, como este hombre.

DUQUE MAYOR

Me cae muy bien.

PIEDRA DE TOQUE

Dios lo permita, señor; Te deseo algo semejante.
Insisto aquí, señor, entre el resto de los
copulativos del país, para jurar y jurar: según el

matrimonio ata y rompe la sangre: una pobre virgen,
señor, una cosa desfavorecida, señor, pero la mía; un mal
humor mío, señor, para tomar lo que nadie más
aceptará: la rica honestidad habita como un avaro, señor, en una
casa pobre, como tu perla en tu ostra asquerosa.

DUQUE MAYOR

A fe mía, es muy rápido y sentencioso.

PIEDRA DE TOQUE

De acuerdo con el rayo de los tontos, señor, y otras enfermedades tan
dulces.

JAQUES

Pero, en cuanto a la séptima causa, ¿cómo encontraste la
disputa sobre la séptima causa?

PIEDRA DE TOQUE

Sobre una mentira siete veces retirada: --Lleva tu cuerpo más
visto, Audrey...--así, señor. A mí no me gustaba el
corte de la barba de cierto cortesano: él me mandaba decir que
 si yo decía que su barba no estaba bien cortada, estaba en la
mente de que sí lo estaba: a esto se le llama la Réplica Cortés.
Si le volvía a decir 'no estaba bien cortado',
me mandaba un mensaje, lo cortaba para complacerse a sí mismo:
 a esto se le llama el Quip Modest. Si de nuevo 'no estaba
bien cortado', desactivaba mi juicio: a esto se
le llama el Churlish de Réplica. Si de nuevo: "No estaba
bien cortado", respondía: "No dije verdad: a esto
se le llama el Valiente Reprensión". Si de nuevo 'no estaba
bien cortado', diría que mentí: a esto se le llama el
Contracheque Peleñón, y así a la Mentira
Circunstancial y a la Mentira Directa.

JAQUES

¿Y cuántas veces dijiste que su barba no estaba bien cortada?

PIEDRA DE TOQUE

No me atreví a ir más allá de la Mentira Circunstancial,
y él no se atrevió a darme la Mentira Directa; y así medimos
las espadas y nos separamos.

JAQUES

¿Puede usted nombrar en orden ahora los grados de la mentira?

PIEDRA DE TOQUE

¡Oh, señor!, nos peleamos por la imprenta, por el libro; como tú tienes
libros de buenos modales, yo te nombraré los grados.
La primera, la Réplica Cortés; la segunda, la
Broma Modesta; la tercera, la Respuesta Pícara; la
cuarta, la Reprensión Valiente; la quinta, la
Contracheque Peleada; la sexta, la Mentira con
las Circunstancias; la séptima, la Mentira Directa. Podéis evitar todo
esto, excepto la Mentira Directa; y podéis evitarlo
también, con un Si. Yo sabía cuando siete
jueces no podían resolver una disputa, pero cuando las
partes se reunían, uno de ellos pensaba en
un "si", como: "Si tú dijiste así, entonces yo lo dije", y
se dieron la mano y juraron hermanos. Tu Si es el
único pacificador; mucha virtud en Si.

JAQUES

¿No es éste un tipo raro, mi señor? Es tan bueno en
cualquier cosa y, sin embargo, un tonto.

DUQUE MAYOR

Usa su locura como un caballo de acecho y bajo
la presentación de eso dispara su ingenio.

Entran HYMEN, ROSALIND y CELIA

Música fija

HIMEN

Entonces hay regocijo en el cielo,
cuando las cosas terrenales se unen
para expiar.

Buen duque, recibe a tu hija
Himen del cielo, la trajo,
 sí, la trajo acá,
para que puedas unir su mano con la suya
, cuyo corazón está en su seno.

ROSALIND

[A DUKE SENIOR] A ti me entrego, porque soy tuyo.

A ORLANDO

A ti me entrego, porque soy tuyo.

DUQUE MAYOR

Si hay verdad a la vista, eres mi hija.

ORLANDO

Si hay verdad a la vista, tú eres mi Rosalind.

PHEBE

Si la vista y la forma son ciertas,
 ¿por qué, mi amor adiós!

ROSALIND

No tendré padre, si tú no eres él;
no tendré marido, si tú no eres él;
ni me casaré con una mujer, si tú no eres ella.

HIMEN

¡Paz, ho! Es
yo quien debe hacer una conclusión
De estos eventos tan extraños:
Aquí hay ocho que deben tomarse de la mano
Para unirse a las bandas de Himen,Si
 la verdad tiene un contenido verdadero.
Tú y tú no se separará ninguna cruz:Tú
 y tú sois corazón en corazón
, tú a su amor debes consentir,O
 tener una mujer a tu señor:
Tú y tú estáis seguros juntos,Como

el invierno al mal tiempo.
Mientras cantamos un himno de bodas, Alimentaos
 con preguntas;
Que la razón de asombro disminuya,
Cómo así nos conocimos, y estas cosas terminan.
CANCIÓN.
La boda es grande corona de Juno:
¡Oh bendito vínculo de tabla y lecho!
Es Himen el pueblo de todas las ciudades;
Honra, pues, alto matrimonio:
¡Honor, alto honor y renombre,A
Himen, dios de todas las ciudades!

DUQUE MAYOR

¡Oh mi querida sobrina, bienvenida eres a mí!
Incluso hija, bienvenida, en no menor grado.

PHEBE

No comeré mi palabra, ahora eres mía;
Tu fe en ti se combina.

Entra en JAQUES DE BOYS

JAQUES DE BOYS

Permítaseme tener audiencia para decir un par de palabras:
 soy el segundo hijo del viejo Sir Rowland,
 que trae estas nuevas a esta hermosa asamblea.
El duque Federico, al oír que todos los días
hombres de gran valía acudían a este bosque,
 se dirigió a un gran poder, que iba a pie,
en su propia conducta, con el propósito de llevar
a su hermano aquí y pasarlo a cuchillo:
y a las faldas de este bosque salvaje llegó;
Donde encontrándose con un anciano hombre religioso
, después de algunas preguntas con él, se convirtió
tanto de su empresa como del mundo,
legando su corona a su hermano desterrado,
y todas sus tierras fueron devueltas a los

que estaban con él exiliados. Para que esto sea cierto,
 yo comprometo mi vida.

DUQUE MAYOR

Bienvenido, joven;
Ofreces con justicia a las bodas de tus hermanos:
 a uno se le retienen las tierras, y al otro
una tierra en general, un ducado poderoso.
Primero, en este bosque, hagamos aquellos fines
que aquí fueron bien comenzados y bien engendrados;
 y después, cada uno de este feliz número de
personas que han soportado días y noches astutas con nosotros
compartirán el bien de nuestra fortuna devuelta,
 según la medida de sus estados.
Mientras tanto, olvídese de esta dignidad recién caída
y caiga en nuestro jolgorio rústico.
¡Juega, música! Y vosotras, novias y novios todos,
con medida montonados de alegría, a las medidas caen.

JAQUES

Señor, por su paciencia. Si te he oído bien, ¿
el duque se ha revestido de una vida religiosa
y ha arrojado al abandono a la pomposa corte?

JAQUES DE BOYS

Él lo ha hecho.

JAQUES

A él le quiero: de estos conversos
hay mucho material que oír y aprender.

A DUKE SENIOR

A ti te lego a tu antiguo honor;
Tu paciencia y tu virtud bien se lo merecen:

A ORLANDO

Vosotros a un amor que vuestra verdadera fe merece;

A OLIVER

Tú a tu tierra y amor y grandes aliados:

A SILVIO

Te a una cama larga y bien merecida:

Ir a TOUCHSTONE

Y tú a la disputa, porque tu amoroso viaje
no es más que para dos meses de víveres. Así que, para tus placeres:
 estoy para otra cosa que para bailar compases.

DUQUE MAYOR

Quédate, Jaques, quédate.

JAQUES

Para no ver ningún pasatiempo, lo que tendrías
me quedaré a saber en tu cueva abandonada.

Salida

DUQUE MAYOR

Adelante, adelante: comenzaremos estos ritos,
como confiamos que terminarán, con verdaderas delicias.

Un baile

EPÍLOGO

ROSALIND

No está de moda ver a la dama el epílogo;
Pero no es más desagradable que ver al Señor
el prólogo. Si es verdad que el buen vino no necesita
arbustos, es cierto que una buena obra de teatro no necesita
epílogo; sin embargo, para el buen vino se sirven de buenos arbustos,
y las buenas obras de teatro demuestran ser mejores con la ayuda de
buenos
epílogos. ¡En qué caso me hallo, pues, que no soy
ni un buen epílogo ni puedo insinuarte
en favor de una buena comedia! No estoy
provisto como un mendigo, por lo tanto, mendigar no será
propio de mí: mi camino es conjurarte, y comenzaré

por las mujeres. Os encargo, oh mujeres, por el amor
que tenéis a los hombres, que os guste esta obra tanto como
os plazca; y os encargo, oh hombres, por el amor
que tenéis a las mujeres, como percibo por vuestra sonrisa,
ninguno de vosotros las odia, para que entre vosotros y las
mujeres la obra sea del agrado. Si yo fuera una mujer,
besaría a tantas de vosotras como tuvierais barbas que me agradaran
, tez que me gustara y alientos que
no desafiara; y, estoy segura, todas las que tengan buenas
barbas o buenos rostros o dulces alientos, por mi
amable ofrecimiento, cuando haga una reverencia, se despedirán de
mí.

Salen

Hamlet

Dramatis Personae

HAMLET, príncipe de Dinamarca.CLAUDIO, rey de Dinamarca, tío de Hamlet. El fantasma del difunto rey, el padre de Hamlet. GERTRUDIS, la reina, madre de Hamlet, ahora esposa de Claudio.POLONIO, Lord Chambelán.LAERTES, hijo de Polonio.OPHELIA, hija de Polonio.HORACIO, amiga de Hamlet.FORTINBRAS, Príncipe de Noruega.VOLTEMANDO, Cortesano.CORNELIUS, Cortesano.ROSENCRANTZ, Cortesano.GUILDENSTERN, Cortesano.MARCELO, Oficial.BARNARDO, Oficial.FRANCISCO, un soldadoOSRIC, Cortesano.REYNALDO, sirviente de Polonio.Jugadores.Un caballero, Cortesano.Un sacerdote.Dos payasos, sepultureros.Un capitán.Embajadores ingleses.Señores, Damas, Oficiales, soldados, marineros, mensajeros y sirvientes.

ACTO I

Escena I. Elsinore. Una plataforma antes del castillo

Entran Francisco *y* Barnardo, *dos centinelas.*

BARNARDO.
¿Quién está ahí?

FRANCISCO. No, respóndeme. Ponte de pie y despliégate.

BARNARDO. ¡Viva el Rey!

FRANCISCO. ¿Barnardo?

BARNARDO. Él.

FRANCISCO. Llegas con sumo cuidado a tu hora.

BARNARDO.Son las doce. Vete a la cama, Francisco.

FRANCISCO. Por este alivio, muchas gracias. Hace un frío intenso y estoy enfermo del corazón.

BARNARDO. ¿Has tenido una guardia silenciosa?

FRANCISCO. Ni un ratón moviéndose.

BARNARDO. Bueno, buenas noches. Si te encuentras con Horacio y Marcelo, los rivales de mi reloj, diles que se den prisa.

Entran Horacio y Marcelo.

FRANCISCO. Creo que los escucho. ¡De pie,! ¿Quién está ahí?

HORATIO. Amigos a este terreno.

MARCELO. Y lugartenientes a los daneses.

FRANCISCO. Te doy las buenas noches.

MARCELO. ¡Oh, adiós, honrado soldado!, ¿quién te ha aliviado?

FRANCISCO. Barnardo tiene mi lugar. Te doy las buenas noches.

[*Salir.*]

MARCELO. ¡Hola, Barnardo!

BARNARDO. Dime, ¿qué, está Horacio ahí?

HORATIO. Un pedazo de él.

BARNARDO. Bienvenido, Horacio. Bienvenido, buen Marcelo.

MARCELO. ¿Qué, ha aparecido esta cosa otra vez esta noche?

BARNARDO. No he visto nada.

MARCELO. Horacio dice que no es más que nuestra fantasía, y no dejará que la creencia se apodere de él, tocando este espectáculo temido, visto dos veces de nosotros. Por tanto, le he rogado con nosotros que guarde los minutos de esta noche, para que, si vuelve a suceder esta aparición, apruebe nuestros ojos y le hable.

HORATIO. Tush, tush, no aparecerá.

BARNARDO. Siéntate un rato, y permítenos asaltar una vez más tus oídos, que están tan fortificados contra nuestra historia, lo que hemos visto dos noches.

HORATIO. Bien, sentémonos y oigamos a Barnardo hablar de esto.

BARNARDO. Anoche de todos, cuando la misma estrella que está hacia el oeste desde el polo, había hecho su curso para iluminar esa parte del cielo donde ahora arde, Marcelo y yo, la campana que entonces tocaba una...

MARCELO. Paz, rompe tú. Mira por dónde viene de nuevo.

Entra Ghost.

BARNARDO.In la misma figura, como el Rey que ha muerto.

MARCELO. Eres un erudito; háblale, Horacio.

BARNARDO. ¿No se parece al Rey? Márcalo, Horacio.

HORATIO. A la mayoría de los gustos. Me atormenta el miedo y el asombro.

BARNARDOIl se hablaría.

MARCELO. Pregúntalo, Horacio.

HORATIO. ¿Qué eres tú que usurpas esta hora de la noche, junto con esa forma hermosa y guerrera en la que a veces marchaba la majestad de la Dinamarca sepultada? Por el cielo te encargo que hables.

MARCELLUS.It se ofende.

BARNARDO. Mira, se aleja.

HORATIO. ¡Quedar! ¡Habla, habla! ¡Te encargo que hables!

[*Salir* de Ghost.]

MARCELO.- Se ha ido, y no responderá.

BARNARDO. ¡Cómo ahora, Horacio! Tiemblas y te ves pálido. ¿No es esto algo más que una fantasía? ¿Qué piensas en lo que no?

HORATIO. Delante de mi Dios, no podría creer esto sin el testimonio sensible y verdadero de mis propios ojos.

MARCELLUS.Is No es como el Rey?

HORATIO.As eres para ti mismo:Tal era la misma armadura que llevaba puesta
cuando la ambiciosa Noruega combatió; Así frunció el ceño una vez, cuando en un salón furioso golpeó a los Polacks en trineo en el hielo.

MARCELO. Así dos veces antes, y saltando en esta hora muerta, con acecho marcial ha pasado por nuestra guardia.

HORATIO.In qué pensamiento en particular ha de obrar, no lo sé; Pero en el grosor y alcance de mi opinión, esto presagia una extraña erupción para nuestro estado.

MARCELO. Bien, siéntate, y dime, el que sabe,Por qué esta misma guardia estricta y muy observadora se ocupa tan todas las noches del tema de la tierra,Y por qué tal lanzamiento diario de cañones de bronceY mercado extranjero para implementos de guerra; ¿Por qué impresiona tanto a los carpinteros de barcos, cuya penosa tarea no divide el domingo de la semana? ¿A qué tenderá esta sudorosa prisa a que la noche sea coobrera con el día? ¿Quién no es el que me lo pueda decir?

HORATIO. Al menos, así dice el susurro. Nuestro último Rey, cuya imagen aún ahora se nos presenta, fue, como sabéis, por Fortinbras de Noruega, aguijoneado por el orgullo más emulado, Atrevido al combate, en el que nuestro valiente Hamlet, pues así lo estimaba este lado de nuestro mundo conocido, mató a este Fortinbras, quien por un pacto sellado, Bien ratificado por la ley y la heráldica, Entregó, con su vida, todas sus tierras de las que se había apoderado, en favor del conquistador; Contra la cual, nuestro rey se enfrentó a una mitad competente

, que había vuelto a la heredad de Fortinbras, si él hubiera sido vencedor, como por el mismo carro y el transporte del artículo designado, el suyo cayó en Hamlet. Ahora, señor, joven Fortinbras, de temple no mejorado, caliente y lleno, tiene en las faldas de Noruega, aquí y allá, una

lista de resueltos sin ley, para comer y dieta, para alguna empresa que no tiene estómago, que no es otra, como bien parece a nuestro estado, sino para recuperarse de nosotros con mano fuerte y términos obligatorios, las susodichas tierrasAsí que por su padre perdió. Y esto, supongo, es el motivo principal de nuestros preparativos, la fuente de esta nuestra vigilancia, y la cabeza principal de esta prisa y hurga en la tierra.

BARNARDO. Creo que no es otra cosa que e'en así: Bien puede resultar que esta figura portentosa venga armada a través de nuestra guardia tan parecida al Rey, esa fue y es la cuestión de estas guerras.

HORATIO. Una mota es para perturbar el ojo de la mente. En el estado más alto y palmoso de Roma,Poco antes de que cayera el más poderoso Julio,Las tumbas estaban sin inquilinos y los muertos envueltos en sábanas chillaban y farfullaban en las calles romanas; Como estrellas con estelas de fuego y rocío de sangre,Desastres al sol; y la estrella húmeda, sobre cuya influencia se apoya el imperio de Neptuno, estuvo enferma casi hasta el día del juicio final con un eclipse. E incluso el pretexto semejante de feroces acontecimientos, como presagios que preceden aún a los destinos, y prólogo del presagio que se avecina, han demostrado el cielo y la tierra juntos a nuestros climas y compatriotas.

Vuelve a entrar en Ghost.

Pero, ¡suave, he aquí! ¡Vaya, dónde viene de nuevo! Lo cruzaré, aunque me explote. ¡Quédate, ilusión! Si tienes algún sonido, o uso de voz, háblame. Si hay algo bueno que hacer, que a ti te haga alivio, y gracia a mí, háblame. Si estás al tanto del destino de tu país, el cual, felizmente, el conocimiento previo puede evitar, ¡oh habla! O si has acumulado en tu vida tesoro extorsionado en el vientre de la tierra, por el cual, dicen, vosotros, espíritus, camináis a menudo en la muerte, hablad de ello. ¡Quédate y habla!

[*Canta el gallo.*]

¡Detente, Marcelo!

MARCELO. ¿Voy a atacarlo con mi partisano?

HORATIO.Do, si no se mantiene.

BARNARDO.¡Ya está aquí!

HORACIO.¡Ya está aquí!

[*Salir* de Ghost.]

MARCELO.- ¡Se ha ido! Lo hacemos mal, siendo tan majestuosos, para ofrecerle el espectáculo de la violencia, porque es como el aire, invulnerable, y nuestros vanos soplos se burlan maliciosamente.

BARNARDO.It estaba a punto de hablar, cuando el gallo cantó.

HORATIO. Y entonces comenzó, como una cosa culpable, a una llamada espantosa. He oídoEl gallo, que es la trompeta de la mañana, Despierta con su garganta altiva y estridente, al dios del día; y a su advertencia, ya sea en el mar o en el fuego, en la tierra o en el aire, el espíritu extravagante y errante se une a su confinación. Y de la verdad en esto este objeto presente hecho probación.

MARCELLUS.It se desvaneció con el canto del gallo. Algunos dicen que cuando llega la estación en que se celebra el nacimiento de nuestro Salvador, el ave de la aurora canta toda la noche; Y entonces, dicen, ningún espíritu se atreve a salir al exterior, Las noches son sanas, entonces ningún planeta golpea, Ninguna hada toma, ni bruja tiene poder para encantar; Tan santificado y tan gracioso es el tiempo.

HORATIO.So lo he oído, y en parte lo creo. Pero mira, la mañana vestida de manto rojizo, camina sobre el rocío de esa alta colina hacia el este. Levantad nuestra guardia, y por mi consejo, comuniquemos lo que hemos visto esta noche al joven Hamlet;

porque sobre mi vida, este espíritu, mudo para nosotros, le hablará. ¿Consientes en que se lo comuniquemos, según sea necesario en nuestros amores, según nuestro deber?

MARCELO.
No lo hagamos, ruego, y esta mañana sé dónde lo encontraremos más convenientemente.

[*Exeunt.*]

Escena II. Elsinore. Una Sala De Estado En El Castillo

Entran Claudio rey *de Dinamarca, Gertrudis la* reina, Hamlet, Polonio, Laertes, Voltemando, Cornelio, señores *y asistentes.*

REY. Aunque todavía de la muerte de Hamlet nuestro querido hermano, el recuerdo sea verde, y que nos convenga, para llevar nuestros corazones con dolor, y todo nuestro reino, para contraernos en una frente de aflicción; Sin embargo, hasta tal punto ha luchado la discreción con la naturaleza, que con la mayor tristeza pensamos en él, junto con el recuerdo de nosotros mismos. Por lo tanto, nuestra hermana de antaño, ahora nuestra reina,
la imperial coyuntura a este estado guerrero, ¿hemos nosotros, como si estuviéramos con una alegría derrotada, con un ojo auspicioso y otro caído, con alegría en el funeral, y con canto fúnebre en el matrimonio, en igual balanza pesando el deleite y el dolor, tomados por esposas; ni hemos excluido aquí tus mejores sabidurías, que han ido libremente con este asunto? Para todos, nuestro agradecimiento. Ahora se deduce que conoces al joven Fortinbras, Sosteniendo una débil suposición de nuestro valor, O pensando que por la muerte de nuestro difunto querido hermanoNuestro estado es inconexo y fuera de marco, Colaborado con este sueño de su ventaja, Él no ha dejado de molestarnos con mensajes, Importando la rendición de esas tierras perdidas por su padre, con todos los lazos de la ley, A nuestro valerosísimo hermano. Demasiado para él. Ahora, para nosotros mismos y para este tiempo de reunión: Hasta aquí tenemos escrito a Noruega, tío del joven Fortinbras, quien, impotente y postrado en cama, apenas oye hablar del propósito de su sobrino de reprimir su andar más en este lugar, en que las levas, las listas y las

proporciones completas están hechas de su sujeto: y aquí te enviamos, el buen Cornelio, y tú, Voltemando, por portadores de este saludo a la vieja Noruega, no dándote más poder personal para los negocios con el Rey, más de lo que permite el alcance de estos dilatados artículos. Despedida; y que tu prisa elogie tu deber.

CORNELIUS y VOLTEMAND.In eso, y todas las cosas, demostraremos nuestro deber.

REY. No lo dudamos nada: adiós de todo corazón.

[*Exeunt* Voltemand *y* Cornelius.]

Y ahora, Laertes, ¿qué le trae de nuevo? Nos hablaste de algún pleito. ¿Qué no lo es, Laertes? No puedes hablar de la razón al danés y perder la voz. ¿Qué es lo que tú ruegas, Laertes, que no sea mi oferta, no tu petición? La cabeza no es más innata al corazón, la mano más instrumental a la boca, que el trono de Dinamarca a tu padre. ¿Qué quieres, Laertes?

LAERTES. Temed mi señor, vuestra licencia y favor para volver a Francia, de donde, aunque de buena gana, vine a Dinamarca para mostrar mi deber en vuestra coronación; Sin embargo, ahora debo confesar que el deber cumplido, mis pensamientos y deseos se inclinan de nuevo hacia Francia, y los inclino ante tu amable permiso y perdón.

REY. ¿Tienes permiso de tu padre? ¿Qué dice Polonio?

POLONIO. Él, mi señor, me ha arrancado mi lenta despedida con laboriosa petición; y al fin, a su voluntad, sellé mi duro consentimiento. Le ruego que le dé permiso para irse.

REY. Toma tu hermosa hora, Laertes; ¡Tuyo sea el tiempo, y tus mejores gracias lo gasten a tu voluntad! Pero ahora, mi primo Hamlet y mi hijo...

ALDEA.
[*Aparte.*] Un poco más que pariente, y menos que amable.

REY. ¿Cómo es que las nubes todavía se ciernen sobre ti?

ALDEA. No es así, mi señor, soy demasiado para el sol.

REINA. Buen Hamlet, despoja tu color nocturno, y deja que tus ojos parezcan amigos en Denmark.Do no para siempre con tus párpados despeinados, busca a tu noble padre en el polvo. Tú sabes que es común, todo lo que vive debe morir, pasando a través de la naturaleza a la eternidad.

ALDEA. Ay, señora, es común.

REINA. Si es así, ¿por qué te parece tan particular?

ALDEA. ¡Parece, señora! No, lo es; No es solo mi capa de tinta, buena madre, ni los trajes acostumbrados de solemne negro, ni la ventosa suspiración de la respiración forzada, ni el río fructífero en los ojos,
ni el abatido rostro del rostro, junto con todas las formas, estados de ánimo, muestras de dolor, lo que puede denotarme verdaderamente. Éstas sí parecen, porque son acciones que un hombre podría realizar; Mas yo tengo dentro de mí lo cual pasa; Éstas no son más que las trampas y los trajes de aflicción.

REY.Es dulce y loable en tu naturaleza, Hamlet, dar estos deberes de luto a tu padre; Pero debes saber que tu padre perdió a un padre, ese padre perdió, perdió el suyo, y el sobreviviente se vio obligado por obligación filial, por algún término, a hacer un dolor obsequioso. Pero perseverar en obstinada condición es un proceder de impía terquedad. Es un dolor poco varonil, muestra una voluntad muy incorrecta para el cielo, un corazón desfortificado, una mente impaciente, un entendimiento sencillo y sin educación; Porque lo que sabemos debe ser, y es tan común como cualquier cosa más vulgar de sentir, ¿por qué habríamos de tomarlo en serio en nuestra irritable oposición? Es una falta para el cielo, una falta para los muertos, una falta para la naturaleza, para la razón más absurda, cuyo tema común es la muerte de los padres, y que todavía ha clamado, desde el primer momento hasta el que murió hoy: 'Esto debe ser así'. Te rogamos que arrojes a la tierra este infortunio insuperable, y pienses en nosotros como en un padre; porque el mundo se dé cuentaTú eres el más inmediato a nuestro trono, Y con no menos nobleza de amor que la que el queridísimo padre da a luz a su hijo, te imparto. Por tu intenciónAl volver a la escuela en Wittenberg, es muy retrógrado a nuestro deseo: Y te suplicamos que te inclines a permanecer aquí en la alegría y el consuelo de nuestros ojos, nuestro principal cortesano, primo y nuestro hijo.

REINA. No dejes que tu madre pierda sus oraciones, Hamlet.Te ruego que te quedes con nosotros; no vayas a Wittenberg.

ALDEA. Le obedeceré con todo mi empeño, señora.

REY. Pues, es una respuesta amorosa y justa. Ser como nosotros mismos en Dinamarca. Señora, vengan; Este acuerdo suave y sin fuerza de HamletSit sonríe a mi corazón; en gracia de la cual,Ninguna salud jocosa que Dinamarca bebe hoyPero el gran cañón a las nubes dirá,Y el despertar del Rey volverá a golpear el cielo,Rehablando truenos terrenales. Váyase.

[*Exeunt todos menos* Hamlet.]

ALDEA. ¡Oh, si esta carne demasiado sólida se derritiera, se descongelara y se resolviera en un rocío! O que el Eterno no había fijado su canon para matarse a sí mismo. ¡Oh Dios! ¡Oh Dios! ¡Cuán cansados, rancios, planos e inútiles me parecen todos los usos de este mundo! ¡Fie on't! ¡Oh fie! Es un jardín sin malezaQue crece hasta germinar; las cosas vulgares y groseras de la naturalezaPoseelo simplemente. ¡Que se llegue a esto! Pero dos meses muerto, no, no tanto, no dos:Tan excelente rey; eso era a esteHiperión a un sátiro; tan amorosa a mi madre, para que no viera los vientos del cielo visitar su rostro con demasiada rudeza. ¡Cielo y tierra! ¿Debo recordarlo? Pues, ella se aferraría a élComo si el aumento del apetito hubiera crecido por lo que se alimentaba; y, sin embargo, dentro de un mes...
 ¡Que no lo piense... ¡Fragilidad, que te llamas mujer! Un mes antes de que se hicieran viejos aquellos zapatos, con los que siguió el cuerpo de mi pobre padre, como Níobe, todo lágrimas.—¿Por qué ella, incluso ella..., oh Dios! Una bestia que quiere el discurso de la razónHabría llorado más tiempo, casada con mi tío, el hermano de mi padre; pero no más como mi padre que yo a Hércules. ¿Dentro de un mes? Antes de que la sal de las lágrimas más injustas hubiera dejado el rubor en sus ojos irritados, se casó. ¡Oh perversísima velocidad, para postear con tanta destreza a las sábanas incestuosas! No es, ni puede llegar a ser bueno. Pero rompe mi corazón, porque tengo que callarme.

Entran Horacio, Marcelo *y* Barnardo.

HORATIO. ¡Salve a su señoría!

ALDEA. Me alegro de verte bien:Horacio, o me olvido de mí mismo.

HORATIO. Lo mismo, mi señor, y tu pobre siervo siempre.

ALDEA. Señor, mi buen amigo; Voy a cambiar ese nombre contigo... ¿Y qué te hace de Wittenberg, Horacio?... ¿Marcelo?

MARCELLUS.My buen señor.

ALDEA. Me alegro mucho de verle.—Bien, señor.—¿Pero qué es lo que, a fe mía, le hace usted de Wittenberg?

HORATIO. Un carácter ausente, buen mi señor.

ALDEA. No quiero oír a tu enemigo decir eso; Ni harás a mi oído esa violencia, para hacerla confiar en tu propio informe contra ti mismo. Sé que no estás ausente. Pero, ¿cuál es tu asunto en Elsinore? Te enseñaremos a beber profundamente antes de partir.

HORATIO.My señor, he venido a ver el funeral de tu padre.

ALDEA. No te ruego que te burles de mí, compañero de estudios. Creo que fue para ver la boda de mi madre.

HORATIO. De hecho, mi señor, me siguió duro.

ALDEA. ¡Ahorro, ahorro, Horacio! Las carnes asadas para el funeralProporcionaron fríamente las mesas matrimoniales. ¿Ojalá me hubiera encontrado con mi enemigo más querido en el cielo, o si alguna vez hubiera visto ese día, Horatio.My padre, me parece que veo a mi padre?

HORATIO. ¿Dónde, mi señor?

HAMLET.In el ojo de mi mente, Horacio.

HORATIO. Lo vi una vez; Era un buen rey.

ALDEA. Era un hombre, créelo en general, no volveré a ver a alguien igual.

HORATIO.My señor, creo haberlo visto anoche.

ALDEA. ¿Vió? ¿Quién?

HORATIO.My señor, el Rey tu padre.

ALDEA. ¡El Rey mi padre!

HORATIO. Sazona tu admiración por un tiempoCon un oído atento, hasta que pueda entregarSobre el testimonio de estos caballeros esta maravilla para ti.

ALDEA. Por el amor de Dios, déjame escuchar.

HORATIO. Dos noches juntos estos caballeros, Marcelo y Barnardo, que estaban de guardia en medio de la noche, se encontraron así. Una figura como tu padre,Armado en punta exactamente, cap-à-pie,Aparece ante ellos, y con solemne marcha Pasa lento y majestuoso por ellos: tres veces caminóPor sus ojos oprimidos y asustados,Dentro de la longitud de su porra; mientras que ellos, destilados casi hasta gelatina con el acto del miedo, se quedan mudos y no le hablan. Esto me lo hicieron en espantoso secreto, y yo con ellos la tercera noche mantuve la guardia, donde, como habían entregado, tanto en el tiempo como en la forma de la cosa, cada palabra hecha verdadera y buena, llega la aparición. Conocí a tu padre; Estas manos no son más parecidas.

ALDEA. Pero, ¿dónde estaba esto?

MARCELLUS.My Señor, en la plataforma donde miramos.

ALDEA. ¿No le hablaste?

HORATIO.My señor, lo hice; pero la respuesta no lo hizo; sin embargo, una vez me pareció que levantaba la cabeza y se dirigía al movimiento, como si hablara. Pero incluso entonces el gallo de la mañana cantó fuertemente, y al sonido se encogió a toda prisa, y desapareció de nuestra vista.

HAMLET.Es muy extraño.

HORATIO.As vivo, mi honorable señor, es verdad; Y creímos que estaba en nuestro deber hacértelo saber.

ALDEA. Efectivamente, en efecto, señores, pero esto me preocupa. ¿Sostener el reloj esta noche?

Mar. y BARNARDO. Así es, mi señor.

ALDEA.
¿Armado, dices?

Ambos.
Armado, mi señor.

ALDEA. ¿De la cabeza a los pies?

BOTH.My Señor, de la cabeza a los pies.

ALDEA. ¿No viste, pues, su rostro?

HORATIO. Oh, sí, mi señor, él llevaba su castor levantado.

ALDEA. ¿Qué, miró con el ceño fruncido?

HORATIO. Un semblante más de tristeza que de ira.

ALDEA. ¿Pálido o rojo?

Horatio. Tómalo, muy balde.

ALDEA. ¿Y fijó sus ojos en ti?

HORATIO. La mayoría de las veces.

ALDEA. Ojalá hubiera estado allí.

HORATIO.It te habría asombrado mucho.

ALDEA. Muy parecido, muy parecido. ¿Te quedaste mucho tiempo?

HORATIO. Mientras que uno con prisa moderada podría decir cien.

MARCELO y BARNARDO. Más tiempo, más tiempo.

HORATIO. No cuando no lo vi.

ALDEA. Su barba estaba encansa, ¿no?

HORATIO.It era, como lo he visto en su vida, un marta plateada.

ALDEA. Lo veré esta noche; Tal vez vuelva a caminar.

HORATIO. Te garantizo que así será.

ALDEA. Si se asume la persona de mi noble padre, le hablaré,
aunque el infierno mismo se quede boquiabierto y me diga que
guarde silencio. Os ruego a todos que, si hasta ahora habéis ocultado

este espectáculo, que sea todavía sostenible en vuestro silencio; Y todo lo demás que suceda esta noche, dale entendimiento, pero no lengua. Yo corresponderé a tus amores. Así que, que os vaya bien. En el andén, entre las once y las doce,
 te visitaré.

TODO. Nuestro deber para con su honor.

ALDEA. Tus amores, como los míos para ti: adiós.

[*Exeunt* Horacio, Marcelo *y* Barnardo.]

¡El espíritu de mi padre en armas! No todo está bien; Dudo que se trate de un juego sucio: ¡ojalá llegara la noche! Hasta entonces quédate quieta, alma mía: las malas acciones se elevarán, aunque toda la tierra las azote, a los ojos de los hombres.

[*Salir.*]

Escena III. Una habitación en la casa de Polonio

Entran Laertes *y* Ofelia.

LAERTES.My se embarcan los artículos de primera necesidad. Adiós.Y, hermana, como los vientos dan beneficioY el convoy es asistente, no duermas,Pero déjame saber de ti.

OPHELIA.Do lo dudas?

LAERTES. Porque Hamlet, y la frivolidad de su favor, tenlo como una moda y un juguete en la sangre; Una violeta en la juventud de la naturaleza primitiva, adelantada, no permanente, dulce, no duradera; El perfume y la súplica de un minuto; Ya no más.

OPHELIA.No más, ¿pero entonces?

LAERTES. No lo pienses más. Porque la naturaleza no crece solaEn el ww y en masa; pero a medida que este templo crece, el servicio interno de la mente y el alma se ensancha. Tal vez él te ama ahora,Y ahora no hay tierra ni cautel que mancille la virtud de su voluntad; pero debéis temer, pesó su grandeza, su voluntad no es la suya; Porque él mismo está sujeto a su nacimiento: no puede, como lo hacen las personas despreciables, tallarse para sí mismo; porque de

su elección depende la santidad y salud de todo este estado; Y, por lo tanto, su elección debe circunscribirse a la voz y sumisión de ese cuerpo del cual él es la cabeza. Entonces, si él dice que te ama, se ajusta a tu sabiduría hasta el punto de creerlo
, ya que él en su acto y lugar particular puede dar su acción de decir, que no es más allá de lo que la voz principal de Dinamarca consigue. Pesa, pues, la pérdida que pueda sufrir tu honra, si con oído demasiado creíble enumeras sus canciones, o pierdes tu corazón, o tu casto tesoro se abre a su importunidad inexperta. Temámelo, Ofelia, temélo, mi querida hermana; Y te guardo en la retaguardia de tu afecto, Fuera del tiro y del peligro del deseo. La doncella más caruscrita es lo suficientemente pródiga si desenmascara su belleza a la luna. La virtud misma no da golpes calumniosos: el cancro irrita a los niños de la primavera demasiado a menudo antes de que sus botones sean revelados,
 y en la mañana y el rocío líquido de la juventud, las explosiones contagiosas son más inminentes. Ten cuidado entonces, la mejor seguridad radica en el miedo. La juventud se rebela a sí misma, aunque nadie más se acerca.

OFELIA. El efecto de esta buena lección lo guardaré como vigilante de mi corazón. Pero buen hermano mío, no hagas como hacen algunos pastores desagradecidos, Muéstrame el camino escarpado y espinoso al cielo; Mientras, como un libertino hinchado y temerario, el camino de la prímula del coqueteo camina, y no se acuerda de su propia rede.

LAERTES. Oh, no me temáis. Me quedo demasiado tiempo. Pero aquí viene mi padre.

Entra Polonio.

Una doble bendición es una doble gracia; La ocasión sonríe a una segunda salida.

POLONIO. ¿Y aquí, Laertes? A bordo, a bordo, por vergüenza. El viento se sienta en el hombro de tu vela, y te quedas quieto. Allí, mi bendición con ustedes.

(*Poniendo su mano sobre* la cabeza de Laertes.]

Y estos pocos preceptos en tu memoria, mira, tú, carácter. No des lengua a tus pensamientos, ni a ningún pensamiento desproporcionado su acto. Sé familiar, pero de ninguna manera vulgar. Esos amigos que tienes, y su adopción probada, Aférralos a tu alma con aros de acero; Pero no embotes tu palma con el entretenimiento de cada camarada recién nacido, no volcado. Cuidado con la entrada a una pelea; pero estando dentro, no tengas cuidado de ti. Da a cada uno tu oído, pero a pocos tu voz:Toma la censura de cada uno, pero reserva tu juicio. Costoso tu hábito como tu bolsa puede comprar, pero no expresado en fantasía; rico, no ostentoso:Porque muchas veces la vestimenta proclama al hombre; Y los que están en Francia de la mejor posición y rango son de un jefe muy selecto y generoso en eso. Ni el prestatario ni el prestamista sean:Porque el préstamo a menudo se pierde a sí mismo y al amigo; Y el endeudamiento embota el filo de la ganadería. Esto sobre todo: sé fiel a ti mismo; Y es necesario que sigas que, como la noche al día, no puedes ser falso a nadie. Adiós: mi bendición sazona esto en ti.

LAERTES. Con toda humildad me despido, mi señor.

POLONIO. El tiempo te invita; Vete, tus siervos tienden.

LAERTES. Adiós, Ofelia, y recuerda bien lo que te he dicho.

Ofelia: Está guardada en mi memoria, y tú misma conservarás la llave de ella.

LAERTES. Despedida.

[*Salir.*]

POLONIO. ¿Qué no es, Ofelia, que te ha dicho?

OPHELIA.So favorezca, algo que toca al señor Hamlet.

POLONIO. Cásate, bien pensado: me han dicho que últimamente te ha dado muy a menudo tiempo privado; y tú mismo has sido de tu audiencia más libre y generoso. Si es así, como se me ha dicho, y eso a modo de advertencia, debo decirte que
no te entiendes a ti mismo tan claramente, como conviene a mi hija y a tu honor. ¿Qué hay entre ustedes? Dame la verdad.

OFELIA. Últimamente, mi señor, me ha hecho muchas muestras de
su afecto.

POLONIO. ¡Afecto! ¡Pooh! Hablas como una muchacha verde,
sin tamizar en circunstancias tan peligrosas. ¿Crees en sus ofertas,
como tú las llamas?

OFELIA. No sé, mi señor, lo que debo pensar.

POLONIO. Cásate, te enseñaré; Piensa que eres un bebé; Que tienes
estas ofertas por pago verdadero, que no son esterlinas. Pórtate más
caro;
O, para no quebrar el viento de la pobre frase, Vagando así, me darás
por tonto.

OPHELIA.My Señor, me ha importunado con amor de manera
honorable.

POLONIO. ¡Ay, la moda, por llamarla! Ir a, ir a.

OFELIA. Y ha dado su semblante, señor mío, con casi todos los
santos votos del cielo.

POLONIO. Ay, saltos para atrapar becadas. Yo sí sé,Cuando la
sangre arde, cuán pródiga el almaPresta los votos de la lengua: estos
llamas, hija,Dando más luz que calor, extinguidos en ambos,Aun en
su promesa, como es a-hacer,No debes tomar por fuego. A partir de
este momentoSé algo más escaso de tu presencia de doncella;
Establezca sus súplicas a una velocidad más alta que un comando
para parlamentar. Porque Lord Hamlet, cree tanto en él que es joven;
Y con una correa más grande que la que se te dé. En pocos, Ofelia,
no crees en sus votos; porque son corredores, no de ese tinte que
muestran sus inversiones, sino meros implorantes de trajes impíos,
que respiran como santificados y piadosos obscenos, para engañar
mejor. Esto es para todos. A partir de ahora en adelante, no quiero
que calumnies tanto en cualquier momento como para dar palabras o
hablar con el señor Hamlet.Mira atentos, te lo encargo; Ven por tus
caminos.

OFELIA. Obedeceré, mi señor.

[*Exeunt.*]

Escena IV. La Plataforma

Entran Hamlet, Horacio *y* Marcelo.

ALDEA. El aire muerde astutamente; Hace mucho frío.

HORATIO.It es un mordisco y un aire ansioso.

ALDEA. ¿A qué hora ahora?

HORATIO. Creo que le faltan doce.

MARCELLUS.No, se golpea.

HORATIO. ¿En efecto? No lo escuché. Entonces se acerca la estación en la que el espíritu tenía la costumbre de andar.

[*Un estruendo de trompetas y artillería se disparó en el interior.*]

¿Qué significa esto, mi señor?

ALDEA. El Rey se despierta esta noche y toma su despertar, Mantiene la vela, y la arrogante descendencia se tambalea; Y mientras vacía sus tragos de renano, el timbal y la trompeta rebuznan así, el triunfo de su promesa.

HORATIO.Is una costumbre?

ALDEA. Ay casarse no lo es; Y a mi parecer, aunque soy nativo de aquí,
y a la manera de nacer, es una costumbre más honrada en la violación que en la observancia. Este regocijo de cabeza pesada oriente y occidenteNos hace traducidos y gravados de otras naciones:Nos engañan borrachos, y con frases porcinasEnsucian nuestra adición; y, en efecto, tomaDe nuestros logros, aunque realizados en altura,La médula y el tuétano de nuestro atributo. De modo que a menudo sucede en los hombres particulares que por algún lunar vicioso de la naturaleza en ellos, como en su nacimiento, en el que no son culpables, ya que la naturaleza no puede elegir su origen, por el crecimiento de alguna complexión, a menudo rompiendo los palos y las fortalezas de la razón; O por alguna costumbre que demasiada levadura es la forma de modales placenteros, que estos hombres, llevando, digo, el sello de un defecto, siendo la librea de la Naturaleza o la estrella de la Fortuna,

sus virtudes, por puras que sean tan puras como la gracia, tan infinitas como el hombre pueda sufrir, en la censura general tomarán la corrupción de esa falta particular. El trago del mal, toda la noble sustancia duda a menudo, para su propio escándalo.

HORATIO. ¡Mira, mi señor, llega!

Entra Ghost.

ALDEA. ¡Los ángeles y los ministros de la gracia nos defienden! Ya seas un espíritu de salud o un duende condenado, trae contigo aires del cielo o ráfagas del infierno, sean tus intenciones perversas o caritativas, vengas en una forma tan dudosa, que yo te hablaré. Te llamaré Hamlet, rey, padre, danés real. ¡Oh, respóndeme! No permitas que estalle en la ignorancia; pero dime
por qué tus huesos canonizados, curtidos en la muerte, han reventado sus vendajes; por qué el sepulcro, en el que te vimos enurado tranquilamente, ha abierto sus pesadas y marmóreas mandíbulas para arrojarte de nuevo. ¿Qué puede significar esto, que tú, corso muerto, de nuevo en completo acero,
vuelves a visitar así los destellos de la luna, haciendo la noche horrible, y nosotros, tontos de la naturaleza, sacudimos tan horriblemente nuestro carácter con pensamientos más allá del alcance de nuestras almas? Diga, ¿a qué se debe esto? ¿Por qué? ¿Qué debemos hacer?

(El fantasma *hace señas a* Hamlet.]

HORATIO.It te hace señas para que te vayas con él, como si algún derrame deseara solo para ti.

MARCELO. Mira con qué acción cortés te hace señas a un terreno más apartado. Pero no te dejes llevar.

HORATIO.No, de ninguna manera.

HAMLET.It no hablará; entonces lo seguiré.

HORATIO.Do no, mi señor.

ALDEA. ¿Por qué, cuál debería ser el miedo? No pongo mi vida a precio de alfiler; Y para mi alma, ¿qué puede hacer con eso, siendo una cosa inmortal como ella misma? Me hace señas de nuevo. Lo seguiré.

HORATIO. ¿Y si te tienta hacia el diluvio, mi señor, o hacia la espantosa cumbre del acantilado que se hunde en el mar desde su base, y allí asume alguna otra forma horrible que podría privar a tu soberanía de la razón y llevarte a la locura? Piénsalo. El mismo lugar pone juguetes de desesperación, sin más motivo, en cada cerebro que mira tantas hadas al mar y lo oye rugir debajo.

HAMLET.It me saluda todavía. Sigue, te seguiré.

MARCELO. No irás, mi señor.

ALDEA. Sostén tus manos.

HORATIO.Be rul'd; no irás.

HAMLET.My destino grita, y hace que cada pequeña arteria de este cuerpo sea tan resistente como el nervio del león de Nemea.

[El fantasma *hace señas.*]

Todavía me llaman. Quítenme, caballeros.

[*Liberándose de ellos.*]

Por el cielo, haré un fantasma de aquel que me lo permita. Te digo: ¡Fuera!... Sigue, te seguiré.

[*Exeunt* Fantasma *y* Hamlet.]

HORATIO. Se desespera con la imaginación.

MARCELO.
Sigamos; No es digno obedecerle así.

HORATIO. Tener después. ¿A qué tema se llegará esto?

MARCELO. Algo está podrido en el estado de Dinamarca.

HORATIO. El Cielo lo dirigirá.

MARCELO. No, sigámoslo.

[*Exeunt.*]

Escena V. Una parte más remota del castillo

Entra Fantasma y Hamlet.

ALDEA. ¿A dónde me llevarás? Habla, no iré más lejos.

FANTASMA. Márcame a mí.

ALDEA. Lo haré.

GHOST.My hora está a punto de llegar, cuando a las llamas sulfurosas y atormentadoras debo rendirme.

ALDEA. ¡Ay, pobre fantasma!

FANTASMA. No me compadezcas, sino presta tu oído serio a lo que voy a revelar.

ALDEA. Habla, estoy obligado a escuchar.

GHOST.So te has de vengar cuando oigas.

ALDEA. ¿Qué?

FANTASMA. Yo soy el espíritu de tu padre,
condenado por cierto término a caminar por la noche, y por el día confinado a ayunar en fuegos, hasta que los crímenes repugnantes cometidos en mis días de la naturaleza sean quemados y purgados. Pero como me está prohibido contar los secretos de mi prisión, podría contarme una historia cuya más leve palabra atormentaría tu alma; Congela tu sangre joven, Haz que tus dos ojos como estrellas salgan de sus esferas, que tus mechones anudados y combinados se separen, y que cada cabello particular se erice como púas sobre el puercoespín inquieto. Pero este blasón eterno no debe serA oídos de carne y hueso. ¡Lista, lista, O, lista! Si alguna vez amaste a tu amado padre...

ALDEA. ¡Oh Dios!

FANTASMA. Venga su vil y antinatural asesinato.

ALDEA. ¡Asesinato!

FANTASMA. El asesinato más repugnante, como en el mejor de los casos; Pero esto es lo más asqueroso, extraño y antinatural.

ALDEA. Apresúrate a que sepa, que yo, con alas tan veloces como la meditación o los pensamientos de amor, pueda barrer hacia mi venganza.

FANTASMA. Te encuentro apto; Y más torpe fueras que la mala hierba
que se pudre con facilidad en el muelle de Lete, ¿no te revolverías en esto? Ahora, Hamlet, oye.Se dice que, durmiendo en mi huerto, me picó una serpiente; así que todo el oído de Dinamarca es por un proceso forjado de mi muerteRankly abusado; pero has de saber, noble joven, que la serpiente que picó la vida de tu padre, ahora lleva su corona.

ALDEA. ¡Oh alma profética mía!
¡Mi tío!

FANTASMA. ¡Ay, ese incestuoso, esa bestia adulterada,Con brujería de su ingenio, con dones traidores,-¡Oh ingenio malvado, y dones que tienen el poder de seducir!-, ganó a su vergonzosa lujuria la voluntad de mi reina más aparentemente virtuosa. ¡Oh Hamlet!, ¡qué caída hubo de mí, cuyo amor era de tal dignidad que iba de la mano incluso con el voto que le hice en matrimonio! y declinarA un miserable cuyos dones naturales eran pobresA los míos. Pero la virtud, como nunca será conmovida, aunque la lascivia la corteje en forma de cielo; Así que la lujuria, aunque unida a un ángel radiante, se saciará en un lecho celestial y se alimentará de basura. ¡Pero suave! me parece que huelo el aire de la mañana; Breve, déjame ser. Durmiendo en mi huerto,Mi costumbre siempre de la tarde,En mi hora segura tu tío robóCon jugo de hebenón maldito en un frasco,Y en los pórticos de mis oídos derramóEl destilado leproso, cuyo efectoMantiene tal enemistad con la sangre del hombreQue veloz como el azogue corre a través de las puertas y callejones naturales del cuerpo; Y con un súbito vigor posa y cuaja, como excrementos ansiosos en leche, la sangre fina y sana. Así lo hizo la mía; Y el más instantáneo ladró por ahí, como un lazar, con una corteza vil y repugnanteTodo mi cuerpo liso. Así fui yo, durmiendo, por la mano de un hermano,De vida, de corona, de reina despachado de inmediato:Cortado incluso en las flores de mi pecado,Desamparado, desilusionado, desamparado; No se hizo ningún reconocimiento, sino que se envió a mi cuentaCon todas mis imperfecciones en mi cabeza. ¡Oh horrible! ¡Oh horrible! ¡Lo más horrible! Si tienes naturaleza en ti, no la soportes; Que el lecho real de Dinamarca no sea un sofá para el lujo y el maldito incesto. Pero como quiera que persigas este acto, no manches tu mente, ni tu alma maquine contra tu madre cosa alguna; Dejadla en el cielo, y a las espinas que en su seno se alojan, para pincharla y picarla. ¡Que te vaya bien de una vez! La luciérnaga muestra que el maitán está cerca, y las ginebras palidecen su fuego inútil. Adiós, adiós, adiós. Hamlet, acuérdate de mí.

[*Salir.*]

ALDEA. ¡Oh todas las huestes del cielo! ¡Oh tierra! ¿Qué más? ¿Y me acoplo al infierno? ¡Oh, fie! Sosténgase, mi corazón; Y vosotros, mis tendones, no envejezcáis al instante, sino que me sostenéis firmemente. ¿Te acuerdas? Ay, pobre fantasma, mientras la memoria tiene un asiento en este globo distraído. ¿Te acuerdas? sí, de la mesa de mi memoria
borraré todos los registros triviales y cariñosos, todas las sierras de libros, todas las formas, todas las presiones pasadas, esa juventud y observación copiadas allí; Y solo tu mandamiento vivirá en el libro y en el volumen de mi cerebro,
sin mezclar con la materia más baja. ¡Sí, por el cielo! ¡Oh mujer perniciosa! ¡Oh villano, villano, maldito villano sonriente! Mis mesas. ¡Conócelo si lo dejo, para que uno pueda sonreír, y sonreír, y ser un villano! Al menos estoy seguro de que puede ser así en Dinamarca.

[*Redacción.*]

Así que, tío, ahí estás. Ahora a mi palabra; Es 'Adiós, adiós, acuérdate de mí'.

HORACIO y MARCELO.
[*Dentro.*] Mi señor, mi señor.

MARCELO.
[*Dentro.*] Señor Hamlet.

HORATIO.
[*Dentro.*] Que el cielo lo proteja.

HAMLET.So ser!

MARCELO.
[*Dentro.*] ¡Illo, ho, ho, mi señor!

Aldea. ¡Hillo, ho, ho, chico! pájaro.

Entran Horacio y Marcelo.

MARCELO. ¿Cómo no estás, mi noble señor?

HORATIO. ¿Qué noticias, mi señor?

ALDEA. ¡Oh, maravilloso!

HORATIO. Buen mío, mi señor, cuéntalo.

HAMLET.No, lo revelarás.

HORATIO. Yo no, mi señor, por el cielo.

MARCELO. Ni yo, mi señor.

ALDEA. ¿Cómo dices, pues, que el corazón del hombre lo pensaría
una vez?... ¿Pero serás secreto?

HORACIO y MARCELO. ¡Ay, por el cielo, mi señor!

ALDEA.
No hay un villano que viva en toda Dinamarca, pero es un bribón
empedernido.

HORATIO. No hace falta que ningún fantasma, mi señor, venga de la
tumba para decirnos esto.

ALDEA. ¿Por qué, claro? Tú eres yo el derecho;
Y así, sin más circunstancia alguna, considero oportuno que nos
demos la mano y nos separemos: Tú, según te lo indiquen tus asuntos
y deseos, Porque todo hombre tiene negocios y deseos, tal como son;
y por mi pobre parte, Mira tú, iré a orar.

HORATIO. Estas no son más que palabras salvajes y arremolinadas,
mi señor.

ALDEA.
Lamento que te ofendan de todo corazón; Sí, fe, de todo corazón.

HORATIO.
No hay ofensa, mi señor.

ALDEA. Sí, por San Patricio, pero hay, Horacio, y también mucha ofensa. Tocando esta visión aquí, es un fantasma honesto, que permítanme decirles. Por tu deseo de saber lo que hay entre nosotros, O'ermaster como quieras. Y ahora, buenos amigos, ya que sois amigos, eruditos y soldados, dadme una pobre petición.

HORATIO. ¿Qué no lo es, mi señor? Lo haremos.

ALDEA. Nunca des a conocer lo que has visto esta noche.

Horacio y MARCELLUS.My señor, no lo haremos.

ALDEA. No, pero jura.

HORATIO.In fe, mi señor, no yo.

MARCELO. Ni yo, mi señor, en la fe.

ALDEA. Sobre mi espada.

MARCELO. Ya lo hemos jurado, mi señor.

ALDEA. De hecho, sobre mi espada, de hecho.

FANTASMA.
[*Llora bajo el escenario.*] Lo juro.

ALDEA. Ja, ja, muchacho, ¿lo dices tú? ¿Estás ahí, Truepenny? Vamos, oyes a este tipo en el sótano. Consentimiento para jurar.

HORATIO. Propón el juramento, mi señor.

ALDEA. Ni hablar de esto que has visto. Jura por mi espada.

FANTASMA.
[*Abajo.*] Lo juro.

ALDEA.
Hic et ubique? Entonces cambiaremos de posición. Venid acá, caballeros, y volved a poner vuestras manos sobre mi espada. Que nunca hables de esto que has oído. Jura por mi espada.

FANTASMA.
[*Abajo.*] Lo juro.

ALDEA. ¡Bien dicho, viejo topo! ¿Puedes trabajar en la tierra tan rápido? ¡Un digno pionero! Una vez más alejaos, buenos amigos.

HORATIO.
Oh día y noche, pero esto es maravillosamente extraño.

ALDEA. Y por lo tanto, como un extraño, dale la bienvenida. Hay más cosas en el cielo y en la tierra, Horacio, de las que se sueñan en tu filosofía. Pero ven, aquí, como antes, nunca, así que te ayude la misericordia, ¡Cuán extraño o extraño me llevo a mí mismo! Como tal vez en lo sucesivo pensaré que es conveniente poner una disposición anticuada... Que tú, al verme en tales ocasiones, nunca lo harás, Con los brazos cargados de esta manera, o este movimiento de cabeza, O pronunciando alguna frase dudosa, Como 'Bueno, lo sabemos', o 'Podríamos y si quisiéramos', o 'Si nos pusiéramos a hablar'; o 'Que haya y si pudieran', o tal desviación ambigua, para notar que sabes algo de mí: esto no se debe hacer. Así que la gracia y la misericordia en tu mayor necesidad te ayudan, lo juro.

FANTASMA.
[*Abajo.*] Lo juro.

ALDEA. Descanso, descanso, espíritu perturbado. Así que, caballeros, con todo mi amor me encomiendo a vosotros; Y lo que un hombre tan pobre como Hamlet no puede hacer que le exprese su amor y amistad, si Dios quiere, no faltará. Entremos juntos, y aún tus dedos en tus labios, te lo ruego. El tiempo está desarticulado. ¡Oh maldito rencor, que nací para corregirlo! No, vamos, vamos juntos.

[*Exeunt.*]

ACTO II

Escena I. Una habitación en la casa de Polonio

Entran Polonio *y* Reynaldo.

POLONIO. Dale este dinero y estos billetes, Reynaldo.

REYNALDO. Lo haré, mi señor.

POLONIO. Harás muy bien, buen Reynaldo, antes de visitarlo, para hacer averiguaciones sobre su conducta.

REYNALDO.My señor, sí era mi intención.

POLONIO. Cásate, bien dicho; Muy bien dicho. Mire usted, señor, pregúnteme primero qué son los danskers en París; Y cómo, y quién, qué significa, y dónde guardan, qué compañía, a qué costo; y descubriendo, por este envolvimiento y deriva de la pregunta, que sí conocen a mi hijo, acércate más de lo que tus demandas particulares lo tocarán. Tómalo como si tuvieras un conocimiento lejano de él, como así: "Conozco a su padre y a sus amigos, y en parte a él", ¿te fijas en esto, Reynaldo?

REYNALDO. Sí, muy bien, mi señor.

POLONIO. Y en parte él, pero, se puede decir, no bien; Pero si no es él, quiero decir, es muy salvaje; Adicto a fulano de tal;' y ahí se le ponen las falsificaciones que quieras; cásate, sin que nadie le deshonre de tal rango; Presta atención a eso;
Pero, señor, tales deslices desenfrenados, salvajes y usuales son compañeros notados y muy conocidos por la juventud y la libertad.

REYNALDO.As juego, mi señor?

POLONIO. Ay, o bebiendo, esgrimiendo, jurando, peleando, dabalando. Puedes llegar tan lejos.

REYNALDO.My Señor, eso lo deshonraría.

POLONIO. A fe que no, ya que puedes sazonarlo en la carga. No le pongas otro escándalo de que está abierto a la incontinencia;
No es eso lo que quiero decir: pero respira sus faltas tan pintorescamente que pueden parecer las manchas de la libertad; El destello y el estallido de una mente ardiente, un salvajismo en sangre no reclamada, de un asalto general.

REYNALDO. Pero mi buen señor...

POLONIO. ¿Por qué deberías hacer esto?

REYNALDO. Ay, mi señor, yo lo sabría.

POLONIO. Cásate, señor, aquí está mi deriva, y creo que es una obsesión de garantía. Tú pones estas ligeras manchas en mi hijo,

como si fuera una cosa un poco sucia en el trabajo, fíjate en ti, tu partido en contra, a él sonarías, habiendo visto alguna vez en los crímenes prenombrados
al joven que respiras culpable, ten la seguridad de que se cierra contigo en esta consecuencia. Buen señor', o algo así; o 'amigo', o 'caballero': según la frase o la adición del hombre y la patria.

REYNALDO. Muy bien, mi señor.

POLONIO. Y entonces, señor, ¿hace esto, qué iba a decir? Por la masa, estaba a punto de decir algo. ¿Dónde me fui?

REYNALDO.At 'cierra en la consecuencia'. En 'amigo o tal' y 'caballero'.

POLONIUS.At 'se cierra en las consecuencias' ¡ay, cásate! Termina con usted así: "Conozco al caballero, lo vi ayer, o el otro día, o entonces, o entonces, con tal y tal cosa; y, como tú dices, allí estaba jugando, allí se despertaba, allí peleando al tenis: o tal vez, "le vi entrar en tal casa de venta",
Videlicet, un burdel, etc. Nos vemos ahora; Tu cebo de falsedad se lleva esta carpa de la verdad; Y así nosotros, de sabiduría y de alcance, con molinetes, y con ensayos de sesgo, encontramos direcciones de salida. De modo que, según mis sermones y consejos anteriores, ¿Te quedas, hijo mío? Me tienes, ¿no es así?

REYNALDO.My señor, lo he hecho.

POLONIO. Dios te acompañe, que te vaya bien.

REYNALDO. Bien, mi señor.

POLONIO. Observa su inclinación en ti mismo.

REYNALDO. Lo haré, mi señor.

POLONIO. Y que él haga su música.

REYNALDO. Bueno, mi señor.

POLONIO. Despedida.

[*Salida* Reynaldo.]

Entra Ofelia.

¿Y ahora, Ofelia, qué te pasa?

OFELIA. ¡Ay, mi señor, he estado tan asustado!

POLONIO. ¿Con qué, en nombre de Dios?

OPHELIA.My señor, mientras yo cosía en mi habitación, lord Hamlet, con su jubón todo desatado, sin sombrero en la cabeza, con las medias sucias
, enrojecidas y hundidas hasta el tobillo, pálido como su camisa, con las rodillas chocándose entre sí, y con una mirada tan lastimera en su significado, como si lo hubieran soltado del infierno, por hablar de horrores, Él viene antes que yo.

POLONIO. ¿Alimento para tu amor?

OPHELIA.My Señor, no lo sé, pero en verdad lo temo.

POLONIO. ¿Qué dijo él?

OFELIA. Me tomó por la muñeca y me sujetó con fuerza; Luego va a lo largo de todo su brazo; Y con la otra mano sobre su frente, cae a la lectura de mi rostro como si lo dibujara. Permaneció así durante mucho tiempo, al fin, un pequeño temblor de mi brazo, y tres veces su cabeza se agitó de arriba abajo, lanzó un suspiro tan lastimero y profundo que pareció destrozar todo su cuerpo y terminar con su ser. Hecho esto, me deja ir, y con la cabeza sobre el hombro girada, parecía encontrar su camino sin sus ojos, porque salía sin su ayuda, y hasta el final inclinaba su luz sobre mí.

POLONIO. Ven, vete conmigo. Iré a buscar al Rey. Este es el éxtasis mismo del amor, cuya propiedad violenta se perdona a sí misma y lleva la voluntad a empresas desesperadas, tan a menudo como cualquier pasión bajo el cielo que aflige nuestras naturalezas. Lo siento... ¿Qué?, ¿le has dado alguna palabra dura últimamente?

OPHELIA.No, mi buen señor; pero como tú lo ordenaste, rechacé sus cartas y le negué el acceso a mí.

POLONIO. Eso lo ha vuelto loco. Lamento no haberlo citado con mejor atención y juicio. Temía que no hiciera más que una nimiedad, y que tuviera la intención de destrozarte. ¡Pero malditos sean mis celos! Parece que es tan propio de nuestra edad proyectar más allá de

nosotros mismos en nuestras opiniones, como es común que los más
jóvenes carezcan de discreción. Vamos, vamos al Rey. Esto debe
saberse, lo cual, manteniéndose cerca, podría mover más dolor para
ocultar que odio para expresar amor.

[*Exeunt.*]

Escena II. Una habitación en el castillo

Entran King, Queen, Rosencrantz, Guildenstern *y* Attendants.

REY. Bienvenidos, queridos Rosencrantz y Guildenstern.Además,
porque mucho anhelábamos veros, la necesidad que tenemos de
recurrir a vosotros provocó nuestro apresurado envío. Algo has oído
de la transformación de Hamlet; así lo llamo, ya que ni el exterior ni
el hombre interior se parecen a lo que era. Lo que debería ser, más
que la muerte de su padre, que así le ha alejado tanto de la
comprensión de sí mismo, no puedo soñarlo. Os ruego a los dos que,
siendo de tan corta edad criado con él, y ya tan vecino de su juventud
y humor, garanticéis vuestro descanso aquí en nuestra corte, por
medio de vuestras compañías, para atraerle a los placeres y a
reunirlo, tanto como de la ocasión podáis deducir, si algo
desconocido para nosotros le aflige así, abierto, se encuentra dentro
de nuestro remedio.

REINA. Buenos caballeros, ha hablado mucho de vosotros, y estoy
seguro de que no viven dos hombres a los que más se adhiere. Si os
place mostrarnos tanta nobleza y buena voluntad
como para pasar un rato vuestro tiempo con nosotros, para la
provisión y el provecho de nuestra esperanza, vuestra visitación
recibirá el agradecimiento como corresponde al recuerdo de un rey.

ROSENCRANTZ. Sus dos majestades podrían, por el poder
soberano que tienen de nosotros, poner sus temibles placeres más al
mando que a la súplica.

GUILDENSTERN. Los dos obedecemos, y aquí nos entregamos, en
plena inclinación, para poner nuestro servicio libremente a tus pies,
para que se nos ordene.

REY. Gracias, Rosencrantz y gentil Guildenstern.

REINA. Gracias, Guildenstern y gentil Rosencrantz. Y les ruego que visiten de inmediato a mi hijo demasiado cambiado. Id, algunos de vosotros, y llevad a estos caballeros a donde está Hamlet.

GUILDENSTERN. Los cielos hacen que nuestra presencia y nuestras prácticas sean agradables y útiles para él.

REINA. Oh, amén.

[*Exeunt* Rosencrantz, Guildenstern *y algunos* asistentes.]

Entra Polonio.

POLONIO.
Los embajadores de Noruega, mi buen señor, han regresado alegremente.

REY. Tú sigues siendo el padre de las buenas nuevas.

POLONIO. ¿Lo he hecho, mi señor? Le aseguro, mi buen señor, que cumplo con mi deber, como tengo mi alma, tanto para con mi Dios como para con mi misericordioso Rey; y creo que, o de lo contrario, este cerebro mío no persigue el rastro de la política tan seguro, como nos ha tocado hacerlo, que he encontrado la causa misma de la locura de Hamlet.

REY. ¡Oh, habla de eso, que anhelo oír!

POLONIO. Da la primera entrada a los embajadores; Mis noticias serán el fruto de esa gran fiesta.

REY. Tú mismo hazles gracia y tráelos adentro.

[*Salida* Polonio.]

Me dice, mi dulce reina, que ha encontrado la cabeza y la fuente de todos los males de tu hijo.

REINA. Dudo que no sea otra que la principal, la muerte de su padre y nuestro apresurado matrimonio.

REY. Bueno, lo tamizaremos.

Entra Polonio *con* Voltemand *y* Cornelio.

¡Bienvenidos, mis buenos amigos! Dime, Voltemando, ¿qué de nuestra hermana Noruega?

VOLTEMANDO. Muy justa devolución de saludos y deseos. Al primero, envió a suprimir las
levas de su sobrino, que a él le parecieron una preparación para ganar el Polack; Pero mejor mirado, realmente encontróEstaba en contra de Vuestra Alteza; por lo cual, afligido,Que así su enfermedad, edad, e impotenciaFueLlevado falsamente en la mano, envía arrestosOn Fortinbras; a la que él, en resumen, obedece,Recibe la represión de Noruega; y, en fin, hace voto ante su tío de no volver a dar el ensayo de armas contra Vuestra Majestad. Con lo cual la vieja Noruega, abrumada de alegría, le da tres mil coronas en cuota anual, y su comisión para emplear a esos soldados, como antes, contra el Polack: Con una súplica, que aquí se muestra más adelante,
[*Da un documento.*Que os plazca dar un paso tranquilo a través de vuestros dominios para esta empresa, en las consideraciones de seguridad y tolerancia que en ellas se establecen.

KING.It le caemos bien; Y en nuestro momento más considerado leeremos, responderemos y pensaremos sobre este asunto. Mientras tanto, les damos las gracias por su bien empleada labor. Vete a descansar, por la noche festejaremos juntos:. Bienvenidos a casa.

[*Exeunt* Voltemand *y* Cornelius.]

POLONIO. Este negocio está bien terminado. Mi señor y señora, para exponer: ¿Qué debe ser la majestad, qué es el deber?, ¿Por qué el día es día, la noche es noche y el tiempo es tiempo?
No eran más que perder la noche, el día y el tiempo. Por lo tanto, puesto que la brevedad es el alma del ingenio, y el tedio los miembros y las florituras externas,
 seré breve. Tu noble hijo está loco. Loco lo llamo; porque para definir la verdadera locura, ¿qué no es sino ser otra cosa que locura? Pero déjalo ir.

REINA. Más materia, con menos arte.

POLONIO. Señora, le juro que no utilizo ningún arte. Que está loco, es verdad: es verdad, es lástima; Y lástima que es verdad. Una figura insensata, pero adiós, porque no usaré ningún arte. Loco, concedámosle, pues. Y ahora queda que descubramos la causa de este efecto, o mejor dicho, la causa de este defecto, pues este efecto defectuoso viene por causa. Así permanece, y el resto así. En efecto, tengo una hija, la tengo mientras es mía, que en su deber y obediencia, fíjense, me ha dado esto. Ahora reúnanse y hagan conjeturas.

[*Lecturas.*

A la celestial, y al ídolo de mi alma, la hermosísima Ofelia...

Esa es una mala frase, una vil frase; 'Embellecido' es una frase vil: pero tú oiréis. [*Lecturas.*En

su excelente seno blanco, estos, etc.

REINA. ¿Le llegó esto de Hamlet?

POLONIO. Buena señora, quédese un rato; Yo seré fiel.
[*Lecturas.*Duda

de que las estrellas sean fuego,

duda de que el sol se mueva, duda de que la

verdad sea un mentiroso,

pero nunca dudes de que amo.

Oh, querida Ofelia, estoy enferma con estos números. No tengo arte para contar mis gemidos. Pero que yo

te amo más que tú, oh lo más grande, créelo. Adiós.

Tuya para siempre, queridísima señora, mientras esta máquina sea para él,

HAMLET.

Esto en obediencia me ha mostrado mi hija; Y más arriba, tiene sus solicitudes, a medida que se fueron

cayendo por el tiempo, por el medio y por el lugar, todas dadas a mi oído.

REY. Pero, ¿cómo ha recibido ella su amor?

POLONIO. ¿Qué piensas de mí?

KING.As de un hombre fiel y honorable.

POLONIO. Me gustaría demostrarlo. Pero, ¿qué podrías pensar? Cuando hubiera visto este amor ardiente en el vuelo, como lo percibí, debo decirte que, antes de que mi hija me lo dijera, ¿qué podrías pensar tú, o mi querida Majestad tu reina aquí, si hubiera jugado al escritorio o al libro de mesa, o le hubiera dado un guiño a mi corazón, mudo y mudo, O si miras este amor con una vista ociosa, ¿qué podrías pensar? No, me fui a trabajar, y así le dije a mi joven señora: "Lord Hamlet es un príncipe, salido de tu estrella. Esto no debe ser así". Y luego le di preceptos: Que se encerrara en su lugar, que no admitiera mensajeros, que no recibiera señales. Hecho lo cual, ella tomó los frutos de mi consejo, y él, repugnante, —un breve cuento para hacer— cayó en una tristeza, luego en un ayuno, de allí a una vigilia, de allí a una debilidad, de allí a una ligereza, y, por esta declinación, en la locura en la que ahora delira, y por todo lo que lamentamos.

KING.Do crees que es esto?

QUEEN.It puede ser, muy probable.

POLONIO. ¿Ha habido tal tiempo, me gustaría saberlo, que he dicho positivamente que es así, cuando se demostraba lo contrario?

REY. No que yo sepa.

POLONIO. Toma esto de esto, si esto es de otra manera.
(*Señala su cabeza y hombro.*Si las circunstancias me llevan, encontraré donde se esconde la verdad, aunque en realidad esté escondida en el centro.

REY. ¿Cómo podemos intentarlo más?

POLONIO. Sabes que a veces camina cuatro horas juntos aquí en el vestíbulo.

QUEEN.So lo hace, en efecto.

POLONIUS.At ese momento perderé a mi hija por él. Sé tú y yo detrás de una arras entonces, marca el encuentro. Si él no la ama, y no cae de su razón, no sea yo el ayudante de un estado, sino que tenga una granja y carreteros.

REY. Lo intentaremos.

Entra Hamlet, leyendo.

REINA. Pero mira dónde, tristemente, viene a leer el pobre desgraciado.

POLONIO. Lejos, te lo ruego, los dos que se vayan
lo abordaré enseguida. Oh, dame permiso.

[*Exeunt* Rey, Reina *y* Asistentes.]

¿Cómo le va a mi buen señor Hamlet?

ALDEA. Bueno, Dios una misericordia.

POLONIUS.Do me conoces, mi señor?

ALDEA. Excelente pozo. Eres un pescadero.

POLONIO. Yo no, mi señor.

ALDEA. Entonces me gustaría que fueras un hombre tan honesto.

POLONIO. ¿Honesto, mi señor?

ALDEA. Ay, señor, para ser honesto, tal como va este mundo, es ser un hombre escogido entre diez mil.

POLONIO.
Eso es muy cierto, mi señor.

ALDEA. Porque si el sol engendra gusanos en un perro muerto, siendo una buena carroña que besa, ¿tienes una hija?

POLONIO. Lo he hecho, mi señor.

ALDEA. Que no camine bajo el sol. La concepción es una bendición, pero no como tu hija puede concebir. Amigo, mira.

POLONIO. ¿Cómo dices eso tú? [*Aparte.*] Todavía insistiendo en mi hija. Sin embargo, al principio no me reconoció; dijo que yo era pescadero. Se ha ido, se ha ido. Y en verdad que en mi juventud sufrí muchos males por amor; Muy cerca de esto. Volveré a hablar con él.—¿Qué leís, mi señor?

ALDEA. Palabras, palabras, palabras.

POLONIO. ¿Qué te pasa, mi señor?

ALDEA. ¿Entre quiénes?

POLONIO. Me refiero al asunto que usted leyó, mi señor.

ALDEA. Calumnias, señor. Porque el esclavo satírico dice aquí que los viejos tienen barbas grises; que sus rostros están arrugados; sus ojos purgando espeso ámbar y goma de ciruelo; y que tienen una gran falta de ingenio, junto con los jamones más débiles. Todo lo cual, señor, aunque creo de la manera más poderosa y poderosa, sin embargo, no considero honesto que se exponga así. Porque usted mismo, señor, sería tan viejo como yo, si como un cangrejo pudiera retroceder.

POLONIO.
[*Aparte.*Aunque esto sea una locura, sin embargo, hay un método en él.—¿Caminarás fuera del aire, mi señor?

ALDEA. ¿En mi tumba?

POLONIO. De hecho, eso está en el aire. [*Aparte.*] ¡Cuán preñadas son a veces sus respuestas! Una felicidad con la que a menudo golpea la locura, de la que la razón y la cordura no podrían librarse tan prósperamente. Lo dejaré y de repente idearé los medios de encontrarme entre él y mi hija. Mi honorable señor, me despediré de usted muy humildemente.

ALDEA. No puedes, señor, arrebatarme nada de lo que yo me desprenda más gustosamente, excepto mi vida, excepto mi vida, excepto mi vida.

POLONIO. Que os vaya bien, mi señor.

ALDEA. Estos viejos tontos tediosos.

Entran Rosencrantz *y* Guildenstern.

POLONIO. Vas a buscar al Señor Hamlet; Ahí está.

ROSENCRANTZ.
[*A Polonio.*] Dios le guarde, señor.

[*Salida* Polonio.]

GUILDENSTERN. My honorable señor!

ROSENCRANTZ. My queridísimo Señor!

HAMLET. My excelentes buenos amigos! ¿Cómo lo haces, Guildenstern? Ah, Rosencrantz. Buenos muchachos, ¿cómo estáis los dos?

ROSENCRANTZ. As los hijos indiferentes de la tierra.

GUILDENSTERN. Felices en el sentido de que no somos demasiado felices; En la gorra de la fortuna no somos el mismo botón.

ALDEA. ¿Ni las suelas de sus zapatos?

ROSENCRANTZ. Tampoco, mi señor.

ALDEA. ¿Entonces vives alrededor de su cintura, o en medio de sus favores?

GUILDENSTERN. La fe, sus partes íntimas nosotros.

HAMLET.In las partes secretas de la Fortuna? ¡Oh, muy cierto! Es una trompeta. ¿Cuáles son las novedades?

ROSENCRANTZ. Ninguna, mi señor, sino que el mundo se ha vuelto honesto.

ALDEA. Entonces se acerca el día del juicio final. Pero sus noticias no son ciertas. Permítanme hacer una pregunta más en particular. ¿Qué habéis merecido vosotros, mis buenos amigos, de manos de la Fortuna, que os envía a la cárcel aquí?

GUILDENSTERN. ¿Prisión, mi señor?

ALDEA. Dinamarca es una prisión.

ROSENCRANTZ. Entonces es el mundo.

ALDEA. Una buena; en el que hay muchos confines, barrios y mazmorras, siendo Dinamarca uno de los peores.

ROSENCRANTZ. Creemos que no, mi señor.

ALDEA. Pues, entonces no es nada para ti; Porque no hay nada ni bueno ni malo que no sea el pensamiento. Para mí es una prisión.

ROSENCRANTZ. Pues, entonces tu ambición lo convierte en uno; Es demasiado estrecho para tu mente.

ALDEA. Oh Dios, podría estar limitado en una cáscara de nuez, y considerarme un rey del espacio infinito, si no fuera porque tengo pesadillas.

GUILDENSTERN. Los sueños, en efecto, son ambición; Porque la sustancia misma de lo ambicioso no es más que la sombra de un sueño.

ALDEA. Un sueño en sí mismo no es más que una sombra.

ROSENCRANTZ. En verdad, y tengo una ambición de una cualidad tan etérea y ligera que no es más que la sombra de una sombra.

ALDEA. Entonces son los cuerpos de nuestros mendigos, y nuestros monarcas y héroes desamparados las sombras de los mendigos. ¿Vamos a la corte? Porque, por mi hada, no puedo razonar.

ROSENCRANTZ y GUILDENSTERN.
Te esperamos.

HAMLET.No tal asunto. No te juntaré con el resto de mis siervos; porque, por hablaros como un hombre honrado, estoy terriblemente atendido. Pero, en el camino trillado de la amistad, ¿qué te hace estar en Elsinore?

ROSENCRANTZ.To visitarte, mi señor, en ninguna otra ocasión.

ALDEA. Mendigo que soy, hasta soy pobre en agradecimientos; pero te doy las gracias. Y claro, queridos amigos, mis agradecimientos son demasiado caros. ¿No te mandaron a buscar? ¿Es tu propia inclinación? ¿Es una visita gratuita? Ven, trátame con justicia. Ven, ven; No, habla.

GUILDENSTERN. ¿Qué debemos decir, mi señor?

ALDEA. Pues, cualquier cosa. Pero al propósito. Fuiste enviado a buscar; Y hay una especie de confesión en tu mirada, que tus modestias no han elaborado lo suficiente como para colorear. Sé que el buen Rey y la Reina han mandado a buscarte.

¿ROSENCRANTZ.To con qué fin, mi señor?

ALDEA. Eso me lo tienes que enseñar. Pero permíteme conjurarte que, por los derechos de nuestra comunidad, por la consonancia de nuestra juventud, por la obligación de nuestro amor siempre conservado, y por lo que un mejor proponente podría encargarte, que seas justo y directo conmigo, ya sea que te hayan enviado a buscar o no.

ROSENCRANTZ.
[*A Guildenstern.*] ¿Qué dices tú?

ALDEA.
[*Aparte.*] No, entonces te tengo echado un ojo. Si me amas, no te detengas.

GUILDENSTERN.My Señor, fuimos enviados.

ALDEA. Te diré por qué; así mi anticipación impedirá que te descubran, y tu secreto para con el Rey y la Reina no mudará plumas. Últimamente, pero no sé por qué, he perdido toda mi alegría, he renunciado a toda costumbre de los ejercicios; y, en verdad, va tan pesadamente con mi disposición, que este buen marco de la tierra, me parece un promontorio estéril; Este excelentísimo dosel del aire, mira, este valiente firmamento colgante, este majestuoso techo agitado por el fuego dorado, pues, no me parece otra cosa que una congregación de vapores asquerosa y pestilente. ¡Qué obra es el hombre! ¿Cuán noble es la razón? ¿Cuán infinito en facultades, en forma y movimiento, cuán expresivo y admirable? ¿En acción, como un ángel? En la aprehensión, ¿cómo se parece a un dios? La belleza del mundo, el dechado de los animales. Y, sin embargo, para mí, ¿qué es esta quintaesencia del polvo? El hombre no me deleita; No, ni mujer tampoco, aunque por tu sonrisa parezcas decirlo.

ROSENCRANTZ.My Señor, no había tal cosa en mis pensamientos.

ALDEA. ¿Por qué te reíste entonces cuando dije: "El hombre no me deleita"?

ROSENCRANTZ.To pienses, mi señor, que si no te deleitas en los hombres, qué entretenimiento cuaresmal recibirán de ti los jugadores. Los cotijamos en el camino, y hasta aquí vienen a ofrecerte servicio.

ALDEA. El que haga de rey será bienvenido, Su Majestad tendrá tributo de mí; el caballero aventurero usará su florete y su blanco; el amante no suspirará gratis, el hombre gracioso terminará su parte en paz; el payaso hará reír a aquellos a quienes les hacen cosquillas en los pulmones; y la dama dirá lo que piensa libremente, o el verso en blanco se detendrá por nada. ¿Qué jugadores son?

ROSENCRANTZ. Incluso aquellos en los que solías deleitarte tanto: los trágicos de la ciudad.

ALDEA. ¿Qué posibilidades hay de que viajen? Su residencia, tanto en reputación como en beneficios, era mejor en ambos sentidos.

ROSENCRANTZ. Creo que su inhibición viene por medio de la innovación tardía.

HAMLET.Do tienen la misma estima que tenían cuando yo estaba en la ciudad? ¿Son tan seguidos?

ROSENCRANTZ.No, en efecto, no lo son.

ALDEA. ¿Por qué? ¿Se oxidan?

ROSENCRANTZ. Es más, su esfuerzo se mantiene al ritmo acostumbrado; Pero hay, señor, un montón de niños, pequeños eyases, que gritan en la parte superior de la pregunta, y son aplaudidos de la manera más tiránica. Éstas son ahora la moda, y perturban de tal manera los escenarios comunes, así los llaman, que muchos que llevan estoques tienen miedo de las plumas de ganso y apenas se atreven a ir allí.

ALDEA. ¿Qué, son niños? ¿Quién los mantiene? ¿Cómo se escotan? ¿Perseguirán la calidad no más de lo que pueden cantar? ¿No dirán después que si se convierten en actores comunes, como sucede muy bien, si sus medios no son mejores, sus escritores les hacen mal al hacerlos exclamar contra su propia sucesión?

ROSENCRANTZ. A fe mía, ha habido mucho por hacer en ambos lados; Y la nación no considera pecado llevarlos a la controversia. Durante un tiempo, no hubo ninguna oferta de dinero para discutir, a menos que el poeta y el jugador se pusieran a punto en la pregunta.

ALDEA.
¿No es posible?

GUILDENSTERN. ¡Oh!, ha habido mucho tirón de cerebros.

HAMLET.Do se lo llevan los chicos?

ROSENCRANTZ. Sí, así es, mi señor. Hércules y su carga también.

HAMLET.It no es muy extraño; porque mi tío es rey de Dinamarca, y los que le quisieron burlar mientras mi padre vivió, dan veinte, cuarenta, cincuenta, cien ducados cada uno por su retrato en poco. — Sblood, hay algo en esto más que natural, si la filosofía pudiera descubrirlo.

[Floreo de trompetas en el interior.]

GUILDENSTERN. Ahí están los jugadores.

ALDEA. Señores, son bienvenidos a Elsinore. Tus manos, ven. El accesorio de la bienvenida es la moda y la ceremonia. Permítame que le cumpla con este ropaje, no sea que mi extensión hacia los jugadores, que le digo que debe mostrar bastante exterior, parezca más un entretenimiento que el suyo. De nada. Pero mi tío-padre y mi tía-madre están engañados.

GUILDENSTERN.In qué, mi querido señor?

ALDEA. No soy más que un loco del norte-noroeste. Cuando el viento es del sur, reconozco un halcón de una sierra de mano.

Entra Polonio.

POLONIO.
Bien esté con ustedes, caballeros.

ALDEA. Escúchate, Guildenstern, y tú también, a cada oído un oyente. Ese gran bebé que ves allí aún no ha salido de sus pañales.

ROSENCRANTZ. Felizmente es la segunda vez que viene a ellos; Porque dicen que un anciano es dos veces niño.

ALDEA. Profetizaré que viene a hablarme de los jugadores. Fíjese en ello.—Dice usted bien, señor: porque un lunes por la mañana era así.

POLONIUS.My señor, tengo noticias que contarte.

HAMLET.My señor, tengo noticias que contarte. Cuando Roscio era actor en Roma...

POLONIO. Los actores han venido aquí, mi señor.

HAMLET.Buzz, zumbido.

POLONIO. Por mi honor.

ALDEA. Entonces vino cada actor en su culo...

POLONIO. Los mejores actores del mundo, ya sea para tragedia, comedia, historia, pastoral, pastoral-cómico, histórico-pastoral, trágico-histórico, trágico-cómico-histórico-pastoral, escena individable, o poema ilimitado. Séneca no puede ser demasiado pesado, ni Plauto demasiado ligero, para la ley de la escritura y la libertad. Estos son los únicos hombres.

ALDEA. ¡Oh Jefté, juez de Israel, qué tesoro tenías!

POLONIO. ¿Qué tesoro tenía, mi señor?

ALDEA. ¿Por qué?... —Una hermosa hija, y no más, La que él amaba que pasaba bien.

POLONIO.
[*Aparte.*] Todavía en mi hija.

HAMLET.Am no tengo razón, viejo Jefté?

POLONIO. Si me llamáis Jefté, mi señor, tengo una hija a la que quiero que esté pasando bien.

ALDEA. No, eso no se deduce.

POLONIO. ¿Qué sigue, pues, mi señor?

ALDEA. Pues, como por suerte, Dios lo hizo, y luego, Uds. saben, aconteció que la mayoría de las cosas que se asemejaban a él. La primera fila de la piadosa chanson te mostrará más. Pues mira por dónde viene mi abrevio.

Ingresa cuatro o cinco jugadores.

Bienvenidos, maestros, bienvenidos todos. Me alegro de verte bien. Bienvenidos, buenos amigos. ¡Oh, mi viejo amigo! Tu rostro está cubierto desde la última vez que te vi. ¿Vienes a hacerme barba en Dinamarca? ¡Qué, mi señorita y señora! Por favor, señora, vuestra señoría está más cerca del cielo que la última vez que la vi, a la altura de un chopino. Ruega a Dios que tu voz, como un pedazo de oro sin corriente, no se agriete dentro del anillo. Maestros, todos son bienvenidos. No nos gustarán los cetreros franceses, volaremos a todo lo que veamos. Vamos a tener un discurso claro. Ven, danos una probadita de tu calidad. Ven, un discurso apasionado.

PRIMER JUGADOR. ¿Qué discurso, mi señor?

ALDEA. Te oí pronunciar un discurso una vez, pero nunca se representó, o si lo fue, no más de una vez, para la obra, recuerdo, no gustó al millón, fue caviare para el general. Pero era, tal como yo la recibí, y la de otros, cuyos juicios en tales asuntos clamaban en la parte superior de la mía, una excelente obra, bien digerida en las escenas, escrita con tanta modestia como astucia. Recuerdo que uno dijo que no había sallets en las líneas para hacer el asunto sabroso, ni en la frase que pudiera inducir al autor de la afectación, pero lo llamó

un método honesto, tan sano como dulce, y mucho más hermoso que fino. Un discurso en él, me encantó principalmente. Fue el relato de Eneas a Dido, y sobre todo de él, donde habla de la matanza de Príamo. Si vive en tu memoria, comienza por esta línea, déjame ver, déjame ver: El robusto Pirro, como la bestia hircania, —No es así: comienza con Pirro— El robusto Pirro, aquel a cuyos brazos de marta, negros como su propósito, se asemejaba la noche cuando yacía acostado en el ominoso caballo, tiene ahora esta tez espantosa y negra manchada con una heráldica más lúgubre. De la cabeza a los pies ahora es de gules total, horriblemente engañado con sangre de padres, madres, hijas, hijos, horneada y empastada con las calles resecas, que dan una luz tiránica y maldita a sus viles asesinatos. Asado en la ira y en el fuego, Y así entumecido con sangre coagulada, Con ojos como carbuncos, el infernal
Pirro Viejo abuelo Príamo busca.
Entonces, proceda usted.

POLONIO.Por Dios, mi señor, bien hablado, con buen acento y buena discreción.

PRIMER JUGADOR. *Al cabo de un rato lo encuentra,*
golpeando demasiado corto a los griegos. Su espada antigua,
rebelde a su brazo, yace donde cae,
repugnante a mandar. Desigual,
Pirro a Príamo conduce, con rabia golpea desviado;
Pero con el soplo y el viento de su espada caída,
el padre desconcertado cae. Entonces, el insensato Ilion,
pareciendo sentir este golpe, con la parte superior en llamas
se inclina hacia su base, y con un espantoso estrépito
toma prisionera la oreja de Pirro. Porque he aquí que su espada,
que declinaba sobre la lechosa cabeza
del reverendo Príamo, parecía que se clavaba.
Así, como un tirano pintado, Pirro se puso de pie,
y como un neutral a su voluntad y a su materia,
no hizo nada.
Pero como a menudo vemos contra alguna tormenta,
Un silencio en los cielos, el potro se detiene,
Los vientos audaces mudos, y el orbe abajo
Tan silencioso como la muerte, y el terrible trueno

desgarra la región; así, después de la pausa de Pirro,
la vrnganza despertada lo pone en nuevo trabajo,
Y nunca cayeron los martillos de los cíclopes sobre la
armadura de Marte, Con
menos remordimiento que la espada sangrante de Pirro
cae ahora sobre Príamo.
¡Fuera, fuera, trompeta la Fortuna! Todos vosotros, dioses,
en general sínodo, quitadle su poder;
Rompe todos los radios y espadañas de su rueda,
y lanza la nave redonda por la colina del cielo,
tan bajo como a los demonios.

POLONIO. Esto es demasiado largo.

HAMLET.It al barbero, con tu barba.—Pídete que sigues. Es para una jiga o un cuento de obscenidades, o duerme. Dígase; ven a Hécuba.

PRIMER JUGADOR. *Pero, ¿quién, oh, quién, había visto a la reina abarrotada?*

HAMLET. ¿La reina de la mafia?

POLONIO.
¡Está bien! 'Mobled queen' es buena.

PRIMER JUGADOR. *Corre descalzo de un lado a otro, amenazando las llamas*
con ñandúes de bisonte. Un puñetazo sobre aquella cabeza
donde hasta tarde estaba la diadema, y por túnica,
alrededor de su larguirucho y todos sus lomos desgastados,
una manta, en medio de la alarma del miedo la alcanzó
... ¿A quién había visto, con la lengua empapada en veneno,
el estado de la Fortuna Gainst habría pronunciado la traición?
Pero si los mismos dioses la vieran entonces,
cuando vio a Pirro hacer un juego malicioso
al picar con su espada los miembros de su marido,
el instante estallido de clamor que hizo,
a menos que las cosas mortales no los conmuevan en absoluto,
habría hecho que los ojos ardientes del cielo se humedecieran
y la pasión en los dioses.

POLONIO. Mira, donde no ha cambiado de color, y tiene lágrimas en los ojos. Te ruego, no más.

HAMLET.Está bien. Pronto haré que contes el resto de esto.—Bien, mi señor, ¿verás a los jugadores bien dotados? ¿Oís, que se usen bien; porque son los resúmenes y las crónicas breves de la época. Después de tu muerte, era mejor tener un mal epitafio que su mal informe mientras vivas.

POLONIUS.My Señor, los usaré conforme a su merecimiento.

ALDEA. El bodikin de Dios, el hombre, mejor. Usa a cada hombre después de su desierto, ¿y quién ha de escapar de los azotes? Úsalos según tu propio honor y dignidad. Cuanto menos se merezcan, más mérito tendrá tu recompensa. Tómalos.

POLONIO. Como, señores.

ALDEA. Seguidle, amigos. Escucharemos una obra de teatro mañana.

[*Exeunt* Polonio *con todos los* Jugadores *menos el Primero.*]

¿Me oyes, viejo amigo? ¿Se puede jugar *al asesinato de Gonzago*?

PRIMER JUGADOR. ¡Ay, mi señor!

ALDEA.
No lo haremos mañana por la noche. Podrías, por necesidad, estudiar un discurso de una docena o dieciséis líneas, que yo escribiría e insertaría en él, ¿no es así?

PRIMER JUGADOR. ¡Ay, mi señor!

ALDEA. Muy bien. Seguid a ese señor, y mirad que no os burláis de él.

[*Salir* del primer jugador.]

(*A Rosencrantz y Guildenstern*) Mis buenos amigos, los dejaré hasta la noche. Eres bienvenido a Elsinore.

ROSENCRANTZ. Bien, mi señor.

[*Exeunt* Rosencrantz *y* Guildenstern.]

ALDEA. Ay, entonces, Dios te bendiga. Ahora estoy solo. ¡Oh, qué esclavo pícaro y campesino soy yo!¿No es monstruoso que este jugador aquí,Pero en una ficción, en un sueño de pasión,Pudiera forzar su alma a su propia presunción Que de ella trabajando todo su rostro se desvaneció; Lágrimas en sus ojos, distracción en su aspecto, una voz entrecortada, y toda su función adecuar a su presunción. ¡Y todo para nada! ¿Para Hécuba? ¿Qué es Hécuba para él, o él para Hécuba, para que llore por ella? ¿Qué haría él? ¿Tenía él el motivo y la señal para la pasión que yo tengo? Ahogaría el escenario con lágrimasY hendiría el oído general con horribles palabras; Enloquece al culpable, y horroriza al libre, confunde al ignorante, y asombra en verdad las mismas facultades de los ojos y los oídos. Sin embargo, yo, un bribón torpe y fangoso, como Juan-a-sueño, desembarazada de mi causa, y no puedo decir nada. No, no para un rey sobre cuya propiedad y vida más querida se produjo una maldita derrota. ¿Soy un cobarde? ¿Quién me llama villano, me rompe el paté? ¿Me arranca la barba y me la sopla en la cara? Me acaricia por la nariz, me da la mentira en la garganta¿Tan profunda como hasta los pulmones? ¿Quién me hace esto? ¡Ja! 'Heridas, debería tomarlo, porque no puede serPero soy de hígado de paloma, y carezco de hiel para amargar la opresión, o antes de esto, habría engordado todos los milanos de la región con los despojos de este esclavo. ¡Maldito villano obsceno! ¡Villano sin remordimientos, traicionero, lascivo y amable! ¡Oh venganza!

¡Vaya, qué imbécil soy! Esto es muy valiente, que yo, el hijo de un padre querido asesinado, impulsado a mi venganza por el cielo y el infierno, debo, como una puta, desempacar mi corazón con palabras y caer maldiciendo como un muy monótono, ¡un canalla! ¡Fie upon't! ¡Foh! ¡Sobre mi cerebro! He oído decir que criaturas culpables sentadas en una obra de teatro, por la misma astucia de la escena, han sido golpeadas de tal manera en el alma que al instante han proclamado sus malfebraciones. Porque el asesinato, aunque no tenga lengua, hablará con el órgano más milagroso. Haré que estos jugadores jueguen algo así como el asesinato de mi padreantes que mi tío. Observaré su aspecto; Lo cuidaré hasta el cansancio. Si él no hace más que blench, yo conozco mi rumbo. El espíritu que he visto puede ser el diablo, y el diablo tiene el poder de asumir una forma agradable, sí, y tal vez por mi debilidad y mi melancolía, como es muy potente con tales espíritus, me maldice para condenarme. Tendré motivos más relativos que este. La obra es la cosa en la que atraparé la conciencia del Rey.

[*Salir.*]

ACTO III

Escena I. Una habitación en el castillo

Entran Rey, Reina, Polonio, Ofelia, Rosencrantz *y* Guildenstern.

REY. ¿Y no podéis sacarle por la borda de las circunstancias por qué se viste de esta confusión, Irritando tan duramente todos sus días de quietud con locura turbulenta y peligrosa?

ROSENCRANTZ. Confiesa que se siente distraído, pero de qué causa no quiere hablar de ninguna manera.

GUILDENSTERN. Tampoco lo encontramos a disposición de ser sondeado, sino que con una astuta locura se mantiene al margen, cuando quisiéramos llevarlo a alguna confesión de su verdadero estado.

REINA. ¿Te recibió bien?

ROSENCRANTZ. Más como un caballero.

GUILDENSTERN. Pero con mucha fuerza de su carácter.

ROSENCRANTZ. Mezquino de la pregunta, sino de nuestras exigencias, muy libre en su respuesta.

REINA. ¿Le dedicó usted algún pasatiempo?

ROSENCRANTZ. Señora, sucedió que ciertos jugadores se cruzaron en el camino. De esto le dijimos, y parecía en él una especie de gozo al oír hablar de ello. Están en la cancha y, según creo, ya han ordenado esta noche para jugar ante él.

POLONIO.Es muy cierto; Y me suplicó que rogase a Vuestras Majestades que oyesen y vieran el asunto.

REY. Con todo mi corazón; y me contenta mucho oírle así. Buenos caballeros, dadle una ventaja adicional, y conducid su propósito hacia estas delicias.

ROSENCRANTZ. Lo haremos, mi señor.

[*Exeunt* Rosencrantz *y* Guildenstern.]

REY. Dulce Gertrudis, déjanos a nosotros también, porque hemos mandado a buscar a Hamlet aquí, para que él, como por accidente, pueda afrentar a Ofelia. Su padre y yo, legítimos espías, nos concederemos de tal manera que, al ver sin ser vistos, podamos de su encuentro juzgar francamente, y recoger a su lado, tal como se comporta,
 si no es la aflicción de su amor o no, por lo que así sufre.

REINA. Yo te obedeceré. Y por tu parte, Ofelia, deseo que tus buenas bellezas sean la feliz causa
del desenfreno de Hamlet: así espero que tus virtudes lo lleven de nuevo a su camino acostumbrado, para ambos honores.

OFELIA. Señora, deseo que así sea.

[*Salida* Reina.]

POLONIO. Ofelia, acompáñame hasta aquí.—Gracioso, por favor, nos lo otorgaremos.—[*A Ofelia.*Lee en este libro: "Esa demostración de tal ejercicio puede colorear tu soledad".—A menudo somos culpables en esto, está demasiado demostrado que con el rostro de la devoción y la acción piadosa hacemos azúcar al diablo mismo.

REY.
[*Aparte.*] ¡Oh, es demasiado cierto! ¡Cuán fuerte azote le da ese discurso a mi conciencia! La mejilla de la ramera, embellecida con el arte del yeso, no es más fea para lo que la ayuda, que mi obra para mi palabra más pintada. ¡Oh pesada carga!

POLONIO. Lo oigo venir. Vamos a retirarnos, mi señor.

[*Exeunt* Rey *y* Polonio.]

Entra en Hamlet.

HAMLET.To ser, o no ser, esa es la cuestión: ¿Es más noble en la mente sufrir las hondas y las flechas de la fortuna escandalosa, o tomar las armas contra un mar de problemas, y al oponerse a ellos? Morir, dormir, no más; y con un sueño para decir que terminamosLa angustia del corazón, y los mil choques naturalesDe que la carne es heredera: es una consumación

Devotamente deseable. Morir, dormir. Dormir, tal vez soñar, ay, ahí está el problema, porque en ese sueño de la muerte los sueños que pueden venir, cuando nos hemos librado de esta espiral mortal, deben darnos una pausa. Ahí está el respeto, que hace calamidad de tan larga vida. Porque, ¿quién soportaría los látigos y los desprecios del tiempo, el mal del opresor, la contumacia del hombre orgulloso, los dolores del amor disipado, la demora de la ley, la insolencia del cargo y los desaires que el mérito paciente del indigno lleva, cuando él mismo podría hacer su quietud con un cuerpo desnudo? ¿A quién llevarían estos fardeles para gruñir y sudar bajo una vida cansada, pero que el temor de algo después de la muerte, el país desconocido, de cuyo valle no regresa ningún viajero, desconcierta la voluntad y nos hace preferir soportar los males que tenemos, antes que volar a otros que no conocemos? De este modo, la conciencia nos hace cobardes a todos, y así el matiz nativo de la resolución se ve afectado por la pálida expresión del pensamiento, y las empresas de gran médula y momento,
 a este respecto, sus corrientes se desvían y pierden el nombre de acción. Ninfa, en tus orígenes, sea recordado todos mis pecados.

OFELIA. Buen señor mío, ¿cómo se siente vuestra honra por tantos días?

ALDEA. Les agradezco humildemente; Vaya, vaya, vaya.

OPHELIA.My Señor, tengo recuerdos tuyos que he anhelado volver a liberar. Te ruego que ahora los recibas.

HAMLET.No, yo no. Nunca te di nada.

OPHELIA.My honorable señor, tú sabes muy bien que lo hiciste,Y con ellas palabras de tan dulce aliento compuestas hicieron las cosas más ricas; su perfume perdido, Toma estos de nuevo; porque para la mente nobleLos dones ricos se empobrecen cuando los dadores se muestran crueles. Allí, mi señor.

ALDEA. ¡Je je! ¿Eres honesto?

OPHELIA.My Señor?

ALDEA. ¿Eres justo?

OFELIA. ¿Qué significa su señoría?

ALDEA. Que si eres honesta y justa, tu honestidad no debe admitir ningún discurso sobre tu belleza.

OFELIA. ¿Podría la belleza, mi señor, tener mejor comercio que con la honradez?

ALDEA. ¡Ay, en verdad! Porque el poder de la belleza transformará la honestidad de lo que es a una obscenidad más pronto que la fuerza de la honestidad puede traducir la belleza a su semejanza. Esto fue en algún momento una paradoja, pero ahora el tiempo lo demuestra. Te amé una vez.

OFELIA. En efecto, mi señor, me lo hicisteis creer.

ALDEA. No debiste haberme creído; porque la virtud no puede inocular así nuestro viejo linaje, sin que nosotros disfrutemos de ella. Yo no te amaba.

OFELIA. Yo era el más engañado.

ALDEA. Vete a un convento de monjas. ¿Por qué quieres ser criador de pecadores? Yo mismo soy indiferente, honesto; pero, sin embargo, podía acusarme de tales cosas que hubiera sido mejor que mi madre no me hubiera engendrado. Soy muy orgulloso, vengativo, ambicioso, con más ofensas a mi disposición que pensamientos para ponerlas, imaginación para darles forma o tiempo para actuarlas. ¿Qué deberían hacer hombres como yo arrastrándonos entre la tierra y el cielo? Todos somos bribones arrogantes, no creas a ninguno de nosotros. Vete a un convento de monjas. ¿Dónde está tu padre?

OPHELIA. At casa, mi señor.

ALDEA. Que se le cierren las puertas, para que no se haga el loco sino en su propia casa. Despedida.

OFELIA. ¡Oh ayudadle, dulces cielos!

ALDEA. Si te casas, te daré esta plaga por tu dote. Sé casto como el hielo, puro como la nieve, no escaparás a la calumnia. Vete a un convento de monjas, ve: adiós. O si quieres casarte, cásate con un tonto; porque los sabios saben muy bien qué monstruos hacéis con ellos. A un convento de monjas, ve; Y rápidamente también. Despedida.

OFELIA. ¡Oh poderes celestiales, restáuralo!

ALDEA. También he oído hablar de tus pinturas, bastante bien. Dios os ha dado un rostro, y vosotros os hacéis otro. Te mueves, deambulas, ceceas y apodas a las criaturas de Dios, y haces de tu desenfreno tu ignorancia. Vete, no lo haré más, me ha vuelto loco. Yo digo que no tendremos más matrimonios. Los que ya están casados, todos menos uno, vivirán; los demás se mantendrán como están. A un convento de monjas, vete.

[Salir.]

OFELIA. ¡Oh, qué mente tan noble está aquí! El ojo del cortesano, del soldado, del erudito, de la lengua,
de la espada, de la expectación y la rosa del buen estado, del espejo de la moda y del molde de la forma,
 ¡Tan observada por todos los observadores, bastante, bastante deprimida! Y yo, de las damas más abatidas y miserables, que chupé la miel de sus votos musicales, ahora veo esa noble y soberana razón, como dulces campanas desafinadas y ásperas, esa forma y rasgo inigualables de juventud soplada de éxtasis. ¡Ay de mí!,
 he visto lo que he visto, mira lo que veo.

Entran Rey y Polonio.

REY. ¿Amar? Sus afectos no tienden de esa manera, ni lo que él hablaba, aunque le faltaba un poco de forma, no era como la locura. Hay algo en su alma sobre lo que su melancolía se posa, y dudo que la escotilla y la revelación sean algún peligro, que para prevenir, he tomado la rápida determinación de que lo haga así: él se dirigirá rápidamente a Inglaterra para la demanda de nuestro tributo olvidado: Quizás los mares y países diferentes, con objetos variables, expulsará este algo establecido en su corazón, en el cual su cerebro aún latiendo lo pone asíDe manera de sí mismo. ¿Qué piensas en lo que no?

POLONIUS.It hará bien. Pero, sin embargo, creo que
el origen y el comienzo de su dolor brotaron de un amor descuidado. ¿Y ahora, Ofelia? No hace falta que nos digas lo que dijo lord Hamlet, lo oímos todo. Mi señor, haz lo que quieras, pero si te parece conveniente, después de la obra, que su reina madre esté sola con él,

que muestre su dolor, que esté con él, y yo seré colocado, por favor,
en el oído de toda su conferencia. Si no lo encuentra, envíalo a
Inglaterra; o confinúralo donde mejor te parezca tu sabiduría.

KING.It será así. La locura en los grandes no debe pasar
desapercibida.

[*Exeunt.*]

Escena II. Un salón en el castillo

Entra Hamlet y ciertos jugadores.

ALDEA. Di el discurso, te lo ruego, tal como te lo pronuncié,
tropezando con la lengua. Pero si lo dices, como hacen muchos de
tus jugadores, yo tenía como si el pregonero dijera mis líneas.
Tampoco aserres demasiado el aire con la mano, así, sino úsalo todo
suavemente; porque en el mismo torrente, tempestad y, por así
decirlo, torbellino de la pasión, has de adquirir y engendrar una
templanza que le dé suavidad. ¡Oh!, me ofende hasta el alma oír a un
hombre robusto y con peluca desgarrar una pasión hasta hacerla
jirones, hasta hacerla harapos, para partir las orejas de los terrícolas,
que, en su mayor parte, no son capaces más que de inexplicables
espectáculos y ruidos. Yo haría que le azotaran a un tipo así por hacer
Termagant. Supera a Herodes Herodes. Reza para que lo evites.

PRIMER JUGADOR. Garantizo su honor.

HAMLET.Be tampoco demasiado manso; Pero deja que tu propia
discreción sea tu tutora. Adapta la acción a la palabra, la palabra a la
acción, con esta especial observancia, que no pisotees la modestia de
la naturaleza; porque todo lo que se hace de esta manera se debe al
propósito de jugar, cuyo fin, tanto al principio como ahora, era y es,
tener como si fuera el espejo a la altura de la naturaleza; para mostrar
virtud su propio rasgo, despreciar su propia imagen, y la misma edad
y cuerpo de la época su forma y presión. Ahora bien, esto exagerado,
o tardío, aunque haga reír a los inhábiles, no puede menos de
entristecer a los juiciosos; la censura de la que uno debe en su
tolerancia pesar sobre todo un teatro de otros. ¡Oh, hay jugadores que
he visto jugar, y que he oído a otros alabar, y eso altamente, para no

decirlo profanamente, que, ni teniendo el acento de los cristianos, ni el andar de los cristianos, ni los paganos, ni los hombres, se han pavoneado y bramado de tal manera que he pensado que algunos de los jornaleros de la Naturaleza habían hecho a los hombres, y no los habían curado, Imitaron a la humanidad de manera tan abominable.

PRIMER JUGADOR. Espero que lo hayamos reformado con indiferencia con nosotros, señor.

ALDEA. O reformarlo por completo. Y que los que hacen de payasos no hablen más de lo que está establecido para ellos. Porque hay entre ellos que se reirán, para poner a reír también a algunos espectadores estériles, aunque mientras tanto haya que considerar alguna cuestión necesaria de la obra. Eso es villano, y muestra la más lamentable ambición en el tonto que lo usa. Ve a prepararte.

[*Exeunt* jugadores.]

Entran Polonio, Rosencrantz *y* Guildenstern.

¿Y ahora, mi señor? ¿Escuchará el Rey esta obra?

POLONIO. Y la Reina también, y eso al momento.

ALDEA. Ordena a los jugadores que se den prisa.

[*Salida* Polonio.]

¿Queréis ayudaros ustedes dos a apresurarlos?

ROSENCRANTZ y GUILDENSTERN. Lo haremos, mi señor.

[*Exeunt* Rosencrantz *y* Guildenstern.]

ALDEA. ¡Qué ho, Horacio!

Entra Horacio.

HORATIO. Aquí, dulce señor, a tu servicio.

ALDEA. Horacio, eres como un hombre como antes de que mi conversación se mantuviera.

HORATIO. ¡Oh, mi querido señor!

ALDEA. No, no pienses que adulo; ¿Qué progreso puedo esperar de ti, que no tiene más renta que tu buen ánimo para alimentarte y vestirte? ¿Por qué se ha de halagar a los pobres? No, que la lengua confitada lama la pompa absurda, y tuerza los goznes embarazados de la rodilla donde la frugalidad siga a la adulación. ¿Oyes? Puesto que mi querida alma era dueña de su elección, y podía distinguirse entre los hombres, su elección te ha sellado para sí misma. Porque tú has sidoComo uno, que todo lo sufre, que no sufre nada, Un hombre a quien la fortuna golpea y recompensa con igual agradecimiento. Y bienaventurados son aquellos cuya sangre y juicio están tan bien mezclados que no son una pipa para que el dedo de la Fortuna haga sonar lo que ella quiera. Dame a ese hombre que no sea esclavo de la pasión, y lo llevaré en lo más profundo de mi corazón, sí, en lo más profundo de mi corazón,

 como te hago a ti. Algo demasiado de esto. Esta noche hay una obra de teatro ante el Rey. Una escena de ella se acerca a la circunstancia que te he contado, de la muerte de mi padre. Te ruego, cuando veas ese acto a pie, incluso con el mismo comentario de tu alma, observa a mi tío. Si su culpa oculta no se desenvuelve en un solo discurso,Es un maldito fantasma el que hemos visto; Y mi imaginación es tan repugnante como la de Vulcano. Dale nota atenta; Porque mis ojos se clavarán en su rostro; Y después de que ambos juicios se unan en la censura de su apariencia.

HORATIO. Bueno, mi señor. Si roba algo mientras se desarrolla esta obra, y detecta el escape, pagaré el robo.

ALDEA. Vienen a la obra. Debo estar ocioso. Consíguete un lugar.

Marcha danesa. Una floritura. Entran Rey, Reina, Polonio, Ofelia, Rosencrantz, Guildenstern *y otros.*

REY. ¿Cómo le va a nuestro primo Hamlet?

ALDEA. Excelente, a fe mía; del plato del camaleón: me como el aire, atiborrado de promesas: no se puede alimentar así a los capones.

REY. No tengo nada con esta respuesta, Hamlet; Estas palabras no son mías.

HAMLET.No, ni la mía ahora. [*A Polonio.*] Mi señor, ¿dices que jugaste una vez en la universidad?

POLONIO. Así lo hice yo, mi señor, y fui considerado un buen actor.

ALDEA. ¿Qué promulgaste?

POLONIO. Sí representé a Julio César. Me mataron en el Capitolio. Bruto me mató.

HAMLET.It era una parte brutal de él matar a un ternero tan importante allí. ¿Están preparados los jugadores?

ROSENCRANTZ. ¡Ay, mi señor! se quedan en tu paciencia.

REINA. Ven acá, mi querido Hamlet, siéntate a mi lado.

HAMLET.No, buena madre, aquí está el metal más atractivo.

POLONIO.
[Al Rey.] ¡Oh ho! ¿Marca usted eso?

ALDEA. Señora, ¿me acuesto en tu regazo?

(Acostado a los pies de Ofelia.]

OPHELIA.No, mi señor.

ALDEA. Quiero decir, ¿mi cabeza en tu regazo?

OFELIA. ¡Ay, mi señor!

HAMLET.Do Crees que me refería a asuntos de campo?

OFELIA. No creo nada, mi señor.

ALDEA.
Es justo pensar que yace entre las piernas de las criadas.

OFELIA. ¿Qué es, mi señor?

ALDEA. Nada.

OFELIA. Estáis felices, mi señor.

ALDEA. ¿Quién, yo?

OFELIA. ¡Ay, mi señor!

ALDEA. ¡Oh Dios, tu único fabricante de jigs! ¿Qué debe hacer un hombre sino estar alegre? Porque mirad lo alegre que se ve mi madre, y mi padre murió a las dos horas.

OFELIA. No, son dos veces dos meses, mi señor.

HAMLET.So tiempo? No, pues, que el diablo se vista de negro, porque yo tendré un traje de sables. ¡Oh cielos! ¿Morir hace dos meses y aún no lo has olvidado? Luego está la esperanza de que la memoria de un gran hombre pueda sobrevivir a su vida medio año. Pero por su señora, entonces tiene que construir iglesias; o de lo contrario, no tolerará que siga pensando, con el caballito de batalla, cuyo epitafio es: «¡Porque, oh, por oh, el caballo de pasatiempo se ha olvidado!»

Suenan las trompetas. Entra el espectáculo mudo.

Entra un Rey y una Reina muy amorosamente; la Reina abrazándolo y él a ella. Ella se arrodilla y le hace alarde de protesta. Él la toma y baja su cabeza sobre su cuello. Lo acuesta sobre un banco de flores. Ella, al verlo dormido, lo deja. Anon entra como un hombre, se quita la corona, la besa, vierte veneno en los oídos del Rey y se va. La Reina regresa, encuentra al Rey muerto y emprende una acción apasionada. El Envenenador, con unos tres o cuatro mudos, entra de nuevo, pareciendo lamentarse con ella. El cadáver es llevado. El Envenenador corteja a la Reina con regalos. Ella parece reacia y reacia por un tiempo, pero al final acepta su amor.

[*Exeunt.*]

OFELIA. ¿Qué significa esto, mi señor?

ALDEA. Cásate, esto es miching mallicho; Significa travesura.

OFELIA.
Al igual que este espectáculo, importa el argumento de la obra.

Entra en el prólogo.

ALDEA. Lo sabremos por este hombre: los jugadores no pueden guardar consejos; Lo contarán todo.

OFELIA. ¿Nos dirán qué significó este espectáculo?

ALDEA. Ay, o cualquier espectáculo que le muestres. No te avergüences de mostrar, él no se avergonzará de decirte lo que significa.

OFELIA. No eres nada, no eres nada: yo marcaré la jugada.

PRÓLOGO. *Por nosotros, y por nuestra tragedia, Aquí,*
inclinados a tu clemencia,
suplicamos pacientemente que nos escuches.

HAMLET.Is esto un prólogo, o el ramillete de un anillo?

Ofelia.Es breve, mi señor.

HAMLET.As amor de mujer.

Entra un Rey *y una* Reina.

JUGADOR REY. Treinta veces ha dado la vuelta el carro de Febo la sal de Neptuno y el suelo arenoso de Tellus, y treinta docenas de lunas con brillo prestadoAlrededor del mundo han sido doce treinta, Desde que el amor nuestros corazones, y el Himen nuestras manos se unieron en las bandas más sagradas.

JUGADOR QUEEN.So tantos viajes que el sol y la luna nos hagan volver a contar antes de que se cumpla el amor. Pero, ¡ay de mí, estás tan harto últimamente, tan lejos de la alegría y de tu antiguo estado, que desconfío de ti! Sin embargo, aunque desconfío,Te incomodo, mi señor, no tiene que ser nada:Porque el miedo y el amor de las mujeres no tienen nada, ni en nada, ni en la extremidad. Y cuál es mi amor, la prueba os lo ha hecho saber, y así como mi amor es grande, así es mi temor. Donde el amor es grande, las dudas más pequeñas son miedo; Donde los pequeños temores se hacen grandes, allí crece el gran amor.

JUGADOR REY. Fe, tengo que dejarte, amor, y pronto también:Mis poderes operantes sus funciones me dejan hacer:Y vivirás en este hermoso mundo
detrás,Honrado, amado, y tal vez tan bondadosoPorque esposo tú...

REINA JUGADORA. ¡Oh, confunde a los demás! Semejante amor tiene que ser una traición en mi pecho. ¡En segundo marido déjame ser maldito! Ninguno se casó con el segundo, pero quién mató al primero.

ALDEA.
[*Aparte.*] Ajenjo, ajenjo.

REINA JUGADORA. Los casos en que se mueven el segundo matrimonio son bajos respetos de ahorro, pero no de amor. Una segunda vez mato a mi marido hasta matarlo, cuando el segundo marido me besa en la cama.

JUGADOR REY. Creo que piensas lo que ahora dices; Pero lo que nosotros determinamos, a menudo lo rompemos. El propósito no es más que el esclavo de la memoria, de nacimiento violento, pero de escasa validez, que ahora, como fruta inmadura, se adhiere al árbol, pero cae inconmovible cuando se suavizan. Lo más necesario es que nos olvidemos de pagarnos a nosotros mismos lo que para nosotros mismos es una deuda. Lo que a nosotros mismos nos proponemos en la pasión, el fin de la pasión, pierde el propósito. La violencia de la tristeza o de la alegría, sus propios proactuantes se destruyen a sí mismos. Donde más se regocija la alegría, más lamenta la tristeza; El dolor alegra, la alegría llora, en un pequeño accidente. Este mundo no es para sí; y no es extraño que incluso nuestros amores cambien con nuestras fortunas, porque es una cuestión que aún nos queda por probar: si el amor lleva a la fortuna, o si la fortuna al amor. El gran hombre abajo, tú marcas sus moscas favoritas,El pobre avanzó hace amigos de los enemigos; Y hasta aquí tiende el amor a la fortuna, porque al que no tiene necesidad, nunca le faltará un amigo, y al que en la necesidad un amigo vacío lo intenta, lo sazona directamente con su enemigo. Pero ordenadamente para terminar donde comencé,Nuestras voluntades y destinos hacen tan al contrarioQue nuestros dispositivos aún son derrocados. Nuestros pensamientos son nuestros, sus fines no son nuestros.
Así que piensa que no te casarás con un segundo marido, sino que morirás tus pensamientos cuando tu primer señor haya muerto.

REINA JUGADORA. Ni la tierra me da de comer, ni el cielo la luz, el deporte y el reposo me cierran día y noche, a la desesperación vuelven mi confianza y mi esperanza, la alegría de un ancla en la cárcel sea mi alcance, cada opuesto que borra el rostro de la alegría, encuentro con lo que bien quisiera, ¡y me destruye! Tanto aquí como aquí me prosiguen luchas duraderas, si una vez viuda, alguna vez seré esposa.

ALDEA.
[*A Ofelia.*] Si ella lo rompiera ahora.

JUGADOR REY.Está profundamente jurado. Cariño, déjame aquí un rato. Mi espíritu se embota, y de buena gana dejaría de engañar el tedioso día con el sueño.
[*Duerme.*]

REINA JUGADORA. El sueño mece tu cerebro, y nunca venga una desgracia entre nosotros dos.

[*Salir.*]

ALDEA. Señora, ¿qué le parece esta obra?

REINA. La señora protesta demasiado, me parece.

ALDEA. Oh, pero ella cumplirá su palabra.

REY. ¿Has escuchado el argumento? ¿No hay ofensa en?

HAMLET.No, no, no hacen más que bromear, envenenar en broma; Sin ofender al mundo.

REY. ¿Cómo se llama la obra?

ALDEA.
La ratonera. Cásate, ¿cómo? Tropicalmente. Esta obra es la imagen de un asesinato cometido en Viena. Gonzago es el nombre del duque, su esposa Baptista: ya verás; Es una obra tosca, ¿pero qué es eso? Su majestad, y nosotros que tenemos almas libres, no nos toca. Deja que el jade agallado se estremezca; Nuestra cruz está intacta.

Entra Luciano.

Se trata de un tal Luciano, sobrino del rey.

OFELIA. Eres un buen coro, mi señor.

ALDEA. Podría interpretar entre tú y tu amor, si pudiera ver a los títeres jugando.

OFELIA. Estáis muy entusiasmados, mi señor, estáis muy entusiasmados.

HAMLET.It te costaría un gemido quitarme el filo.

OFELIA. Todavía mejor y peor.

HAMLET.So confundes a tus maridos.—Comienza, asesino. Viruela, deja tus malditos rostros y comienza. Ven, el cuervo que croa brama por venganza.

LUCIANO. Los pensamientos negros, las manos aptas, las drogas aptas y el tiempo concordante, la estación confederada, de lo contrario, ninguna criatura ve; Tú, mezcla de malas hierbas recogidas a medianoche, con la prohibición de Hécate tres veces destrozada, tres veces infectada, tu magia natural y tu terrible propiedad, en la vida sana, usurpa inmediatamente.

(*Vierte el veneno en los oídos del durmiente.*]

ALDEA. Lo envenena en el jardín por su propiedad. Su nombre es Gonzago. La historia se conserva y está escrita en un italiano muy selecto. Pronto verás cómo el asesino se hace con el amor de la mujer de Gonzago.

OFELIA. El Rey se levanta.

ALDEA. ¿Qué, asustado con el falso fuego?

REINA. ¿Cómo le va, mi señor?

POLONIO. Dale a la obra.

REY. Dame un poco de luz. Lejos.

Todo.Luces, luces, luces.

[*Exeunt a todos menos a* Hamlet *y* Horacio.]

ALDEA. Pues, que el ciervo herido se vaya a llorar, El ciervo juega sin galas; Porque algunos deben mirar, mientras que otros deben dormir, &##xa0; Así huye el mundo. ¿No sería esto, señor, y un bosque de plumas, si el resto de mi fortuna se volviera turco conmigo? con dos rosas provincianas en mis zapatos destrozados, consígueme una hermandad en un clamor de jugadores, señor?

HORATIO. Media acción.

ALDEA. Uno entero, yo. Porque tú sabes, oh Damon querido,
 que este reino desmantelado era del mismo Júpiter, y ahora reina aquí como un muy, muy... pajock.

HORATIO. Podrías haber rimado.

ALDEA. ¡Oh, buen Horacio!, tomaré la palabra del fantasma por mil libras. ¿Percibió?

HORATIO. Muy bien, mi señor.

ALDEA. ¿Sobre el hablar del envenenamiento?

HORATIO. Lo noté muy bien.

ALDEA. ¡Ah, ja! Ven, un poco de música. Vengan, los grabadores.   Porque si al rey no le gusta la comedia, ¿por qué, pues, parece que no le gusta, perdie? Ven, un poco de música.

Entran Rosencrantz *y* Guildenstern.

GUILDENSTERN. Bien, mi señor, concédeme una palabra contigo.

ALDEA. Señor, toda una historia.

GUILDENSTERN. El Rey, señor...

ALDEA. Ay, señor, ¿qué hay de él?

GUILDENSTERN.Is en su retiro, maravillosamente destemplado.

ALDEA. ¿Con bebida, señor?

GUILDENSTERN.No, mi señor; más bien con el cólera.

ALDEA. Tu sabiduría debería mostrarse más rica para significar esto al doctor, porque yo lo sometería a su purgación tal vez lo sumiría en un cólera mucho mayor.

GUILDENSTERN. Bien, mi señor, poned vuestro discurso en algún marco, y no empecéis tan descabelladamente por mi asunto.

ALDEA. Soy manso, señor, pronuncio.

GUILDENSTERN. La Reina vuestra madre, con la mayor aflicción de espíritu, me ha enviado a vosotros.

ALDEA. De nada.

GUILDENSTERN. No, mi buen señor, esta cortesía no es de la raza correcta. Si te place darme una respuesta saludable, cumpliré el mandamiento de tu madre; si no, tu perdón y mi regreso serán el fin de mis asuntos.

ALDEA. Señor, no puedo.

GUILDENSTERN. ¿Qué, mi señor?

ALDEA. Te doy una respuesta sana. Mi ingenio está enfermo. Pero, señor, la respuesta que yo pueda dar, la mandaréis; O mejor dicho, como tú dices, mi madre. Por lo tanto, no más, sino al asunto. Madre mía, dices:

ROSENCRANTZ. Entonces ella dice así: tu comportamiento la ha impresionado en asombro y admiración.

ALDEA. ¡Oh hijo admirable, que puedes apedrear tanto a una madre! Pero, ¿no hay una secuela que le pise los talones a la admiración de esta madre?

ROSENCRANTZ. Ella desea hablar contigo en su armario antes de que te vayas a la cama.

ALDEA. Obedeceremos, si ella es diez veces nuestra madre. ¿Tiene más operaciones comerciales con nosotros?

ROSENCRANTZ.My Señor, una vez me amaste.

ALDEA. Y así lo sigo haciendo, por estos recolectores y ladrones.

ROSENCRANTZ. Buen mi señor, ¿cuál es la causa de su moquillo? Ciertamente cierras la puerta a tu propia libertad si niegas tus penas a tu amigo.

ALDEA. Señor, me falta avanzar.

ROSENCRANTZ. ¿Cómo puede ser eso, cuando tienes la voz del propio Rey para tu sucesión en Dinamarca?

ALDEA. Ay, señor, pero mientras crece la hierba, el proverbio es algo mohoso.

Vuelva a ingresar a los reproductores *con grabadoras.*

Oh, las grabadoras. Déjame ver una.—Para retirarme contigo, ¿por qué te dedicas a recobrar el aliento de mí, como si quisieras obligarme a un trabajo?

GUILDENSTERN. ¡Oh, mi señor!, si mi deber es demasiado audaz, mi amor es demasiado descortés.

ALDEA. No lo entiendo muy bien. ¿Tocarás con esta pipa?

GUILDENSTERN.My señor, no puedo.

ALDEA. Te lo ruego.

GUILDENSTERN. Créeme, no puedo.

ALDEA. Te lo ruego.

GUILDENSTERN. No conozco nada de eso, mi señor.

Es tan fácil como mentir: gobierna estas ventosidades con el dedo y el pulgar, dale aliento con la boca, y disertará la música más elocuente. Mira tú, estas son las paradas.

GUILDENSTERN. Pero esto no puedo ordenar a ninguna expresión de armonía. No tengo la habilidad.

ALDEA. ¡Vaya, mira ahora, qué indigno haces de mí! Jugarías conmigo; parecería que conoces mis paradas; Arrancarías el corazón de mi misterio. me harías sonar desde mi nota más baja hasta la cima de mi compás; Y hay mucha música, excelente voz, en este pequeño órgano, sin embargo, no puedes hacerla hablar. —Sblood, ¿crees que es más fácil que jueguen conmigo que con una pipa? Llámame como quieras, aunque puedas inquietarme, no puedes tocar conmigo.

Entra Polonio.

Dios le bendiga, señor.

POLONIUS.My señor, la Reina hablaría con usted, y dentro de poco.

HAMLET.Do Ven Uds. esa nube que tiene casi la forma de un camello?

POLONIUS.By la masa, y es como un camello.

ALDEA. Me parece que es como una comadreja.

POLONIUS.It está respaldado como una comadreja.

ALDEA. O como una ballena.

POLONIO. Muy parecido a una ballena.

ALDEA. Entonces llegaré a mi madre poco a poco.—Me engañan hasta el límite de mis inclinaciones.—Llegaré poco a poco.

POLONIO. Lo diré.

[*Salir.*]

HAMLET.By y por ahí se dice fácilmente. Déjenme, amigos.

[*Exeunt todos menos* Hamlet.]

Es ahora la hora más bruja de la noche, cuando los cementerios bostezan y el infierno mismo exhala el contagio a este mundo. Ahora podría beber sangre caliente y hacer negocios tan amargos como el día temblaría al verlo. Suave ahora, a mi madre. Oh corazón, no pierdas tu naturaleza; que no entre jamás
el alma de Nerón en este firme seno:Déjame ser cruel, no antinatural. Le hablaré puñales, pero no usaré ninguno; Mi lengua y mi alma en esto sean hipócritas. Cómo, en mis palabras, ella se esfuerza, para darles sellos nunca, alma mía, consentir.

[*Salir.*]

Escena III. Una habitación en el castillo

Entran King, Rosencrantz *y* Guildenstern.

REY. No me gusta, ni me da por seguro que su locura se descontrole. Por lo tanto, prepárate, yo enviaré tu comisión de inmediato, y él a Inglaterra te acompañará. Los términos de nuestra hacienda no pueden resistir el peligro tan cerca de nosotros como lo hace cada hora de sus locuras.

GUILDENSTERN. Nosotros mismos proveeremos. El más santo y religioso temor esMantener a salvo esos muchos, muchos cuerpos, que viven y se alimentan de Vuestra Majestad.

ROSENCRANTZ. La vida soltera y peculiar está atadaCon toda la fuerza y armadura de la mente, a guardarse de la 'tontería; pero mucho másEse espíritu de cuyo bien dependen y descansan las vidas de muchos. El cese de la majestad no es solo; sino que, como un abismo, arrastra

consigo lo que está cerca. Es una rueda maciza
fijada en la cima del monte más alto, a cuyos enormes radios están
embutidas y adosadas diez mil cosas menores, que cuando cae,
cada pequeño anexo, cada pequeña consecuencia, acompaña a la
ruina boistrosa. El rey nunca suspiró, sino con un gemido general.

REY. Te lo ruego, te lo ruego, para este rápido viaje; Porque vamos a
poner grilletes a este temor, que ahora va demasiado libre.

ROSENCRANTZ y GUILDENSTERN. Nos apresuraremos.

[*Exeunt* Rosencrantz *y* Guildenstern.]

Entra Polonio.

POLONIUS.My Señor, va a ir al armario de su madre. Detrás de las
arras me transportaréPara escuchar el proceso. Le garantizo que lo
llevará a casa, y como usted dijo, y sabiamente se dijo, es justo que
un público más que una madre, ya que la naturaleza los hace
parciales, oiga el discurso de la ventaja. Que te vaya bien, mi señor,
 te visitaré antes de que te vayas a la cama y te diré lo que sé.

REY. Gracias, querido mi señor.

[*Salida* Polonio.]

¡Oh, mi ofensa es vulgar, huele al cielo! Tiene sobre él la maldición
más antigua: ¡el asesinato de un hermano! Ruego que no puedo,
aunque la inclinación sea tan aguda como la voluntad: mi culpa más
fuerte derrota a mi fuerte intención, y, como un hombre que se dedica
a los negocios, me detengo en el lugar donde comenzaré por primera
vez, y ambos descuido. ¿Y si esta mano maldita fuera más gruesa
que ella misma con la sangre de su hermano, no
llueve lo suficiente en los dulces cielos para lavarla blanca como la
nieve? ¿A qué sirve la misericordia sino a enfrentar el rostro de la
ofensa? ¿Y qué hay en la oración sino esta doble fuerza, que ha de
ser prevenida antes de que lleguemos a caer, o perdonar el estar
abajo? Entonces miraré hacia arriba. Mi culpa ya pasó. Pero, ¡oh!,
¿qué forma de oración puede servir a mi turno? ¡Perdóname mi
asqueroso asesinato! Eso no puede ser; ya que todavía estoy poseído
de aquellos efectos por los que hice el asesinato: mi corona, mi
propia ambición y mi reina. ¿Puede uno ser perdonado y conservar la

ofensa? En las corrientes corrompidas de este mundo, la mano dorada de la ofensa puede ser empujada por la justicia, y a menudo se ve que el premio malvado mismo compra la ley. Pero no es así arriba; No hay barajamiento, allí radica la acción en su verdadera naturaleza, y nosotros mismos nos vemos obligados hasta los dientes y la frente de nuestras faltas para dar pruebas. ¿Y entonces qué? ¿Qué descansa? Intenta lo que el arrepentimiento puede. ¿Qué no puede ser? Sin embargo, ¿qué puede ser, cuando uno no puede arrepentirse? ¡Oh miserable estado! ¡Oh pecho, negro como la muerte! ¡Oh alma enlucida, que luchas por ser libre,El arte está más comprometido! ¡Ayuda, ángeles! Hacer ensayo:Arco, rodillas obstinadas; y corazón con cuerdas de acero,Sed suaves como tendones del niño recién nacido. Es posible que todo esté bien.

[*Se retira y se arrodilla.*]

Entra en Hamlet.

ALDEA. Ahora podría hacerlo con palmaditas, ahora él está orando. Y ahora no lo haré. Y así va al cielo; Y así me vengo. Un villano mata a mi padre, y por eso yo, su único hijo, hago que este mismo villano envíe
al cielo. Oh, esto es contratación y salario, no venganza. Tomó a mi padre groseramente, lleno de pan, con todos sus crímenes destrozados, tan sonrojado como mayo; Y cómo está su auditoría, ¿quién sabe excepto el cielo? Pero en nuestras circunstancias y en el curso de nuestro pensamiento, es pesado con él. ¿Y me he vengado, pues, para tomarlo en la purificación de su alma, cuando esté apto y sazonado para su paso? No. Levántate, espada, y conoce un lugar más horrible:Cuando esté borracho dormido; o en su cólera,O en el placer incestuoso de su lecho,En el juego, en las palabrotas; o por algún acto que no tiene sabor a salvación, entonces hazle tropezar, para que sus talones puedan patear el cielo, y para que su alma sea tan maldita y negra como el infierno, a donde va. Mi madre se queda. Este físico no hace más que prolongar tus días enfermizos.

[*Salir.*]

El Rey *se levanta y avanza.*

KING.My palabras vuelan hacia arriba, mis pensamientos permanecen abajo. Las palabras sin pensamientos nunca van al cielo.

[*Salir.*]

Escena IV. Otra habitación en el castillo

Entran la reina *y* Polonio.

POLONIO. Él vendrá derecho. Mira que le has dado en tu casa, dile que sus travesuras han sido demasiado amplias para soportarlas, y que tu gracia ha ocultado y se ha interpuesto entre él y mucho calor. Me haré callar aquí. Ruega que estés cerca de él.

ALDEA.
[*Dentro.*] Madre, madre, madre.

REINA. Te lo garantizo, no me temas. Retírate, lo oigo venir.

[Polonio *va detrás de las arras.*]

Entra en Hamlet.

ALDEA. Ahora, madre, ¿qué te pasa?

REINA. Hamlet, has ofendido mucho a tu padre.

ALDEA. Madre, tienes a mi padre muy ofendido.

REINA. Ven, ven, respondes con una lengua ociosa.

ALDEA. Ve, vete, preguntas con una lengua malvada.

REINA. ¿Por qué, cómo ahora, Hamlet?

ALDEA.
¿Qué pasa ahora?

REINA. ¿Me has olvidado?

HAMLET.No, por cierto, no es así. Tú eres la reina, la esposa del hermano de tu marido, y ojalá no fuera así. Tú eres mi madre.

REINA. No, entonces yo les pondré a Uds. los que pueden hablar.

ALDEA. Ven, ven, y siéntate, no te moverás. No te vayas hasta que te ponga un vaso donde puedas ver la parte más íntima de ti.

REINA. ¿Qué harás? ¿No me matarás? ¡Ayuda, ayuda,!

POLONIO.
[*Detrás.*] ¡Qué, ho! ¡Ayuda, ayuda, ayuda!

ALDEA. ¿Y ahora? ¿Una rata? [*Empates.*¡Muerto por un ducado, muerto!

(*Hace un paso por las arras.*]

POLONIO.
[*Detrás.*] ¡Oh, me han matado!

[*Cae y muere.*]

REINA. ¿Qué has hecho, oh yo?

ALDEA. No, no lo sé. ¿Es el Rey?

[*Saca a* Polonio.]

REINA. ¡Oh, qué acto tan imprudente y sangriento es este!

ALDEA. Un hecho sangriento. Casi tan mala, buena madre, como matar a un rey y casarse con su hermano.

QUEEN.As matar a un rey?

ALDEA. ¡Ay, señora!, era mi palabra.—
[*A Polonio.*] ¡Miserable, imprudente e intruso tonto, adiós! Te tomé por tu bien. Toma tu fortuna, te das cuenta de que estar demasiado ocupado es algún peligro.—Deja de retorcerte las manos. Paz, siéntate, y déjame retorcer tu corazón, porque así lo haré, si está hecho de materia penetrable; Si la maldita costumbre no lo ha descarado de tal manera, que es prueba y baluarte contra el juicio.

REINA. ¿Qué he hecho yo para que te atrevas a mover la lengua con un ruido tan grosero contra mí?

ALDEA. Semejante acto, que nubla la gracia y el rubor de la modestia, llama hipócrita a la virtud, arranca la rosa de la hermosa frente de un amor inocente y le pone una ampolla. Hace que los votos matrimoniales sean tan falsos como los juramentos de los dicheros. ¡Oh tal hazañaComo del cuerpo de la contracción arrancaEl alma misma, y la dulce religión haceUna rapsodia de palabras. El rostro del cielo resplandece, sí, esta solidez y masa compuesta, con rostro tristo, como contra la condenación, se siente enfermo por el acto.

REINA. ¡Ay, yo!, ¿qué acto que ruge tan fuerte y truena en el índice?

ALDEA. Mira aquí este cuadro, y este es la falsa presentación de dos hermanos. Mira qué gracia estaba sentada en esta frente,los rizos de Hiperión, la frente del mismo Júpiter,Un ojo como Marte, para amenazar y mandar,Una estación como el heraldo MercurioNuevo iluminado en una colina que besa el cielo:Una combinación y una forma en verdad,Donde
cada dios parecía poner su sello,Para dar al mundo la seguridad de un hombre. Era tu marido. Mira ahora lo que sigue. Aquí está tu marido, como una oreja enmohecida destrozando a su sano hermano. ¿Tienes ojos? ¿Podrías tú en esta hermosa montaña dejar para alimentar, y holgazanar en este páramo? ¡Ja! ¿Tienes ojos? No puedes llamarlo amor; porque a tu edad el apogeo de la sangre es manso, es humilde, y espera el juicio: ¿y qué juicio pasaría de esto a esto? Sentido seguro que tienes, de lo contrario, no podrías tener movimiento; pero seguro que el sentido es apoplejo, porque la locura no se equivocaría, ni el sentido del éxtasis era tan esclavo, sino que se reservaba cierta cantidad de opciones para servir en tal diferencia. ¿Qué diablo no era el que te ha engañado así como a un hombre ciego? Ojos sin sensibilidad, sentimientos sin vista, oídos sin manos ni ojos, oliendo sin todo, o sólo una parte enfermiza de un verdadero sentido, no podrían deprimirse tanto. ¡Oh vergüenza! ¿Dónde está tu rubor? Infierno rebelde, si puedes amotinarte en los huesos de una matrona, que la virtud sea como cera y se derrita en su propio fuego. No proclames vergüenzaCuando el ardor compulsivo da la carga, ya que la escarcha misma quema tan activamente, como la razón complace a la voluntad.

REINA. Oh Hamlet, no hables más. Vuelves mis ojos a mi propia alma, y allí veo manchas tan negras y granuladas que no abandonan su tinte.

ALDEA. No, sino vivir en el sudor rancio de un lecho empañado, guisado en corrupción, mielando y haciendo el amor sobre el repugnante pozuelo.

REINA. Oh, no me hables más; Estas palabras como puñales entran en mis oídos; No más, dulce Hamlet.

ALDEA. Un asesino y un villano; Un esclavo que no es la vigésima parte del diezmo de tu señor precedente. Un vicio de reyes,Un monedero del imperio y de la regla,Que de un estante robó la preciosa diademaY se la metió en el bolsillo!

QUEEN.No más.

ALDEA. ¡Un rey de jirones y parches!...

Entra Ghost.

¡Sálvame y revolotea sobre mí con tus alas, guardianes celestiales! ¿Cuál sería tu graciosa figura?

REINA. Por desgracia, está loco.

HAMLET.Do no vienes tu hijo tardío a reprender, que, doblado en el tiempo y en la pasión, deja pasar la importante actuación de tu temible mandato? ¡Oh, dime!

GHOST.Do no lo olvides. Esta visitación no es más que para despertar tu casi embotado propósito. Pero mira, asombrado está tu madre. ¡Oh paso entre ella y su alma luchadora! La presunción en los cuerpos más débiles es las obras más fuertes. Háblale, Hamlet.

ALDEA. ¿Cómo le va a usted, señora?

REINA. ¡Ay!, ¿cómo no te parece que inclinas tu mirada hacia el vacío, y con el aire incorpóreo sostienes el discurso? A tus ojos se asoman tus espíritus salvajemente, Y, como los soldados dormidos en la alarma, Tus cabellos encamados, como la vida en los excrementos, se levantan y se ponen fin. Oh gentil hijo, sobre el calor y la llama de tu moquillo, rocía fría paciencia. ¿Dónde miras?

ALDEA. ¡Sobre él, sobre él! Mira cuán pálido se ve, su forma y causa unidas, predicando a las piedras, las haría capaces.—No me mires, no sea que con esta lastimosa acción conviertas mis severos efectos. Entonces, lo que tengo que hacerQuerré un color verdadero; lágrimas acaso por sangre.

QUEEN.To quién le hablas esto?

HAMLET.Do no ves nada allí?

REINA. Nada en absoluto; sin embargo, todo lo que es lo veo.

ALDEA. ¿Ni oíste nada?

QUEEN.No, nada más que nosotros mismos.

ALDEA. ¡Vaya, mira ahí! ¡Mira cómo se roba! ¡Mi padre, con su hábito como vivía! Mira a dónde va incluso ahora en el portal.

[*Salir* de Ghost.]

REINA. Esta es la acuñación misma de tu cerebro. Este éxtasis incorpóreo de la creaciónEs muy astuto en.

ALDEA. ¡Éxtasis! Mi pulso, como el tuyo, mantiene templadamente el tiempo, y hace música tan saludable. No es locura lo que he dicho. Tráeme a la prueba, y yo reformularé el asunto; de la que la locura saltaría. Madre, por amor a la gracia, no pongas en tu alma esa lisonjera unción, que no habla tu transgresión, sino mi locura. No hará más que despellejar y cubrir el lugar ulceroso, mientras que la corrupción de rango, minando todo lo que hay dentro, infecta sin ser visto. Confiésate al cielo, arrepiéntete de lo pasado, evita lo que está por venir; Y no esparzas el abono sobre las malas hierbas, para hacerlas más rancios. Perdóname esta mi virtud; Porque en la gordura de estos tiempos de pureza, la virtud misma del vicio debe perdonar, suplicar, sí, refrenar y cortejar para que se le permita hacerle bien.

REINA. ¡Oh Hamlet!, has partido mi corazón en dos.

ALDEA. Oh, tira la peor parte de ella, y vive la más pura con la otra mitad. Buenas noches. Pero no vayas a la cama de mi tío. Asume una virtud, si no la tienes. Esa monstruosa costumbre, que todos los sentidos comen, de los hábitos malos, es ángel sin embargo, en esto, que al uso de las acciones justas y buenas, también da un vestido o librea que se pone apropiadamente. Abstente esta noche, y eso dará una especie de facilidad
a la próxima abstinencia. El siguiente más fácil; Porque el uso casi puede cambiar el sello de la naturaleza, y o refrenar al diablo, o echarlo fueracon maravillosa potencia. Una vez más, buenas noches, y cuando desees ser bendecido,
 te lo bendeciré. Pues este mismo señor
[*Señalando a Polonio.*Sí me arrepiento; pero el cielo lo ha dispuesto así, que me castigue con esto, y esto conmigo, que he de ser su azote y ministro. Yo le daré y responderé bienLa muerte que le di. Así que, de nuevo, buenas noches. Debo ser cruel, solo para ser amable: así comienza lo malo y lo peor queda atrás. Una palabra más, buena señora.

REINA. ¿Qué debo hacer?

ALDEA. No esto, de ninguna manera, que te ordeno que hagas: Deja que el rey hinchado te tiente de nuevo a la cama, Pellizca lascivamente en tu mejilla, te llama su ratón, Y deja que él, por un par de besos rechonchos, O remando en tu cuello con sus malditos dedos, te haga desentrañar todo este asunto, Que esencialmente no estoy loco, Pero loco en el oficio. Ha sido bueno que se lo digas, porque ¿quién es sino una reina, hermosa, sobria, sabia, que se escondería de un potrero, de un murciélago, de un gib, tan queridas preocupaciones? ¿Quién lo haría? No, a pesar de la sensatez y el secreto,Despega la cesta en la parte superior de la casa,Deja volar los pájaros, y como el famoso mono,Para intentar conclusiones, en la cesta arrastránsateY rompe tu propio cuello.

REINA.
Ten la seguridad de que si las palabras son de aliento y de vida, no tengo vida para respirarLo que me has dicho.

ALDEA. Debo ir a Inglaterra, ¿lo sabes?

REINA. Alack, se me había olvidado. Así se concluye.

ALDEA. Allí hay cartas selladas, y mis dos compañeros de escuela, en quienes confiaré como en los demás con colmillos, llevan el mandato, deben barrer mi camino y llevarme a la cárcel. Déjalo trabajar; Porque es el deporte hacer que el maquinista levante con su propio petardo, y vaya a ir duro, pero yo cavaré una yarda por debajo de sus minas, y las soplaré a la luna. Oh, es lo más dulce, cuando en una línea dos artesanías se encuentran directamente. Este hombre me pondrá a hacer las maletas.
Llevaré las tripas a la habitación del vecino. Madre, buenas noches. De hecho, este consejero es ahora el más quieto, el más secreto y el más grave, que en vida fue un tonto bribón. Ven, señor, a acercarme a vuestro fin. Buenas noches, madre.

[*Salir* de Hamlet *arrastrando a* Polonio.]

ACTO IV

Escena I. Una habitación en el castillo

Entran King, Queen, Rosencrantz *y* Guildenstern.

REY. Hay materia en estos suspiros. Estos profundos golpesHay que traducirlos. Es justo que los entendamos. ¿Dónde está tu hijo?

REINA. Concédenos este lugar un poco de tiempo.

[*A* Rosencrantz *y* Guildenstern, *que salen.*]

¡Ah, mi buen señor, qué he visto esta noche!

REY. ¿Qué, Gertrudis? ¿Cómo funciona Hamlet?

REINA. Loco como el mar y el viento, cuando ambos se disputan quién es el más poderoso. En su arrebato de leyDetrás de las arras oyendo que algo se agita,Saca su estoque, grita '¡Una rata, una rata!' Y en esta aprehensión cerebral mata al viejo viejo invisible.

REY. ¡Oh pesada acción! Así habría sido con nosotros, si hubiéramos estado allí. Su libertad está llena de amenazas para todos; A ti mismo, a nosotros, a todos. ¡Ay!, ¿cómo se responderá a este sangriento hecho? Se nos tenderá a nosotros, cuya providencia debería haber sido corta, contenida y fuera de la persecución de este joven loco. Pero tanto era nuestro amor, que no queríamos entender qué era lo más adecuado, sino que, como el dueño de una enfermedad repugnante, para que no se divulgara, que se alimentara incluso de la médula de la vida. ¿A dónde se ha ido?

QUEEN.To despedaza el cuerpo que ha matado, a quien su misma locura, como un mineral de base mineral, se muestra pura. Llora por lo hecho.

REY. ¡Oh Gertrudis, vete! Tan pronto como el sol toque las montañas, sino que lo enviaremos de aquí, y esta vil acción debemos con toda nuestra majestad y habilidad, tanto con semblante como con excusa.

Vuelve a entrar en Rosencrantz *y* Guildenstern.

Amigos ambos, id a uniros con alguna ayuda más: Hamlet en la locura ha matado a Polonio, y del armario de su madre lo ha arrastrado. Ve a buscarlo, habla con justicia y lleva el cuerpo a la capilla. Te ruego que te des prisa en esto.

[*Exeunt* Rosencrantz *y* Guildenstern.]

Vamos, Gertrudis, llamaremos a nuestros amigos más sabios, y les haremos saber lo que queremos hacer y lo que se ha hecho intempestivamente, tan tal vez calumnia, cuyo susurro sobre el diámetro del mundo, tan nivelado como el cañón a su fogueo, transporta su disparo envenenado, puede pasar por alto nuestro nombre, y golpear el aire sin heridas. ¡Oh, aléjate! Mi alma está llena de discordia y consternación.

[*Exeunt.*]

Escena II. Otra habitación en el castillo

Entra en Hamlet.

ALDEA. Guardado de forma segura.

ROSENCRANTZ y GUILDENSTERN.
[*Dentro.*] ¡Hamlet! ¡Señor Hamlet!

ALDEA. ¿Qué ruido? ¿Quién llama a Hamlet? Oh, aquí vienen.

Entran Rosencrantz *y* Guildenstern.

ROSENCRANTZ. ¿Qué habéis hecho, mi señor, con el cadáver?

ALDEA. Combinándolo con polvo, de ahí que sea pariente.

ROSENCRANTZ. Dinos dónde estás, para que lo llevemos de allí y lo llevemos a la capilla.

HAMLET.Do no lo creas.

ROSENCRANTZ. ¿Creer qué?

ALDEA. Que puedo guardar tu consejo, y no el mío. Además, para que se le exija a una esponja, ¿qué réplica debe hacer el hijo de un rey?

ROSENCRANTZ. ¿Me tomas por una esponja, mi señor?

ALDEA. ¡Ay, señor! que empapa el semblante del Rey, sus recompensas, sus autoridades. Pero al final, tales oficiales hacen el mejor servicio al Rey: los mantiene, como a un mono, en la comisura de su mandíbula; La primera boca, la última tragada: cuando necesita lo que has recogido, no es más que exprimirte, y, esponja, volverás a estar seco.

ROSENCRANTZ. No os entiendo, mi señor.

ALDEA. Me alegro de ello. Un discurso torpe duerme en un oído tonto.

ROSENCRANTZ.My Señor, debes decirnos dónde está el cuerpo e ir con nosotros al Rey.

ALDEA. El cuerpo está con el Rey, pero el Rey no está con el cuerpo. El Rey es una cosa...

GUILDENSTERN. ¡Una cosa, mi señor!

ALDEA. De nada. Llévame a él. Escondite al zorro, y todo lo que sigue.

[*Exeunt.*]

Escena III. Otra habitación en el castillo

Entra King, *asistido.*

REY. He enviado a buscarlo y a encontrar el cuerpo. ¡Qué peligroso es que este hombre quede suelto! Sin embargo, ¿no debemos imponerle la ley fuerte?:
Él es amado por la multitud distraída, a la que no le agrada en su juicio, sino en sus ojos; Y donde es así, se pesa el azote del ofensor, pero nunca la ofensa. Para soportar todo suave y uniforme,Este repentino despedirlo debe pareceruna pausa deliberada. Las enfermedades que crecen desesperadamente con aparatos desesperados se alivian, o no se alivian en absoluto.

Entra Rosencrantz.

¿Y ahora? ¿Qué ha sucedido?

ROSENCRANTZ. Donde se entrega el cadáver, mi señor, no podemos salir de él.

REY. Pero, ¿dónde está?

ROSENCRANTZ. Fuera, mi señor, guardado, para conocer vuestro placer.

REY. Tráiganlo ante nosotros.

ROSENCRANTZ. ¡Ho, Guildenstern! Traed a mi señor.

Entra en Hamlet *y* Guildenstern.

REY. Ahora, Hamlet, ¿dónde está Polonio?

HAMLET.At la cena.

KING.At la cena? ¿Dónde?

ALDEA. No donde come, sino donde es comido. Una cierta convocación de gusanos políticos se dirige a él. Tu gusano es tu único emperador para la dieta. Engordamos a todas las demás criaturas para engordarnos a nosotros, y nos engordamos a nosotros mismos para los gusanos. Tu rey gordo y tu mendigo flaco no es más que un servicio variable: dos platos, pero en una sola mesa. Ese es el final.

REY. ¡Ay, ay!

ALDEA. Un hombre puede pescar con el gusano que ha comido de un rey, y comer del pez que se ha alimentado de ese gusano.

REY. ¿Qué quieres decir con esto?

ALDEA. Nada más que mostrarte cómo un rey puede progresar a través de las entrañas de un mendigo.

REY. ¿Dónde está Polonio?

HAMLET.In el cielo. Manda allá a ver. Si tu mensajero no lo encuentra allí, búscalo tú mismo en el otro lugar. Pero, en realidad, si no lo encuentras dentro de este mes, lo olfatearás mientras subes las escaleras hacia el vestíbulo.

REY.
[*A algunos asistentes.*] Ve a buscarlo allí.

ALDEA. Él se quedará hasta que tú vengas.

[*Asistentes* exeunt.]

REY. Hamlet, este hecho, por tu especial seguridad, que nosotros acariciamos, como nos afligimos mucho por lo que has hecho, ha de enviarte de aquí con ardiente presteza. Prepárate, pues; La barca está lista, y el viento en su ayuda,
 los asociados tienden, y todo se dobla para Inglaterra.

ALDEA. ¿Para Inglaterra?

REY. ¡Ay, Hamlet!

ALDEA. Bien.

KING. So sería, si supieras nuestros propósitos.

ALDEA. Veo un querubín que los ve. Pero, vamos; ¡Por Inglaterra! Adiós, querida madre.

REY. Tu padre amoroso, Hamlet.

HAMLET. My madre. El padre y la madre son el hombre y la mujer; El hombre y la mujer son una sola carne; Y así, mi madre. Vamos, por Inglaterra.

[*Salir.*]

REY. Síguelo a pie. Tiéntalo con rapidez a bordo; No lo demores; Lo tendré por aquí esta noche. Lejos, porque todo está sellado y hecho Lo demás se apoya en el asunto. Te ruego que te des prisa.

[*Exeunt* Rosencrantz *y* Guildenstern.]

E Inglaterra, si tu amor te aferras a algo, en la medida en que mi gran poder te dé sentido, ya que tu cicatriz se ve cruda y roja después de la espada danesa, y tu libre temor nos rinde homenaje, no puedes establecer fríamente nuestro proceso soberano, que importa en su totalidad, por cartas que conjuran a tal efecto, la presente muerte de Hamlet. Hazlo, Inglaterra; Porque como la agitación de mi sangre se enfurece, y tú me has de curar. Hasta que no sé que todo está hecho,
 tal vez mis alegrías no habían comenzado.

[*Salir.*]

Escena IV. Una llanura en Dinamarca

Entran Fortinbras *y* las Fuerzas *marchando.*

FORTINBRAS. Vete, capitán, de mi parte a saludar al rey danés. Dígale que, con su licencia, Fortinbras anhela el transporte de una prometida marcha sobre su reino. Ya conoces la cita. Si Su Majestad quiere algo con nosotros, expresaremos nuestro deber a sus ojos; Y que se lo sepa.

CAPITÁN. No lo haré, mi señor.

FORTINBRAS. Avanza suavemente.

[*Exeunde a todos menos al* Capitán.]

Entran Hamlet, Rosencrantz, Guildenstern, etc.

ALDEA. Buen señor, ¿de quién son estos poderes?

CAPITÁN. Son de Noruega, señor.

ALDEA. ¿Con qué propósito, señor, se lo ruego?

CAPITÁN. Contra alguna parte de Polonia.

ALDEA. ¿Quién los manda, señor?

CAPITÁN. El sobrino de la vieja Noruega, Fortinbras.

ALDEA. ¿Va contra el principal de Polonia, señor, o contra alguna frontera?

CAPITÁN. Hablando en verdad, y sin ninguna adición, vamos a ganar un pequeño pedazo de terreno que no tiene más provecho que el nombre. Para pagar cinco ducados, cinco, no lo cultivaría; Tampoco cederá a Noruega o a la tasa de clasificación de PoleA, en caso de que se venda a pagar.

ALDEA. Pues, entonces el Polack nunca lo defenderá.

CAPITÁN. Sí, ya está guarnecido.

ALDEA. ¡Dos mil almas y veinte mil ducados no debatirán la cuestión de esta paja! Esta es la imposta de mucha riqueza y paz, que

se rompe hacia adentro, y no muestra causa sin que el hombre muera.
Le agradezco humildemente, señor.

CAPITÁN. Dios le bendiga, señor.

[*Salir.*]

ROSENCRANTZ.
¿No os placerá ir, mi señor?

ALDEA.
Estaré contigo directamente. Ve un poco antes.

[*Exeunt todos menos* Hamlet.]

¡Cómo todas las ocasiones se vuelven contra mí, y estimulan mi
torpe venganza! ¿Qué es un hombre si su principal bien y mercado
de su tiempo no es sino dormir y alimentarse? Una bestia, nada más.
Es cierto que el que nos hizo con un discurso tan extenso, mirando el
antes y el después, no nos dio esa capacidad y esa razón divina para
fundirse en nosotros sin usar. Ahora bien, ya sea que se trate de un
olvido bestial, o de algún escrúpulo cobarde de pensar con
demasiada precisión en el suceso, un pensamiento que, en cuartes, no
tiene más que una parte de sabiduría y siempre tres partes de
cobardía, no sé por qué aún vivo para decir que esto es lo que hay
que hacer, si tengo causa, voluntad, fuerza y medios para no hacerlo.
Ejemplos groseros como la tierra me exhortan, Testigo de este
ejército de tal masa y carga, Dirigido por un príncipe delicado y
tierno, Cuyo espíritu, con divina ambición resoplaba, Hace bocas en
el evento invisible, Exponiendo lo que es mortal e incierto
A todo lo que la fortuna, la muerte y el peligro se atreven, Incluso
por una cáscara de huevo. Con razón, ser grande no es agitarse sin un
gran argumento, sino encontrar una disputa en una paja cuando el
honor está en juego. ¿Cómo estoy, pues, que tengo un padre muerto,
una madre manchada, las excitaciones de mi razón y mi sangre, y
que todos duerman, mientras para mi vergüenza veo la muerte
inminente de veinte mil hombres que, por una fantasía y un truco de
la fama, van a sus tumbas como camas, luchan por un complot, en el
que los números no pueden probar la causa, ¿Cuál no es suficiente
tumba y continente para esconder a los muertos? Oh, de ahora en
adelante, mis pensamientos serán sangrientos o no valdrán nada.

[Salir.]

Escena V. Elsinore. Una habitación en el castillo

Entran la reina, Horacio *y un* caballero.

REINA. No voy a hablar con ella.

CABALLERO. Es importuna, de hecho distrae. Su estado de ánimo será digno de lástima.

REINA. ¿Qué tendría ella?

CABALLERO. Habla mucho de su padre; dice que oye que hay trucos en el mundo, y dobladillos, y palpita su corazón, desprecia con envidia las pajas, dice cosas con dudas, que no tienen más que un sentido a medias. Su discurso no es nada, sin embargo, el uso informe de él mueve a los oyentes a la recogida; se dirigen a ello, y estropean las palabras para que se ajusten a sus propios pensamientos,
 los cuales, como sus guiños, asentimientos y gestos les proporcionan, harían pensar que podría haber pensamiento, aunque nada seguro, pero muy desgraciadamente.
Sería bueno que se hablara con ella, porque puede esparcir conjeturas peligrosas en mentes mal educadas.

REINA. Déjala entrar.

[Salga caballero.]

Para mi alma enferma, tal como es la verdadera naturaleza del pecado, cada juguete parece el prólogo de algún gran error. Tan llena de celos ingenuos está la culpa, que se derrama en el temor de ser derramada.

Entra Ofelia.

OFELIA. ¿Dónde está la hermosa majestad de Dinamarca?

REINA. ¿Y ahora, Ofelia?

OFELIA.
[*Canta.*] ¿Cómo podría yo saber mi verdadero amor de otro?   Por su bate de berberecho y su bastón Y su sandalia shoon.

REINA. Ay, dulce señora, ¿qué importa esta canción?

OFELIA. ¿Dice usted? No, te ruego que te fijes.
[*Canta.*Ha muerto y se ha ido, señora, ha muerto y se ha ido, a su cabeza un césped verde como la hierba, a sus talones una piedra.

REINA. No, pero Ofelia...

OFELIA. Te ruego que marques.
[*Canta.*] Blanquea su mortaja como la nieve de la montaña.

Entra King.

REINA. ¡Ay, mirad aquí, mi señor!

OFELIA.
[*Canta.*] Mantecado todo con flores dulces;   Que lloró hasta el sepulcro se fue con lluvias de amor verdadero.

REY. ¿Cómo estás, linda señora?

OFELIA. Bueno, ¡que Dios te consuela! Dicen que la lechuza era hija de un panadero. Señor, sabemos lo que somos, pero no sabemos lo que podemos ser. ¡Que Dios esté en tu mesa!

REY. Presunción sobre su padre.

OFELIA. Te ruego, no tengamos palabras de esto; pero cuando te pregunten lo que significa, di esto:
[*Canta.*] Mañana es el día de San Valentín, Toda por la mañana a la hora, Y yo una criada en tu ventana, Para ser tu San Valentín.

Luego se levantó, se vistió y se puso la puerta de la habitación, Dejó entrar a la doncella, que una doncella nunca más se fue.

REY. ¡Bonita Ofelia!

OFELIA. De hecho, sin juramento, acabaré con ello.
[*Canta.*] Por Gis y por Santa Caridad, Alack, y fie por vergüenza!   Los jóvenes no servirán si vuelven en sí;   Por Cock, ellos tienen la culpa.

Dijo ella, antes de que me hicieras caer, me prometiste casarme. Así lo habría hecho yo, por aquel sol, si no hubieras venido a mi cama.

REY. ¿Cuánto tiempo hace que está así?

OFELIA. Espero que todo salga bien. Hay que tener paciencia. Pero no puedo elegir otra cosa que llorar, al pensar que lo dejarían en la fría tierra. Mi hermano lo sabrá. Y por eso les agradezco sus buenos consejos. ¡Vamos, mi entrenador! Buenas noches, señoras; Buenas noches, dulces señoras; Buenas noches, buenas noches.

[*Salir.*]

REY. Síguela de cerca; Dale un buen reloj, te lo ruego.

[*Salga Horacio.*]

¡Oh!, este es el veneno del dolor profundo; brota todo de la muerte de su padre. ¡Oh Gertrudis, Gertrudis!, cuando vienen las penas, no vienen espías solos, sino en batallones. Primero, su padre fue asesinado; A continuación, su hijo se ha ido; y el autor más violentoDe su propio justo quitar; el pueblo se enturbió, espeso y malsano en sus pensamientos y susurrosPor la muerte de Polonio, y no hemos hecho más que un abrazo verdoso para enterrarlo. Pobre Ofelia, dividida de sí misma y de su justo juicio, sin el cual somos cuadros o meras bestias. Por último, y tan conteniendo como todo esto, su hermano ha venido en secreto de Francia, se alimenta de su asombro, se mantiene en las nubes y no quiere que los timbres infecten su oído con discursos pestilentes de la muerte de su padre, en los que la necesidad, por la materia, mendiga, nada pegará nuestra persona a la acusación de oreja a oreja. ¡Oh, mi querida Gertrudis!, esto en muchos lugares me da una muerte superflua.

[*Un ruido interior.*]

REINA. Alack, ¿qué ruido es este?

REY. ¿Dónde están mis Switzer? Que guarden la puerta.

Entra un caballero.

¿Qué pasa?

CABALLERO. Sálvate a ti mismo, mi señor. El océano, asomándose a su lista, no se come los pisos con más prisa impetuosa que el joven

Laertes, con cabeza alborotada,
soporta vuestras oficinas. La chusma le llama señor, y, como el
mundo no estaba hecho más que empezar, la antigüedad se olvidó, la
costumbre no se conoce, los ratificadores y sostenes de cada palabra,
gritan: "¡Escoge nosotros! ¡Laertes será rey! Las gorras, las manos y
las lenguas lo aplauden hasta las nubes: "Laertes será rey, Laertes
rey".

REINA. ¡Con qué alegría lloran por el falso sendero! Oh, esto es
contraataque, falsos perros daneses.

[*Un ruido interior.*]

REY. Las puertas están rotas.

Entra Laertes, *armado;* Los daneses *siguen.*

LAERTES. ¿Dónde está este rey?—Señores, quédense todos fuera.

Danes.No, entremos.

LAERTES. Te ruego que me des permiso.

DANESES. Lo haremos, lo haremos.

(*Se retiran sin la puerta.*]

LAERTES. Les doy las gracias. Mantén la puerta. ¡Oh rey vil!, dame
a mi padre.

REINA. Con calma, el bueno de Laertes.

LAERTES. Esa gota de sangre que está en calma me proclama
bastardo; Grita a mi padre, marca a la rameraIncluso aquí entre la
casta frente sin manchaDe mi verdadera madre.

REY. ¿Cuál es la causa, Laertes, de que tu rebelión parezca tan
gigantesca?... Déjalo ir, Gertrudis. No temáis a nuestra persona. Hay
tal divinidad que rodea a un rey,
que la traición no puede sino asomarse a lo que quisiera, actúa poco
de su voluntad.—Dime, Laertes, por qué estás así indignado.—
Déjalo ir, Gertrudis.—Habla, hombre.

LAERTES. ¿Dónde está mi padre?

REY. Muerto.

REINA. Pero no por él.

REY. Que exija su saciedad.

LAERTES. ¿Cómo llegó a morir? No voy a ser malabarista conmigo. ¡Al infierno, lealtad! ¡Votos, al diablo más negro! ¡Conciencia y gracia, hasta el pozo más profundo! Me atrevo a condenar. Hasta este punto me mantengo firme,Que ambos mundos, se los entrego a la negligencia,Venga lo que venga; sólo yo me vengaré de mi padre.

REY. ¿Quién te quedará?

LAERTES.My voluntad, no todo el mundo. Y por mis medios, los cuidaré tan bien, que llegarán lejos con poco.

REY. Buen Laertes, si deseas conocer la certeza de la muerte de tu querido padre, ¿no está escrita en tu venganza que, sorteo, atraerás tanto a amigos como a enemigos, ganadores y perdedores?

LAERTES. Nadie más que sus enemigos.

REY. ¿Los conocerás entonces?

LAERTES.To sus buenos amigos tan anchos desplegaré mis brazos; Y, como el amable pelícano que da vida, Vuelve a comerlos con mi sangre.

REY. Pues, ahora hablas como un buen niño y un verdadero caballero. Que soy inocente de la muerte de tu padre, y estoy muy sensiblemente afligido por ella, será tan fácil para tu juicio como el día lo hace con tus ojos.

DANESES.
[*Dentro.*] Déjala entrar.

LAERTES. ¡Cómo ahora! ¿Qué ruido es ese?

Vuelve a entrar Ofelia, *fantásticamente vestida con pajas y flores.*

Oh calor, seca mi cerebro. Lágrimas siete veces sal, queman el sentido y la virtud de mi ojo. Por el cielo, tu locura será pagada al peso, hasta que nuestra balanza haga girar la viga. ¡Oh rosa de mayo! ¡Querida doncella, amable hermana, dulce Ofelia! ¡Oh cielos!, ¿no es posible que el ingenio de una joven doncella sea tan mortal como la vida de un anciano? La naturaleza es fina en el amor, y donde está

bien, envía alguna preciosa instancia de sí misma tras la cosa que
ama.

OFELIA.
[*Canta.*] Lo llevaron barefacado en el féretro,

 Oye no nonny, nonny, hey nonny Y sobre su tumba llovió muchas lágrimas.— ¡Que te vaya bien, paloma

mía!

LAERTES. Si tuvieras tu ingenio y hubieras persuadido a la
venganza, no podría moverse así.

OFELIA. Debes cantar 'Down a-down, y tú le llamas a-down-a'. ¡Oh,
cómo se convierte la rueda! Es el falso mayordomo el que robó a la
hija de su amo.

LAERTES. Esta nada es más que materia.

OFELIA. Está el romero, eso es para el recuerdo; Reza amor,
recuerda. Y hay pensamientos, eso es para los pensamientos.

LAERTES. Un documento sobre la locura, los pensamientos y el
recuerdo encajado.

OFELIA. Hay hinojo para ti, y aguileñas. Hay ruda para ti; Y aquí
hay algunos para mí. Podemos llamarla hierba de gracia de los
domingos. Oh, debes llevar tu ruda con una diferencia. Hay una
margarita. Te daría algunas violetas, pero se marchitaron todas
cuando murió mi padre. Dicen que tuvo un buen final.
[*Canta.*] Porque la dulce y bonny Robin es toda mi alegría.

LAERTES. El pensamiento y la aflicción, la pasión, el infierno
mismoElla recurre al favor y a la belleza.

OFELIA.
[*Canta.*] ¿Y no volverá? ¿Y no volverá?   No, no, está muerto,

vete a tu lecho de muerte, no volverá jamás.

Su barba era blanca como la nieve, todo lino era su.   Se ha ido, se
ha ido, y nosotros nos desechamos gimiendo.   Dios tiene
misericordia de su alma.

Y a todas las almas cristianas, ruego a Dios. Dios te bendiga.

[*Salir.*]

LAERTES.Do ves esto, oh Dios?

REY. Laertes, tendré que comulgar con tu dolor, o me negarás el derecho. Id aparte, escoged a quién queráis vuestros amigos más sabios, y ellos nos oirán y juzgarán entre tú y yo. Si por mano directa o colateral nos encuentran tocados, te daremos nuestro reino, nuestra corona, nuestra vida y todo lo que llamamos nuestro a satisfacción; pero si no, conténtate con prestarnos tu paciencia, y trabajaremos conjuntamente con tu alma para darle el debido contenido.

LAERTES. Que así sea; Sus medios de muerte, su oscuro entierro, sin trofeo, espada ni eclosión sobre sus huesos, sin rito noble, ni ostentación formal, gritando para ser escuchado, como si fuera del cielo a la tierra, que no debo poner en duda.

KING.So lo harás. Y donde esté la ofensa, que caiga la gran hacha. Te ruego que vayas conmigo.

[*Exeunt.*]

Escena VI. Otra habitación en el castillo

Entran Horacio y un sirviente.

HORATIO. ¿Cuáles son los que quieren hablar conmigo?

SERVIDOR. Marineros, señor. Dicen que tienen cartas para ti.

HORATIO. Déjalos entrar.

[*Salir* Sirviente.]

No sé de qué parte del mundo me recibiré, si no es de lord Hamlet.

Entra en juego Marineros.

PRIMER MARINERO. Dios le bendiga, señor.

HORATIO. Que él te bendiga a ti también.

PRIMER MARINERO. Lo hará, señor, y no le agradará. Hay una carta para usted, señor. Viene del embajador que se dirigía a Inglaterra; si te llamas Horacio, como me han hecho saber que es.

HORATIO.

Tienen cartas para él. Antes de que lleváramos dos días en el mar, un pirata de muy carácter belicoso nos persiguió. Al vernos demasiado lentos de velas, nos pusimos de valor obligado, y en el garfio los abordé. En el instante en que se alejaron de nuestro barco, yo solo me convertí en su prisionero. Me han tratado como a ladrones de misericordia. Pero ellos sabían lo que hacían; Voy a hacer un buen giro por ellos. Deja que el rey se quede con las cartas que te he enviado, y repáreme tú con tanta prisa como si quisieras huir de la muerte. Tengo palabras que hablar en tu oído que te dejarán mudo; sin embargo, son demasiado ligeros para el aburrimiento del asunto. Estos buenos hombres te llevarán a donde yo estoy. Rosencrantz y Guildenstern mantienen su rumbo hacia Inglaterra: de ellos tengo mucho que decirte. Despedida.   El que tú conoces el tuyo, HAMLET.

Ven, yo te daré paso para estas tus cartas, y no lo hagas más pronto, para que me dirijas a aquel de quien las trajiste.

[*Exeunt.*]

Escena VII. Otra habitación en el castillo

Entran King y Laertes.

REY. Ahora tu conciencia debe sellar mi absolución, y debes ponerme en tu corazón por amigo, porque has oído, y con oído conocedor, que aquel que tiene a tu noble padre mató persiguió mi vida.

LAERTES. It pozo aparece. Pero dime, ¿por qué no procediste contra estas hazañas, tan criminales y tan capitales en la naturaleza, ya que por tu seguridad, sabiduría y todas las demás cosas, te conmovió principalmente?

REY. Oh, por dos razones especiales, que a ti, tal vez, te parezcan mucho intendonosas,
 pero sin embargo para mí son fuertes. La Reina, su madreVive casi por su aspecto; y para mí, mi virtud o mi plaga, sea lo que sea, es tan juntiva con mi vida y mi alma, que, como la estrella no se mueve sino en su esfera, no podría sino por ella. El otro motivo, por el que no podría ir a un recuento público, es el gran amor que el género general le tiene, quien, mojando todas sus faltas en su afecto, querría como el manantial que convierte la madera en piedra,

convierte sus gestos en gracias, de modo que mis flechas, demasiado ligeramente enmaderadas para un viento tan fuerte, habrían vuelto a mi arco de nuevo, Y no hacia donde los había apuntado.

LAERTES. Y así he perdido yo, un noble padre, una hermana empujada a términos desesperados, cuyo valor, si las alabanzas pueden volver atrás, resistió en el monte de todos los tiempos por sus perfecciones. Pero mi venganza llegará.

REY. No rompas tu sueño por eso. No debes pensar que estamos hechos de un material tan plano y aburrido que podemos dejar que nuestra barba se sacuda con peligro y pensar que es un pasatiempo. Pronto oirás más. Yo amaba a tu padre, y nosotros nos amamos a nosotros mismos, y eso, espero, te enseñará a imaginar...

Entra un mensajero.

¿Y ahora? ¿Qué novedades?

MENSAJERO. Cartas, mi señor, de Hamlet.Esto a Vuestra Majestad; esto a la Reina.

REY. ¡De Hamlet! ¿Quién los trajo?

MENSAJERO. Marineros, mi señor, dicen; Yo no los vi. Me las regaló Claudio. Él los recibióDel que los trajo.

REY. Laertes, los oiréis. Déjanos.

[*Salir de* Messenger.]

[*Lecturas.*] 'Alto y poderoso, sabrás que estoy desnudo en tu reino. Mañana te pediré permiso para ver tus ojos reales. Cuando me permita, antes de pediros perdón, contaré las ocasiones de mi repentino y más extraño regreso.   HAMLET.

¿Qué debería significar esto? ¿Vuelven todos los demás? ¿O es un abuso, y no es tal cosa?

LAERTES. ¿Conoces la mano?

Es el carácter de Hamlet. '¡Desnudo!' Y en una posdata aquí dice: 'solo'. ¿Me puedes aconsejar?

LAERTES. Estoy perdido en ella, mi señor. Pero que venga, que calienta la misma enfermedad de mi corazón, que viviré y le diré hasta los dientes: 'Así mueres'.

REY. Si es así, Laertes, ¿cómo ha de ser así? ¿De qué otra manera?... ¿Te dejaré engañar por mí?

LAERTES. ¡Ay, mi señor! Así que no me gobernarás en paz.

KING.To tu propia paz. Si ahora vuelve, como si se detuviera en su viaje, y que ya no tiene intención de emprenderlo, trabajaré para aprovecharlo, ahora maduro en mi maquinación, bajo el cual no elegirá sino que caerá; Y por su muerte no soplará viento, sino que aun su madre desenmascarará la práctica y la llamará accidente.

LAERTES.My Señor, seré rul'd; Más bien, si pudieras idearlo de tal manera que yo pudiera ser el órgano.

KING.It cae a la derecha. Se ha hablado mucho de ti desde tu viaje, y eso a oídos de Hamlet, por una cualidad en la que dicen que brillas. La suma de tus partes no le arrancó tanta envidia como aquella, y aquella, en mi opinión, del más indigno asedio.

LAERTES. ¿Qué parte es esa, mi señor?

REY. Una costilla en el gorro de la juventud, pero también necesaria, porque la juventud no se vuelve menos La librea ligera y descuidada que lleva, que la edad establecida sus sables y sus malas hierbas, importando salud y gravedad. Hace dos meses, aquí estaba un caballero de Normandía, me he visto a mí mismo y he servido contra los franceses, y bien pueden montar a caballo, pero este galán no tenía brujería. Creció hasta su asiento, y a tan maravillosa obra llevó su caballo, como si hubiera sido encarnado y semi-naturalizado con la valiente bestia. Hasta ahora ha rematado mi pensamiento, que yo, en falsificación de formas y trucos, me quedo corto de lo que hizo.

LAERTES. ¿Un normando no lo era?

REY. Un normando.

LAERTES. Por mi vida, Lamond.

REY. Lo mismo.

LAERTES. Lo conozco bien. Él es el broche de verdadY la joya de toda la nación.

REY. Él te confesó, y te dio un informe tan magistral para el arte y el ejercicio en tu defensa, y especialmente para tu estoque, que gritó: 'Sería un verdadero espectáculo si uno pudiera igualarte. Juró que los esbirros de su nación no tenían movimiento, ni guardia, ni ojo, si te oponías a ellos. Señor, este informe suyo envenenó Hamlet de tal manera con su envidia que no pudo hacer otra cosa que desear y suplicar tu repentina venida para jugar con él. Ahora, fuera de esto,

LAERTES. ¿Qué hay de esto, mi señor?

REY. Laertes, ¿tu padre era querido para ti? ¿O eres como la pintura de un dolor, un rostro sin corazón?

LAERTES. ¿Por qué preguntarte esto?

REY. No es que piense que no amaste a tu padre, sino que sé que el amor comienza con el tiempo, y que veo, en pasajes de prueba, que el tiempo califica la chispa y el fuego del mismo.
Vive dentro de la llama misma del amor
una especie de mecha o rapé que lo apagará; Y nada es igual a la bondad todavía, porque la bondad, creciendo hasta una pleuresía, muere demasiado en su propia voluntad. Que haríamos, que haríamos cuando quisiéramos; porque esto 'cambiaría', y tiene disminuciones y retrasos tantoscomo hay lenguas, son manos, son accidentes; Y luego este 'debería' es como un suspiro derrochador que duele al relajarse. Pero a la úlcera rápida:Hamlet vuelve: ¿qué te comprometerías para mostrarte como hijo de tu padre en hechos, más que en palabras?

LAERTES.To le cortó la garganta en la iglesia.

KING.No lugar, en efecto, debe santificar el asesinato; La venganza no debe tener límites. Pero buen Laertes, ¿harás esto, mantente cerca de tu habitación? Hamlet que ha regresado sabrá que has vuelto a casa:Nos pondremos los que alabarán tu excelencia,Y pondremos un doble barniz en la fama que el francés te dio, os traeremos bien juntosY apostaremos por vuestras cabezas. Él, siendo negligente, muy generoso y libre de todo artificio, no examinará detenidamente las láminas; para que con facilidad,O con un poco de arrastrar los pies, puedas escogerUna espada sin desfilar, y en un poco de práctica,Retribuirlo por tu padre.

LAERTES. No lo haré. Y para ese propósito ungiré mi espada. Compré una unción de un alcahueteTan mortal que, si no hay más que mojar un cuchillo en él, De donde saca sangre no hay cataplasma tan raro, Recogido de todos los simples que tienen virtudBajo la luna, puede salvar la cosa de la muerte
. Voy a tocar mi punto con este contagio, que si lo irrito un poco, puede ser la muerte.

REY.
Pensemos más en esto, sopesemos qué conveniencia tanto del tiempo como de los medios puede adaptarnos a nuestra forma. Si esto fallara, y que nuestra deriva mirara a través de nuestro mal desempeño.
Sería mejor no ensayar. Por lo tanto, este proyectoDebería tener una espalda o un segundo, que podría sostenerSi esto explotó en la prueba. Suave, déjame ver. Haremos una apuesta solemne por tus astucias, ¡no lo he hecho! Cuando en tu movimiento estés caliente y seco,Para hacer tus ataques más violentos con ese fin,Y que él pida bebida, le habré preparadoUn cáliz para la noche; con lo cual, si por casualidad escapa de tu veneno pegado, nuestro propósito puede mantenerse allí.

Entra Queen.

¿Y ahora, dulce reina?

REINA. Un ay pisa el talón de otro, tan rápido lo siguen. Tu hermana se ha ahogado, Laertes.

LAERTES.
¡Ahogado! ¿Dónde?

REINA. Hay un sauce que crece inclinado sobre un arroyo, que muestra sus hojas canas en el arroyo vidrioso. Allí, con guirnaldas fantásticas, hizo flores de cuervo, ortigas, margaritas y largas púrpuras, que los pastores liberales dan un nombre más grosero, pero nuestras frías doncellas las llaman los dedos de los muertos. Allí, en el colgante, las ramas de su corona regodean
para colgar, una astilla envidiosa se rompió,

cuando bajó sus trofeos de maleza y ella misma cayó en el arroyo lloroso. Sus ropas se extendían de par en par, y como una sirena, un rato la sostenían, y esta vez ella cantaba retazos de viejas melodías, como alguien incapaz de su propia angustia, o como una criatura nativa e inducida a ese elemento. Pero no pudo ser por mucho tiempo hasta que sus vestidos, cargados de bebida,
 sacaron al pobre desgraciado de su melodioso lecho para llevarla a una muerte fangosa.

LAERTES. ¿Entonces se ahoga?

REINA.
Ahogado, ahogado.

LAERTES. Demasiada agua tienes, pobre Ofelia, y por eso prohíbo mis lágrimas. Pero, sin embargo, es nuestro truco; la naturaleza que su costumbre sostiene, Que la vergüenza diga lo que quiera. Cuando estos se hayan ido, la mujer estará fuera. Adiós, mi señor, tengo un discurso de fuego, que de buena gana ardería, pero que esta locura lo desahoga.

[*Salir.*]

REY.
Sigamos, Gertrudis; ¡Cuánto tuve que hacer para calmar su rabia! Ahora me temo que esto le dará comienzo de nuevo; Por lo tanto, sigamos.

[*Exeunt.*]

ACTO V

Escena I. Un cementerio

Entran dos Payasos *con picas, etc.*

¿PRIMERO CLOWN.Is ella ser enterrada en cristiana sepultura, cuando ella busca voluntariamente su propia salvación?

SEGUNDO CLOWN. Te digo que lo es, y por eso endereza su tumba. El coronador se ha sentado sobre ella, y halla cristiana sepultura.

PRIMER CLOWN. ¿Cómo puede ser eso, a menos que ella se haya ahogado en su propia defensa?

SEGUNDO CLOWN. Pues, se ha encontrado así.

PRIMERO CLOWN.It debe ser *se ofendendo*, no puede ser de otra manera. Porque aquí radica el punto: si me ahogo a sabiendas, argumenta un acto, y un acto tiene tres ramas. Es actuar, hacer y realizar: argal, se ahogó a sabiendas.

SEGUNDO CLOWN. No, pero escúchate, buen hombre honver:

PRIMER CLOWN. Dame permiso. Aquí yace el agua; bien. Aquí está el hombre; bien. Si el hombre va a esta agua y se ahoga, es, ¿va a morir?, él va, fíjense en eso. Pero si el agua viene a él y lo ahoga, no se ahoga a sí mismo. Argal, el que no es culpable de su propia muerte, no acorta su propia vida.

SEGUNDO CLOWN. Pero, ¿es esto una ley?

PRIMER CLOWN. Ay, casarse, no es, la ley de la búsqueda de la corona.

SEGUNDO CLOWN. ¿Vas a tener la verdad encima? Si no hubiera sido una dama, habría sido enterrada en cristiana sepultura.

PRIMER CLOWN. Pues, ahí dices. Y tanto más lástima que la gente grande tenga en este mundo el deseo de ahogarse o ahorcarse más que su cristiano. Ven, mi pala. No hay caballeros antiguos, sino jardineros, zanjadores y hacedores de tumbas: sostienen la profesión de Adán.

SEGUNDO CLOWN. ¿Era un caballero?

PRIMER CLOWN. Fue el primero que empuñó armas.

SEGUNDO CLOWN. Pues, él no tenía ninguno.

PRIMER CLOWN. ¿Qué, eres un pagano? ¿Cómo entiendes tú la Escritura? La Escritura dice que Adán cavó. ¿Podía cavar sin brazos? Te haré otra pregunta. Si no me respondes a este propósito, confiésate a ti mismo:

SEGUNDO CLOWN. Vete a.

PRIMER CLOWN. ¿Qué es el que construye más fuerte que el albañil, el carpintero o el carpintero?

SEGUNDO CLOWN. El fabricante de horcas; porque ese marco sobrevive a mil inquilinos.

PRIMER CLOWN. Me gusta bien tu ingenio de buena fe, la horca hace bien. Pero, ¿cómo lo hace bien? A los que les va mal les hace bien. Ahora bien, mal dices que la horca es más fuerte que la iglesia; Argal, la horca te hará bien. A no otra vez, ven.

SEGUNDO CLOWN. ¿Quién construye más fuerte que un albañil, un carpintero o un carpintero?

PRIMER CLOWN. Ay, dime eso, y desatún.

SEGUNDO CLOWN. Cásate, ahora puedo decirlo.

PRIMER CLOWN.
Tot.

SEGUNDO CLOWN. Misa, no puedo decirlo.

Entran Hamlet *y* Horacio, *a la distancia.*

PRIMER CLOWN. No te machaces más los sesos, porque tu torpe culo no remediará su paso con golpes; Y cuando te hagan esta pregunta a continuación, di 'un hacedor de tumbas'. Las casas que hace duran hasta el día del juicio final. Ve, vete a Yaughan; Tráeme una pila de licor.

[*Sal del* segundo payaso.]

[*Cava y canta.*]

En la juventud, cuando amaba, amaba, me parecía muy dulce;   Para contraer, ¡oh!, el tiempo para, a, mi deber, oh yo pensaba que no había nada adecuado.

ALDEA. ¿Acaso este hombre no siente lo que le interesa, que canta en la construcción de tumbas?

HORATIO. La costumbre ha hecho de ella una propiedad de facilidad.

HAMLET.'Tis e'en so; La mano del pequeño empleo tiene el sentido más delicado.

PRIMER CLOWN.
[*Canta.*Pero la edad, con sus pasos robadores, me ha arañado en sus garras, y me ha llevado a la tierra, como si nunca hubiera sido tal.

[*Lanza una calavera.*]

ALDEA. Esa calavera tenía una lengua en ella, y podía cantar una vez. ¡Cómo la sota la golpea contra el suelo, como si fuera la quijada de Caín la que cometió el primer asesinato! Este podría ser el paté de un político que ahora ostenta sus cargos, uno que eludiría a Dios, ¿no es así?

HORATIO.It poder, mi señor.

ALDEA. O de un cortesano, que podía decir: «¡Buenos días, dulce señor! ¿Cómo estás, buen señor? Éste podría ser mi señor tal, que alabó el caballo de mi señor tal cuando tenía la intención de rogarlo, ¿no es así?

HORATIO. ¡Ay, mi señor!

ALDEA. Pues, así es: y ahora la de mi Lady Worm; Y golpeó el mazard con una pala de sacristán. Aquí está la buena revolución, y teníamos el truco para verla. ¿Acaso estos huesos no costaron más la cría que el jugar con ellos? A los míos les duele no pensarlo.

PRIMER CLOWN.
[*Canta.*] Un pico y una pala, una pala, y una sábana;   ¡Oh, un pozo de barro para ser hecho!

(*Arroja otra calavera.*]

ALDEA.

Hay otra. ¿Por qué no puede ser el cráneo de un abogado? ¿Dónde están ahora sus quiddits, sus colchas, sus estuches, sus tenencias y sus trucos? ¿Por qué permite ahora que este rudo bribón le golpee con una pala sucia y no le diga nada de su agresión? Zumbido. Este hombre podría ser en su tiempo un gran comprador de tierras, con sus estatutos, sus reconocimientos, sus multas, sus vales dobles, sus recuperaciones. ¿Es ésta la multa de sus multas, y la recuperación de sus recuperaciones, el tener su buen paté lleno de tierra fina? ¿Sus vales no le avasallarán sus compras, y también el doble, que la longitud y la anchura de un par de contratos? Los mismos traspasos de sus tierras apenas estarán en esta caja; ¿Y el heredero mismo no debe tener más, ja?

HORATIO. Ni una jota más, mi señor.

HAMLET.Is No pergamino hecho de pieles de oveja?

HORATIO. ¡Ay, mi señor, y también de pieles de becerro!

ALDEA. Son ovejas y becerros que buscan seguridad en eso. Voy a hablar con este hombre.—¿De quién es esta tumba, señor?

PRIMER CLOWN. La mía, señor.
[*Canta.*] Oh, un pozo de barro para ser hecho Porque tal huésped es digno.

ALDEA. Creo que es tuyo en verdad, porque no mientes.

PRIMER CLOWN. Usted miente, señor, y por lo tanto no es suyo. Por mi parte, no miento, pero es mío.

ALDEA. Tú mientes en't, para estar adentro, y dices que es tuyo. Es para los muertos, no para los vivos; por eso mientes.

PRIMER CLOWN.Es una mentira rápida, señor; De nuevo se alejará de mí para ti.

ALDEA. ¿Para qué hombre la cavas?

PRIMER CLOWN. Porque nadie, señor.

ALDEA. ¿Qué mujer entonces?

PRIMER CLOWN. Para ninguno, tampoco.

ALDEA. ¿A quién se va a enterrar?

PRIMER CLOWN. Una que era una mujer, señor; Pero, en paz descanse, está muerta.

ALDEA. ¡Qué absoluta es la sotana! Debemos hablar por carta, o el equívoco nos deshará. ¡Por Dios, Horacio, que estos tres años que he tomado nota de ello, la edad ha crecido de tal manera que el dedo del pie del campesino se acerca tanto al talón del cortesano que le hiela el kibe.—¿Cuánto tiempo hace que eres hacedor de tumbas?

PRIMER CLOWN. De todos los días del año, llegué hasta el día en que nuestro último rey Hamlet llegó a Fortinbras.

ALDEA. ¿Cuánto tiempo ha pasado desde entonces?

PRIMER CLOWN. ¿No puedes decir eso? Todos los tontos pueden decir eso. Era el mismo día en que nacía el joven Hamlet, el loco que es enviado a Inglaterra.

ALDEA. ¿Por qué lo enviaron a Inglaterra?

PRIMER CLOWN. ¿Por qué?, porque estaba loco; allí recobrará la cordura; O si no lo hace, no es gran cosa.

ALDEA. ¿Por qué?

PRIMER CLOWN.
Allí no se le verá nada; allí los hombres están tan locos como él.

ALDEA. ¿Cómo se volvió loco?

PRIMER CLOWN. Muy extrañamente, dicen.

ALDEA. ¿Qué tan extraño?

PRIMER CLOWN. Faith, e'en con perder el juicio.

ALDEA. ¿Sobre qué base?

PRIMER CLOWN. Pues, aquí en Dinamarca. He sido sacristán aquí, hombre y niño, treinta años.

ALDEA. ¿Cuánto tiempo estará un hombre en la tierra antes de pudrirse?

PRIMER CLOWN. A fe mía, si no se pudre antes de morir, como hoy en día tenemos muchos corsos de viruelas, que apenas aguantarán la puesta, te durará unos ocho o nueve años. Un curtidor te durará nueve años.

ALDEA. ¿Por qué él más que otro?

PRIMER CLOWN. Vamos, señor, que su piel está tan curtida con su oficio que mantendrá el agua fuera durante mucho tiempo. Y tu agua es un doloroso decaedor del cadáver de tu hijo de puta. Aquí hay una calavera ahora; Esta calavera ha permanecido en la tierra veintitrés años.

ALDEA. ¿De quién fue?

PRIMER CLOWN. Era un hijo de puta, un loco. ¿De quién crees que fue?

ALDEA. No, no lo sé.

PRIMER CLOWN. ¡Una peste para él por un pícaro loco! Una vez me echó una jarra de renano en la cabeza. Esta misma calavera, señor, era la calavera de Yorick, el bufón del rey.

ALDEA. ¿Éste?

PRIMER CLOWN. E'en eso.

ALDEA. Déjame ver. [*Toma el cráneo.*] ¡Ay, pobre Yorick! Yo lo conocía, Horacio, un tipo de infinitas bromas, de la más excelente fantasía. Me ha llevado sobre sus espaldas mil veces; Y ahora, ¡qué aborrecido en mi imaginación está! Mi garganta se eleva en ella. Allí colgaban esos labios que he besado no sé cuántas veces. ¿Dónde están ahora tus burlas? ¿Tus gambols? ¿Tus canciones? ¿Tus destellos de alegría, que solían poner la mesa en un rugido? ¿Ni uno ahora, para burlarse de su propia sonrisa? ¿Bastante caído? Ahora ve a la habitación de mi señora, y dile que le dejes pintar una pulgada de grosor, que tiene que venir a este favor. Hazla reír de eso.—Prythee, Horatio, dime una cosa.

HORATIO.
¿Qué es eso, mi señor?

ALDEA. ¿Crees que Alejandro tenía este aspecto en la tierra?

HORATIO. E'en so.

ALDEA. ¿Y olía así? ¡Pah!

(*Arroja la calavera.*]

HORATIO. Y así, mi señor.

HAMLET.To qué usos viles podemos devolver, ¡Horacio! ¿Por qué no puede la imaginación rastrear el noble polvo de Alejandro hasta que lo encuentre tapando un agujero de tapón?

HORATIO.
Sería demasiado curioso considerarlo así.

HAMLET.No, fe, ni una jota. Pero seguirle hasta allí con bastante modestia, y con la verosimilitud de conducirlo; De esta manera. Alejandro murió, Alejandro fue sepultado, Alejandro vuelve al polvo; el polvo es tierra; de la tierra hacemos marga; ¿Y por qué de aquella marga a la que se convirtió no podían detener un barril de cerveza? El imperioso César, muerto y convertido en barro, podría tapar un agujero para mantener alejado el viento. ¡Oh, que esa tierra que mantenía al mundo en temor! Remchara una pared para expulsar el defecto del invierno. ¡Pero suave! ¡Pero suave! ¡aparte! Aquí viene el Rey.

Entran los sacerdotes, etc., *en procesión; el cadáver de* Ofelia, Laertes *y* los dolientes *siguen;* Rey, Reina, *sus Trenes, etc.*

La reina, los cortesanos. ¿A quién siguen? ¿Y con ritos tan mutilados? Esto presagia que el corso que siguen lo hizo con mano desesperada y se deshizo de su propia vida. Era de alguna propiedad. Sofá nos quedamos un rato y marcamos.

[*Retirándose con* Horacio.]

LAERTES. ¿Qué otra ceremonia?

ALDEA. Ese es Laertes, un joven muy noble. Marcar.

LAERTES. ¿Qué otra ceremonia?

SACERDOTE. Sus exequias han sido tan ampliadas como tenemos garantías. Su muerte era dudosa; Y si no fuera por ese gran mandamiento sobre el orden, en un terreno no santificado habría permanecido hasta la última trompeta. Para las oraciones caritativas, se deben arrojar sobre ella esquirlas, pedernales y guijarros. Sin embargo, aquí se le permiten sus ritos virginales, sus doncellas y el traer a casa la campana y el entierro.

LAERTES. ¿No se debe hacer más?

PRIEST.No hacer más. Deberíamos profanar el servicio de los difuntos, cantar sabios réquiem y tanto descanso a ella como a las almas separadas en paz.

LAERTES. Ponla en la tierra, y de su carne hermosa e inmaculada broten violetas. Te digo, cura grosero, que mi hermana será un ángel minista cuando yacas aullando.

ALDEA. ¿Qué, la bella Ofelia?

REINA.
[*Esparciendo flores.*] Dulces a los dulces. Adiós.Esperaba que hubieras sido la esposa de mi Hamlet; Pensé que tu lecho nupcial estaba engalanado, dulce doncella, y no había esparcido tu tumba.

LAERTES. ¡Oh, triple ay!, cae diez veces tres veces sobre esa cabeza maldita, de cuya malvada acción te privó tu ingenioso juicio
. Mantente alejado de la tierra por un tiempo, hasta que la haya atrapado una vez más en mis brazos.
(*Salta a la tumba.*Ahora amontona tu polvo sobre los vivos y los muertos, hasta que de esta llanura hayas hecho una montaña hasta la cima del viejo Pelión o la cabeza celeste del azul Olimpo.

ALDEA.
[*Avanzando.*¿Qué es aquel cuya tristeza tiene tanto énfasis? ¿De quién es la frase de dolorConjura las estrellas que rodean la varita, y las hace permanecer en pieComo oyentes heridos por el asombro? Este soy yo, Hamlet el danés. (*Salta a la tumba.*]

LAERTES.
[*Forcejeando con él.*] ¡El diablo se lleve tu alma!

ALDEA. Tú rezas para que no estés bien. Te ruego que me quites los dedos de la garganta; Porque aunque no soy espléndido y temerario, sin embargo, tengo en mí algo peligroso, lo cual teme tu sabiduría. ¡Quita tu mano!

REY. Arráncalos en pedazos.

REINA. ¡Aldea! ¡Aldea!

Todos.¡Señores!

HORATIO. Bien, mi señor, cállate.

[*Los* Asistentes *los separan, y salen de la tumba.*]

ALDEA. Pues, lucharé con él sobre este temahasta que mis párpados ya no se muevan.

REINA. Oh hijo mío, ¿qué tema?

ALDEA. Yo amaba a Ofelia; cuarenta mil hermanos no podían, con toda su cantidad de amor, completar mi suma. ¿Qué harás por ella?

REY. ¡Oh, está loco, Laertes!

REINA. ¡Por amor de Dios, perdónalo!

HAMLET.'Heridas, muéstrame lo que debes hacer:¿
No lloras?, ¿no luchas?, ¿no ayunas?, ¿no te desgarras?
¿Por qué no beber eisel?, ¿comer un cocodrilo?
No lo haré. ¿Vienes aquí a quejarte? ¿Para superarme saltando en su tumba? Séplense pronto con ella, y yo también. Y si tú hablas de montañas, que nos arrojen millones de acres, hasta nuestra tierra, chamuscando su paté contra la zona ardiente, haciendo a Ossa como una verruga. No, tú por tu boca, yo despotricaré tan bien como tú.

REINA. Esto es mera locura: Y así, por un tiempo, el ataque obrará en él; Anon, tan paciente como la paloma hembra, cuando sus coplas de oro sean reveladas, Su silencio se sentará caído.

ALDEA. Escúcheme, señor; ¿Cuál es la razón por la que me usas así? Te he amado siempre. Pero no importa. Que el mismo Hércules haga lo que pueda, el gato maullará y el perro tendrá su día.

[*Salir.*]

REY. Te ruego, buen Horacio, que lo esperes.

[*Salga Horacio.*]

[*A Laertes*]Fortalece tu paciencia en nuestro discurso de anoche;
Vamos a poner el asunto en el presente empuje.—Buena Gertrudis, pon alguna guardia sobre tu hijo. Esta tumba tendrá un monumento viviente. Una hora de quietud pronto veremos; Hasta entonces, con paciencia, nuestro proceder.

[*Exeunt.*]

Escena II. Un salón en el castillo

Entran Hamlet y Horacio.

HAMLET.So demasiado para esto, señor. Ahora déjame ver el otro;
¿Te acuerdas de toda la circunstancia?

HORATIO. ¡Recuérdalo, mi señor!

ALDEA. Señor, en mi corazón había una especie de lucha que no me
dejaba dormir. Me pareció que yacía peor que los motines de los
bilboes. Temerariamente,Y sería temeridad por ello,—hágannos
saber,Nuestra indiscreción a veces nos sirve bien,Cuando nuestras
profundas tramas palidecen; y eso debería enseñarnosHay una
divinidad que da forma a nuestros fines, Háblalos a nuestra manera.

HORATIO. Eso es lo más seguro.

ALDEA. Levanté de mi camarote, me envolví con el pañuelo de mi
traje de mar, en la oscuridad
busqué a tientas encontrarlos, tuve mi deseo,
metí los dedos en su paquete y, en fin, me retiré de nuevo a mi
habitación, atreviéndome a despreciar mis temores, para desprecintar
su gran comisión, donde encontré, Horacio, ¡oh bribón real! una
orden exacta, llena de muchas clases de razones, Importando la salud
de Dinamarca, y también la de Inglaterra, con ho! tales bichos y
duendes en mi vida,Que en la supervisión, no hay ocio rebajado,No,
no para detener la molienda del hacha,Mi cabeza debería ser cortada.

HORATIO.
¿No es posible?

ALDEA.
Aquí está la comisión, léela con más calma. Pero, ¿me oyes cómo
procedí?

HORATIO. Te lo suplico.

ALDEA. Estando así lleno de villanías, o podría hacer un prólogo a
mi cerebro, habían comenzado la obra, me senté,
devineré un nuevo encargo, lo escribí con justicia, una vez lo
sostuve, como lo hacen nuestros estatistas, una bajeza para escribir

con justicia, y trabajé mucho. ¿Quieres saber el efecto de lo que escribí?

HORATIO. ¡Ay, buen mío!

ALDEA. Un ferviente conjuro del Rey, Como Inglaterra era su fiel afluente, Como el amor entre ellos podría florecer como la palma, Como la paz aún debería lucir su guirnalda de trigo y resistir una coma entre sus amistades, Y muchos otros semejantes de gran carga, Que a la vista y conocer de estos contenidos, Sin debate más, más o menos, A él se le debe dar a los portadores una muerte súbita, sin que el tiempo se lo permita.

HORATIO. ¿Cómo se selló esto?

ALDEA. Pues, aun en eso era el cielo ordenante. Tenía en mi bolso el sello de mi padre, que era el modelo de aquel sello danés. Doblé el escrito en la forma del otro,
lo suscribí, no di la impresión, lo coloqué a salvo, el cambiante nunca se supo. Ahora bien, al día siguiente fue nuestra batalla naval, y lo que sucedió a esto ya lo sabes.

HORATIO.So Guildenstern y Rosencrantz van a't.

ALDEA. Pues, hombre, ellos hicieron el amor con este empleo. No están cerca de mi conciencia; su derrota crece por su propia insinuación.Es peligroso cuando la naturaleza más baja se interpone entre el paso y cae en puntos enfurecidos de poderosos opuestos.

HORATIO. ¡Vaya, qué rey es este!

ALDEA. ¿No es así, piensa tú, sobre el que he matado a mi rey, y ha a mi madre, que se ha interpuesto
entre la elección y mis esperanzas, que ha arrojado su ángulo por mi propia vida, y con tanta comodidad, no es acaso una conciencia perfecta para abandonarlo con este brazo? ¿Y no es no estar condenadoDejar que este chancro de nuestra naturaleza venga en mayor mal?

HORATIO.It debe ser pronto conocido por él desde Inglaterra¿Cuál es el problema del negocio allí?

HAMLET.It será corto. El ínterin es mío; Y la vida de un hombre no es más que decir 'Uno'. Pero lamento mucho, buen Horacio, que me haya olvidado de mí mismo con Laertes; Porque por la imagen de mi causa veoel retrato suyo. Cortejaré sus favores. Pero lo cierto es que la valentía de su dolor me puso en una pasión desgarradora.

HORATIO. Paz, ¿quién viene aquí?

Entra Osric.

OSRIC. Su Señoría tiene razón, bienvenido de nuevo a Dinamarca.

ALDEA. Le agradezco humildemente, señor. ¿Conoces a esta mosca acuática?

HORATIO.No, mi buen señor.

ALDEA. Tu estado es el más misericordioso; porque es un vicio conocerle. Tiene mucha tierra y fértil; Que la bestia sea señor de las bestias, y su pesebre esté en el comedor del rey; Es una chova; pero, como digo, espacioso en posesión de tierra.

OSRIC. Dulce señor, si Vuestra Señoría estuviera libre, yo le impartiría algo de Su Majestad.

ALDEA. Lo recibiré con toda diligencia de espíritu. Dale un buen uso a tu capó; Es para la cabeza.

OSRIC. Agradezco a su señoría, hace mucho calor.

HAMLET.No, créeme, hace mucho frío, el viento es del norte.

OSRIC.It es indiferente el frío, mi señor, en verdad.

ALDEA. Me parece que es muy sensual y caliente para mi cutis.

OSRIC. Muy bien, mi señor; es muy sensual, por así decirlo, no sé cómo. Pero, mi señor, Su Majestad me ha ordenado que os dé a entender que ha apostado mucho por vuestra cabeza. Señor, este es el asunto:

ALDEA. Te ruego que recuerdes:

[Hamlet *lo incita a ponerse el sombrero.*]

OSRIC. No, de buena fe; para mi comodidad, de buena fe. Señor, aquí está el recién llegado a la corte Laertes; Créeme, un caballero absoluto, lleno de las diferencias más excelentes, de una sociedad muy suave y de una gran exhibición. De hecho, para hablar con sentimiento de él, es la tarjeta o el calendario de la nobleza; porque hallarás en él el continente de qué parte vería un caballero.

ALDEA. Señor, su definición no sufre perdición en usted, aunque sé que dividirlo inventariamente alteraría la aritmética de la memoria, y sin embargo, no hizo ninguna de las dos cosas con respecto a su rápida vela. Pero, en la verdad de la exaltación, lo tomo por un alma de gran artículo y su infusión de tal escasez y rareza que, para hacer verdadera dicción de él, su semblante es su espejo y quién más le trazaría su ofensa, nada más.

OSRIC. Vuestra señoría habla de él de la manera más infalible.

ALDEA. ¿La preocupación, señor? ¿Por qué envolvemos al caballero en nuestro aliento más crudo?

OSRIC. ¿Señor?

HORATIO.
¿No es posible entender en otra lengua? No lo hará, señor, de verdad.

ALDEA. ¿Qué importa el nombramiento de este caballero?

OSRIC. ¿De Laertes?

HORATIO. Su bolsa ya está vacía, todas las palabras de oro están gastadas.

ALDEA. De él, señor.

OSRIC. Sé que no eres ignorante,

ALDEA. Ojalá lo hiciera, señor; Sin embargo, a fe que si lo hicieras, no me aprobaría mucho. ¿Y bien, señor?

OSRIC. No ignoráis la excelencia que es Laertes,

ALDEA. No me atrevo a confesarlo, no sea que me compare con él en excelencia; pero conocer bien a un hombre era conocerse a sí mismo.

OSRIC. Quiero decir, señor, por su arma; pero en la imputación que se le impute, por ellos en su meed, él no tiene compañero.

ALDEA.
¿Cuál es su arma?

OSRIC. Estoque y daga.

ALDEA.
Esas son dos de sus armas. Pero bueno.

OSRIC. El rey, señor, ha apostado con él seis caballos berberiscos, contra los cuales ha impuesto, según creo, seis estoques y poniardos franceses, con sus ceñidos, como cinturón, perchas, etc. Tres de los carruajes, a fe fe, son muy caros a la fantasía, muy sensibles a las empuñaduras, carruajes muy delicados y de muy liberal presunción.

ALDEA. ¿Cómo se llaman los carruajes?

HORATIO. Sabía que debías ser edificado por el margen antes de que lo hubieras hecho.

OSRIC. Los carruajes, señor, son las perchas.

ALDEA. La frase sería más alemana si pudiéramos llevar un cañón a nuestros lados. Ojalá fueran perchas hasta entonces. Pero sigue. Seis caballos berberiscos contra seis espadas francesas, sus asignados, y tres carruajes liberales engreídos: esa es la apuesta de los franceses contra los daneses. ¿Por qué se impone todo esto, como usted lo llama?

OSRIC. El rey, señor, ha establecido que en una docena de pasos entre tú y él, no excederá de tres golpes. Ha puesto doce por nueve. Y vendría a juicio inmediato si Vuestra Señoría diera la respuesta.

ALDEA. ¿Qué pasa si respondo que no?

OSRIC. Quiero decir, mi señor, la oposición de vuestra persona en el juicio.

ALDEA. Señor, caminaré aquí en el salón. Si le place a Su Majestad, es la hora del día para mí. Que se traigan los floretes, si el caballero lo permite, y el Rey se proponga su propósito, yo ganaré para él si puedo; si no, no ganaré nada más que mi vergüenza y los golpes ocasionales.

OSRIC. ¿Te vuelvo a entregar así?

HAMLET.To este efecto, señor; después de lo que florezca tu naturaleza lo hará.

OSRIC. Encomiendo mi deber a su señoría.

ALDEA. Tuyo, tuyo.

[*Salir* de Osric.]

Él hace bien en elogiarlo él mismo, no hay otras lenguas para el turno de Dios.

HORATIO. Esta avefría huye con el caparazón en la cabeza.

ALDEA. Cumplió con su cavidad antes de chuparla. De este modo, él —y muchos otros de la misma raza a los que sé que adora la edad de la escoria— no ha conseguido más que la melodía del tiempo y el hábito exterior del encuentro; una especie de colección de levaduras, que los lleva a través de las opiniones más abanicadas y aventadas; y no hacen más que soplarlos hasta su prueba, las burbujas están fuera,

Entra un Señor.

LORD.My señor, Su Majestad os lo ha encomendado por el joven Osric, quien le trae de vuelta que le acompañéis en la sala. Manda a saber si tu placer aguanta para jugar con Laertes o que te llevará más tiempo.

ALDEA. Soy constante a mis propósitos, ellos siguen la complacencia del Rey. Si su estado físico habla, el mío está listo. Ahora o cuando sea, con tal de que sea tan capaz como ahora.

SEÑOR. El Rey y la Reina y todos están bajando.

HAMLET.In tiempo feliz.

SEÑOR. La Reina desea que entretengas a Laertes antes de que te pongas a jugar.

ALDEA. Ella me instruye muy bien.

[*Salir* Señor.]

HORATIO. Perderás esta apuesta, mi señor.

ALDEA. No creo. Desde que se fue a Francia, he estado en práctica continua. Ganaré en las impares. Pero no pensarías lo mal que está todo aquí en mi corazón, pero no importa.

HORATIO. No, buen mi señor.

HAMLET.It no es más que una tontería; pero es una clase de ganancia tal que tal vez molestaría a una mujer.

HORATIO. Si a tu mente no le gusta algo, obedécelo. Voy a impedir que se reparen aquí, y diré que no eres apto.

ALDEA. Ni un ápice, desafiamos los augurios. Hay una providencia especial en la caída de un gorrión. Si es ahora, no ha de venir; si no ha de venir, será ahora; si no es ahora, sin embargo vendrá. La preparación lo es todo. Puesto que ningún hombre tiene nada de lo que deja, ¿qué es lo que no ha de dejar a tiempo?

Entran el Rey, la Reina, los Laertes, los Señores, Osric *y* los Asistentes *con floretes, etc.*

REY. Ven, Hamlet, ven y quítame esta mano.

(*El* rey *pone* la mano de Laertes *en* la de Hamlet.]

ALDEA. Perdóneme, señor. Te he hecho mal; Pero no me perdones, porque eres un caballero. Esta presencia sabe, y usted debe haber oído, cómo soy castigado con una dolorosa distracción. Lo que he hecho, que tu naturaleza, tu honor y tu excepción
estén más o menos despiertos, proclamo aquí que fue una locura. ¿No se equivocó Hamlet con Laertes? Nunca Hamlet.Si Hamlet de sí mismo es ta'en lejos,Y cuando él no es él mismo hace mal Laertes,Entonces Hamlet no lo hace, Hamlet lo niega. ¿Quién lo hace, entonces? Su locura. Si no es así, Hamlet pertenece a la facción que está agraviada; Su locura es enemiga del pobre Hamlet. Señor, en esta audiencia, que mi rechazo de un mal intencional me libre hasta ahora en sus pensamientos más generosos, que he disparado mi flecha sobre la casa y herido a mi hermano.

LAERTES. Estoy satisfecho en la naturaleza, cuyo motivo en este caso debería conmoverme más para mi venganza. Pero en mis términos de honor me mantengo al margen, y no me reconciliaré hasta que por algunos maestros ancianos de honor conocido tenga una voz y un precedente de paz para mantener mi nombre intacto. Pero hasta ese momento recibo tu ofrecimiento de amor como amor, y no lo haré mal.

ALDEA. Lo acepto libremente,Y la apuesta de este hermano se cumplirá francamente.—Danos los floretes; Vamos.

LAERTES. Ven, uno para mí.

ALDEA.
Seré tu contraste, Laertes; en mi ignorancia, tu habilidad será como una estrella en la noche más oscura, mantente firme en el fuego.

LAERTES. Usted se burla de mí, señor.

HAMLET.No, por esta mano.

REY. Dales los floretes, joven Osric. Primo Hamlet, ¿conoces la apuesta?

ALDEA. Muy bien, mi señor. Vuestra Gracia ha puesto las probabilidades del lado más débil.

REY. No le temo. Os he visto a los dos; Pero como está mejor, tenemos probabilidades.

LAERTES. Esto es demasiado pesado. Déjame ver otro.

ALDEA. Esto me cae bien. ¿Estas láminas tienen todas una longitud?

[*Se preparan para jugar.*]

OSRIC. ¡Ay, mi buen señor!

REY. Ponme las pilas de vino sobre esa mesa. Si Hamlet da el primer o segundo golpe, o se rinde en respuesta al tercer intercambio, que todas las almenas disparen su artillería; El rey beberá hasta el mejor aliento de Hamlet, y en la copa arrojará una unión más rica que la que han llevado cuatro reyes sucesivos en la corona de Dinamarca. Dame las copas; Y que hable la tetera a la trompeta, la trompeta al cañonero de fuera, los cañones a los cielos, los cielos a la tierra, "Ahora el rey bebe a Hamlet". Ven, comienza. Y vosotros, los jueces, miráis con recelos.

ALDEA. Vamos, señor.

LAERTES. Come, my lord.

[*Juegan.*]

ALDEA. Uno.

LAERTES. No.

ALDEA. Juicio.

OSRIC. Un hit, un hit muy palpable.

LAERTES. Pozo; otra vez.

REY. Quédate, dame de beber. Hamlet, esta perla es tuya;
Brindo por tu salud.

(*Suenan las trompetas y se disparan los cañonazos en el interior.*]

Dale la copa.

ALDEA.
Voy a jugar esta pelea primero, la pondré por un rato.

[*Juegan.*]

Venirse. Otro éxito; ¿Qué dices tú?

LAERTES. Un toque, un toque, lo confieso.

REY. Nuestro hijo vencerá.

REINA.
Está gordo y le falta el aliento. Toma, Hamlet, toma mi servilleta,
frótate las cejas. La Reina se divierte a tu fortuna, Hamlet.

ALDEA. Buena señora.

REY. Gertrudis, no bebas.

REINA. Lo haré, mi señor; Le ruego que me perdone.

REY.
[*Aparte.*] Es la copa envenenada; Es demasiado tarde.

ALDEA. Todavía no me atrevo a beber, señora. Poco a poco.

REINA. Ven, déjame que te limpie la cara.

LAERTES.My señor, lo golpearé ahora.

REY. No lo creo.

LAERTES.
[*Aparte.*] Y, sin embargo, es casi una ganancia para mi conciencia.

ALDEA. Ven por la tercera, Laertes. Lo haces solo por el tiempo. Rezo para que pases con tu mejor violencia. Me temo que me has convertido en un desenfrenado.

LAERTES. ¿Lo dices tú? Vamos.

[*Juegan.*]

OSRIC. Nada ni de ninguna manera.

LAERTES. Tengo en ti ahora.

[Laertes hiere a Hamlet; *luego, en la lucha, cambian de espiertes, y* Hamlet *hiere a* Laertes.]

REY. Separarlos; Están incensados.

Aldea. ¡Ven otra vez!

(*Cae la* Reina.]

OSRIC. ¡Mira a la Reina allí, ho!

HORATIO. Sangran por ambos lados. ¿Cómo está, mi señor?

OSRIC. ¿Cómo no, Laertes?

LAERTES. Pues, como una becada a mi propio resorte, Osric, estoy justamente asesinado con mi propia traición.

ALDEA. ¿Cómo lo hace la Reina?

REY. Se desmaya al verlos sangrar.

QUEEN.No, no, la bebida, la bebida! ¡Oh mi querido Hamlet! ¡La bebida, la bebida! Estoy envenenado.

[*Muere.*]

ALDEA. ¡Oh villanía! ¡HO! Que se cierre la puerta: ¡Traición! Búscalo.

[Laertes *falls.*]

LAERTES.It está aquí, Hamlet. Hamlet, has sido asesinado. Ninguna medicina en el mundo puede hacerte bien. En ti no hay media hora de vida; El instrumento traicionero está en tu mano, inmaculado y envenenado. La mala práctica se ha vuelto contra mí. He aquí, aquí estoy, para no levantarme nunca más. Tu madre está envenenada. No puedo más. El Rey, la culpa es del Rey.

ALDEA. ¡El punto envenenado también! Entonces, veneno, a tu obra.

(*Puñalada al* rey.]

OSRIC y SEÑORES. ¡Traición! ¡traición!

REY. Oh, defiéndanme, amigos. No hago más que herirme.

ALDEA. Aquí, tú, incestuoso, asesino, maldito danés, bebe de esta poción. ¿Está aquí tu unión? Sigue a mi madre.

[Muere el rey.]

LAERTES. Él es justamente servido. Es un veneno templado por él mismo. Cambia conmigo el perdón, noble Hamlet.La muerte mía y la de mi padre no vendrán sobre ti, ni la tuya sobre mí.

[*Muere.*]

ALDEA. ¡Que el cielo te libre de ella! Yo te sigo. Estoy muerto, Horacio. Miserable reina, adiós. Vosotros que os veis pálidos y tembláis ante esta oportunidad, que no sois más que mudos o oyentes de este acto, si yo tuviera tiempo, como este sargento caído, la muerte, es estricta en su arresto, oh, podría decírtelo, pero déjalo ser. Horacio, yo estoy muerto, tú vives; Repórtame a mí y a mi causa correctamenteA los insatisfechos.

HORATIO. Nunca lo creas. Soy más un romano antiguo que un danés.
Todavía queda algo de licor.

HAMLET.As eres un hombre, dame la copa. Suéltame; por el Cielo, no lo tendré. ¡Oh buen Horacio!, qué nombre tan herido, las cosas que están tan desconocidas vivirán detrás de mí. Si alguna vez me tuviste en tu corazón, te ausentaste de la felicidad por un tiempo, y en este duro mundo respiraste con dolor para contar mi historia.

[*Marcha a lo lejos, y disparado hacia adentro.*]

¿Qué ruido bélico es este?

OSRIC. El joven Fortinbras, con la conquista viene de Polonia,A los embajadores de Inglaterra da esta descarga guerrera.

ALDEA. Oh, me muero, Horacio.El potente veneno canta mi espíritu:No puedo vivir para oír las noticias de Inglaterra,Pero profetizo las luces de la elección en Fortinbras. Él tiene mi voz moribunda. Así que díselo, con las occurrentes cada vez menos, que han solicitado. El resto es silencio.

[*Muere.*]

HORATIO. Ahora se rompe un corazón noble. Buenas noches, dulce príncipe, y vuelos de ángeles te cantan a tu descanso. ¿Por qué viene aquí el tambor?

[*Marcha hacia adentro.*]

Entran Fortinbras, los embajadores ingleses *y otros.*

FORTINBRAS. ¿Dónde está esta vista?

HORATIO. ¿Qué es lo que verías? Si hay alguna aflicción o maravilla, cesa tu búsqueda.

FORTINBRAS. Esta presa causa estragos. ¡Oh soberbia muerte!, ¿qué fiesta te espera en tu eterna celda, que tantos príncipes de un tiro has golpeado tan sangrientamente?

PRIMER EMBAJADOR. El espectáculo es lúgubre; Y nuestros asuntos de Inglaterra llegan demasiado tarde. Son insensatos los oídos que nos deben dar oído, para decirle que su mandamiento se ha cumplido, que Rosencrantz y Guildenstern están muertos. ¿Dónde debemos dar las gracias?

HORATIO. No de su boca, tenía la capacidad de la vida para agradecerte. Él nunca dio el mandamiento para su muerte. Pero ya que, saltando así sobre esta sangrienta cuestión,
vosotros de las guerras de los Polack, y vosotros de Inglaterra estáis aquí, ordenad que estos cuerpos en lo alto de un escenario sean colocados a la vista, y permítanme hablar al mundo aún sin saber cómo sucedieron estas cosas. Así oirás hablar de actos carnales,

sangrientos y antinaturales, de juicios accidentales, de matanzas
casuales, de muertes provocadas por causas astutas y forzadas, y, en
este resultado, los propósitos equivocados
cayeron sobre las cabezas de los inventores. Todo esto puede
ofrecerlo.

FORTINBRAS. Apresurémonos a escucharlo, y llamemos a los más
nobles a la audiencia. Por mí, con tristeza abrazo mi fortuna. Tengo
algunos derechos de memoria en este reino, a los que ahora me invita
a reclamar mi ventaja.

HORATIO. De esto también tendré motivo para hablar, y de su boca,
cuya voz se atraerá más. Pero que esto mismo se haga ahora, aun
cuando las mentes de los hombres estén salvajes, no sea que ocurran
más desventuras y errores en las tramas y errores.

FORTINBRAS. Que cuatro capitanes lleven a Hamlet como a un
soldado al escenario, porque era probable, si se le hubiera puesto,
que hubiera sido el más regio; y por su paso,La música de los
soldados y los ritos de la guerraHablan en voz alta por él. Toma los
cuerpos. Un espectáculo como este se convierte en el campo, pero
aquí muestra mucho mal. Ve y ordena a los soldados que disparen.

[*Una marcha muerta.*]

[*Exeunt, llevándose los cuerpos, después de lo cual se dispara un
estruendo de artillería.*]

FIN

Othello

Personajes de la obra

Otelo, el moro, general de las fuerzas venecianas.
Desdémona, su esposa.
Yago, alférez de Otelo.
Emilia, su esposa, dama de compañía de Desdémona.
Casio, lugarteniente de Otelo.
El duque de Venecia.
Brabancio, senador veneciano, padre de Desdémona.
Graciano, noble de Venecia, hermano de Brabancio.
Lodovico, noble de Venecia, pariente de Brabancio.
Roderigo, pretendiente rechazado de Desdémona.
Bianca, amante de Casio.
Montano, un funcionario chipriota.
Un payaso al servicio de Otelo.
Senadores, marineros, mensajeros, oficiales, caballeros, músicos y asistentes.

Escena: Venecia y Chipre.

ACTO 1

Escena 1

Venecia. Una calle.

Entra RODERIGO e IAGO

RODRIGO

¡Vaya!, nunca me lo digas; Me parece muy mal
que tú, Yago, que has tenido mi bolsa como si las cuerdas fueran
tuyas, sepas de esto.

IAGO

Sangre, pero no me oirás:
si alguna vez soñé con algo así, aborreceme.

RODRIGO

Me dijiste que lo tenías en tu odio.

IAGO

Despreciadme, si no lo hago. Tres grandes de la ciudad,En
traje personal para hacerme su lugarteniente,Ofendido a él: y, por la
fe del hombre,Conozco mi precio, No valgo peor lugar:Pero él; como
amando su propio orgullo y propósitos,Los evade, con una
circunstancia grandilocuentemente llena de epítetos de guerra; Y, en
conclusión, no conviene a mis mediadores; porque, «Certes», dice él,
«ya he elegido a mi oficial». ¿Y qué era él? Por cierto, un gran
aritmético, un tal Michael Cassio, un florentino, un tipo casi
condenado en una hermosa esposa; Que nunca puso un escuadrón en
el campo,Ni la división de una batalla sabeMás que una solterona; a
no ser que la teórica libresca, en la que los cónsules pueden
proponer, tan magistralmente como él: mera charlatanería, sin
práctica, es toda su soldadesca. Pero él, señor, tenía la elección: Y yo,
de quien sus ojos habían visto la prueba en Rodas, en Chipre y en
otros terrenos cristianos y paganos, debía ser engañado y calmado
por el deudor y el acreedor: este contralanzador, él, a su debido
tiempo, debía ser su lugarteniente, y yo... Dios bendiga la marca-- el
antiguo de su barco.

RODRIGO

Por Dios, preferiría haber sido su verdugo.

IAGO

Pues, no hay remedio; Es la maldición del servicio, la
preferencia va por carta y afecto, y no por la antigua gradación,
donde cada segundo era heredero del primero. Ahora, señor, juzgue
usted mismo, si yo en algún término justo estoy afín a amar al moro.

RODRIGO

Yo no lo seguiría entonces.

IAGO

¡Oh, señor, contentémonos!
Lo sigo para que sirva a su vez:No todos podemos ser amos, ni todos los amosNo podemos ser verdaderamente seguidos. Notarás a más de un bribón obediente y torcido de rodillas, que, adorándose en su propia servidumbre obsequiosa, agota su tiempo, como el asno de su amo, por nada más que proporción, y cuando es viejo, cajero: Azotame a estos bribones honestos. Hay otros que, adornados con formas y rostros de deber,Mantienen aún sus corazones atendiéndose a sí mismos,Y, lanzando sólo muestras de servicio a sus señores,Prosperan bien por ellos y cuando han forrado sus abrigos se rinden homenaje: estos hombres tienen alguna alma; Y tal es yo quien me profeso. Porque, señor, es tan cierto como que vos sois Rodrigo, si yo fuera el moro, no sería Yago: siguiéndole, no me sigo sino a mí mismo; El cielo es mi juez, no yo por amor y deber,sino pareciéndolo, por mi fin peculiar:Porque cuando mi acción exterior se manifiestaEl acto nativo y la figura de mi corazónEn el cumplido externo, no pasa mucho tiempoPero llevaré mi corazón en la mangaPara que los pajares picoteen: No soy lo que soy.

RODRIGO

¡Cuánta fortuna debe el bocazas
si no puede llevar así!

IAGO

Llama a su padre,
despiértalo, haz tras él, envenena su deleite, proclama a él en las calles, incensa a sus parientes, y, aunque él habite en un clima fértil, lo plagas de moscas, aunque su alegría sea alegría, sin embargo, arroja tales cambios de aflicción, que puede perder algún color.

RODRIGO

Aquí está la casa de su padre; Llamaré en voz alta.

IAGO

Hazlo, con el mismo acento timorato y grito grave
que cuando, de noche y por negligencia, se espía el fuego en las ciudades populosas.

RODRIGO

¡Qué, ho, Brabancio! Signior Brabantio, ho!

IAGO

¡Despertad!, ¡qué, brabancio!, ¡ladrones!, ladrones, ladrones,
ladrones,
¡Mira a tu casa, a tu hija y a tus bolsos! ¡Ladrones! ¡Ladrones!

BRABANTIO aparece arriba, en una ventana

BRABANTIO

¿Cuál es la razón de esta terrible convocatoria?
¿Qué pasa ahí?

RODRIGO

Señor, ¿está toda tu familia dentro?

IAGO

¿Sus puertas están cerradas con llave?

BRABANTIO

¿Por qué, por qué preguntáis esto?

IAGO

-Zounds, señor, os han robado; por vergüenza, ponte
la toga; Tu corazón está reventado, has perdido la mitad de tu alma;
Incluso ahora, ahora, muy ahora, un viejo carnero negro está
coronando tu oveja blanca. Levántate, levántate; Despierta a los
ciudadanos que resoplan con la campana,O de lo contrario el diablo
te hará un abuelo:Levántate, te digo.

BRABANTIO

¿Qué, has perdido el juicio?

RODRIGO

Reverendísimo señor, ¿conoce usted mi voz?

BRABANTIO

Yo no, ¿qué eres tú?

RODRIGO

Mi nombre es Roderigo.

BRABANTIO

La peor bienvenida:
Te he ordenado que no meroduzcas por mis puertas:Con honesta llaneza me has oído decirMi hija no es para ti; y ahora, en la locura,Estando llena de cenas y tragos destemplados,Con maliciosa valentía, vienesA iniciar mi quietud.

RODRIGO

Condado, condado, condado,--

BRABANTIO

Pero debes estar seguro de que
mi espíritu y mi lugar tienen en ellos el poder de hacerte esto amargo.

RODRIGO

Paciencia, buen señor.

BRABANTIO

¿Qué me dices tú de robar? esto es Venecia;
Mi casa no es una granja.

RODRIGO

Gravísimo Brabancio,
 con alma sencilla y pura vengo a ti.

IAGO

—Zounds, señor, usted es de los que no
servirán a Dios, si el diablo se lo pide. Porque venimos a servirte y te crees rufián, tendrás a tu hija cubierta con un caballo de Berbería; tendrás a tus sobrinos relinchándote; Tendrás Coursers para los primos y Gennets para los alemanes.

BRABANTIO

¿Qué miserable profano eres tú?

IAGO

Yo soy uno, señor, que viene a deciros que vuestra hija
y el moro ya están haciendo la bestia de dos lomos.

BRABANTIO

Eres un villano.

IAGO

Usted es un senador.

BRABANTIO

A esto responderás; Yo te conozco, Roderigo.

RODRIGO

Señor, responderé cualquier cosa. Pero, te suplico,
 si no es tu agrado y el más sabio consentimiento, como en parte
descubro que es, que tu hermosa hija, en esta extraña y aburrida
vigilia de la noche, transportada, sin peor ni mejor guardia, sino con
una sota de alquiler común, un gondolero, a los groseros abrazos de
un moro lascivo, si esto es sabido por ti y tu asignación, Entonces os
hemos hecho injusticias audaces y descaradas; Pero si no lo sabes,
mis modales me dicenTenemos tu mal reprendo. No creas que, por el
sentido de toda cortesía, jugaría y jugaría así con tu reverencia: Tu
hija, si no le has dado permiso, te lo repito, ha hecho una burda
rebelión; Atando su deber, su belleza, su ingenio y su fortuna en un
extraño extravagante y revoltosoDe aquí y de todas partes. Si ella
está en su aposento o en tu casa, desata sobre mí la justicia del estado
por haberte engañado así.

BRABANTIO

¡Golpea en la yesca, ho!
¡Dame un taper! ¡Llama a toda mi gente! Este accidente no es muy
diferente a mi sueño: creer en él ya me oprime. ¡Luz, digo yo! ¡luz!

Salir arriba

IAGO

Adiós, porque he de dejarte:
no me parece adecuado, ni saludable para mi lugar, que se produzca,
como, si me quedo, lo haré, contra el moro, porque, lo que sí sé, el

estado, por más que esto le llene de algún cheque, no puedo echarle con seguridad, porque se ha embarcado con tanta razón en las guerras de Chipre, que aún ahora están en marcha, que, por sus almas, no tienen otra de su invención que dirija sus negocios, en lo cual me aborrezco, como le aborrezco. Sin embargo, por necesidad de la vida presente, debo mostrar una bandera y un signo de amor, que en realidad no es más que una señal. Para que seguramente lo encontrarás, Conduce al Sagitario la búsqueda elevada; Y allí estaré con él. Así que, adiós.

Salida

Entran, abajo, BRABANTIO, y Sirvientes con antorchas

BRABANTIO

Es un mal demasiado verdadero: se ha ido;
Y lo que está por venir de mi tiempo despreciado no es más que amargura. Y ahora, Rodrigo, ¿dónde la has visto? ¡Oh infeliz muchacha! ¿Con el moro, dices? ¡Quién sería padre! ¿Cómo supiste que era ella? ¡Oh, ella me engaña! ¿Qué te dijo ella? Consigue más cirios:Levanta a todos mis parientes. ¿Están casados, crees?

RODRIGO

Verdaderamente, creo que lo son.

BRABANTIO

¡Oh cielo! ¿Cómo la sacó? ¡Oh traición de la sangre!
Padres, no confíéis en la mente de vuestras hijas, por lo que las veis actuar. ¿No hay encantos con los que se puede abusar de los bienes de la juventud y de la doncella? ¿No has leído, Rodrigo, de algo semejante?

RODRIGO

Sí, señor, en efecto.

BRABANTIO

Llama a mi hermano. ¡Oh, si la hubieras tenido!
Unos de una manera, otros de otra. ¿Sabes dónde podemos aprehenderla a ella y al moro?

RODRIGO

Creo que puedo descubrirlo, por favor,
para que se ponga en guardia y me acompañe.

BRABANTIO

Te ruego, guía. A cada casa llamaré;
Puedo mandar a lo sumo. ¡Consigue armas,! Y levantar algunos
oficiales especiales de la noche. Vamos, buen Roderigo: mereceré tus
penas.

Salen

Escena 2

Otra calle.

Entran OTHELLO, IAGO y Attendants with torches

IAGO

Aunque en el oficio de la guerra he matado a hombres,
 sin embargo, considero muy consciente de no
cometer ningún asesinato artificioso: a veces carezco de iniquidad
para servirme: nueve o diez veces
había pensado en haberlo matado aquí debajo de las costillas.

OTHELLO

Es mejor como está.

IAGO

No, sino que él se burló,
 y habló términos tan escorbuto y provocadores
contra tu honor
que, con la poca piedad que tengo,
lo contuve con todas mis fuerzas. Pero, le ruego, señor, ¿
está usted casado rápidamente? Ten la seguridad de esto,
 que el magnífico es muy amado,
y tiene en su efecto un potencial de voz
tan doble como el del duque: se divorciará de ti;

O poner sobre ti la restricción y el agravio que
la ley, con todas sus fuerzas para hacerla cumplir,
 le dará cable.

OTHELLO

Que haga su despecho:
Mis servicios que he hecho, el signitorio
Sacará sus quejas. Todavía no lo he sabido,--
lo cual, cuando sepa que la jactancia es un honor,
 promulgaré: obtengo mi vida y mi ser
de los hombres de asedio real, y mis deméritos
pueden hablar sin sombrero a una fortuna tan orgullosa
como esta que he alcanzado: porque sabe, Yago,
 pero que amo a la gentil Desdémona,
no querría que mi condición libre de vivienda
fuera puesta en circunscripción y confinada
por el valor del mar. Pero, ¡mira! ¿Qué luces vienen yond?

IAGO

Esos son el padre criado y sus amigos:Ustedes
eran los mejores que entraran.

OTHELLO

No he de ser hallado:
mis partes, mi título y mi alma perfecta
me manifestarán rectamente. ¿Son ellos?

IAGO

Por Jano, creo que no.

Entra CASSIO, y ciertos oficiales con antorchas

OTHELLO

Los criados del duque y mi lugarteniente.
¡La bondad de la noche sobre vosotros, amigos!
¿Cuál es la noticia?

CASSIO

El duque le saluda, general,
 y exige que se presente con prisa y prisa,
incluso en el instante.

OTHELLO

¿Qué te pasa, piensas?

CASSIO

Algo de Chipre, según pueda adivinar:
Es un negocio de cierto calor: las galeras
han enviado una docena de mensajeros sucesivos
esta misma noche pisándose los talones unos a otros,
 y muchos de los cónsules, levantados y reunidos,
 ya están en casa del duque: os han llamado
acaloradamente;
Cuando, no estando en vuestra posada,
el Senado ha enviado a unos tres huéspedes
para que os busquen.

OTHELLO

Está bien que me encuentres.
Voy a dedicar una palabra aquí en la casa,
 e irme contigo.

Salida

CASSIO

Antiguo, ¿qué lo hace aquí?

IAGO

A fe que esta noche ha subido a bordo de una carraca de tierra:
 si resulta ser un premio lícito, está hecho para siempre.

CASSIO

No entiendo.

IAGO

Está casado.

CASSIO

¿A quién?

Volver a entrar en OTHELLO

IAGO

Cásate, para... Ven, capitán, ¿quieres ir?

OTHELLO

Tener contigo.

CASSIO

Aquí viene otra tropa a buscarte.

IAGO

Es Brabancio. General, esté aconsejado;
Llega con malas intenciones.

Entran BRABANTIO, RODERIGO y oficiales con antorchas y
armas

OTHELLO

¡Holla! ¡Quédate ahí!

RODRIGO

Signior, es el Moro.

BRABANTIO

¡Abajo él, ladrón!

Dibujan por ambos lados

IAGO

¡Tú, Roderigo! vengan, señor, yo soy para usted.

OTHELLO

Levantad vuestras espadas brillantes, porque el rocío las oxidará.
Buen signior, con los años mandaréis más
que con vuestras armas.

BRABANTIO

¡Oh vil ladrón!, ¿dónde has guardado a mi hija?
Maldito como estás, la has encantado;
Porque me referiré a todas las cosas de la sensatez,
si ella, encadenada por la magia, no estuviera atada,
 si una doncella tan tierna, hermosa y feliz,
 tan opuesta al matrimonio que evitaba
a las queridas ricas y rizadas de nuestra nación,
 tendría que incurrir en una burla general,
 huir de su custodia al seno hollín
de tal cosa como tú, a temer, no a deleitarse.
Júzgame el mundo, si no es grosero en el sentido
que has practicado con ella con repugnantes encantos,
Abusado de su delicada juventud con drogas o minerales
que debilitan el movimiento: no habré discutido;
Es probable y palpable para el pensamiento.
Por lo tanto, te aprehendo y te adquiero
por un abusador del mundo, un practicante
de las artes inhibidas y sin garantía.
Aférrate a él: si se resiste,
sojuzgadlo por su cuenta y riesgo.

OTHELLO

Toma tus manos,
los dos de mi inclinación, y los demás:
Si fuera mi señal para pelear, lo habría sabido
sin un apuntador. ¿A dónde irás
para responder a esta tu acusación?

BRABANTIO

A la cárcel, hasta el momento oportuno
De la ley y el curso de la sesión directa
Te llamo para que respondas.

OTHELLO

¿Y si obedezco?
¿Cómo puede estar satisfecho el duque de
los mensajeros que están aquí a mi lado,

por algún asunto presente del estado
para traerme a él?

Primer Oficial

Así es, dignísimo señor;
El duque está en consejo y estoy
seguro de que tu noble persona ha sido mandada a buscar.

BRABANTIO

¡Cómo!, ¡el duque en consejo!
¡A esta hora de la noche! Llévate:
la mía no es una causa vana: el mismo duque,
o cualquiera de mis hermanos del estado,
no puede menos de sentir este mal como si fuera el suyo propio;
Porque si tales acciones pueden tener paso libre,
 esclavos y paganos serán nuestros estadistas.

Salen

Escena 3

Una cámara de consejo.

El duque y los senadores sentados en una mesa; Oficiales que asisten

DUQUE DE VENECIA

No hay composición en estas noticias
que les dé crédito.

Primer Senador

De hecho, son desproporcionados;
Mis cartas dicen ciento siete galeras.

DUQUE DE VENECIA

Y la mía, ciento cuarenta.

Segundo Senador

Y la mía, doscientos;
pero aunque no saltan por una razón justa,--

Como en estos casos, en los que la puntería informa,
a menudo hay diferencias, sin embargo, todos confirman
que una flota turca se dirige a Chipre.

DUQUE DE VENECIA

No, es bastante posible juzgar:
No me seguro tanto en el error,Pero
el artículo principal lo apruebo
en sentido temeroso.

Marinero

[Dentro] ¡Qué, ho! ¡Qué, ho! ¡Qué, ho!

Primer Oficial

Un mensajero de las galeras.

Entra un marinero

DUQUE DE VENECIA

Ahora, ¿cuál es el negocio?

Marinero

La preparación turca se dirige a Rodas;
Así fue que me ofrecieron aquí un informe al estado por el
señor Angelo.

DUQUE DE VENECIA

¿Qué dices con este cambio?

Primer Senador

Esto no puede ser,
por ningún ensayo de la razón: es un espectáculo
para mantenernos en una falsa mirada. Cuando consideramos
la importancia de Chipre para el Turco,
y nos permitimos comprender de nuevo,
que así como concierne más al Turco que a Rodas,
así puede él con más fácil interrogación,
porque no se encuentra en un corsé tan guerrero, sino que
carece por completo de las habilidades

con las que Rodas está vestido: si pensamos en esto,
No debemos pensar que el Turco es tan inhábil
como para dejar lo último que le concierne primero,
descuidando un intento de comodidad y ganancia,
 para despertar y librar un peligro inútil.

DUQUE DE VENECIA

No, con toda confianza, él no es para Rhodes.

Primer Oficial

Aquí hay más noticias.

Entra en un mensajero

Mensajero

Los ottomitas, reverendos y amables,
dirigiéndose con el debido rumbo hacia la isla de Rodas,
 los han unido allí a una flota de popa.

Primer Senador

Ay, eso pensé. ¿Cuántos, como adivinas?

Mensajero

De treinta velas, y ahora retienen
su marcha atrás, llevando con franca apariencia
sus propósitos hacia Chipre. El señor Montano,
 vuestro fiel y valerosísimo servidor,
 con su libre deber os recomienda así,
y os ruega que creáis en él.

DUQUE DE VENECIA

Es seguro, pues, para Chipre.
Marcus Luccicos, ¿no está en la ciudad?

Primer Senador

Ahora está en Florencia.

DUQUE DE VENECIA

Escribe de nosotros a él; Despacho post-post-prisa.

Primer Senador

Aquí viene Brabancio y el valiente moro.

Entran BRABANTIO, OTELO, YAGO, RODERIGO y los oficiales

DUQUE DE VENECIA

Valiente Otelo, debemos emplearte directamente
contra el enemigo general otomano.

A BRABANTIO

Yo no te vi; bienvenido, gentil señor;
Nos faltó tu consejo y tu ayuda esta noche.

BRABANTIO

Yo también el tuyo. Buena vuestra merced, perdóneme;
Ni mi lugar ni nada de lo que he oído de los asuntos
me ha levantado de mi lecho, ni el cuidado general
se apodera de mí, porque mi dolor particular
es de tal naturaleza desbordante y oportante
que envuelve y se traga otras penas
y sigue siendo él mismo.

DUQUE DE VENECIA

¿Por qué, qué pasa?

BRABANTIO

¡Mi hija! ¡Oh, hija mía!

DUQUE DE VENECIA Senador

¿Muerto?

BRABANTIO

¡Ay, a mí!
Ella es abusada, robada y corrompida
por hechizos y medicinas compradas a los montañeses;
Para que la naturaleza se equivocara tan absurdamente,
 no siendo deficiente, ciega o coja de juicio,
la brujería sans no podría.

DUQUE DE VENECIA

Sea quien sea el que en este infame proceder
haya engañado así a tu hija de sí misma
y tú de ella, el sangriento libro de la ley
tú mismo leerás en la amarga carta
según tu propio juicio, sí, aunque nuestro propio hijo
haya estado en tu acción.

BRABANTIO

Humildemente agradezco a su gracia.
Aquí está el hombre, este moro, a quien ahora, al parecer,
 ha traído aquí
vuestro mandato especial para los asuntos de Estado.

DUQUE DE VENECIA Senador

Lo sentimos mucho.

DUQUE DE VENECIA

[A OTELO] ¿Qué puede decir, por su parte, a esto?

BRABANTIO

Nada, pero esto es así.

OTHELLO

Poderosísimos, graves y reverendos señores,
 mis muy nobles y aprobados buenos amos,
 que he quitado a la hija de este anciano,
es muy cierto, es verdad que me he casado con ella,
 la misma cabeza y frente de mi ofensa
no tiene más extensión. Grosero soy yo en mi discurso,
 y poco bendecido con la suave frase de la paz,
porque desde que estos brazos míos tenían siete años de médula,
 hasta ahora unas nueve lunas desperdiciadas, han usado
su acción más querida en el campo de batalla,
 y poco puedo hablar de este gran mundo,
más que en lo que se refiere a las hazañas de la guerra y la batalla,
Y, por lo tanto, poco honraré mi causa
al hablar por mí mismo. Sin embargo, con tu amable paciencia,

te contaré un relato redondo y sin adornos
de todo mi curso de amor: ¡qué drogas, qué encantos,
 qué conjuro y qué poderosa magia!
 Por tal proceder se me acusa,
gané a su hija.

BRABANTIO

Una doncella nunca audaz;
De espíritu tan quieto y tranquilo, que sus movimientos
 se sonrojaban a sí misma; y ella, a pesar de la naturaleza,
 de los años, de la patria, del crédito, de todo,
 para enamorarse de lo que temía mirar.
Es un juicio mutilado y muy imperfecto
el que confiesa la perfección y puede errar
contra todas las reglas de la naturaleza, y debe ser impulsado
a descubrir las prácticas del infierno astuto,
por qué debería ser así. Por lo tanto, afirmo de nuevo
que con algunas mezclas poderosas sobre la sangre,
 o con algún trago conjurado a este efecto,
 obró sobre ella.

DUQUE DE VENECIA

Dar fe de esto, no es prueba
 sin una prueba más amplia y más abierta
que estos flacos hábitos y pobres probabilidades
de apariencia moderna prefieren contra él.

Primer Senador

Pero, Otelo, habla: ¿Has
subyugado y envenenado los afectos de esta joven doncella por
medio de cursos indirectos y forzados?

¿O lo hizo por petición y por la pregunta justa
que permite el alma a alma?

OTHELLO

Te ruego que
mandes a buscar a la dama al Sagitario,

y que hable de mí delante de su padre:
Si me encuentras mal en su informe
, la confianza, el cargo que tengo de ti,
no solo quita, sino que incluso deja que tu sentencia
caiga sobre mi vida.

DUQUE DE VENECIA

Trae a Desdémona aquí.

OTHELLO

Antiguo, diríjalos: usted conoce mejor el lugar.

Exeunt IAGO y Attendants

Y, hasta que ella venga, tan verdaderamente como al cielo
confieso los vicios de mi sangre,
así que justamente a tus graves oídos te presentaré
cómo prosperé en el amor de esta hermosa dama,
 y ella en el mío.

DUQUE DE VENECIA

Dilo, Otelo.

OTHELLO

Su padre me amaba; A menudo me invitaba;
Todavía me preguntaba la historia de mi vida,
de año en año, las batallas, los asedios, las fortunas
 que he pasado.
Lo recorrí, incluso desde mis días de niño,
hasta el mismo momento en que me pidió que lo contara;
Donde hablé de las más desastrosas casualidades,
de accidentes conmovedores por la inundación y el campo,
de paisajes del ancho de los cabellos y de la inminente brecha mortal,
 de ser capturado por el enemigo insolente
y vendido a la esclavitud, de mi redención de allí
y de la importancia en la historia de mis viajes:
 en los que de antros vastos y desiertos ociosos
, canteras ásperas, rocas y colinas cuyas cabezas tocan el cielo
fue mi indirecta hablar,-- Tal fue el proceso;

Y de los caníbales que se comen unos a otros,
los antropófagos y los hombres a los que les crecen las cabezas
bajo los hombros. Al oír esto,
Desdémona se inclinaría seriamente:
Pero aun así, los asuntos de la casa la llevarían de allí:
 Lo que pudiera con prontitud y con prisa
volvería, y con un oído codicioso
Devoraría mi discurso: lo cual yo, observando,
tomé una vez una hora flexible, y encontré buenos medios
para arrancar de ella una oración de corazón ferviente
para que toda mi peregrinación se dilatara,
De lo cual ella oyó algo por paquetes,
pero no con intención: yo consintió,
y a menudo la engañaba con sus lágrimas,
 cuando le hablaba de algún golpe angustioso
que sufrió mi juventud. Una vez terminada mi historia
, me dio por mis dolores un mundo de suspiros:
 juró, con fe, que era extraño, que pasaba extraño,
que era lamentable, que era maravillosamente lamentable:
 Deseaba no haberlo oído, pero deseaba
que el cielo la hubiera hecho tal hombre: me dio las gracias,
 y me dijo, si tenía un amigo que la amara,
Debería enseñarle a contar mi historia.
Y eso la cortejaría. Sobre esta insinuación le dije:
Ella me amaba por los peligros que había pasado,
y yo la amaba tanto que se compadecía de ellos.
Esta es la única brujería que he usado:
Aquí viene la señora, que ella lo presencie.

Ingresa a DESDÉMONA, IAGO y Attendants

DUQUE DE VENECIA

Creo que este cuento también ganaría a mi hija.
Buen Brabancio,
toma este asunto destrozado de la mejor manera:
 los hombres usan más sus armas rotas
que sus manos desnudas.

BRABANTIO

Te ruego, escúchala hablar:
Si ella confiesa que era la mitad de la cortejadora,Destrucción
 sobre mi cabeza, si mi mala culpa
Luz sobre el hombre! Venid acá, gentil señora:
 ¿Percibís en toda esta noble compañía
dónde más debéis obediencia?

DESDÉMONA

Mi noble padre,
 percibo aquí un deber dividido: a ti estoy ligado por la vida y la
educación; Mi vida y mi educación me aprendenCómo respetarte; Tú
eres el Señor del Deber. Hasta ahora soy tu hija, pero aquí tienes a mi
marido, y todo el deber que mi madre te mostró, prefiriéndote a ti
antes que a su padre, tanto te desafío a que profese al moro mi señor.

BRABANTIO

¡Que Dios te acompañe! Lo he hecho.
Con la venia de Su Excelencia, pasemos a los asuntos de Estado:
Preferiría adoptar un niño que conseguirlo. Venid acá, moro, que yo
aquí te doy con todo mi corazón, lo cual, pero tú ya tienes, con todo
mi corazón te lo guardaría. Por ti, joya, me alegro en el alma de no
tener otro hijo, porque tu huida me enseñaría la tiranía, a colgar
zuecos en ellos. Lo he hecho, mi señor.

DUQUE DE VENECIA

Permíteme hablar como tú, y sentar una sentencia
que, como una sonrisa o un paso, pueda ayudar a estos amantes a tu
favor. Cuando los remedios han pasado, las penas se terminanAl ver
lo peor, de lo que dependían las esperanzas tardías. Llorar una
travesura que ya pasó y se fueEs la siguiente forma de atraer nuevas
travesuras. Lo que no se puede conservar cuando la fortuna se
llevaPaciencia su injuria hace una burla. El ladrón que sonríe le roba
algo al ladrón; Se roba a sí mismo que pasa un dolor sin botas.

BRABANTIO

Que el turco de Chipre nos engañe;
No lo perdemos, mientras podamos sonreír. Lleva bien la sentencia
que nada lleva sino el libre consuelo que desde allí oye, pero soporta

tanto la sentencia como el dolor que, para pagar el dolor, de mala paciencia debe pedir prestado. Estas frases, al azúcar, o a la hiel, siendo fuertes por ambos lados, son equívocas:Pero las palabras son palabras; Todavía no escuché que el corazón herido fuera traspasado por la oreja. Le ruego humildemente que proceda a los asuntos de Estado.

DUQUE DE VENECIA

El turco, con la más poderosa preparación, se dirige a
Chipre. Otelo, la fortaleza del lugar es la que más te conoce; Y aunque tenemos allí un sustituto de la suficiencia más permitida, sin embargo, la opinión, soberana señora de los efectos, te arroja una voz más segura: por lo tanto, debes contentarte con manchar el brillo de tus nuevas fortunas con esta expedición más obstinada y bulliciosa.

OTHELLO

La tirana costumbre, gravísimos senadores,Ha
hecho el lecho de pedernal y acero de la guerraMi lecho tres veces hincado de plumón: Sufro una presteza natural y pronta que encuentro en la dureza, y emprendo estas guerras actuales contra los Ottomitas.Muy humildemente, por lo tanto, inclinándome a vuestro estado, anhelo una disposición adecuada para mi esposa. Debida referencia de lugar y exposición, Con tal alojamiento y besortAs niveles con su cría.

DUQUE DE VENECIA

Por favor,
no vayas a casa de su padre.

BRABANTIO

No lo voy a permitir así.

OTHELLO

Yo tampoco.

DESDÉMONA

Ni yo; Yo no querría residir allí,
para poner a mi padre en pensamientos impacientes, estando en su ojo. Graciosísimo duque,A mi desdoblamiento presta tu próspero

oído; Y permíteme encontrar una carta en tu voz, para ayudar a mi sencillez.

DUQUE DE VENECIA

¿Qué harías, Desdémona?

DESDÉMONA

Que amé al moro para vivir con él,Mi
franca violencia y tempestad de fortunasPuede pregonar al mundo:
mi corazón está subyugadoIncluso a la misma calidad de mi señor:Vi
el rostro de Otelo en su mente,Y a su honor y a sus valientes partes
consagré mi alma y mis fortunas. De modo que, queridos señores, si
me quedo atrás,Un polón de paz, y él se va a la guerra,Los ritos por
los que le amo me son despojados,Y yo, un pesado interino,
apoyaréCon su querida ausencia. Déjame ir con él.

OTHELLO

Déjala tener tus voces.
Da fe de mí, cielo, por lo tanto, que no lo ruego, para complacer el
paladar de mi apetito, ni para satisfacer el calor -el joven afecta en
mí difunto- y la satisfacción adecuada. Pero ser libre y generosa para
su mente:Y el cielo defienda vuestras buenas almas, que penséisque
que voy a escasos tus serios y grandes negociosPorque ella está
conmigo: no, cuando los juguetes de alas ligerasDe Cupido
emplumado sellan con torpeza desenfrenadaMis instrumentos
especulativos y de oficina,Que mis diversiones corrompen y
manchan mi negocio,Que las amas de casa hagan de mi yelmo una
sartén, ¡Y todas las adversidades indignas y viles se oponen a mi
estimación!

DUQUE DE VENECIA

Sea como tú decidas en privado,
ya sea para que ella se quede o para que se vaya: el asunto clama por
prisa, y la velocidad debe responderle.

Primer Senador

Debes irte esta noche.

OTHELLO

Con todo mi corazón.

DUQUE DE VENECIA

A las nueve de la mañana nos volveremos a encontrar.
Otelo, deja atrás a algún oficial, y él te traerá nuestra comisión; Con
tales cosas de calidad y respeto, como te importa.

OTHELLO

Agrada, pues, a vuestra merced, anciano mío;
Hombre honrado y de confianza:A su servidumbre asigno a mi
mujer,Con qué otra necesidad piense tu buena graciaPara ser enviada
en pos de mí.

DUQUE DE VENECIA

Que así sea.
Buenas noches a todos.

A BRABANTIO

Y, noble señor,
si no falta la virtud a ninguna belleza deleitada, tu yerno es mucho
más hermoso que el negro.

Primer Senador

Adiós, valiente moro, usa bien a Desdémona.

BRABANTIO

Mírala, moro, si tienes ojos para ver:
 ha engañado a su padre, y tú.

Exeunt DUQUE DE VENECIA, Senadores, Oficiales, & c

OTHELLO

¡Mi vida en su fe! Honrado Yago,
mi Desdémona te dejaré; te ruego que tu mujer la cuide y los traiga
tras ella con la mejor ventaja. Ven, Desdémona: no tengo más que
una hora de amor, de asuntos mundanos y de dirección, para pasar
contigo: debemos obedecer al tiempo.

Exeunt OTHELLO y DESDÉMONA

RODRIGO

Iago--

IAGO

¿Qué dices tú, noble corazón?

RODRIGO

¿Qué voy a hacer, piensas tú?

IAGO

Pues, vete a la cama y duerme.

RODRIGO

Me ahogaré incontinentemente.

IAGO

Si lo haces, nunca más te amaré. ¡Vaya,
caballero tonto!

RODRIGO

Es una tontería vivir cuando vivir es tormento; y
luego tenemos una receta para morir cuando la muerte es nuestro
médico.

IAGO

¡Oh villano! He contemplado el mundo durante cuatro
veces siete años, y como pude distinguir entre un beneficio y un
daño, nunca encontré a un hombre que supiera amarse a sí mismo.
Antes de que yo dijera, me ahogaría por amor a una gallina de
Guinea, cambiaría mi humanidad con un babuino.

RODRIGO

¿Qué debo hacer? Confieso que es mi vergüenza ser tan aficionado
, pero no está en mi virtud enmendarlo.

IAGO

¡Virtud!, ¡un higo! Es en nosotros mismos que somos esto
o así. Nuestros cuerpos son nuestros jardines, para los cuales

nuestras voluntades son jardineros: de modo que si plantamos ortigas, o sembramos lechuga, plantamos hisopo y desmalezamos el tomillo, le suministramos un género de hierbas, o lo distraemos con muchas, ya sea para tenerlo estéril con la ociosidad, o abonado con industria, pues, el poder y la autoridad corregible de esto reside en nuestra voluntad. Si el equilibrio de nuestras vidas no tuviera una escala de razón que equilibrara otra de sensualidad, la sangre y la bajeza de nuestra naturaleza nos llevarían a las conclusiones más absurdas; pero tenemos razón para enfriar nuestros movimientos furiosos, nuestras carnalidades, nuestras lujurias no mordidas, de las cuales tomo esto que llamáis amor como una secta o un vástago.

RODRIGO

No puede ser.

IAGO

Es simplemente una lujuria de la sangre y un permiso de
la voluntad. ¡Ven, sé hombre, ahogate! gatos ahogados y cachorros ciegos. Me he profesado tu amigo y confieso que estoy tejido a tu merecido con cables de perdurable dureza; Nunca podría encontrarte mejor que ahora. Pon dinero en tu bolsa; Sigue las guerras; Derrota tu favor con una barba usurpada; Yo digo, pon dinero en tu bolsa. No puede ser que Desdémona haya de seguir mucho tiempo su amor al moro,-- que no le pongas dinero en la bolsa,-- ni él a ella: fue un comienzo violento, y verás un secuestro responsable: no pongas más que dinero en tu bolsa. Estos moros son mudables en sus voluntades: llena tu bolsa de dinero: la comida que para él ahora es tan deliciosa como las langostas, pronto será para él tan amarga como la coloquintida. Ella debe cambiar por la juventud: cuando esté saciada con su cuerpo, encontrará el error de su elección: ella debetener cambio, ella debe: por lo tanto, ponga dinero en su bolsa. Si quieres maldecirte a ti mismo, hazlo de una manera más delicada que ahogarte. Haz todo el dinero que puedas: si la santurronería y un voto frágil entre un bárbaro errante y una veneciana supersutil no son demasiado duros para mi ingenio y para toda la tribu del infierno, gozarás de ella; por lo tanto, gane dinero. ¡Una viruela que te ahoga! Está limpio fuera del camino: Busca más bien ser ahorcado en el contorno de tu gozo que ahogarte e irte sin ella.

RODRIGO

¿Te aferrarás a mis esperanzas, si dependo de
la cuestión?

IAGO

Tú estás seguro de mí: ve, haz dinero; te lo he dicho
muchas veces, y te lo digo una y otra vez: Odio al moro: mi causa es
sincera, y la tuya no tiene menos razón. Seamos conjuntivos en
nuestra venganza contra él: si tú puedes ponerle los cuernos, tú te das
un placer, yo un juego. Hay muchos acontecimientos en el vientre del
tiempo que serán entregados. ¡Atravesar! Ve, da tu dinero. Mañana
tendremos más de esto. Adiós.

RODRIGO

¿Dónde nos encontraremos por la mañana?

IAGO

En mi alojamiento.

RODRIGO

Estaré contigo cuando sea.

IAGO

Vete a; despedida. ¿Oyes, Roderigo?

RODRIGO

¿Qué dices tú?

IAGO

Se acabaron los ahogamientos, ¿oyes?

RODRIGO

He cambiado: voy a vender todas mis tierras.

Salida

IAGO

Así hago siempre de mi tonto mi bolsa,
porque yo mismo profanaría mi propio conocimiento adquirido, si

quisiera gastar el tiempo con semejante agachad. Pero por mi deporte y mi beneficio. Odio al moro:Y se piensa en el extranjero, que entre mis sábanas ha hecho mi oficio: no sé si no es verdad; Pero yo, por mera sospecha en ese tipo, haré como si fuera una garantía. Él me sostiene bien; Tanto mejor obrará mi propósito en él. Cassio es un hombre de bien: déjame ver ahora: Para conseguir su lugar y engordar mi voluntad con doble torpeza... ¿Cómo, cómo? Veamos:-- Después de algún tiempo, para abusar del oído de OteloQue está demasiado familiarizado con su esposa. Él tiene una persona y una suave disposición para ser sospechoso, tramado para hacer que las mujeres sean falsas. El moro es de naturaleza libre y abierta,Que piensa que los hombres son honestos pero lo parecen,Y se dejará llevar por la nariz con tanta ternura como los asnos. No lo he hecho. Es engendrado. El infierno y la noche deben traer este monstruoso nacimiento a la luz del mundo.

Salida

ACTO 2
Escena 1

Un puerto marítimo en Chipre. Un lugar abierto cerca del muelle.

Entran MONTANO y dos caballeros

MONTANO

¿Qué se puede distinguir desde el cabo en el mar?

Primer Caballero

Nada en absoluto: es una inundación muy fuerte;
No puedo, entre el cielo y el cielo,
divisar una vela.

MONTANO

Me parece que el viento ha hablado en voz alta en tierra;
Un estallido más intenso no sacudió nuestras almenas:

si ha sido tan rufián en el mar,
¿qué costillas de roble, cuando las montañas se derriten en ellas,
 pueden contener la mortaja? ¿Qué oiremos de esto?

Segundo Caballero

Una segregación de la flota turca:
Porque no hay más que pararse en la orilla espumosa,La
 ola ostentada parece añiquear las nubes;
La marejada agitada por el viento, con melena alta y monstruosa,
 parece arrojar agua sobre el oso ardiente,
 y apagar los guardianes del poste siempre fijo:
 nunca me gustó la vista molesta
sobre la inundación enchapada.

MONTANO

Si la flota turca
no es protegida y atrincherada, se ahogan:
es imposible que lo resistan.

Entra un tercer caballero

Tercer Caballero

¡Noticias, muchachos!, nuestras guerras han terminado.
La desesperada tempestad ha azotado de tal manera a los turcos,
 que su designio se detiene: un noble barco de Venecia
ha visto un doloroso naufragio y sufrimiento
en la mayor parte de su flota.

MONTANO

¡Cómo! ¿Es esto cierto?

Tercer Caballero

Aquí se mete el barco,
A Veronesa; Miguel Casio,
 teniente del belicoso moro Otelo,
ha llegado a tierra: el moro mismo en el mar,
 y está en plena comisión aquí para Chipre.

MONTANO

Me alegro de que no lo haga; Es un gobernador digno.

Tercer Caballero

Pero este mismo Casio, aunque habla de consuelo
en cuanto a la pérdida turca, sin embargo, mira con tristeza
y ruega al moro que esté a salvo, porque se separaron
con una tempestad fétida y violenta.

MONTANO

Ruega a los cielos que sea;
Porque yo le he servido, y el hombre manda
como un soldado. ¡Vamos a la playa, ho!
Lo mismo para ver el navío que ha llegado
como para echar los ojos por el valiente Otelo,
incluso hasta que hagamos que el principal y el azul aéreo
sean una mirada indistinta.

Tercer Caballero

Ven, hagámoslo:
porque cada minuto es expectativa
de más llegada.

Entra en CASSIO

CASSIO

¡Gracias, vos, los valientes de esta guerrera isla,
que así aprobáis al moro! ¡Oh, que los cielos
le den defensa contra los elementos,
porque lo he perdido en un mar peligroso!

MONTANO

¿Está bien enviado?

CASSIO

Su corteza es robustamente arbolada, su piloto
de muy experta y aprobada habilidad;
Por tanto, mis esperanzas, no saciadas hasta la muerte,
están en audaz cura.

Un grito en el interior '¡Una vela, una vela, una vela!'

Entra un cuarto caballero

CASSIO

¿Qué ruido?

Cuarto Caballero

La ciudad está vacía; en la frente del mar
se alzan filas de gente, y gritan: "¡Una vela!"

CASSIO

Mis esperanzas sí lo moldean para el gobernador.

Se oyen armas

Segundo Caballeros

Ellos sí descargan su tiro de cortesía:Nuestros
 amigos al menos.

CASSIO

Te ruego, señor, que salgas
 y nos des la verdad que ha llegado.

Segundo Caballero

Lo haré.

Salida

MONTANO

Pero, buen teniente, ¿está su general casado?

CASSIO

Muy afortunadamente: ha logrado una doncella
que hace dechas, descripción y fama salvaje;
Uno que supera las peculiaridades de las plumas blasonantes,
 y en la vestidura esencial de la creación
cansa al ingener.

Volver a entrar en el segundo Gentleman

¡Cómo ahora! ¿Quién ha puesto?

Segundo Caballero

Es un tal Yago, antiguo para el general.

CASSIO

Ha tenido la velocidad más favorable y feliz:
las tempestades mismas, la alta mar y los vientos aullantes,
las rocas cubiertas de alcantarillas y las arenas congregadas,
 los traidores empeñados en obstruir la quilla sin culpa,--
Como teniendo sentido de la belleza, omiten
sus naturalezas mortales, dejándose llevar a salvo por
la divina Desdémona.

MONTANO

¿Qué es ella?

CASSIO

Aquella de la que hablé, la capitana de nuestro gran capitán,
 se fue en la conducción del audaz Yago,
 cuyo pie anticipa aquí nuestros pensamientos a
la velocidad de una noche. ¡Gran Júpiter, guardián de Otelo,
 e hincha su vela con tu poderoso aliento,
para que bendiga esta bahía con su gran barco,
haga jadeos rápidos del amor en los brazos de Desdémona,
 dé fuego renovado a nuestros espíritus extintos
y traiga todo el consuelo de Chipre!

Entran DESDÉMONA, EMILIA, YAGO, RODERIGO y los
asistentes

¡Oh, he aquí,
las riquezas de la nave han llegado a tierra!
Varones chipriotas, dejadle las rodillas.
¡Salve a ti, señora, y a la gracia del cielo,
delante, detrás de ti y por todas partes,
 te rodea!

DESDÉMONA

Te doy las gracias, valiente Cassio.
¿Qué noticias puedes decirme de mi señor?

CASSIO

Todavía no ha llegado, ni sé otra cosa
que no sea que está bien y que pronto estará aquí.

DESDÉMONA

Oh, pero me temo... ¿Cómo has perdido tu compañía?

CASSIO

La gran contienda del mar y de los cielos
separó nuestra compañerismo... Pero, ¡eh!, una vela.

Dentro de '¡Una vela, una vela!' Se oyen armas

Segundo Caballero

Dan su saludo a la ciudadela;
Este también es un amigo.

CASSIO

Vea las noticias.

Caballero de salida

Buen anciano, de nada.

A EMILIA

Bienvenida, señora.
Que no se te caiga la paciencia, buen Yago,
 que yo amplíe mis modales; Es mi crianza
la que me da esta audaz muestra de cortesía.

Besándola

IAGO

Señor, ¿te daría tanto de sus labios
como de su lengua que a menudo me concede a mí?

DESDÉMONA

Por desgracia, no tiene habla.

IAGO

En la fe, demasiado;
Todavía lo encuentro, cuando tengo que dormir:
Casarse, delante de su señoría, se lo concedo,Ella
 mete un poco la lengua en su corazón,Y
reprende con sus pensamientos.

EMILIA

Tienes pocos motivos para decirlo.

IAGO

Vamos, vamos, sois cuadros al aire libre,
campanas en vuestros salones, gatos monteses en vuestras cocinas,
 santos en vuestras heridas, demonios ofendidos,
jugadores en vuestras amas de casa, y amas de casa en vuestras
camas.

DESDÉMONA

¡Oh, fie sobre ti, calumniador!

IAGO

No, es verdad, o si no, soy turco:
te levantas para jugar y te vas a la cama a trabajar.

EMILIA

No escribirás mis alabanzas.

IAGO

No, no me permiten.

DESDÉMONA

¿Qué escribirías de mí si
me alabes?

IAGO

¡Oh gentil señora, no me pongas a prueba!
Porque yo no soy nada, si no crítico.

DESDÉMONA

Vamos a ensayar. ¿Se ha ido uno al puerto?

IAGO

¡Ay, señora!

DESDÉMONA

No soy alegre, pero engaño lo
que soy, aparentando lo contrario.
Ven, ¿cómo me alabarías?

IAGO

Yo estoy a punto de hacerlo; pero en verdad mi invención
Viene de mi paté como la lima de pájaro lo hace del frize;
Arranca cerebros y todo, pero mi musa trabaja,
 y así es liberada.
Si ella es justa y sabia, justa e ingenio,
 la una es para usar, la otra la usa.

DESDÉMONA

¡Bien alabado! ¿Y si es negra e ingeniosa?

IAGO

Si ella es negra, y por lo tanto tiene un ingenio,
 ella encontrará un blanco que encajará con su negrura.

DESDÉMONA

Cada vez peor.

EMILIA

¿Y si es justo y tonto?

IAGO

Nunca fue tonta, eso era justo;
Porque incluso su locura la ayudó a tener un heredero.

DESDÉMONA

Son viejas paradojas para hacer reír a los tontos en
la cervecería. ¿Qué miserable alabanza tienes para
ella, que es inmunda e insensata?

IAGO

No hay quien sea tan inmundo y necio en ello, que no
 haga travesuras inmundas que hacen los justos y sabios.

DESDÉMONA

¡Oh pesada ignorancia!, tú alabas lo peor de todo.
Pero, ¿qué alabanza podrías dar a una mujer digna
, una que, en la autoridad de su
mérito, se revistió justamente de la misma malicia?

IAGO

Ella, que siempre fue hermosa y nunca soberbia,
tuvo lengua a voluntad y, sin embargo, nunca fue ruidosa,
 nunca le faltó oro y, sin embargo, nunca fue alegre,
 huyó de su deseo y, sin embargo, dijo: 'Ahora puedo',
 la que, enojada, su venganza estaba cerca, ordenó que
 su mala estancia y su disgusto volaran,
la que en sabiduría nunca fue tan frágil
para cambiar la cabeza del bacalao por la cola del salmón;
La que podía pensar y no revelar su mente,
ver a los pretendientes seguirlos y no mirar atrás,
 era una espectro, si es que alguna vez lo fue,--

DESDÉMONA

¿Para hacer qué?

IAGO

Para amamantar a los tontos y hacer una crónica de la cerveza
pequeña.

DESDÉMONA

¡Oh conclusión más coja e impotente! No sepas
de él, Emilia, aunque sea tu marido. ¿Cómo dices
tú, Casio, que no es un consejero profano y liberal
?

CASSIO

Habla a su casa, señora: puede que le guste más en
el soldado que en el erudito.

IAGO

Él la toma por la palma de la mano: ¡ay, bien dicho,
susurra!: con una red tan pequeña como esta atraparé
una mosca tan grande como Cassio. ¡Ay, sonríele
, hazlo! Yo te daré en tu propio cortejo.
Dices verdad; Es así, en efecto: si semejantes artimañas
te despojan de tu lugarteniente, hubiera
sido mejor que no te hubieras besado los tres dedos tan
a menudo, con lo que ahora eres más propenso a jugar al
señor. Muy bien; ¡Bien besado! ¡Una excelente
cortesía! Así es, en efecto. ¿De nuevo tus dedos
en tus labios? ¡Serían pipas de clíster por tu bien!

Trompeta en el interior

¡El moro! Conozco su trompeta.

CASSIO

Es realmente así.

DESDÉMONA

Vamos a conocerlo y recibirlo.

CASSIO

¡De dónde viene!

Entra en OTHELLO y los asistentes

OTHELLO

¡Oh mi hermosa guerrera!

DESDÉMONA

¡Mi querido Otelo!

OTHELLO

Me da asombro, tan grande como mi satisfacción
, verte aquí delante de mí. ¡Oh alegría de mi alma!
Si después de cada tempestad vienen tales calmas,
¡Que los vientos soplen hasta que hayan despertado a la muerte!
¡Y que la laboriosa barca suba por las colinas de los mares

del Olimpo y vuelva a agacharse tan bajo como
el infierno del cielo! Si ahora fuera a morir,
 sería ahora muy feliz, porque, me temo,
mi alma tiene su contenido tan absoluto
que ningún otro consuelo como éste
tiene éxito en un destino desconocido.

DESDÉMONA

Los cielos prohíben
que nuestros amores y comodidades aumenten,
así como nuestros días crecen.

OTHELLO

¡Amén a eso, dulces poderes!
No puedo hablar lo suficiente de este contenido;
Me detiene aquí; es demasiado gozo:
Y esta, y esta, las mayores discordias sean

Besándola

¡Que nuestros corazones harán!

IAGO

[Aparte] ¡Oh, ahora estás bien afinado!
Pero voy a poner las clavijas que hacen esta música,
 tan honesto como soy.

OTHELLO

Ven, vayamos al castillo.
Noticias, amigos, nuestras guerras han terminado, los turcos
se han ahogado.
¿Cómo le va a mi viejo conocido de esta isla?
Miel, serás muy deseada en Chipre;
He encontrado un gran amor entre ellos. Oh mi amor,
 parloteo fuera de moda, y adoro
en mis propias comodidades. Te ruego, buen Yago,
que vayas a la bahía y desembarques mis arcas:
 Lleva al señor a la ciudadela;
Es bueno, y su valía

desafía mucho respeto. Ven, Desdémona
, una vez más, bien encontrado en Chipre.

Exeunt OTHELLO, DESDÉMONA y asistentes

IAGO

Encuéntrame ahora mismo en el puerto. Ven
acá. Si eres valiente,-- como, dicen, los hombres viles,
estando enamorados, tienen entonces una nobleza en su
naturaleza más de la que les es innata, nómbrame. El
 teniente vigila esta noche en el patio de guardia
: en primer lugar, debo decirte esto: Desdémona está
directamente enamorada de él.

RODRIGO

¡Con él! Pues, no es posible.

IAGO

Pon tu dedo así, y deja que tu alma sea instruida.
Fíjate en la violencia con que primero amó al moro,
sino por fanfarronear y contar sus mentiras fantásticas;
 ¿y le amará todavía por parlojar? No
lo piense tu discreto corazón. Su ojo debe ser alimentado;
¿Y qué placer tendrá ella de mirar al
diablo? Cuando la sangre se embota con el acto del
juego, debe haber otra vez para inflamarla y
dar a la saciedad un apetito fresco, hermosura en favor,
 simpatía en años, modales y bellezas, todo lo cual
el moro es defectuoso: ahora, por falta de estas
comodidades requeridas, su delicada ternura
se verá abusada, comenzará a agitar el desfiladero,
Desagrada y aborrece al moro, que la misma naturaleza
le instruirá en ello y le obligará a una segunda
elección. Ahora bien, señor, concediendo esto,-- por ser una posición muy
muy
preñada y no forzada... ¿quién es tan
eminente en el grado de esta fortuna como lo hace Casio
? un bribón muy voluble; no más
concebible que en vestirse de la mera forma de

civil y humana, para la mejor comprensión
de su sal y de su más oculto afecto suelto?
Ninguna; por qué, ninguna: una zapatilla y un bribón sutil, un
buscador de ocasiones, que tiene un ojo puede estampar y
falsificar ventajas, aunque nunca se presente la verdadera ventaja
; un bribón endiablado. Además, el
sota es guapo, joven, y tiene todos esos
requisitos que la locura y las mentes verdes cuidan
: un completo bribón pestilente, y la mujer
ya lo ha encontrado.

RODRIGO

Yo no puedo creer eso en ella, ella está llena de
la condición más bendita.

IAGO

¡Bendita punta de higuera!, el vino que bebe es de
uvas: si hubiera sido bendita, nunca
hubiera amado al moro. ¡Pudín bendito! ¿No la
viste remar con la palma de su mano?, ¿
no lo has notado?

RODRIGO

Sí, eso hice; Pero eso no era más que una cortesía.

IAGO

La lujuria, por esta mano, es un índice y un prólogo oscuro
a la historia de la lujuria y los malos pensamientos. Se encontraron
tan cerca de sus labios que sus respiraciones se abrazaron
. ¡Pensamientos villanos, Roderigo! cuando estas
reciprocidades organizan el camino de manera tan ordenada, a mano
viene
el ejercicio maestro y principal, la conclusión de incorporación
, ¡Pish! Pero, señor, gobierne usted por mí:
yo le he traído de Venecia. Te vigilo esta noche;
por el mandamiento, no te lo pondré. Cassio
no te conoce. No estaré lejos de ti: ¿encuentras
alguna ocasión para enfadar a Casio, ya sea hablando

demasiado alto, o manchando su disciplina, o de cualquier
otro camino que te plazca, que el tiempo
te depare más favorablemente?

RODRIGO

Pozo.

IAGO

Señor, él es imprudente y muy repentino en cólera, y tal vez
te golpee; hazlo, para que pueda, porque
incluso por eso haré que se amotinen los de Chipre
, cuya calificación no volverá a ser de verdadero
gusto sino con el desplantamiento de Casio. De este modo
, tendréis un viaje más corto hacia vuestros deseos, por
los medios que entonces tendré que preferir, y el
obstáculo eliminado de la manera más provechosa, sin el
cual no habría esperanza de nuestra prosperidad.

RODRIGO

Lo haré, si puedo aprovecharlo en cualquier
oportunidad.

IAGO

Te lo garantizo. Encuéntrame dentro de poco en la ciudadela:
 debo ir a desembarcar sus cosas necesarias. Despedida.

RODRIGO

Adiós.

Salida

IAGO

Que Casio la ama, lo creo bien;
Que ella lo ama, es justo y de gran crédito:
 el moro, aunque no lo tolere,
es de una naturaleza constante, amorosa y noble,
 y me atrevo a pensar que resultará a Desdémona
un esposo muy querido. Ahora, yo también la amo;
No por lujuria absoluta, aunque tal vez

tenga que rendir cuentas de un pecado tan grande,
sino en parte llevado a la dieta de mi venganza,
 porque sospecho que el moro lujurioso
ha saltado a mi asiento; el pensamiento de lo cual
, como un mineral venenoso, roe mis entrañas;
Y nada puede contentar ni contentará mi alma
hasta que no esté con él, mujer por mujer,
 o en su defecto, que ponga al moro
a lo menos en unos celos tan fuertes
, que el juicio no puede curar. ¿Qué cosa hacer?,
si esta pobre basura de Venecia, a la que destrozo
por su rápida caza, se pone de pie,
tendré a nuestro Miguel Casio en la cadera,
lo maltrataré al moro con el traje de gala,
porque también temo a Casio con mi gorro de dormir,
haz que el moro me dé las gracias, me ame y me recompense.
Por convertirlo en un asno atrozmente
 y practicar en su paz y tranquilidad
hasta la locura. Está aquí, pero a la vez confuso:
el rostro liso de Knavery nunca se ve usar estaño.

Salida

Escena 2

Una calle.

Entra un Heraldo con una proclamación; Personas que siguen

Heraldo

A Otelo, nuestro noble y valeroso general, le agrada
 que, al llegar ciertas noticias que ya eran
 meras perdiciones de la flota turca,
cada uno se pusiera triunfante, unos a bailar,
otros a hacer hogueras, cada uno a qué deporte y
a sus fiestas le llevara su adicción, porque, además de estas
buenas noticias, es la celebración de su
boda. Tanto era su placer debía ser
proclamado. Todas las oficinas están abiertas, y hay plena

libertad para festejar desde esta hora presente de las cinco
hasta que la campanada dé las once. ¡Que el cielo bendiga a la
isla de Chipre y a nuestro noble general Otelo!

Salen

Escena 3

Un salón en el castillo.

Entran OTELO, DESDÉMONA, CASSIO y los asistentes

OTHELLO

Buen Miguel, mire a la guardia esta noche:
Enseñémonos a nosotros mismos esa honorable parada,
 para no sobrepasar la discreción.

CASSIO

Yago tiene instrucciones sobre lo que hay que hacer;
Pero, a pesar de todo, con mi ojo personal
no miraré.

OTHELLO

Yago es muy honesto.
Michael, buenas noches: mañana con tu más temprano
Déjame hablar contigo.

A DESDÉMONA

Ven, mi querido amor,La
 compra hecha, los frutos han de seguir;
Esa ganancia aún está por llegar entre tú y yo.
Buenas noches.

Exeunt OTHELLO, DESDÉMONA y asistentes

Entra en IAGO

CASSIO

Bienvenido, Yago; Debemos estar a la guardia.

IAGO

A esta hora no, teniente; Todavía no son las diez.
 Nuestro general nos echó tan temprano por amor a
su Desdémona, a la cual, por tanto, no nos culpemos:
 aún no ha hecho la noche con ella sin sentido, y
ella es deporte para Júpiter.

CASSIO

Es una dama de lo más exquisita.

IAGO

Y, se lo garantizo, la diversión del juego.

CASSIO

De hecho, es una criatura muy fresca y delicada.

IAGO

¡Qué ojo tiene!, me parece que suena a
provocación alarde.

CASSIO

Un ojo acogedor; Y, sin embargo, yo me parece bastante modesto.

IAGO

Y cuando ella habla, ¿no es un alarum amar?

CASSIO

Ella es, en efecto, la perfección.

IAGO

Bueno, ¡felicidad a sus sábanas! Vamos, teniente, tengo
una pila de vino, y aquí, fuera, hay un par
de galanes chipriotas que de buena gana tendrían una medida para
la salud del negro Otelo.

CASSIO

Esta noche no, buen Yago: tengo un cerebro muy pobre y
desdichado para la bebida; bien podría desear que
la cortesía inventara alguna otra costumbre de
entretenimiento.

IAGO

Oh, ellos son nuestros amigos, pero una copa: yo beberé por
ti.

CASSIO

No he bebido más que una copa esta noche, y también ha sido
astutamente matizada, y he aquí qué innovación
se hace: soy desafortunado en la enfermedad,
y no me atrevo a reprochar más a mi debilidad.

IAGO

¡Qué, hombre! Es una noche de fiestas: los galanes
lo desean.

CASSIO

¿Dónde están?

IAGO

Aquí en la puerta; Te ruego que los llames.

CASSIO

No lo haré; pero no me gusta.

Salida

IAGO

Si puedo ponerle una sola copa,
 con la que ya ha bebido esta noche,
estará tan lleno de riñas y ofensas
como el perro de mi joven ama. Ahora, mi tonto enfermo Roderigo,
 a quien el amor ha desviado casi por el lado equivocado,
 a Desdémona le ha dado esta noche
de copas hasta el fondo, y él debe vigilar:
Tres muchachos de Chipre, nobles espíritus hinchados,
que mantienen sus honores a una distancia cautelosa,
 los mismos elementos de esta isla guerrera,
esta noche me he puesto nervioso con copas que fluyen,
 y ellos también miran. Ahora, entre esta bandada de borrachos,
¿voy a poner a nuestro Cassio en alguna acción

que pueda ofender a la isla? Pero aquí vienen:
 Si las consecuencias aprueban mi sueño
, mi barco navega libremente, tanto con el viento como con la
corriente.

Volver a entrar en CASSIO; con él MONTANO y Caballeros;
sirvientes que siguen con vino

CASSIO

Por Dios, ya me han dado una sacudida.

MONTANO

Buena fe, pequeñita, no más allá de una pinta, que soy
un soldado.

IAGO

Un poco de vino, ¡ho!

Canta

Y déjame el tintineo de canakin, tintineo;
Y déjame tintinear el tintineo
de un soldado;
Una vida no es más que un lapso;
¿Por qué, entonces, que beba un soldado?
¡Un poco de vino, muchachos!

CASSIO

Por Dios, una excelente canción.

IAGO

Lo aprendí en Inglaterra, donde, en efecto, son
más potentes en la maceta: el danés, el alemán y
el holandés barrigón... Drink, ho-- no son nada
para tu inglés.

CASSIO

¿Tu inglés es tan experto en su bebida?

IAGO

Vamos, que te bebe con facilidad a tu danés muerto de
borrachera; suda para no derrocar a tu Almain; le
da un vómito a tu holandés antes de que se pueda llenar la siguiente
olla

.

CASSIO

¡A la salud de nuestro general!

MONTANO

Estoy a favor, teniente; y te haré justicia.

IAGO

¡Oh dulce Inglaterra!
El rey Esteban era un digno par,
sus calzones no le costaron más que una corona;
Les tenía seis peniques demasiado caros,
 y con eso llamó al sastre lown.
Él era un hombre de gran renombre,Y
 tú eres de baja categoría:
Es la soberbia la que derriba la tierra;
Y envuélvete con tu manto.
Un poco de vino, ¡ho!

CASSIO

Pues, esta es una canción más exquisita que la otra.

IAGO

¿Volverás a oír hablar?

CASSIO

No, porque considero que el que hace esas cosas es indigno de su
lugar
. Bueno, Dios está por encima de todo; Y hay
almas que deben ser salvadas, y hay almas que no deben ser
salvadas.

IAGO

Es verdad, buen teniente.

CASSIO

Por mi parte,--sin ofender al general, ni a
ningún hombre de calidad,-- espero salvarme.

IAGO

Y yo también, teniente.

CASSIO

Sí, pero, con tu permiso, no delante de mí; el
teniente se salvará antes que el anciano. No
tengamos más de esto; vamos a nuestros asuntos.—Perdónanos
nuestros pecados--Caballeros, ocupémonos de nuestros asuntos.
No pienses, señores. Estoy borracho: este es mi
anciano; esta es mi mano derecha, y esta es mi izquierda:
ya no estoy borracho; Puedo pararme lo suficientemente bien y
hablar lo suficientemente bien.

Todo

Excelente pozo.

CASSIO

Pues, muy bien, entonces; no pienses, pues, que estoy borracho.

Salida

MONTANO

A la plataforma, maestros; Ven, vamos a poner el reloj.

IAGO

Ustedes ven a este hombre que se ha ido antes;
Es un soldado apto para estar al lado del César
y dar dirección: y no hacer más que ver su vicio;
Es para su virtud un equinoccio justo,
 el uno tan largo como el otro: es lástima de él.
Temo la confianza que Otelo le da.
En algún extraño momento de su enfermedad,
 hará temblar esta isla.

MONTANO

Pero, ¿es a menudo así?

IAGO

Es siempre el prólogo de su sueño:
Verá el cronólogo un doble juego,
Si la bebida no mece su cuna.

MONTANO

Bien que el
general se lo recordara.
Tal vez no lo vea, o su bondad
aprecia la virtud que aparece en Casio,
 y no mira sus males: ¿no es esto cierto?

Entra en RODERIGO

IAGO

[A un lado de él] ¡Cómo ahora, Roderigo!
Te ruego que, después del teniente, te vayas.

Salir de RODERIGO

MONTANO

Y es una gran lástima que el noble moro
arriesgue un lugar como el suyo con
una de una enfermedad de injerto:
 sería una acción honesta decir
esto al moro.

IAGO

Yo no, por esta hermosa isla,
 quiero mucho a Casio, y haría mucho
por curarle de este mal... Pero, ¡eh!, ¿qué ruido?

Grita en tu interior: '¡Ayuda! ¡Ayuda!'

Vuelva a entrar en CASSIO, conduciendo en RODERIGO

CASSIO

¡Pícaro! ¡Bribón!

MONTANO

¿Qué le pasa, teniente?

CASSIO

¡Un bribón, enséñame mi deber!
Voy a batir la sota en una botella de twiggen.

RODRIGO

¡Golpéame!

CASSIO

¿Parloteas, pícaro?

Golpeo RODERIGO

MONTANO

No, buen teniente;

Manteniéndolo

Le ruego, señor, que tome su mano.

CASSIO

Déjeme ir, señor,
 o le daré un golpe en el suelo.

MONTANO

Ven, ven,
estás borracho.

CASSIO

¡Borracho!

Luchan

IAGO

[Aparte de RODERIGO] Fuera, le digo; Sal y grita un motín.

Salir de RODERIGO

No, buen teniente,--ay, caballeros...
¡Ay!, -- lugarteniente,--señor,--Montano,--señor;
¡Ayuda, maestros--Aquí hay un buen reloj!

Toques de campana

¿Quién es ese que toca la campana?--Diablo, ho!
La ciudad se levantará: ¡Voluntad de Dios, teniente, aguante!
Serás avergonzado para siempre.

Vuelva a ingresar OTHELLO y los asistentes

OTHELLO

¿Qué pasa aquí?

MONTANO

'Zounds, todavía sangro; Estoy herido hasta la muerte.

Se desmaya

OTHELLO

¡Aguanten, por sus vidas!

IAGO

¡Espera, ho! Teniente,--señor... Montano,--caballeros,-- ¿
Ha olvidado usted todo sentido del lugar y del deber?
¡Espera!, te habla el general, ¡espera, espera, qué vergüenza!

OTHELLO

¿Por qué, cómo ahora, de dónde surge esto?
¿Nos hemos vuelto turcos, y nos hacemos lo
que el cielo ha prohibido a los otomitas?
Por la vergüenza cristiana, dicho por esta bárbara pelea:
El que se agita a su lado para esculpir su propia ira
Sostiene su alma ligera; muere por su movimiento.
Silencia esa campana espantosa: espanta a la isla
de su decoro. ¿Qué pasa, maestros?
Honesto Yago, que estás muerto de dolor,
Habla, ¿quién empezó esto?, por tu amor, te encargo.

IAGO

No lo sé: todos amigos, pero ahora, incluso ahora,
en cuartos, y en términos como la novia y el novio que
los despojan para ir a la cama; y luego, pero ahora,
como si algún planeta tuviera hombres inconscientes,
 espadas y se inclinan unas contra el pecho del otro,
 en oposición sangrienta. No puedo hablar
de ningún comienzo a estas molestas probabilidades;
¡Y ojalá en acción gloriosamente hubiera perdido
esas piernas que me llevaron a una parte de ella!

OTHELLO

¿Cómo es que, Miguel, te han olvidado así?

CASSIO

Te ruego que me perdones; No puedo hablar.

OTHELLO

Digno Montano, no solías ser cortés;El mundo ha notado
la gravedad y quietud de tu juventud
, y tu nombre es grande
en bocas de la más sabia censura: ¿qué pasa
para que desates así tu reputación
y gastes tu rica opinión por el nombre
de un pendenciero nocturno?

MONTANO

Digno Otelo, estoy herido al peligro:
Tu oficial, Yago, puede informarte,--
Mientras me ahorro el habla, que algo ahora
me ofende,--
De todo lo que sé: ni sé nada
Por mí que se haya dicho o hecho mal esta noche;
A menos que la caridad sea a veces un vicio,
 y defendernos sea un pecado
cuando la violencia nos asalta.

OTHELLO

Ahora, por el cielo,
mi sangre comienza a gobernar a mis guías más seguros;
Y la pasión, habiendo chocado con mi mejor juicio,
intenta abrir el camino: si una vez me muevo,
o no hago más que levantar este brazo, el mejor de vosotros
se hundirá en mi reprensión. Dame a saber
cómo comenzó esta vil derrota, quién la inició;
Y el que fuere aprobado en esta ofensa,
aunque se haya hermanado conmigo, ambos en un mismo parto,
 me perderá. ¡Qué! en una ciudad de guerra,
pero salvaje, los corazones de la gente rebosantes de miedo, para manejar disputas
 privadas y domésticas,
en la noche, y en el patio y guardia de la seguridad!
Es monstruoso. Yago, ¿quién no empezó?

MONTANO

Si estás parcialmente afinado, o ligado en el cargo,
 entregas más o menos que la verdad,
no eres soldado.

IAGO

No me toques tan de cerca:
 preferiría que me cortaran esta lengua de la boca
para que ofendiera a Miguel Casio;
Sin embargo, me persuado a mí mismo de decir la verdad,
nada le hará daño. Así es, general.
Montano y yo habláramos,
llegó un hombre que gritaba por ayuda,
 y Casio le siguió con espada resuelta
para ejecutarle. Señor, este caballero
se acerca a Casio y le ruega que se detenga:
"Yo mismo, el hombre que lloraba, lo perseguí
, no fuera que con su clamor, como así se apagó,
 la ciudad cayera asustada; él, rápido de pies,
 superó mi propósito; y volví más bien
porque oí el tintineo y la caída de las espadas,
y a Casio en alto juramento; lo cual hasta esta noche

nunca podría decir antes. Cuando regresé,
porque esto fue breve, los encontré muy juntos,
a golpe y estocada, tal como lo estaban cuando
tú mismo los separaste.
Pero
los hombres son hombres; los mejores a veces olvidan:
 Aunque Casio le hizo algún pequeño mal,
como los hombres enfurecidos golpean a los que les desean lo mejor,
 sin embargo, sin duda, Cassio, creo, recibió
de aquel que huyó de alguna extraña indignidad,
 que la paciencia no pudo pasar.

OTHELLO

Sé, Yago,
que tu honestidad y tu amor encaminan este asunto,
 haciéndolo ligero para Casio. Casio, te amo,
pero nunca más serás oficial mío.

Volver a entrar en DESDÉMONA, atendido

¡Mira, si mi dulce amor no se eleva!
Te pondré por ejemplo.

DESDÉMONA

¿Qué ocurre?

OTHELLO

Todo está bien ahora, cariño; vete a la cama.
Señor, por tus heridas, yo seré tu cirujano:
llévalo.

A MONTANO, que es conducido

Yago, mira con cuidado la ciudad,
y silencia a aquellos a quienes esta vil pelea distrajo.
Ven, Desdémona: es la vida de los soldados,
que sus cálidos sueños sean despertados por la lucha.

Exeunt todos menos IAGO y CASSIO

IAGO

¿Qué, está herido, teniente?

CASSIO

Ay, más allá de toda cirugía.

IAGO

¡Cásate, Dios no lo quiera!

CASSIO

¡Reputación, reputación, reputación! ¡Oh, he perdido
mi reputación! He perdido la parte inmortal de
mí mismo, y lo que queda es bestial. ¡Mi reputación,
 Iago, mi reputación!

IAGO

Como soy un hombre honrado, pensé que habías recibido
alguna herida corporal; hay más sentido en eso que
en la reputación. La reputación es una imposición ociosa y de lo más
falsa
: a menudo se obtiene sin mérito y se pierde sin
merecer: no se ha perdido reputación en absoluto,
a menos que se repute a sí mismo como un perdedor. ¡Qué, hombre!
Hay maneras de recobrar de nuevo al general: ahora estás
en su estado de ánimo, un castigo más en
política que en malicia, así como quien golpearía
a su perro inofensivo para asustar a un león imperioso: demandarlo
de nuevo, y es tuyo.

CASSIO

Preferiría ser despreciado antes que engañar a
un comandante tan bueno con un oficial tan desaireado, tan borracho
y tan
indiscreto. ¿Borracho? ¿Y hablar loro?
¿Y riñir?, ¿fanfarronear?, ¿jurar?, ¿y hablar
fustian con la propia sombra? ¡Oh espíritu invisible
del vino, si no tienes nombre por el que ser conocido,
 te llamémosle diablo!

IAGO

¿A quién seguiste con tu espada? ¿Qué
te había hecho?

CASSIO

No lo sé.

IAGO

¿No es posible?

CASSIO

Recuerdo un montón de cosas, pero nada con claridad;
una pelea, pero nada por qué. ¡Oh Dios, que los hombres
se pongan un enemigo en la boca para robarles
el cerebro!, que nosotros, con alegría, deleite
y aplauso, nos transformemos en bestias.

IAGO

¿Por qué?, pero ahora estás bastante bien: ¿cómo es que te
recuperaste así
?

CASSIO

Ha agradado a la embriaguez del diablo dar lugar a
la ira del diablo; una imperfección me muestra
otra, para hacerme despreciarme francamente a mí mismo.

IAGO

Vamos, eres un moralista demasiado severo: tal como están el tiempo
, el lugar y la condición de este país
, desearía de todo corazón que esto no hubiera sucedido;
pero, ya que es como es, arréglalo por tu propio bien.

CASSIO

Le pediré de nuevo mi lugar, él me dirá que
soy un borracho. Si tuviera tantas bocas como Hydra,
 tal respuesta los detendría a todos. ¡Ser ahora un
hombre sensato, un tonto y luego una
bestia! ¡Oh extraño! Cada copa desmesurada no está
bendecida y el ingrediente es un demonio.

IAGO

Ven, ven, el buen vino es una buena criatura familiar,
 si se usa bien: no exclames más contra él.
Y, buen teniente, creo que usted cree que le quiero.

CASSIO

Lo he aprobado muy bien, señor. ¡Yo borracho!

IAGO

Tú o cualquier hombre vivo puede estar borracho a la vez, hombre.
Te diré lo que debes hacer. La mujer de nuestro general
es ahora la general; puedo decirlo así a este respecto, porque
él se ha dedicado y se ha entregado a la
contemplación, a la observación y a la denotación de sus partes y
gracias; confiésate libremente a ella; implora
su ayuda para que te ponga de nuevo en tu lugar: ella es tan
libre, tan amable, tan apta, Tan bendita disposición
 la tiene, que por vicio en su bondad no hacer más
de lo que se le pide: esta unión rota entre
tú y su marido le ruega que se rompa; y, mi
fortuna contra cualquier laico digno de ser nombrado, esta
grieta de tu amor se hará más fuerte de lo que era antes.

CASSIO

Me aconsejas bien.

IAGO

Protesto, con la sinceridad del amor y la bondad honesta.

CASSIO

Lo pienso libremente, y por la mañana
rogaré a la virtuosa Desdémona que se haga cargo de mí:
 estoy desesperado por mi suerte si me detienen aquí.

IAGO

Tienes razón. Buenas noches, teniente; Debo
ir al reloj.
CASSIO: Buenas noches, honesto Iago.

Salida

IAGO

¿Y qué es él entonces que dice que yo interpreto al villano?
Cuando este consejo es gratis doy y honesto,Probal
 al pensamiento y de hecho el curso
Para ganar el moro de nuevo? Porque es muy fácil
La inclinada Desdémona a someter
En cualquier traje honesto: ella está enmarcada como
los elementos libres. Y luego para que ella
gane al moro, si no renuncia a su bautismo,
todos sellos y símbolos del pecado redimido,
 su alma está tan encadenada a su amor,
que puede hacer, deshacer, hacer lo que quiera,
 así como su apetito jugará al dios
con su débil función. ¿Cómo, pues, voy a ser un villano
para aconsejar a Casio que siga este camino paralelo,
directamente para su bien? ¡Divinidad del infierno!
Cuando los demonios se vestirán de los más negros
pecados,Sugieren
 al principio con espectáculos celestiales,Como
yo lo hago ahora: porque mientras este honrado necio
Pliega a Desdémona para reparar su fortuna
Y ella por él ruega fuertemente al Moro,Le
vertiré esta pestilencia en el oído,Que
ella le revoque por la concupiscencia de su cuerpo;
Y por cuanto se esfuerce en hacerle bien,
 deshará su crédito con el moro.
Así convertiré su virtud en brea,
 y de su propia bondad haré la red
que los enredará a todos.

Volver a entrar en RODERIGO

¡Cómo ahora, Roderigo!

RODRIGO

Yo sí sigo aquí en la persecución, no como un sabueso que
caza, sino como uno que llena el grito. Mi dinero está

casi gastado; Esta noche he estado muy bien
aporreado, y creo que el asunto será que tendré
mucha experiencia para mis dolores, y así,
sin dinero y con un poco más de ingenio, volveré de nuevo a
Venecia.

IAGO

¡Cuán pobres son los que no tienen paciencia!
¿Qué herida sanó si no es poco a poco?
Tú sabes que trabajamos por ingenio, y no por brujería;
Y el ingenio depende del tiempo de dilatación.
¿No te va bien? Casio te ha vencido.
Y tú, por esa pequeña herida, has cajado a Casio:
Aunque otras cosas crezcan hermosas contra el sol,Sin embargo,
 los frutos que florecen primero estarán maduros:
Conténtate un poco. Por la misa, es de mañana;
El placer y la acción hacen que las horas parezcan cortas.
Retírate, vete adonde estás alojado:
 Vete, te digo, ya sabrás más después:
 No, vete.

Salir de RODERIGO

Hay que hacer dos cosas:
Mi mujer tiene que ir a buscar a Casio a casa de su señora;
Yo me la pondré;
Yo mismo el tiempo para apartar al moro
y hacerle saltar cuando pueda encontrar a Cassio
solicitando a su mujer: ¡ay, así es como
no se embota con frialdad y tardanza!

Salida

ACTO 3
Escena 1

Antes del castillo.

Entra CASSIO y algunos músicos

CASSIO

Maestros, jueguen aquí; Contentaré tus dolores;
Algo que es breve, y decir: «Buenos días, general».

Música

Entra Payaso

Payaso

¿Por qué, maestros, han estado en Nápoles vuestros instrumentos
 para que hablen así por la nariz?

Primer Músico

¡Cómo, señor, cómo!

Payaso

¿Son éstos, os lo ruego, instrumentos de viento?

Primer Músico

¡Ay, se casan, señor!

Payaso

O, de este modo cuelga una cola.

Primer Músico

¿De dónde cuelga un cuento, señor?

Payaso

Cásese, señor, con muchos instrumentos de viento que conozco.
Pero, señores, aquí tenéis dinero, y al general
le gusta tanto vuestra música, que os desea, por amor
, que no hagáis más ruido con ella.

Primer Músico

Bueno, señor, no lo haremos.

Payaso

Si tienes alguna música que no se escuche, que no
lo vuelvas a hacer; pero, como dicen, para oír música, al general
no le importa mucho.

Primer Músico

No tenemos ninguno, señor.

Payaso

Entonces mete tus pipas en tu bolsa, porque yo me iré
: ¡me iré, me desvaneceré en el aire, me iré!

Músicos Exeunt

CASSIO

¿Oyes, mi honrado amigo?

Payaso

No, no escucho a tu honesto amigo; Te escucho.

CASSIO

Paga, sigue con tus colchas. Te hay una pobre moneda
de oro: si la dama que atiende
a la mujer del general se agita, dile que hay
una que Casio le ruega un poco de palabra:
¿quieres hacer esto?

Payaso

Ella se está moviendo, señor; si ella se mueve aquí, pareceré
que se lo notificaré.

CASSIO

Hazlo, buen amigo mío.

Salir payaso

Entra en IAGO

En tiempo feliz, Yago.

IAGO

¿No has ido a la cama, entonces?

CASSIO

Pues no, había amanecido antes de
que nos separáramos. Me he atrevido, Yago,
a enviar a tu esposa: mi pleito para ella
es que ella quiera procurarme algún acceso a la virtuosa Desdémona
.

IAGO

Te la enviaré enseguida;
Y yo idearé un medio para sacar al moro de
en medio, para que tu conversación y tus negocios
sean más libres.

CASSIO

Les agradezco humildemente por ello.

Salir de IAGO

Nunca conocí
a un florentino más amable y honesto.

Entra cn EMILIA

EMILIA

Buenos días, buen teniente: lamento
su disgusto, pero seguro que todo irá bien.
El general y su esposa están hablando de ello;
Y ella habla por ti con firmeza: el moro responde:
Que aquel a quien has herido es de gran fama en Chipre
 y de gran afinidad, y que con sana sabiduría
no podría menos de rechazarte; pero él protesta que te ama
y que no necesita otro pretendiente que sus gustos
para aprovechar la ocasión más segura en el frente
para traerte de nuevo.

CASSIO

Sin embargo, te ruego
que si te parece conveniente, o que se haga,
 me aproveches de una breve conversación
solo con Desdémona.

EMILIA

Te ruego que entres;
Te daré donde tengas tiempo
para hablar libremente de tu pecho.

CASSIO

Estoy muy ligado a ti.

Salen

Escena 2

Una habitación en el castillo.

Entran OTHELLO, IAGO y Gentlemen

OTHELLO

Estas cartas dan, Yago, al piloto;
Y por él cumpliré mis deberes para con el Senado:
Hecho esto, estaré caminando sobre las obras;
Repárame allí.

IAGO

Bueno, mi buen señor, no lo haré.

OTHELLO

Esta fortificación, señores, ¿queremos verla?

Caballero

Esperaremos a su señoría.

Salen

Escena 3

El jardín del castillo.

Entran DESDÉMONA, CASSIO y EMILIA

DESDÉMONA

Ten la seguridad, buen Casio, de que haré
todas mis posibilidades en tu favor.

EMILIA

Buena señora, sí: garantizo que aflige a mi marido,
como si el caso fuera el suyo.

DESDÉMONA

Oh, ese es un tipo honesto. No lo dudes, Casio,
pero volveré a tener a mi señor y a ti
tan amistosos como lo fuiste.

CASSIO

Generosa señora,
 sea lo que sea de Miguel Casio,
él nunca es otra cosa que su verdadero sirviente.

DESDÉMONA

No lo sé; Les doy las gracias. Tú amas a mi señor,
lo conoces desde hace mucho tiempo, y ten la seguridad de que,
en su extrañeza, no se alejará
más que en una distancia cortés.

CASSIO

¡Ay!, pero, señora,
 esa política puede durar tanto tiempo,
o alimentarse de una dieta tan agradable y acuosa,
 o engendrarse tan fuera de las circunstancias,
 que, estando yo ausente y mi lugar ocupado,
 mi general olvidará mi amor y servicio.

DESDÉMONA

No lo dudes, aquí delante de Emilia
te doy fe de tu lugar: te aseguro que
si juro amistad, la cumpliré
hasta el último artículo: mi señor no descansará jamás;
Lo observaré domesticar y le hablaré de que no tenga paciencia;
Su lecho parecerá una escuela, su mesa una mezquindad;
Mezclaré todo lo que haga
con el traje de Casio: por lo tanto, alégrate, Casio;
Porque tu abogado preferirá morir
antes que dar tu causa.

EMILIA

Señora, aquí viene mi señor.

CASSIO

Señora, me despido.

DESDÉMONA

Quédate, y escúchame hablar.

CASSIO

Señora, ahora no: estoy muy inquieto,
no apto para mis propios fines.

DESDÉMONA

Bueno, haz tu discreción.

Salir de CASSIO

Entra en OTHELLO e IAGO

IAGO

¡Ja! No me gusta eso.

OTHELLO

¿Qué dices?

IAGO

Nada, mi señor, o si... no sé qué.

OTHELLO

¿No fue que Casio se separó de mi esposa?

IAGO

¡Cassio, mi señor! No, seguro, no puedo creerlo,
 que él se fuera tan culpable,
viéndote venir.

OTHELLO

Yo creo que fue él.

DESDÉMONA

¡Cómo, mi señor!
He estado hablando con un pretendiente aquí,
 un hombre que languidece en tu disgusto.

OTHELLO

¿A quién no te refieres?

DESDÉMONA

Vaya, tu teniente, Cassio. Buen mi señor,
si tengo alguna gracia o poder para conmoveros,
 su presente reconciliación tomar;
Porque si no es el que verdaderamente te ama,
 el que yerra en ignorancia y no en astucia,
 no tengo juicio en un rostro honesto.

OTHELLO

¿Se fue de aquí ahora?

DESDÉMONA

¡Ay, sí, tan humillado
que ha dejado parte de su dolor conmigo,
para sufrir con él! Buen amor, llámalo de vuelta.

OTHELLO

Ahora no, dulce Desdémona; en otro momento.

DESDÉMONA

¿Pero no será dentro de poco?

OTHELLO

Cuanto antes, dulce, para ti.

DESDÉMONA

¿No será esta noche a la cena?

OTHELLO

No, esta noche no.

DESDÉMONA

¿Cena de mañana, pues?

OTHELLO

No cenaré en casa;
Me encuentro con los capitanes en la ciudadela.

DESDÉMONA

¿Por qué, entonces, mañana por la noche, o el martes por la mañana?
El martes al mediodía, o por la noche; el miércoles por la mañana:
 Te ruego, nombra la hora, pero que no
exceda de tres días: en la fe, está arrepentido;
Y, sin embargo, su transgresión, en nuestra razón común -
salvo que, dicen, las guerras deben hacer ejemplos
de lo mejor de sí mismas- no es casi una falta
incurrir en un cheque privado. ¿Cuándo vendrá?
Dime, Otelo: me pregunto en mi alma
 qué me pedirías para que yo negara
o me quedara tan quieto. ¡Qué! Miguel Casio,
 que vino a cortejarte y tantas veces,
cuando he hablado de ti con desprecio,
ha tenido tu parte: ¡tener tanto que hacer
para traerlo! Créeme, podría hacer mucho,--

OTHELLO

Que no venga cuando quiera;
No te negaré nada.

DESDÉMONA

Pues, esto no es una bendición;
Es como si te suplicara que te pusieras tus guantes,
o te alimentaras de platos nutritivos, o te mantuviera caliente,
 o te pidiera que hicieras un beneficio peculiar
a tu propia persona: no, cuando tengo un traje
en el que quiero tocar tu amor de verdad,
 estará lleno de aplomo y peso difícil
y temeroso de ser concedido.

OTHELLO

No te negaré nada,
por lo cual te ruego que me concedas esto,
 que me dejes un poco solo.

DESDÉMONA

¿Te voy a negar? No: adiós, mi señor.

OTHELLO

Adiós, Desdémona mía: iré a ti en seguida.

DESDÉMONA

Emilia, ven. Sé como tus fantasías te enseñan;
Seas lo que seas, yo soy obediente.

Exeunt DESDÉMONA y EMILIA

OTHELLO

¡Excelente desgraciado! La perdición atrapa mi alma,
 pero yo sí te amo, y cuando no te amo,
el Caos ha venido de nuevo.

IAGO

Mi noble señor...

OTHELLO

¿Qué dices, Yago?

IAGO

¿Sabía Miguel Casio, cuando cortejabas a mi señora,
 de tu amor?

OTHELLO

Lo hizo, desde el principio hasta el fin: ¿por qué preguntas?

IAGO

Pero para la satisfacción de mi pensamiento;
No hay más daño.

OTHELLO

¿Por qué de tu pensamiento, Yago?

IAGO

No creía que la conociera.

OTHELLO

Oh, sí; y se interponía entre nosotros muy a menudo.

IAGO

¡En efecto!

OTHELLO

¡En verdad!, sí, en verdad: ¿disciernes algo en eso?
¿No es honesto?

IAGO

¡Honesto, mi señor!

OTHELLO

¡Honesto! Ay, honesto.

IAGO

Mi señor, por lo que sé.

OTHELLO

¿Qué te parece?

IAGO

¡Piensa, mi señor!

OTHELLO

¡Piensa, mi señor!
Por el cielo, me hace eco,
como si hubiera algún monstruo en su pensamiento
demasiado horrible para ser mostrado. Te
he oído decir ahora mismo: "No te gustó eso"
Cuando Casio dejó a mi esposa, ¿qué es lo que no te gustó?
Y cuando te dije que él era de mi consejo
en todo mi camino de cortejo, exclamaste: "¡En verdad!"
Y contrajiste y frunciste tu frente,
como si entonces hubieras encerrado en tu cerebro
alguna horrible presunción: si me amas,
muéstrame tu pensamiento.

IAGO

Mi señor, sabes que te amo.

OTHELLO

Yo creo que sí;
Y, porque sé que estás lleno de amor y honestidad,
 y pesas tus palabras antes de que les des aliento,
por lo tanto, estas paradas tuyas me asustan aún más,
 porque tales cosas en un falso desleal arte
son trucos de la costumbre, pero en un hombre que es justo
son delirios cercanos, que obran desde el corazón que la
pasión no puede gobernar.

IAGO

En cuanto a Michael Cassio,
 me atrevo a jurar que creo que es honesto.

OTHELLO

Yo también lo creo.

IAGO

Los hombres deben ser lo que parecen;
O los que no lo son, ¡no parecerían ninguno!

OTHELLO

Ciertamente, los hombres deben ser lo que parecen.

IAGO

Pues, entonces, creo que Cassio es un hombre honrado.

OTHELLO

No, todavía hay más en esto:
te ruego que me hables como a tus pensamientos,
 mientras rumias, y das a tus peores pensamientos
la peor de las palabras.

IAGO

Bien, mi señor, perdóneme:
aunque estoy obligado a todo acto de deber,
no estoy obligado a que todos los esclavos sean libres.
¿Expresar mis pensamientos? ¿Por qué, dicen que son viles y falsos;
¿Dónde está ese palacio en el que a veces no se inmiscuyen las cosas inmundas
? ¿Quién tiene un pecho tan puro,
pero algunos inmundos aprensiones
Guarda las leyes y los días de la ley y en sesión se sienta
con meditaciones lícitas?

OTHELLO

Conspiras contra tu amigo, Yago,
 si piensas que está ofendido y haces que su oído sea
extraño a tus pensamientos.

IAGO

Te ruego,
aunque tal vez sea vicioso en mis conjeturas
, como, lo confieso, es la plaga de mi naturaleza
espiar los abusos, y a menudo mis celos

moldean faltas que no lo son, que tu sabiduría todavía,
 de alguien que tiene ideas tan imperfectas
, no te daría cuenta, ni te causaría un problema
con su dispersión e inseguridad observación.
No fue por tu tranquilidad ni por tu bien,
ni por mi hombría, honestidad o sabiduría,
para hacerte saber mis pensamientos.

OTHELLO

¿A qué te refieres?

IAGO

Buen nombre en el hombre y en la mujer, querido mi señor,Es
 la joya inmediata de sus almas:
Quien roba mi bolsa roba basura; Es algo, nada;
Era mía, es suya, y ha sido esclava de millares;
pero el que me arrebata mi buen nombre
, me roba lo que no le enriquece,
y me hace verdaderamente pobre.

OTHELLO

Por el cielo, conoceré tus pensamientos.

IAGO

No podrías, si mi corazón estuviera en tu mano;
Ni lo haré, mientras esté bajo mi custodia.

OTHELLO

¡Ja!

IAGO

¡Oh, guardaos, mi señor, de los celos!
Es el monstruo de ojos verdes el que se burla
de la carne de la que se alimenta; ese vive en la dicha
quien, seguro de su destino, no ama a su malhechor;
Pero, ¡oh, qué malditos minutos le dice al
Que adora, pero duda, sospecha, pero ama fuertemente!

OTHELLO

¡Oh miseria!

IAGO

Pobre y contento es rico y rico,
pero las riquezas sin multa son tan pobres como el invierno
Para el que siempre teme ser pobre.
¡Dios mío, las almas de toda mi tribu se defienden
de los celos!

OTHELLO

¿Por qué, por qué es esto?
¿Crees que haré una mentira de celos
para seguir aún los cambios de la luna
con nuevas sospechas? No; estar una vez en duda
ha de ser resuelta una vez: cámbiame por una cabra,
 cuando yo convierta el negocio de mi alma
en tales conjeturas suficientes y desgastadas,
 que coincidan con tu inferencia. No es para darme celos
decir que mi esposa es hermosa, que se alimenta bien, que ama la
compañía,
 que es libre de expresión, que canta, que toca y baila bien;
Donde está la virtud, éstas son más virtuosas:
Ni de mis débiles méritos sacaré
el menor temor o duda de su rebelión;
Porque ella tenía ojos y me eligió a mí. No, Yago;
Veré antes de dudar; cuando dude, demuéstrese;
Y en la prueba, no hay más que esto,--
Fuera de una vez con el amor o los celos!

IAGO

Me alegro de ello, porque ahora tendré razón
para mostrarte el amor y el deber que te tengo
con un espíritu más franco; por lo tanto, como estoy obligado,
 recíbelo de mí. Todavía no hablo de pruebas.
Mira a tu mujer, obsérvala bien con Casio;
Lleva tu ojo así, no celoso ni seguro:
No quiero que se abuse de tu naturaleza libre y noble,Por
 favor, por generosidad; mira:

Conozco bien el carácter de nuestro país;
En Venecia dejan que el cielo vea las travesuras
que no se atreven a mostrar a sus maridos; su mejor conciencia
no es dejar de hacer, sino no guardar en el anonimato.

OTHELLO

¿Lo dices tú?

IAGO

Engañó a su padre, casándose contigo;
Y cuando parecía temblar y temer tu aspecto,
lo que más la amaba.

OTHELLO

Y así lo hizo.

IAGO

Pues, ve a entonces;
Ella, que, siendo tan joven, podía dar tal apariencia,
para sellar los ojos de su padre de cerca como un roble,
 pensó que era brujería, pero yo tengo mucha culpa;
Te suplico humildemente que me perdones
por haberte amado demasiado.

OTHELLO

Estoy ligado a ti para siempre.

IAGO

Veo que esto ha destrozado un poco sus espíritus.

OTHELLO

Ni una jota, ni una jota.

IAGO

A fe mía, me temo que sí.
Espero que consideren lo que se dice:
Proviene de mi amor. Pero sí veo que te conmueves:
 debo rogarte que no limites mi discurso

a cuestiones más groseras ni a un alcance
mayor que a la sospecha.

OTHELLO

No lo haré.

IAGO

Si lo hicierais, mi señor,
 mi discurso tendría un éxito tan vil
como mis pensamientos no apuntan. Cassio es mi digno amigo...
Mi señor, veo que está usted conmovido.

OTHELLO

No, no me conmovió mucho:
 no creo, pero Desdémona es honesta.

IAGO

¡Viva ella! ¡Y que vivas a pensar así!

OTHELLO

Y, sin embargo, ¿cómo la naturaleza se desvía de sí misma,--

IAGO

¡Ay!, ahí está el punto: como... para ser audaz contigo...
para no afectar a muchos de los partidos propuestos
de su propio clima, complexión y grado,
a los que vemos que tiende la naturaleza en todas las cosas...
 ¡Foh!, uno puede oler en tal voluntad los
pensamientos de mayor rango, la desproporción repugnante y
antinatural.
Pero perdóneme; No hablo
claramente de ella, aunque pueda temer
su voluntad, retrocediendo a su mejor juicio,
que caiga para emparejarte con las formas de su país
y que se arrepienta felizmente.

OTHELLO

Adiós, adiós:
Si más percibes, hazme saber más;
Ponte a tu mujer para observar: déjame, Yago;

IAGO

[Yendo] Mi señor, me despido.

OTHELLO

¿Por qué me casé? Esta honesta criatura sin duda
ve y sabe más, mucho más, de lo que despliega.

IAGO

[Volviendo] Mi señor, quisiera suplicar a
vuestra señoría
que no escudriñe más esta cosa; déjela al tiempo:
Aunque sea conveniente que Cassio tenga su lugar
, porque seguro que lo llena con gran habilidad,
sin embargo, si le places retenerlo un tiempo,
 por eso lo percibirás a él y a sus medios.
Fíjate que si tu señora tensa su entretenimiento
con alguna importunidad fuerte o vehemente;
Mucho se verá en eso. Mientras tanto,
permítame que se piense que estoy demasiado ocupado en mis
temores...
 Como digna razón tengo que temer que soy...
 Y manténgala libre, suplico a su señoría.

OTHELLO

No temáis a mi gobierno.

IAGO

Una vez más me despido.

Salida

OTHELLO

Este hombre es de una honestidad extraordinaria,
 y conoce todas las cualidades, con un espíritu erudito,
de los tratos humanos. Si demuestro que está demacrada,

aunque sus bromas fueran las fibras de mi corazón,
 la silbaría y la dejaría llevar por el viento,
para rezar a la fortuna. Quizás, porque soy negro
y no tengo esas partes blandas de la conversación
que tienen los chamberers, o porque he sido rechazado
en el valle de los años,-- pero eso no es mucho...
 Ella se ha ido. Me maltratan; y mi alivio
debe ser aborrecerla. ¡Oh maldición del matrimonio,
que podamos llamar nuestras a estas delicadas criaturas,
 y no sus apetitos! Preferiría ser un sapo
y vivir del vapor de una mazmorra,
que guardar un rincón en lo que amo
para uso de los demás. Sin embargo, es la plaga de los grandes;
Prerrogativas son menores que la base;
Es un destino que no se puede evitar, como la muerte:
Incluso entonces esta plaga bifurcada está destinada a nosotros
cuando nos damos vida. Desdémona llega:

Volver a entrar en DESDÉMONA y EMILIA

Si ella es falsa, ¡oh, entonces el cielo se burla de sí mismo!
No lo voy a creer.

DESDÉMONA

¡Cómo ahora, mi querido Otelo!
Su cena, y los generosos isleños invitados
por usted, asisten a su presencia.

OTHELLO

Yo tengo la culpa.

DESDÉMONA

¿Por qué hablas tan débilmente?
¿No te encuentras bien?

OTHELLO

Tengo un dolor en la frente aquí.

DESDÉMONA

'La fe, eso es con la vigilia; Déjame
atarlo fuertemente, dentro de esta hora
estará bien.

OTHELLO

Tu servilleta es demasiado pequeña:

Le quita el pañuelo; y cae

Déjalo en paz. Ven, entraré contigo.

DESDÉMONA

Lamento mucho que no estés bien.

Exeunt OTHELLO y DESDÉMONA

EMILIA

Me alegro de haber encontrado esta servilleta:
 Este fue su primer recuerdo del moro:
Mi marido descarriado me ha cortejado cien veces
para robarla; pero a ella le encanta tanto la ficha,
porque él la conjuró para que siempre la conservara,
 que la reserva para siempre a su alrededor
para besarla y hablar con ella. Tendré la obra terminada,
y no se la daré a Yago: lo que él hará con ella
lo sabe Dios, no yo;
No hago más que complacer su fantasía.

Vuelve a entrar Iago

IAGO

¡Cómo ahora! ¿Qué haces aquí solo?

EMILIA

No regañes; Tengo algo por ti.

IAGO

¿Una cosa para mí? Es algo común...

EMILIA

¡Ja!

IAGO

Tener una esposa insensata.

EMILIA

Oh, ¿eso es todo? ¿Qué me vas a dar ahora
por el mismo pañuelo?

IAGO

¿Qué pañuelo?

EMILIA

¿Qué pañuelo?
Pues, que el moro dio primero a Desdémona;
Eso que tantas veces me pediste robar.

IAGO

¿Se lo has robado?

EMILIA

No, a fe mía, lo dejó caer por negligencia.
Y, para la ventaja, yo, estando aquí, no me levanté.
Mira, aquí está.

IAGO

Una buena moza; dámelo.

EMILIA

¿Qué harás con eso, que has sido
tan ferviente
para que me lo robe?

IAGO

[Arrebatándolo] ¿Por qué, qué es eso para ti?

EMILIA

Si no es por algún propósito de importancia,
no me lo vuelvas a dar: pobre señora, se volverá loca
cuando le falte.

IAGO

No ser conocido en 't; Tengo uso para ello.
Vete, déjame.

Salir de EMILIA

En la casa de Casio perderé esta servilleta,
y dejaré que la encuentre. Las bagatelas, ligeras como el aire
, son para los celosos confirmaciones, fuertes
como pruebas de las Sagradas Escrituras: esto puede hacer algo.
El moro ya cambia con mi veneno:
Las presunciones peligrosas son, en su naturaleza, venenos.
Que al principio son escasamente encontrados para disgustar,
 pero con un pequeño acto sobre la sangre.
Arde como las minas de azufre. Lo dije: ¡
Mira, por dónde viene!

Volver a entrar en OTHELLO

Ni la amapola, ni la mandrágora,
 ni todos los jarabes somnolientos del mundo,
 te curarán jamás con ese dulce sueño
que debías ayer.

OTHELLO

¡Ja! ¡ja! ¿Falso para mí?

IAGO

¡Vaya, cómo ahora, general! No más de eso.

OTHELLO

¡Vete! me has puesto en el potro:
juro que es mejor ser muy maltratado
que saber un poco.

IAGO

¡Cómo, mi señor!

OTHELLO

¿Qué sentido tenía yo de ella robada horas de lujuria?
No lo vi, no lo creí, no me hizo daño:
dormí bien la noche siguiente, estuve libre y alegre;
No encontré los besos de Casio en sus labios:
 Al que es robado, no le falta lo que se le roba,
 que no lo sepa, y no es robado en absoluto.

IAGO

Lamento escuchar esto.

OTHELLO

Yo hubiera sido feliz si el campamento general,
los pioneros y todo, hubieran probado su dulce cuerpo,
 así que no sabía nada. ¡Oh, ahora, para siempre
Adiós a la mente tranquila! ¡Adiós contento!
¡Adiós a la tropa emplumada, y a las grandes guerras,
 que hacen de la ambición virtud! ¡Oh, adiós!
¡Adiós el corcel relinchante, y la trompeta estridente,
el tambor que agita el espíritu, el pífano que perfora los oídos,
 el estandarte real, y toda la calidad,
el orgullo, la pompa y la circunstancia de la guerra gloriosa!
Y, ¡oh locomotoras mortales, cuyas rudas gargantas
claman los muertos del inmortal Júpiter falsificadas,
 adiós! ¡La ocupación de Otelo ha terminado!

IAGO

¿No es posible, mi señor?

OTHELLO

¡Villano, asegúrate de que mi amor es una ramera,
ten por seguro de ello, dame la prueba ocular,
 o por el valor del alma eterna del hombre,
 hubiera sido mejor que hubieras nacido perro
antes que responder a mi ira despierta!

IAGO

¿No se ha llegado a esto?

OTHELLO

Hazme ver, o, por lo menos, demuéstralo de tal manera
que el tiempo de gracia no tenga bisagra ni lazo
 en el que colgar una duda, o ¡ay de tu vida!

IAGO

¡Mi noble señor,--

OTHELLO

Si la calumnias y me torturas,
no ores más, abandona todo remordimiento;
En la cabeza del horror se acumulan los horrores;
Haz obras que hagan llorar al cielo, asombrar a toda la tierra;
Porque nada puedes añadir a la condenación
más grande que eso.

IAGO

¡Oh gracia! ¡Oh cielo, perdóname!
¿Eres un hombre?, ¿tienes alma o sentido?
Que Dios esté contigo, toma mi oficio. ¡Oh miserable tonto!
¡Que vive para hacer de tu honradez un vicio!
¡Oh mundo monstruoso! Toma nota, toma nota, oh mundo,
 ser directo y honesto no es seguro.
Te agradezco este beneficio, y desde aquí
no amaré a ningún amigo, porque el amor engendra tal ofensa.

OTHELLO

No, quédate: deberías ser honesto.

IAGO

Debería ser sabio, porque la honestidad es una tonta
y pierde por lo que trabaja.

OTHELLO

Por el mundo,
creo que mi esposa es honesta y creo que no lo es; Creo que eres
justo y creo que no lo eres. Tendré algunas pruebas. Su nombre, que
era tan fresco como el rostro de Dian, ahora está sombrío y negro
como mi propio rostro. Si hay cuerdas, o cuchillos, veneno, o fuego,
o arroyos sofocantes, no lo toleraré. ¡Ojalá estuviera satisfecho!

IAGO

Ya veo, señor, que estáis devorado por la pasión:
 me arrepiento de haberlo hecho. ¿Estarías satisfecho?

OTHELLO

¡Sería! no, lo haré.

IAGO

Y puede: ¿pero, cómo?, ¿qué satisfecho, mi señor?
¿Te quedarías boquiabierto, el supervisor, boquiabierto... ¿Ves que
está destrozada?

OTHELLO

¡Muerte y condenación! O!

IAGO

Sería una dificultad tediosa, creo,
llevarlos a esa perspectiva: ¡malditos sean entonces, si alguna vez los
ojos mortales los ven reforzarse más que los suyos propios! ¿Y
entonces qué? ¿Cómo entonces? ¿Qué voy a decir? ¿Dónde está la
satisfacción? Es imposible que veas esto, si fueran tan primos como
las cabras, tan calientes como los monos, tan salados como los lobos
en el orgullo, y los tontos tan groseros como la ignorancia
emborrachada. Pero, sin embargo, digo, si la imputación y las fuertes
circunstancias que conducen directamente a la puerta de la verdad te
darán satisfacción, es posible que no lo hayas hecho.

OTHELLO

Dame una razón de vida por la que es desleal.

IAGO

No me gusta el cargo,
pero, si hasta ahora estoy metido en esta causa, pinchado por una
honestidad y un amor estúpidos, seguiré adelante. Últimamente me
he acostado con Cassio; Y, como me molestaba una muela furiosa, no
podía dormir. Hay una clase de hombres tan sueltos de alma, que en
sus sueños murmuran sus asuntos: Uno de esta clase es Casio: en el
sueño le oí decir: 'Dulce Desdémona, seamos cautelosos,

escondamos nuestros amores'. Y entonces, señor, se quejaba y me retorcía la mano, gritaba: «¡Oh dulce criatura!», y luego me besaba con fuerza, como si arrancara besos de raíz que crecían en mis labios, luego ponía su pierna sobre mi muslo, y suspiraba, y besaba; y entonces exclamó: «¡Maldito destino que te entregó al moro!»

OTHELLO

¡Oh monstruoso! ¡monstruoso!

IAGO

No, esto no era más que su sueño.

OTHELLO

Pero esto denotaba una conclusión inevitable:
 es una duda astuta, aunque no sea más que un sueño.

IAGO

Y esto puede ayudar a engrosar otras pruebas
que sí demuestran ser escasas.

OTHELLO

La haré pedazos.

IAGO

No, sino sed sabios, pero no vemos que se haga nada;
Puede que todavía sea honesta. Dime, pero esto: ¿No has visto
alguna vez un pañuelo salpicado de fresas en la mano de tu mujer?

OTHELLO

Le di uno así; Fue mi primer regalo.

IAGO

Yo no lo sé, pero un pañuelo así,
estoy seguro de que era de tu mujer, he visto hoy a Cassio limpiarse
la barba.

OTHELLO

Si es que...

IAGO

Si es esa, o alguna que fuera suya,
habla en contra de ella con las otras pruebas.

OTHELLO

¡Oh, si el esclavo tuviera cuarenta mil vidas!
Uno es demasiado pobre, demasiado débil para mi venganza. Ahora
veo que es verdad. Mira aquí, Yago; Todo mi cariñoso amor así soplo
al cielo. ¡Levántate, negra venganza, de tu hueca celda! ¡Ríndete, oh
amor, tu corona y tu trono de corazón al odio tiránico! ¡Hincha,
pecho, con tu tensión, porque es de lenguas áspicas!

IAGO

Sin embargo, esté contento.

OTHELLO

¡Oh, sangre, sangre, sangre!

IAGO

Paciencia, digo; Es posible que tu opinión cambie.

OTHELLO

Nunca, Yago: Como al mar Póntico,Cuya
corriente helada y curso compulsivo Ninguno siente que se retira
menguante, pero sigue adelante Hacia el Propóntico y el
Helesponto,Aun así mis sangrientos pensamientos, con paso
violento,Nunca mirarán atrás, nunca refluirán al humilde amor,Hasta
que una venganza capaz y amplia se los trague. Ahora, por el cielo de
mármol,

Se arrodilla

En la debida reverencia de un voto sagrado
, empleo aquí mis palabras.

IAGO

No te levantes todavía.

Se arrodilla

¡Testigos, luces siempre encendidas en lo alto,
 elementos que nos atraviesan, testigos de que aquí Yago renuncia a
la ejecución de su ingenio, manos, corazón, al servicio del malvado
Otelo! Que él mande, y el obedecer será en mí remordimiento, ¡qué
maldito negocio jamás!

Se elevan

OTHELLO

Saludo tu amor,
 no con vanas gracias, sino con generosa aceptación, y en el instante
te pondré en paz: dentro de estos tres días, permíteme oírte decir que
Casio no vive.

IAGO

Mi amigo ha muerto; Se hace a petición tuya:
Pero déjala vivir.

OTHELLO

¡Maldita sea, minx lasciva! ¡Oh, maldita sea!
Ven, vete conmigo aparte; Me retiraré para proporcionarme algún
medio rápido de muerte para el hermoso diablo. Ahora eres tú mi
lugarteniente.

IAGO

Soy tuyo para siempre.

Salen

Escena 4

Antes del castillo.

Entran DESDÉMONA, EMILIA y Payaso

DESDÉMONA

¿Sabe usted, señora, dónde yace el teniente Cassio?

Payaso

No me atrevo a decir que miente en ninguna parte.

DESDÉMONA

¿Por qué, hombre?

Payaso

Es un soldado, y que uno diga que un soldado miente,
 es apuñalar.

DESDÉMONA

Ir a: ¿dónde se aloja?

Payaso

Decirte dónde se aloja, es decirte dónde estoy yo.

DESDÉMONA

¿Se puede hacer algo con esto?

Payaso

No sé dónde se aloja, y si yo inventara un
alojamiento y dijera que yace aquí o que yace allí, sería
mentir en mi propia garganta.

DESDÉMONA

¿Podéis preguntarle y ser edificado por la noticia?

Payaso

Yo catequizaré el mundo para él, es decir, haré
preguntas, y por ellas responderé.

DESDÉMONA

Búscalo, dile que venga acá; dile que he
movido a mi señor en su favor, y espero que todo esté bien.

Payaso

Hacer esto está dentro del alcance del ingenio del hombre: y
por lo tanto, intentaré hacerlo.

Salida

DESDÉMONA

¿Dónde voy a perder ese pañuelo, Emilia?

EMILIA

No lo sé, señora.

DESDÉMONA

Créeme, que preferiría haber perdido mi bolsa
llena de cruces, y si mi noble moro
es verdadero de mente y no está hecho de tal bajeza
como son las criaturas celosas, sería suficiente
para ponerlo a pensar mal.

EMILIA

¿No está celoso?

DESDÉMONA

¿Quién, él? Creo que el sol donde nació
sacó de él todos esos humores.

EMILIA

Mira, de dónde viene.

DESDÉMONA

No lo dejaré ahora hasta que Casio
sea llamado a él.

Entra en OTHELLO

¿Cómo te va, mi señor?

OTHELLO

Bueno, mi buena señora.

Aparte

¡Oh, dureza para disimular--
¿Cómo estás, Desdémona?

DESDÉMONA

Bueno, mi buen señor.

OTHELLO

Dame tu mano: esta mano está húmeda, mi señora.

DESDÉMONA

Sin embargo, no ha sentido la edad ni ha conocido el dolor.

OTHELLO

Esto argumenta la fecundidad y el corazón liberal:
Caliente, caliente y húmedo: esta mano tuya requiere
Un secuestro de la libertad, el ayuno y la oración,Mucho
 castigo, ejercicio devoto;
Porque aquí hay un diablo joven y sudoroso aquí,
que comúnmente se rebela. Es una buena mano,
 una mano franca.

DESDÉMONA

Podéis decirlo, en efecto;
Porque fue esa mano la que regaló mi corazón.

OTHELLO

Una mano liberal: los corazones de antaño daban las manos;
Pero nuestra nueva heráldica son manos, no corazones.

DESDÉMONA

No puedo hablar de esto. Ven ahora, tu promesa.

OTHELLO

¿Qué promesa, chuck?

DESDÉMONA

He enviado a pedir a Casio que venga a hablar contigo.

OTHELLO

Tengo una sal y lo siento me ofende;
Préstame tu pañuelo.

DESDÉMONA

Aquí, mi señor.

OTHELLO

Lo que yo te di.

DESDÉMONA

No lo tengo sobre mí.

OTHELLO

¿No?

DESDÉMONA

No, en verdad, mi señor.

OTHELLO

Eso es un error.
Ese pañuelo
le dio un egipcio a mi madre;
Era encantadora, y casi podía leer
los pensamientos de la gente: le decía, mientras
los guardaba,
 que la haría amable y sometería a mi padre
por completo a su amor, pero si lo perdía
o lo regalaba, el ojo de mi padre
la detestaría y sus espíritus buscarían
nuevas fantasías: Ella, moribunda, me la dio;
Y me dijo, cuando mi destino me lo permitiera,
 que se la diera. Así lo hice, y mirad;
Hazlo un amor como tu precioso ojo;
Perder o regalar era una perdición que
ninguna otra cosa podía igualar.

DESDÉMONA

¿No es posible?

OTHELLO

Es verdad: hay magia en la telaraña de ella:
Una sibila, que había contado en el mundo
El sol a curso de doscientas brújulas,En
 su furia profética cosió la obra;
Eran santificados los gusanos que criaban la seda;

Y se tiñó de momia que la hábil
conservó de los corazones de las doncellas.

DESDÉMONA

¡En efecto! ¿No es cierto?

OTHELLO

Muy verdadero; por lo tanto, no mire bien.

DESDÉMONA

¡Ojalá Dios no lo hubiera visto nunca!

OTHELLO

¡Ja! ¿Por qué?

DESDÉMONA

¿Por qué hablas de manera tan brusca y temeraria?

OTHELLO

¿No se ha perdido?, ¿no se ha ido?, ¿habla, está fuera
del camino?

DESDÉMONA

¡Que el cielo nos bendiga!

OTHELLO

¿Dice usted?

DESDÉMONA

No se pierde; Pero, ¿y si lo fuera?

OTHELLO

¡Cómo!

DESDÉMONA

Yo digo que no está perdido.

OTHELLO

Tráeme, déjame ver.

DESDÉMONA

Bueno, así puedo, señor, pero no lo haré ahora.
Este es un truco para sacarme de mi traje:
Te ruego que Cassio sea recibido de nuevo.

OTHELLO

Tráeme el pañuelo: mi mente duda.

DESDÉMONA

Ven, ven;
Nunca conocerás a un hombre más suficiente.

OTHELLO

¡El pañuelo!

DESDÉMONA

Te ruego que me hables de Casio.

OTHELLO

¡El pañuelo!

DESDÉMONA

Un hombre que todo su tiempo
ha fundado su buena fortuna en tu amor,
ha compartido contigo los peligros,--

OTHELLO

¡El pañuelo!

DESDÉMONA

En verdad, tú tienes la culpa.

OTHELLO

¡Lejos!

Salida

EMILIA

¿No está celoso este hombre?

DESDÉMONA

Nunca había visto esto antes.
Claro, hay algo de maravilla en este pañuelo:
estoy muy infeliz por la pérdida de él.

EMILIA

No es un año o dos nos muestra a un hombre:
Todos son menos estómagos, y nosotros todos menos comida;
Para comernos con hambre, y cuando están llenos,
 nos eructan. ¡Mira tú, Cassio y mi marido!

Entra CASSIO e IAGO

IAGO

No hay otra manera; Es lo que ella tiene que hacer:
 ¡Y, he aquí, la felicidad! Vete y la importuna.

DESDÉMONA

¡Cómo ahora, buen Casio! ¿Cuáles son las novedades para usted?

CASSIO

Señora, mi antiguo pleito: os suplico
que por vuestros virtuosos medios pueda volver a
existir, y ser un miembro de su amor a
quien con todo el oficio de mi corazón
honro enteramente: no me demoraría.
Si mi ofensa es de tal mortal que
ni mi servicio pasado, ni las penas presentes,
ni el mérito propuesto en el futuro,
 pueden rescatarme en su amor de nuevo,
sino que saberlo así debe ser mi beneficio;
Así me vestiré de un contento forzado,
 y me encerraré en algún otro camino,
a las limosnas de la fortuna.

DESDÉMONA

¡Ay, tres veces gentil Cassio!
Mi advocación no está ahora en sintonía;
Mi señor no es mi señor, ni yo le conocería,

si estuviera en favor como en humor.
Así que ayúdame a santificar cada espíritu,
Como he hablado por ti todo lo mejor
que he Y me quedé en el vacío de su disgusto
¡Por mi libertad de expresión! debes tener paciencia durante un tiempo:
Lo que puedo hacer lo haré; y más lo haré
Que por mí mismo me atrevo: que eso te baste.

IAGO

¿Está enfadado mi señor?

EMILIA

Allí se marchó, pero ahora,
y ciertamente con una extraña inquietud.

IAGO

¿Puede estar enojado? He visto el cañón
cuando ha hecho volar sus filas por los aires
, y, como el diablo, ha
inflado a su propio hermano con su mismo brazo... ¿y puede estar enojado?
Algo de importancia entonces: Iré a su encuentro:
No hay asunto en verdad, si él se enoja.

DESDÉMONA

Yo Prithi, lo hago.

Salir de IAGO

Algo, sin duda, de estado,
ya sea de Venecia, o de alguna práctica no incubada
que se le ha hecho demostrable aquí en Chipre,
ha encharcado su claro espíritu, y en tales casos
la naturaleza de los hombres lucha con cosas inferiores,
aunque las grandes sean su objeto. Así es;
Porque si nos duele el dedo, nuestros
otros miembros sanos llegan incluso a esa sensación
de dolor: es más, debemos pensar que los hombres no son dioses,

ni de ellos buscar las observancias
que convienen a la novia. ¡Que me repusiese mucho, Emilia!
, que era un guerrero tan poco guapo como soy,
 que acusaba con mi alma de su crueldad;
Pero ahora me doy cuenta de que había sobornado al testigo,
 y él ha sido acusado falsamente.

EMILIA

Ruega al cielo que sea un asunto de estado, como tú piensas,
 y que no haya concepción ni celos
 que te concierten.

DESDÉMONA

¡Ay del día! Nunca le di motivo.

EMILIA

Pero a las almas celosas no se les responderá así;
No son nunca celosos de la causa,
 pero celosos porque son celosos: es un monstruo
engendrado sobre sí mismo, nacido sobre sí mismo.

DESDÉMONA

¡Que el cielo guarde a ese monstruo de la mente de Otelo!

EMILIA

Señora, amén.

DESDÉMONA

Iré a buscarlo. Cassio, camina por aquí:
 si lo encuentro apto, moveré tu traje
y trataré de llevarlo a cabo hasta el extremo.

CASSIO

Agradezco humildemente a su señoría.

Exeunt DESDÉMONA y EMILIA

Entra en BIANCA

BIANCA

¡Sálvate, amigo Casio!

CASSIO

¿Qué te hace estar en casa?
¿Cómo te va, mi bellísima Bianca?
Yo fe, dulce amor, iba a tu casa.

BIANCA

Y yo iba a tu alojamiento, Casio.
¿Qué, mantener una semana fuera?, ¿siete días y noches?
¿Ocho horas y ocho horas? y las horas ausentes de los amantes,
 ¿Más tedioso que el dial ocho veces veinte?
¡Oh cansado ajuste de cuentas!

CASSIO

Perdóname, Bianca:
he tenido esto mientras me apremian los pensamientos de plomo,
 pero en un tiempo más continuado borraré
 esta cuenta de ausencia. Dulce Bianca,

Entregándole el pañuelo de Desdémona

Llévame este ejercicio.

BIANCA

¡Oh Casio!, ¿de dónde ha salido esto?
Esta es una muestra de un amigo más nuevo:
A la ausencia sentida ahora siento una causa:
¿No he llegado a esto? Vaya, vaya.

CASSIO

¡Ve a, mujer!
Echa tus viles conjeturas en los dientes del diablo,
 de donde las tienes. Ahora estás celosa
de que esto sea de alguna amante, de algún recuerdo:
 No, por favor, Bianca.

BIANCA

¿Por qué, de quién es?

CASSIO

No lo sé, cariño: lo encontré en mi habitación.
A mí me gusta mucho la obra: antes de que me la pidan,
 como me parezca, la haría copiar:
tómala y no la hagas, y déjame por esta vez.

BIANCA

¡Dejarte! ¿Por qué?

CASSIO

Asisto aquí a la general;
Y creo que no es adición, ni mi deseo,
 que él me vea mujer.

BIANCA

¿Por qué, te lo ruego?

CASSIO

No es que no te quiera.

BIANCA

Pero que no me amas.
Te ruego que me lleves un poco por el camino,
 y dime si te veré pronto por la noche.

CASSIO

No es más que un pequeño camino el que puedo traerte;
Porque yo asisto aquí, pero nos vemos pronto.

BIANCA

Es muy bueno; Debo estar en las circunstancias.

Salen

ACTO 4
Escena 1

Chipre. Antes del castillo.

Entra en OTHELLO e IAGO

IAGO

¿Lo creerás?

OTHELLO

¡Eso crees, Yago!

IAGO

¿Qué,
¿Besar en privado?

OTHELLO

Un beso no autorizado.

IAGO

¿O estar desnuda con su amiga en la cama
una hora o más, sin intención de hacer ningún daño?

OTHELLO

¡Desnudo en la cama, Yago, y sin querer hacer daño!
Es hipocresía contra el diablo:
Los que pretenden virtuosamente, y sin embargo lo hacen,
 el diablo tienta su virtud, y ellos tientan al cielo.

IAGO

Así que no hacen nada, es un desliz venial:
 ¡Pero si le doy un pañuelo a mi esposa,--

OTHELLO

¿Y entonces qué?

IAGO

Pues, entonces, es suya, mi señor; y, siendo suya,
creo que no puede otorgar a ningún hombre.

OTHELLO

Ella también es protectora de su honor: ¿
puede dar eso?

IAGO

Su honor es una esencia que no se ve;
Lo tienen muy a menudo los que no lo tienen:
 Pero, ¿por el pañuelo,--

OTHELLO

Por Dios, de buena gana lo habría olvidado.
Tú dijiste, viene a mi memoria,
como lo hace el cuervo en la casa infectada,
presagiando a todos, él tenía mi pañuelo.

IAGO

¿Y qué hay de eso?

OTHELLO

Eso no es tan bueno ahora.

IAGO

¿Y
si le hubiera dicho que lo había visto, te haría mal?
O le oyó decir,-- como los bribones son en el extranjero,
 que teniéndolos, por su propio pleito importuno, o por
 la servidumbre voluntaria de alguna amante
, los convencieron o los proveyeron, no pueden elegir,
sino que deben murmurar:

OTHELLO

¿Ha dicho algo?

IAGO

Lo ha hecho, mi señor, pero ten la certeza
 de que no jurará.

OTHELLO

¿Qué ha dicho?

IAGO

A fe que lo hizo, no sé lo que hizo.

OTHELLO

¿Qué? ¿Qué?

IAGO

Mentir--

OTHELLO

¿Con ella?

IAGO

Con ella, sobre ella; lo que quieras.

OTHELLO

¡Acuéstate con ella! ¡Acuéstate sobre ella! Decimos que mientan sobre ella, cuando
la desmienten. ¡Acuéstate con ella! Eso es pleno.
Confesar, confesar
, confesar--, confesar, y ser ahorcado por su trabajo, primero ser
ahorcado, y luego confesar.
La naturaleza no se dedicaría a semejante pasión sin
alguna instrucción. No son las palabras
las que me sacuden así. ¡Pish! Narices, orejas y labios.
--No es posible?--Confiesa... pañuelo--Oh diablo--

Cae en trance

IAGO

¡Trabaja,
mi medicina, trabaja! Así se atrapa a los necios crédulos;
Y muchas damas dignas y castas aun así,
todas inocentes, son vitupeadas. ¡Qué, ho! ¡Mi señor!
¡Mi señor, digo! ¡Othello!

Entra en CASSIO

¡Cómo ahora, Casio!

CASSIO

¿Qué ocurre?

IAGO

Mi señor está cayendo en una epilepsia:
 este es su segundo ataque; tuvo uno ayer.

CASSIO

Frótalo por las sienes.

IAGO

No, abstención;
El letargo debe tener su curso tranquilo:
si no, echa espuma por la boca y poco a poco
estalla en una locura salvaje. Mira él se revuelve:
 ¿Te retiras un poco?,
él se recuperará enseguida: cuando se haya ido,
en una gran ocasión me gustaría hablar contigo.

Salir de CASSIO

¿Cómo está, general? ¿No te has lastimado la cabeza?

OTHELLO

¿Te burlas de mí?

IAGO

¡Me burlo de ti!, no, por el cielo.
¡Querrías llevar tu fortuna como un hombre!

OTHELLO

Un hombre con cuernos es un monstruo y una bestia.

IAGO

Entonces hay muchas bestias en una ciudad populosa,
 y muchos monstruos civiles.

OTHELLO

¿Lo confesó?

IAGO

Buen señor, sea un hombre;
Piensa que cada hombre barbudo que está en yugo
puede llevar contigo: hay millones de personas que viven ahora
que yacen todas las noches en esas camas inadecuadas
que se atreven a jurar que son peculiares: tu caso es mejor.
¡Oh, es el despecho del infierno, la burla del demonio,
para labiar a una desenfrenada en un lecho seguro,
 y suponer que es casta! No, avísame;
Y sabiendo lo que soy, sé lo que ella será.

OTHELLO

¡Oh, tú eres sabio! Es cierto.

IAGO

Mantente un rato aparte;
Limínese pero en una lista de pacientes.
Mientras estabas aquí, abrumado por tu dolor, una
pasión muy impropia de un hombre así,
 Casio vino aquí: lo trasladé,
y puse una buena copia en tu éxtasis,
 le pedí que volviera y hablara conmigo;
Lo que prometió. No hagas más que envolverte a ti mismo,
 y observar las burlas, las burlas y los desprecios notables
 que habitan en cada región de su rostro;
Porque yo le haré contar de nuevo la historia:
Dónde, cómo, cuántas veces, cuánto tiempo ha pasado, y cuándo
ha de hacer frente a tu mujer:
digo, pero fíjate en su gesto. Cásate, paciencia;
O diré que eres todo en bazo,
y nada de hombre.

OTHELLO

¿Oyes, Yago?
Se me hallará muy astuto en mi paciencia;
Pero... ¿oyes ?-- más sangriento?

IAGO

Eso no está mal;
Pero, aun así, mantén el tiempo en todo. ¿Se retirará?

OTHELLO se retira

Ahora interrogaré a Casio de Bianca,
una ama de casa que, vendiendo sus deseos
, se compra pan y ropa: es una criatura
que adora a Casio, como si fuera la plaga de la trompeta
engañar a muchos y ser engañado por uno:
él, cuando oye hablar de ella, no puede abstenerse
del exceso de la risa. Aquí viene:

Volver a entrar en CASSIO

Mientras él sonríe, Otelo se volverá loco;
Y sus celos poco librescos deben interpretar
las sonrisas, los gestos y el comportamiento ligero del pobre Cassio,
 bastante equivocados. ¿Cómo está usted ahora, teniente?

CASSIO

Lo peor que me das es que me añadas Cuya
necesidad hasta me mata.

IAGO

Púllate bien a Desdémona, y seguro que no lo harás.

Hablando más bajo

Ahora bien, si este traje estaba en poder de Bianco, ¡
qué rápido deberías acelerar!

CASSIO

¡Ay, pobre caitiff!

OTHELLO

¡Mira cómo se ríe ya!

IAGO

Nunca supe que una mujer amara tanto al hombre.

CASSIO

¡Ay, pobre pícaro! Creo, a fe mía, que ella me ama.

OTHELLO

Ahora lo niega débilmente y se ríe a carcajadas.

IAGO

¿Oyes, Casio?

OTHELLO

Ahora le importa
que se lo diga: vete a; bien dicho, bien dicho.

IAGO

Ella dice que te casarás hey:¿
Es tu intención?

CASSIO

¡Je je je!

OTHELLO

¿Triunfas, Román? ¿Triunfas?

CASSIO

¡Me caso con ella! ¿qué? ¡un cliente! Favorezca, ten un poco
de caridad con mi ingenio: no lo pienses tan malsano.
¡Je je je!

OTHELLO

Tanto, así, así, así: se ríen de esa victoria.

IAGO

"A fe mía, el grito dice que te casarás con ella.

CASSIO

Por favor, diga la verdad.

IAGO

Soy un villano en otra parte.

OTHELLO

¿Me has puntuado? Pozo.

CASSIO

Esta es la propia entrega del mono: está
persuadida de que me casaré con ella, por su propio amor y
adulación, no por mi promesa.

OTHELLO

Yago me hace señas; Ahora comienza la historia.

CASSIO

Ella estaba aquí incluso ahora, me persigue en todos los lugares.
El otro día estaba hablando en la orilla del mar con
ciertos venecianos, y allí viene la chuchería,
 y por esta mano me cae así alrededor del cuello:

OTHELLO

Gritando «¡Oh querido Casio!», por así decirlo: su gesto
lo importa.

CASSIO

Así cuelga, y se entristece, y llora sobre mí; así jadea,
 y tira de mí: ¡ja, ja, ja!

OTHELLO

Ahora cuenta cómo ella lo llevó a mi habitación. Oh,
 veo esa nariz tuya, pero no ese perro al que
se la voy a tirar.

CASSIO

Bueno, debo dejar su compañía.

IAGO

¡Delante de mí! Mira de dónde viene.

CASSIO

¡Es otro fitchew! Cásate con una perfumada.

Entra en BIANCA

¿A qué te refieres con este embrujo de mí?

BIANCA

¡Deja que el diablo y su presa te persigan! ¿A qué te
referías con ese mismo pañuelo que me diste incluso ahora?
Fui un buen tonto al tomarlo. Debo sacar la
obra?--Es probable que la encuentres
en tu habitación, y no sepas quién la dejó allí.
Esta es la ficha de algún minx, ¿y debo sacar el
trabajo? Allí; dale tu caballito de batalla: dondequiera
que lo tuvieras, no sacaré ningún trabajo en él.

CASSIO

¡Cómo ahora, mi dulce Bianca! ¡Cómo ahora! ¡Cómo ahora!

OTHELLO

¡Por Dios, ese debería ser mi pañuelo!

BIANCA

Y vendrás a cenar esta noche, puedes, y
no lo harás, cuando estés preparado para la próxima vez.

Salida

IAGO

Después de ella, tras ella.

CASSIO

'Fe, debo; De lo contrario, se quejará en la calle.

IAGO

¿Vas a cenar allí?

CASSIO

—A fe mía.

IAGO

Bueno, tal vez tenga la oportunidad de verte, porque me gustaría mucho hablar contigo.

CASSIO

Padre, ven; ¿En serio?

IAGO

Vete a; No digas más.

Salir de CASSIO

OTHELLO

[Avanzando] ¿Cómo voy a asesinarlo, Yago?

IAGO

¿Percibiste cómo se reía de su vicio?

OTHELLO

¡Oh Yago!

IAGO

¿Y viste el pañuelo?

OTHELLO

¿Era la mía?

IAGO

Tuya por esta mano, y para ver cómo aprecia a la
mujer insensata tu mujer, ella se la dio, y él
le dio su ramera.

OTHELLO

Lo tendría nueve años matando.
¡Una mujer hermosa, una mujer hermosa, una mujer dulce!

IAGO

No, debes olvidarte de eso.

OTHELLO

¡Ay, que se pudra y perezca, y que sea condenada esta noche!
porque ella no vivirá: no, mi corazón se ha convertido en
piedra; Lo golpeo y me duele la mano. ¡Oh!, el
mundo no tiene una criatura más dulce: ella podría yacer al
lado de un emperador y ordenarle tareas.

IAGO

No, ese no es tu camino.

OTHELLO

¡Cuélgala! No hago más que decir lo que es: tan delicada
con su aguja: un músico admirable: ¡Oh!, cantará
el salvajismo de un oso, de tan alto
y abundante ingenio e invención:

IAGO

Ella es la peor por todo esto.

OTHELLO

¡Oh, mil mil veces, y luego, de
una condición tan suave!

IAGO

Ay, demasiado gentil.

OTHELLO

No, eso es cierto, pero ¡qué lástima, Yago!
¡Oh Yago, qué lástima, Yago!

IAGO

Si te gusta tanto su iniquidad, dale
permiso para que ofenda, porque si no te toca, no se
acerca a nadie.

OTHELLO

La cortaré en pedazos: ¡ponme los cuernos!

IAGO

Oh, es asqueroso en ella.

OTHELLO

¡Con el oficial de la mina!

IAGO

Eso es más sucio.

OTHELLO

Tráeme un poco de veneno, Yago, esta noche: no me
expondré con ella, no sea que su cuerpo y su belleza
vuelvan a desprobellar mi mente: esta noche, Yago.

IAGO

No lo hagáis con veneno, estrangulándola en su lecho, aun
en el lecho que ella ha contaminado.

OTHELLO

Bien, bien: la justicia de ello agrada: muy bien.

IAGO

Y en cuanto a Cassio, permítame ser su enterrador:
 a medianoche sabrá más de nuevo.

OTHELLO

Excelente, bueno.

Una trompeta en su interior

¿Qué trompeta es esa?

IAGO

Algo de Venecia, seguro. Es Lodovico
Ven del duque, y mira, tu mujer está con él.

Ingresa LODOVICO, DESDÉMONA y Asistentes

LODOVICO

¡Sálvate, digno general!

OTHELLO

Con todo mi corazón, señor.

LODOVICO

El duque y los senadores de Venecia te saludan.

Le da una carta

OTHELLO

Beso el instrumento de sus placeres.

Abre la carta y lee

DESDÉMONA

¿Y cuál es la noticia, buen primo Lodovico?

IAGO

Me alegro mucho de verle, señor
Bienvenido a Chipre.

LODOVICO

Les doy las gracias. ¿Cómo funciona el teniente Cassio?

IAGO

Vidas, señor.

DESDÉMONA

Primo, hay una brecha entre él y mi señor
una brecha cruel, pero tú lo arreglarás todo.

OTHELLO

¿Estás seguro de eso?

DESDÉMONA

¿Mi señor?

OTHELLO

[Lecturas] —Esto no lo haces, como quieres...

LODOVICO

Él no llamó, está ocupado en el periódico.
¿Hay división entre mi señor y Casio?

DESDÉMONA

Una de las más descontentas: haría mucho
para expiarlas, por el amor que le tengo a Casio.

OTHELLO

¡Fuego y azufre!

DESDÉMONA

¿Mi señor?

OTHELLO

¿Eres sabio?

DESDÉMONA

¿Qué, está enojado?

LODOVICO

Puede ser que la carta lo conmoviera;
Porque, según creo, le mandan a su casa,
delegando a Casio en su gobierno.

DESDÉMONA

Créeme, me alegro de no hacerlo.

OTHELLO

¡En efecto!

DESDÉMONA

¿Mi señor?

OTHELLO

Me alegro de verte enojado.

DESDÉMONA

¿Por qué, dulce Otelo,--

OTHELLO

(Golpeándola) ¡Diablo!

DESDÉMONA

No me lo he merecido.

LODOVICO

Mi señor, esto no se creería en Venecia,
 aunque juraría que no lo vi: es mucho:
 enmendarla, llora.

OTHELLO

¡Oh diablo, diablo!
Si la tierra pudiera rebosar de lágrimas de mujer,
cada gota que cae resultaría ser un cocodrilo.
¡Fuera de mi vista!

DESDÉMONA

No me quedaré para ofenderte.

Ida

LODOVICO

En verdad, una dama obediente:
 suplico a su señoría, la llame de vuelta.

OTHELLO

¡Señora!

DESDÉMONA

¿Mi señor?

OTHELLO

¿Qué haría usted con ella, señor?

LODOVICO

¿Quién, yo, mi señor?

OTHELLO

¡Ay!, tú querías que yo la hiciera volver:
Señor, ella puede volverse, y volverse, y sin embargo seguir,
 y volverse de nuevo; y ella puede llorar, señor, llorar;

Y ella es obediente, como tú dices, obediente,
 muy obediente. Avanza en tus lágrimas.
Con respecto a esto, señor,--oh pasión bien pintada--
se me ha ordenado volver a casa. Te alejo;
Mandaré a buscarte enseguida, Señor, obedezco el mandato
 y volveré a Venecia. Por lo tanto, ¡avaunt!

Exit DESDEMONA

Cassio ocupará mi lugar. Y, señor, esta noche
 le ruego que cenemos juntos: Bienvenido
, señor, a Chipre... ¡Cabras y monos!

Salida

LODOVICO

¿Es éste el noble moro a quien todo nuestro Senado en pleno
llama con todo? ¿Es ésta la naturaleza
que la pasión no pudo sacudir, cuya sólida virtud no
pudo rozar ni perforar ni perforar
 el sólido tiro del accidente?

IAGO

Está muy cambiado.

LODOVICO

¿Está a salvo su ingenio? ¿No es él luz de cerebro?

IAGO

Él es lo que es: no puedo respirar mi censura
Lo que él podría ser: si lo que él podría no ser,
 ¡ojalá lo fuera!

LODOVICO

¡Qué, golpear a su esposa!

IAGO

¡A fe mía, eso no estaba tan bien; sin embargo, sabía
que ese golpe resultaría lo peor!

LODOVICO

¿Es su utilidad?
¿O es que las letras obraron sobre su sangre
 y crearon de nuevo esta falta?

IAGO

¡Ay, ay!
No es honestidad en mí decir
lo que he visto y conocido. Lo observaréis,
y sus propios caminos lo denotarán, de modo
que yo pueda guardar mi palabra: no hagáis más que ir tras
 ellos y observar cómo continúa.

LODOVICO

Lamento haber sido engañado en él.

Salen

Escena 2

Una habitación en el castillo.

Entra OTHELLO y EMILIA

OTHELLO

¿No has visto nada entonces?

EMILIA

Ni se oyó, ni se sospechó.

OTHELLO

Sí, has visto a Cassio y a ella juntos.

EMILIA

Pero entonces no vi nada malo, y entonces escuché
cada sílaba que el aliento formaba entre ellos.

OTHELLO

¿Qué, nunca susurraron?

EMILIA

Nunca, mi señor.

OTHELLO

¿Ni te enviará fuera del camino?

EMILIA

Nunca.

OTHELLO

¿A buscar su abanico, sus guantes, su mascarilla, ni nada?

EMILIA

Nunca, mi señor.

OTHELLO

Es extraño.

EMILIA

Me atrevo, mi señor, a apostar que ella es honesta,
 Pongo mi alma en juego: si piensas de otra manera,
 Quita tu pensamiento, porque abusa de tu pecho.
Si algún desgraciado te ha metido esto en la cabeza, ¡
que el cielo lo pague con la maldición de la serpiente!
Porque, si ella no es honesta, casta y verdadera,
 no hay hombre feliz; la más pura de sus esposas
es repugnante como la calumnia.

OTHELLO

Dile que venga acá: vete.

Salir de EMILIA

Ella dice basta, pero es una simple obscena
que no puede decir tanto. Esta es una prostituta sutil,Una
 cerradura de armario y llave de secretos villanos
Y, sin embargo, se arrodillará y rezará; La he visto no hacerlo.

Entra en DESDÉMONA con EMILIA

DESDÉMONA

Mi señor, ¿cuál es vuestra voluntad?

OTHELLO

Te ruego, mandril, ven acá.

DESDÉMONA

¿Cuál es tu placer?

OTHELLO

Déjame ver tus ojos;
Mírame a la cara.

DESDÉMONA

¿Qué horrible fantasía es esta?

OTHELLO

[A EMILIA] Algunas de vuestras funciones, señora;
Deja en paz a los procreadores y cierra la puerta;
Tose, o grita 'jem', si alguien viene:
 Tu misterio, tu misterio: no, despacha.

Salir de EMILIA

DESDÉMONA

Sobre mis rodillas, ¿qué importa tu palabra?
Comprendo una furia en tus palabras.
Pero no las palabras.

OTHELLO

¿Por qué, qué eres tú?

DESDÉMONA

Tu esposa, mi señor, tu verdadera
y leal esposa.

OTHELLO

Ven, júralo, maldita sea, no
sea que, siendo como uno del cielo, los mismos demonios

teman prenderte; por lo tanto, maldito seas:
jura que eres honrado.

DESDÉMONA

El Cielo lo sabe verdaderamente.

OTHELLO

El cielo sabe verdaderamente que eres falso como el infierno.

DESDÉMONA

¿A quién, mi señor? ¿Con quién? ¿Cómo es que soy falso?

OTHELLO

¡Oh Desdémona! ¡lejos! ¡lejos! ¡lejos!

DESDÉMONA

¡Ay, el día pesado! ¿Por qué lloras?
¿Soy yo el motivo de estas lágrimas, mi señor?
Si acaso tú, mi padre, sospechas
de un instrumento de este tu regreso,
no me eches la culpa a mí: si lo has perdido
, yo también lo he perdido.

OTHELLO

Si hubiera placido al cielo
probarme con aflicción, si hubieran llovido
toda clase de llagas y vergüenzas sobre mi cabeza desnuda.
Sumergido en la pobreza hasta los mismos labios,
entregado a mi cautiverio y a mis mayores esperanzas,
 habría encontrado en algún lugar de mi alma
una gota de paciencia; pero, ¡ay, para convertirme
 en una figura fija para el tiempo del desprecio
a la que apuntar con su dedo lento e inmóvil!
Sin embargo, yo también podría soportarlo; bueno, muy bien:
 pero allí, donde he recogido mi corazón,
donde o tengo que vivir, o no soportar la vida;
La fuente de la que brota mi corriente,
o bien se seca, para ser desechada de allí.
¡O guárdalo como una cisterna para que los sapos asquerosos

se anuden y se apoderen del género! Vuelve tu tez allí,
 Paciencia, joven querubín de labios rosados,--
Ay, allí, luce sombrío como el infierno!

DESDÉMONA

Espero que mi noble señor me considere honesto.

OTHELLO

¡Oh, ay!, como las moscas de verano están en el caos,
que se aceleran incluso con el soplido. ¡Oh tú, yerba,
 que eres tan hermosa y hueles tan dulcemente
que te duelen los sentidos, si nunca hubieras
nacido!

DESDÉMONA

¡Ay!, ¿qué pecado ignorante he cometido?

OTHELLO

¿Era este hermoso papel, este libro tan hermoso,
hecho para escribir 'puta'? ¡Qué se comprometió!
¡Comprometido! ¡Oh plebeyo público!
Haría de mis mejillas fraguas muy fraguadas,
que quemarían la modestia hasta las cenizas,
 si hablara tus obras. ¡Qué se comprometió!
El ciclo lc tapa la nariz y la luna guiña el ojo,
el viento obsceno que besa todo lo que encuentra
se silencia dentro de la mina hueca de la tierra,
 y no lo escuchará. ¡Qué se comprometió!
¡Trompeta insolente!

DESDÉMONA

Por Dios, me haces mal.

OTHELLO

¿No eres tú un trompeta?

DESDÉMONA

No, como soy cristiano:
si para preservar este vaso para mi señor

de cualquier otro toque infame e ilegal
no he de ser un trompeta, no soy ninguno.

OTHELLO

¿Qué, no una puta?

DESDÉMONA

No, ya que seré salvo.

OTHELLO

¿No es posible?

DESDÉMONA

¡Oh, que el cielo nos perdone!

OTHELLO

Te pido piedad, pues:
 te tomé por esa puta astuta de Venecia
que se casó con Otelo.

Alzando la voz

¡Tú, señora,
 que tienes el oficio frente a San Pedro,
y guardas la puerta del infierno!

Volver a entrar en EMILIA

¡Tú, tú, ay, tú!
Ya hemos hecho nuestro camino, hay dinero para tus dolores:
te ruego que gires la llave y guardes nuestro consejo.

Salida

EMILIA

¡Ay!, ¿qué concibe este caballero?
¿Cómo está, señora?, ¿cómo está, mi buena señora?

DESDÉMONA

—Fe, medio dormida.

EMILIA

Buena señora, ¿qué le pasa a mi señor?

DESDÉMONA

¿Con quién?

EMILIA

Pues, con mi señor, señora.

DESDÉMONA

¿Quién es tu señor?

EMILIA

El que es vuestro, dulce señora.

DESDÉMONA

Yo no tengo ninguno: no me hables, Emilia;
No puedo llorar, ni responder a nadie,
sino que lo que debe ir por agua. Padre, esta noche
Túmbate en mi cama mis sábanas de boda: recuerda;
Y llama acá a tu marido.

EMILIA

¡Aquí hay un cambio de verdad!

Salida

DESDÉMONA

Es bueno que me usen así, muy bien.
¿Cómo me he portado yo para que él se quede
con la más mínima opinión sobre mi menor maluso?

Vuelve a entrar en EMILIA con IAGO

IAGO

¿Cuál es su placer, señora?
¿Cómo no está contigo?

DESDÉMONA

No puedo decirlo. Los que enseñan a los niños
lo hacen con medios suaves y tareas fáciles:

Él podría haberme reprendido así; porque, de buena fe,
 soy un niño para la reprimenda.

IAGO

¿Qué te parece, señora?

EMILIA

¡Ay, Yago!, mi señor la ha despreciado así.
Arrojado sobre ella tales términos a pesar y tan pesados,
que los corazones verdaderos no pueden soportar.

DESDÉMONA

¿Soy yo ese nombre, Yago?

IAGO

¿Cómo se llama, hermosa señora?

DESDÉMONA

Tal como ella dice que mi señor dijo que yo era.

EMILIA

La llamó puta: un mendigo en su bebida
no podría haber puesto tales términos en su callat.

IAGO

¿Por qué lo hizo?

DESDÉMONA

No sé; Estoy seguro de que no soy ninguno de ellos.

IAGO

No llores, no llores. ¡Ay del día!

EMILIA

¿Ha abandonado ella tantos nobles partidos,
 a su padre, a su patria y a sus amigos,
para ser llamada prostituta? ¿No le haría llorar a uno?

DESDÉMONA

Es mi miserable fortuna.

IAGO

¡Que lo desgan!
¿Cómo se le ocurre este truco?

DESDÉMONA

No, el cielo lo sabe.

EMILIA

Seré ahorcado, si algún villano eterno,
algún pícaro atareado e insinuante,
algún esclavo astuto y arrogante, para obtener algún cargo,
 no ha ideado esta calumnia; De lo contrario, me ahorcarán.

IAGO

Fie, no existe tal hombre; Es imposible.

DESDÉMONA

Si hay alguno, ¡que el cielo lo perdone!

EMILIA

¡Un cabestro que lo perdone! ¡Y el infierno roer sus huesos!
¿Por qué debería llamarla puta?, ¿quién le hace compañía?
¿Qué lugar?, ¿a qué hora?, ¿de qué forma?, ¿qué probabilidad?
El moro es maltratado por algún bribón de lo más villano,
 algún bribón vil y notorio, algún tipo escorbuto.
¡Oh cielo, que tales compañeros te despliegues,
y pongas en cada mano honesta un látigo
para azotar a los bribones desnudos por todo el mundo
, incluso desde el este hasta el oeste!

IAGO

Habla dentro de la puerta.

EMILIA

¡Oh, fie sobre ellos! Era un escudero semejante
que te volvía el ingenio por fuera
y te hacía sospechar de mí con el moro.

IAGO

Eres un tonto; Vete a.

DESDÉMONA

¡Oh buen Yago!,
¿qué haré para volver a conquistar a mi señor?
Buen amigo, ve a él, porque, a esta luz del cielo,
no sé cómo lo perdí. Aquí me arrodillo:
 si mi voluntad transgredió su amor,
ya sea en el discurso del pensamiento o en la acción real,
 o si mis ojos, mis oídos o cualquier otro sentido
 los deleitaron de cualquier otra forma;
O que todavía no lo hago, y que nunca lo hice.
Y siempre -aunque me sacuda para llevarme
al divorcio mendigo- lo amará entrañablemente,
¡el consuelo me perdone! La falta de bondad puede hacer mucho;
Y su crueldad puede vencer mi vida,
pero nunca manchar mi amor. No puedo decir 'puta': me
 aborrece ahora que hablo la palabra;
Hacer el acto que la adición no
podía hacerme la masa de vanidad del mundo.

IAGO

Te ruego que estés contento; No es más que su humor:
 los asuntos del estado le ofenden,
y él te reprende a ti.

DESDÉMONA

Si no fuera otro...

IAGO

Es así, te lo garantizo.

Trompetas en el interior

¡Escuchad, cómo estos instrumentos convocan a cenar!
Los mensajeros de Venecia guardan la carne;
Entrad y no lloréis; todo irá bien.

Exeunt DESDÉMONA y EMILIA

Entra en RODERIGO

¡Cómo ahora, Roderigo!

RODRIGO

No encuentro que me trates con justicia.

IAGO

¿Al contrario?

RODRIGO

Todos los días me engañas con algún ardid, Yago;
y más bien, como ahora me parece, aparta de mí
todas las comodidades que me proporcionan la menor
ventaja de esperanza. De hecho, ya no lo soportaré
, ni estoy persuadido aún a soportar en paz lo que
ya he sufrido insensatamente.

IAGO

¿Me oyes, Roderigo?

RODRIGO

"Faith, he oído demasiado, porque tus palabras y tus
actuaciones no son parientes entre sí.

IAGO

Me acusas de la manera más injusta.

RODRIGO

Sin nada más que la verdad. Me he desgastado de
mis posibilidades. Las joyas que has recibido de mí para
entregarlas a Desdémona habrían corrompido a medias a un
devoto: me has dicho que las ha recibido
y me ha devuelto esperanzas y consuelos de repentino
respeto y conocimiento, pero no encuentro ninguno.

IAGO

Pozo; Vete a; Muy bien.

RODRIGO

¡Muy bien! ¡Ir a! No puedo ir, hombre; y no está
muy bien: es más, creo que es escorbuto, y empiezo
a encontrarme hundido en él.

IAGO

Muy bien.

RODRIGO

Te digo que no está muy bien. Me daré
a conocer a Desdémona: si ella me devuelve mis
joyas, entregaré mi traje y me arrepentiré de mi
injuria solicitación; si no, asegúrense de que
buscaré su satisfacción.

IAGO

Lo has dicho ahora.

RODRIGO

¡Ay!, y no dije nada más que lo que protesto por mi intención de
hacer.

IAGO

Pues, ahora veo que hay temple en ti, y aun desde
este instante para construir sobre ti una opinión mejor que
nunca antes. Dame tu mano, Roderigo, porque me has
hecho una excepción muy justa; pero, sin embargo, protesto
, he tratado directamente en tu asunto.

RODRIGO

No ha aparecido.

IAGO

Concedo que en verdad no ha aparecido, y tu
sospecha no está exenta de ingenio y juicio. Pero,
 Rodrigo, si en verdad tienes en ti lo que ahora
tengo más razones para creer que nunca, quiero decir
propósito, valor y valor, demuéstralo esta noche: si
la noche siguiente no gozas de Desdémona,

llévame de este mundo a traición y artífice
máquinas para mi vida.

RODRIGO

Bueno, ¿qué es? ¿Está dentro de la razón y la brújula?

IAGO

Señor, ha venido de Venecia un encargo especial para
poner a Casio en lugar de Otelo.

RODRIGO

¿Es eso cierto?, entonces Otelo y Desdémona
regresan de nuevo a Venecia.

IAGO

¡Oh, no! Va a Mauritania y se lleva consigo
a la hermosa Desdémona, a no ser que su morada
se detenga aquí por algún accidente, en lo cual nadie puede ser
tan determinado como la eliminación de Casio.

RODRIGO

¿A qué te refieres con la eliminación de él?

IAGO

¿Por qué?, haciéndolo incapaz de ocupar el lugar de Otelo;
Sacándole los sesos.

RODRIGO

¿Y eso quieres que haga?

IAGO

Ay, si te atreves a hacerte un beneficio y un derecho.
Esta noche cena con una prostituta, y allí iré
a verlo: aún no sabe de su espantosa
fortuna. Si quieres ver cómo se va de allí, que haré que
ocurra entre las doce y la una,
puedes llevarlo a tu antojo: yo estaré cerca
de secundar tu intento, y él caerá entre
nosotros. Ven, no te asombres de ello, sino acompáñame

; Te mostraré tal necesidad en su muerte
que te creerás obligado a ponérsela
. Ya es la hora de la cena, y la noche se convierte
en un desperdicio.

RODRIGO

Escucharé más razones para esto.

IAGO

Y quedarás satisfecho.

Salen

Escena 3

Otra habitación en el castillo.

Entran OTELO, LODOVICO, DESDÉMONA, EMILIA y los
asistentes

LODOVICO

Le ruego, señor, que no se moleste más.

OTHELLO

Oh, perdóname: me hará bien caminar.

LODOVICO

Señora, buenas noches; Agradezco humildemente a su señoría.

DESDÉMONA

Su Señoría es muy bienvenido.

OTHELLO

¿Quiere caminar, señor?
O,--Desdémona,--

DESDÉMONA

¿Mi señor?

OTHELLO

Te llevo a la cama en el instante; Volveré
enseguida; despide allí a tu servidor, mirad que se haga.

DESDÉMONA

Lo haré, mi señor.

Exeunt OTHELLO, LODOVICO y Asistentes

EMILIA

¿Cómo va ahora? Parece más gentil de lo que era.

DESDÉMONA

Dice que volverá incontinente:
Me ha ordenado que me acueste
y me ha ordenado que te despida.

EMILIA

¡Despídeme!

DESDÉMONA

Era su voluntad: por lo tanto, buena Emilia,.
Dame mi ropa de noche, y adiós:
no debemos desagradarle ahora.

EMILIA

¡Ojalá nunca lo hubieras visto!

DESDÉMONA

De tal manera que mi amor no lo aprueba de tal manera,
 que aun su obstinación, sus cheques, sus ceños fruncidos...
 ¡Patria, me desclava,-- tienen gracia y gracia en ellos!

EMILIA

He puesto sobre la cama las sábanas que me dijiste.

DESDÉMONA

Todo es uno. ¡Buena fe, qué necios son nuestros espíritus!
Si muero antes que tú, envuélveme
en una de esas mismas sábanas.

EMILIA

Ven, ven tú hablas.

DESDÉMONA

Mi madre tenía una criada que se llamaba Bárbara:
 estaba enamorada, y el que ella amaba resultó loco
y la abandonó: tenía un canto de sauce;
Era una cosa antigua, pero expresaba su fortuna,
y murió cantándola: esa canción de esta noche
no se borrará de mi mente; Tengo mucho que hacer,
 pero ir a agachar la cabeza a un lado
y cantarla como la pobre Bárbara. Prithee, despacho.

EMILIA

¿Voy a buscar tu camisón?

DESDÉMONA

No, despújame aquí.
Este Lodovico es un hombre de verdad.

EMILIA

Un hombre muy guapo.

DESDÉMONA

Habla bien.

EMILIA

Sé que una dama en Venecia habría caminado descalza
hasta Palestina para tocarle el labio inferior.

DESDÉMONA

[Cantando] La pobre alma se sentó suspirando junto a un
sicómoro,Canta
 todo un sauce verde:
Su mano en su pecho, su cabeza en su rodilla,Canta
 sauce, sauce, sauce:
Los arroyos frescos corrían junto a ella, y murmuraban sus gemidos;
Canta sauce, sauce, sauce;

Sus lágrimas de sal caían de ella y ablandaban las piedras;
Descansa por estos:

Canto

Canta sauce, sauce, sauce;
¡Por favor, te saludará!

Canto

Canta todo, un sauce verde debe ser mi guirnalda.
Que nadie le culpe; apruebo su desprecio...
No, eso no es lo siguiente... ¡Eh!, ¿quién no es el que llama a la
puerta?

EMILIA

Es el viento.

DESDÉMONA

Llamé a mi amor falso amor, pero ¿qué
dijo entonces?
Canta sauce, sauce, sauce:
¡Si cortejo a las mujeres moe, te acostarás con los hombres moe!
Así que, vete, buenas noches Los ojos comidos pican;
¿Es eso un presagio de llanto?

EMILIA

No es ni aquí ni allá.

DESDÉMONA

Lo he oído decir. ¡Oh, estos hombres, estos hombres!
¿Piensas tú, en conciencia,--dime, Emilia,--
que hay mujeres que maltratan a sus maridos de
una manera tan grosera?

EMILIA

Habrá algo así, no hay duda.

DESDÉMONA

¿Harías tú semejante obra por todo el mundo?

EMILIA

¿Por qué, no lo harías?

DESDÉMONA

¡No, por esta luz celestial!

EMILIA

Ni yo tampoco por esta luz celestial;
Puede que no me vaya tan bien en la oscuridad.

DESDÉMONA

¿Harías tú semejante obra por todo el mundo?

EMILIA

El mundo es una cosa enorme: es un gran precio.
Por un pequeño tornillo de banco.

DESDÉMONA

En verdad, creo que no lo harías.

EMILIA

En primer lugar, creo que debería, y no deshacer cuando ya lo he
hecho. Casada, yo no haría tal cosa por un
anillo de unión, ni por medidas de césped, ni por
vestidos, ni enaguas, ni gorros, ni por ninguna pequeña
exhibición; sino por todo el mundo,-- ¿quién
no haría a su marido para hacerlo
monarca? Debería aventurarme en el purgatorio por no.

DESDÉMONA

¡Maldita sea, si yo hiciera tal mal
por todo el mundo!

EMILIA

Por qué el mal no es más que un mal en el mundo: y
teniendo el mundo para tu trabajo, es un mal en tu
propio mundo, y podrías corregirlo rápidamente.

DESDÉMONA

No creo que exista tal mujer.

EMILIA

Sí, una docena, y tantas como pudieran
almacenar el mundo por el que jugaban.
Pero sí creo que es culpa de sus maridos
si las esposas caen: dicen que descuidan sus deberes,
y vierten nuestros tesoros en el regazo extranjero
, o bien estallan en celos irritados,
arrojando restricciones sobre nosotros; o dicen que nos golpean,
o que escasean nuestro antiguo tener a pesar de ello;
Pues, tenemos agallas, y aunque tenemos alguna gracia,
sin embargo, tenemos alguna venganza. Sepan los maridos
que sus mujeres tienen el mismo sentido que ellos: ven y huelen
y tienen sus paladares tanto para lo dulce como para lo agrio,
 como los maridos. ¿Qué es lo que hacen
cuando nos cambian por otros? ¿Es deporte?
Creo que lo es: ¿y el afecto lo engendra?
Yo creo que sí: ¿no es la fragilidad la que se equivoca así?
Es así también: ¿y no tenemos nosotros afectos,
 deseos de deporte y fragilidad como los hombres?
Que nos usen bien, y que sepan que
los males que hacemos, sus males nos enseñan así.

DESDÉMONA

¡Buenas noches, buenas noches: el cielo me envía a tales usos,
no para distinguir lo malo de lo malo, sino para remendar mal!

Salen

ACTO 5
Escena 1

Chipre. Una calle.

Entra IAGO y RODERIGO

IAGO

Aquí, párate detrás de este bulto; directamente vendrá:
Lleva tu buen estoque al descubierto, y ponlo en casa:
Rápido, rápido; No temas nada; Estaré a tu lado:
 nos hace, o nos estropea; piensa en eso,
 y fija tu resolución más firme.

RODRIGO

Esté a la mano; Es posible que tenga un aborto espontáneo.

IAGO

Aquí, a tu mano: sé valiente y ponte firme.

Retire

RODRIGO

No tengo gran devoción por el hecho;
Y, sin embargo, me ha dado razones satisfactorias:
"No es más que un hombre que se ha ido. Adelante, mi espada:
muere.

IAGO

A este joven le he frotado casi hasta el sensato
y se enfada. Ahora, ya sea que él mate a Casio,
o que Casio a él, o que cada uno mate al otro,
cada uno de los cuales hace mi ganancia: vivo Rodrigo,
 me llama a una restitución grande
De oro y joyas que le arrebaté,
como regalos a Desdémona;
No debe ser: si Casio se queda,
tiene una belleza diaria en su vida

que me hace feo; y, además, el moro
puede desdoblarme a él; allí estoy en mucho peligro:
 no, debe morir. Pero así: lo oigo venir.

Entra en CASSIO

RODRIGO

Conozco su andar, es él.—¡Villano, te mueres!

Hace un pase en CASSIO

CASSIO

Aquella estocada había sido mi enemiga en verdad,
 pero que mi abrigo es mejor de lo que tú sabes
, lo probaré.

Tirones, y heridas RODERIGO

RODRIGO

¡Oh, me han matado!

IAGO por detrás hiere a CASSIO en la pierna, y sale

CASSIO

Estoy mutilado para siempre. ¡Ayuda,! ¡asesinato! ¡asesinato!

Caídas

Entra en OTHELLO

OTHELLO

La voz de Casio: Yago cumple su palabra.

RODRIGO

¡Oh, villano que soy!

OTHELLO

Aun así, es así.

CASSIO

¡Oh, ayuda, ho! ¡luz! ¡Un cirujano!

OTHELLO

Es él... ¡Oh valiente Yago, honesto y justo,
 que tiene un sentido tan noble del mal de tu amigo!
Tú me enseñas. Minion, tu amada yace muerta,
y tu destino más bendito te susurra: trompeta, vengo.
De mi corazón se borran esos encantos, tus ojos;
Tu lecho, manchado de lujuria, será manchado de sangre de lujuria.

Salida

Entran LODOVICO y GRATIANO

CASSIO

¡Qué, ho! ¿No tienes reloj? ¿No hay pasaje? ¡asesinato! ¡asesinato!

GRATIANO

Es un desgracia; El grito es muy terrible.

CASSIO

¡Oh, ayuda!

LODOVICO

¡Disco!

RODRIGO

¡Oh miserable villano!

LODOVICO

Dos o tres gemidos: es una noche pesada:
Pueden ser falsificaciones: pensemos que no es inseguro
entrar en el llanto sin más ayuda.

RODRIGO

¿No viene nadie? entonces me desangraré hasta morir.

LODOVICO

¡Disco!

Vuelve a entrar en IAGO, con una luz

GRATIANO

Aquí hay uno que viene con su camisa, con luz y armas.

IAGO

¿Quién está ahí? ¿De quién es este ruido que los del asesinato?

LODOVICO

No lo sabemos.

IAGO

¿No oíste un grito?

CASSIO

¡Aquí, aquí! ¡Por el amor de Dios, ayúdame!

IAGO

¿Qué ocurre?

GRATIANO

Esta es la antigüedad de Otelo, según creo.

LODOVICO

Lo mismo, en efecto; Un tipo muy valiente.

IAGO

¿Qué eres tú aquí que lloras tan gravemente?

CASSIO

¿Iago? ¡Oh, estoy malcriado, deshecho por los villanos!
Dame un poco de ayuda.

IAGO

¡Oh de mí, teniente! ¿Qué villanos han hecho esto?

CASSIO

Creo que uno de ellos está por aquí,
y no puede escapar.

IAGO

¡Oh villanos traicioneros!
¿Qué es lo que estás ahí?, entra y da un poco de ayuda.

A LODOVICO y GRATIANO

RODRIGO

¡Oh, ayúdame aquí!

CASSIO

Esa es una de ellas.

IAGO

¡Oh esclavo asesino! ¡Oh villano!

Puñaladas RODERIGO

RODRIGO

¡Oh maldito Yago! ¡Oh perro inhumano!

IAGO

Matad a los hombres en la oscuridad--Dónde están estos malditos ladrones?--
¡Cuán silenciosa es esta ciudad--¡Ho! ¡Asesinato! asesinato--
¿Qué puedes ser? ¿Eres de bien o de mal?

LODOVICO

Como nos probarás, alábanos.

IAGO

¿Signior Lodovico?

LODOVICO

Él, señor.

IAGO

Te pido misericordia. Aquí está Cassio herido por los villanos.

GRATIANO

¡Casio!

IAGO

¡Cómo no, hermano!

CASSIO

Mi pierna está cortada en dos.

IAGO

¡Cásate, Dios no lo quiera!
Luz, señores; Lo ataré con mi camisa.

Entra en BIANCA

BIANCA

¿Qué te pasa,? ¿Quién no es ese que lloró?

IAGO

¡Quién no es ese que lloró!

BIANCA

¡Oh, mi querido Casio!, ¡mi dulce Casio! ¡Oh Casio,
 Casio, Casio!

IAGO

¡Oh notable trompeta! Casio, ¿puedes sospechar
quiénes deben ser los que te han llevado tanto?

CASSIO

No.

GRATIANO

Voy a encontrarte así: he ido a buscarte.

IAGO

Préstame una liga. Así que... ¡Oh, por una silla,
 para llevarlo fácilmente de aquí!

BIANCA

¡Ay, se desmaya! ¡Oh Casio, Casio, Casio!

IAGO

Señores todos, sospecho que esta basura
es parte de esta herida.

Paciencia un poco, buen Cassio. Ven, ven;
Préstame una luz. ¿Sabemos esta cara o no?
¡Ay, amigo mío y compatriota
Roderigo!, no, sí, seguro: ¡oh cielo! Rodrigo.

GRATIANO

¿Qué, de Venecia?

IAGO

Incluso él, señor; ¿Lo conocías?

GRATIANO

¡Conócelo! sí.

IAGO

¿Signior Gratiano? Te ruego que me perdones;
Estos sangrientos accidentes deben disculpar mis modales,
 que tanto te descuidaron.

GRATIANO

Me alegro de verte.

IAGO

¿Cómo estás, Casio? ¡Oh, una silla, una silla!

GRATIANO

¡Rodrigo!

IAGO

Después de todo, no va a ser un gran problema.

Una silla traída

Oh, eso está bien dicho; ¡el presidente!

GRATIANO

Algún hombre de bien lo lleva con cuidado de aquí;
Voy a buscar al cirujano del general.

A BIANCA

Por vos, señora,
os ahorrad vuestro trabajo. El que yace muerto
aquí, Casio,
era mi querido amigo: ¿qué malicia había entre vosotros?

CASSIO

Ninguno en el mundo; ni conozco al hombre.

IAGO

[A BIANCA] ¿Qué, te ves pálida? ¡Oh, sácalo del
aire!

CASSIO y RODERIGO se llevan

Quédense ustedes, buenos caballeros. ¿Le parece usted pálida,
señora?
¿Percibes el gastosidad de sus ojos?
No, si te quedas mirando, oiremos más.
Mírala bien; Os ruego que la miréis: ¿
Veis, caballeros?, no, la culpa hablará,
aunque las lenguas estuvieran en desuso.

Entra en EMILIA

EMILIA

'Las, ¿qué te pasa? ¿Qué te pasa, marido?

IAGO

Casio ha sido aquí perseguido en la oscuridad
por Rodrigo y otros que han escapado:
Está casi muerto, y Rodrigo muerto.

EMILIA

¡Ay, buen caballero! ¡Ay, el buen Casio!

IAGO

Este es el fruto de la prostitución. Padre, Emilia,
ve a saber de Casio, adonde ha cenado esta noche.

A BIANCA

¿Qué, tiemblas ante eso?

BIANCA

Cenó en mi casa; pero por eso no tiemblo.

IAGO

¿Lo hizo? Te cobro, ve conmigo.

EMILIA

¡Fie, fie sobre ti, trompeta!

BIANCA

Yo no soy trompeta, sino que soy de vida tan honesta
como vosotros que así me maltratas.

EMILIA

¡Como yo! ¡Foh! ¡Sobre ti!

IAGO

Amables caballeros, vamos a ver al pobre Cassio vestido.
Vamos, señora, que tenéis que contar otra historia.
Emilia corre a la ciudadela, y dile a
 mi señor y a mi señora lo que ha pasado.
¿Seguirás? Rezo.

Aparte

Esta es la noche
que me hace o me perdona del todo.

Salen

Escena 2

Una alcoba en el castillo: DESDÉMONA en la cama dormida; una
luz ardiendo.

Entra en OTHELLO

OTHELLO

Es la causa, es la causa, alma mía,--
Permítanme que no se la diga, castas estrellas--
Es la causa. Sin embargo, no derramaré su sangre;
Ni cicatriz su piel más blanca que la nieve,
y lisa como el alabastro monumental.
Sin embargo, debe morir, de lo contrario traicionará a más hombres.
Apaga la luz, y luego apaga la luz:
Si te apago, ministro llameante,
puedo restaurar tu luz anterior si
me arrepiento: pero una vez que apagas tu luz,
 tú, astuto modelo de naturaleza superior,
 no sé dónde está ese calor prometeico
que puede relumar tu luz. Cuando he arrancado la rosa,
no puedo darle un crecimiento vital de nuevo.
Debe de marchitarse: lo oleré en el árbol.

Besándola

¡Ah, aliento suave, que casi persuade
a la Justicia a romper su espada! Una más, una más.
Sé así cuando estés muerto, y yo te mataré,
y te amaré después. Una más, y ésta la última:
Tan dulce no era tan fatal. Debo llorar,
pero son lágrimas crueles: esta tristeza es celestial;
Golpea donde ama. Se despierta.

DESDÉMONA

¿Quién está ahí? ¿Othello?

OTHELLO

Sí. Desdémona.

DESDÉMONA

¿Queréis venir a la cama, mi señor?

OTHELLO

¿Has rezado esta noche, Desdémona?

DESDÉMONA

¡Ay, mi señor!

OTHELLO

Si piensas en algún crimen
que aún no se ha reconciliado con el cielo y la gracia,
 pídelo directamente.

DESDÉMONA

Ay, mi señor, ¿qué queréis decir con eso?

OTHELLO

Bueno, hazlo, y sé breve; Pasaré de largo:
No mataría tu espíritu desprevenido;
No, ¡Dios no lo permita! No mataría tu alma.

DESDÉMONA

¿Hablas de matar?

OTHELLO

Sí, lo hago.

DESDÉMONA

¡Entonces el cielo
tenga piedad de mí!

OTHELLO

¡Amén, con todo mi corazón!

DESDÉMONA

Si lo dices, espero que no me mates.

OTHELLO

¡Zumbido!

DESDÉMONA

Y, sin embargo, te temo, porque entonces eres fatal
cuando tus ojos se ponen en blanco: no sé por qué debería temer,
 ya que no conozco la culpa, pero sin embargo siento que temo.

OTHELLO

Piensa en tus pecados.

DESDÉMONA

Son amores que te tengo.

OTHELLO

¡Ay!, y por eso mueres.

DESDÉMONA

Que la muerte es antinatural, que mata por amar.
¡Ay!, ¿por qué roerte tanto el labio inferior?
Alguna pasión sangrienta sacude tu propio cuerpo:
estos son portentos; pero aun así espero, espero, que
 no me señalen.

OTHELLO

¡Paz, y quédate quieto!

DESDÉMONA

Lo haré. ¿Qué ocurre?

OTHELLO

Ese pañuelo que tanto amé y te di se lo
diste a Casio.

DESDÉMONA

¡No, por mi vida y por mi alma!
Manda a buscar al hombre y pregúntale.

OTHELLO

Dulce alma, ten cuidado,
ten cuidado con el perjurio, estás en tu lecho de muerte.

DESDÉMONA

Sí, pero todavía no para morir.

OTHELLO

Sí, ahora:
Por tanto, confiésate libremente de tu pecado;
Porque negar cada artículo con juramento

no puede quitar ni ahogar la fuerte concepción
de que sí gimo. Vas a morir.

DESDÉMONA

Entonces, Señor, ¡ten piedad de mí!

OTHELLO

Yo digo, amén.

DESDÉMONA

¡Y ten piedad de ti también!
Nunca te ofendí en mi vida; nunca amé a Casio,
pero con una garantía general del cielo
como podría amar: nunca le di una señal.

OTHELLO

Por Dios, vi mi pañuelo en la mano.
¡Oh mujer perjura! Tú apedreas mi corazón
y me haces llamar a lo que pienso hacer
un asesinato, que yo creía un sacrificio.
 Vi el pañuelo.

DESDÉMONA

Lo encontró entonces;
Nunca se lo di: manda a buscarlo acá;
Que confiese una verdad.

OTHELLO

Él ha confesado.

DESDÉMONA

¿Qué, mi señor?

OTHELLO

Que él te ha usado.

DESDÉMONA

¿Cómo? ¿Ilegalmente?

OTHELLO

Sí.

DESDÉMONA

Él no lo dirá.

OTHELLO

No, se le tapa la boca;
El honesto Yago tiene orden para ti.

DESDÉMONA

O! Mi miedo interpreta: ¿Qué, está muerto?

OTHELLO

Si todos sus cabellos hubieran sido vidas, mi gran venganza
tenía estómago para todos ellos.

DESDÉMONA

¡Ay! él es traicionado y yo deshecho.

OTHELLO

¡Fuera, trompeta! ¿Lloras por él en mi cara?

DESDÉMONA

¡Oh, destiérrame, mi señor, pero no me mates!

OTHELLO

¡Abajo, trompeta!

DESDÉMONA

¡Mátame mañana, déjame vivir esta noche!

OTHELLO

No, si te esfuerzas...

DESDÉMONA

¡Pero media hora!

OTHELLO

Una vez hecho, no hay pausa.

DESDÉMONA

¡Pero mientras digo una oración!

OTHELLO

Es demasiado tarde.

Él la sofoca

EMILIA

[Dentro] ¡Mi señor, mi señor! ¡Qué, ho! ¡Mi Señor, mi Señor!

OTHELLO

¿Qué ruido es este? ¿No está muerto? ¿Todavía no estás del todo
muerto?
Yo, que soy cruel, soy misericordioso;
No quiero que te demores en tu dolor: Así, así.

EMILIA

[Dentro] ¡Qué, ho! ¡Mi Señor, mi Señor!

OTHELLO

¿Quién está ahí?

EMILIA

[Dentro] ¡Oh, mi buen señor, yo hablaría una palabra contigo!

OTHELLO

Sí: es Emilia. Poco a poco. Está muerta.
Es como si viniera a hablar de la muerte de Cassio.—
El ruido estaba aquí. ¡Ja! ¿No te mueves más?
Todavía como la tumba. ¿Entrará? no eran buenos?--
Creo que se revuelve de nuevo: --No. ¿Qué es lo mejor que puedes
hacer?
Si ella entra, seguro que le hablará a mi esposa: ¡
Mi esposa!, ¡mi esposa!, ¿qué esposa? No tengo esposa.
¡Oh insoportable! ¡Oh hora pesada!
Me parece que ahora debería ser un gran eclipse

de sol y luna, y que el globo asustado
bostezaría al alterarse.

EMILIA

Te ruego
que me hable contigo, ¡oh buen señor mío!

OTHELLO

Yo te había olvidado: ¡Oh, entra, Emilia!
Suave; poco a poco. Déjame que se corran las cortinas.
¿Dónde estás?

Desbloquea la puerta

Entra en EMILIA

¿Qué te pasa ahora?

EMILIA

¡Oh, mi buen señor, los repugnantes asesinatos de allá han
terminado!

OTHELLO

¿Y ahora qué?

EMILIA

Pero ahora, mi señor.

OTHELLO

Es el error mismo de la luna;
Se acerca más a la tierra de lo que solía y
enloquece a los hombres.

EMILIA

Casio, mi señor, ha matado a un joven veneciano
llamado Roderigo.

OTHELLO

¡Roderigo matado!
¡Y Cassio mató!

EMILIA

No, Cassio no ha sido asesinado.

OTHELLO

¡No ha matado a Cassio!, entonces el asesinato está desafinado,
 y la dulce venganza se vuelve dura.

DESDÉMONA

¡Oh, falsamente, falsamente asesinado!

EMILIA

¡Ay!, ¿qué grito es ese?

OTHELLO

¡Ese! ¿Qué?

EMILIA

Fuera, y ¡ay!, era la voz de mi señora.
¡Ayuda! ¡Ayuda, ho! ¡Ayuda! ¡Oh señora, habla de nuevo!
¡Dulce Desdémona! ¡Oh dulce señora, habla!

DESDÉMONA

Una muerte sin culpa, muero.

EMILIA

¡Oh, quién ha hecho esta obra!

DESDÉMONA

Nadie; Yo mismo. Adiós
Encomiéndame a mi amable señor: ¡Oh, adiós!

Muere

OTHELLO

¿Por qué, cómo iba a ser asesinada?

EMILIA

Por desgracia, ¿quién sabe?

OTHELLO

Se la oyó decir a ella misma, no fui yo.

EMILIA

Ella lo dijo: Es necesario que diga la verdad.

OTHELLO

Ella, como una mentirosa, se ha ido al infierno ardiente:
 fui yo quien la mató.

EMILIA

¡Oh, cuanto más ángel es ella,
 y tú el diablo más negro!

OTHELLO

Se volvió a la locura y se convirtió en una puta.

EMILIA

La desmientes, y eres un demonio.

OTHELLO

Era falsa como el agua.

EMILIA

Eres imprudente como el fuego para decir
que ella era falsa: ¡Oh, ella era celestialmente verdadera!

OTHELLO

Cassio la superó; pregúntale a tu marido si no.
¡Oh!, yo estaba condenado bajo toda profundidad en el infierno,
 pero procedí sobre bases justas
hasta este extremo. Tu marido lo sabía todo.

EMILIA

¡Mi marido!

OTHELLO

Tu marido.

EMILIA

¿Que ella era falsa para el matrimonio?

OTHELLO

Ay, con Cassio. No, si ella hubiera sido verdadera,
 si el cielo me hubiera hecho otro mundo
de un crisolito completo y perfecto,
 no la habría vendido por él.

EMILIA

¡Mi marido!

OTHELLO

¡Ay!, fue él quien me lo dijo primero:
 Es un hombre honrado y odia el fango
que se pega a las malas acciones.

EMILIA

¡Mi marido!

OTHELLO

¿Qué necesita esta iteración, mujer? Digo tu marido.

EMILIA

¡Oh señora, la villanía se ha burlado con amor,¡
Mi marido dice que ella era falsa!

OTHELLO

Él, mujer;
Le digo a tu marido: ¿entiendes la palabra?
Mi amigo, tu esposo, el honrado, el honrado Yago.

EMILIA

Si así lo dice, ¡que su alma perniciosa
se pudra medio grano al día! miente al corazón:
Ella estaba demasiado aficionada a su trato más sucio.

OTHELLO

¡Ja!

EMILIA

Haz lo peor que puedas:
 Esta obra tuya no es más digna del cielo
de lo que tú eras digno de ella.

OTHELLO

Paz, fuiste el mejor.

EMILIA

Tú no tienes ni la mitad de ese poder para hacerme daño
como yo tengo que ser herido. ¡Oh gaviota! ¡Oh imbécil!
¡Tan ignorante como la tierra!, has hecho una obra,
 no me importa tu espada. Te daré a conocer,
aunque haya perdido veinte vidas.—¡Ayuda! ¡Ayuda, ho! ¡Ayuda!
¡El moro ha matado a mi señora! ¡Asesinato! ¡asesinato!

Entran MONTANO, GRATIANO, IAGO y otros

MONTANO

¿Qué pasa? ¡Cómo ahora, general!

EMILIA

¡Oh!, ¿has venido, Yago!, has hecho bien,
Que los hombres tienen que poner sus asesinatos sobre tu cuello.

GRATIANO

¿Qué pasa?

EMILIA

Desmiente a este villano, si eres hombre:
Dice que le dijiste que su esposa era falsa: Sé que
 no lo hiciste, que no eres tal villano:
Habla, porque mi corazón está lleno.

IAGO

Le dije lo que pensaba, y no le conté más
de lo que él mismo descubrió que era adecuado y verdadero.

EMILIA

Pero, ¿alguna vez le dijiste que ella era falsa?

IAGO

Así es.

EMILIA

Dijiste una mentira, una mentira odiosa, maldita;
Sobre mi alma, una mentira, una mentira perversa.
Ella fingió con Cassio--dijiste con Cassio?

IAGO

Con Casio, amante. Ve a, encanta tu lengua.

EMILIA

No voy a encantar mi lengua; Estoy obligado a hablar:
 Mi ama aquí yace asesinada en su cama,--

Todo

¡Oh cielos, perdón!

EMILIA

Y sus informes han desencadenado el asesinato.

OTHELLO

No, no miréis, señores: es verdad, en verdad.

GRATIANO

Es una extraña verdad.

MONTANO

¡Oh acto monstruoso!

EMILIA

¡Villany, villany, villany!
Pienso en ello, pienso: no huelo... ¡Oh villanía--
Lo pensé entonces: --Me mataré de pena...-¡
Oh villany, villany!

IAGO

¿Qué, estás loco? Te cobro, te llevo a casa.

EMILIA

Buenos caballeros, permítanme hablar: es
justo que le obedezco, pero no ahora.
Tal vez, Yago, nunca me iré a casa.

OTHELLO

O! O! O!

Cae sobre la cama

EMILIA

No, échate y ruge;
Porque has matado al más dulce inocente
que ha levantado el ojo.

OTHELLO

[Levantándose] ¡Oh, era asquerosa!
Apenas te conocí, tío: allí yace tu sobrina,
a quien estas manos han cortado el aliento recientemente: sé que
 este acto es horrible y sombrío.

GRATIANO

¡Pobre Desdémona! Me alegro de que tu padre haya muerto:
 Tu pareja era mortal para él, y el puro dolor
Engarzaba su viejo hilo en dos: si viviera ahora,
 esta visión le haría dar un giro desesperado,
 sí, maldecir a su mejor ángel de su lado,
y caer en la reprobación.

OTHELLO

Es lamentable, pero Yago sabe
que ella con Casio ha cometido mil veces el acto de vergüenza
; Casio lo confesó:
Y ella gratificó sus obras amorosas
con aquel reconocimiento y promesa de amor
que yo le di al principio; Lo vi en su mano:

era un pañuelo, una antigüedad
que mi padre le dio a mi madre.

EMILIA

¡Oh cielo! ¡Oh poderes celestiales!

IAGO

Ven, calla.

EMILIA

Sarga, sarga fuera: ¡yo paz!
No, hablaré tan liberal como el norte: Que el
 cielo y los hombres y los demonios, que todos,
todos, todos, lloren vergüenza contra mí, pero yo hablaré.

IAGO

Sé sabio y llévate a casa.

EMILIA

No lo haré.

IAGO se ofrece a apuñalar a EMILIA

GRATIANO

¡Fie!
¿Tu espada sobre una mujer?

EMILIA

¡Oh moro torpe!, aquel pañuelo de que hablas
lo hallé por fortuna y le di a mi marido;
Porque a menudo, con solemne seriedad,
más de lo que en realidad pertenecía a una nimiedad,
 me rogaba que se la robara.

IAGO

¡Puta malvada!

EMILIA

¡Que le dé a Cassio! ¡No, ay! Lo encontré,
 y no le di a mi esposo.

IAGO

¡Inmundicia, mientes!

EMILIA

Por Dios, no lo hago, no lo hago, señores.
¡Oh timonel asesino!, ¿qué puede hacer un tonto así
con una mujer tan buena?

OTHELLO

¿No hay piedras en el cielo que no
sirvan para el trueno?--Precioso villano!

Corre en IAGO IAGO, por detrás, apuñala a EMILIA y sale

GRATIANO

La mujer cae; Ciertamente ha matado a su esposa.

EMILIA

Ay, ay: ¡Oh!, acuéstate al lado de mi señora.

GRATIANO

Se ha ido, pero su esposa ha sido asesinada.

MONTANO

Es un villano notorio. Toma esta arma,
que aquí tengo recuperada del moro:
Ven, guarda la puerta de fuera, no le dejes pasar,
sino mátale antes. Voy a perseguir a ese mismo villano,
porque es un maldito esclavo.

Exeunt MONTANO y GRATIANO

OTHELLO

Yo tampoco soy valiente,
sino que el látigo insignificante toma mi espada:
¿Pero por qué el honor ha de sobrevivir a la honestidad?
Déjalo ir todo.

EMILIA

¿Qué presagiaba tu canción, señora?
Oye, ¿me oyes? Jugaré al cisne.
Y morir en la música.

Canto

Sauce, sauce, sauce,--
moro, era casta; te amaba, cruel moro;
Así llega mi alma a la bienaventuranza, como digo la verdad;
Así que hablando como pienso, muero, muero.

Muere

OTHELLO

Tengo otra arma en esta cámara;
Es una espada de España, el temperamento del arroyo de hielo: ¡
Oh, aquí está! Tío, tengo que salir.

GRATIANO

[Dentro] Si lo intentas, te costará caro:
no tienes arma, y forzosamente tienes que sufrir.

OTHELLO

Mírame, pues, y háblame,
o, desnudo como estoy, te asaltaré.

Volver a entrar en GRATIANO

GRATIANO

¿Qué pasa?

OTHELLO

He aquí que tengo un arma;
Un mejor nunca se sostuvo
sobre el muslo de un soldado: he visto el día
en que, con este pequeño brazo y esta buena espada,
 me he abierto paso a través de más obstáculos
que veinte veces tu parada: pero, ¡oh vana jactancia!
¿Quién puede controlar su destino? Ahora no es así.

No temáis, aunque me veáis armado;
Aquí está el final de mi viaje, aquí está mi trasero,
 y la marca de mar de mi máxima vela.
¿Vuelves consternado? Es un miedo perdido;
El hombre no es más que una embestida contra el pecho de Otelo,
 y se retira. ¿A dónde debería ir Otelo?
Ahora, ¿cómo te ves ahora? ¡Oh moza de mala estrella!
Pálida como tu bata, cuando nos encontremos en el certamen,
 esta mirada tuya arrojará mi alma del cielo,
y los demonios la arrebatarán. ¡Frío, frío, mi niña!
como tu castidad. ¡Oh esclavo maldito!
¡Azotadme, demonios,
 de la posesión de esta visión celestial!
¡Sopladme en los vientos!, ¡ástame en azufre!
¡Lávame en empinados abismos de fuego líquido!
¡Oh Desdémona! ¡Desdémona! ¡muerto!
¡Oh! ¡Oh! ¡Oh!

Entra en LODOVICO. MONTANO, CASSIO llevado en una silla, y
los oficiales con IAGO, prisionero

LODOVICO

¿Dónde está este hombre imprudente y desdichado?

OTHELLO

Ese es el que fue Otelo: aquí estoy.

LODOVICO

¿Dónde está esa víbora? Trae al villano.

OTHELLO

Miro hacia sus pies, pero eso es una fábula.
Si eso es mejor que un demonio, no puedo matarte.

Heridas IAGO

LODOVICO

Arrebatarle la espada.

IAGO

Sangro, señor; pero no asesinado.

OTHELLO

Yo tampoco me arrepiento: quiero que vivas;
Porque, en mi opinión, es felicidad morir.

LODOVICO

Oh Otelo, que una vez fuiste tan bueno,
caíste en la práctica de un esclavo condenado,
 ¿qué se te dirá?

OTHELLO

Pues, cualquier cosa:
 Un asesino honorable, si quieres;
Porque nada hice con odio, sino todo con honor.

LODOVICO

Este desgraciado ha confesado en parte su villanía:
 ¿Consintieron tú y él en la muerte de Casio?

OTHELLO

Sí.

CASSIO

Querido general, nunca le di motivo.

OTHELLO

Lo creo, y les pido perdón.
¿Le preguntarás a ese semidiablo
por qué ha atrapado así mi alma y mi cuerpo?

IAGO

No me exijas nada: lo que tú sabes, tú sabes:
 desde ahora en adelante no hablaré palabra.

LODOVICO

¿Qué, no rezar?

GRATIANO

Los tormentos se apoderarán de tus labios.

OTHELLO

Bueno, tú lo haces mejor.

LODOVICO

Señor, comprenderéis lo que ha sucedido,
lo cual, según creo, no sabéis. He aquí una carta
encontrada en el bolsillo del asesinado Roderigo;
Y aquí otro: el uno de ellos importa
La muerte de Casio para ser emprendido
por Roderigo.

OTHELLO

¡Oh villano!

CASSIO

¡Lo más pagano y lo más grosero!

LODOVICO

Ahora bien, aquí hay otro papel descontento,
encontrado también en su bolsillo; y esto, al parecer,
 Roderigo quería haber enviado a este maldito villano;
Pero eso, al igual que Yago en el ínterin,
entró y lo satisfizo.

OTHELLO

¡Oh el caitiff pernicioso!
¿Cómo llegaste tú, Casio, a ese pañuelo
que era de mi esposa?

CASSIO

Lo encontré en mi aposento,
 y él mismo confesó, incluso ahora,
que allí lo había dejado caer con un propósito especial
que obró según su deseo.

OTHELLO

¡Oh tonto! ¡tonto! ¡tonto!

CASSIO

Y en la carta de Roderigo se dice
que reprende a Yago que le hizo
valiente conmigo en la guardia, con lo cual se me echó
 en par: y aun ahora hablaba:
Después de parecer muerto durante mucho tiempo, Yago le hizo
daño,
 Yago le puso en marcha.

LODOVICO

Debes abandonar esta habitación e irte con nosotros:
 tu poder y tu mando han sido quitados,
y Casio gobierna en Chipre. Para este esclavo,
 si hay alguna crueldad astuta
que pueda atormentarlo mucho y retenerlo por mucho tiempo,
 será suya. Guardarás el reposo de los prisioneros
hasta que la naturaleza de tu falta sea conocida
por el estado veneciano. Ven, llévatelo.

OTHELLO

Suavemente, una o dos palabras antes de que te vayas.
Le he hecho un servicio al Estado, y ellos no lo saben.
No más de eso. Os ruego, en vuestras cartas,
que cuando os cuentes de estas desgraciadas acciones,
 habláis de mí tal como soy; nada atenuante,
ni menospreciar nada con malicia: entonces debéis hablar
de uno que no amó sabiamente, sino demasiado bien;
De uno que no se celosa fácilmente, sino que se
deja perplejo en extremo; de uno cuya mano,
 como el indio vil, arrojó una perla
más rica que toda su tribu; de uno cuyos ojos apagados,
aunque no estén acostumbrados al estado de ánimo derretido,
 dejan caer lágrimas tan rápido como los árboles árabes
su goma medicinal. Deja esto en el tintero;
Y digamos además que una vez, en Alepo,
 donde un turco maligno y con turbante
golpeó a un veneciano y destrozó el estado,

tomé por el cuello al perro circuncidado
y lo golpeé así.

Se apuñala a sí mismo

LODOVICO

¡Oh sangriento período!

GRATIANO

Todo lo que se ha dicho está estropeado.

OTHELLO

Te besé antes de matarte: no hay otro camino que este;
Matarme, morir con un beso.

Cae en la cama y muere

CASSIO

Esto temía, pero pensaba que no tenía arma;
Porque era grande de corazón.

LODOVICO

¡Oh perro espartano,
más cayó que la angustia, el hambre o el mar!
Mira la trágica carga de esta cama;
Esta es tu obra: el objeto envenena la vista;
Que se esconda. Graciano, guarda la casa,
y aprovecha las fortunas del moro,
porque te suceden. A vos, señor gobernador,
os queda la censura de este villano infernal;
El tiempo, el lugar, la tortura: ¡Oh, hazlo cumplir!
Yo mismo subiré directamente a bordo: y al estado
Este pesado acto con el corazón pesado se relaciona.

Salen

www.ingramcontent.com/pod-product-compliance
Lightning Source LLC
LaVergne TN
LVHW041447170726
843492LV00005B/1126